21世纪经济与管理教材

房地产经济学通论

经济学系列

曹振良等／编著

图书在版编目(CIP)数据

房地产经济学通论/曹振良等编著.—北京:北京大学出版社,2003.6
ISBN 978-7-301-06188-6

Ⅰ.房… Ⅱ.曹… Ⅲ.房地产经济学 Ⅳ.F293.30

中国版本图书馆 CIP 数据核字(2003)第 014382 号

书　　　　名:	房地产经济学通论
著作责任者:	曹振良　等编著
责 任 编 辑:	王煜玲　符　丹
标 准 书 号:	ISBN 978-7-301-06188-6/F·0620
出 版 发 行:	北京大学出版社
地　　　　址:	北京市海淀区成府路 205 号　100871
网　　　　址:	http://www.pup.cn
电　　　　话:	邮购部 62752015　发行部 62750672　编辑部 62752926
	出版部 62754962
电 子 邮 箱:	em@pup.cn
印 　刷　 者:	北京大学印刷厂
经 　销　 者:	新华书店
	787 毫米×1092 毫米　16 开本　35 印张　870 千字
	2003 年 6 月第 1 版　2012 年 4 月第 4 次印刷
定　　　　价:	48.00 元

未经许可,不得以任何方式复制或抄袭本书之部分或全部内容。
版权所有,侵权必究
举报电话:010-62752024　电子邮箱:fd@pup.pku.edu.cn

作 者 简 介

曹振良　南开大学经济研究所教授、博士生导师,享受政府特殊津贴专家。兼任全国高校价格教学研究会、中国价格协会、天津市房地产经济学会等7个学术团体副会长、副秘书长、常务理事。主要从事价格理论与实践、房地产经济、增长理论等研究。出版学术专著有《房产经济学概论》、《土地经济学概论》、《现代房地产开发经营》、《中国房地产业发展与管理研究》、《价格指数概论》、《社会主义价格形成问题研究》、《石油价格研究》等10余部;在《经济研究》、《南开学报》、《中国房地产研究》、《中国房地产》等刊物发表学术论文100余篇;主持完成国家社会科学基金项目、国家自然科学基金项目、香港资助项目、省部级项目及地方横向课题约20项;有30多项科研成果获全国和省部级奖,获各种荣誉奖多项;培养硕士、博士60余人。

高晓慧　南开大学经济研究所副研究员、经济学博士(房地产方向),硕士生导师。主要从事房地产经济、价格理论、俄罗斯经济研究。在全国核心期刊上发表论文10余篇,副主编著作1部,参编著作7部。

陈多长　南开大学经济学博士(房地产方向),天津大学管理学院博士后,硕士生导师。主要从事房地产经济研究。发表学术论文10多篇,参编著作2部。

傅十和　1998年南开大学经济研究所硕士毕业,同年考入中国社会科学院经济研究所读博士,2000年赴美国波士顿大学经济系读博士。主要从事房地产经济研究,已参编著作3部,发表学术论文40余篇。

内 容 简 介

本书由导论和 5 篇、28 章内容组成。

第一篇总论。重点论述房和地作为一个耦合体所涉及的一般的、二者共有的基础性理论问题。

第二篇地产。主要探讨土地产权、土地开发利用、地租地价、土地市场和土地税收等问题。

第三篇住宅房地产。本篇以住宅产权制度为中心、以实现住宅经济的帕累托效率为目标，按照住宅供给与住宅产权流动的逻辑分别论述了住宅制度、住宅开发建设、住宅产业化、住宅市场、住宅价格等住宅经济问题。

第四篇非住宅房地产。本篇首先界定了非住宅房地产概念，然后对非住宅房地产分别进行了理论探讨，重点是探讨非住宅房地产不同于住宅房地产的特性及其价值实现问题。这一篇的内容在中外房地产经济学中都不曾有过，本书则做了原创性尝试，试图填补这一空白。

第五篇房地产经济宏观调控。本篇把地产、住宅房地产、非住宅房地产作为一个经济整体，就其宏观调控进行了论述，包括宏观调控目标、政策法规手段、预警模型等。

前　言

● 《房地产经济学通论》是在曹振良教授主持完成的国家自然科学基金项目（批准号：7967004）最终成果《中国房地产发展与管理研究》基础上写成的一部专著性质的教材，也是曹振良教授继主编《房产经济学概论》和《土地经济学概论》之后，编著的又一部大型的房地产经济学著作。在理论、研究方法、结构体系和应用性等方面都有较大突破和创新。不仅适应大专、本科学生需要，也可作硕、博研究生参考书，或研读著作，也适合理论工作者和实际工作者阅读。

● 本书的内容：全书除绪论外，还设 5 篇 28 章，第一篇，总论，1—8 章，主要论述房和地作为整体的有关理论和实际问题；第二篇，地产，9—14 章，主要论述城市土地经济问题；第三篇，住宅房地产，15—19 章，主要论述城镇住宅经济问题；第四篇，非住宅房地产，20—23 章，主要论述城市工商房地产和公共服务房地产经济问题；第五篇，房地产经济宏观调控，24—28 章，主要论述房地产经济运行的调控目标、手段等。每章的内容包括正文、思考题、参考书目和专题分析（介绍）。这些专题有的是做学术性动态介绍，供读者做更深入研究参考；有的是正文中涵盖不了的内容做知识性介绍，供读者阅读参考；还有的是关于在我国如何推行或深化房地产改革的问题等。

● 由于本书既研究了房，又研究了地，既研究了住宅房地产，又研究了非住宅房地产和其他房地产；既有理论研究，又有实际应用研究；既有房地产经济自身运行研究，也有宏观调控研究等，故书名定为《房地产经济学通论》。

● 本书的基本特点：

（1）结构体系新颖。目前国内外同类教材的体系，有的是采用房和地分开写作的方法写成两本书，一般分"房产经济学"和"土地经济学"，其结构显得松散，缺乏房和地之间的有机联系；有的是房和地合写，写成一本书"房地产经济学"，这虽然注意了二者的结合，但多为板块式结合，房与地二者各自的特征展现得不够。本书采用有分有合的结构：第一、五篇房与地合，第二、三、四篇房与地分。分则突出房与地的个性，合则凸显房与地的内在统一性，试图克服上述两种写法的不足，这种结构体系在国内外尚属首创。

（2）房地产经济学的基本范畴界定规范、基本理论探讨深入。针对房地产经济学初创的特点，在规范基本范畴的基础上，突出房地产经济学基础理论分析、层层深入。本书首次将房地产经济学理论分为三个层次：一是一般理论，如房地产市场理论、房地产周期理论等；二是核心理论，如土地产权理论、房地产区位理论、地租地价理论等;三是外延交叉理论,如房地产外部性理论、房地产与泡沫经济等。

(3) 内容和深度的安排兼顾了不同层次读者的需要。本书的内容安排既考虑了房地产专业本科和专科学生学习的需要,也考虑了房地产研究方向硕士和博士研究生进行专门性研究的需要。为此,本书在基本概念和基本理论的论述上遵循了编写专业教材所遵循的"成熟性原则"(以大家基本认可的房地产经济学概念和理论为主),同时还有选择地将房地产经济学的前沿性问题引入或以专栏形式作深度探讨或介绍。

(4) 突出房地产经济学作为应用经济学"理论联系实际"的特点。针对房地产经济实践中出现的热点、难点问题不仅进行了对策性的研究,同时还进行了理论探讨,二者紧密结合,推动房地产经济学的发展。

(5) 研究方法的综合与发展。在研究方法上博采众长,除了常规的定性与定量分析、规范与实证分析方法以外,还将理论经济学的前沿性方法如"博弈论"应用于房地产经济问题研究中。

● 如何利用或阅读本书。这主要是指本书做教材,大专、本科与研究生教学如何利用本教材,大专、本科同学、研究生怎样阅读本书。我们建议:大专和本科同学可重点讲授或阅读其中的15章,即绪论、第一章"房地产业的产业地位及其与国民经济的互动关系"、第二章"房地产企业理论"、第三章"房地产投资"、第四章"房地产金融"、第九章"土地产权制度"、第十章"土地利用"、第十一章"城市土地市场"、第十三章"城市地租地价"、第十五章"住房制度"、第十六章"住宅开发建设"、第十八章"住宅市场"、第十九章"住宅价格"、第二十章"非住宅房地产概述"、第二十四章"房地产宏观调控总论"。有兴趣的同学有时间可以参阅或研读其他有关章节。硕、博研究生在通读全书的基础上,可重点研读有关部分,尤其是各章后面所列专题分析,这些专题部分都可作为毕业论文选题,做更深入研究。

● 本书试图在基本概念、基本理论、结构体系等方面做些开创性探讨,但还很不成熟,缺点错误在所难免,敬请读者批评指正。

作　者

2002年12月

目 录

前　言 …………………………………………………………………………（3）
绪　论 …………………………………………………………………………（1）
　　专题分析：房地产经济学构建 …………………………………………（11）

第一篇　总　　论

第一章　房地产业的产业定位及其与国民经济的互动关系 …………（15）
　　第一节　房地产业的形成及其原因分析 ………………………………（15）
　　第二节　房地产业的产业定位 …………………………………………（17）
　　第三节　房地产业与国民经济的相互关系 ……………………………（22）
　　专题分析：房地产业作为支柱产业的相对性与房地产业发展倒 U 曲线 …（25）

第二章　房地产企业理论 ………………………………………………（27）
　　第一节　现代企业理论和房地产企业基本特征 ………………………（27）
　　第二节　房地产开发企业 ………………………………………………（31）
　　第三节　房地产中介企业 ………………………………………………（37）
　　第四节　物业管理企业 …………………………………………………（42）
　　第五节　房地产企业在中国的发展 ……………………………………（49）
　　专题分析：房地产企业竞争力评价体系探讨 …………………………（51）

第三章　房地产投资 ……………………………………………………（55）
　　第一节　房地产开发投资目标、类型与风险 …………………………（55）
　　第二节　房地产开发投资项目经济评价方法 …………………………（57）
　　第三节　房地产投资组合 ………………………………………………（66）
　　专题分析：信息不对称与房地产投资 …………………………………（73）

第四章　房地产金融 ……………………………………………………（75）
　　第一节　房地产业与金融业的关系分析 ………………………………（75）
　　第二节　房地产金融的基本内容 ………………………………………（77）
　　第三节　国际房地产金融制度模式及发展趋势 ………………………（81）
　　第四节　中国房地产金融现状及存在的问题 …………………………（84）
　　第五节　中国房地产金融发展对策 ……………………………………（88）
　　第六节　住房抵押贷款证券化 …………………………………………（91）
　　专题分析：中国的住房抵押贷款证券化 ………………………………（94）

第五章　房地产区位理论 ………………………………………………（96）

第一节　区位理论概述 …………………………………………………（96）
　　第二节　农业区位论：土地农业区位利用原理 ………………………（99）
　　第三节　工业和商业区位理论：土地工商业区位利用原理 …………（101）
　　第四节　住宅区位论：城市土地住宅区位利用原理 …………………（105）
　　专题分析：城市住宅区位理论比较研究 ………………………………（109）

第六章　房地产外部性理论 ………………………………………………（111）
　　第一节　外部性概念与分类 ……………………………………………（111）
　　第二节　外部性治理的理论与实践 ……………………………………（112）
　　第三节　房地产外部性的概念及其分类 ………………………………（115）
　　第四节　房地产外部性的治理 …………………………………………（118）
　　专题分析：政府如何促使外部效应内部化 ……………………………（120）

第七章　房地产周期理论 …………………………………………………（122）
　　第一节　房地产周期波动的一般理论 …………………………………（122）
　　第二节　房地产周期波动的实证分析 …………………………………（130）
　　第三节　房地产周期波动的机制分析 …………………………………（138）
　　专题分析：房地产周期波动的景气指标 ………………………………（151）

第八章　房地产与泡沫经济理论 …………………………………………（153）
　　第一节　泡沫与泡沫经济 ………………………………………………（153）
　　第二节　房地产泡沫 ……………………………………………………（155）
　　第三节　房地产与泡沫经济 ……………………………………………（172）
　　第四节　房地产泡沫的预警与防范 ……………………………………（180）
　　专题分析：中国的房地产泡沫——"北海泡沫案例分析" ……………（183）

第二篇　地　　产

第九章　土地产权制度 ……………………………………………………（187）
　　第一节　产权内涵与产权结构体系 ……………………………………（187）
　　第二节　土地产权制度 …………………………………………………（189）
　　第三节　土地产权制度的国际比较 ……………………………………（192）
　　第四节　土地产权管理制度 ……………………………………………（195）
　　专题分析：中国土地所有制结构发展趋势问题 ………………………（198）

第十章　土地利用 …………………………………………………………（201）
　　第一节　土地利用的基本原理 …………………………………………（201）
　　第二节　土地利用分类 …………………………………………………（204）
　　第三节　农业土地利用 …………………………………………………（206）
　　第四节　城市土地的利用 ………………………………………………（210）
　　专题分析：如何评价土地利用的生态效益？ …………………………（214）

第十一章　城市土地市场 …………………………………………………（216）

第一节　土地市场均衡分析 ……………………………………… (216)
　　第二节　土地市场结构分析(一) …………………………………… (219)
　　第三节　土地市场结构分析(二) …………………………………… (220)
　　专题分析：我国城市土地隐形市场 ………………………………… (223)

第十二章　地租、地价理论的发展脉络 ………………………… (225)
　　第一节　古典经济学家对地租、地价理论的阐释 ………………… (225)
　　第二节　19世纪上半叶资产阶级经济学家有关地租理论的论述 … (231)
　　第三节　马克思主义地租理论 ……………………………………… (233)
　　第四节　现代西方经济学有关地租、地价理论的研究 …………… (236)
　　专题分析：马克思主义地租理论与现代西方地租理论有何分歧？ … (245)

第十三章　城市地租地价 ………………………………………… (248)
　　第一节　城市地租地价理论分析 …………………………………… (248)
　　第二节　城市地租地价种类 ………………………………………… (250)
　　第三节　地租评估方法 ……………………………………………… (253)
　　第四节　地价理论 …………………………………………………… (255)
　　第五节　地价评估原理 ……………………………………………… (257)
　　专题分析：地价为先还是租金为先？ ……………………………… (259)

第十四章　土地税收 ……………………………………………… (261)
　　第一节　土地税收的理论依据 ……………………………………… (261)
　　第二节　主要的土地税种：性质及其税类归属 …………………… (265)
　　第三节　土地税收的经济分析 ……………………………………… (272)
　　专题分析：土地税收的税负归宿是否具有累进性 ………………… (275)

第三篇　住宅房地产

第十五章　住房制度 ……………………………………………… (281)
　　第一节　住房制度概述 ……………………………………………… (281)
　　第二节　住房制度国际比较 ………………………………………… (282)
　　第三节　中国住房制度 ……………………………………………… (289)
　　专题分析：中国住房制度改革的进程与反思 ……………………… (296)

第十六章　住宅开发建设 ………………………………………… (299)
　　第一节　住宅区的规划设计 ………………………………………… (299)
　　第二节　住宅开发建设程序 ………………………………………… (303)
　　第三节　住宅质量 …………………………………………………… (308)
　　第四节　住宅区配套设施建设 ……………………………………… (313)
　　专题分析：住宅开发建设中社区生态环境的营造 ………………… (316)

第十七章　住宅产业化 …………………………………………… (319)

第一节　住宅产业化一般分析 …………………………………（319）
　　第二节　住宅产业化在发达国家 ………………………………（322）
　　第三节　住宅产业化在中国 ……………………………………（324）
　　第四节　住宅产业化的意义 ……………………………………（329）
　　专题分析：集成住宅：未来住宅产业化的一颗明星 …………（330）

第十八章　住宅市场 ………………………………………………（332）
　　第一节　住宅市场的基本特征与结构 …………………………（332）
　　第二节　住宅市场运行机制及发展阶段 ………………………（334）
　　第三节　住宅市场的需求 ………………………………………（336）
　　第四节　住宅市场的供给 ………………………………………（341）
　　专题分析：住房的资产属性 ……………………………………（345）

第十九章　住宅价格 ………………………………………………（347）
　　第一节　房地产价格体系及特点 ………………………………（347）
　　第二节　住宅价格（租金）的构成因素的界定 ………………（348）
　　第三节　住宅价格形成机制 ……………………………………（355）
　　第四节　西方住宅价格模型 ……………………………………（360）
　　第五节　住宅租售比价及推导模型 ……………………………（364）
　　专题分析：房价收入比与居民购买力 …………………………（366）

第四篇　非住宅房地产

第二十章　非住宅房地产概述 ……………………………………（373）
　　第一节　非住宅房地产概念辨析 ………………………………（373）
　　第二节　非住宅房地产的分类 …………………………………（375）
　　第三节　非住宅房地产的经济功能 ……………………………（378）
　　第四节　非住宅房地产的文化功能 ……………………………（379）
　　第五节　非住宅房地产的社会服务功能 ………………………（383）
　　专题分析：非住宅房地产研究 …………………………………（385）

第二十一章　工业房地产 …………………………………………（387）
　　第一节　工业房地产概述 ………………………………………（387）
　　第二节　工业房地产价值与价格 ………………………………（390）
　　第三节　工业房地产供求分析 …………………………………（394）
　　第四节　工业房地产投资评价 …………………………………（397）
　　专题分析：工业房地产投资项目评价理论 ……………………（400）

第二十二章　商业房地产 …………………………………………（403）
　　第一节　商业房地产概述 ………………………………………（403）
　　第二节　商业房地产价值与价格 ………………………………（405）
　　第三节　商业房地产市场分析 …………………………………（409）

第四节　商业房地产投资分析 …………………………………(414)
　　专题分析：写字间的三性分析 …………………………………(420)
第二十三章　社会公共服务房地产 …………………………………(422)
　　第一节　公共房地产概述 ………………………………………(422)
　　第二节　公共房地产的供给分析 ………………………………(425)
　　第三节　公共房地产供给的博弈分析 …………………………(428)
　　第四节　公共服务房地产与基础设施房地产 …………………(433)
　　第五节　社会事业房地产 ………………………………………(439)
　　专题分析：庇古关于私人物品与公共品之间资源配置的效用分析……(443)

第五篇　房地产经济宏观调控

第二十四章　房地产宏观调控总论 …………………………………(447)
　　第一节　房地产宏观调控的理论分析 …………………………(447)
　　第二节　房地产宏观调控的总量均衡分析 ……………………(454)
　　第三节　房地产宏观调控体制 …………………………………(458)
　　专题分析：国有制土地如何与市场对接 ………………………(461)
第二十五章　房地产业可持续发展——宏观调控目标 ……………(463)
　　第一节　可持续发展的内涵和房地产可持续发展 ……………(463)
　　第二节　土地资源利用与可持续发展 …………………………(465)
　　第三节　房地产开发与可持续发展 ……………………………(468)
　　第四节　人居问题与可持续发展 ………………………………(470)
　　第五节　房地产市场与可持续发展 ……………………………(473)
　　专题分析：房地产可持续发展评价 ……………………………(476)
第二十六章　房地产业发展预警——宏观调控预防手段 …………(479)
　　第一节　房地产发展预警装置概述 ……………………………(479)
　　第二节　房地产业景气指标体系 ………………………………(480)
　　第三节　房地产经济预警方法 …………………………………(489)
　　第四节　房地产业景气分析模型 ………………………………(492)
　　第五节　房地产业景气与周期波动 ……………………………(499)
　　专题分析：对最近一个房地产周期波动的景气分析 …………(504)
第二十七章　房地产法律规范——宏观调控法规手段 ……………(509)
　　第一节　房地产经济与房地产法 ………………………………(509)
　　第二节　房地产法的主要内容及存在的问题 …………………(511)
　　第三节　房地产法的体系 ………………………………………(513)
　　专题分析：关于如何构建我国的房地产法 ……………………(519)
第二十八章　房地产政策——宏观调控的行政手段 ………………(521)

第一节　土地利用政策 …………………………………………（521）
第二节　住房政策 ………………………………………………（525）
第三节　香港及国外的房地产政策比较 ………………………（532）
专题分析：城市服务边界与建筑许可限制 ……………………（542）

后　记……………………………………………………………（545）

绪　　论

作为教科书的绪论怎么写、写什么似乎没有一定之规，本书作为正在形成和发展中的房地产经济学、专著性质的教材同样如此。这里我们拟写以下内容，可算作一种尝试。(1) 对作为本教材的载体或研究客体房地产和房地产业的内涵及其经济运行基本架构，作简要论述；(2) 对房地产经济学的概述，包括学科定位、研究对象、所涉及的理论架构和研究方法等；(3) 根据研究对象和目标等，对全书基本内容和结构体系的安排；(4) 本书的基本特点，即全书的自我简评。

第一节　房地产及其与不动产的关系

(一) 房地产的内涵

房地产是个古老而又"年轻"的概念，说其古老是指作为物态的"房地产"几乎与人类社会经济生活同时产生；作为经济范畴的"房地产"也随着商品经济和城市的产生逐渐萌生、形成和发展，至少也有几百年了。说其"年轻"是指作为经济范畴"房地产"的内涵，都还在形成和讨论中，至少在我国是这样。

现在学术界对房地产的定义有各种表述，比较有代表性的观点主要有以下几种：(1) 房和地有机整体论。认为"房地产是房屋建筑和建筑地块的有机组成整体"(汤树华，1992)。(2) 房产和地产统称论。认为"房地产从字面上看是房产和地产的统称，即房产和土地两种财产的合称"(包亚钧等，1998)。(3) 狭义房地产论。认为"狭义的房地产是指土地和土地上永久性建筑物及其衍生的权利"(王克忠，1995)。(4) 广义房地产论。认为"广义的房地产除上述(狭义房地产)内容外，还包括诸如水、矿藏和森林等自然资源"[①]。(5) 房地产即不动产论。认为房地产是不动产的原称；不动产是房地产的别称；房地产是通俗概念，而不动产则是理论化的概念。

那么，究竟怎样辨析这些定义？对此，我们认为，在评价辨析之前，首先要明确界定房地产定义的一般原则，即统一口径：(1) 房和地二者耦合不可分原则，房地产是由房和地有机整合而成的复合概念，"房依地建，地为房载"。既没有空中楼阁，也不能把与房屋建筑无关的"地"拉入房地产。(2) 一般只有承载用地才是构成房地产复合概念中的"地"。土地作为生产要素就其经济用途，可分为三大类：一是承载用地(建筑用地、城市用地等)；二是养力用地(种植、养殖用地)；三是富源(矿藏等)地。但是只有承载(重)用地才能成为房地产复合概念中的"地"，其他两类用地只有转为建筑用地后，才能成为房地产中的"地"。(3) 界定房地产一般要从房屋建筑出发。地是先于房屋建筑的天然存在物，"地产"或土地不仅完全可以作为一个独立的概念，而且还可以与房地产并列作为不动产独立经营；而房屋建筑等是后天依地而建造的人工建筑物，只有有了

[①] 转引自周诚：《土地经济问题》，华南理工大学出版社，1997年。

房屋建筑以后,才有房地产这个复合概念,所以,要以房为基础,从房屋建筑出发来定义房地产。(4)房地产定义的层次性,即房地产的内涵有不同层次。这是因为构成房地产复合概念的房屋建筑自身有不同用途类型,从而构成不同功能的房地产。

根据上述原则,关于房地产定义的第二种观点,即房地产是房产和地产的统称的观点不确切,因为"统称论"中的"地"是不确定的,既可以是指承载用地,也可以是"三种用地"的统称。当然,明确了这一点,并不影响我们单独使用"房产"、"地产"乃至"农地"这些概念。至于第四种观点,"广义房地产论"就更值得商榷了,因为这种观点明确指出"房地产"中的"地"是"三种用地"。

综上所述,我们认为,房地产是指建筑地块和建筑地块上以房屋为主的永久性建筑物及其衍生的权利。这是房地产的一般定义,根据房屋建筑的不同,又可分为具体不同的房地产,即住宅房地产、非住宅房地产和其他房地产。所谓住宅房地产是指住宅房屋建筑与建筑地块有机结合整体及其所衍生的权利。非住宅房地产是指非住宅房屋建筑与建筑地块有机结合整体及其所衍生的权利。其他房地产是指与房屋建筑有关的基础设施与建筑地块的有机结合整体及其所衍生的权利。城市中与房屋建筑有关的基础设施建筑如"从事区域内市政、公共基础设施、管网建设"等(包亚钧等,1998),与房屋建筑有类似的经济特征,它们与相应建筑地块的有机结合整体及其所衍生的权利,既可归入住宅房地产和非住宅房地产的范畴,也可独立并列为其他房地产。为了区分房地产的不同层次性或内涵的不同,以及它们之间的包容关系,我们称住宅房地产为房地产Ⅰ,用 R_1 表示;称住宅房地产与非住宅房地产之和为房地产Ⅱ,用 R_2 表示;称住宅房地产、非住宅房地产与其他房地产三者之和为房地产Ⅲ,用 R_3 表示。R_1,R_2,R_3 的内涵依次扩大(见图一)。

上述分析表明,房地产这个复合概念有两个鲜明的特点:一是房和地在物态上的不可分性;二是物态上的不可分性导致衍生权利的耦合性。而这种物态不可分性及其所衍生的产权关系的耦合性,正是房地产经济的特征和"奥妙"所在。对此以后还将论及。

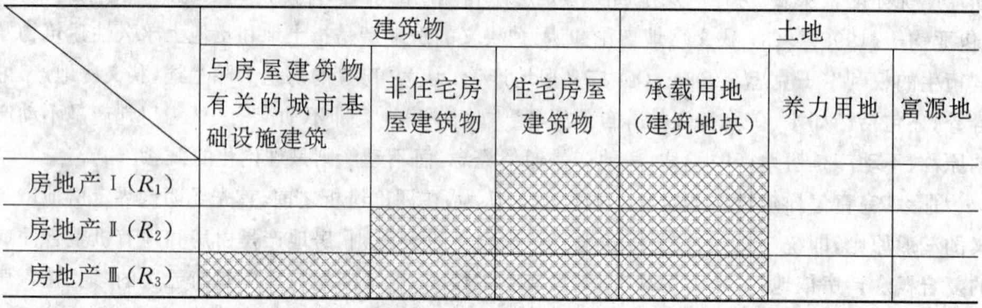

	建筑物			土地		
	与房屋建筑物有关的城市基础设施建筑	非住宅房屋建筑物	住宅房屋建筑物	承载用地(建筑地块)	养力用地	富源地
房地产Ⅰ(R_1)			▨	▨		
房地产Ⅱ(R_2)		▨	▨	▨		
房地产Ⅲ(R_3)	▨	▨	▨	▨		

以上阴影部分代表房地产包含的范围。

图一 不同层次房地产及其包容关系示意图

(二)房地产与不动产的关系

在房地产概念讨论中,还有一种观点认为,房地产即不动产,这实际是房地产与不动产的关系问题。不动产是动产的对称,是不能移动、或移动后会改变其原来性质、形状和失去原价值的物。一般由"土地及附着于土地上的改良物"构成。具体有如(1)土地,包括"三种用地";(2)房屋建筑物,包括住宅房屋建筑、非住宅房屋建筑、与房屋建筑有关的城市基础设施建筑;(3)非房屋建筑物如桥梁、道路、水库大坝等;(4)与土地尚未分离的农作物、林木种子等;(5)车辆、船舶、飞机等少数虽然能移动,但价值比较昂贵的财产;(6)财产综合体。显然,房地产即不动产,或房地产属于不动产这一判断没有错;同样显然,相对来说不动产是个大概念,房地产是个小概念,后者只是前者的一部分,二者的关系如图二。

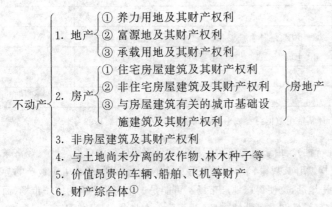

图二 房地产与不动产关系示意图

第二节 房地产属性

对房地产的属性,可以从土地的资源属性来理解,也可从房地产作为经济活动的物质载体来理解,还可从房地产产权交易的法律规范及房地产的社会价值等多方面来理解。相对于一般商品而言,房地产具有特定的自然属性、经济属性、法律属性和社会属性。

（一）房地产的自然属性

1. 房地产位置的固定性。房地产在空间所占的位置,既不能移动,也不能调换,因此房地产的利用具有鲜明的地域特点。位置直接关系到房地产的利用价值。房地产业中有句古话,即城市房地产的三条最重要的特征是:一是位置,二是位置,第三还是位置(Location, location, and location)。这里的位置不仅指地产的自然区位,也指房地产所处的经济与社会关系的网络。位置的固定性说明在房地产市场上让渡的并非房地产本身,而是附着于房地产上的各种权利。因此,房地产产权的安排、变迁与交易是房地产市场运行的前提与主要内容。

2. 房地产的耐久性。一般的物品在使用过程中会较快地磨损、消耗,但房地产的利用则具有长期性,一般可使用许多年。表一列出了各种类型结构的建筑物规定的使用寿命。在房地产的寿命周期内,社会、经济环境的变化会引起房地产价值的波动,因此必须用动态分析方法来进行投资、估价决策及房地产政策制定。

---

① 财产综合体是指相互有联系的为了统一的目的而使用的动产和不动产的集合物,如企业和不动产综合体。

表一 房屋耐用年限

房屋类型 耐用年限(年) 结构	生产用房	受腐蚀的生产用房	受强腐蚀的生产用房	非生产用房
钢结构	50	30	15	55
钢筋混凝土结构	50	35	15	60
砖混结构	40	30	15	50
砖木结构	30			40
简易结构	10			10

资料来源：吕发钦：《资产评估常用数据与参数手册》，北京科学技术出版社，1993年。

3. 房地产的异质性（独特性）。由于房地产位置固定加上不同区位的自然、社会、经济条件各不相同，以及建筑物的式样、朝向、规模、装饰、设备等方面的千差万别，形成了房地产的异质性，不存在两宗完全相同的房地产，这使得房地产市场不可能是一个完全竞争的统一市场，而是一个交易费用比较高的具有区域性和垄断性的市场。为了降低交易费用，提高市场运行效率，房地产中介服务业（如房地产估价、经纪、营销、法律服务业等）就显得非常必要。

此外，土地还具有一些特殊属性，同样会影响到房地产，有如：

4. 土地的不可再生性。土地是不可复制生产的自然资源，是由地貌、土壤、岩石、水文、气候、植被等组成的自然历史综合体。人类的活动可以影响土地的相对位置的变化及土地的占有、分配、利用，但却无法创造土地。这一特征要求人类合理利用、珍惜和保护土地资源，注意房地产业的可持续发展。

5. 土地总面积的有限性。由于受地球表面陆地部分的空间限制，土地的总面积是有限的，这要求人们注意节约用地，通过提高科学技术水平来提高土地的利用效益，并保持人类生存和发展的适度空间。

（二）房地产的经济属性

1. 房地产有高资本价值特性。购、建房地产都需要大量货币支出，如住房价格一般相当于家庭年收入的5倍左右。价格的昂贵性使房地产开发与购买高度依赖于金融业，利率、资金可得性、货币供给状况、首次分期付款额度等条件的变动都会影响房地产的供求状况。此外，房地产本身还附有大量费用支出，如房地产税、保险费、产权登记费等。

2. 房地产利用适应物价变动的缓慢性。由于土地用途转换需要一个较长时期，如农业用地适应农产品价格变动的速度取决于农业生产的周期，建筑用地适应房价变动的速度取决于房地产开发周期。房地产适应价格变动的钝性使房地产业的周期波动并不同步于宏观经济周期波动。

3. 投资与消费的双重性。房地产可以作为一种生产要素用于生产消费（如厂房），也可以用于生活消费（如住房），但由于房地产的固定性、耐久性及稀缺性，使之亦成为一种重要的投资品。虽然房地产的变现能力较差，流动性较低，但在通货膨胀情况下，投资房地产比投资其他资产更具保值功能（见表二）。

表二　世界各地房地产、股票价格及通胀率(%)

国家(地区)	年份	房地产	股票	通胀率
澳大利亚(墨尔本)	1950—1958	8.5	5.5	4.8
日本(地价)	1964—1987	11.0	10.5	7.0
新西兰	1963—1986	11.1	7.2	9.9
新加坡	1972—1983	14.4	10.7	6.0

资料来源：P. M. Brown, 1990, "United Kingdom Residential Price Expectation and Inflation", *Land Development Studies.*

4. 房地产利用的外部性。房地产的利用及价值常常受周围房地产利用及环境变动的影响，称为相互影响性、溢出效应或外部性。例如，住宅的利用需要有一定的配套服务设施；新建道路的投资会使路旁土地升值等。房地产利用的相互性使得房地产产权复杂化，从而要求寻找使外部性内部化的方法。

另外土地自身的经济属性，同样要耦合于房地产，如：

5. 土地供给的稀缺性。大凡经济物品都具有稀缺性，但土地供给的稀缺又具有特殊性。首先是土地的总供给量固定。其次人们利用土地总是首先开发利用位置较为优越或肥力较高的土地。随着对土地需求的不断增加，劣等地也会投入使用，这会导致优等地的地租、地价的不断上涨，这就更加剧了土地的稀缺性。最后，土地的异质性与固定性使可利用的土地具有一定的垄断性，在短期内土地的供给缺乏弹性。但从长期看，土地用途的转换会使土地的供给有一定弹性。

6. 土地投资收益的递减性。在技术不变条件下，对单位土地面积连续投资超过一定限度之后，投资收益将呈递减趋势，即收益的增加比率将低于投资的增加比率。这说明当土地作为固定要素时，投资将存在一个最优点，超过此点，投资的边际收益递减，这在农业用地及建筑用地的投资过程中表现明显。

7. 土地所有权的垄断性。财产的所有权具有排他性，但土地所有权的排他性则具有特殊性，"因为土地所有权本来就包含土地所有者剥削土地，剥削地下资源，剥削空气，从而剥削生命的维持和发展的权利"(见《资本论》第3卷，第872页)。土地所有制制度决定了以土地所有制为基础的生产关系的其他环节，如土地使用制度、地租地价关系，也决定了由国家或社会的其他代表对土地实行社会化管理的必要性。

(三)房地产的法律属性

1. 房地产的不动产特性。动产与不动产是法律上对物进行的最重要的分类。不动产的重要特征是它的不动性或位置的固定性、恒久性，不动产之外的财产则为动产。虽然各国法律对于不动产的决定标准各不相同，但无疑房地产都被归为不动产。在法律上与动产相区别，房地产的让与必须采用书面形式，依登记而有效；在设定担保物权时，房地产上设定抵押权，动产上设定质权；发生继承时，动产适用于被继承人居住地法律，而房地产适用房地产所在地的法律等。

2. 房地产产权的重要性。房地产产权指在房地产开发、经营、管理和使用过程中发生的人与人之间的权利关系。房地产交易实质上是房地产产权的交易。产权的界定与保护是房地产得以流转的前提。房地产产权的存在与变更反映了房地产的法律属性。

3. 房地产的可分性。作为物质形态的房地产不易分割或分割后会损害其效用。但作为无形资产,其所有权可视为一束权益(利)的集合,这些法律权利与权益可以被分开并单独出售、转让。例如:投资者不必购买土地,通过租赁即可获得使用权,使用权还可以继续出租、抵押、转让等。房地产的可分性使房地产的流通更容易实现。

(四) 房地产的社会属性

1. 房地产利用的社会效应。人类行为受遗传与环境的影响。环境包括自然环境与人文环境。人类的衣食住行都是通过土地及房屋来满足的。对土地的开发利用会对当地物理环境产生长远的影响。住宅的质量、建筑密度、城市结构、住址与工作地点的通勤距离等因素,都会对人类的生活、工作与娱乐产生有利或有害的影响。据有关研究表明,设计良好的居住区,能起到降低犯罪率,加强社区沟通与凝聚力、激励居民参与精神的作用。

2. 房地产的美学价值。建筑是"凝固的音乐"。建筑作为人类智慧、技术与文化的结晶,反映了人们的伦理观念、审美情趣、价值观念、宗教感情、民族性格等。具体来讲,房地产的美学价值表现在三方面:作为建筑物背景的自然环境所形成的自然美;城市规划、建筑设计及室内装饰所表现出来的艺术美;房地产、使用者与社会三个系统的良性运行与顺畅沟通所表现出来的社会美。

3. 房地产的心理效应。房地产是人类的生存与活动空间,其中所蕴涵的信息对活动者的心理与精神状态有很大影响。以住宅为例,住宅提供了人们家庭生活的私密空间,担负起现代快节奏、高度程序化生活状态中的人们宣泄感情、昂扬个性、审美自由的功能;住宅(区)的开放程度及善邻性能增加居住者之间的心理相容和归属感,有利于减少冷漠、偏执、孤独、狭隘等"文明病";住宅也是人的自我存在的认可意识的映射与物化,表现了居住者的个性与情趣、社会地位等,居住区的分异现象则反映了人类社会的隔离与分层等。总之,住宅不仅仅是一个栖息之所,更是一个能给人以慰藉、美感与激情的空间。

第三节 房地产业及其运行机制的基本架构

(一) 房地产业内涵

房地产业是房地产经济学中又一重要基本范畴,与房地产有紧密的联系,如果房地产作为一种产品,那么,它就是从事房地产这种产品生产经营的行业。房地产业既是房地产(经济)实际运行与发展的"载体",同时也是房地产经济学理论得以丰富和提升的源泉。但是直到今天学术界对房地产业的内涵及由此所引致的产业定位等都还议论纷纷,莫衷一是。

第一种观点认为,房地产业是从事房地产开发、经营、管理、服务的行业(周诚,1997)。这是比较流行的观点,但是这里的开发是否包括房屋建设过程不明确,即房地产业是流通领域的产业,还是生产与流通二者兼而有之的产业不明确。第二种观点认为,"房地产业(则)是从事房地产投资、开发、经营、管理和服务,主要是流通领域里活动的产业部门"(王克忠,1995)。其特点是强调房地产业的活动主要在流通领域。第三种观点认为,"房地产业是指从事房地产开发建设、租售经营以及与此紧密相关的中介服务如融资、置换、装饰、维修、物业管理等经济活动的行业,是国民经济中兼有生产和服务两种职能的独立产业部门"(张永岳等,1998)。其特点是强调房地产业是兼有生产和服务(经营管理)职能的产业。第四种观点认为,"房地产业是指从事房地产开发、经营、管理和服务等经济实体所组成的众多行业的产业部门。房地产行业包括房地产生产、经营、消费等各个领域的经济组织和经纪人以及各类专业技术人员,他们是互相依存、互相联系、互相提供服务的有机整体"(包亚钧等,1998)。这种观点强调房地产业的内涵除了包括从事房地产业经营活动外,还应加上从事房地产经营活动的各种法人单位。

以上是当前学术界的主要观点。其基本差异或分歧主要表现在两方面:一是房地产业除了包括经营环节外,是否还包括开发建设(生产)环节;二是房地产业的内涵除了包括从事房地产经营活动外,还要不要包括从事房地产经营活动的各种法人单位。关于第二点,我们认为,任何一种经济活动和由一系列经济活动形成的行业行为都是以其法人主体经济人和相应的机构存在为前提,这是不说自明的公理,所以从经济学概念来说,在定义房地产业时,还要不要凸显从事房地产经济活动的法人主体和机构是两可的事。

现在的问题是房地产业究竟是纯流通领域的产业,第三产业,还是生产与经营兼备的生产经营型产业,即它是否还有第二产业的特性。我们认为二者可以并存并用。对此,我们将在第一章论及。

(二) 房地产业运行机制的基本架构

房地产业作为国民经济的一个独立产业,其产品运行过程和其他产业的产品一样要经过生产、流通、消费三个环节。生产建设过程从购置土地开始,经过房产的开发建设(包括装修);再进入流通领域,或售或租;然后进入消费过程。在这一过程中涉及到一系列交易关系,形成一个以房地产交易为中心,旁及金融、建材、中介和物业服务内外两层的市场结构体系(见图三),即房地产业赖以运行的房地产市场结构体系。

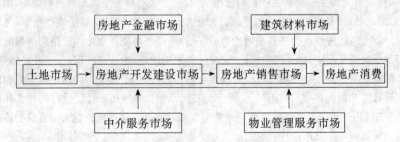

图三 房地产业运行机制基本架构——房地产市场结构体系示意图

以上只是房地产市场体系的基本架构,每个市场都还可以细分。由于各国制度安排不同和国情的差异,这种"细分"又不尽相同。以我国土地市场为例,城市土地除了土地所有者与土地使用者之间土地使用权出让市场即一级市场和土地使用者之间土地使用权转让市场即二级市场之外,在这两级市场之上还有土地征用市场。按照我国土地法规制度,国家根据城市建设和其他建设需要,可以征用农村土地,变农村集体所有制土地为城市国家所有制土地。这是土地所有权交易市场,其特点是土地征用费由国家统一规定,带有明显的行政性,基本由国家来配置这部分土地资源。这在其他国家不多见。

第四节 房地产经济学

（一）房地产经济学学科定位

房地产经济学是房地产经济运行过程的理论化和系统化，以揭示和反映房地产经济运行规律为宗旨，是应用经济学的一个分支学科门类。房地产业是一个独立的大产业，是产业结构链中重要一环，所以房地产经济学的基本学科定位应该是产业经济学范畴，归属于部门经济学。

然而房地产经济学又是多学科的交汇，具有交叉学科的性质。主要表现有如：(1) 房地产经济(学)与城市经济(学)的交叉重叠，城市土地利用与内部空间结构、城市住房、城市经营中的土地经营等都与房地产经济(学)有交叉重叠；(2) 与资源经济(学)的交叉重叠。资源经济学主要研究土地开发利用和土地资源合理配置，而这些同样是房地产经济学的研究重点；(3) 与生态经济学的交叉重叠，房地产业的可持续发展理论与生态经济学的生态平衡理论的一致性；(4) 房地产金融有第二金融之称，从而把房地产经济学与金融学紧密联系起来；(5) 房地产经济学与理论经济学的关系，这不仅表现在房地产经济学要受理论经济学的指导，同时还表现在土地制度、价值理论、地租理论等同属理论经济学和房地产经济学研究的永恒主题等等。

（二）房地产经济学的理论框架

正由于房地产经济学是多学科的交汇，加之自身房和地的耦合性，所以涉及的理论不仅多且复杂。大体可分为相互关联相互依从的三个层面：一是核心理论层如土地产权理论、地租地价理论、区位理论等；二是直接支配房地产运行的一般理论或内层理论，如房地产投资、房地产开发建设、房地产市场、房地产价格和房地产价格评估、房地产周期等理论。三是间接影响房地产经济运行的外延交叉理论，如外部性理论、宏观经济周期理论、泡沫经济理论、产业经济学理论、制度经济学理论等。这种分类不一定严密科学合理，其目的在于凸显不同理论在支配和影响房地产经济运行时其地位和作用的不同，从而它们在揭示和反映房地产经济运行的特点和规律也会有差异。正因为房地产经济学所涉及理论的层次性，相应的，这些理论在书中反映的程度也不一样。这里只就产权和土地产权问题提出几点：

其一，产权是制度的基础，是经济学的前提条件，土地产权作为整个产权理论的重要组成部分，势必要成为房地产经济学的核心理论。所以备受学界关注，论著很多是顺理成章的事。

其二，关于"权利束"问题。在学界不论是讨论一般产权问题，还是讨论土地产权问题，一般都论及所有权内部权能结构和"权利束"问题，通常都认为这个"权利束"除了所有权外，还包括占有权、使用权、处分(置)权、支配权、收益权、分配权等等。在论及土地产权"权利束"时，除了包括上述权能外，一般还包括地上权、地役权、租赁权、典权、抵押权等等。"权利束"越来越大，权能越来越多，似乎是没有边界，并且强调每个权能都很重要，主次不分。对此，可概括为"多权平行权能结构"，简称"多权平行结构"。在市场经济条件下，强调产权"明晰"，权能"细分"是正确的，但产权"明晰"和权能"细分"的最终目的是产权在经济上的实现。因此，我们认为从经济学的角度来看，所有权，特别是包括土地在内的生产资料所有权的内部权能结构，或"权利束"中，最主要最本质的权能只有所有权和使用(经营)权，其他诸如占有权、支配权、收益权等，不是所有权的占有、支配、收益，就是使用(经营)权的占有、支配、收益。都是后者从属于前者，即占有、支配、收益等权从属于所有权或使用权。对此，可称之为"多权主从权能结构"，简称"多权主从结构"。

总之,我们认为"权利束"不是"多权平行结构"而是"多权主从结构"(曹振良,1994)。所以,不论是产权"明晰",还是权能"细分"最终都是为了保证所有权和使用权的落实,不是为了"明晰"而"明晰"、"细分"而"细分"。其实有些从属权能就是所有权或使用权的延伸(如地上权、地役权等),或它们的实现形式(如典权、抵押权等)。

其三,土地产权在房地产经济中的特殊经济意义。这主要是由于土地的自然特性及其所衍生的产权经济特性,通过房和地的物态耦合与产权耦合在房地产经济运行中的特有表现。土地的自然特性及其所衍生权利的基本经济特征是垄断,主要表现在:土地的稀缺性使土地所有权的垄断成为可能,从而形成绝对收益率;土地的区位差及其固定性,相应形成级差收益的垄断性;土地的永续利用和自然增值性,从而产生自然增溢的独占性;土地产权的垄断性,势必导致产权交易的价格垄断性等。土地的这些产权经济特征,将随同房和地的物态耦合,参与房和地的产权耦合,使房、地、产(产权)三者融为一体,形成房地产。房地产的这种耦合性产权,除了具有一般产权的基本特性外,由于土地产权经济特征的融入还会给房地产开发建设带来一系列特有的经济现象,这就是:(1)在房地产开发建设中,业主有权利用土地参与社会剩余价值的分配,以地租的形式通过房屋造价得到实现;(2)利用土地区位差的垄断,形成房地增溢互动机制,即利用优越的土地区位,带来房屋建筑的增溢,反过来房屋的精良设计建造,物业管理周到规范,小区组团布局合理,形成集聚效应,又会提升土地的区位优势,增加区位差收益;(3)土地永续利用和自然增值的权能特性,适应广大投资者保值增值的普通心理要求,促使更多的投资者(包括家庭投资)投资房地产市场,这是无需广告的促销,施惠于房地产业主;(4)房地产保值增值的权能特性,使房地产成为金融活动,特别是房地产金融活动中最理想的抵押物,从而会使房地产业获得最有力的金融支持等等。这些就是土地产权在房地产经济中的特殊经济意义,亦即前面所提及的房地产经济的"奥妙"所在。

(三)房地产经济学的研究对象和方法

关于房地产经济学的研究对象论述也不少,主要观点有如:(1)"城市房地产经济学的研究对象,是城市房地产经济的运动及所体现的经济关系"(武汉市场房地产经济研究会,1984,第13页)。(2)"房地产经济学的研究对象就是整个社会房地产业经济运动的客观规律"(屠永良等,1989,第3页)。(3)认为房地产经济学"主要研究社会主义市场经济条件下房地产经济的实践活动及其所体现的人与人之间的经济关系"(王克忠,1995,第12页)。(4)认为"房地产经济学是一门研究房地产运动规律及其表现形式的科学。……也是一门研究房地产资源配置效率的科学。(张永岳等,1998,第11页。)"前三种观点的表述基本是从我国传统政治经济学的研究对象移植过来的。长期以来在学术界有一种占统治地位的观点,认为马克思主义政治经济学的研究对象是生产关系或经济关系及其运动规律;西方经济学的研究对象是资源配置,并且把二者完全对立起来。其根据之一是马克思多处说过"政治经济学,从最广的意义上说,是研究人类社会中支配物质生活资料的生产和交换的规律的科学"(《马克思恩格斯全集》第20卷,1971,第160页)。"经济学所研究的不是物,而是人与人之间的关系"(《马克思恩格斯全集》第13卷,1962,第533页),或类似的话。根据之二是西方学者对经济学的定义,即"经济学是研究人和社会如何进行选择,来使用可以有其他用途的稀缺的资源以便生产各种商品,并在现在或将来把商品分配给社会的各个成员或集团以供消费之用"(萨缪尔森,1992,第4页)。还有的西方学者说,经济学是"研究人们如何分配他们有限的资源来满足人们的需要的科学"(哈维,1985,第4页)。其实只要我们不完全停留在马克思对政治经济学研究对象的表述上,而看他实际研究的内容,就会发现他对资源配置的研究也很多,并且很精彩,比如他的两部类再生产理论模型,第二种含义的社会必要劳动理论和劳动资源配置理论等。同样对西方经济学不只是看它的某一流派,而是着眼整个西方经济学,其中有的流派也研究资本主义经济关系,如制度经济学。至于他们的研究出发点和方法有何不同,那是另一个问题。所以我们基本同意上述第四种观点,房地产经济学既研究经济关系,也研究资源配置。但是,有两点值得一提:一是关于资源配置与经济关系研究以谁为基础的问题,我们认为应通过资源配置研究来揭示和反映经济关系和经济规律;二是相对政治经济学等理论经济学来说,房地产经济学等部门经济学更侧重资源配置的研究,包括行业内外资源配置。外部资源配置主要是讲产业地位及其与国民经济的关系;内部资源配置有多层含义,主要是:其一是住宅房地产与非住宅房地产之间的比例,其二是非住宅房地产所涉及不同行业资源的配置,其三是同一房地产中各类档次比例,如住宅高、中、低档的比例。

总结前面的分析,我们认为,房地产经济学的研究对象是行业内外资源配置及其所体现的经济关系和运行规律。

房地产经济学的研究方法除了常规定性与定量分析、规范分析与实证分析以及比较分析等方法外,还可运用经济学前沿分析方法博弈论。

第五节 本书的结构和基本内容

迄今国内外房地产经济学的结构体系,大体可分为两大类:一类是"房产"和"地产"分开,写成两本(或两种)书,即《房产经济学》或《住宅经济学》、《土地经济学》或《城市土地经济学》。另一类是"房产"和"地产"二者结合起来,写成一本书,即《房地产经济学》。这两种结构体系各有利弊。前者写成两本书,尽管"房产"和"地产"各自的特点、理论、规律揭示得比较充分,但是房地产作为一个耦合整体的基本特征和运行规律等,或"房产"和"地产"共有的特征和规律等则反映得不够充分。后者写成一本书,虽然注意到了"房产"和"地产"二者有机结合的特征,但是"房产"和"地产"各自的特征和运行规律又揭示得不太充分。针对上述两种情况的利弊,本书采取了一种全新的结构体系,写成一本书,但内部结构安排采取了有分有合的原则。全书分5篇,28章。第一篇是合;第二、三、四篇是分;第五篇又合。

第一篇,总论,1—8章,重点是论述"房"和"地"作为一个有机耦合整体所涉的一般理论问题、二者共有的基础理论问题和外延交叉的有关重要理论问题。第一章主要是从整体上论述房地产业在国民经济中的产业地位;第二章主要是论述房地产业的微观基础房地产企业理论;第三章和第四章主要是论述房地产经济运行的资金问题;第五章主要是讲房地产经济发展的一般规律周期理论;第六、七、八章主要是论述房地产经济运行的区位理论、外部性理论以及与房地产经济运行有直接关系的泡沫经济理论。

第二篇,地产,9—14章。主要是论述城市土地经济问题。基本是把土地经济学的内容浓缩在这一篇。第九章,土地产权制度,这既是全书的核心理论,也是本篇的头一章,主要是论述城市土地产权制度安排。围绕土地产权实现问题,以下各章分别论述了土地开发利用,土地产权交易(土地市场),城市地租地价和土地税收等。地租作为土地产权实现形式,既是理论经济学的基础理论,也是房地产经济学的基础理论,也是我们研究地价的直接基础,备受历代经济学家关注,也为今人所重视,我们特设了"地租、地价理论的发展脉络"一章,从学说史的角度较系统地介绍了先辈对地租理论的论述。

第三篇,住宅房地产,15—19章,是在较全面系统地论述了土地经济问题的基础上,对住宅房地产进行分析,涵盖了当前"住宅经济学"的主要内容。各章分别论述了住房制度、住宅开发建设、住宅产业化、住宅市场、住宅价格等。

第四篇,非住宅房地产,20—23章,是对非住宅房地产的论述。如果说房地产产品具有既是消费品又是投资品的双重属性,那么住宅房地产产品则以消费品为主,而非住宅房地产产品则是投资品或生产资料。在国内外房地产经济学结构体系中,非住宅房地产这一块还是空白,我们在本书中设置这一篇,是一次尝试,试图填补这一空缺。本篇主要内容包括:非住宅房地产概述,这一章主要界定了非住宅房地产的内涵、特性、经济意义和分类,然后分别对工业房地产、商业房地产、社会公共服务房地产进行了论述。

第五篇,房地产业宏观调控,24—28章,前面三篇分别就地产、住宅房地产、非住宅房地产三个部分进行了论述,侧重微观分析,揭示三者相对独立的经济特性和运行机制。本篇又回到"房"和"地"作为一个有机整体进行论述,从宏观调控角度进一步论述如何规制房地产业的发展和资源配置。第24章即本篇第一章,房地产业宏观调控概述,主要论述宏观调控一般,包括宏观调控的理论分析,房地产总供给与总需求,宏观调控机制。下面各章分别论述了:宏观调控目标——房地产可持续发展;宏观调控方式——房地产预警;宏观调控手段——房地产政策和房地产法规。

关于本书的特点主要表现在结构体系、理论层次和深度、实用性和研究方法等方面,这些在前言中已有介绍,这里不再重复。

专题分析:房地产经济学构建

我们虽然写就了这本《房地产经济学通论》,但仍觉得房地产经济学怎样构建或创立,还值得研究,故特设专题分析,提出问题,这主要表现在以下几方面:

(1)房地产经济学所依附客体,房地产和房地产业的内涵及其产业定位还有待界定和深入研究;

(2)房地产经济学的研究对象还需深入探讨,这主要是对研究对象讨论中所提及的资源配置论、揭示运行规律论、反映经济关系论等,怎样选择或怎样整合统一;

(3)理论架构问题,以往已出版的同类教科书中很少提及此问题,那么在书中到底要不要明确提出这个问题?本书不但提到了理论架构问题,并且还明确界定为三个层次,这些是否科学得当,都值得探讨;

(4)内容结构体系问题,已出版的教科书中,有的房与地分开写成两本书,有的房地合写一本书,哪种结构科学合理?本书采取有分有合的结构体系,是否得当?均需探讨。

思 考 题

1. 房地产的内涵,房地产分类及其与不动产的关系。
2. 试从房地产的自然属性推导出房地产的其他属性;从房地产的各种属性推导出房地产经济学的主要研究内容。

3. 在我国住房制度改革之初,围绕住房的商品属性或福利属性进行了许多探讨。请分析一下,商品属性是不是住房的经济属性?
4. 房地产经济学的研究对象辨析和理论架构安排。

参 考 文 献

1. 汤树华:《中国房地产实务全书》,新时代出版社,1992年。
2. 包亚钧等:《房地产经济论》,同济大学出版社,1998年。
3. 王克忠:《房地产经济学教程》,复旦大学出版社,1995年。
4. 周诚:《土地经济问题》,华南理工大学出版社,1997年。
5. 吕发钦:《资产评估常用数据与参数手册》,北京科学技术出版社,1993年。
6. P. M. Brown, 1990, "United Kingdom Residential Price Expectation and Inflation", *Land Development Studies*.
7. 曹振良:"改革和完善中国土地制度论纲",《南开经济研究》(海外版),1994年第1期。
8. 张永岳等:《新编房地产经济学》,高等教育出版社,1998年。
9. 屠永良等:《房地产经济学》,文汇出版社,1989年。
10. 武汉市场房地产经济研究会:《城市房地产经济学》,1984年。
11. 萨缪尔森:《经济学》(第12版),中国发展出版社,1992年。
12. 哈维:《现代经济学》,上海译文出版社,1985年。
13. 鄢一美:"俄罗斯不动产物权变动及其登记制度的特点",《政法论坛》,2002年第4期。
14. 《马克思恩格斯全集》第13卷,人民出版社,1962年。
15. 《马克思恩格斯全集》第20卷,人民出版社,1971年。

第一篇 总论

第一章　房地产业的产业定位及其与国民经济的互动关系

房地产业的产业地位及其与国民经济的关系是房地产经济学首先要研究的问题,同时也是政府引导和推动房地产业发展的前提。故把这一章作为全书正文的开篇。

第一节　房地产业的形成及其原因分析

所谓房地产业的形成或确认是指其作为一个独立的产业得到普遍的认可。从房地产经济活动成长为一个独立产业有一个漫长的发展过程。其产业地位的划分,在不同的产业分类标准中意见也不一致。有的分类标准没有明确房地产的产业地位,有的分类标准房地产的产业地位较为模糊,有的分类标准把房地产产业看做是一个独立的产业,经历了一个从不明确到明确的过程。

（一）房地产产业地位不明确的分类标准

1. 三次产业分类法。这是由英国经济学家科林·克拉克创立的,他将全部的经济活动划分为第一次产业、第二次产业和第三次产业。其中第一次产业是广义农业;第二次产业包括制造业、建筑业等工业部门;第三次产业包括商业、金融及保险业、运输业、服务业、公务和其他各项事业。在三次产业分类中并没把房地产业列入其中,是否包含在建筑中也不明确。（郭万达,1991,第16页）

2. 霍夫曼产业分类法。德国经济学家霍夫曼提出的产业分类是:(1)消费资料产业;(2)资本资料产业;(3)包括橡胶、木材、造纸、印刷等工业的其他产业。在霍夫曼这个产业分类中虽然把产业区分为消费资料产业和资本资料产业,但房地产业属于其中那一类,同样不明确。（郭万达,1991,第17页）

（二）房地产的产业地位较为模糊的分类标准

1. 日本产业标准分类法。它是日本政府1949年10月颁布的产业分类法,共分4级:大分类,中分类,小分类和细分类。大分类共14个,其中包括建筑业和不动产业。显然,在这个产业分类中房地产业属于建筑业和不动产业的哪一类不是很明确。（郭万达,1991,第18页）

2. 日本经济企划厅产业分类法。1987年日本政府经济企划厅使用了新的产业分类法,新分类法将第一、第二次产业合并为物质生产部门,将第三次产业分割为网络部门和知识、服务生产部门。物质生产部门由农林水产业、矿业、制造业、建筑业组成。网络部门由运输、通信、商业(饮食店除外)、金融、保险、不动产、电力、煤气、自来水等各产业组成。知识、服务生产部门由经营管理服务(中间投入服务)、医疗、健康服务、教育服务、娱乐关联服务(最终消费服务)、家务服务、公务服务组成。新分类法虽然对原来的分类法做了重大改动,但房地产业属于建筑业,还是不动产仍不清楚。（郭万达,1991,第18页）

(三)明确房地产产业地位的分类标准

1. 国际标准产业分类法。联合国为统一世界各国产业分类而制定的标准产业分类法,在1986年修正的《全部经济活动产业分类的国际法》中,把经济活动分为十大类,房地产业被列入第八类,由四个部分组成:出租和经营房地产(非住宅、建筑、公寓房间、住宅);进行土地功能分区和房地产开发(用自己的账户);不动产出租人;通过合同或收费方式经营的租赁、买卖、管理、评估房地产的代理人、经理人和管理者。①

2. 在中国房地产产业地位的确立。参照联合国标准产业分类法,我国分别于1984年和1994年制定和修改了《中国国民经济行业分类与代码》,把全部的国民经济分为16个门类、91个大类、352个中类和更多的小类。这16个门类分别包括:(1)农、林、牧、渔业;(2)采掘业;(3)制造业;(4)电力、煤气及水的生产和供应业;(5)建筑业;(6)地质勘察业、水利管理业;(7)交通运输、仓储及邮电业;(8)批发和零售贸易、餐饮业;(9)金融、保险业;(10)房地产业;(11)社会服务业;(12)卫生、体育和社会福利业;(13)教育文化艺术及广播电影电视业;(14)科学研究和综合技术服务业;(15)党政机关和社会团体;(16)其他行业。不仅如此,有关部门还明确提出"房地产业包括土地开发,房屋的建设、维修、管理,土地使用权的有偿划拨、转让,房屋所有权买卖、租赁、房地产抵押贷款,以及由此形成的房地产市场"②。可见,不仅在我国产业分类中房地产业已经完全成为一个独立的产业,并且得到全世界的认可,标志着房地产业已经形成。

房地产业形成或确认的原因,总的来说是随着社会经济和科学技术的发展,产业和产业结构成长对房地产需求增加所致。影响产业和产业结构成长有多种因素和各种模式(邬义钧等,1997,第26—32页)。但是,从产业成长机制来说不外三种:一是体外新生机制,简称新生机制;二是自我衍生机制,简称衍生机制;三是体内分蘖机制,简称分蘖机制。所谓体外新生机制是指原产业结构体系中没有的产业,随着社会经济,特别是科学技术的发展,逐渐萌生出新的产业,高新科技产业基本属于这一类型。它们"形成"前后虽然与原产业结构体系母体有这样和那样的联系,但已是完全独立的产业。所谓自我衍生机制或自我累积机制是指原产业结构(分类)体系中不在"类"的其他活动,经过长期的自我累积逐渐成长为独立的产业。这类产业在成长为独立产业之前,其活动量虽与其他产业有联系,但是本身在国民经济中的地位还不明显,随着社会经济发展对其需求不断增加,在国民经济中的作用越来越大,地位逐渐凸显,教育、文化等产业的形成就属于这种类型。所谓体内分蘖机制是指原来附着在某类产业的活动,随着社会经济和人们生活对其需求的扩大,伴随母体的发展逐渐发育成为相对独立的产业。大家知道,"分蘖"是生物学中的一个概念,具体是指稻、麦、甘蔗等植物生长发育的一种机理,即从植物幼苗靠近土壤的底部发出新枝。这里借用来解读某些产业成长的机理,生动形象地说明:(1)新生长的产业与母体产业有相同的生长基因;(2)这类产业的新生是母体产业内在机制使然;(3)新生产业形成前后都与母体产业有紧密联系,共生共荣;(4)由于"分蘖"有继发性,这类产业分蘖成长还将延伸。房地产经济活动成长为相对独立的房地产产业就属于这种机制。它在成长为独立的产业之前依附于建筑业;独立后与建筑业仍有特别的紧密关系。根据产业分蘖继发性原理,把房地产业形成作为建筑业的第一次产业分蘖,那么第二次分蘖就该是住宅产业化,第三次产业"分蘖"就

---

① 转引自包亚钧等:《房地产经济论》同济大学出版社,1998年,第10页。
② 城产建设环境保护部《关于发展城市房地产业的报告》(1987年11月20日)。

可能是物业管理产业化。关于住宅产业化,将在住宅房地产篇论及。至于物业管理产业化,在我国刚有人提出,论述还不多。

第二节 房地产业的产业定位

房地产活动成为独立的产业后其产业怎么定位,是人们关心的问题,也是房地产经济学要论及的问题。房地产业的产业定位有两种含义:一是房地产业的产业性质定位,即在第一、二、三次产业中,房地产业属于哪类产业;二是房地产业的产业功能定位,即在基础产业、先导产业、支柱产业、主导产业中房地产业属于哪类产业。

一、房地产业的产业性质定位

在讨论房地产业内涵时,有人认为房地产业是流通领域的产业,属于第三产业;有人认为是生产和流通兼容的产业,即除了第三产业性质外,还有第二产业的性质。我们认为这两种观点并不矛盾,可以兼容统一起来。首先从一般经济运行机理来说,现代房地产业是生产经营型产业,第二、三产业特征兼备。这主要从两方面来说。

一是从现代房地产业自身的特性来说,作为一种经济形式或经济现象,随着社会经济和现代房地产业自身的发展,出现了大量从事房地产综合开发经营纵向组合的大型房地产企业集团,集房地产开发建设和营销于一体,从项目前期策划、开发建设、销售经营、直至物业管理一条龙运作服务,承担全程融投资风险,这是现代房地产业发展的主导形式,也是现代纵向组合企业集团生产经营一条龙运作的基本特征。

二是从房地产业与建筑业的关系来说。如何分析和认识房地产业与建筑业的关系是界定房地产业性质的重要环节。坚持房地产业是纯流通领域的第三产业观点的人认为,房地产业与建筑业是纯"买卖"关系,即建筑商制造出房子,"卖"给房地产开发商去经营或售或租,类似汽车制造商制造出汽车"卖"给交通运输商去跑运输。由于建筑业是第二产业,而房地产业就是第三产业。我们不否认在房地产和建筑之间有这种交易关系。但不是主要的,更不是惟一的。至少还有以下几种关系:(1)房地产开发商自己兼营建筑业,用自己经营的建筑公司建造自己经营的房地产,即房地产业中有建筑业,二、三次产业兼营;(2)建筑商直接开发经营房地产,即自己生产自己销售经营,建筑业中有房地产业,也是二、三次产业兼营。以上两种关系与汽车制造业和交通运输业的关系的差别是显然的;(3)房地产商策划设计的项目承包给建筑商生产建造,竣工验收后,交由房地产开发商经营销售,这是房地产商与建筑商或房地产业与建筑业最普遍最典型的关系。这当中又分三种情况:一是只包工不包料;二是包工部分包料;三是完全包工包料。即使在这里房地产商和建筑商之间也不是完全意义产品"买卖"关系。其一,产品生产的前期市场调查、策划,甚至设计等都是由"买方"在施工前做的,实际起到了决定、控制、引导生产建造的作用,建筑商所行使的只是代理商的职能,二者的关系是甲方与乙方的关系;其二,只包工不包料或部分包料,是开发商更为直接地控制参与生产建造过程。

综上所述,现代房地产业显然兼有第二、三产业的特性。亦可称之为广义房地产业。

那么为什么又把房地产业列为流通领域的第三产业或狭义房地产业呢?第一,现实经济生活中存在到建筑商那里趸来房子,进行或租或售经营的"二房东"。第二,将其作为生产经营过程中的一个环节,承担销售职能,也是广义房地产业中应有之意。第三,更多的是产业政策和经营管理的需要,更具体来说是为了国民经济核算和统计的需要,至少在我国是这样。例如1985年国务院办公厅转发国家统计局关于建立第三产业统计的报告中将房地产业列为第三产业的第二层次,将房地产的开发建设活动部分列为第二产业建筑业统计,房地产的经营活动部分列为第三产业房地产业统计,这样可以避免重复计算,有其合理性。

总结前面的分析,从一般经济理论广义来说,房地产业是生产经营型产业,兼有第二、三产业的特性;从具体狭义核算统计管理来说,房地产业归类为流通领域第三产业。

二、房地产业的功能定位

房地产业的功能定位,即房地产业的产业定位,主要是讲房地产业在国民经济中的地位和作用。关于房地产业的产业地位,学术界一直有争论,主要集中在房地产业是基础产业,还是支柱产业。我们认为房地产业既是基础产业,也可是支柱产业。只不过作为基础产业是永恒的,而作为支柱产业是相对的,即只是存在于一定时空条件下。在我国当前及今后一个时间房地产业既是基础产业,也是支柱产业。

(一)房地产业的基础产业地位

基础产业简单地说,是指在国民经济生活中有重要影响、能较大程度制约其他产业和部门发展的产业。房地产是社会经济活动的基本要素和场所,是居民生活消费的载体。从事房地产开发经营的房地产业势必成为国民经济中不可替代的基础产业。发达国家现代化历程表明,要实现工业化、城市化和现代化,房地产业的充分发展是一个必经的历史过程。也就是说只有以充分发展的房地产业作为依托,经济高速增长、加速城市化和社会迅速转型等每一道现代化门槛才能顺利实现。房地产业的基础产业地位主要表现在以下几方面:

1. 房地产业是社会经济活动的基本物质前提,是国民经济发展的基本保证。

房地产是社会一切产业部门不可缺少的物质空间条件,更是构成各个产业部门不可或缺的基本要素。农业虽然以土地为劳动对象和基本生产资料,但也离不开房地产建筑,特别是现代工厂化农业。满足各种不同功能要求的房屋构成了工业、商业、服务业、金融业等诸多行业的基本场所。不同装修等级的超市和商场是商业企业实力的基本标志,写字楼的规模、结构、布局直接地反映了经营性企业的不同市场地位。而且,拥有相应规模的房地产,也是任何企业得以存在的基本条件,房地产的价值常常构成这些企业最为重要的企业实体资产。

房地产作为产业部门固定资产的重要组成部分,也直接参与价值生产和价值实现的经济过程。购买或租赁物业的费用是一般商品生产和企业经营不可忽视的成本内容。从宏观的角度来审视,房地产是整个社会财富的非常重要的组成部分,而一个国家的房地产业的发展能对国民经济发展具有重大的支撑作用。根据联合国公布的统计资料,从1976年以来,用于建造房屋的投资占国民生产总值的比重一般为6%—12%(新加坡高达12%—26%),所形成的固定资产占同期形成的固定资产总值的3%—8%。建国以来,我国的房地产业也为社会积累了巨大的财富,据统计,中国城市建成区的土地资产价值约为20万亿元,全国城镇房屋面积达80多亿平方米,若按国家统计局公布的2000年上半年全国商品房平均价格2034元/平方米计算,其资产价值达16万亿元左右,这些财富既是我国几十年发展的成果,也是保证我国未来经济持续、稳定和快速发展的重要条件。

2. 房地产业是人口素质提高和社会全面进步的基本条件。

经济发展归根到底决定于社会生产力的发展,而作为生产力中最基本、最活跃的因素劳动力素质的提高是实现社会进步的基本前提。劳动力的再生产要求社会提供一定水平的生活资料以维持生命、恢复体力和养育后代,其中,住房是最基本的生活消费品,是人类实现自身价值和创造经济价值的必备条件。如果没有住宅及与之相配套的文化、娱乐、教育、卫生、体育、公共设施,就没有劳动力的生产和再生产,劳动力的素质就不可能依据社会经济发展的需要而提高。从房地产的社会属性我们可以看出,现代住宅不仅仅是一个生存空间,不仅仅是单纯的个人或家庭的载体,而是一种发展和享受资料,是居住者运用和发展智力、体现自己的社会价值和进行学习、研究、娱乐以及社交等活动的重要场所。为此,住房及其设备现代化,住房环境生态化,住房服务社会化,将身心得到休憩。据有关资料显示,1979 年至 1996 年 17 年,中国城乡共建住宅 138 亿平方米,其中,城镇住宅 28 亿平方米,农村住宅 110 亿平方米,全国有近 1.5 亿户城乡居民迁入新居,广大群众的住房条件和居住环境得到了明显改善。中国城镇人均居住面积已从 1975 年的 3.6 平方米上升到 1997 年的 9.2 平方米,而且由于住房改革的成功,我国主要大中城市的住房自有率已超过 50%。

3. 房地产业是城市经济发展和城市现代化的重要基础。

在发展中国家的现代化进程中,工业化、城市化和现代化的步伐是同步的。城市经济的发展,实际上就意味房地产业的发展。土地、房屋、道路及其他公用设施,构成城市的基本框架,各种风格的房屋建筑形成了现代化城市的特色。可以说,城市土地和房屋不仅是城市经济存在和发展的空间,也是一个城市立体形象的物质外壳和主体,更是一个国家和城市的文明水准的基本标志。一般而言,现代化城市是否具有高效益的经济活动,决定于建筑内部结构是否合理化和城市基础设施是否高效化,而这些又是与土地开发和物业再开发不可分的。譬如,要增加和提高包括城市能源、交通、邮电、防护等在内的城市基础设施的功能,就需要通过供水、排水、道路、桥梁、地上地下铁道、电力、电讯等管线的铺设和煤气厂、自来水厂、邮电通讯用房、修车厂、车站、航运、客运码头等设施的建造来实现。从海外城市发展的情况来看,通过房地产综合开发,通过预先规划、科学布局,以具有人性化的功能分区标准来安排城市的用地方向,并且保持不同用途土地的合理比例,能大大提高城市经济活动和社会活动的综合效益。而且,由于城市是生态系统和经济系统的有机统一体,在房地产的开发和再开发过程中,遵循生态保护和经济发展协调统一的原则,构筑自然、社会和经济和谐融合的城市花园,将能大大提高居民的生活质量,从而有助于构建起人伦和谐、经济繁荣的现代化城市。

4. 房地产业是社会财富创造的重要源泉。

人们说,土地是财富之母,那是说自然赋予的土地所具有的原始价值。但原始状况的土地,是不能满足现代社会生活和经济生活的基本需要的。通过房地产业的开发经营活动,把特定土地资源与科技、资金和社会需求有机地结合起来,建造出满足不同生产生活需求的各种物业,从而在土地自然价值的基础上,创造出了更高的经济价值。而且,这种新增加的价值量通常是很大的,因为房地产在特定地域内常常是一种稀缺的资源,房地产业的供给在特定的时点上总是滞后于社会对房屋的需求。因此,房地产业作为一个高附加值产业,在土地开发和房屋建设中,不仅给开发企业带来利润,也为社会创造出巨大的物质财富,推动着城市迈向现代化,促进整个国民经济的增长。在这方面,香港的房地产业发展提供了非常成功的经验。从 1976 年到 1985 年,前港英政府批地收入平均占财政收入的 17.7%,在 1980 年到 1981 年财政年度中,批地收入高达 30 亿美元,约占该财政收入的 35%,1991 年批地 20 块,收入 740 亿港元。房地产业的财富创造,不仅维护着香港产业活动的高水准,而且为香港城市的发展和现代化奠定了基础。

以上这些因素对社会经济生活有长期的作用,所以说房地产业是国民经济中永久性基础产业。

(二)房地产业的支柱产业地位

支柱产业有的又称主导产业,其内涵有各种表述,有的认为支柱产业是"指国民经济中生产发展速度较快并能带动一系列产业发展的部门"(郭万达,1991,第 26 页)。有的认为,是指生产规模、发展速度、技术状况对国民经济的发展、财政收入、就业率、技术进步等方面影响很大,在当前和未来国民生产总值和工业生产总值中占有举足轻重地位的产业。(杨公朴,1999,第 93 页)美国学者罗斯托也曾指出支柱产业或主导产业是能吸纳新技术,本身有较高增长率,能带动其他产业发展的产业。这些表述虽然不尽相同,但是,基本意思差不多,以下几点基本一致如:(1)在国民经济占有一定比重,自身发展速度较快,对国民经济贡献较大;(2)产业关联度大,能带动其他产业发展,即扩散效应;(3)能吸纳新技术成果。根据上述基本标准,房地产业也可以是支柱产业。

首先,房地产业不论是占 GDP 的比重,还是其增长速度,都具备支柱产业的条件。在发达国家房地产在国内生产总值中的比例,有的已在两位数以上,从而把房地产业看做是支柱产业。美国房地产业对 GDP 的影响为 14%,其国内私人投资的最大部分是房地产,约占全部投资的 50%以上。英国、意大利、法国等欧洲国家的房地产业净产值占国民收入 6%—9%之间。日本 1980—1990 年房地产的总产值占国内生产总值约为 9.4%—10.9%,与建筑业持平或略高于建筑业。

目前在我国房地产业作为一个新兴的产业,得到了迅速的发展,其增长速度高出国民经济增长速度的 1 倍,90 年代均增长速度为 20%左右;其产值占 GDP 的比例大约在 5%左右,其中上海等城市房地产业产值已占 GDP 的 10%左右。可见,在我国房地产业也正向支柱产业迈进。

其次是房地产业产业链长,关联度大,能直接或间接地引导和影响很多相关产业的发展。房地产业的感应度系数和影响力系数在国民经济各产业部门中处于平均水平之上。据一些发达国家统计,房地产业的产值每增加 1 个百分点,就能使相关产业的产值增加 1.5 到 2 个百分点。在我国,每增加 1 亿元的住宅投资,其他 23 个相关产业相应增加投入 1.479 亿元;被带动的直接相关或间接相关较大的产业有 60 多个。不仅如此,住宅消费,还能带动诸如钢铁、建材、化工、汽车、交通、家电、装饰、家具和文化市场等生产资料和生活资料消费的相应增长,其比率大约是 1:6。据有关部门计算,我国城市住宅建设每年需要消耗钢材相当于 1995 年全国钢铁年产量的 14%,消耗水泥占年产量的 47%,消耗玻璃占年产量的 40%,消耗木材占年产量的 20%,消耗的运输量占年运输量的 8%。如以 1995 年商品的房屋销售额 125.4 亿元为基础,按国外常用的住宅商品的带动系数 1.34 计算,所带动的社会商品整体销售额为 2930 亿元,相当于 1995 年全社会消费零售总额的 14.22%。

尤其值得注意的是,房地产业与金融业所具有的共生共荣的互动关系,更使房地产业发展的效应可以借助金融活动的超强渗透能力而对经济整体起到全方位的影响。这种全方位影响能力的发挥是与房地产投资特性紧密联系的。房地产投资数量大、资金周转长,较一般产业的发展更需要金融业的支持。房地产具有不可移动性和耐久性以及保值和增值的作用,从而使得不动产的信托、抵押成为现代信用的基础,也是最安全可靠的投资领域。金融机构从保值的角度出发,往往鼓励购买房地产,或者直接投资经营房地产,使房地产金融投资服务成为金融业的一项主导的和传统的业务。在发达国家和经济发达地区,银行用于房地产的贷款和投资,一般要占它们投资贷款总额的1/3,高的可达70%。在香港,1985年银行贷款总额中,有30.4%是建造物业发展贷款和购买楼房贷款。关于房地产业与金融业的关系还将有专章论述。

第三,房地产业的发展有利于高新技术的应用和扩散。房地产业的发展为高新技术的采用和扩散提供了广阔的市场。在房地产开发建设中土地开发方面,采用高新技术手段,借助系统分析和系统工程的方法,通过计算机仿真技术和决策支持系统(DSS)进行多方案的比较,使决策者的决策建立在科学的基础上。

在建筑设计方面,我国的建筑设计水平一直存在低效、低水平、高成本的状况,如果采用有限元法和计算机辅助设计(CAD)则可成数量级地提高设计效率,保证设计质量,缩短设计周期,降低建筑成本。此外,未来的建筑必然是智能型建筑,这种建筑要求智能计算机及其软件系统完成概念设计、实体设计、施工设计等。

在房地产交易及评估业务中,需要以通信高技术为主要媒介,需要由大量的计算机网络中心和电子邮件系统来完成。同时,要建立现代化的信息系统,需采用科学的评估方法(如收益还原法、市场比较法)。

在房地产物业管理、产权产籍管理、咨询服务等中介服务方面需要建立现代化的信息管理系统。

除了上述这些外,还有两点更为重要,一是新材料的研发利用。随着科学技术的发展会不断更新建筑材料,尤其是在我国迫切需要用新材料来代替世代传承的秦砖汉瓦,节约稀缺的土地资源。二是现代住房和办公用房除要用现代高新技术材料装饰外,还要用高新技术含量很高的家具来装备。

可见,房地产业的发展有利于高新技术的采用。高新技术的采用,使房地产业生产率大大提高,吸引生产要素大量流入。同时由于房地产业与其他行业有很强的结构关联效应,又会使采用高新技术的效应和高新技术向其他行业扩散和推广,从而有利于在转换技术结构、带动产业结构高级化的同时,提高整个社会的科学技术水平和劳动生产率,促进经济大发展。

此外,房地产业是劳动密集型行业,其发展能提供大量的就业机会。据有关方面估计,我国目前在房地产行业从业人员将近1000万,我国农村每年有几千万农民进城打工,其中绝大部分是盖房子。这一方面推动了房地产业的发展,同时也带动了其他产业的发展,并通过劳动力转移流动促进产业结构的调整优化,提升国民经济发展的质量。进一步显示了房地产业的支柱产业的作用。

上述分析表明房地产业既可是基础产业,亦可是支柱产业。而在我国现阶段,房地产业正好既是基础产业,又是支柱产业,取得了"双重"产业地位。但是房地产业作为给人们提供学习工作和生活的场所、其他公共基础设施,提供财政积累和就业机会等的基础性产业,是长期的或永久性的;而作为支柱产业一般来说,是相对的,是有条件的,只是存在于一个时期,通常只存在于一个国家经济起飞到经济发展相对成熟后的一个时期内。对此,我们将在专题分析中论及。

第三节 房地产业与国民经济的相互关系

前面主要是论述房地产业及其产业定位,即房地产业在国民经济中的地位,本节主要讲房地产业与国民经济的互动关系。

(一)国民经济主要宏观变量对房地产业的影响

1. 国民收入对房地产业的影响。

从国民收入总量来看,如果假定国民收入分配比例不变,在排除了通货膨胀因素以后,国民收入的增长与房地产业的发展一般呈正相关关系。因为,国民收入的增长既能反映在一般消费者购买力的增长上,也能反映在社会投资水平和可供投资的资源数量的增加上,在住宅支出占消费者收入比例不变的情况下,一般消费者购买力的增加同时也表现为对房地产商品支出的增加。另一方面,社会总体投资水平的增加也使得对工业房地产、办公楼宇等的需求增加,从而,国民收入总量的增加会促使房地产业有所发展。反之,在国民收入水平下降的情况下,撇开调节的时滞因素,消费者收入中用于住宅的支出相对量不变,而绝对量会呈现下降趋势。另一方面,在社会技术水平短期不变的情况下,投资的技术构成也不变,这样,国民收入水平的缩减造成了对消费者收入和投资水平同方向下降,这种双重力量也会使房地产业呈现萎缩的状态。由于房地产产品中有相当部分是作为要素投入而存在的,因此,对最终产品需求的增加或缩减会引起房地产业更大比例的增加或缩减。一般可以认为,如果国民经济增长加快,房地产业增长会更快;反之,如果国民经济相对下降了,则房地产业下降速度会更快。

2. 投资水平对房地产业的影响。

在一定社会经济条件下,各投资主体的投资数量的总和可以看做是社会投资水平。相互投资之间的竞争以及总投资和社会经济限度之间的关系等几方面因素反过来也会影响各投资主体的决策,使其投资数量发生变动。在这里,考虑的是社会总投资水平中进入房地产业的数量。对房地产业而言,一方面房地产产品作为一种要素投入纳入到社会经济运动过程之中,它应当是整体投资水平的重要组成部分;另一方面,住宅作为人们基本的生活必需品,社会投资水平中满足这类消费需要也有一定的比例。

实际投资水平特别是固定资本投资的增加,必然直接刺激房地产业的发展。反之,投资水平的降低,特别是固定资产被控制时,房地产业的发展必然会受到很大的影响。可见,就社会总投资来说,社会总投资和房地产业规模呈正相关关系。投资的部门结构与房地产业的相关程度越高,对房地产业的刺激作用就越大;反之,相关程度越低,这种投资水平的增加或减少对房地产业规模的直接影响也就较小。投资的部门结构和房地产业的相关程度是考察投资水平对房地产业影响的主要因素。具体衡量指标一般运用影响力系数和感应度。通常把一个产业影响其他产业的程度称为"影响力",而把其他产业对该产业的影响程度称为"感应度"。对影响力系数和感应度的测量要联系到国民经济投入产出的模型,根据投入产出表可以得出国民经济各产业的纵列关联系数,在此基础上可以求得房地产业的影响力系数等于房地产业纵列关联系数的平均值除以全部产业纵列关系系数的平均值的平均数。这一系数可以反映出当房地产业增加一个单位最终产品时,对国民经济各行业所产生的生产需求波及程度。若影响力系数大于1,则表示房地产业生产对其他行业所产生的波及影响程度超过社会平均影响力水平。也可以说,影响力系数越大,房地产业增长或衰退对其他行业的推进或限制的作用就越大。同时,房地产业的感应度系数等于房地产业横列关联系数的平均值除以全部产业横列关联系数的平均值的平均数。感应度系数反映出当国民经济各行业增加一个单位最终产品时,房地产业由此而受到的需求感应程度。若感应度系数大于1,表示房地产业所受的感应度程度高于社会平均感应度水平。与其他一般产业相比,房地产业对国民经济的变化的反应程度较强。

3. 消费水平对房地产业的影响。

社会消费水平实际上就是个人可支配收入中除去储蓄以后的余额部分。在社会实际生活中,决定个人消费支出有许多因素,如个人收入水平特别是个人可支配收入、商品价格水平、利率水平、收入分配状况、消费者偏好、家庭财产状况、消费信贷状况和消费者年龄构成以及制度、风俗习惯等方面。其中个人收入水平是决定消费水平的主导因素,而消费水平的高低和结构的性质实际上会对整个国民经济及其内部各产业包括房地产业的发展产生重大的影响。一般而言,消费水平越高的国家对房地产商品等价高耐用产品的需求也会越大。反之,则会缩减。恩格尔定律指出,随着人均国民收入水平的提高,人们用于食物等生活必需品的支出部分的绝对量也会增加,但相对量即占总收入的比重会减少。可见,在既定收入水平、边际消费倾向下,消费结构的变化(即衣、食、住、行之间的比重的变化)一定会影响对房地产商品的需求水平,进而对房地产业规模产生膨胀或收缩的效应。随着我国人均国民收入水平的提高,人们用于食物乃至生活必需品的支出绝对量增加的同时,相对量也在降低,在总收入中用于购买包括住房在内的耐用价高的消费品的比重相应会有所提高。在我国即使将信贷成分包括进去,对于大多数人来说,购买商品房也是相当困难的。其主要原因在于人们收入水平的基数低,收入水平达到足以调整人们消费结构的高度尚有很大的差距,不可能期望这种状态在短期内有很大改观。我国住房制度改革进程之所以较慢,人们的收入即整个社会消费水平较低是一个很大的制约因素。

4. 信贷规模和利率对房地产业的影响。

信用是指以偿还和付息为条件的借贷行为。它体现一定的债权债务关系,是调剂社会资金盈余和不足的一种形式。信用规模就是指在一个经济社会中经过这种借贷行为,协调社会盈余资金和不足资金的相对数量和绝对数量。对于一个经济社会来说,信用规模是有一定限度的。它受整个社会信用创造体系的金融制度、社会经济总体状况等条件的限制。由于信用绝对规模和相对规模的限制,在一定的经济条件下,信用在社会中不同产业之间的分布,对每一个产业的发展具有相当重要的影响。但需要强调的一点是,信用规模的产业分布实际上是由该产业本身的发展前景、产业收益率水平的高低决定的。而房地产业突出的产业特性,使其必然会受到信用规模大小及其分布的强烈影响。房地产业从本质上讲是一个大规模资金运作的产业,不可能单单依靠产业自有资金来运作,因此信贷规模的大小、支出的比例结构对房地产业有重大的影响。显然,房地产信贷规模的大小是直接影响到房地产业发展规模和速度的重要因素。

长期利率反映了一般社会的投资利润率,它对房地产业的影响,主要表现在两个方面:一方面反映了房地产投资的机会成本的一般水平,长期利率越高,房地产投资的机会成本大,因而会抑制房地产投资;另一方面,房地产投资中利用财务杠杆作用开发的实际情况导致了投资成本增大,风险程度提高,从而利润的不稳定性增加,一般会限制房地产投资进而压缩其投资规模。

5. 经济增长率对房地产业的影响。

经济增长的概念是指一国经济活动能力的扩大,其衡量标准就是一国商品和劳务总量,即国民生产总值的增长状况,或人均国民生产总值的增长状况。国民生产总值是一国在一定时期内(一年)生产的最终商品和劳务的市场价格的总和,其中包含有通货膨胀的因素。如果按不变价格进行计算,得出实际国民生产总值,或实际人均国民生产总值。国民生产总值比上一年增长的百分率就是经济增长率。经济增长率实际上已隐含了房地产经济的状况,两者之间是相关的。房地产产品在生产经营领域作为中间投入品是一种投资品,随着经济增长,原有固定资产损耗会产生对房地产较为稳定的补充性需求;扩大再生产的实际需要则要求有一定的房地产产品作为其重要组成部分。在国民经济中,要生产出一定的最终产品,必然需要一定量经济资源的组合投入。而房地产是这一组合投入的相当重要的组成部分。在消费领域,作为房地产类型的主要组成部分的住宅是满足人们基本生活需要的部分,也会随着社会的发展、人口数量的增加,呈现出较为稳定的增长态势。

(二) 房地产业主要经济变量对国民经济的影响

房地产业经济变量,是将房地产业作为一个相对独立的、有自己独特运行规律的产业而对其运行的状态进行测度的经济参数。这些变量调节其经济行为,从而产生对整个国民经济宏观运行状况的波动性影响。

1. 房地产业增长率对国民经济的影响。

房地产业生产总值一般按当年的市场价格计算,公式为:房地产业增长率＝计算期年房地产业生产总值/上一年房地产业生产总值×100%。该指标是反映房地产业整体发展状态的重要指标。一般而论,其产业增长率快于在一定时期内整个国民经济增长率,则表现出对经济增长的贡献率上升,成为国家在这一时期内的朝阳产业,其在国民经济中的地位和作用也不断提高。我国当前的房地产业呈现的就是这一状态,作为新兴产业,从长期来看它的发展对促进国民经济快速增长的作用会日益显著。

2. 房地产业效率增长率对国民经济的影响。

产业效率增长率指标一般可以产业利润率作为基础,用投入产出比率进行调整后,通过基年和终年的比较,得出产业效率增长率。该指标能反映出房地产业运行的质量及其对整个国民经济发展的实际贡献。不断提高房地产业效率是我国房地产业在数量、规模不断扩张的同时,必须注重解决的关键方面。

3. 房地产业信用规模对国民经济的影响。

产业信用规模分为相对规模和绝对规模两种。相对规模是指一定时期内房地产业的信用量占全社会信用量的比重,从中可以反映房地产业在宏观经济中的重要程度,也反映了房地产业在宏观经济中金融支持的力度。房地产业信用相对规模发生变动,会导致房地产业在国民经济中地位和作用的变化,从而影响其作用力度。绝对规模是指一定时期内房地产业的信用量的绝对值,该值通过同前期或基期相比较就能基本反映出房地产业投资规模的膨胀、停滞及收缩的趋势。房地产信用绝对规模扩大,投资量增加,产业发展速度加快,推动国民经济快速增长;反之,缩小规模,抑制投资,则会使国民经济增长速度降低。

4. 房地产需求和供给水平对国民经济的影响。

房地产需求指标既与其他产业部门固定资产投资规模成正相关关系,又与人均国民收入增加、社会收入水平的提高成正相关关系。由于房地产业的关联效应强,其市场需求的扩大可以推动其他相关产业发展。

房地产供给水平则既与社会投资量成直接相关关系,又与房地产资本利润率相关。一般而论,房地产业的高利润率,刺激投资量增加,供给水平提高。在市场上有销路的条件下,会促进社会总供给增加,国民经济总量上升。可见,对房地产供需水平状况的分析,不仅对房地产业自身,而且对整个国民经济都有其重要的意义。因为,房地产供需的平衡从房地产业自身看是一个总量概念,但从国民经济整体的角度看,它作为相对独立的产业部门又参与国民经济总量平衡的过程,从而对国民经济总体状况发生影响。例如,商品房空置率高,是房地产供给超过有效需求的反映,也与房地产业内部结构不合理有关。它不仅影响房地产业本身的发展,而且对金融业和其他产业的发展也带来重大影响,从而对总量平衡和结构平衡都带来不良后果。因此,这一问题的解决,不仅有助于房地产业的健康发展,也有助于整个国民经济的良性运转。

专题分析:房地产业作为支柱产业的相对性与房地产业发展倒 U 曲线

本文在分析房地产业的功能定位时指出房地产业作为基础产业是长期的或永久性的,是绝对的;而作为支柱产业则是相对的,只是存在于一定时期。对于前者比较好理解,一般也没有什么分歧。现在问题是为什么房地产业作为支柱产业是相对的,只存在于一个国家经济起飞到经济发展成熟后的一个时期内?我们认为,一个国家的经济发展处在这个时期,房地产业的发展呈现倒 U 曲线。所谓房地产业发展倒 U 曲线是指一个国家经济起飞时,随着人均 GDP 的增长,房地产业以高于人均 GDP 的增长速度,加速增长;但是随着人均 GDP 的进一步增长,房地产业发展速度逐渐放慢,直至与人均 GDP 同速,甚至低于人均 GDP 的增长速度,其发展轨迹呈倒 U 曲线(见图 1-1)。

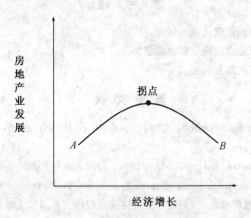

图 1-1 房地产业发展倒 U 曲线

一般来说,在倒 U 曲线起止两端(A、B)之间的时期内,房地产业除了具有其常规功能特征基础产业特性外,还具有支柱产业的功能特征,尤其是在发展速度方面。那么,房地产业发展倒 U 曲线究竟是怎样形成的? 这是因为,在上述时段内,一方面是随着国民经济的增长,一些经常起作用的常规因素推动着房地产业的增长,即常规增长,发挥基础产业作用。在这里所谓常规因素,是指一国经济发展的任何时期亦即不论是房地产业发展倒 U 曲线时期,还是非倒 U 曲线时期都对房地产业发展起作用的因素。这些因素主要有如:(1)国民经济的发展,增加了对工商用房及其他公共用房的需求,从而推动了非住宅房地产的发展;(2)随着国民经济的发展,居民收入的增长,增加对住宅的需求,从而推动了住宅房地产的发展;(3)房地产金融制度的启动对整个房地产业发展的推动作用;(4)提升城市竞争力,开展城市经营,而城市经营的主要内容是房地产经营,对房地产发展起经常性作用。另一方面是基本只有在经济起飞初期到经济发展成熟后一个时期内,才有的特殊因素或超常规因素所推动房地产业加速增长,即超常规增长,从而使房地产业发挥支柱产业的作用。这些超常规因素主要有如:(1)旧城改造中对居民的拆迁补偿推动住宅房地产的发展;(2)城市化过程加快,吸纳农业人口进城刺激了住宅房地产的加速发展;(3)城市居民自我调整消费结构增加住房消费,影响着住宅房地产的超常发展;(4)国民经济跳跃式发展也有推动房地产超常规的因素;(5)在这一时期政府的有关特殊政策。这一时期政府的特殊政策是多方面的,而且往往有叠加效应,一方面直接推动住宅房地产和非住宅房地产发展,如对中低收入家庭采取更特殊的补贴住房政策,对大众公共建筑实行更优惠的措施等。另一方面通过上述有关措施如旧城改造政策、城市化政策、跳跃式发展战略等加速房地产超常规发展。然而,国民经济经过一个时期快速增长以后,进入平稳持续发展阶段,这时,上述影响房地产业超常发展的因素,有的继续发挥作用如城市化,有的作用减弱如旧城改造。经过拐点,就整体而言,作用的力度下降,直至基本消除进入常规发展,房地产业支柱产业的地位也将逐渐下降或消失,继续发挥基础产业的作用。以上就是我们对房地产业基础产业的绝对性和房地产业支柱产业的相对性及其成因、房地产业发展倒曲线的理论分析,或理论假设。这种假设是否成立,尚需理论上深入探讨,更需实例验证,所以列为专题分析,以期引起读者的关注并参与讨论。

思 考 题

1. 试分析房地产业的形成或确认及其原因。
2. 试分析房地产业的产业性质定位和功能定位。
3. 房地产业与国民经济的相互关系。

参 考 文 献

1. Bruce Harwood, Charles J. Jacobus, 1990, *Real Estate Principles*, Fourth Edition, chapter 2, Prentice Hall, Inc..
2. Dennis S. Tosh, Nicholas Ordway, J.D., 1990, *Real Estate Principles for License Preparation in Mississippi*, Fourth Edition, chapter 2, Prentice-Hall, Inc..
3. 包宗华、汪洪涛:《房地产经济论:房地产业可持续发展研究》,同济大学出版社,2000年。
4. 龚仰军、应勤俭:《产业结构与产业政策》,立培会计出版社,1999年。
5. M.哥德伯戈、P.钦洛依:《城市土地经济学》(中文版),中国人民大学出版社,1984年。
6. 邬义钧等:《产业经济学》,中国统计出版社,1997年。
7. 杨公朴:《现代产业经济学》,上海财经大学出版社,1999年。
8. 郭万达:《现代产业经济辞典》,中信出版社,1991年。

第二章 房地产企业理论

上一章研究的是房地产业在国民经济中的地位和作用,本章房地产企业理论是讲述房地产经济的微观基础。房地产企业泛指一切与房地产开发、经营活动相关的以盈利为目的的经济组织。从产业顺序角度,房地产企业可分为房地产开发企业、经营企业、中介企业、物业管理企业等;按业务范围划分,房地产企业可分为房地产主营企业、兼营企业以及项目公司。从资产的组织形式角度,可分为单个业主制(独资企业)、合伙企业、公司企业(包括股份公司和有限责任公司)。按产权关系,房地产企业可分为国有、集体、私营、中外合资、外商独资企业。

本章将遵循第一种分类方法,在论述现代企业理论一般和房地产企业基本特征之后,顺序分析房地产开发企业、中介企业和物业管理企业。

第一节 现代企业理论和房地产企业基本特征

一、现代企业理论概述

要了解房地产企业及特点,首先应对企业理论一般有所了解。在经济学理论的整个历史发展过程中,企业理论占有极其重要的地位。关于企业理论各学派有各自不同的认识和表述:

1. 新古典经济学企业理论。

新古典经济学企业理论将企业看做一只"黑箱",把企业单纯地看成一个追求利润最大化或价值最大化的经济实体,没有对企业内部的运作加以考察。他们认为企业拥有一种特殊能力,它可以通过一种具有生产函数特征的流程将投入转化成产出。在这种理论中,企业被假定为一个行为主体,它的决策应遵循理性原则,它的具体表现就是在现有可支配资源条件下追求最大化利润,也就是使未来时期的利润值之和达到最大。

2. 新制度学派企业理论。

科斯在《企业的性质》一文中,通过对价格机制成本的分析,认为企业的存在基于以下几点:(1)一系列的市场契约被一个契约所替代;(2)若干个较短期的契约被一个较长期的契约所替代;(3)不确定性的存在;(4)政府或其他机构的市场管制,并因此减少了价格机制条件下的交易成本。科斯之后的新制度学派在把企业视做"一系列契约的连结"的思想下,讨论契约结构的替代和最优契约结构的选择,主要以交易费用来说明企业的性质、规模,以及企业的所有权结构。

3. 现代工商学派企业理论。

现代科学技术创新带来了巨大的生产革命和速度革命,企业生产规模不断扩大,市场容量不断扩张,从而进一步促进劳动分工优化组合。所有权与经营权两权分离、股份有限责任公司、科层制及分权制管理等重要的企业制度创新为现代工商企业的发展提供了巨大的制度空间。基于此,现代工商管理学派提出控制权与所有权分离、管理者主导企业的命题,认为企业的控制权已转入管理者手中,他们处理问题的基本工具仍然是最大化原则,只是最大化目标不同而已。

新古典学派企业理论以业主制企业模型为分析起点,将企业看做一只"黑箱"和追求利润最大化或价值最大化的经济实体。新制度学派企业理论以交易费用的节约为出发点,来探讨企业的性质、规模以及企业的所有权结构问题。现代工商学派企业理论则在新古典学派和新制度学派企业理论的基础上,强调企业家和企业高级管理人员在现代企业中的作用。三者综合起来,就是充分发挥企业家和高级管理者的作用,运用节约交易费用原则,规制企业组织和行为,实现利润最大化。为此,关键是提升企业的竞争力。以上这些基本都适应房地产业,但是有其自身的特点。

二、房地产企业特点分析

根据现代企业理论,不同类型企业的有效边界不同,在此基础上各企业对资金、技术、人力资本和具体组织安排需求的不同,从而导致不同类型企业间的差异。对房地产企业来说,由于房地产产品及其开发经营等的特殊性,使房地产企业具有自己的特点。这主要表现在:

1. 单件生产、露天作业是房地产企业开发经营的基本特征。由于房地产企业最终产品的异质性,不存在两宗完全相同的房地产物业,从而使房地产企业不能像一般工业品生产企业一样,统一设计标准,在室内成批生产,而是单件设计,单件露天施工。当然在住宅产业化后这种情况可能有所改善。这一方面不仅增加了设计施工的工作量及成本,同时由于露天作业,受自然因素影响较大,不可预见因素增加,加之产品生产周期长势必加大项目策划和管理的难度,从这个意义来说,房地产企业的风险大。然而另一方面,正因为单件生产,也为房地产企业创品牌、树诚信提供了条件。开发商可以在不断总结单项工程的基础上,从房型结构、外部造型装饰等方面设计建造更受居民喜爱的精品房,提高企业的信誉。

2. 产品的区域性和企业"流动"性是房地产企业的另一特点。房地产企业开发经营的最终产品具有区位的不可移动性,使房地产物业不能脱离周围的环境独立存在,使物业的价值与区位特征紧密相关。这一方面决定了房地产企业的"固定"性,开发商只能根据选定的特定地理位置,当地的风土人情和居民收入状况等,设计建造适应当地居民喜爱并能接受的房型结构,就地创企业的品牌和诚心,使自己在竞争中处于不败之地。另一方面,又决定了房地产企业的"流动"性,开发商可根据房地产物业的区域性,带着自己的资金、技术、品牌和诚信,除了在同一城市的不同城区选址发挥自己的优势之外,还可根据不同城市包括海外城市的经济状况和居民收入水平、自然生态环境和人文社会环境选址进行投资,把业务做大做好,把企业做强。万科房地产开发集团就是一例,在全国多个城市有它的业务,推出了自己的品牌和诚信。

3. 房地产企业组织制度和管理制度特点。房地产企业开发经营的产品都是以项目单元来完成的,每个项目开发是一个复杂的过程。一般来说,包括八个方面:投资机会寻找、投资机会筛选、可行性研究、获取土地使用权、规划设计与方案报批、签署有关协议、施工建设与竣工验收、市场营销与物业管理。同时需要各种技术管理支持,如设计方案管理、建筑材料质量管理、物业管理、物业区环境管理等。如何使这一复杂过程条理化,重点环节突出,就需要构建一个灵活的、有弹性的、简洁的、网络化的组织制度和管理制度,以保证每个项目开发过程中各环节间信息通畅,全面提高企业的工作效率。

4. 产业内部企业之间的关联度高。这主要是指房地产开发企业、房地产中介企业和物业管理企业之间的关系。由于房地产物业的房型结构千差万别,交易过程和手续繁杂等,需要各种中介服务;房屋是一种耐用品,使用时间长,其间需要有物业维修管理,保持常年使用的完好、安全、卫生。可见开发企业、中介企业和物业管理企业之间有紧密的联系。在此,开发企业是基础,其开发建造好的产品,中介和物业管理业务就好做,反过来中介和物业管理工作做好了,又能推动产品的开发和销售。

5. 房地产企业资金需求大,对金融依赖性强。房地产项目开发属于资金密集型投资,投资额少则几百万多则上亿元。所以一般只有资金实力雄厚和融资能力强的企业才能进入这个行业。从金融机构贷款,或者通过发行企业债券进行融资,一般占总投资的70%左右,企业自有资金占30%左右。可见,房地产业是金融机构的业务大户,故有专家说房地产金融是第二金融,这也是房地产企业一大特点。

三、房地产企业竞争力及其评价指标体系

市场经济体制本质上就是一种竞争机制和法则,它支配着市场经济运行的各个方面。随着科学技术的发展,人类社会不仅开始了一个信息和知识经济的新时代,也开始了一个竞争全球化的新时代,形成竞争主体多层次化的格局,但最基本的主体仍然是企业和国家,而企业又是最核心的竞争主体。所以,竞争力是现代企业最本质的特征,提升企业竞争力成了企业最根本的机制和任务。所谓企业竞争力是指企业在规划设计、项目开发与管理、市场销售等方面相对于其他同类企业所拥有的优势,即企业在获利能力、经营能力、偿债能力、发展能力的综合体相对于其他同类企业所拥有的优势。房地产企业的宗旨同样是提升自身的竞争力,而最重要的是如何选择指标体系。同其他企业一样,房地产企业竞争力评价方法和指标体系有多种,我们认为,根据房地产开发企业的特点,可将房地产开发企业竞争力指标体系概括为硬力系统和软力系统两种。所谓硬力系统是指房地产开发企业所拥有的生产要素、企业规模及区位状况所构成的综合体,具体包括聚集力、资本力、劳动力、科技力、区位力、产品力;所谓软力系统是指房地产开发企业的内部运行环境的综合体,具体包括制度力、管理力、文化力。

(一) 硬力系统指标体系

(1) 聚集力。聚集力主要是反映企业的经济规模,即市场占有率。其指标计算公式如下:
$$a_i = a/A$$
其中 a_i 代表企业的市场份额或市场占有率,a 代表企业生产能力,A 代表市场供应总量。

(2) 资本力。资本力包括房地产企业自有资本量、资本可得的便利性和偿债能力。企业自有资本量决定着企业开发能力的大小;资本可得的便利性表明企业融通资金的能力;企业偿债能力指标包括资产负债率、流动比率等指标,一般而言企业资产负债率不宜超过50%—60%,企业流动比率不宜低于200%,如果突破这两个界限,则表明企业的竞争力是没有保障的。衡量企业资本力的公式如下:
$$K = \sum_{i=1}^{n=3} k_i K_i; \quad k, K \in (0,1)$$
k_i 代表房地产企业自有资本量、资本可得的便利性和偿债能力所占的权重。
K_i 分别代表房地产企业自有资本量、资本可得的便利性和偿债能力所达到的程度。

(3) 劳动力。劳动力包括房地产企业专业管理人员的数量、质量和适应未来的能力。房地产

企业拥有一定数量的专业管理人员,是企业完成项目管理的保证,专业管理人员的质量决定着项目管理质量的高低,这两者要保持一定的比例。专业管理人员尤其是规划设计管理人员适应未来消费需求变化能力的高低,决定着企业能否可持续发展。衡量劳动力指标公式如下:

$$L = \sum_{i=1}^{n=3} l_i L_i; \quad l, L \in (0,1)$$

l_i 代表房地产企业专业管理人员的数量、质量和适应未来的能力所占的权重;

L_i 代表房地产企业专业管理人员的数量、质量和适应未来的能力所达到的程度。

(4) 科技力。房地产企业的科技力包括本行业知识资源的存量、科技的创新和转化能力。本行业知识资源的存量是指房地产企业以现有的技术满足消费需求的能力;科技创新是指开发企业对现有的规划设计、项目开发技术进行创新的能力,科技创新能力强的开发企业在技术创新方面将保持10—20年的领先水平;科技转化能力是指开发企业吸收国际上先进的规划设计、项目开发技术的能力。衡量科技力的公式如下:

$$M = \sum_{i=1}^{n=3} m_i M_i; \quad m, M \in (0,1)$$

m_i 代表房地产企业知识资源的存量、科技创新和转化能力所占的权重;

M_i 代表房地产企业知识资源的存量、科技的创新和转化能力所达到的程度。

(5) 区位力。所谓区位力是指房地产企业开发项目所在地及其储备土地位置的优越程度。企业开发的项目及储备的土地处在好的地段或环境优美的地区,那么,企业的区位力就高,相反,区位力就低。衡量区位力的公式如下:

$$T = \sum_{i=1}^{n=2} t_i T_i; \quad t, T \in (0,1)$$

t_i 代表房地产企业开发项目所在地及其储备土地位置优越程度所占的权重;

T_i 代表房地产企业开发项目所在地及其储备土地位置优越程度。

(6) 产品力。产品力是指房地产企业开发的项目是否具有竞争力,包括企业产品影响力、空置率、开发产品销售率所达到的程度。衡量产品力的公式如下:

$$P = \sum_{i=1}^{n=3} p_i P_i; \quad t, T \in (0,1)$$

p_i 代表房地产企业产品影响力、空置率、开发产品销售率所占的权重;

P_i 代表房地产企业产品影响力、空置率、开发产品销售率所达到的程度。

(二) 软力系统指标体系

(1) 制度力。制度力是指房地产企业制度、组织结构与经济环境相适应的程度。在企业外部环境发生剧烈变化的今天,要求企业不断进行企业制度、组织结构创新,以适应不断变化的企业外部环境,提高企业运行效率。因此,建立有效的现代企业制度,使组织结构从金字塔式向网络化方向发展,是衡量企业制度力强弱的标志。衡量企业制度力的公式如下:

$$Z = \sum_{i=1}^{n=2} z_i Z_i; \quad z, Z \in (0,1)$$

z_i 代表房地产企业制度、组织结构与经济环境相适应程度所占的权重;

Z_i 代表房地产企业制度、组织结构与经济环境相适应的程度。

(2) 管理力。管理力是指房地产企业企业家素质、企业管理水平及管理效率。企业家素质应包括其对房地产业的了解程度、拥有的经验及决策能力;企业管理水平指企业采用的管理方法

和手段;企业管理效率指企业达到预期经营目标的程度。衡量管理力的公式如下:

$$G = \sum_{i=1}^{n=3} g_i G_i; \quad g,G \in (0,1)$$

g_i 代表房地产企业企业家素质、企业管理水平及管理效率所占的权重;

G_i 代表房地产企业企业家素质、企业管理水平及管理效率所达到的程度。

(3) 文化力。现代社会要求企业具有顾客至上的经营理念以及以人为本的管理理念。因此,文化力指房地产企业经营理念、管理理念符合现代社会的程度。衡量企业文化力的公式如下:

$$W = \sum_{i=1}^{n=2} w_i W_i; \quad w,W \in (0,1)$$

w_i 代表房地产企业经营理念、管理理念符合现代社会程度的权重;

W_i 代表房地产企业经营理念、管理理念符合现代社会的程度。

房地产企业综合竞争力 $= \alpha a_i + \beta \sum_{i=1}^{n=3} k_i K_i + \chi \sum_{i=1}^{n=3} l_i L_i + \delta \sum_{i=1}^{n=3} m_i M_i + \eta \sum_{i=1}^{n=2} t_i T_i + \varepsilon \sum_{i=1}^{n=3} p_i P_i + \phi \sum_{i=1}^{n=2} z_i Z_i + \varphi \sum_{i=1}^{n=3} g_i G_i + \gamma \sum_{i=1}^{n=2} w_i W_i$

α、β、χ、δ、η、ε、ϕ、φ、γ 分别代表聚集力、资本力、劳动力、科技力、区位力、产品力、制度力、管理力、文化力在房地产企业综合竞争力中的权重。

第二节 房地产开发企业

一、房地产开发企业的定义

房地产开发企业是通过开发符合市场需求的房地产,如住房、商铺、写字楼等,来获取最大化利润的经济组织。"开发"的内涵十分丰富,远远超出了生产的范围。它不仅仅指在一定的技术条件约束下,人的劳动借助于劳动资料(如施工机械)使劳动对象(如土地)发生预定变化的机械过程,它还包括那些创造性的服务劳动,比如投资决策、规划设计、风险控制、市场营销等。

随着市场竞争的加剧以及需求多样化的加深,生产什么和为谁生产的问题日益突出,这意味着决策、设计、管理、协调、组织工作的重要性在加强,而如何生产的问题反而相对变得不重要了。房地产开发商将大部分精力放在产前和产后工作上,具体的工程施工交给建筑企业来完成。但是,这并不表明开发企业不关心生产问题。虽然开发企业不直接从事工程施工,可是它却会通过参与建筑设计、施工监理、竣工验收等环节对建筑企业施加影响,保证工程建设质量并如期完工。

二、房地产开发企业的组织结构

(一) 企业组织的设计原则

企业组织理论认为,企业组织的设计和构建应该遵循以下各项原则:

1. 目标、任务原则。组织设计以企业战略目标、任务为主要依据,因事得职,因职得人。企业组织是为企业生产经营服务的。

2. 分工协作原则。在组织形式上,要使分工和协作结合起来,分工和协作是使组织协调和具有整体效应的保证。

3. 统一领导、分级管理原则。重大经营决策权集中于企业高层领导,日常经营管理权力逐级下放,实行例外管理做法,即上级只负责下级处理不了的问题,凡属下级管辖范围的事情,则应由下级全权处理。

4. 统一指挥原则。避免下级人员同时受到两个或两个以上领导的直接指挥。

5. 权责相等原则。企业组织中的权、责应是对等的,必须保证企业组织中每一职位拥有的权力与其承担的责任相称。

6. 精干原则。组织形式应尽可能简单,管理层次应尽可能减少,人员要少而精。

7. 有效管理幅度。企业领导者或管理者的管理幅度(规模)要受到诸多因素制约,比如精力、知识水平、经验才能、工作特点、职务性质等。因此,他能够有效地领导或指挥下级人员的数量是有一定限度的。另外,管理幅度和管理层次之间还存在着相互制约的关系,即管理幅度越大,管理层次越少,反之,则管理层次越多。所以,在组织设计过程中,要求在有效管理幅度和精简管理层次之间进行权衡。

8. 授权原则。授权是指上级对下级部门或人员进行工作指派,并在明确其应担负的责任的同时授予其完成工作所必须拥有的相应权力,授权应具有明确的目的性,授权内容必须清晰、确切,明确规定相应责任。

9. 平衡原则,即企业组织内部各部门规模大小的适当平衡;严密的组织管理秩序与企业组织宽松环境的适当平衡;集权与分权的适度平衡。

10. 弹性原则(应变原则)。企业组织应该不断适应外界环境变化,适时进行自身调整改造,以实现企业组织与外部环境之间的动态平衡。

(二)房地产开发企业中的组织结构

根据企业组织设计原则并结合房地产企业的实际,房地产开发企业适用的组织结构是U型结构,又称为功能垂直型结构。如图2-1所示。

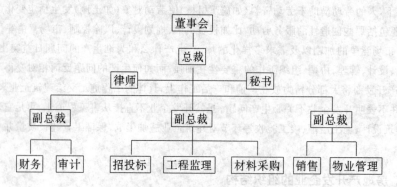

图 2-1 房地产开发企业的 U 型组织结构

U 型结构的特点是,企业的生产经营活动按照功能分成若干垂直管理部门,每个部门直接对企业最高领导者负责。企业决策实行高度集权。

U 型结构的优点是集中统一,各部门间协调性好;总部直接控制和调配资源,有利于提高资源的利用效率;决策迅速,且贯彻有力而彻底。缺点是企业领导者缺乏精力考虑企业长远的战略发展规划,陷于日常事务而不能自拔;随着企业规模的扩大,行政机构越来越庞大,导致信息传递效率下降,管理成本上升。

房地产开发企业较常见的另一种组织形式是 M 型结构。它是以企业高层管理者与中层管理者之间的分权为特征的。

在这种结构中,房地产开发企业根据开发项目确定若干个项目经理,企业最高管理层授予项目经理很大经营自主权,全权负责项目开发过程的组织和管理工作;项目经理下设自己的职能部门,如销售、工程技术等。企业最高领导层负责战略决策,不过问日常的经营活动,项目经理直接对公司总经理负责。有时某些公司会下设一个决策部门,以协助最高领导层的工作,但对较小的企业来说并非必要。M 型组织结构如图 2-2 所示。

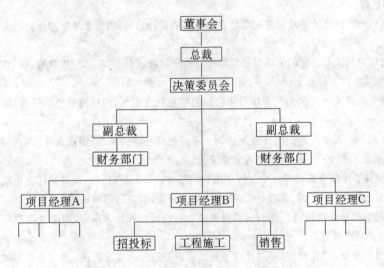

图 2-2　房地产开发企业的 M 型组织结构

M 型结构的优点是:(1) 企业领导者从繁重的日常事务中挣脱出来,集中力量策划企业长期发展战略,并监督项目经理的经营业绩;(2) 具体的经营决策由相对独立的项目经理做出。

需要指出的是,M 型结构适用于规模比较大,并且拥有多个开发项目的房地产开发企业。规模较小的企业,采用 U 型结构更合适。

三、房地产开发企业的人员配备

房地产开发活动十分复杂,它涉及多方面的专业技术知识,比如,投资决策、城市规划、建筑设计、财务融资、风险控制、项目管理、市场营销等。因此,房地产开发企业需要配备各种专业人员和管理人员,才能保证开发活动的顺利进行。

一个典型的房地产开发企业的员工构成应该包括以下人员:

1. 建筑设计人员。他们一般承担开发用地规划方案设计、建筑设计、建筑施工合同管理、组织定期技术工作会议,提供施工所需图纸资料、协助解决施工中的技术问题。

2. 工程技术人员,包括结构工程师、建筑设备工程师、电气工程师等。这些不同专业的工程技术人员除进行结构、供暖、给排水、照明,以及空调或高级电气设施的设计外,还参与合同签订、建筑材料采购、建筑设备订购、施工监督等工作。

3. 工程监理人员。他们的任务是通过核实工程量、进行工程进度款签证、控制设计变更、审核工程结算来控制成本;通过运用网络计划手段、监督施工组织设计和进度计划等来控制工期;通过对主要材料、构配件和设备质量的检查,对施工现场工序操作检查、隐蔽工程验收、竣工验收等手段来控制施工质量。

4. 会计师。他提供财务安排或税收方面的建议,包括工程概、预算、融资计划等,并及时向公司高层管理人员通报财务状况。

5. 经济师及成本控制人员。他们负责开发项目的成本费用估算、编制工程概、预算计划,进行成本控制等。

6. 估价师。他的任务是对开发项目在租售之前进行估价,确定市场能接受的租金或价格水平。

7. 市场营销人员。他们的职责是预测市场需求状况,制定与实施租售策略、推销商品房、办理租售手续等。

8. 物业管理人员。他们负责项目租售后的物业管理工作,包括建筑物的保养、维护、清洁、保安等。

9. 公共关系人员。他们的任务是协调企业与外部环境的关系,塑造良好的企业公共形象,提高企业员工的凝聚力、向心力,培养企业文化。

10. 律师。律师负责处理开发过程中出现的各种法律问题,比如,代理签订土地使用权出让或转让合同、施工承包合同、监理合同、销售或租赁合同,解决法律纠纷等。

11. 秘书和总经理助理。他们一般负责协助总经理处理日常事务,沟通总经理与下属部门关系,提供决策建议等。

12. 项目经理。严格地讲,项目经理不是公司内部的一个专设职位。当一个开发项目的立项被批准后,经过董事会或业主的授权,某个人行使项目经理职权。项目经理可以是总经理,也可以是部门经理。项目经理个人负责制是推行项目管理的一个重要内容。项目经理负责项目开发全过程的计划、组织、协调和控制。项目经理与项目监理不同。项目监理只负责施工过程的控制工作,而项目经理的工作要更全面、更复杂。

除了上述专业技术和管理人员外,房地产开发公司还需要配备一些初级管理人员、技术工人和行政办公人员。

需要说明的是,并非所有房地产开发公司的人员配备都要如此齐整,有时,也可以通过委托专业公司或中介机构来完成某些技术和管理工作,例如,建筑设计、施工监理、销售等,这样做可能会更加节省费用。

四、房地产开发企业素质及其评价标准

(一) 构成房地产开发企业素质的要素

构成房地产开发企业素质的要素,概括起来,主要分为人员素质、资金实力以及经营管理水平。人员素质包括企业家素质、管理人员素质、技术人员素质。企业家是企业资源的组织者、指挥者、协调者,还是企业潜能的发掘者。他必须具备战略眼光和开拓进取的精神。企业家素质取决

于他的组织、指挥、协调能力以及是否具备企业家精神。企业家素质的优劣对于企业发展十分关键。管理人员包括他的知识结构、组织、协调能力、合作精神等。管理人员素质的高低会影响到企业决策的贯彻、理解程度,企业日常运作的效率。技术人员素质包括他的技术水平、责任感、团队精神等。企业的存在和发展必须要有一定的物质条件或者资本。企业资本规模较大,抵御风险的能力和竞争的能力都会增强。因此,资金实力是评价企业发展潜力的一个重要指标。

经营管理水平取决于企业管理人员的素质。高水平的经营管理表现为组织结构设置合理、规章制度完备、完善的监督激励机制、良好的工作环境和人际关系、正确及时的决策以及畅通的信息反馈渠道等。

(二) 素质评价标准

房地产开发企业的素质评价标准大致可分为4种:

1. 盈利能力。获取利润才能保证企业不断地发展壮大。成本(或资本)利润率、销售净利率、资产周转率等会计指标反映了企业的盈利能力。

2. 应变能力。企业所处的经济环境充满了不确定性。企业对经营环境、市场条件的变化必须做出反应。企业的应变能力反映了企业经营管理水平和决策水平。从财务管理角度看,反映应变能力的指标是财务弹性。具体说,就是现金满足投资比率和股利保障倍数。[①]

3. 创新能力。彼得·德鲁克认为,创新是那些能改变已有资源的财富创造力的行为(彼得·德鲁克,1989,第30页)。创新能力关乎企业的可持续发展,是对企业家素质的反映。对于房地产开发企业来讲,创新可以体现在组织结构的改变,施工管理方法的革新,开辟新的销售渠道和方式等方面。

4. 建设和服务能力。包括能够承担的建设工程的规模及其种类、复杂程度、已建工程质量水平等。这是对企业资金和技术实力的考核标准。

上述四个评价指标是相互联系的。从长期来看,不会出现某种能力比较强,而其他能力比较弱的情况。因此,一个高素质的房地产开发企业在这4个方面都会做得比较好。其中,创新能力是最重要的。如果企业的创新能力强,企业就能不断获得前进的动力,在市场竞争中立于不败之地。

国家建设部门根据流动资金规模、经营管理人员数量、开发建设能力等标准,将房地产开发企业分成若干资质等级。这些等级标准也可以看做是对房地产开发企业素质的一种评价。

五、房地产开发企业的职能和经营目标

(一) 房地产开发企业的职能

房地产开发企业的职能是计划、组织、指挥、监督和调节。它的职能使其具有了质的规定性,使它与其他的企业区别开来,成为一种独立的经济组织。

1. 计划职能。计划职能包括规划企业的发展方向和经营战略;明确企业经营目标;确定实

[①] 现金满足投资比率 = $\dfrac{\text{近5年经营活动现金净流量}}{\text{近5年资本支出、存资增加、现金股利之和}}$ 该比率越高,说明资金自给率越高,适应性就强。

股利保障倍数 = 每股营业现金流量 ÷ 每股现金股利。该比率越大,说明支付现金股利的能力越大。

现经营目标的经营方案；根据经营方案的要求，制定和落实经营计划；监督检查经营计划执行情况。

2. 组织职能。组织职能就是把企业内部各种生产要素优化配置，提高生产效率，减少交易费用。主要包括：根据经营目标和任务，调整组织结构；调配人员；确定各级管理机构的职责，明确它们之间的关系；设计激励制度，提供良好的工作条件，激发雇员的工作热情和积极性。

3. 指挥职能。指挥职能是指上级管理人员采用行政手段，指令下属机构和人员履行职责，完成指派的任务。

4. 监督职能。监督职能包括两个方面：一个是对开发经营活动的监督，比如，检查经营计划和方案的执行情况以及各项经营措施的落实情况，对经营过程中出现的问题和矛盾进行分析，找出对策并加以解决；另一个是对人员的监督，主要是通过制定一些措施，如考勤制度、定期考核制度、考核指标等，来检查和监督雇员履行职责、遵守纪律、完成任务的情况，奖勤罚懒，达到维护企业运转秩序，提高雇员工作效率的目的。

5. 协调职能。协调职能包含两个方面内容，一个是调节经营目标和方案，使之符合变化后的情况；另一个是协调企业内部各种生产要素及管理部门之间的关系，使它们紧密配合，协调一致。

（二）房地产开发企业的经营目标

经营目标是企业在经营活动中所要达到的预期效果。追求利润最大化是企业经营活动的终极目标，但是，在日常经营活动中，企业还有一些具体的目标。就房地产开发企业而言，其经营目标大体上可以分解为以下若干分目标：

1. 生产目标。它确定在一定时期内企业生产任务，例如，每年开工、竣工面积、比例、完成投资情况等。

2. 设计目标。比如房屋的结构、层高、层数的规定；附属工程及配套工程的数量和比例；新技术、新结构、新材料、新设施的采用情况等。

3. 质量目标。包括工程合格率、工程优良品率等指标。

4. 利润目标。包括投资节约率、费用节约率、工程造价、投资利润率等指标。

5. 工期目标。包括开发周期、竣工交用率等。

6. 信誉目标。如合同履约率等。

7. 发展目标。如开发规模增长、销售和盈利增加、增强企业竞争力、智力开发与提高雇员素质等。

六、房地产开发程序与成本费用分析

（一）房地产开发的基本程序

一般说来，房地产开发程序基本包括八个阶段，即项目可行性研究、获取土地使用权、规划设计与方案报批、安排短期和长期信贷、工程招标、施工建设、竣工验收、市场营销。

可行性研究的目的是实现项目投资决策的科学化、民主化，减少或避免投资决策的失误。它包括投资机会研究、初步可行性研究、详细可行性研究、项目评估和决策4个工作阶段。

获取土地使用权的方式有行政划拨、有偿出让（包括协议出让、招标、拍卖出让等）。

项目融资方式大致有间接和直接两种。间接方式以银行贷款为主，如抵押贷款等。直接方式包括发行股票、债券、合作开发、预收购房款等。开发商需要设计合理的融资方案,以便在确保项目资金需要的条件下,尽量减少资金不合理占用,提高资金利用效率、降低利息支出。

建筑工程招标是指房地产开发商以"开发项目工程施工"为标的,以制定的标底为依据,吸引或邀请若干个建筑企业参加投标,从中择优选择承包商并与之签订施工合同的过程。通过招标方式发包工程有利于开发商实施项目管理,加强对工期、质量、成本的控制,提高投资效益。

竣工验收是建设过程的最后一个程序,是全面检验设计和施工质量,考核工程造价的重要环节。通过竣工验收的建筑工程才可投入使用或进行出售、出租。

(二)房地产开发项目的成本费用分析

房地产开发费用由直接费用和间接费用构成。

直接费用包括:

1. 土地费用。土地费用是指为取得项目用地使用权而发生的费用。根据土地使用权取得方式的不同,土地费用分为土地征用费(对应于行政划拨方式)、土地出让金(对应于有偿出让方式)、拆迁安置补偿费(对应于城市二级土地市场的有偿转让)。

2. 前期工程费。它主要包括规划勘测设计费、可行性研究费用、"三通一平"费用。

3. 房屋开发费。包括建安工程费、附属工程费和室外工程费。

间接费用包括以下几种:

1. 管理费。是指房地产开发企业为管理和组织开发活动而发生的各种费用,包括管理人员的工资、奖金、福利、差旅费;专业咨询费、律师费;房产税、土地使用税、业务招待费、坏账损失及其他管理费用。

2. 销售费用。是指在房地产销售过程中发生的各项费用以及专设销售机构或委托销售代理的费用,包括销售人员的工资和福利、销售机构办公用房的折旧费、广告宣传费、代理费等。

3. 财务费用。是指企业为融资而发生的费用。主要包括各项利息支出以及金融机构手续费。

4. 其他费用。主要包括临时用地费、施工图预算和标底编制费、招标管理费、合同公证费、施工执照费、竣工图编制费等。

5. 不可预见费。不可预见费根据项目的复杂程度以及前述各项费用估算的准确程度而定,一般为上述各项费用之和的3%—7%。

6. 税费。包括营业税、城市维护建设税、土地增值税、绿化建设费、人防工程费等。

在房地产开发成本中,土地费用约占30%,房屋开发费约占40%,税费所占比例约为10%—15%,其他费用和开发利润约占15%—20%。

第三节 房地产中介企业

一、房地产中介企业的作用

房地产中介企业是一种为市场交易活动提供便利并增进交易福利的盈利性经济组织。它的根本作用在于节约市场交易费用,提高市场运行效率(王重润,1996;费淳璐等,1997,第298页)。

房地产市场的交易费用产生于3个原因:(1)房地产市场信息不对称。房地产市场是一个不完全竞争市场,异质性强,结构复杂,普通消费者难以准确评价房地产价格和质量。(2)房地产市场交易对象和交易次数较少。房地产供给弹性小,短期内不能根据市场需求的变化来灵活调整产出,因而,可供交易的房地产的数量和结构不足。另外,房地产的区域性、异质性、价值大、使用期长等特点,使得进出市场者相对较少,交易频率低。这样,消费者若要找到自己想要而又支付得起的房地产,就需要花费较多时间和精力。(3)房地产权属关系复杂。由于房地产是不动产,因此,房地产的交易就是房地产权利的交易,而附着于房地产上的权利多达数十种。权利交易的多样性与权利载体的惟一性,权利的使用与物质的归属之间必然会产生矛盾,损害交易双方的利益。

房地产市场交易费用可分为三类:(1)信息费用,即咨询房地产价格,寻找交易对象,辨别房地产质量等费用支出;(2)谈判费用,即收集和传递有关房地产交易条款、起草合同、确定成交价格的费用支出;(3)履约费用,即执行交易、监督违约行为并对之制裁的费用支出。

房地产中介企业相对于个人来说,具有专业技术熟练、信息丰富、交易网络和手段发达等优势,它能在较短时间内完成顾客的委托促成交易,降低交易难度。同时,依赖其熟练的专业技术和中立地位,它能降低交易中的不确定性,例如,它为交易双方提供了共同认可的价格作为交易价格,就避免了因交易双方价格评价不一致而产生的纠纷。交易难度和不确定性的降低,节约了交易费用。

房地产中介企业的作用可用图2-3予以说明。

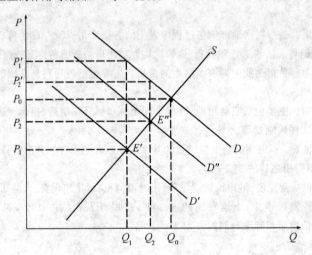

图2-3 中介企业的作用

当房地产市场不存在交易费用时,(P_0, Q_0)为竞争均衡点。当存在交易费用时,比如说由于信息不对称导致消费者发生房屋质量鉴别成本,这相当于购买价格上升。因此,消费者需求下降,需求曲线从D移至D',D'是含有交易费用的需求曲线,均衡点为(P_1, Q_1)。当不存在交易费用时,Q_1的价格是P'_1,$P'_1 > P_1$。这意味着,当消费者考虑到交易成本时,只愿意支付较低的价格。竞争价格与支付价格的差,即$(P'_1 - P_1)$是对交易费用的衡量。

引入中介企业后,交易费用下降了,例如,消费者可以委托中介企业评估房屋质量,为此支付的费用要小于亲自鉴别房屋质量而发生的费用。这样,消费者就愿意购买更多房屋。需求从D'增加至D''。均衡点是(P_2,Q_2)。与没有中介企业的状况相比,交易规模扩大了,价格上升。

但是,房地产中介企业只能降低交易费用,却无法消除交易费用。因为房地产中介企业收取的佣金就是一种交易费用。只不过它所节约的交易费用大于它所创造的交易费用罢了。在图2-3中,在引入中介企业后,仍然存在交易费用,为(P'_2-P_2),但是$P'_2-P_2<P'_1-P_1$。

二、房地产中介企业服务内容

房地产中介企业的服务主要有信息咨询、价格评估、经纪代理。

(一)信息咨询

信息咨询可分为两种,一种是决策咨询,一种是信息查询。

1. 决策咨询。一般可将其分为政策咨询、经营咨询、工程咨询、交易咨询。政策咨询主要是为政府部门制定有关房地产业政策提供建议。经营咨询以房地产开发企业的经营管理为对象,涉及房地产投资、出租、购买、抵押、保险、公证等方面问题。工程咨询主要是指房地产开发项目的可行性研究。交易咨询以消费者个人的投资、置业为对象,对投资的时间、地段、物业类型等提出建议。

2. 信息查询。是指向委托人提供具有特定内容的信息资料。从信息来源划分,房地产信息可分为固定信息、流动信息、偶然信息。固定信息相对稳定,在一定时间内可重复使用,如土地使用状况、房屋开发建设情况、城市规划、经济发展水平等历史资料。这类信息可供长期查询,查询费用较低。流动信息反映房地产市场即时变化,它处于不断更新之中,时间性强,如房地产交易价格,房地产新开工面积、竣工面积等。这类信息需及时更换,剔除过时的信息,补充新信息,故其查询费用相对高一些。

(二)价格评估

价格评估是指依据有关政策、法规,运用科学的估价方法,合理判定评估对象价格的行为。

国家的政策、法规对房地产价格的形成有重大影响,例如,对房屋折旧和残值计算的规定,对商品房开发成本因素的规定,土地利用计划和规划,地区和产业发展政策等。另外,国家政策、法规还规定了价格评估的操作规范。只有了解相关政策法规,才能做到依法估价。

估价方法,主要有市场比较法、成本法、收益还原法、剩余法、路线价法等。这几种方法各有不同的适用范围。要根据估价对象的特点、状态及估价的目的,来选择合适的估价方法。有时,需要同时用几种方法进行估价,然后取平均值作为评估价格。

判断评估价格是否合理比较困难,因为土地作为一种稀缺资源,其价格的形成主要受市场供求关系的影响,与开发成本的关系不是很密切。房地产价格是一种主观评价。所以,只要评估价格能被有关各方所接受(排除非市场力量的干扰),并且补足开发成本,评估价格就是合理的。

(三)经纪代理

房地产经纪代理是一种以房地产经营活动为对象的居间服务。它主要包括以下几项内容:

1. 商品房销售代理,即为房地产开发企业代销商品房。

2. 专项开发业务代理,包括房地产投资项目策划;提供可行性报告;代理项目开发的前期工作(如办理各种审批手续);房地产销售策划(如制定销售方案、选择促销媒介)等。

除上述大宗的经纪业务外,日常的经纪业务主要是在存量房屋的买卖、交换、租赁、抵押、典当等交易活动中,这种业务量比较大,但单项业务标的较小。

三、房地产中介企业服务的特点

(一)库存和运输的不可能性

尽管中介服务的生产需要借助某些物质条件,但是中介服务却不是以物化的形式存在的,它是有用效果,表现为活劳动(M.B.沙洛特科夫,1985,第61页),"这种使用价值是作为使用价值来消费的,没有从运动形式转变为实物形式"(《马克思恩格斯全集》第46卷,1979,第464页)。例如,估价师在对某处房地产的价格进行评估时,他的劳动并未创造出有形的物质产品,而是一个合理的、能被顾客所接受的价格。房地产信息咨询服务表现在信息的收集、整理、加工。服务的结果是特定的、有用的信息和知识。信息和知识并不是由物质构成,它们是智慧和思维的结晶。

所以,房地产中介服务是无形的,不具有物质存在形态。由于这个原因,房地产中介服务既不能存放,也不能运输。从这个特点,又可得到两个推论:第一,预先生产或者服务积压都是不可能的;第二,中介服务企业要尽可能靠近需求者。尽管中介服务不像日常生活服务那样需求非常普遍,从而对选址要求不是那么高,但是出于竞争和生存的需要,仍然要尽量接近市场,或者选择交通便利地区,这样可以节约需求者的交易成本,达到吸引需求的目的。这即是所谓的近距离原则(井原哲夫,1986)。

(二)需求决定供给

由于中介服务不可库存和运输,所以,房地产中介企业只能在需求产生后提供服务。①

需求对供给的决定作用表现在三个方面:(1)需求规模决定供给规模。比如,当估价人员想提供1000平方米的估价服务时,必须存在1000平方米的估价服务需求,也就是说,只有在消费者产生了实际的需求后,估价师才能提供相应数量的服务。(2)需求结构决定供给结构。需求结构指的是在一定时期内信息咨询服务、估价服务、经纪代理服务需求的相对比重。哪种服务需求多一些,哪种服务的供给就会多一些,从而形成与需求结构完全一致的供给结构。②但是,供给结构的调整需要时间,因为某些中介服务的供给要受到技术的限制,短期内不能大幅度增加。例如,营销策划服务的生产需要市场营销学、消费心理学等方面的专业知识,而这种专业知识或者人才的获取非短时间内能够做到的。所以,这意味着,在短期内市场中会出现需求过剩或供给不足的现象。(3)需求的时间型式决定供给的时间型式(井原哲夫,1986)。这是说,供给的时间要受到很大限制。营业时间中任何一点上需求产生,供给就要立即开始。如果在很长一段时间内没有需求,那么在这段时间内也就没有供给。

(三)生产与消费一致

中介服务的生产和消费同步发生。生产过程就是消费过程。这里的消费不是对物品的使用,而是对活劳动的使用。在对活劳动的消费中,消费者获得效用。以市场调查服务为例,顾客提出

---

① 房地产中介企业当然可以采取促销手段,如广告来创造和吸引需求。这里是强调服务不能提前生产的情况。

② 这里的供给结构既可以是某个企业的,也可以是一个地区的。

委托后,中介服务人员开始工作。在这期间,服务劳动是属于顾客的。劳动的耗费使顾客获得一种有用效果,即了解房地产市场的供求状况。

虽然有用效果(在这个例子中是市场供求状况)可以加以描述并记载下来,在一个相当长的时间内继续发挥作用,但是对有用效果的利用并不是服务消费的内容,服务消费是一个获得有用效果的过程。

四、房地产中介服务企业的成本与收益

(一)房地产中介服务生产投入

1. 劳动。既然中介服务表现为活劳动,那么劳动投入就是一项主要投入。一个具有相同含义的说法是,中介服务企业是劳动密集型的,撇开劳动质量不谈,一般地,劳动投入越多,提供的服务就越多。

2. 固定投入。仅有劳动投入,服务生产还不能进行。中介服务活动需要场所和设备,比如办公用房和家具、电脑、电话等设备。所以,办公用房和办公设备构成了中介服务生产的固定投入,称之为固定投入是因为它们的数量不随服务生产的增减而变动。

(二)房地产中介服务生产效率

影响服务生产效率的因素有两个,一是劳动质量,二是机械化程度。劳动质量是由劳动者的知识、技能、体力等构成,劳动质量不仅决定了服务质量,而且还使服务生产时间缩短。因为中介服务劳动是一种专业性、技术性比较强的劳动,对劳动者的个人素质要求比较高。如果服务人员缺乏专业技能,就会使服务生产时间延长,或者降低服务质量。比如,销售人员不懂市场营销学,就会降低房屋销售速度,就需要花费更长时间才能完成房屋销售服务。

中介服务生产主要依靠劳动投入,也利用某些设备,如电脑。电脑的广泛采用会在一定程度上提高生产效率,比如,电脑可以加快数据的处理规模和速度,可以节约信息搜集成本,扩大信息来源。

要提高中介服务的生产效率,就要尽可能提高劳动质量和机械化程度。但这两点都不易做到。在社会技术、知识水平一定条件下,提高劳动质量有一个"度",不能无限增长,而且获取知识、技术,提高技能也需要时间,并非短期之功。因此,劳动质量在达到一个层次后,便处于相对稳定状态。中介服务的生产特点决定了机械设备的使用范围受到限制,要大规模提高设备的使用范围是不可能的。所以,中介服务生产效率是相对稳定的,短期内不易提高。这意味着,要想扩大供给,只能增加劳动投入。

(三)中介服务生产成本和收益

房地产中介服务企业的生产成本大致包括以下几项内容:(1)工资性支出,如薪金、奖励、提成、补贴等。这项成本在总成本中所占比重最大。(2)租金和折旧,即办公场所的租金以及电脑、电话等办公设备的折旧。(3)管理费用,如企业管理人员的工资、差旅费、市内交通费等。(4)低值易耗品损耗,如纸、墨、笔等的消耗。

中介服务企业的收益来自服务销售收入,即佣金。收益水平受佣金率和业务量的影响。房地

产中介企业不能完全控制服务供给量,但它可以控制佣金率。① 通过调整佣金率,中介服务企业可以获得较高的收入。

设 $R=$ 收益,$b=$ 佣金率,$Q(b)=$ 某个佣金率下的服务量,那么,下面等式成立:

$$R(b) = b \cdot Q(b)$$

对等式两边求关于 b 的导数,得到:

$$\frac{dR}{db} = Q(b) + b \cdot \frac{dQ}{db}$$

整理得:

$$\frac{dR}{db} = Q(b)[1 + \varepsilon(b)], \varepsilon(b) = \frac{dQ/Q}{db/b}$$

ε 是中介服务需求价格弹性。因为 ε 是负数,所以,

$$\frac{dR}{db} = Q(b)[1 - |\varepsilon|]$$

上式说明,当中介服务企业变动佣金率时,收益的变动由服务需求量和价格弹性决定,提高佣金率而收益增加的条件是 $|\varepsilon|<1$,即服务需求对佣金率的反应比较不敏感。当 $|\varepsilon|>1$ 时,提高佣金率只会降低收益,这时,适当调低佣金率可以增加收益。

因此,当中介服务企业试图以变动佣金率的方式增加收益时,必须认真研究自己所面对的服务需求价格弹性。根据价格弹性的不同,对不同时间、不同顾客群、不同服务种类的需求,制定不同的佣金率策略,来达到增加收益的目的。

第四节 物业管理企业

一、物业管理产生的原因

物业管理企业是生产准公共物品的服务企业。这有两个含义:第一,物业管理企业属于服务业。它通过对物业及其环境的管理,向业主提供多方面服务。例如,清洁卫生、保安值勤、园林绿化等。第二,物业管理服务是准公共物品。② 准公共物品又称俱乐部物品,它最早是由詹姆斯·布坎南(James Buchanan)于 1965 年在他的《俱乐部的经济学理论》一文中提出来的。俱乐部物品介于公共物品和私人物品之间,其主要特征有两个:(1) 排他性。俱乐部物品只能由俱乐部成员消费。(2) 非竞争性。单个俱乐部成员对物品的消费不会影响或减少其他俱乐部成员对此物品的消费。排他性使准公共物品近似于私人物品而区别于公共物品;非竞争性则使它近似于公共物品而区别于私人物品。很显然,物业管理服务具有这两个特点。例如,一个住宅小区内的每一个居民都有权利享受清洁卫生带来的好处,没有人可以被排斥在整洁环境之外,而且,任何一个居民所消费的清洁服务的数量是相同的,一个居民的消费不会使其他居民的消费量减少。但

---

① 因为中介劳务存在差异,中介服务企业对自己提供的服务具有一定的垄断力量,可以通过减少供给量来影响佣金率。

② 这里指的是基本的物业管理服务,即物业本体服务和经常性(合同)服务,不包括特约服务和经营性服务。

是,这个住宅小区之外的人被排斥在物业管理服务消费之外,使这种排斥得以实现的原因是成员资格。物业管理服务以特定的物业以及业主为对象,所以,某个人要想消费这种服务,就必须首先取得业主资格,即购(租)小区内的物业。而取得业主资格显然受制于购买能力以及物业供给状况。

物业管理企业的根本作用在于节约交易费用。物业管理企业将分散的社会分工集中在企业内部,如绿化、清洁、保安等,消费者只需面对物业管理企业,就可以得到各种服务。如果业主自己分别去寻找各种专业服务人员,无疑会浪费很多时间、精力和金钱。因此,物业管理企业的出现使消费者的搜寻和谈判成本降低,节约了交易成本。

二、物业管理服务的内容和特点

(一)物业管理服务的内容

物业管理服务的内容相当广泛,呈现全方位、多元化态势,而且不同类型的物业有着不同的服务侧重点。一般说来,包括四个基本方面:

1. 物业本体服务。这是指为了维护和延长物业的使用功能和寿命,对房屋建筑、附属设备、公共设施和场所进行的维修、翻新、改造、养护、管理等工作。

2. 常规性服务,又叫合同服务。它是为全体业主和租户提供的经常性服务,是所有住户都可以享受到的。通过合同的形式将其固定下来,作为物业管理公司最基本的服务项目,以收取管理费作为经费保证。常规性服务有清洁卫生、治安保卫、园林绿化、代缴水电费等。

3. 委托性特约服务。这属于非合同零星服务,它是为满足住户特别需要而提供的个别服务。比如,预约定期上门清扫室内卫生,收洗衣物,照看病人,代办购物、购票等。这类委托服务的范围十分广泛,但具有临时性、不稳定特点。

4. 经营性服务。这是物业管理企业适应市场要求而必须具备的功能,通过提供经营性服务,可以达到"以业养业"的目的。由于具体条件不同,各个物业管理企业的经营项目也不尽相同。一般说来,物业管理企业有其基本的经营项目,例如,物业租赁、房地产中介、室内装潢设计及工程施工、家电、车辆及各类生活用品的维修等。此外,还可根据实际需要开展商业、餐饮、美容美发、医疗门诊、歌舞厅等经营活动。

(二)物业管理服务的特点

物业管理服务除了具有不可库存和运输性、需求决定生产、生产与消费同步等服务品的一般特性外,还具有:

1. 服务消费的连锁性。消费者对物业管理服务的需求具有时间上的继起性,表现为不断地由一种服务消费引致另一种消费,例如,消费者在接受停车服务的同时,会主动要求洗车及修车服务。在接受医疗服务时,可能会产生照顾家中病人的需求。

2. 物业管理服务具有外部性。所谓外部性是指一个经济主体的经营活动影响到其他经济主体的利润或效用,而影响施加者并未因此而获得补偿或受到惩罚。物业管理服务就具有外部性特点。由于物业管理服务具有准公共物品性质,所以,当物业管理企业在提供服务,如清洁卫生服务时,不仅购买服务的消费者会享受到洁净的环境带给他的好处,而且未付费的消费者同样也可以得到这种好处。但是,物业管理服务供给者的利益受到损害。

3. 物业管理服务具有生产性。某些物业管理服务,例如房屋及附属设备维护,可以延长物业的使用寿命,保证物业的使用功能正常发挥,使物业的外观形态保持良好状态,这种服务无疑会增加物业价值,因为物业价值(或价格)无非是物业使用周期内租金流量贴现值之和,即:

$$V = \sum_{n=1}^{N} \frac{R}{(1+i)^n} = \frac{R}{i}\left[1 - \frac{1}{(1+i)^{N-1}}\right]$$

式中 R、i、N 分别代表租金、贴现率、寿命期。

显然,当 $N \to \infty$ 时,$V = \frac{R}{i}$。因此物业寿命的延长有助于物业增值。这说明,物业管理服务是一种生产性劳动。

三、物业管理企业的服务供给

为了分析物业管理服务的供给,我们需要将物业管理服务重新分类。委托合同中约定的基本服务,我们称之为准公共物品;物业管理企业与居民消费者之间个别约定的服务,称之为私人物品。

(一)作为准公共物品的物业管理服务的供给

作为准公共物品来供给的物业管理服务,其供给量要受到两个因素的制约,第一,消费者的购买需求。因为服务一般来说是不可库存的,供给和需求,生产和消费需要同步进行,所以只有当消费者已决定购买服务时,企业才能提供服务,而且供给的数量不会超过需求数量。第二,企业的技术条件(生产函数)。企业的最佳供给规模由边际收益等于边际成本原则决定。

我们首先考察在第一个因素制约下的最优供给规模。假定物业管理服务消费的数量对其他物品(私人物品)的价格没有影响,每一个消费者的效用函数是拟线性的,其他物品的消费以货币表示,其价格为1。假设只有两个消费者(业主)。令 x_1、x_2 代表两个消费者花费在私人物品上的货币,g 表示他们消费相同数量的物业管理服务。服务成本函数为 $c(g)$。M_1 和 M_2 分别表示两个消费者的货币收入。在预算约束下,给定消费者2的效用水平,使消费者1的效用最大化。模型如下:

$$\begin{aligned} &\underset{x_1, x_2, g}{\text{Max}} \quad U_1(x_1, g) \\ &\text{s.t} \quad u_2(x_2, g) = \bar{u}_2 \\ &\qquad x_1 + x_2 + (g) = M_1 + M_2 \end{aligned}$$

一阶条件是:

$$\frac{\partial u_1(x_1,g)^*/\partial g^*}{\partial u_1(x_1,g)^*/\partial x_1} + \frac{\partial u_2(x_2,g)^*/\partial g^*}{\partial u_2(x_2,g)^*/\partial x_2} = \frac{dc(g)^*}{dg^*}$$

如果效用函数是拟线性的,即 $u_j(x_j, g) = v_j(g) + x_j$,那么,

$$\frac{dv_1(g^*)}{dg^*} + \frac{dv_2(g^*)}{dg^*} = \frac{dc(g^*)}{dg^*}$$

这就是说,物业管理服务的最适供给水平 g^* 位于消费者从物业管理服务消费中得到的边际效用(或者说对服务的边际评价)之和与物业管理服务供给的边际成本相等之处。"最适供给水平"的含义是说它使消费者的效用达到最大,它是消费者最想要的物业管理服务规模。图2-4

描述了这个最优条件[①]:

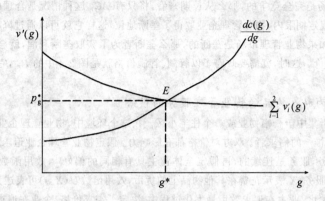

图 2-4 物业管理服务的最适供给水平

在拟线性效用函数中,由于边际替代率与私人物品 x_i 无关,只依赖于物业管理服务 g,所以图中的 $\sum_{i=1}^{2} v'_i(g)$ 曲线实际上就是市场需求曲线,它给出了物业管理服务价格 P_g(边际评价)与 g 之间的函数关系。所以,上述一阶条件可以解释成为

$$P_g^* = c'(g^*)$$

这是标准的帕累托最优条件。

但是,g^* 是否也是物业管理企业愿意供给的数量呢?答案是未必。这要取决于物业管理企业的平均成本曲线。只有当平均成本曲线不高于均衡点(图 2-4 中的交点 E)时,g^* 才是物业管理企业愿意提供的服务量。如图 2-5 所示。

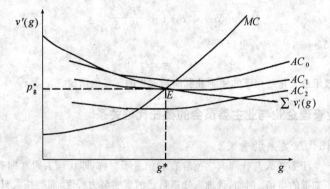

图 2-5 物业管理服务的成本曲线

---

① 假定 $v'(g)>0, v''(g)<0, c'(g)>0, c''(g)>0$。

在图 2-5 中,给出了三条平均成本曲线 AC_0, AC_1, AC_2,只有 AC_1, AC_2 是支持 g^* 的。如果物业管理服务市场是完全竞争的,那么从长期来看,将只有 AC_1 这种情况是合理的,但是在物业管理服务合约规定期限内,物业管理企业取得了垄断地位,这样它就可以通过降低服务成本,来获得正利润。如果物业管理市场是垄断的,那么垄断者为了获取垄断利润,就会供给较少的服务,以便索取高价。这时,就需要政府予以管制,管制价格就是图 2-4 中的 P_g^*,它等于边际成本 $c'(g^*)$。

(二) 作为私人物品的物业管理服务的供给

我们将分析集中于一幢物业或一个住宅小区。在这个环境中,物业管理企业是惟一的供给者,全体业主是惟一的需求者。双方对价格都有影响力。假定物业管理企业追求利润最大化,且只提供一种服务,服务是连续的,再假定全体业主具有相同的偏好[1],效用函数具有拟线性特征,若令 s 表示服务,X 表示花费在其他物品上的货币,效用函数 $U(X,s)$ 可表述为 $X+v(s)$。业主追求效用最大化。业主在追求效用最大化过程中,决定了需求价格,企业在追求利润最大化过程中,决定了供给价格。在均衡时,供求价格相等,并决定了均衡的服务供给量。令 S_d, S_s 分别代表服务需求量和服务供给量。

我们首先写下消费者效用最大化模型:

$$\underset{x, S_d}{\text{Max}} \quad x + v(s_d)$$
$$\text{s.t} \quad x + p_d s_d = m$$

一阶条件是,

$$v'(s_d^*) = P_d \left(1 + \frac{dP_d/P_d}{dS_d/S_d}\right)$$

物业管理企业的利润最大化模型为,

$$\underset{S_s}{\text{Max}} \quad P_s \cdot S_s - c(S_s)$$

一阶条件是,

$$c'(S_s) = P_s \left(1 + \frac{dP_s/P_s}{dS_s/S_s}\right)$$

在均衡时,$S_d = S_s, P_s = P_d$,得到

$$v'(s^*) = c'(s^*)$$

s^* 即为在效用最大化约束下的使企业利润最大化的服务供给量。

四、物业管理企业与业主委员会的委托代理关系

(一) 委托代理关系的含义

代理问题产生于委托人与代理人之间存在着信息不对称,即代理人通常拥有信息优势,他知道委托人所不知道的事情。例如,代理人知道自己的真实努力程度,而委托人只能根据某些可观测到的东西(如产量)去进行猜测;或者委托人不知道代理人的效用函数(比如,企业经理可能追求销售收入最大化而不是利润最大化)。前一种情况属于隐蔽行动问题,后一种情况属于隐瞒

---

[1] 郝寿义等(1997)证明,从长期来看,偏好显露机制(用脚投票)会使偏好程度相近的需求主体聚集在一起。

信息问题。典型的委托代理理论与隐蔽行动问题有关。

由于代理人的行动不为委托人所觉察,所以代理人就有可能采取偷懒或者投机取巧的行为,损害委托人的利益,而自己却不会受到相应的足够的惩罚,这样就产生了道德风险。

为了避免发生代理人利用委托人的授权,从事与委托人利益不符的活动,抑制道德风险,委托人就需要设计一套激励约束机制,诱使代理人在追求自身利益最大化的同时,选择实现委托人效用最大化的行动。这就是委托代理理论的中心内容。

最优激励计划的基本结构是,在激励相容约束和参与约束下,使委托人预期效用最大化。激励相容约束是说,为了诱使代理人选择对委托人最有利的行动,必须给予代理人一个较高的报酬,这个报酬至少等于代理人选择其他行动所得到的最高报酬。参与约束要求代理人参与这个激励计划得到的效用不少于他的保留效用。激励相容约束条件保证了激励计划的可操作性,而参与约束条件则要求该计划是可行的。

在假设委托人风险中性、代理人风险规避的条件下,如果委托人能直接观测到代理人的努力水平,委托人可以通过一个强制合同来迫使代理人采取最有利于委托人的行动,代理人得到一个固定的报酬,委托人承担全部风险;如果委托人不能直接观测到代理人的努力水平,只能通过可观察到的变量如产出来推测,但是产量会受到不确定因素如天气状况、市场环境等影响,这为代理人的偷懒行为创造了条件。为了使代理人努力工作,委托人将报酬与产出水平联系起来,使代理人也应该承担一些风险。比如,在实践中,企业经理的报酬一般由薪水、资金、股票与股票买卖选择权、退休金计划构成。

除了设计最优激励约束机制来尽量减少道德风险外,来自企业外部的约束也可以降低代理人的侵权行为,如经理劳务市场的竞争以及产品市场的充分竞争将对经理施加有效的压力,促使经理必须努力工作。

(二)物业管理中委托代理关系产生的原因

物业管理者与业主委员会之间存在的委托代理关系,业主委员会是委托人,物业管理者是代理人。从信息经济学的角度来看,物业管理委托—代理关系产生于信息不对称。在签订委托合同后,物业管理企业接受业主委员会的委托,开始行使对物业的管理权。物业管理企业知道自己的工作努力程度,但是业主不知道,业主只能通过它的管理业绩,比如治安状况、环境整洁程度等来观测管理者的努力水平。但是管理业绩与工作努力程度之间不存在完全正相关关系,例如,物业管理区内的治安状况固然与物业管理公司的保安措施有极大关系,但是也与业主的个人素质、物业的结构和设施、地方警力的配合等有关系。所以,物业管理区的治安良好并不能说明物业管理公司的保安措施周密,它也可能是因为业主的防范意识比较强或地方警力巡查严密。由于业主不能根据管理业绩准确推断物业管理企业的真实努力程度,所以,委托代理关系就产生了:物业管理企业拥有业主所不知道的私人信息——工作努力水平,因此它有可能会利用它所拥有的私人信息来谋取不正当利益,损害业主的利益。业主面临的问题是设法诱使管理者将其私人信息显示出来,并采取符合业主利益的行动,同时,给定业主的策略,管理者由于采取这种行动而获得最大利润。

(三)代理问题的解决

1. 赋予业主委员会相应的权力,提高监督效率。

业主监督效率是指业主的谈判、履约能力以及对合同执行情况的日常监督检查并与物业管理者的沟通、合作情况等。业主监督效率是解决代理问题的一个重要因素。

影响业主监督效率的因素主要有三个：(1) 产权利益与搭便车行为。业主对物业管理者进行监督的动力源自业主对产权利益的追求，包括业主在自用时对使用效益的追求，在经营时对租金收益的追求。但是，当多个产权主体拥有共同利益时，就可能产生"搭便车"行为：每一个人都希望别人去争取共同利益(在这里是对物业管理者的监督)而自己坐享其成。这导致监督效率下降。(2) 监督距离。物业管理合同是由若干个连续的合约组成。以一个产权多元化的物业的管理为例，委托—代理关系表现为，初始委托人(众多业主)→业主委员会→物业管理企业→终极代理人(管理企业的员工)，这中间存在产权性质各异的多个中间层。每个中间层又必定同时具有(前一个委托人的)代理人与(后一个代理人的)委托人的双重身份。因此，从初始委托人到终极代理人有一个较长的监督距离。监督距离越长，业主基于产权利益的监督积极性越小，监督效率也随之下降。(3) 行为能力。业主委员会具备完全的民事行为能力对于在合同谈判、签约、解决纠纷等方面取得有利地位是重要的。缺乏这种能力，将会使业主的监督效率下降，甚至无法履行监督。

提高监督效率的一个重要途径是赋予业主委员会相应的权力，这包括两个层面的含义，一个是业主委员会作为全体业主的共同产权利益的代表，要得到业主充分信任和尊重，并应该拥有完全的决策权力。当然，为了防止业主委员会成员滥用这种权力或者偷懒行为的发生，对业主委员会成员的监督和激励是必要的。另一个层面的含义是法律应赋予业主委员会社团法人资格，使其具备应诉和起诉的权力。业主委员会取得与物业管理企业同等的法律地位可以增强其谈判、履约、处理纠纷的能力，充分保障自身利益。

2. 设计激励机制。

即使业主委员会取得了相应的资格和权力，由于以下三方面原因，它在与物业管理企业的交易过程中也始终处于不利地位。第一，物业管理企业掌握着业主难以知晓的"私人信息"，从而形成信息占有上的不对称；第二，业主委员会的组织结构要比物业管理企业松散得多，从而减弱了它的谈判能力；第三，业主对物业管理企业的履约考核指标大多只能定性表示，考核难度大，而物业管理企业的收入和利润却是可以量化的。这造成双方在考核上的不对称。

由于业主委员会处于劣势地位，所以，为了使物业管理企业能够积极合作并采取有利业主的行动，业主委员会必须设计一种激励机制。激励机制(合同)的中心问题是在参与约束和激励相容约束下，最大化委托人(业主)的效用。在物业管理实践中，有两种激励方式，一种是定期评价。借助于它可使物业管理企业的报酬与业绩挂钩。运用定期评价方法，首先需要使定性考核指标分值化，然后将分值加总，以加总的分值来考核管理业绩。分值高，报酬多。由于这种方法隐含的假定管理业绩与工作努力水平之间是完全正相关，因而它并不能从根本上解决激励问题。另一种激励方式是市场激励。如果一个物业管理企业管理业绩突出，那么可以通过合约期满后的续约方式给予激励。这种激励方式要求物业管理市场是充分竞争的，只有满足这个条件，续约才是一种可行的激励方式。

另外，确定尽可能详尽的合同内容有利于监督物业管理企业的行为。比如，在合同中应明确写明物业管理企业提供什么服务，达到什么质量，质量考核指标以及业主愿为此支付多少费用等内容。合同内容越详细，监督的力度就越强。

第五节　房地产企业在中国的发展

一、房地产开发企业的产生和发展

在传统的计划经济条件下,城市土地无偿使用,住房是福利品,城市中的房屋建设活动基本是由房屋产权人或使用者自己来组织的。这个时期,房地产开发活动是分散的、非市场化的。

1978年实行改革开放政策后,城市房地产市场开始发展。许多城市建立了"统一建设办公室"负责在全市范围内统一规划、统一征地、统一配套建设住房和基础设施,并统一向各委托单位分配住房。它的职能近似于房地产开发企业,但其本身是政府机构的组成部分。1980年的全国城市规划工作会议确定了综合开发为城市建设发展方向,并倡议组建城市建设综合开发公司,于是各地的"统一建设办公室"纷纷易牌,改成了房地产开发公司,但仍带有浓厚的行政机构色彩。1984年中国共产党的十二届三中全会做出了关于经济体制改革的决定,提出有计划商品经济的理论,这为房地产开发公司的产生创造了有利条件。1984年11月国家计委和城建部颁布的《城市建设综合开发公司暂行办法》规定城市建设综合开发公司是具有独立法人资格的企业单位,实行自主经营,独立核算,自负盈亏,对国家承担经济责任。这促使许多带有政府职能的开发公司向企业转变,并涌现了许多独立组建的房地产开发公司。从此,房地产开发企业开始作为独立的经济主体参与城市土地资源配置过程,并对城市土地资源配置状况产生越来越大的影响。

伴随着经济体制改革的不断深入,特别是1992年邓小平在南方的谈话为契机,房地产开发企业发展迅猛。据统计,到2000年2月底,全国房地产开发企业总数达到25,000个。房地产开发企业构成多元化,国有独资一统天下的局面被打破,合资企业、集体企业、私营企业大量涌现,形成多种所有制并存的局面。外资房地产企业1200家左右,港澳台资房地产企业3800家,合计5000家左右。房地产开发规模在不断扩大,到1996年底,全国房地产在建规模16561亿元,户均开发量5130万元。

房地产开发企业在发展中也暴露出一些问题,主要是:(1)企业规模偏小,竞争力差。至1996年底,房地产开发企业资产总值15064万亿元,所有者权益3788亿元,户均分别为4660万元和1200万元。户均完成的开发工作量仅2510万元。企业数量虽然多,但是有开发活动的为21269个,其中13.64%的企业亏损。(2)管理方式落后。政企不分的现象仍然存在,从而依靠政府部门行政力量垄断市场。有些私营企业组织形式具有家族式或集权特征,不能适应市场竞争及社会化大生产的需要,在内部不能建立有效的委托—代理结构和监督激励机制。企业投资决策缺乏科学程序和机制,投资冲动仍然存在于多数房地产开发企业当中。

目前,组建企业集团和加强企业间的协作成为房地产企业发展的一个重要趋势。企业集团代表行业发展方向和生产力水平,可以在更大时空范围内完成生产要素的优化配置,形成规模经济能力,而且还可以促进企业内部管理方式的改革。企业间协作也是一种增强企业抗风险能力的有效途径。1999年8月29日,来自深圳、北京、天津等地的12家大型房地产公司在成都签订了《中国城市房地产开发商协作网络成都筹备会议纪要》,《纪要》规定协作网络成员之间实行信息共享、集体采购、共同培训和融资互助。这是中国房地产企业发展史上的一个重要事件,它标志着中国房地产市场开始走向成熟。

二、房地产中介企业发展现状

1992年以前,房地产中介企业发展主要集中在各城市房地产交易市场的建设方面。这个时期还出现了由政府主管部门成立的价格评估机构和信息中心,这些信息中心收集和发布的商品信息中包含某些房地产信息,但是这些信息很零碎。这些中介组织都属于地方政府主管部门的派出机构,与真正的企业性质的中介机构还有很大差别。

1992年后,全国掀起了房地产开发热。房地产中介企业作为房地产市场配套服务体系的重要组成部分,受到国家政策的鼓励和支持。各类型的房地产中介机构纷纷建立,外资和港澳台资也开始在大城市设立办事处或建立合资公司,如香港的利达行房地产咨询公司,台湾的九鼎轩置业企划有限公司等。

房地产中介企业在快速成长过程中,出现了一些问题,比如:经营不规范、丧失中立和公正的地位、乱收费、人员素质良莠不齐等。房地产中介企业的行业形象受损。大致来看,1995年前房地产中介市场的混乱、无序竞争现象最突出。在这之后,国家有关部委政府出台了一系列法规来规范房地产中介企业的经营行为,例如国家建设部在1995年5月和7月分别颁布了《关于房地产中介服务收费的通知》和《房地产估价师执业资格制度暂行规定》,1996年初又颁布了《城市房地产中介服务管理规定》。地方政府出台的法规更多。根据法规要求,各地展开中介机构资质认证工作,在全国范围内推行估价师资格考试制度。经纪人资格考试和认证制度在很多城市也推行开来。中介从业人员的素质和业务水平因此有了一定提高。

经过几年的规范和整顿,房地产中介企业开始进入健康、平稳发展时期。房地产中介企业的经营规模逐渐扩大,并开始向大型化、综合化方向发展。市场竞争日趋激烈,中小型房地产中介企业的生存空间越来越狭小。今后几年将是房地产中介企业分化、重组、兼并的关键时期。

三、物业管理企业的产生与发展

中国对物业管理的探索与尝试是在20世纪80年代初从住宅管理开始的。(传统的住宅管理体制是一种福利型行政管理模式,实行条块分割管理,无偿提供服务,不仅管理效率低,还使得管理部门入不敷出,住房不能得到正常维护。)针对传统住房管理体制存在的弊端,广州和深圳率先对其改革,引入物业管理模式。

1981年3月,深圳市物业管理公司成立,这是全国第一家以管理商品房为主,具有独立法人资格的国有企业。公司对所属房产进行专业化、社会化、企业化管理。以收抵支,独立核算。住房管理体制开始由单纯的管理型向经营型转变。

广州于1981年开始在新建的东湖新村试点推行新式住宅小区管理方法。参考香港屋村管理经验,开发商广州东华实业股份有限公司,在新村内组建管理处,由管理处负责小区内的物业管理和服务。1986年,该公司在开发广州五羊村住宅小区后,组建东华物业管理公司对这个小区进行专业化物业管理。

深圳和广州不断完善专业化、社会化、企业化的物业管理模式。它们的经验和做法开始在全国传播开来,很多城市把推行物业管理纳入城市管理体制中来。1994年3月,建设部颁布《城市新建小区管理办法》,强调新建小区必须推行物业管理,并指出物业管理模式是深化城市房地产管理体制改革的重要举措。1995年8月,在青岛召开了第一次全国物业管理工作会议,对中国的物业管理业的发展起到了重要推进作用。从此,物业管理在中国获得了广泛认同,而且其含义也从住宅小区的管理,扩大到各类物业的管理。物业管理公司的数量迅速增长。据1997年的调查资料显示,深圳市共有物业管理公司和机构600余个,从业人员近4万人,物业管理覆盖了90%的住宅小区,70%的高层楼宇,40%的工业区。从全国范围来看,据建设部有关部门估计,全国物业管理行业从业人员已超过10万人,专业性物业管理公司15000家左右。中国的物业管理业正在迅速崛起和发展。

专题分析:房地产企业竞争力评价体系探讨

企业竞争力及其评价指标体系是理论家和企业家非常关心的问题,同时也争论较多的问题,提出了各种评价方法和指标体系。在文中我们介绍了德尔菲的主观评价法,即专家评价法及其指标体系。该方法存在着计算工作量大及易受个人偏好影响等缺点。所以,我们在此专题分析中,再介绍一种客观评价方法,供对此问题有兴趣的同行研究参考。这种方法是先用分层聚类方法对多个企业按财务指标值进行聚类,把竞争力相近的企业聚为一类,然后再用因子分析法对企业竞争力进行排序。

1. 聚类分析。

聚类分析是利用物以类聚的原理,将一批样本数据按照它们性质上的亲疏程度在没有先验知识的情况下自行进行分类。本文主要运用分层聚类分析,其主要思路是:

(1) 将选定的每个样本自成一类,根据样本每个变量值之差的平方和(欧氏距离平方)的大小,判断样本的归属。

(2) 将未聚类的样本与已经聚成的小类继续聚类,最后在小类间进行聚类。样本数据与小类、小类与小类间亲疏程度的判断,也是根据它们之间距离的大小来衡量。

2. 因子分析。

因子分析是将所选定的众多原始变量转换成少数几个因子变量,用这些少量的公因子来解释原始变量所要反映的信息。本文用因子分析对企业竞争力进行排序的思路是:

(1) 提取公因子。假设衡量企业竞争力的变量有 i 个,用 $x_1, x_2, x_3, \ldots, x_i$ 表示,经过主成分分析,初始变量可由公因子来表示:

$$x_1 = t_{11}F_1 + t_{12}F_2 + \cdots + t_{1a}F_a$$
$$x_2 = t_{21}F_1 + t_{22}F_2 + \cdots + t_{2a}F_a$$
$$\cdots$$
$$x_i = t_{i1}F_1 + t_{i2}F_2 + \cdots + t_{ia}F_a$$

上式用矩阵的形式表示为:

$$X = TF$$

$F_1, F_2, F_3, \ldots, F_a$ 分别表示公因子,a 表示公因子的个数,且 $a < i$;

t_{ij} 为因子载荷,该值越大,表示公因子与初始变量 x_i 的关系越紧密;

X 表示初始变量矩阵;

T 表示因子载荷矩阵;

F 表示公因子矩阵。

(2) 计算因子得分。在公因子确定以后还须确定因子得分,具体的作法是将公因子变量表

示成初始变量的线性组合,也就是说通过因子得分函数计算因子得分,因子得分函数可表示为:

$$F_1 = q_{11}x_1 + q_{12}x_2 + \cdots + q_{1i}x_i$$
$$F_2 = q_{21}x_1 + q_{22}x_2 + \cdots + q_{2i}x_i$$
$$\cdots$$
$$F_a = q_{a1}x_1 + q_{a2}x_2 + \cdots + q_{ai}x_i$$

上式可用矩阵形式表示:

$$F = QX$$

$F_1, F_2, F_3, \cdots, F_a$ 分别表示公因子,a 表示公因子的个数,且 $a < i$;

q_{ij} 为因子得分函数的系数;

X 表示初始变量矩阵;

T 表示因子载荷矩阵;

F 表示公因子矩阵。

(3) 计算企业综合竞争力。公因子基本上反映了初始变量的信息,因此可用这些公因子计算企业综合竞争力。在具体应用时还要给予每个公因子一个权重,设定权重的方法很多,本文用公因子方差贡献率作为权重,由此可得到企业综合竞争力的计算公式:

$$Z = s_1F_1 + s_2F_2 + \cdots + s_aF_a$$

s_a 表示公因子方差贡献率;

F_a 表示公因子;

Z 表示企业综合竞争力。

最后根据 Z 的大小对企业竞争力进行排序。

运用聚类分析和因子分析方法,根据这些企业 2001 年报数据,对中国 34 家房地产上市公司竞争力进行排名见表 2-1。

表 2-1

排名	企业名称	竞争力得分	排名	企业名称	竞争力得分
1	金地股份	45.0403	18	深振业	3.44328
2	天鸿宝业	35.7655	19	长春经济	3.02692
3	金融街	21.1835	20	北京城建	2.88575
4	光彩建设	13.9596	21	深长城	2.73608
5	天房发展	11.0764	22	深宝恒	2.45297
6	苏州新区	9.00003	23	阳光股份	2.38076
7	深物业	7.61208	24	陆家嘴	1.11653
8	利嘉股份	7.59063	25	珠江实业	1.05134
9	中远发展	7.54285	26	莱茵达置业	0.892152
10	南京栖霞建设	6.1269	27	上海金桥	0.601255
11	新黄浦	5.39371	28	运盛实业	0.454253
12	上海海鸟	5.32493	29	外高桥	0.0572455

续表

排名	企业名称	竞争力得分	排名	企业名称	竞争力得分
13	厦门旭飞	4.12847	30	深万山	-2.76435
14	万科	3.9307	31	珠江控股	-4.36267
15	沈阳银基	3.77706	32	吉林轻工	-10.7887
16	东华实业	3.73204	33	纪中天	-11.4784
17	中华企业	3.45211	34	深圳经济特区房地产	-15.6959

从表2-1可以看出,第1、2、3名企业竞争力分值分别是45.0403、35.7655、21.1835,而第4—20名企业竞争力得分处于13.9596、2.88575之间。竞争排序结果中可以看出,前20名企业之间的竞争力差距较大,其中第1、2、3名企业的竞争力比较接近,第4—20名企业的竞争力较为接近;这说明34家房地产上市企业中只有少数几家竞争力较强,其他企业都较为接近,进一步证明了全国的房地产业集中度都不高,企业规模不经济的现象较为严重,企业间仍处于低水平竞争状态。

在本专题中使用聚类分析与因子分析方法研究竞争力问题,运用的是上市公司2001年报数据,并没有涉及企业动态的数据。因此,此种方法仍具有局限性,寻找更优的客观分析方法仍是值得研究的课题。

思 考 题

1. 中国房地产企业如何应对加入WTO后的挑战?
2. 房地产中介市场的均衡如何实现?有何特点?
3. 如何解决物业管理中的委托代理问题?
4. 简述房地产企业的特点。
5. 房地产企业竞争力主观评价指标有哪些?

参 考 文 献

1. H.范里安:《微观经济学:现代观点》,上海三联书店、上海人民出版社,1994年。
2. H.范里安:《微观经济学(高级教程)》,经济科学出版社,1997年。
3. 张维迎:《博弈论和信息经济学》,上海三联书店、上海人民出版社,1999年。
4. Andreu Mas-coleu, Michael D. Whinston, Jeny R. Green, *Microeconomic Theory*, Oxford University Press, 1995.
5. 井原哲夫:《服务经济学》,中国展望出版社,1986年。
6. M.B.沙洛特科夫:《非生产领域经济学》,上海译文出版社,1985年。
7. 维克托·R.富克斯:《服务经济学》,商务印书馆,1987年。
8. 王克忠:《房地产经济学教程》,复旦大学出版社,1995年。
9. 费淳璐、杨继瑞、王重润等:《中国房地产运作理论与实践》,四川大学出版社,1997年。
10. 张跃庆:《中国房地产市场中介组织研究》,企业管理出版社,1997年。
11. 王重润:《房地产中介企业问题研究》,四川大学硕士论文,1996年。

12. 彭国华:《论我国房地产企业集团化的若干问题》,《中国房地产》,1998 年第 12 期。
13. 罗纳德·哈里·科斯:《论生产的制度结构》,上海三联书店,1994 年。
14. 吴淑琨、席酉民:"公司治理模式探讨",《经济学动态》,1999 年第 1 期。
15. 哈罗德·德姆塞茨:《企业经济学》,中国社会科学院出版社,1994 年。
16. 泰勒尔:《产业组织理论》,中国人民大学出版社,1997 年。
17. 杨瑞龙:《现代企业产权制度》,中国人民大学出版社,1996 年。
18. 刘洪玉:《房地产开发经营与管理》,中国物价出版社,1995 年。
19. 彼得·德鲁克:《创新与企业家精神》,企业管理出版社,1989 年。
20. 郝寿义、陈义村、孙大海:《物业管理通论》,海关出版社,1997 年。
21. 严治仁等:《房地产企业管理学》,科学出版社,1999 年。
22. 《马克思恩格斯全集》第 46 卷,人民出版社,1979 年。

第三章　房地产投资

第一节　房地产开发投资目标、类型与风险

一、房地产开发投资的目标

开发投资目标决定了投资方向,它是评价投资效果的标准。

不同的投资者,或者同一个投资者在不同时期,追求不同的投资目标。具体地讲,投资目标可以分为以下几种:

1. 最大投资利润。经营性的房地产投资者追求利润最大化,但这通常意味着承担较大的风险。

2. 投资本金的安全和保值。个人投资者或者稳健经营的机构投资者,比如投资基金、养老金等,倾向于以较低的收益换取投资本金的安全。

3. 增值潜力。追求增值潜力意味着投资者更看重长期投资收益,这需要投资者具有敏锐的判断力和足够的耐心。

4. 减少通货膨胀损失。当通货膨胀发生时,房地产价格会按照近似的比率上涨。因此,投资房地产可以有效避免通胀风险。

二、房地产投资的类型

从房地产投资的方式划分,可以分为房地产开发投资和置业投资两种。房地产开发投资是指投资者从购买土地使用权开始,通过规划设计、施工建设等一系列活动,建成可以满足某种入住需要的房屋,然后租售给置业人士的过程。房地产开发投资的目的是获得最大化的投资利润。

房地产置业投资是指投资者购买已建成物业(包括新建和二手房)的行为。投资的目的是通过转售或出租来获取资本收益或者稳定的经常性收入。

按照投资对象划分,可以分为地产投资和房产投资两大类。根据获利方式的差异,地产投资分为农地开发、市地开发。农地开发是指投资者购置农地并使之得到改良或者投资于森林物业,通过租售改良的农地或者木材产品来获取投资收益的行为。决定农田投资规模的主要因素是土壤肥沃程度。农田投资利润通常低于其他行业的投资,但是,由于农产品的需求比较稳定,所以,虽然投资农田的利润不是很高,却风险很小。森林投资回收期长。但是投资于森林可获得免税的好处。而且还有木材价格不断上涨所带来的好处。另外,投资于森林,也可以避免通胀风险,因为,森林是稀缺资源,对木材的需求会持续增加,这使得木材价格上涨速度要超过通胀速度。

市地开发是指投资者通过对城市土地的改造,如"七通一平"(平整土地,通上水、通下水、通电力、通路、通煤气、通电信、通热力),以及其他公共基础设施建设,使之符合用地需要,获得投资利润的行为。市地开发包括两种,一种是增量土地开发,一种是存量土地开发。城市增量土

是通过开发活动将城郊农地变成为城市建设用地。这种开发方式一般伴随着城市扩张或者新兴城镇和开发区的建设。存量土地开发是指对城市现有土地的开发，是城市旧城区改造的一部分，一般伴随有城市功能分区的优化和土地用途的改变。就开发成本而言，增量土地开发成本较之存量土地开发成本为低，但是由于区位较差，所以，增量土地开发利润一般来讲要小于存量土地开发利润。

房产投资指的是通过房屋开发或者租售来获取投资收益的行为。可分为商业用房投资、工业用房投资和住宅投资。

商业用房和办公用房投资在房产投资中所占比重最大，利润也最高。区位环境对投资收益影响很大。为了获得位置优越的地段往往需要付出很高的代价。因此，土地购置费用在开发成本中所占比重最大。但是由于这种地段的住房需求量大，地价增长潜力无限，因而投资者仍然可以获得非常高的利润。

住宅可以再细分为普通住宅、公寓、别墅等，普通住宅和公寓的需求者多是中低收入者，需求弹性较小，因而政府对房屋售价多有干涉，利润空间小。别墅投资对自然环境条件要求较高，但是投资利润也比较大。

工业用房对投资者的吸引力最小，因为工业用房适用性差，技术性强，变现能力弱。工业用房投资对交通、水源、电力、供热、通讯有要求，一般不需要靠近城市中心或繁华地段。

三、房地产投资的一般风险

根据投资组合理论，风险分为系统风险和非系统风险两种。系统风险指的是投资组合中始终无法通过分散投资而消除的风险，称市场风险。而通过扩大投资组合能够予以消除或减少的风险称为非系统风险，又称为个别风险。换个角度看，系统风险是指那些对所有投资项目，或者对整个经济状况产生影响的因素，它是投资者无法控制的因素。非系统风险只与个别投资项目相联系，是投资者可以控制的因素。

房地产投资中的系统风险包括以下几种：

1. 经济周期风险。它是全部经济中每个部门或行业均无法避免的风险。在经济衰退时期，固定资产投资以及房地产投资大幅度下降，房地产空置率上升，价格滑落；在经济复苏和上升期，首先是工业和商业用房投资增加，随后带动住宅投资增长，房地产价格上升，空置率下降，变现能力增强。

2. 利率风险。房地产投资收益与市场利率水平关系很大。房地产作为一种投资品，价格与利率反向变动，利率上升，价格下降。作为一种产品，房地产开发成本会因利率上升而增加，在上述两种情况中，房地产投资收益均会发生变化。

3. 通货膨胀风险。投资房地产虽然可以保值资本金，但是并不能完全避免通胀风险。通货膨胀使货币购买力下降，这产生两个后果，一个是市场需求下降，房地产投资变现困难，另一个是实际投资收益小于名义投资收益。

4. 政治风险。政局不稳定或者政策多变都会对房地产投资以及整个经济活动产生不利的影响。

5. 自然风险。洪水、地震、火灾等自然灾害给房地产投资者造成重大损失。

房地产投资的非系统风险有经营风险和财务风险。经营风险与企业的经营管理水平及内外部经营条件有关。经营风险体现在开发投资成本、项目投资决策、销售、价格等多个方面。比如，投资者决策失误使开发出来的房地产销售不出去，或者成本、工期控制不严，导致开发成本上升，盈利下降。消费者偏好的改变或者竞争对手状况的变化，则会使房地产出现滞销，价格下降，利润减少。

财务风险即债务清偿风险，是由负债引起的。当投资者开始借入资金时，财务风险便产生了。随着借入资金的增加，财务风险也在增加。当借入资金增加到某个水平，在这个水平上借款者发生偿债困难时，财务风险便爆发为财务危机。房地产投资巨大，更需要负债来支持投资。适度负债是必要的，但是如果不加以控制，负债过多，财务风险就会增大，并最终发展成为财务危机。

房地产开发投资风险与该行业的特殊性有着密切联系。首先，空间上的固定性是风险因素之一。房地产投资收益受区位条件影响很大，如果区位不理想，比如，地段偏僻，交通不方便等，那么房地产销售就会比较困难，预期投资收益就会比较低。

其次，房地产开发投资规模庞大，占压资金多，投资者遭受较大的通胀风险、利率风险、财务风险。

第三，房地产开发及销售需要一个较长时间过程。时间长短与投资风险大小有关系。开发、销售期越长，后期的开发费用、销售费用以及租金和售价就愈不确定，风险也就越大。

第四，房地产市场具有很强的区域性，房地产投资收益与当地经济发展状况有密切的关系。经济发达地区的房地产需求旺盛，价格高，投资效益大。反之，落后地区经济呆滞，房地产需求小，价格低，投资收益小。不过，房地产投资对地区经济的短期波动反应并不敏感，这是因为房地产投资存在时滞。

第五，房地产市场的不完全竞争特点也增加了房地产投资风险。房地产异质性强，价格差别大，信息不充分，房地产投资和交易需要专门知识，如法律、财务、建筑、估价等。房地产市场的这种特点容易导致决策失误，增大了经营风险。

第二节 房地产开发投资项目经济评价方法

房地产投资风险大。投资者需要慎重做出投资决策，一旦决策失误，投资者就会遭受重大损失。投资决策是开发投资过程中最重要的一项工作。在投资决策前，需要从财务角度对各个投资项目进行评价。经过长期实践，投资者已经摸索出一套完整而科学的项目评价方法，本节将予以简要介绍。

房地产投资项目评价方法大致分为确定性和不确定性两种。确定性评价方法有静态和动态之分，静态方法是投资回收期、投资收益率、开发成本利润率等；动态指标有净现值、净现值率、内部收益率、动态投资回收期等。不确定性评价方法主要是敏感性分析、概率分析等。

一、确定性评价方法

（一）静态方法

静态分析方法是传统评价方法，也称作非折现法。对投资项目进行经济评价时，不考虑资金的时间价值，即投资成本和收益等资金流量不需要进行折现。静态分析方法简便易行，但不能反

映投资项目整个寿命期内真实的资金流量,不能客观而全面地反映投资活动。这种方法常用于短期、小型投资项目评价。评价指标有:

1. 投资利润率。

投资利润率是指房地产投资项目的年均利润总额与总投资之比。其计算公式为:

$$投资利润率 = \frac{年均利润总额}{总投资} \times 100\%$$

当项目投资利润率大于预先设定的基准投资收益率或者行业平均利润率时,项目可行;反之,项目不可行。

2. 自有资金(权益)投资收益率。

这个指标反映投资者的实际获利水平。其计算公式为

$$权益投资利润率 = \frac{1 年税前利润总额}{自有资金} \times 100\%$$

3. 投资回收期。

投资回收期也称还本期,是以项目的净收益收回总投资所需要的时间,是反映房地产投资回收能力的重要指标。其计算公式为:

$$静态投资回收期 = \frac{累计净现金流量}{出现正值的年份} - 1 + \frac{上年累计净现金流量绝对值}{当年净现金流量}$$

例如,某房地产投资项目现金流量见表 3-1:

表 3-1 现金流量表 单位:万元

阶段 年份 现金流	土地开发		房屋建设		销售	
	0	1	2	3	4	5
现金流出	500	60	1400	1500	100	100
现金流入	0	0	0	50	3500	4000
净现金流量	−500	−60	−1400	−1450	3400	3900
累计净现金流量	−500	−560	−1960	−3410	−10	3890

$$静态投资回收期 = 5 - 1 + \frac{|-10|}{3900} = 4.003 \text{ 年}$$

投资回收期越短,说明投资成本回收越快。因此,利用这个指标筛选投资项目时,应选择数值最小的项目。

4. 投资利税率。

投资利税率是指房地产项目投入运营后的年利税总额或年平均利税总额与总投资的比率。计算公式为:

$$投资利税率 = \frac{年利税总额或年平均利税总额}{总投资} \times 100\%$$

当项目投资利税率大于或等于基准投资利税率时,项目或方案可行;反之,则不可行。

5. 资本金利润率。

资本金利润率是指房地产投资项目的年利润总额与项目资本金的比率。计算公式为:

$$\text{资本金利润率} = \frac{\text{年利润总额}}{\text{资本金}} \times 100\%$$

资本金利润率反映的是项目所投入的全部资本金的获利能力。公式中,"年利润总额"同"投资利润率"指标中的"年利润总额",资本金是指项目的全部注册资本金。

计算出的资本金利润率要与行业的平均资本金利润率或设定的资本金利润率进行比较,若前者大于或等于后者,则认为项目是可以考虑接受的;反之,则是不可行的。

以上是房地产投资项目分析评价常用的几个静态指标。需要强调的是,在实际的分析或评价中,要把主要的静态指标和主要的动态指标结合起来使用,综合地说明项目最终是可行还是不可行,而不是依据一个静态指标或一个动态指标判断项目可行还是不可行。

(二)动态方法

动态分析方法是指在经济分析中考虑货币时间价值的分析方法。动态分析方法的优点是:由于在计算中考虑了货币的时间价值,从而对项目净效益的判断比较准确,同时能够把各个可行方案或项目进行排序和比较,是房地产投资项目分析的主要方法。缺点是计算相对比较复杂。动态分析的计算指标有:

1. 净现值(NPV)。

净现值有财务净现值和经济净现值之分。财务净现值用于企业财务评价,经济净现值用于国民经济评价。本章所讨论的净现值是指财务净现值。在计算期内,将各年(期)的净现金流量按预先规定的折现率或基准收益率分别折算到项目实施开始时的现值之和,称为财务净现值,简称净现值(NPV)。其计算公式为:

$$\text{NPV} = \sum_{t=0}^{n} \frac{(\text{CI} - \text{CO})}{(1+i)^t}$$

式中:CI 为现金流入量;

CO 为现金流出量;

$(\text{CI}-\text{CO})_t$ 表示第 t 年的净现金流量;

n 为计算期数;

i 为基准投资收益率(贴现率)。

净现值是衡量一个或比较多个投资方案经济效果的指标,当 NPV≥0 时,表明项目的动态投资收益率大于或等于基准收益率,在经济上可行。若 NPV<0,说明项目投资收益达不到预定要求,应当否定。在同一项目不同方案比较时,应当选择净现值大的方案。不过应当注意,当不同方案的投资规模不同时,不能用净现值指标,应采用净现值率指标。

2. 净现值率(NPVR)。

净现值率是项目净现值与总投资现值的比率。它表示动态单位投资的净收益的大小,在各方案总投资不同的情况下,应采用净现值率比选方案。计算公式为:

$$\text{NPVR} = \frac{\text{NPV}}{\text{PVI}}$$

式中,NPVR 为净现值率,NPV 为项目净现值,PVI 为项目投资总额现值。

在用 NPVR 进行项目财务评价时,数值越大说明其经济效益越好。采用 NPVR 对不同投资方案进行比选时,所使用的折现率和计算期数应该相同,否则不可比。

净现值率和净现值的计算可通过下例说明。

例1：某房地产开发项目的投资和收益情况如下表所示，基准收益率（贴现率）为10%。试计算 NPV 和 NPVR。

表 3-2　现金流量表

序号 n (1)	投资 (2)	生产成本 (3)	总收入 (4)	净现金流量 (5)=(4)-(3)-(2)	现值系数 (6)	净现值 (7)=(5)×(6)
1	3700			-3700	0.9091	-3364
2	4800			-4800	0.8264	-3967
3	1500			-1500	0.7513	-1127
4		3000	3500	500	0.6830	342
5		5500	7000	1500	0.6209	931
6		4500	7000	2500	0.5645	1411
7		4500	7000	2500	0.5132	1283
8		4500	7000	2500	0.4665	1166
9		4850	7000	2150	0.4241	912
10		4850	7000	2150	0.3855	829
11		4850	7000	2150	0.3505	754
12		4850	7000	2150	0.3186	685
13		4350	10000	5650	0.2897	1637
$\sum_{n=1}^{13}$	净现值					1492
	净现值率			1492÷(3364+3967+1127)=17.64%		

3. 内部收益率（IRR）。

内部收益率是在投资活动有效期内，开发项目的逐年现金流入的现值之和等于现金流出现值总额，即净现值等于零的折现率。其意义在于它是一个项目所能接受的最大贴现率。它实际是预期投资收益率。计算公式为：

$$\sum_{t=1}^{n}(CI-CO)_t \cdot (1+IRR)^{-t}=0 \quad 或 \quad NPV=0$$

式中，IRR 为内部收益率，其他符号代表涵义同前述。

计算 IRR，要解上述方程，比较复杂。在实践中，一般采用线性插值法（又叫试错法）或图解法求解。

线性插入公式：

$$IRR=i_1+(i_2-i_1)\times\frac{|NPV_1|}{|NPV_1|+|NPV_2|}$$

式中，i_1 为试算用的较低的 i 值；i_2 为较高的 i 值；NPV_1 为用较低的 i 值算出的净现值（正值）；NPV_2 为用较高的 i 值算出的净现值（负值）。i_1 和 i_2 之差不应超过 1%—2%，否则，贴现率 i_1 和 i_2 与财务净现值 NPV 之间不一定呈线性关系，从而使所求得的内部收益率失真。

试算方法是假设几个不同的 i 值，求净现值。如果净现值大于零，则 i 值嫌小；如果净现值小于零，则 i 值嫌大。反复计算，求得净现值等于（或趋近于）零时的 i 值，即为内部收益率。

下面举例说明 IRR 的计算。

例2：某项目在试算过程中，其净现值由正变负只出现一次。当 i 等于14%时，净现值为86.45万元；当 i 取值16%时，净现值变为 −66.71万元，因此，该投资项目的内部收益率应在14%—16%之间，通过线性插值公式计算得到：

$$i=14\%+(16\%-14\%)\times\frac{86.46}{86.46+66.71}=15.13\%$$

用图解法求内部收益率。

采用上例数据，以净现值为纵坐标，贴现率为横坐标，如图3-1：

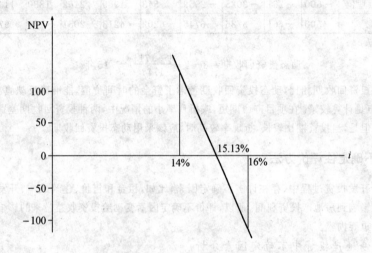

图 3-1　内部收益率图解法

连接正负转换时的 NPV 的直线与横坐标的交点，即净现值为零的折现率15.13%为所求的内部收益率。

用内部收益率评选方案的基本原则是：内部收益率大于或等于基准投资收益率，说明项目可行，否则，应予以否定。在没有规定基准投资收益率的情况中，内部收益率应大于长期贷款利率，这是因为，如果不是这样，那么到项目寿命终止时，收益现金流将只能刚好支付贷款利息（或补足资金机会成本），不产生利润。

不同的投资方案比较，应结合净现值考虑，选择净现值与内部收益率都大的项目，因为不同投资的项目，内部收益率大时，净现值不一定大。另外，当投资项目的净现金流量的正负号改变两次或两次以上时，有可能出现多个内部收益率，此时不宜再用这个指标来判断项目优劣，但可用净现值作为评价指标。

4. 动态投资回收期。

累计净现金流量现值等于零的时间，即为动态投资回收期。计算公式为：

$$投资回收期=\frac{累计净现金流量现值}{开始出现正值年份}-1+\frac{上年累计净现金流量现值}{当年净现金流量现值}$$

例3：某房地产投资方案现金流量见表3-3：

表 3-3 现金流量表　　　　　单位：万元　贴现率＝15%

阶段	土地开发		房屋建设		销售					
现金流	0	1	2	3	4	5	6	7	8	9
现金流入	0	0	0	500	1000	4000	5000	5000	4000	500
现金流出	500	300	4000	5000	50	0	0	0	50	50
累计净现金流	−500	−800	−4800	−9300	−8350	−4350	650	5650	9600	10050
净现金流量现值	−500	−261	−3025	−2959	543	1989	2162	1880	1144	128
累计	−500	−761	−3786	−6745	−6202	−4213	−2051	−171	973	1101

$$动态投资回收期 = 8 - 1 + \frac{|-171|}{1144} = 7.15 年$$

与静态投资回收期相比，动态投资回收期考虑了资金的时间价值，能准确反映真实的投资回收期，缺点是计算较繁。在项目寿命期短，或折现率小的情况中，两种投资回收期差别不大，可相互替代。但是，当投资期比较长，折现率较高时，应该采用动态投资回收期。

二、不确定性评价方法

房地产开发投资过程中，存在许多不确定因素，比如，租金和售价、建筑成本、开发周期等，这些因素会影响到房地产投资利润。所以，评价不确定因素变动给投资收益带来的影响，是投资决策的一个重要内容。

（一）房地产投资中不确定因素分析

所谓不确定因素是指那些会发生预料不到变化的因素。房地产开发中的不确定因素主要有以下几个。

1. 建设成本。原材料价格和人工费用变动会导致建筑成本改变。不过，这还要看承包合同的形式。如果承包合同是固定总价形式，那么承包商承担建筑成本变化造成的后果，投资者基本不受影响。如果是其他形式的承包合同，那么投资者就要受到来自建筑成本变动的影响。

2. 租金和售价。价格变动会直接影响投资收益。价格是易变的一个因素。引起租售价格变动的因素很多，比如，消费者偏好的改变、竞争的加剧、生产成本的变动、预期投资收益率的调整等。

3. 开发周期。项目开发周期的变动对投资收益有较大影响。这种影响主要是通过利息费用、租售价格等因素发生作用。开发周期延长会导致贷款利息费用上升，或者建筑成本上涨，或者市场条件以及政策环境改变，租售价格下降，或者遭受自然灾害损失。这些情况的发生都会给投资者造成损失。

导致开发周期变动的原因集中在三个阶段。第一个阶段是准备期，在这个阶段，投资者要进行征地、拆迁、安置、补偿工作，委托设计师制定规划设计方案并向行政管理部门报批等。每一个环节发生延误，都会造成开发周期被迫延长。第二个阶段是建筑施工期。这阶段可能会由于恶劣气候、建筑设计失误、未预料到的特殊地质条件或者发现地下文物等原因而延长。第三个阶段是租售期。这个时期的长短与宏观经济状况、市场供求状态等相关。如果宏观经济不景气，或者居民购买力不足，抑或者社会不稳定，那么房地产租售就比较困难，租售期就会延长。

4. 利率。向银行借款是房地产投资的重要资金来源。利润变动要影响借款成本，进而影响投资收益。

(二) 房地产投资项目敏感性分析

房地产投资项目评估的敏感性分析，是分析和预测房地产投资效益评价指标对若干不确定因素变动的敏感程度的一种方法。如果某个因素的微小变动对投资经济效益造成较大影响，那么就说明该项目对这个因素敏感；反之，如果某个因素变动幅度很大却对评价指标没有多大影响，那么就说明投资项目对它不敏感。敏感性强的因素的变动会给项目投资带来更大的风险。敏感性分析的任务是预测各个因素发生变化时，投资效益受影响的程度，以便确定风险的大小和该项投资承受风险的能力，从而为投资决策提供依据。

进行敏感性分析，首先要确定分析指标，敏感性分析一般围绕确定性经济评价指标进行，如净现值、内部收益率或投资回收期等。

其次，从影响项目投资效益的不确定因素中选取对经济评价指标有重大影响并在开发周期内有可能发生变动的因素作为敏感性分析因素。

第三，设定不确定因素的变化范围。

第四，根据设定的不确定因素变化值，重新计算投资项目的经济评价指标，找出敏感性因素。

敏感性分析有单变量敏感性分析和多变量敏感性分析两种。单变量敏感性分析是基本方法。在进行单变量分析时，要假定各变量之间相互独立，然后每次只考察一个变量的变化，同时，让其他变量保持不变，观察所选定的经济评价指标的变化情况。多变量敏感性分析是分析两个或两个以上考察变量同时发生变动时，选定的经济评价指标如何变动的一种方法。在实践中，多个变量同时发生变化的情况非常普遍，所以，多变量敏感性分析方法有很强的实用性。

下面通过一个例子来说明敏感性分析方法的原理。

例 4：一个投资者准备投资一个工业厂房项目，规划建筑面积 2000m^2，建造成本为 200 元/m^2，年租金 32.5 元/m^2，利息率为 7.38%，建设期为 12 个月，现金流量见表 3-4：

表 3-4 现金流量表

月 份	0	1	2	3	4	5	6	7	8	9
地 价	207000									
建筑成本					14440	17860	22040	26220	32680	39140
专业人员费用					1805	2233	2755	3278	4085	4893
广告宣传费										
小 计	207000	0	0	0	16245	20093	24795	29498	36765	44033
结转余额		207000	208193	209400	210621	228101	249538	275808	306941	345531
总 计	207000	207000	208193	209400	226866	248194	274333	305306	343706	389564
利 息		1193.0	1207	1221	1235	1344	1475	1635	1825	2058
结转余额	207000	208193	209400	210621	228101	249538	275808	306941	345531	391622
月 份	10	11	12	13	14	15	16	17	18	合计
地 价										207000
建筑成本	48260	51300	45220	32300	25840	24700			20000*	400000
专业人员费用	6033	6413	5653	4038	3230	3080			2500	49996
广告宣传费						5250				5250

续表

月份	0	1	2	3	4	5	6	7	8	9
小计	54293	57713	50873	36338	29070	33030	0	0	22500	
结转余额	391622	448251	508640	562553	602260	634948	671805	675868	679978	
总计	445915	505964	559513	598891	631330	667978	671805	675868	702478	
利息	2336	2676	3040	3369	3618	3827	4063	4110	4159	44391
结转余额	448251	508640	562553	602260	634948	671805	675868	679978	706637	706637

① *表示第18个月的建筑成本为缺陷责任保留金,数量为工程造价的5%。
② 专业人员费用相当于工程造价的12.5%。

经评估,项目总开发成本为706637元;项目总开发价值为880758.8元$\left(\text{计算公式是:} \frac{32.5 \times 2000}{7.38\%}\right)$,投资利润为174121.8元,投资利润率是24.6%。

1. 单因素敏感性分析。

表 3-5 投资利润率的变动分析(%)

变动因素 \ 变动幅度	初始值 −10%	初始值 +10%
地价(207000元)	+3.8%	−3.5%
建造成本(200元/m²)	+7.6%	−6.7%
租金(32.5元/m²)	−12.4%	+12.5%
建筑面积(2000m²)	−4.8%	+4.3%
利率(7.38%)	+0.8%	−0.7%

通过计算发现,在上述5个不确定因素中对投资利润率影响最大的因素是租金,影响最小的是利率。因此,投资者应该重点防范租金变动所产生的风险。

2. 多因素敏感性分析。

表 3-6 租金、建造成本的共同变化对投资利润率的影响

建造成本(元/m²) \ 租金(元/m²)	30	32.5	35	27.5
185	20.2%(−4.2%)	30.2%(+5.6%)	40.2%(+15.6%)	10.1%(−14.5%)
200	15.1%(−9.5%)	24.6%(0)	34.2%(+9.6%)	5.5%(−19.1%)
215	10.4%(−14.2%)	19.6%(−5%)	28.8%(+4.2%)	1.2%(−23.4%)

注:括号内的数字为投资利润率的变动率

(三) 概率分析

敏感性分析虽然可以用来研究各种不确定因素的变化对投资效果的影响,但是不确定因素变化范围的设定有很大的主观性,所以,敏感性分析无法对投资风险做定量分析,只能起到定性说明的作用。

概率分析不同于敏感性分析,它是根据不确定因素取值的概率分布,来预测投资经济效果的一种方法。因此,概率分析又称为风险分析。概率分析遵循以下步骤:

1. 选定一个不确定因素作为分析对象,同时假定其余因素为确定性因素。
2. 设定这个不确定因素的变化范围。
3. 确定每一个取值的概率,并且令概率之和为1。
4. 计算该不确定因素的数学期望值和标准差。
5. 根据上面的计算结果来计算投资经济评价指标。
6. 将新得到的指标值与其初始值进行比较,做出决策。

下面举例说明概率分析方法。仍沿用例4的数据资料。

例5:经过估算,建筑成本年上涨率的概率分布见表3-7:

表 3-7

建造成本年上涨率 X	发生的概率 P	概率累积值
+5%	0.10	0.10
+6%	0.25	0.35
+7.5%	0.40	0.75
+8.5%	0.20	0.95
+10%	0.05	1.00

(1) 数学期望值。

$$EX = \sum_{i=1}^{5} X_i P_i$$
$$= 0.05 \times 0.1 + 0.06 \times 0.25 + 0.075 \times 0.4 + 0.085 \times 0.2 + 0.1 \times 0.05$$
$$= 0.072$$

(2) 标准差。

$$\delta = \pm \sqrt{\sum_{i=1}^{5} (EX - X_i)^2 \cdot P_i}$$
$$= \pm \sqrt{\begin{array}{l}(0.072 - 0.05)^2 \times 0.1 + (0.072 - 0.06)^2 \times 0.25 \\ + (0.072 - 0.075)^2 \times 0.4 + (0.072 - 0.085)^2 \times 0.2 \\ + (0.072 - 0.1)^2 \times 0.05\end{array}}$$
$$= \pm 0.0127$$

(3) 重新计算评价指标。

期望建筑成本增长额 $= 400,000 \times 0.072 = 28800$ 元

投资利润的变动 $= -28800$ 元(因为假定其他不确定因素维持不变)

所以,期望投资利润率 $= \dfrac{174122 - 28800}{706637 + 28800} \times 100\% = 19.8\%$

它比在确定条件下计算得到的利润率平均下降5.8个百分点。

其标准差为:

$$\delta = \pm \sqrt{\begin{array}{l}(19.8 - 21.2)^2 \times 0.1 + (19.8 - 20.5)^2 \times 0.25 \\ + (19.8 - 19.5)^2 \times 0.40 + (19.8 - 18.9)^2 \times 0.20 \\ + (19.8 - 18)^2 \times 0.05\end{array}}$$
$$= \pm 0.082$$

第三节 房地产投资组合

房地产投资同样包含着两类风险：系统风险和非系统风险。对于非系统风险，投资者可以通过调整投资组合策略分散风险，使得组合投资的风险度降低，保证投资者获得稳定的投资收益。

一、房地产投资组合（多样化）分散风险原理

当一个投资者将资金按不同比例投入到两个或两个以上房地产项目上时，其全部投资就构成了一个资产组合。资产组合的收益和风险与单个资产不同。适当的资产组合可以起到分散风险的作用。

考察一个由两种资产构成组合的情况。假设 X_1 和 X_2 分别是两种资产在资产组合中所占的比重；R_{1j} 和 R_{2j} 分别是两种资产的第 j 个可能的实际收益率。以 R_{Pj} 表示资产组合的第 j 个实际收益率，以 $\overline{R}_P$ 表示资产组合的平均收益率，以 δ_P^2 表示资产组合的方差。

显然，我们有：$R_{Pj} = X_1 R_{1j} + X_2 R_{2j}$

那么，$\overline{R}_P = E(R_{Pj})$
$$= E(X_1 R_{1j} + X_2 R_{2j}) = E(X_1 R_{1j}) + E(X_2 R_{2j})$$
$$= X_1 \overline{R}_1 + X_2 \overline{R}_2$$

即：资产组合的平均（期望）收益率 $\overline{R}_P$ 等于每种资产平均收益率 $\overline{R}_1$ 和 $\overline{R}_2$ 的加权平均，权重分别是各资产在组合中所占的比例。

大多数资产的未来收益是不确定的，所以，资产组合的实际收益率也是变动的，会发生与期望的平均收益率的偏离。一般以投资收益率的方差或标准差来反映这种风险。资产组合收益率的方差是：

$$\delta_P^2 = E(R_{Pj} - \overline{R}_P)^2$$
$$= E[(X_1 R_{1j} + X_2 R_{2j}) - X_1 \overline{R}_1 + X_2 \overline{R}_2]^2$$
$$= X_1^2 \delta_1^2 + X_2^2 \delta_2^2 + 2 X_1 X_2 E[(R_{1j} - \overline{R}_1)(R_{2j} - \overline{R}_2)]$$

其中：δ_1^2、δ_2^2 分别是每一种资产各自的收益率的方差；$E[(R_{1j} - \overline{R}_1)(R_{2j} - \overline{R}_2)]$ 为两种资产收益率离差之积的期望值（平均值），称为协方差，记作 $\mathrm{cov}(R_{1j}, R_{2j})$ 或 δ_{12}。

令 ρ_{12} 表示两种资产收益的相关系数，则有：

$$\rho_{12} = \frac{\mathrm{cov}(R_{1j}, R_{2j})}{\delta_1 \delta_2} \qquad -1 \leqslant \rho_{12} \leqslant +1$$

相关系数 $\rho_{12} = 1$，表示两种资产收益率的变动方向完全相同，称之为两种资产完全正相关。

相关系数 $\rho_{12} = -1$，表示收益变动方向完全相反，称之为完全负相关。

相关系数 $-1 < \rho_{12} < 0$，说明两种资产之间并不存在完全负相关关系；相关系数 $0 < \rho_{12} < 1$，说明资产之间不存在完全正相关关系。

用相关系数 ρ_{12} 代替协方差 δ_{12}，资产组合的方差为：

$$\delta_P^2 = X_1^2 \delta_1^2 + X_2^2 \delta_2^2 + 2 X_1 X_2 \delta_1 \delta_2 \rho_{12}$$

或
$$\delta_P = \sqrt{X_1^2 \delta_1^2 + X_2^2 \delta_2^2 + 2 X_1 X_2 \delta_1 \delta_2 \rho_{12}}$$

由于 $-1 \leqslant \rho_{12} \leqslant 1$，当 $\rho_{12} = -1$ 时，$\delta_P = |X_1 \delta_1 - X_2 \delta_2|$；当 $\rho_{12} = 1$ 时，$\delta_P = X_1 \delta_1 + X_2 \delta_2$，所以，

$$|X_1\delta_1 - X_2\delta_2| \leqslant \delta_P \leqslant X_1\delta_1 + X_2\delta_2$$

上式揭示出了资产组合理论的基本内容。无论 ρ_{12} 取什么值，只要不等于 1，那么，资产组合的收益标准差（风险）总是小于单个资产收益标准差（风险）的加权平均。这就是说，只要两种资产之间不存在完全正相关关系，资产组合风险总是会减少。至于风险减少的程度，除了受相关系数的制约外（当相关系数 ρ 下降到 -1 时，资产组合风险为零），还受到资产自身风险大小以及投资比例的制约。但是，在一般情况中，资产各自的风险和它们之间的相关关系长时期内基本上保持不变，投资者所能调整的只能是组合中各资产之间的比例，即通过改变投资比例，使资产组合风险达到最小。

应当注意的是，资产组合只能降低非系统风险，而无法规避系统风险，由于非系统风险是单个资产所具有的，所以，当组合中的资产种类足够多时，可以使非系统风险趋于零，如下图 3-2 所示：

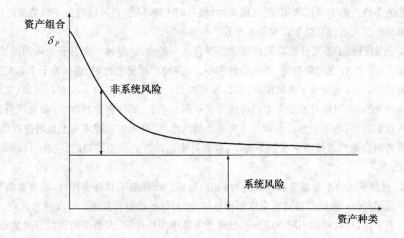

图　3-2

图 3-2 说明，当投资组合中的资产种类增加时，资产组合非系统风险趋于下降，并导致总风险（以标准差 δ 表示）不断下降，当资产种类无限多时，资产组合风险中只剩下系统风险。

二、房地产投资的合理组合

投资组合理论实际就是资产组合理论。根据 Harry Markowits、William F. Sharpe 关于投资组合理论的研究，投资组合或资产组合是指投资者根据风险和收益的选择不同而对金融商品的不同组合，这里的金融商品包括证券、债券、基金等。投资组合方法的产生是资本市场高度发达的产物，是与发达的市场经济相联系的。换句话说，在发达的市场经济条件下，投资组合理论的产生不仅在理论上具有创新意义，而且当把它运用于投资实践时，也有很多成功的案例。投资组合理论的思想方法或者说约束条件主要有两个，一个是分散风险，另一个是投资收益最大化。

那么，这种方法能否在市场经济欠发达的条件下使用呢？具体地说就是这种方法能否运用到市场经济欠发达的国家或地区的房地产投资组合分析呢？我们认为是可以的，至少从思想方法上讲是这样。我们知道,投资组合理论中的投资或资产指的是金融商品,是货币资产,而市场经济欠发达的国家或地区由于缺乏发达的资本市场,投资组合理论的方法只能运用于实物资产的分析。具体到房地产市场来说,如果资本市场很发达或比较发达,那么,运用投资组合理论就可以对房地产投资证券、房地产投资债券以及房地产投资基金进行分析。如果该国或该地区资本市场不发达,那么,可以运用投资组合理论关于分散风险并使投资收益最大化的方法对实物形态的房地产进行分析。当然,由于分析的对象不同,分析中的一些技术方法必然也有所不同。我们的目的不是照搬照抄,而是通过运用这种分析方法,使得房地产投资决策在分散风险并使投资收益达到最大化方面迈进一步。

如上所述,房地产投资组合可以概括为:在对房地产市场进行细分的基础上,根据各类型房地产需求状况以及各自特有的风险,选择两个或两个以上不同类型房地产进行投资的一种策略。这里的房地产投资类型既可以指不同功能的房地产,也可以指不同地区的房地产。此外,同一功能的房地产由于其档次不同、规模不同、服务的市场不同,也可以列为不同类型的房地产。

房地产投资组合有以下几种基本形式。

1. 分散投资于不同开发周期的房地产项目。一般地说,房地产项目开发周期越长,它的风险就越大;反之,开发周期越短,其风险就越小。在房地产投资组合中,选择若干个具有不同开发周期的项目,可以在降低平均风险的同时,保证投资者获得足够的投资收益。例如,在增值潜力大的地段,投资者可以对开发出来的房地产采取部分销售、部分租赁的方式。租赁经营虽然会使投资回收期延长,增加利息支出以及价格变动的风险,但是可以获得未来土地增值收益。当房地产投资者对房地产市场前景预期不明了,或者对土地增值的期望较高时,往往可以采取这种组合方式。

2. 根据不同的市场需求层次,组合房地产投资。市场需求具有多样性,消费者的预算约束和偏好是不同的。房地产投资者应根据市场细分的目标,投资开发不同档次的房地产。例如,在住宅投资方面,可以针对不同群体分别投资开发高中低档住宅,占领不同消费层次的市场,这样可以降低风险。

3. 投资的空间组合。投资的空间组合是指房地产投资不应局限于一地,即不要把所有的资金投放在同一地区或地段上。这是因为,房地产的空间位置不可移动,同时受区域经济环境影响很大。如果将投资集中在一个地区,一旦这个地区经济出现问题,很可能给投资者带来重大损失。所以,房地产投资应该在空间上合理配置,通过区域优势互补,使投资风险降到最小,投资收益达到最大。

具体地说,投资的空间组合包括地段组合和地区组合两种。地段组合是指在一个区域内不同区位的房地产投资组合。距城市中心商业区的距离越远,城市地价越低。而房地产投资项目对区位有着不同的需求。因此,投资者要根据投资项目的特点选择地段。另外,区位优势具有相对性,随着城市的发展,新的商业区不断兴起,地段的相对区位也在发生变化,原来的黄金地段可能会衰落,而以前不被看好的地区却会发展起来。这就要求房地产投资者要有战略眼光。

投资的地区组合是指在不同城市、不同经济地区的房地产投资组合。这种资产组合可以避免地区经济波动给房地产投资带来风险。比如,中国东部沿海地区多年来一直是房地产投资的重点。现在,市场需求渐趋饱和,投资机会减少。而伴随着中国西部大开发热的到来,西部地区的房地产需求上升,投资机会增加。如果投资者能够将一部分资金转移到西部地区,实现东西部地区投资组合,那么,就有可能在东部投资收益下降的同时,获得西部地区地产增值所带来的好处。

三、房地产投资组合方法

(一) 传统方法

房地产投资组合的传统方法通常采用定性分析法,它首先把房地产投资项目根据风险大小,划分为两大部分:防守部分和进取部分。防守部分是指市场需求稳定、价格变化平稳的房地产;进取部分是指市场需求变化较大、但投资收益大或增值潜力大的房地产。房地产投资组合的一项主要内容就是确定这两部分的投资比例。具体讲,确定资产组合的方法有三种:

货币成本平均法。在房地产投资总额一定的情况下,根据防守部分和进取部分投资成本的变化,在不改变两部分投资比例的条件下,增加成本下降部分投资数量,减少成本上升部分的投资数量,从而使房地产平均投资成本低于市场平均成本。利用这种方法,使同样规模的资金投资于更多的房地产,投资者可以取得更大的投资收益。

固定比率法。固定比率法就是保持房地产投资总额中防守部分和进取部分的比例不变。当投资总额变动时,两大部分投资按比例发生变动。例如,如果为了追求较高的投资收益,投资者可能会保持70%的进取部分和30%的保守部分;如果投资目标是为了资本保值和回避风险,那么投资者可能会持有30%的进取部分和70%的防守部分。

变动比例法。根据不同类型房地产价格变动趋势,设定一个决策规则,来进行投资组合选择。例如,若进取型房地产价格上涨了10%,则其投资额应增加5%;若其价格下降了10%,投资额应减少6%。若防守型房地产价格上涨20%,其投资额增加5%;若价格下降20%,其投资额应减少10%。投资者根据这个规则来选择投资组合。

(二) 数量方法

从现代资产组合理论角度看,理性的资产选择过程就是一个使投资者预期效用最大化的过程,所以,确定资产组合就是在一定条件约束下求解投资者预期效用最大化。使预期效用最大化的资产组合是投资机会群与无差异曲线的切点。

1. 在风险条件下确定投资机会群。

投资机会群是全部风险资产组合的集合。由于每一个资产组合都有一组期望(平均)收益率 $\overline{R}_P$ 和风险度(标准差 δ_P 或方差 δ_P^2)与其对应,所以,每一个资产组合都可以通过收益—风险二维图中的一个点 $(\overline{R}_P, \delta_P)$ 表示,全部资产组合的集合,就表现为图中所有点的集合,即投资机会群。

图 3-3 中阴影部分就是机会群。A 点表示所有资产组合中平均收益率最大的资产组合;C 点表示平均收益率最小的资产组合。B 点表示所有资产组合中风险最小的资产组合;D 点表示风险最大的资产组合。曲线 AB 上的点代表有效资产组合,即这些点是在同等风险条件下平均收益率最高或者在同样收益率条件下风险最小的资产组合。全部有效资产组合的集合构成 AB 曲线,又被称为有效界面。AB 曲线之外的点都是非有效的资产组合。

2. 风险条件下的投资者无差异曲线。

有效界面上的每一个点代表了一个有效组合,但是这样的点有许多,而且相互之间无差异,投资者从中选择哪一点,取决于他们的偏好,即无差异曲线的状态。

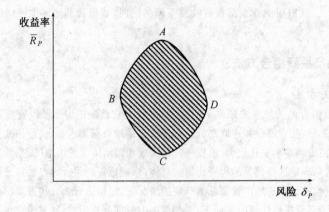

图 3-3

投资者的无差异曲线在收益—风险二维图中是从左下方向右上方延伸的。

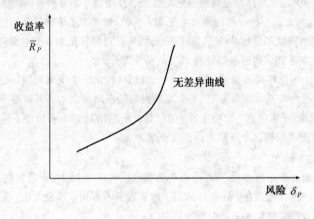

图 3-4

无差异曲线上的每一点都代表一个收益与风险的组合,高风险需要高收益补偿,低风险对应低收益。每一个点对投资者来说,效用是等价的。

无差异曲线的斜率与投资者对待风险的态度有关。斜率越大,投资者越厌恶风险;斜率越小,投资者越喜好风险。斜率无穷大和斜率为零则是两种极端情形。

一般假定投资者是风险厌恶型的,所以当无差异曲线向左上方移动时(即较小的风险可以得到同样的收益),投资者获得的效用增加,福利状况改善。

3. 最佳投资组合的确定。

最佳投资组合应该是有效的,同时又能使投资者效用最大,这意味着,最佳资产组合必然是无差异曲线与有效界面的切点。

在图 3-5 中,EF 表示有效界面曲线,d_1d_1,d_2d_2,d_3d_3 分别是三条无差异曲线。EF 与 d_2d_2 相切于 A 点,A 点所代表的资产组合是最优的,它的收益与风险组合使投资者效用达到最大。B、C

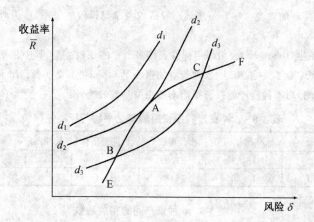

图 3-5

两点虽然也在有效界面 EF 上,但并不能使投资者达到最大效用状态。

将上述过程模型化非常困难,因为需要知道有效界面方程和投资者的预期效用函数。下面有一种替代的模型方法。我们已知,有效资产组合包括以下两种:(1) 在同等风险程度下,平均收益率最高的资产组合;(2) 在同等收益条件下,风险程度最小的资产组合。所以,投资者可以在条件约束下求解资产组合平均收益最大或者风险最小来得到最优资产组合。假设有两种资产。

数学模型 1:最大化资产组合收益

$$\max_{x_1,x_2} \quad X_1\overline{R}_1 + X_2\overline{R}_2$$

$$\text{s.t.} \quad \delta_P^2 = X_1^2\delta_1^2 + X_2^2\delta_2^2 + 2X_1X_2\delta_1\delta_2\rho_{12} \leqslant S^2$$

$$X_1 + X_2 = 1$$

式中,S^2 为投资者设定的某个数值,使得投资组合的方差不超过这个数值。S^2 代表投资者最大可承担的风险。其余符号含义同前。

数学模型 2:最小化资产组合风险

$$\max_{x_1,x_2}\delta_P^2, \delta_P^2 = X_1^2\delta_1^2 + X_2^2\delta_2^2 + 2X_1X_2\delta_1\delta_2\rho_{12}$$

$$\text{s.t.}$$

$$X_1\overline{R}_1 + X_2\overline{R}_2 \geqslant E^*$$

$$X_1 + X_2 = 1$$

式中 E^* 为投资者设定的保留收益率。

以上简要介绍了资产组合的数学方法。这种方法主要应用于证券投资分析。由于房地产自身的某些特点,如不可分割性、流动性差、价格影响因素复杂等。所以,数学方法在房地产投资中的应用受到局限,尚有许多问题需要进一步研究。

四、房地产投资收益率与风险关系的实证研究

上面我们从理论的角度探讨了房地产投资组合分散风险的原理以及投资组合的确定方法。

现在,我们再从实证的角度考察一下房地产投资收益率与风险的关系,作为对理论分析的补充和印证。

美国的艾柏生(Ibbotson)公司每年都发表许多资产的年收益率,其中包括房地产投资。房地产投资报酬率综合了住宅、商业、农地投资的报酬率。表 3-8 和 3-9 表列出了艾柏生和席格尔(Ibbotson,Siegel)对 6 种资产的投资报酬率及相关系数的统计。

表 3-8　6 种资产的投资报酬率之平均与标准差(%)

	不动产组合	标准普尔指数	小公司股票	长期公司债	长期政府公债	短期政府公债
平均	8.33	12.48	17.88	3.88	3.31	4.44
标准	3.71	17.25	26.86	9.14	8.57	3.29

表 3-9　6 种资产间的相关系数

	不动产组合	史普 500	小公司股票	长期公司债	长期政府公债	短期政府公债
不动产组合	1					
史普 500	−0.06	1				
小公司股票	0.04	0.79	1			
长期公司债	−0.06	0.14	0.05	1		
长期政府公债	−0.08	0.01	−0.06	0.95	1	
短期政府公债	0.44	−0.25	0	0.15	0.21	1

从表中可以看出,房地产综合投资报酬率大约是债务报酬率的两倍。虽然低于股票投资报酬率,但其风险却低于股票投资风险。房地产与史普 500 的相关系数为 −0.06,和小公司股票的相关系数仅 0.04,所以,不管投资者是投资于大公司股票还是小公司股票,都可以通过投资房地产来分散风险。

美国学者迈尔斯与麦克(Mike Miles,Tom Macue)曾研究过不同类型房地产投资组合策略。他们通过对 1972—1978 年间不动产投资信托基金的研究,计算出办公不动产、商业不动产与住宅不动产投资基金的报酬率之间的相关系数见表 3-10:

表 3-10　各类不动产投资基金的报酬率之间的相关系数

	办公用不动产	零售用不动产	住宅用不动产
办公不动产	1		
商业不动产	0.48	1	
住宅不动产	−0.49	0.0806	1

从表 3-10 中可知,住宅不动产与其他两种不动产的相关系数都很小,甚至与办公不动产为负相关。这说明,如果将住宅不动产纳入到资产组合中来,那么,整个投资的平均风险就会降低。因此住宅投资是分散投资风险的一个良好品种。

梅建平等人用不动产投资信托基金的报酬率作为不动产投资的代表,研究了从 1980 年 1 月到 1989 年 12 月的资料。他们把不动产投资信托基金分为股权不动产投资基金(EREIT)和债权不动产信托基金(MREIT),前者投资于房地产的所有权及经营,后者投资于房地产抵押贷款。他们得到了8种资产的报酬率、标准差及相关系数。见下表3-11。

表3-11　资产平均月报酬率,标准差及相关系数(1980—1989)

	史普500	短期国库券	长期公债	长期公司债	通货膨胀率	小公司股票	EREIT	MREIT
平均数	.0147	.00712	.01075	.01094	.00415	.01393	.01337	.01223
标准差	.04738	.00237	.04096	.03746	.00348	.05534	.04109	.05025
史普500	1							
短期国库券	−0.172	1						
长期公债	0.310	0.072	1					
长期公司债	0.288	0.070	0.948	1				
通货膨胀率	−0.110	0.523	−0.228	−0.191	1			
小公司股票	0.844	−0.127	0.172	0.150	−0.086	1		
EREIT	0.665	−0.093	0.362	0.358	−0.193	0.729	1	
MREIT	0.571	−0.082	0.157	0.540	−0.261	0.594	0.806	1

他们的统计结果清楚显示,房地产投资报酬率(EREIT,MREIT)与通胀率负相关,因此,房地产投资可以避免通胀风险的观点得到了证实。

专题分析:信息不对称与房地产投资

在信息不对称的条件下,如何进行选择和进行房地产投资是房地产经济学和房地产经济活动中一个非常重要的问题。在正文中,虽然论及了,但我们认为还值得深入探讨,并列举一个实例,供读者进一步研究参考。一般来讲,信息不对称可以分为两类,一类是事前不对称信息,又称隐藏信息,即交易之前一方拥有另一方所不知道的信息;第二类是事后不对称信息,又称隐藏行动,在签约前信息是对称的,但是在签订合同后,一方采取何种行动不为对方所知。

在资本和房地产市场上,事前信息不对称,主要包含两个方面:一是有关企业经营者能力的信息不对称;二是有关企业的质量、项目的质量的信息不对称。事后信息不对称,一般来讲,主要是指经营者对投资项目的选择以及经营者是否努力工作。在经济理论中,第一类信息不对称导致逆向选择,第二类信息不对称导致道德风险。

上述两类问题可从一个具体实例加以阐述。

假定有两个投资项目,A和B。每个项目都需要100万投资,都有成功和失败两种可能。项目A成功的概率是0.9,成功之后收益是130万;失败的概率是0.1,失败之后收益为零。预期收益率为17%。项目B成功的概率只有0.4,但成功之后收益为262.5万,失败之后收益为零。假定概率为共同知识,但是投资者的风险类型是私人信息。如下表所示:

一个例子:逆向选择

项目A:

投资额	成功(概率=0.9)	失败(概率=0.1)	预期收益
100	130	0	117(17%)

项目 B：

投资额	成功（概率＝0.4）	失败（概率＝0.6）	预期收益
100	262.5	0	105(5%)

假设无风险资产的利率是 10%。很显然，在这个例子中，如果我们假定投资者是一个风险中性的投资者，第一项目应该进行，因为预期收益大于机会成本（17%大于 10%）；而第二个项目是不应该进行的，因为预期收益小于机会成本。如果没有信息不对称，也就是说，贷款者知道哪个项目风险高，哪个项目风险低，市场会自己解决这个问题。这是因为在对称信息下：低风险项目 A 能得到融资，因为给定成功的概率为 0.9，无风险利率为 10%，贷款人投资 100 时要求的项目风险回报为 110/0.9＝122.2＜130；高风险项目 B 得不到融资，因为贷款人要求的项目风险回报为 110/0.4＝275＞262.5。

但是，在信息不对称下，两个项目都得不到融资。这是因为：假定贷款人只知道投资人选择 A、B 的可能性各为 50%，要求预期风险回报为 122×0.5＋275×0.5＝198.5。此时，项目 A 将退出，只有项目 B 得到融资。但贷款者会推定申请融资的项目一定是 B，所以就会要求投资项目 B 的风险回报为 275，大于投资者预计的 262.5，此时，项目 B 也只好退出。

项目 A 的预期收益率大于市场的无风险利率，但同样得不到融资，显然是一种损失。问题的症结在于企业与投资者之间的信息不对称。信息不对称的结果是这两个项目都得不到融资，这就是逆向选择。

接下来我们用这个例子来分析一下道德风险问题。假定投资者是一个风险偏好者。贷款人没有办法监督贷款的用途。那么，要借款的时候，借款人将选择投资项目 A，但是在拿到钱后，他就有更大的积极性去选择项目 B。为什么呢？假定贷款人相信了借款人的话，以 22.2% 的利率贷款给他。如果投资项目 A 成功，收益为 130 万，偿还贷款后，只剩下 7.8 万，但假如把这钱用于投资项目 B 的话，成功时的收益 262.5 万，偿还贷款后还剩下 262.5－122.2＝140.3 万，显然将贷款挪用于风险大的项目 B 是一件诱人的事情。

思 考 题

1. 房地产投资中的风险是什么？如何有效规避或转嫁？
2. 家庭购买住房自用是一种投资行为吗？如果是，那么投资成本和收益又是怎样计算的呢？
3. 房地产投资被认为是对通货膨胀的最好防御，这种看法对吗？请解释。
4. 财务杠杆能否扩大房地产投资的预期收益？

参 考 文 献

1. 陈雨露、赵锡军：《金融投资学》，中国人民大学出版社，1996 年。
2. 刘洪玉：《房地产开发经营管理》，中国物价出版社，1995 年。
3. 刘卫东等：《房地产投资分析》，百家出版社，1995 年。
4. D. 邦尔尼等：《房地产开发中的风险、不确定性和决策》，科学出版社，1993 年。
5. 盖伦·E. 格里尔、迈克尔·O. 法雷尔：《房地产投资决策分析》，上海人民出版社，1997 年。

第四章 房地产金融

第一节 房地产业与金融业的关系分析

一、房地产业的发展需要金融业的支持

正如货币天然需要金银一样,房地产业天然需要金融。房地产开发需要大量资金投入,少则数百万元,多则数十亿元。据统计,目前中国房地产开发项目的平均投资额约为 1000 万元左右。投资周期较长,资金回收慢。一个房地产项目的开发过程从申请立项、购买土地使用权、平整场地、设计、施工到竣工验收要经历一个比较长的时间。此外,销售还需要一定时间,如果市场不景气,那么销售时间甚至比开发时间还要长。因此,占用的资金及支付的利息比较多,企业的自我积累根本不可能保证连续投入资金的需要,如果没有金融支持,企业就会发生资金周转困难甚至发生财务危机。从国内外的情况来看,银行贷款普遍是房地产企业的一项重要资金来源,大约占企业开发投入总额的 1/4—1/3。中国房地产开发企业资金来源中银行贷款约占 10%—30%。

住房信贷在支持住房消费方面也发挥着重要作用。国际上房价收入比约为 3∶1 至 6∶1,(国内这个比率要更高一些,平均大约为 7∶1 至 10∶1,个别城市有的甚至更高)。这意味着,我国城市一个家庭要在禁绝一切消费的情况下,积累至少 7—10 年才能买得起一套住房。但是,借助于住房消费信贷,家庭的积累过程就会大大缩短,住房消费可以提前得到实现。对于房地产企业来说,这无异于缩短了销售时间,加快了资金周转,减少了资金占用和利息支付,从而增加了利润。

二、房地产信贷是金融业的一项重要内容

地产有两个重要特性:价值增值性和永续利用性。这两个特性使房地产成为一种优良的抵押品,银行遭受抵押物灭失或者抵押物价值下降的风险的可能性较小。如果借款人到期不能偿还贷款或者中途违约,银行可按合同约定将抵押房地产拍卖变现用以偿还借款人所欠贷款本息余额。在一些发达国家,住房抵押贷款一直是银行的一项重要资产,例如,美国商业银行信贷资产中 30% 以上是住房抵押贷款,英国为 20%—25%,在中国香港,这个比重要超过 40%。

在金融业全面介入房地产业后,抵押贷款逐渐成为银行的一项主要资产,但是抵押贷款流动性差、通胀风险大的问题也在困扰着金融业。为了规避风险,优化资产负债结构,金融业进行了长期探索,最终在 20 世纪 70 年代末全球掀起金融创新浪潮时,新的金融工具首先在美国问世,这就是抵押贷款证券(mortgage backed security,MBS)。抵押贷款证券的出现提高了银行资产的流动性。后来美国金融业又开发出来担保抵押贷款证券(collateralized mortgage obligations,CMO),使抵押贷款风险进一步分散。在中国,住房商品化程度的提高使金融业介入房地产业的深度、广度在不断扩大。现在很多地方的银行都推出了组合贷款,即低利率的公积金贷款

和商业贷款相结合的一种贷款,这也可视为中国房地产金融业的一个创新。

三、房地产金融的重要作用

金融业在房地产业中的广泛参与产生了房地产金融。所谓房地产金融是指一系列与房地产开发、经营、消费等活动相关的信贷业务及机构的总称。房地产金融在经济中的重要作用表现在以下几个方面：

（一）住房抵押信贷使家庭摆脱"流动性约束"，增进效用

根据 M.弗里德曼的持久收入假说(permanent income)，家庭偏好平滑的消费。如果预期收入增加,家庭就会通过借贷来增加当前消费。当家庭无法获得信贷时,它就陷入了"流动性约束"。住房是一种能够在一个较长时间内提供消费服务流的耐用品,因此住房消费不仅取决于当前收入还取决于预期收入。在预期收入增加的条件下,家庭可以通过借贷来购买住房消费,家庭的福利得到增加,见图 4-1。

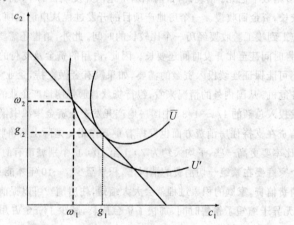

图 4-1　信贷约束与跨期消费

C_1、C_2 代表两个时期的消费，$\Omega(\omega_1,\omega_2)$ 表示家庭的禀赋，$G(g_1,g_2)$ 代表一个消费束。

在没有信贷市场的条件下,家庭只能消费 $\Omega(\omega_1,\omega_2)$，其效用为 U'。存在信贷市场时,家庭的消费束为 $G(g_1,g_2)$，家庭通过向第二期借贷来增加第一期消费 $\overline{U}$，效用为 (g_1,ω_1)，且 $\overline{U}>U'$。

（二）抵押信贷是房地产业和建筑业发展的动力

抵押信贷为房地产的开发和建设注入大量资金,也为住房购买和投资提供资金支持。因此,抵押信贷在供给和需求两个方面支持房地产业和建筑业的发展。以美国为例,抵押信贷是美国住房建筑业兴衰的关键。而住房建筑产值约与 GNP 的 3%—4%。1983 年住房购买总值为 1286 亿美元,1983 年 1—11 月,抵押贷款余额累计为 1210 亿美元,这说明在住房购买与抵押信贷之间存在密切联系。

（三）房地产抵押信贷具有拉平经济周期的作用[①]

在经济衰退时期,价格和利率呈下降趋势。房地产价格和信贷成本降低,在一定程度上会刺

---

① 董寿昆:《住宅经济比较研究》,中国金融出版 1988 年版。

激住房购买和抵押信贷需求,从而可以部分抵消全社会固定资产投资下降对经济造成的负面影响,减缓经济衰退速度。在经济复苏阶段,工资增长较快,住房信贷需求增加,房地产价格开始上升,银行更乐于发放抵押贷款。抵押贷款的增加直接刺激住房建筑业的复苏,从而加快经济复苏的步伐。

抵押信贷为政府制定反周期计划提供了一个强有力工具。政府通过改变利率或制定税收优惠政策来加强住房信贷的这种自发作用,会进一步缩小经济波动幅度,例如,在经济衰退时,可采取税前扣减所得的政策来鼓励银行发放更多的住房抵押贷款。

第二节 房地产金融的基本内容

简单地讲,房地产金融是房地产业与金融业的渗透与融合。从房地产金融的主体(这里所含的资本市场主要指一级市场)看,至少包括两类:一类是从事房地产业务的银行及非银行金融机构;另一类是获得金融支持的房地产企业。所以,下面将要讨论的房地产资金来源也从两个层面进行分析,一是上述银行及非银行金融机构进行房地产金融运作所涉及的资金来源问题;二是房地产企业的资金来源问题。

一、金融机构房地产信贷资金的来源

房地产信贷资金来源问题是相对于银行及非银行金融机构而言的。房地产资金的融通和房地产贷款的发放必须以筹集到规模适当、结构合理的房地产信贷资金为前提和条件,因此,房地产信贷资金的来源问题就成为房地产金融的一项重要内容。筹集房地产信贷资金有多种方法,主要的方法有以下几种:

(一) 住房储蓄存款

住房储蓄存款是随着住房制度改革的推进和深化而出现的储蓄存款业务,是消费者个人为购房和建房而进行的储蓄行为。这种储蓄存款是房地产金融机构解决住房信贷资金的一个重要方面。

住房储蓄存款具有四个特点。第一,定向性。住房储蓄存款的定向性是指住房储蓄存款作为房地产资金,具有房地产资金的共性,也就是说,该项资金从一开始筹集就是用于发展房地产生产和消费的。储户在开户存款时就知道存款的使用方向和存款的目的。这也是住房储蓄存款与其他个人储蓄存款最大的区别。尽管房地产开发筹资还可以通过发行股票、债券、抵押贷款、预定金等方式取得资金,但是住房储蓄存款仍然是房地产金融市场资金的主要来源。第二,利率低。住房储蓄存款的利息率要低于其他类型储蓄存款的利息率,原因在于,住房储蓄存款往往是申请购建房贷款的先决条件和衡量标准。储户存款的目的主要是为改善住房条件,并不十分注重储蓄存款的收益。从房地产金融机构看,房地产金融机构发放购房贷款在很大程度上要体现国家的住房政策,不完全是经济性的。这样,住房储蓄存款的存款人和借贷人具有一致性和连续性的特征。当然,在理论界就住房储蓄存款的低利率性有不同的争论。有的学者认为,住房储蓄存款的低利率低估了储户资金的边际价值,是不合理的。第三,稳定性。住房是居民户的耐用消费品,购建房所需款项较大,多数人不能在短期内筹集到足够的资金。即使要存足首期付款所要求的数额,也需要一定甚至相当长的时间。当储户取得贷款购房后,贷款的还本付息则需要更长

的时间。在国外，有的贷款偿还期限为15—30年。我国目前购房抵押贷款的偿还期限一般是8年，最长不得超过15年。这类储蓄存款、贷款的利息从一开始就固定下来，不受市场波动和资金供求关系的影响，具有稳定性。第四，契约性。一般的储蓄存款要遵循"存款自由，取款自由"的原则，住房储蓄存款则不同。住房储蓄存款的数量、期限等均受到合同的约束，具有一定的强制性，最典型的强制性储蓄存款如公积金制度。

住房储蓄存款包括强制性储蓄和自主性储蓄两大类。强制性储蓄又称为住房公积金制度。它是指通过强制性储蓄的方法建立的一种个人住房消费专用基金。实行公积金制度，可以迅速有效地筹集一笔住房建设资金。住房公积金制度体现了国家、企业、个人三方协力解决个人住房的政策思路。公积金制度在新加坡取得巨大成功。我国公积金制度首先在上海试点，并取得较大成功，为房地产开发提供了一笔稳定的数额巨大的资金来源，只是目前公积金的使用还局限于个人的购建房方面。自主性住房储蓄存款是指居民户根据各房地产金融机构提供的不同方式的住房储蓄，自由地加以选择的住房储蓄存款。自主性住房储蓄相当普遍。通过住房储蓄，一方面可以积累购建房资金，另一方面可以取得优惠的住房贷款。住房储蓄要遵循"存贷结合"的原则，具体有"零存整取"、"整存整取"、"零存整借"、"整存整借"等方式。

（二）房地产债券

房地产债券是各级政府、房地产金融机构和房地产开发经营企业为解决房地产开发资金问题向投资者开具的具有借款证书性质的有价证券。从各国房地产业发展的实际情况看，房地产债券是筹集房地产资金的主要办法之一。

房地产债券可以从多个角度进行分类。比如，按照发行主体分类，它包括政府债券、金融债券、公司债券等；按照利息支付的方式分类，包括减息票债券、贴息债券；按照偿还期限分类，包括短期债券、中期债券和长期债券；按照有无担保分类，包括信用债券、担保债券；等等。

房地产债券不论谁是发行主体，其所筹集的资金都是用于房地产开发建设的。与房地产股票相比，房地产债券的发行对经营企业的压力要大，因为房地产债券到期必须还本付息。从国外房地产金融市场来看，债券的数量和规模都大大超过了股票，成为直接融资的主要手段。当然，房地产债券的发行有严格的程序和条件。

二、房地产企业融资方式

房地产融资方式问题是相对于房地产企业这一主体而言的。房地产融资的方式有多种。本节所讲的房地产融资，主要是除住宅金融以外的一般房地产融资方式，着重讨论房地产企业的融资方式。

（一）银行贷款

银行贷款是指银行向房地产企业和购房居民发放的贷款，这是解决房地产业资金需求最传统、最普遍、也是最主要的一种融资形式。在这种融资方式中，银行是贷方，是债权人；房地产企业或居民个人是借方，是债务人。借贷双方事前签定书面借款合同，到期还本付息或分期付款。随着市场经济的发展和房地产金融业的逐步完善，国外许多国家和地区不仅普通商业银行向房地产企业和购房者进行融资，还专门设立房地产专业银行，作为房地产金融市场上融资中介的主体。我国从事房地产贷款业务的主要是建设银行和工商银行的房地产信贷部。

房地产银行贷款可以分为三种类型：信誉贷款、保证贷款、房地产抵押贷款。信誉贷款是以借款人的品德、信誉、财务状况、预期收益等为依据发放的房地产贷款。保证贷款是指以第三方的信用作担保的房地产贷款。房地产抵押贷款是以土地使用权或房屋所有权作为还本付息抵押的贷款。

(二) 证券融资

证券融资是指通过房地产股票、房地产债券的发行和流通来融通房地产资金的有关金融活动。关于证券融资的基本知识前面已经述及,这里需要强调的是,证券融资的规模与资本市场的发达程度有着直接的联系,资本市场越发达的国家或地区,证券融资的规模就越大;反之则越小。随着现代市场经济的发展,在发达国家,证券融资已成为房地产融资的主要方式。

(三) 房地产信托

房地产信托是指货币所有者或房地产所有者基于对金融机构的信任,委托其代理购、建、租赁、经营房地产及其证券的经济行为。在信托关系中,把货币或房地产委托给他人管理和处置的一方称为"委托方";接受委托的金融机构称"受托方";被委托的房地产或证券称为"委托标的物";享受信托利益的人为"收益人",收益人可以是自然人,也可以是法人。

房地产信托的产生和发展具有必然性。社会上的财产所有人包括货币所有者和房地产所有者,都期望自己的财产能得到妥善管理,并充分增殖,但在市场经济条件下,资产的运营充满着风险,尤其是房地产领域,在此情况下就产生了房地产信托业务。房地产信托的形式有房地产信托存款、房地产信托贷款、房地产信托投资、房地产信托基金等。我国的房地产信托业务处于试点和发展阶段。

(四) 租赁融资

租赁可以划分为融资性租赁和经营性租赁两大类。本节所探讨的租赁仅限于融资性租赁。融资性租赁又称为全额支付租赁,就是说在规定的支付阶段中,支付的租金足以补偿出租人的资本费用和利润。所以,这种租赁实际上是出租人向承租人提供的一种融资方式。租赁融资是一种新型的融资方式,手续简便,融资与使用同步,而且,由于租金在财务上是作为经营成本,可以在税前支付,所以,租赁融资在房地产领域获得了很快发展。

需要说明的是,随着现代市场经济的发展,不少新型的房地产融资方式进一步出现,如高比率融资、利用外资、典当融资等。这些方式在我国尚处于试点阶段,其合理性、有效性、可操作性有待于进一步探讨。

三、房地产金融市场

房地产金融市场是指从事与房地产活动有关的各类资金交易的市场,包括各类住房储蓄存款、住房贷款、房地产抵押贷款、房地产公司(企业)与房地产金融机构的票据贴现和承兑以及有价证券的买卖活动,甚至包括与房地产有关的外汇交易等。从房地产金融市场的概念可以知道,它包括房地产资金的融通。关于房地产融资的内容上面已经述及,这里重点介绍房地产金融市场的另外两部分内容:房地产金融市场的构成要素和房地产金融市场的分类。

(一) 房地产金融市场的构成要素

房地产金融市场由三个基本要素构成:资金供求者、市场中介和市场金融工具。资金供求者是指房地产金融市场上资金商品的买卖双方,具体包括家庭、政府部门、企业事业单位、中央银行、房地产金融机构等。在房地产金融市场上,家庭既是最大的资金供给者,又是最大的资金需求者。前者表现为参加住房专项储蓄存款,以及在金融市场上直接购买房地产金融机构和房地产企业发行的各种股票和债券;后者表现为因购、建、修房需要而向房地产金融机构申请的住房抵押贷款,以及将手中所持的房地产金融有价证券在金融市场上售出。政府部门是房地产金融市场主要的资金需求者。政府通过发行债券,在市场上筹集到建设项目所需要的资金。此外,政府通过买进和卖出房地产有价证券,来实施对房地产金融市场的调控。企事业单位既是重要的资金需求者,又是重要的资金供给者。前者表现为房地产开发企业对资金的需求量大,使用时间长,这就决定了房地产开发企业不仅需要通过银行间接融资,而且还要在金融市场上发行股票和债券等有价证券,以取得企业开发和经营所需要的长期资本金;后者表现为企业在生产经营过程中将闲置的资金存入金融机构,或者在房地产金融市场上购进房地产企业、房地产金融机构发行的有价证券。中央银行是房地产金融市场的资金供求者之一。中央银行可以向房地产金融机构提供再贴现、再贷款,或者购买房地产金融机构发行的有价证券,成为资金的供给者。同时,中央银行可以将房地产有价证券售出,此时,中央银行就成为资金的需求者。房地产金融机构是房地产金融市场上的主要参与者,并扮演着特殊的中介角色。

房地产金融市场中介包括交易商和经纪人。交易商与经纪人的主要区别在于:经纪人单纯代理买卖,收取一定的佣金或手续费;而交易商除了代理客户买卖外,还为自己买卖各种金融工具。

房地产金融市场工具是指可以在房地产金融市场上同货币相交易的各种金融契约。资金交易与一般商品买卖不同,它必须借助于金融契约的形式,这些形式包括商业票据、房地产金融债券、房地产抵押债券、房地产股票、未到期的住房存款单等等。房地产金融市场工具的发展趋势是证券化。

(二) 房地产金融市场分类

金融市场可以从多个角度进行分类。房地产金融市场具有特殊性。理论界对房地产金融市场的分类,比较一致的看法是:按照市场交易方式划分,房地产金融市场分为协议信用市场和公开市场两大类。

协议信用市场。协议信用市场的交易价格是特定的,即由交易双方在借贷协议中规定的,所有交易都是由供需双方面对面按照自愿互利的原则进行,交易客户的范围也相对稳定。协议信用市场包括住房专项储蓄存款市场、零星货币存款市场、住房专项贷款市场、房地产抵押贷款市场。

公开市场。公开市场包括货币市场和资本市场。货币市场就是短期资金市场。根据借贷与买卖的不同形式,货币市场分为短期证券市场、贴现市场和拆借市场。短期证券市场上所交易的金融工具主要有国库券、公债、定期存单、商业票据、银行承兑汇票等。贴现市场交易包括房地产金融机构和房地产企业发行的票据由票据持有者向贴现银行贴现,以及中央银行对房地产金融机构的再贴现。拆借市场指金融机构之间拆借交易的市场,通常非金融机构被排斥在外。一般情况下,拆借双方不必提供抵押担保,只凭信用即可进行。资本市场在我国又称为长期资金市场。资本市场有不同的划分方法。根据资本市场上有价证券的性质,资本市场分为股票市场、债券市场和住房抵押市场。根据资本市场上有价证券的发行与流通,它分为一级市场和二级市场。美国的经济学家们认为,住宅抵押市场是整个信贷市场中最为复杂的一种市场,也是最大的长期资本市场。

住宅金融市场在房地产金融市场中居于非常重要的位置。住宅金融市场是指以住房融资为依托的住宅资金的融通与再融通。根据金融体制的不同模式,住宅金融市场一般分为自由的住宅金融市场和国家指导的住宅金融市场。根据初始交易与流通中再交易,住宅金融市场同样分为一级市场和二级市场。前者是住宅金融市场的基础部分,主要包括金融机构对住宅资金需求者的各种信贷业务,也包括新发行的住宅证券的交易;后者是住宅信用的再交易市场,也是住宅金融市场的核心部分。

第三节 国际房地产金融制度模式及发展趋势

一、国际房地产金融制度模式

探讨国际房地产金融制度模式可以为中国房地产金融的发展提供可资借鉴的经验。

根据融资方式不同,国际房地产金融制度大致可分为4种模式:证券型、基金型、储蓄型和财政型。

(一) 以证券融资为主导的房地产金融制度

这种房地产金融制度以美国最为典型。其基本特点是:(1)住房信贷市场的开放性。各种金融机构如商业银行、储蓄信贷协会、互助储蓄银行、抵押银行、人寿保险公司等均可经营住房信贷,不存在一个由行政指派的、垄断某些住房信贷业务的金融机构,金融机构的分工是由长期竞争形成的。(2)抵押贷款证券化程度很高。美国家庭购房资金的80%以上来自各种金融机构的抵押贷款。截至1993年3月31日,在美国全部15.16万亿美元未清偿债务中,抵押贷款占28%(其中的75%即总额的21%为住房抵押贷款)。居第二位,仅次于联邦政府债务(32%)。到20世纪90年代末,在外流通的住房抵押贷款的40%已被证券化。(3)融资工具多样化。除了传统的储蓄外,银行等金融机构还创造出了许多新的融资工具,比如各种类型的抵押贷款证券、金融债券、股票等。(4)政府干预住房信贷市场。房地产金融市场是美国政府进行干预的极少几个领域之一。政府对房地产金融市场的干预方式主要是组建一系列政府金融企业。首先,联邦住房管理局(Federal Housing Administration,FHA)和退伍军人管理局(VA)为家庭的住房抵押贷款提供保证或保险,如果借款人违约,它们将承担贷款发放机构的损失。其次,由联邦住房银行系统(Federal Housing Bank System)调控房地产金融市场。它下设的联邦储蓄和贷款保险公司专门从事住房储蓄和贷款保险业务。联邦住房银行系统类似于联邦储备系统,联邦住房银行委员会是它的决策机构。另外,美国政府还建立了一批在二级住房信贷市场上活动的中介机构,如联邦住房抵押贷款公司,联邦国民抵押贷款协会(Fannie Mae)和政府国民抵押贷款协会(Ginnie Mae)。联邦住房抵押贷款公司负责收购由联邦住房储蓄和贷款保险公司或其他政府机构保险保证的贷款,后来扩大到私人机构保险或保证的抵押贷款。联邦国民抵押贷款协会主要收购由FHA和VA保险或保证的住房抵押贷款,后扩展到无保险的普通抵押贷款,同时肩负调控市场的重任,当银根较紧时,购入抵押贷款,提高金融机构资产流动性。政府国民抵押贷款协会则充当政府机构的委托人和保证人,买卖政府金融机构发放的证券,为政府金融机构的活动提供便利条件。

(二) 以社会福利基金融资为主导的房地产金融制度

在金融市场规模较小或不发达的一些国家如巴西、新加坡等,建立某种形式的社会福利基金并将之与住房信贷联系起来。这种房地产金融制度的主要特点是：(1) 建立以强制储蓄为特征的社会福利基金，如新加坡的公积金和巴西的保障就业基金。雇主和雇员必须按雇员工资总额的一个固定比例定期存入雇员个人账户。巴西规定雇主要向社会保障就业基金会交纳相当于工资总额8％的税款；新加坡最初规定为5％，到1984年提高到25％。(2) 社会福利基金金融化经营。社会福利基金存款要支付利息，新加坡公积金存款利率1962年为2.5％，1974年为6.5％，1986年与市场利率并轨。社会福利基金交由一个专门机构负责经营管理，资金的运用方向受到严格限制。巴西的社会保障基金由全国住房建设银行经营管理；新加坡的公积金由中央公积金局负责经营，除用于向雇员发放贷款外，还可以用来购买由国家投资局等机构发行的政府债券。(3) 社会福利基金与住房信贷相结合。巴西的保障就业基金不仅用于雇员的失业救济、养老等方面，还向家庭提供消费信贷或者作为住房建设贷款。新加坡的公积金最初只能用于雇员的养老、遗属抚恤，后来允许动用公积金存款购买由住房发展局建造的公共住宅（即用公积金存款支付首期付款和贷款本息）。现在雇员储蓄的公积金的80％可用于购买住房、支付保险金，12％用于医疗费用支出，8％用于退休养老。

（三）以储蓄融资为主导的房地产金融制度

这种房地产金融制度以德、法等欧洲国家为代表。其主要特点是：(1) 专业化的住房储蓄机构。在德国，建房互助储蓄信贷社、储蓄银行、抵押银行是三家主要从事住房信贷业务的金融机构。它们拥有住房信贷资产总额的64.81％。德国的储蓄银行是公营的，债务完全是由政府负担，主要业务是吸收住房储蓄，发放住房贷款并向低收入家庭提供抵押贷款，储蓄银行吸收了大约50％的居民储蓄。建房互助储蓄信贷社曾是德国最大的住房信贷机构，德国法律规定，只有它才能吸收住房储蓄，因此它的信贷资金主要来源于住房储蓄。抵押银行专门经营利率固定的中长期抵押贷款业务，它的资金来源有2个：一个是发行抵押贷款债券；另一个是发行市政公债，由当地城市政府作担保。(2) 封闭运行的融资体系。德国的建房互助储蓄信贷社完全独立于金融市场之外，它实行存贷挂钩，先存后贷，低存低贷的经营机制。当储蓄额达到所需贷款额度的40％—50％时，家庭才能申请贷款。(3) 政府对住房储蓄实施奖励政策。德国政府奖励参加建房互助储蓄信贷协会的家庭。对于首次参加住房储蓄的家庭，政府奖励储蓄额的10％。对于储蓄贷款合同期满7年以上并且个人存款达到1600马克以上的人可以获得储蓄额10％的奖金。另外，对于每年储蓄额达到一定数目以上的储户，政府允许他在交纳个人所得税前从收入中扣除这笔储蓄。(4) 多样化的房地产金融工具。德国的住房抵押贷款通常具有较低的贷款比率，借款人需要向多家银行借贷才能获得足够的购房资金，因此形成了多种融资工具，比如第一抵押贷款，第二抵押贷款（即合同贷款），短期抵押或无抵押贷款等。

（四）以财政融资为主导的房地产金融制度

这种金融制度以日本为代表，其主要特点是：(1) 官方金融机构是住房信贷市场中重要的供给者。1980年，在9.8万亿日元住房贷款中，公营房地产金融机构占31.2％，私营金融机构占62.8％。(2) 住房储蓄制度。家庭住房储蓄达到一定额度后可优先购买政府建造的公共住房，并且从住房金融公库获得贷款。(3) 财政投资性贷款是住房信贷资金的主要来源。住房领域是财政性投资贷款的重点，1982年，财政投资性贷款的25％用于住房方面。财政性投资贷款通过两个途径影响住房建设：其一，它作为住房都市整备公团的资金来源转化为住房建设投资，1981年，由财政资金建设的住房占当年住房开工面积的47.4％。其二，向住房金融公库提供住房信贷基金。住房金融公库对需要购建住房的家庭提供优惠贷款。

二、国际房地产金融制度的发展趋势

自 20 世纪 70 年代以来，各国房地产金融制度的发展呈现以下特点：

1. 逐步放开存贷款利率。利率管制会降低房地产金融效率和动员储蓄的能力，减少信贷供给。

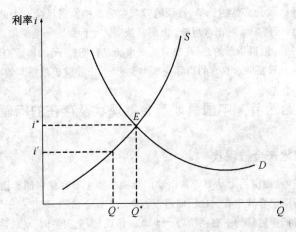

图 4-2　利率管制

当利率被压低在 i' 水平上时，资金供给为 Q'，少于利率放开时的供给量 Q^*。同样，如果将利率放开，信贷供给将会从 Q' 增加到 Q^*。

很多国家意识到利率管制的危害，开始放松对利率的控制，并使其逐步向市场利率靠近。例如，新加坡在 1986 年便已经让公积金利率市场化了。

2. 打破住房金融领域的专业分工。以行政指派的方式让金融机构向某些特定领域配置资金的做法是对房地产金融效率的伤害。在很多国家，如泰国、印度、韩国，住房金融机构正在逐步摆脱政府的直接干预，朝着经营多样化、市场化方向发展。甚至在一些发达国家，传统上经营房地产金融业务的金融机构迫于竞争的压力也开始向经营多样化方向发展，各银行间的分工越来越模糊。例如，英国的建筑社（Building Society）现在除了经营传统的住房抵押贷款业务之外，也开始从事一般商业银行存贷款业务和人寿保险业务。住房建筑社正在转变为一个"存款金融机构"。

3. 融资方式从储蓄到证券。储蓄融资的最大缺点是无法较快地筹集到大规模的、稳定的长期信贷资金。证券融资则较好地解决了银行对长期稳定资金的需要与资金供给者变现的需要之间的矛盾。英国的住房建筑社近年来从零售市场的传统职能上发展了，开始从批发资金市场上筹集资金，如发行大额可转让存单以及固定利率的可流通债券。德国的抵押银行的资金来源于发行债券。日本近来也在研究抵押贷款证券化的问题。

4. 制度创新。现在，住房抵押贷款方式已不再仅局限于传统的固定利率分期等额偿还这一种。为了适应激烈市场竞争，降低风险，国外金融机构发明了许多其他方式的住房抵押贷款，如可变利率抵押贷款,递增偿还的住房抵押贷款,逆向抵押贷款等。另外,住房抵押方式多样化。如美国的抵押贷款开始以独立住宅作抵押,后来发展到可以公寓住宅(这类住宅一般与邻居有共用部分)作抵押。

5. 政府干预。住房抵押贷款属于零售业务,与批发市场业务相比,金额较小,成本较高,收益较低。资产的流动性风险和通胀风险比较大。银行一般不愿意大规模开展这种业务。但是住房抵押贷款是中低收入家庭购房资金的主要来源,对于解决住房问题具有重要意义。所以政府干预住房信贷市场就成为必然的选择,特设的政府金融机构经营风险较大的业务,为抵押信贷市场不断注入资金,维持市场的正常运转。上面所谈到的4种房地产金融模式莫不如此,只是政府干预方式不同罢了。值得指出的是,政府只能对市场进行间接干预,即政府的干预不能影响信贷价格的形成机制。只要供求双方的边际决策不受影响,市场就仍然是有效率的。

第四节 中国房地产金融现状及存在的问题

一、中国房地产金融现状

目前,在房地产金融市场上从事经营活动的金融机构主要有住房储蓄银行、商业银行的房地产信贷部和住房资金管理中心。住房储蓄银行尚处于试办阶段,现仅存于烟台、蚌埠两地,房地产信贷部是住房抵押信贷的主要供给者。到1994年底止,全国各商业银行房地产信贷部资产负债总额突破1000亿元。中国建设银行房地产信贷部是最大的抵押信贷的供给者,占市场份额60%,工商银行约占1/3。1996年7月,国家有关部门开始对商业银行的房地产信贷部进行清理整顿,县级商业银行的房地产信贷部门并入信贷部,市级房地产信贷部则改制成为城建支行(或办事处)。住房资金管理中心是非盈利性质的事业单位,从事住房公积金的归集管理和使用。严格地讲,它不是金融机构,但是实际上它已经取得了金融机构的某些职能,是一个"准金融机构"。1997年1月召开的全国房改工作会议明确提出进行住房储蓄信贷部试点,首批试点城市是上海、成都、太原。上海、成都的试点由建设银行组织实施,太原由工商银行组织试点。

房地产信贷业务大致可分为两类:一类是商业贷款,另一类是政策贷款。商业贷款主要有房地产开发贷款、流动资金贷款、商品房建设贷款、商品房建筑材料、设备补偿贸易贷款、商品抵押贷款等。商业贷款执行市场利率。政策贷款主要有安居工程贷款、职工住房抵押贷款(公积金贷款)等。政策贷款执行优惠利率。[①] 安居工程贷款具有一定特殊性。它始于1995年,是配合国家安居工程而举办的住房开发贷款,它的政策性表现在:贷款项目须是国家计划内的安居工程项目,贷款规模由央行单独下达,资金由国家在固定资产贷款计划中划出一部分信贷资金再辅之以各地的住房资金。但是在银行内部按商业贷款管理。房地产金融机构的负债业务主要是吸收各类存款,包括住房公积金、单位住房基金、城市住房基金、企业存款、住房储蓄等。据统计,到1996年底,共吸收各类住房存款2375.8亿,其中政策性住房存款1294.53亿元,公积金存款216.87亿(1998年,这两个数字已分别达到1600亿和800亿,公积金占政策性住房存款的

---

① 1999年9月21日,央行将政策性贷款利率调整为5.31%(5年含5年以下)和5.58%(5年以上),同期商业贷款利率为6.03%(3—5年)和6.21%。

50%),商业存款1081.27亿。各类住房贷款1794.06亿,其中政策贷款677.28亿,商业贷款116.78亿。

二、中国房地产金融存在的主要问题

(一) 信贷资金价格呈现双轨

在中国,一部分信贷资金的价格受到政府管制①,另一部分信贷资金的价格则是放开的。政府对信贷资金价格进行管制是基于这样一个信念:中低收入家庭需要低成本融资。因此政府利用强制手段将一部分社会储蓄固定在住房上,给予一个较低的报酬,同时严格限制资金的使用方向。因此就形成了两种不同身份的信贷资金:一个是政策性的,一个是商业性的。进而,房地产金融市场就被分割成两个相对独立的部分。

由于价格是消费者对物品、生产者对生产要素的边际评价,因此价格变动就会改变他们的边际决策。如果价格变动是由供求改变引起的,那么经济人在分别做出各自的边际决策时,资源配置就会达到最优状态。因此价格的真实性对于经济效率具有重要意义。政府管制信贷资金价格在社会公平方面具有一定积极意义,如可以减轻中低收入家庭的还贷压力,消除利率不稳定的预期,增强家庭计划的可预见性和安全性,但是它引发的不良后果也是非常严重的,具体表现在两个方面:

1. 阻碍了社会资金向房地产金融领域的流动。政策信贷所需资金只能在系统内部筹集。受系统内部的资金供给者的经济状况及储蓄率的制约,融资数量有限,不足以支持庞大的信贷需求。

2. 诱发了对住房资金产权的侵犯(中国工商银行湖南省分行课题组,1998)。压低住房公积金的存款利率损害了存款人的收益权,特别是那些交了公积金却因各种原因长期没有使用公积金的人的权利。较大的利差收益的诱惑使住房公积金成为各部门争夺的对象。挪用住房公积金及剥夺存款人合理使用权的现象时常发生,比如将住房公积金用于对房地产企业的贷款或用于财政支出项目等。财政部门截取公积金增殖收益或者将应付给存款单位的利息纳入财政预算外收入则直接侵犯了存款人权利。

(二) 融资机制脆弱

中国的融资机制仍然是以储蓄为基础的,企业存款和私人储蓄(包括强制储蓄、合同储蓄和自愿储蓄)是银行的主要信贷资金来源。②由于储蓄来源分散、流动性强,因此以储蓄为基础的融资机制是不稳定的,这种不稳定性表现在两个方面:即长期信贷资金来源不足以及资产负债的期限结构不匹配,后者意味着资产的流动性风险大。从理论上讲,银行要保持资产流动性充分,可以通过资产管理或负债管理来实现。但是,在融资机制不健全的条件下,负债管理实质是行不通的,银行只能减少长期资产在总资产中所占的比例,即减少住房抵押贷款的发放,或者缩短住房抵押贷款期限以适应短期负债的要求。这就是为什么银行不愿发放住房抵押贷款并且贷

---

① 央行规定当年归集的公积金存款执行活期利率水平。1999年6月10日央行下调利率后,活期存款利率为0.99%,而一年期定期存款利率为2.25%。

② 例如,到1997年底,金融机构各项资金来源中,存款82390.3亿元,占90%以上。其中,储蓄46279.8亿元,企业存款28656.3亿元,两项合计占存款总额外负担的90%以上。

款期限始终无法延长的重要原因。

（三）金融机构不健全

由于住房资金被人为的分割成政策性和非政策性两部分，所以，金融机构就有了相应的划分。商业银行以市场利率自主经营住房存贷款业务(虽然商业银行可以接受住房资金中心的委托发放政策性贷款，但是这属于银行的中间业务，不属于资产负债业务范围)。严格的政策性住房银行实际上并不存在。住房储蓄银行处于试点阶段，而且现在它的经营已经偏离了最初的目标，而主要以单位和开发企业贷款为主。商业银行的房地产信贷部是适应房改的需要而建立的，但在1996年7月后，大部分已经被撤并，并入信贷部门或者改建成为城市地区独立的金融实体。

虽然不存在真正的住房金融机构，但是却存在政策性住房金融业务。政策性业务由住房资金中心委托商业银行来办理。住房资金管理中心是非盈利性质的事业单位，它负责政策性住房资金(主要是住房公积金)的归集、管理和使用。住房资金中心在实际运作过程中，存在一些问题：(1)住房资金中心是地区性的，因此，政策性住房基金的管理也是以地区为单位的，造成住房资金的地区分割。(2)住房资金中心性质模糊，职责不明。住房资金中心与住房管理、财政、银行等部门经常发生利益冲突，争夺对住房资金管理和经营收益。住房资金被大量挪用于城市基础设施或者高收益项目，为部门谋取，很少用于职工购房贷款。住房资金中心在事实上已经成为一个"准金融机构"。

住房机构体系的另一个缺陷是贷款担保机构的缺失。现在，私人在向银行申请抵押贷款时，需要先向商业保险公司购买住房贷款保险，有时还要请他的工作单位为他担保。这种保证、保险机制不利于住房抵押贷款的发展。因为商业保险以盈利为目的，费率高使得投保人所付保费比较多，从而中低收入家庭的经济负担较重。另外，保险公司也并不愿意开展这种业务。因购房贷款保险业务收入不高，风险却相对较大。单位担保的作法也不适应人口流动日趋频繁以及就业结构多样化的现实。

（四）房地产信贷投向存在偏差

从社会目标和商业银行稳健经营的角度分析，银行的房地产信贷投向不合理。公积金贷款承担着一定的社会目标，即为低收入家庭提供低成本融资以便提高他们的购房支付能力。然而，现在公积金贷款对象多是职工单位、开发企业以及高收入家庭。职工住房抵押贷款比重很低，例如，1997年上海住房公积金的16%用于发放职工住房抵押贷款，北京仅有0.5%的公积金用于这个方面。这产生了不好的效果，促使传统住房体制复归。因为无房分配的单位通常较难获得贷款，而较富裕的单位却可优先获得贷款并将公积金贷款购建住房再低价卖给个人。高收入家庭较低收入家庭更容易获得贷款，因为高收入家庭达到银行对购房首付款比例的要求是比较容易的。住房公积金支持的对象发生了错位。

住房商业信贷主要面向房地产开发企业，以个人为对象的消费信贷所占比重很小。据统计，1995年国有商业银行房地产贷款余额1510亿元，其中个人住房抵押贷款余额92亿元，不到7%。在房地产开发贷款中，商品房建设贷款所占比重不大。银行受利益驱动，更倾向于对商业、娱乐业房地产开发项目放贷，这种贷款的比重大约是房地产开发贷款总额外负担的80%。银行的这种资产结构是比较危险的。因为信贷资产质量基本上受制于房地产市场景气状况。一旦房地产市场景气欠佳，银行投放在房地产项目上的资金就无法收回，不良债权比率上升，风险增大。例如1993年下半年房地产走入低谷,大量银行资金被套牢,很多地方的银行一度出现支付危机,直到现在套牢在房地产项目上的银行资金仍未完全解放,估计高达1000亿元。

（五）住房信贷交易费用偏高

住房抵押信贷的交易费用有两种：

1. 识别和筛选费用。为了降低抵押贷款的违约风险,银行需要对借款人的资格进行审查,将那些具有违约倾向的顾客排除在外。在一个信息充分而且对称的经济中,银行的识别和筛选费用较小。但是,中国缺乏个人信用制度,关于个人信用的信息零碎、不充分,存在严重的信息不对称现象。银行为了准确获知借款人的信用状况通常要花费大量资源,比如对借款人提供的各种证明其能力的文件的真实性进行审查。银行为了尽可能减少这种费用,不得不提高市场准入条件,通过设置某些易于判断的标准试图将潜在的违约者在入市之初就剔除掉。比较典型的是对户口和首付款比例的要求。在中国,个人信用依附于户口和单位。没有当地户口和固定工作单位的人,银行一般不提供贷款。首付款比例越高,有条件申请贷款的人越少,银行面临的违约风险也就越小。因此,在识别和筛选费用较高的情况下,由于无法提高利率来补偿成本的增加,银行只能以提高市场准入条件的方式来减少信贷供给。

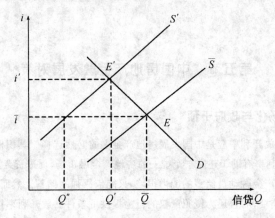

图 4-3　交易费用对信贷供给的影响

如图 4-3 所示,识别筛选费用的增加使供给曲线移至 S' 位置。信贷供给从 $\bar{Q}$ 减少至 Q'。但是由于利率受到限制,仍维持在 $\bar{i}$ 水平上,信贷供给减少更多,实际供给为 Q''。

2. 磨鞋底费用。从信贷需求者角度说,还有一种磨鞋底成本。借款人必须按照银行的要求提供各种文件和材料,如为抵押物保险,提交抵押物价格评估报告,寻找担保人,提供收入证明材料等。借款人为了准备这些文件必须花费一定时间和金钱。在一个完备的市场中,借款人的磨鞋底成本不会很高。但是我国由于中介机构的收费不规范,一些政府部门如产权登记、房产管理等工作效率不高,因此借款人花费时间、精力、金钱比较高。[①] 这相当于增加了借贷成本即以更高的价格购买等量的信贷。

---

① 据河北省石家庄住房资金中心人士估计,在贷款过程中,借款人负担的抵押登记费、保险费、公证费等达到抵押价值的5%。

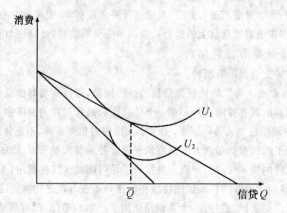

图 4-4 交易费用对信贷需求的影响

磨鞋底成本相当于提高了信贷价格。为了购买信贷$\overline{Q}$,需要支付更高的费用。效用水平从U_1下降到U_2。

第五节 中国房地产金融发展对策

一、利率市场化与政府干预

打破价格双轨,放开利率应是中国发展房地产金融的必然选择。其积极作用表现在以下几个方面。第一,放开利率有助于建立一个统一的房地产金融市场,促进资金流动。在价格管制的情况中,政策性房地产金融动员储蓄的能力很差,只能依靠强制储蓄。然而,强制储蓄不仅在数量上不能满足信贷需要,而且还为侵犯产权的行为提供了条件。放开利率打破了资金的身份差别,使它们成为具有同等收益的无差别的货币资金。资金流动的障碍消失了,各种"寻租"行为也失去了存在的制度基础。第二,放开利率为住房抵押贷款证券化创造了条件。住房抵押贷款证券的收益来自抵押贷款的利息收入。如果利率受到管制,抵押贷款的利息收入就会减少,从而抵押贷款证券的收益也不会高,投资者不会投资这种证券。

放开利率可能使低收入家庭更难获得贷款从而使他们的购房计划搁浅。解决这个难题,国际上大致有三种做法,即贷款利息免税(在缴税前贷款利息从应税收入中扣除)、对还贷利率提供财政补贴,或直接提供现金补贴。财政贴息的方式会改变借款人面对的真实的信贷价格,改变他的边际决策,导致过度消费(借更多的钱购买居住标准更高的住房),从而造成信贷市场供求失衡。贷款利息免税和现金补贴不会影响借款人边际决策。但是,低收入者很难达到交纳所得税的标准,因此税前利息扣除对低收入者福利基本不产生影响。在中国,有效的方式应该是现金补贴。现金补贴属于收入再分配,它改变的是家庭预算线的位置而不是相对价格,不会损害市场效率。为了加强现金补贴的作用,补贴不能直接以货币的形式发放,而要采取类似代金券的形式,这样可以保证受补贴者将补贴用于支付购房费用,而不是用于其他目的。

二、创新住房抵押贷款工具

固定利率、等额偿还的住房抵押贷款限制了消费者的选择。银行需要根据消费者的不同偏好,开发新的信贷品种,创造出新的利润增长点。

根据生命周期理论(Life-Cycle Theory)创设递增偿还的贷款方式。生命周期理论假设:一个家庭的生命周期包括产生、成熟、消亡三个阶段。递增偿还抵押贷款正是为处于生命周期中收入较低但住房需求旺盛的年轻家庭设计的。中国20世纪70年代出生的人正在进入结婚生育高峰期,迫切需要住房,递增偿还抵押贷款对他们有特殊的吸引力。

递增偿还抵押贷款对银行是有利的。它是一种比较安全的资产。因为贷款额与抵押值的比率是小于100%的。抵押房产折旧后的实际价值一般是大于未清偿的债务。随着每期偿还额的逐渐扩大,未偿还债务加速递减,从而与住房实际价值的差额越来越大,违约给债务人带来的损失就越大(董寿昆,1988)。

探索逆向抵押贷款方式。逆向抵押贷款是相对于普通抵押贷款而言的。普通抵押贷款的一般程序是:借款人将房产抵押给银行并获得贷款,在一定期限内分期偿还一定数额的贷款本息。偿清全部债务后借款人收回房产所有权。逆向抵押贷款的程序正好相反,银行按抵押房产价值的一个比例在一定时间内定期向借款人支付一笔款项。期满后银行从拍卖抵押房产的价款中收回贷款本息,余额退还给借款人所指定的受益人。房产反向抵押后,借款人拥有住房的使用权并负责维修保养。逆向抵押贷款以老年人为对象,贷款期限一般延续至借款人去世。

逆向抵押贷款对于中国具有一定现实意义。中国已经步入老龄化社会,养老日益成为一个严重的社会问题。那些子女常年在外工作、独守空房的老年人的养老问题尤为严重。逆向抵押贷款可为这些老年人提供部分经济来源,在一定程度上具有养老金的性质。

对于银行来讲,逆向抵押贷款是否会盈利则取决于终期房价与累积支付的比较。假设银行定期向借款人支付固定金额 A,一共有 n 个支付期。利率 i 固定不变。那么到贷款期满时,各期支付终值之和 S 为:

$$\sum = A(1+i)^n + A(1+i)^{n-1} + \cdots + A(1+i)$$

即:

$$S = A \cdot \frac{[(1+i)^n - 1]}{i}(1+i)$$

如果期满时的房价 $P_H > S$,那么银行就能盈利。由于房价 P_H 与 i 反向变化,资金的机会成本与 i 正向变化,因此,银行发放逆向抵押贷款的时机应选择利率较低且预期比较稳定的时候,这时资金机会成本较小而房价相对较高,贷款期满时的 P_H 与累积支付 S 的差距越大。

创新住房抵押形式。比如抓住公房上市交易契机,推出以公房和"二手房"为抵押物的贷款品种。

三、建立住房抵押贷款担保机构

这应是近期房地产金融机构创新的重点。

现在,私人在向银行申请抵押贷款时,需要先向商业保险公司购买住房贷款保险,有时还要请工作单位为他担保。这种保证、保险机制不利于住房抵押贷款的发展。因为商业保险以盈利为目的,费率高投保人所付保费比较多,从而中低收入家庭的经济负担较重。另外,保险公司也并不愿意开展这种业务。因购房贷款保险业务收入不高,风险却相对较大,有一段时间,这种险种曾一度停办。单位担保的做法不适应人口流动日趋频繁及就业结构多样化的现实。

建立住房抵押贷款担保机构,可以促进住房抵押贷款一级市场的发展。纵观世界各国,大多建有类似机构。美国由联邦住宅管理局、退伍军人管理体制局和私人抵押贷款保险公司为不同人群提供贷款担保。加拿大建立了加拿大抵押贷款和住房公司,在法国有国家人寿保险公司。这些国家的贷款担保机构在支持中低收入家庭购房方面发挥了重要作用,而且还起到了降低金融风险的作用。鉴于此,政府有必要仿效国际经验组建一个住房抵押贷款保险保证机构为中低收入家庭购房贷款提供担保或保险。经过政府机构保险保证,住房抵押贷款的安全性提高,违约风险降低,银行就愿意发放住房抵押贷款。设 i 为利率,Q 为贷款量。假定 i 不变,$\sigma(h)$ 为违约概率,是借款人收入 h 的函数,且与 h 反向变动。若不存在违约风险,$\sigma(h)=0$,存在违约风险情况中,$0<\sigma(h)\leqslant 1$,$\sigma(h)$ 越大,违约风险越大;$\sigma(h)=1$ 表示借款人肯定会违约。为了防范风险,贷款人的成本增加,即 $C(Q)[1+\sigma(h)]$。ε 为政府保证机构效应,$\varepsilon>1$。无政府担保机构状况中的最大化模型:

$$\text{MAX} \quad i \cdot Q_0 - C(Q_0)[1+\sigma_0(h)]$$

一阶条件:

$$i = C'(Q_0)[1+\sigma_0(h)]$$

如果市场中存在一个政府担保机构,政府信誉使被担保人的收入在贷款人那里得到"增加"变为 εh。这时,一阶条件变为:

$$i = C'(Q_1)[1+\sigma_1(\varepsilon h)]$$

由于 i 固定,且 $\sigma_1<\sigma_0$,因此 $C'(Q_1)>C'(Q_0)$

所以 $Q_1>Q_0$,即贷款规模扩大。用图 4-5 表示:

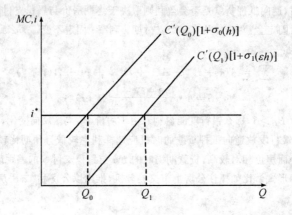

图 4-5 政府担保的作用

另外,政府机构在受理投保时可对贷款合同的形式提出规范化的要求,有利于住房抵押贷款的标准化,从而为发展二级住房抵押贷款市场创造条件。

四、建立个人信用制度

建立个人信用制度可以有效地降低住房消费信贷的交易费用。住房消费信贷的交易费用源于对贷款申请人资信状况的繁琐调查。如果能够建立起一种个人信用制度,使个人信用资料有连续记录,其信用状况能得到全面反映,银行通过一定法律程序可以查阅到个人信用档案中的资料,就可以对申请人的资信状况得到一个准确判断,从而住房信贷的交易费用将会大大减少。另外,个人信用制度也是建立政府补贴制度所需要的。因为如何确定哪些家庭符合补贴条件是建立补贴制度的关键。如果不能对借款人的经济状况进行有效地区分,那么政府补贴也就失去了意义。建立个人信用制度是解决这个问题的一个有效措施。每一个人的资信状况都是十分清晰的,不存在信息不对称现象,因而个人信用制度可以有效地防止"道德风险"。建立个人信用制度在一定程度上可以起到扩大住房信贷市场的作用。个人信用制度改变了信用依附于工作单位和户口的情况,使那些没有当地户口和固定工作单位的人也可以加入到银行住房信贷计划当中来,只要他们具备良好的信用记录和偿还能力。

个人信用制度应包括以下几个方面内容:(1)个人信用档案制度。个人信用档案汇集有关居民个人的信用资料并记录存档。所有参加社会福利计划的居民都应该建立个人信用档案。近期可先为交纳养老金和公积金的个人建立信用档案。(2)个人信用账户制度。个人信用账户以个人信用档案为基础,要能全面反映社会福利基金存取、个人所得税和财产税缴纳等情况。现阶段先建立个人工资和支票账户,然后随着条件的不断成熟再逐步扩充其内容。建立个人信用账户可以将目前的现金支付方式改变为以个人信用账户为基础的信用支付方式,从而及时反映个人信用状况的变化。(3)多层次个人信用社会调查体系。个人信用调查机构主要对个人信用档案进行分析、评估,确定个人信用等级。信用评估依据"5C"原则,即品德(character),指个人生活方式、债务偿还情况等;能力(capacity),指必须有稳定的工作和收入;资本(capital),个人拥有的财产状况;担保(collateral),指担保品的变现能力,价值以及是否易于保管等;行业环境(condition of business),指申请人工作所在的行业的发展前景,中国可以建立一个包含政府、银行、私人在内的三层个人信用社会调查体系。在中国,个人信用资料很多来自政府部门,如税收、财政、审计等部门。因此可建立以政府为主导的个人信用调查机构。银行则对贷款申请人的信用进行评估。私人中介机构可作为个人信用调查体系的补充。(4)个人信用监控和预警制度。为了建立连续的个人信用记录,需要对个人信用状况追踪调查。但这要有关于个人信用资料收集、内部公开、保密制度等方面的法律的支持。目前,这方面的立法还是空白。通过预警机制对有不良信用行为记录的个人,设置不同方向的限制条件,使他感觉到信用不充分时的不方便,增加他的交易成本,从而促进他努力改善个人信用记录,并对潜在的信用不良行为人有警示作用。

中国已具备了建立个人信用制度的某些条件。比如,多数城市已建立了养老、医疗保险和住房公积金账户;银行系统内部已实现了局部联网等。但是,仅有这些还不够,还必须做好两项基础工作。其一,尽快为个人信用制度立法,如个人信用资料的查询、公布、保密等方面的法律。其二,实现银行和政府有关机构的联网,为个人信用资源的共享创造有利条件。

第六节 住房抵押贷款证券化

住房抵押贷款证券化起源于20世纪60年代末的美国。现在美国有世界上最大的住房抵押贷款证券市场,其未清偿抵押贷款的40％已被证券化。英国的住房抵押证券市场规模仅次于美国,但是被证券化的抵押贷款只占未清偿贷款总额的5％。香港特区政府在1999年10月推出了首批10亿港币的抵押贷款证券。住房抵押贷款证券化已成为国际房地产金融发展的重要趋势之一。下面我们简要地分析一下住房抵押贷款证券化的机制、种类、条件及意义。

住房抵押贷款证券化的积极作用表现在3个方面:第一,它为住房抵押贷款发放者开辟了新的融资渠道,便于放贷者进行资产负债管理。如果放贷者认为资产负债结构失衡,长期资产比重过大,就可以在二级住房抵押信贷市场上将期限过长的抵押贷款转让出去,从而,不仅降低了资产的流动性风险,改善了资产负债结构,还获得了一笔融资,可以用来发放新的抵押信贷。第二,它有利于打破住房信贷供求区域不平衡,提高住房资金配置效率。受地区经济发展水平、住房商品化程度及住房政策等因素制约,住房抵押信贷需求存在区域不平衡。在没有二级住房抵押贷款市场的情况中,有些地区的信贷需求得不到满足,而另外一些地区的信贷供给能力过剩。有了二级抵押信贷市场后,信贷供给能力过剩地区可用过剩的住房资金投资购买信贷资金不足地区发行的抵押贷款证券,从而实现信贷供给能力的优化配置,提高了资金的利用效率。第三,住房抵押贷款证券化为银行分散经营风险创造了条件。银行经营住房抵押信贷面临的风险除了流动性风险外,还有通胀风险、提前还款风险和违约风险等。通胀风险是指通胀使信贷资产贬值的可能性。借款人提前还贷可能会打乱银行的资金使用计划,使资产收益达不到预期水平。如果没有抵押贷款证券化和二级信贷市场,这些风险只能由放贷者独自承担。但是在二级市场上,放贷者可以将贷款出售给中介机构并由他们将贷款证券化后转售给众多的投资者,这样集中的风险被分散了。

住房抵押贷款证券化是一个比较复杂的过程。我们首先将这一过程用一个简明的图来描述出来,见图4-6。

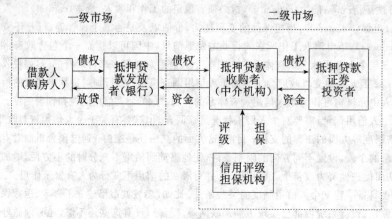

图4-6 住房抵押贷款证券化流程

二级市场中的抵押贷款收购者购买一级市场上发放的抵押贷款并将其包装、组合成某种形式的证券,再将证券发售给投资者。借款人按期偿还的本息形成证券投资者的现金流入。

在二级市场中有几个重要的参与者。(1)抵押贷款收购者。它是一个中介机构,其作用是收购银行等金融机构发放的抵押贷款,然后以这些经过包装组合的资产为担保发行证券出售给投资者。它按照抵押贷款证券发行时的票面利率定期支付利息给投资者。这些利息实质是银行转账来的借款人偿还的贷款利息。抵押贷款收购者的收益主要来自转付利息所收取的手续费,而它面对的风险却比较大。一个风险是如果借款人违约,不能按期偿还贷款本息,那么它就要自己来支付证券投资者的利息和本金。另一个风险是提前还款的风险。如果利率下降,借款人为了减少利息支付而提前还贷,那么在一个较短时间就会有大量资金集中到中介机构手中,产生未预期到的现金流入,中介机构必须为这些提前偿还的贷款安排新的投资计划,否则无法向证券持有者支付利息。由于抵押贷款收购具有高风险、低收益的特点,因此抵押贷款收购者一般由政府组建,如香港的按揭公司就是由港府出资建立的。(2)担保机构。住房业和金融业均具有较明显的周期性特点。住房抵押证券化使金融风险转嫁给众多投资者。如果缺乏担保机制,那么投资者遭受损失的可能性较大,投资收益得不到保证,一些投资者可能会因此而不敢投资抵押贷款证券,从而不利于抵押贷款证券的流通。因此,在住房抵押贷款证券化过程中,引入担保机制是必要的,这样可以增强投资者的信心。(3)信用评级机构。信用评级机构在住房抵押贷款证券发放前,对抵押贷款的质量,贷款发放者如银行的信誉、担保机构的信誉,抵押贷款购买者的资金、技术实力等方面内容进行评估,根据评估结果对抵押贷款证券定级。投资者可根据证券信用等级决定投资策略。(4)证券投资者。参与抵押贷款证券投资的既可以是机构投资者,也可以是个人投资者。不过,抵押贷款证券比较适合那些拥有长期资金来源,偏好长期稳定收益的机构,如养老金等。但是,抵押贷款证券的投资收益要低于一般债券或股票的投资收益,因为,借款人偿还的利息要在扣除各种手续费或佣金后才能支付给证券持有者。在香港,抵押贷款发放者是抵押贷款证券的投资者,即按揭公司从 A 银行处购买住房抵押贷款后,将其包装组合成抵押证券再发售给 A 银行。如图 4-7 所示:

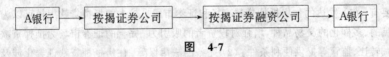

图 4-7

银行购入抵押贷款证券后既可以持有,也可以转售给其他证券投资者。

住房抵押贷款证券主要有两种,转手证券(pass-through)和担保抵押债券(collateralized mortgage obligation,CMO)。转手证券的每一个单位都代表了对抵押贷款的一份要求权。抵押贷款组合所产生的现金流按比例归每一位证券持有者所有。转手证券不反映到证券发行者的资产负债表上,发行者将借款人归还的贷款本息转交给证券持有者。证券持有者拥有抵押贷款债权。担保抵押债券最初出现于 1983 年,是针对抵押贷款本息支付不确定而设计的一种金融工具(中国社科院财贸所,1995)。二级抵押机构首先将若干抵押贷款证券(即转手证券)组合为一个集合,再将这个集合的"现金流"按贷款本息的归还时间切割成若干部分,然后再分别以这些不同时间的现金流为基础发行不同期限的证券即 CMO。一般 CMO 分为 4 级:

A 级:平均期限 1—3 年;
B 级:平均期限 3—10 年;
C 级:平均期限 5—15 年;
Z 级:平均期限 15—25 年。

需要注意的是,Z 组证券持有者在其他三组证券被清偿之前,是没有任何支付的。过程开始时,A、B、C 三组证券按约定条件得到支付。一旦抵押贷款集合中出现了提前偿付,二级抵押机构便将这些资金聚集起来首先购买 A 组证券,即通过市场购买来清偿 A 组证券。A 组证券被全部清偿后，如果集合中继续有提前偿还款，它就被用来在市场上购买B组证券，依次类推。A、B、C三组证券被全部清偿后，集合所产生的现金流将被用于清偿Z组证券。在这4组证券中，A组投资回报率最低，Z组投资回报率最高。通过这样的制度安排，投资者不同的投资需求得到满足。

专题分析：中国的住房抵押贷款证券化

住房抵押贷款证券化，即住房抵押贷款二级市场，是金融工具的创新，早在上个世纪70年代诞生于美国，现很多国家和地区已推行，但在我国还在讨论中，意见还很不一致，故列专题分析。在中国发展住房抵押贷款证券市场，有两个问题需要首先得到回答，即中国需不需要住房抵押贷款证券化以及是否具备了住房抵押贷款证券化的条件？就第一个问题而言，判断需要或者不需要的标准有两个，这就是抵押信贷的需求是否旺盛和放贷者的长期资金是否充足。抵押信贷需求的大小取决于住房政策、收入、房价、信贷条件等等。当前，抵押贷款需求不能算大，但这并不意味着住房抵押信贷在中国没有前途。事实上，潜在的抵押信贷需求是巨大的。阻碍潜在需求转变为现实需求的是福利住房制度、高房价、严格的信贷条件。前二者是外生因素，只能依靠改革住房体制。后者是内生的，是银行可以控制的。使银行不愿放松信贷条件的一个原因就是长期资金来源不足。因此，在信贷需求与长期资金数量之间存在某种联系，撇开外生因素不谈，只要银行有充足的长期信贷资金，就会增加信贷供给，从而扩大信贷需求。在这个意义上讲，中国需要住房抵押贷款证券化。

中国是否已经具备了住房抵押贷款证券化的条件呢？答案是尚不完全具备。证券化所需要的条件主要有：（1）发达的住房抵押贷款市场和证券市场。较大的抵押贷款规模可以为二级市场提供充足的、多样化的交易品种，增强对投资者的吸引力。完善的证券市场为抵押贷款证券的发行、交易、转让、监管等提供便利条件。（2）完备的法律保障。住房抵押贷款证券化涉及到的利益关系相当广泛，如债权债务关系，出押抵押关系、委托被委托关系。这些利益关系存在于银行、借款人、中介机构和投资者之间。协调他们之间的利益关系和保护他们的权利依靠立法。没有法律监督和保护，二级市场的交易费用就会增加，运行效率下降。（3）政府支持。在一定意义上可以说住房抵押证券化是在政府支持下进行的。没有政府的支持就没有二级抵押市场。美国、我国香港特别行政区莫不如此。

目前，中国具备了住房抵押证券化某些的条件，比如中国的资本市场初具规模，交易条件、监管手段日益完善；住房抵押贷款有了一定发展；相关的法律如《个人住房担保贷款管理办法》、《银行法》、《证券法》、《担保法》等已颁布实施。但是，从整体来看，仍有较大差距。但这并不影响我们在条件较好的城市先进行试点，在试点中创造条件（曹振良，1999）。以下几个方面是推行住房抵押贷款证券化所必需的：

1. 利率放开。在利率双轨制下，不可能建立二级抵押贷款市场，因为以低收益抵押贷款为基础发行的证券的投资收益必然小于其他投资，这种证券对投资者不会产生吸引力。

2. 培育机构投资者。养老金、保险公司等拥有稳定长期资金来源的机构是最合适的抵押证券投资者。而且抵押证券稳定的收益和较高的安全性也是这些机构所需要的。在利率放开，资金的身份标志消失后，住房公积金的职能需要转变。可将其改造为抵押证券投资机构，允许公积金管理中心用住房公积金投资住房抵押贷款证券。

3. 完善房地产金融法律环境。在已有法律基础上,还要制定一批以二级抵押市场活动为对象的专门性法律,其内容应包括抵押贷款证券发行、承销、认购、交易、信用评级及抵押贷款收购者的组织形式、设立条件、经营方式等。

4. 建立住房抵押贷款收购机构,如住房抵押贷款公司等。它应该由政府出资组建,专门收购品质优良的或者经政府担保机构担保的住房抵押贷款。将收购来的抵押贷款重新组配,然后以此为基础发行抵押贷款证券。

5. 培养专业人士。住房抵押贷款证券化的技术性、专业性非常强,它涉及投资、证券、财务、评估等多个领域,只有专业人士才能胜任住房抵押贷款证券化工作。

思 考 题

1. 我国住房金融存在问题及其对策。
2. 影响住房抵押贷款供求因素有什么?
3. 如何推进我国住房抵押贷款证券化?证券化需要什么条件?
4. 如何评价住房的税金制度?目前该制度存在什么问题?如何改革?

参 考 文 献

1. 董寿昆:《住宅经济比较研究》,中国金融出版社,1988年。
2. 中国社科院财贸所:《中国城市住房制度改革》,中国社科院出版社,1995年。
3. 杨继瑞、王重润等:《中国房地产运作理论与实践》,四川大学出版社,1997年。
4. 曹振良:"积极稳妥地推进住房抵押贷款证券化",《中国房地产》,1999年第11期。
5. 曹振良:"我国住房消费信贷运行环境分析",《中国房地产金融》,1996年第5期。
6. 王重润:"影响住房抵押贷款供求因素分析",《中国房地产》,1996年第7期。
7. 徐强:"住房制度的国际比较:补贴、金融、自有化",《住宅与房地产》,1993年第5期。
8. 中国工商银行湖南省分行课题组:"中国住宅金融问题研究",《金融与保险》人大报刊复印料,1998年第3期。
9. 彭兴钧:"建立与发展住宅抵押贷款二级市场",《金融研究》,1998年第4期。
10. 秦慈:"我国应实行抵押贷款证券化",《金融研究》,1998年第12期。
11. 徐卫国:"推行我国住宅贷款证券化的构想",《金融研究》,1998年第12期。

第五章 房地产区位理论

第一节 区位理论概述

一、区位

(一)区位概念及特征

1. 区位概念。区位是指某一经济事物或经济活动所占据的空间场所以及该场所与其周围事物之间的经济地理关系。

2. 区位的特征。区位具有以下几个基本特征：

第一，区位概念的双重性。区位既是一个地理学概念，它以自然地理位置为依托；又是一个经济学概念，它以人类经济活动、经济联系以及人类对经济活动选择和设计为内容。

第二，区位的动态性。区位的自然地理位置是固定不变的，比如，一块土地的坐落方位若干年保持不变。但是，区位由于具有了经济学内涵而处于动态变化之中，因为，构成区位的经济性因子一直处于变化之中。比如，位于偏僻小镇的工厂由于铁路、公路等交通干线的修筑而使区位特征改变，区位等级提高；处于背街的一家商店会由于街道的改建而使其处于十字路口的位置上，其区位质量也可得到明显改善等。

第三，区位的层次性。从区位的选择与设计的内涵出发，可以将区位分为宏观区位和微观区位。宏观区位是指某项经济活动从宏观区域尺度上看，应当选择在哪个地方。如房地产商在选择哪个城市作为发展的基地时，他实际上是在作宏观区位的选择与设计。微观区位是指某经济活动拟在选定的区域或城市中的哪个地段展开。如房地产商若选定北京市作为其房地产开发事业的基地，他下一步面临的问题就是选择北京的哪个街区或地段作为投资的具体地点，这便是其微观区位决策问题。

第四，区位的等级性，即区位质量的等级性。区位质量是指某一区位对特定经济活动带来的社会经济效益的高低，是一个相对概念。区位质量的优劣往往由区位效益来衡量。区位效益则是指区位因素为某项经济活动带来的直接和间接的经济效果，简言之，是区位的经济贡献，其实质是经济活动对该区位所拥有的资源，包括土地、资本、劳力、技术、管理乃至信息等的利用效果。在房地产经济学中常常用级差收益来衡量这种区位效益。所谓区位等级性，是指对某一类经济活动而言，区位效益的好坏，进而区位质量的高低呈现出因地点不同而不同的差异性。比如，对于商业区位，随着与市中心的距离由近至远的变化，区位质量一般会发生由高到低的递次分异。

第五，区位的稀缺性。区位的稀缺性是指对某一类经济活动或是不同的经济活动而言，对优良区位的供给总是小于对它的需求，因而说它是稀缺的。区位的稀缺性是导致区位需求者之间进行激烈的区位竞争的根本原因，对商业区位来说，尤其如此。

第六，区位的相对性。有两层涵义：首先，对某一类经济活动有利的所谓优良区位，随时间的推移会发生区位质量的变化,因而是相对的;其次,同一区位会因区位经济活动类型的差异而产生不同的区位效益,因而区位质量的好坏亦具有相对性。如位于城市郊区风景优美的山地是别墅式住宅开发的优良区位,但对商业活动而言却是一个劣等区位。

第七,区位的设计性。以上谈到了区位的动态性和相对性,这两点均指明了某一经济活动所附着的区位随区位构成因素的变化而变化的特点,具有自发性的一面。区位的设计性则是讲区位的被动性,即区位具有典型的人为设计色彩。换言之,从理论上讲,人类可以根据自身经济活动的需要,发挥主观能动性,在不违背生态和经济规律的前提下改善区位质量、提高区位效益。典型的例子是:为提高住宅的区位质量,房地产开发商可以兴修通往市区的便捷的公路,以有效降低通勤成本;建造小区花园和文化娱乐设施以提高住宅小区的美学价值和文化品位,这些措施均可以提高住宅区位质量。

(二) 区位的分类

在探讨区位的层次性时,其实已经阐明了一种区位分类方法,即区位的空间分类法。此处,拟重点从房地产经济研究的角度谈谈区位的产业分类法,也就是以人类主要的区位经济活动内容为标准作区位的分类。

1. 农业区位:以农业经济活动为基本内容或以土地的农业利用为特征的区位。
2. 工业区位:以工业经济活动为基本内容或以土地的工业利用为特征的区位。
3. 商业区位:以商业经济活动为基本内用或以土地的商业利用为特征的区位。
4. 住宅区位:以住宅的开发经营活动为基本内容或以土地的住宅利用为特征的区位。
5. 其他区位:包括金融业、保险业、通讯服务业、教育文化事业、政府服务业、交通运输业等经济性产业区位。

本章主要研究前四种经济活动区位。

二、区位因子

所谓区位因子,是指构成区位或者影响区位经济活动的诸种因素,又称作区位因素。不同类型的区位其区位因子的组合不同;同一区位因子对不同的经济活动的区位决策的重要性不同。但从总体上来看,主要的区位因子大致有以下几类:

1. 自然因子。主要指影响区位质量的自然资源或自然条件。例如,对农业经济活动来讲,土地的自然地理位置和土地的肥力状况构成了农业区位的主要的自然因子;对工业经济活动来讲,矿产资源的赋存状况则构成了工业区位的自然因子。

2. 劳动因子。包括劳动力数量、质量、组合以及地区工资水平。

3. 基础设施因子。包括电力的供应及其价格、供排水条件、交通运输便捷程度等。这是一种构成并影响区位质量的普遍性因子。

4. 地价因子。对工业、商业和住宅业区位均有很大影响,但就承受能力而言,商业活动因其赢利水平较高而承受地价的能力也相对较强;工业和住宅业的承受力较弱,因而二者对区域地价水平的高低最为敏感。

5. 集聚因子。主要指产业布局的区域集聚规模及其发展趋势。这是决定工业区位质量的一个重要因子。

6. 科学技术因子。指科技发展水平及其发展趋势。科学技术的发展可以大大扩展人类经济活动对区位选择的范围,提高区位决策的灵活性。

7. 制度因子。包括经济制度(如土地制度、税收制度)、政治制度和法律制度等。

8. 市场因子。包括决定区域市场规模、结构、分布及其发展潜力的诸多因素,特别是决定区域市场规模的居民收入水平及其分布特征。

9. 文化行为因子。指区域文化观念、风俗习惯和行为偏好。

10. 资金因子。指影响区位经济活动的资金供给条件。

11. 信息因子。搜集区位经济活动所需的各种信息的成本会直接影响区位经济效益,进而影响经济主体对区位质量的评价与选择。相对地,工商业区位经济活动对信息因子更为敏感。

三、区位论

区位论是关于人类社会经济活动的场所及其空间经济联系的理论。它主要研究人类经济活动的空间选择与设计的基本法则,探索一定空间内经济活动分布、组合以及区位演化的基本规律。

与区位的分类相对应,关于经济活动的区位理论主要有农业区位论、工业区位论、商业区位论、住宅区位论等。按照产生的时间先后排列,依次为农业区位论——工业区位论——商业区位论——住宅区位论。

近代区位论发端于 19 世纪 20 年代的德国,以农业经济学家杜能的《孤立国同农业和国民经济的关系》(以下均简称《孤立国》)为代表。《孤立国》的问世标志着以农业经济社会为背景的农业区位理论的建立。当人类社会进入到工业经济时代以后,适应工业经济活动区位决策的实际需要,工业区位理论于 20 世纪初叶产生并得到了迅速的发展。古典工业区位理论以德国经济学家韦伯的《工业区位论:区位的纯理论》为代表。随着工业化进程的推进,社会生产活动开始更多地受到市场因素的直接制约,市场作为区位决策的一个重要的变量也开始在区位经济决策中受到格外的关注。适应这种需要,不仅工业区位论得到进一步的完善和发展,以研究商业经济活动区位特征与决策的商业区位论也应运而生。20 世纪 20 年代开始,由于城市化进程的迅速推进,伴随着城市人口的急剧增加,住房问题日益得到各国政府的重视,住宅业作为一个独立的经济增长点得到了快速发展。在这种社会经济背景下,产生了揭示城市住宅区位形成、变化规律、探讨住宅区位决策依据的住宅区位理论。20 世纪 40 年代以来,随着经济活动范围的不断扩大,人类判别经济活动成败的价值标准亦发生了很大的变化,区位理论研究和区位决策实践都出现了许多新的特点。比如,单一的经济性因子已不能完全和准确的刻画区位决策的现实,非经济性因子在各类区位质量评价与区位经济决策实践中日益得到重视;区位决策的目标函数已不仅仅是经济收益的最大化,次优化思想开始在区位分析中得到应用。区位理论由此开始了由古典区位论向现代区位论的转变,使区位理论朝着解释能力更强、应用价值更高的方向发展。

四、区位论与房地产经济

区位论是探讨人类经济活动的空间分布法则的理论。人类经济活动的内容多种多样:既有第一产业活动,如农业经济活动;又有第二产业活动,如工业经济活动;亦有第三产业活动,如商业经济、交通运输经济、房地产经济、金融、教育、公共服务活动等。探索以上各种经济活动空间布局规律的理论也就形成了各部门区位理论。从区位论的发展历史来看,先后有了农业区位论、工业区位论、商业区位论、住宅区位论和交通区位论。

房地产经济学中习惯于将房地产区分为房产和地产。事实上,地产经济可作为一个相对独立的研究对象,而房产经济的研究历史是与地产经济分析不可分离的。所以,此处可以认为,凡是有关房产区位经济分析和土地区位经济利用的理论均可作为房地产区位理论的组成部分。

住宅区位理论算是地道的房地产区位理论的内容,但房地产区位理论远不止住宅区位论一个方面,它还包括其他区位理论中关于房地产区位分析的内容。因为,尽管各种区位经济活动的区位因子组合及其对区位质量的影响不同,区位决策的依据也存在一定差异,但从实质来看它们都是为了追求对特定区位土地的投资收益,简言之,均是对土地的区位经济利用,只是土地利用方式、利用程度和利用效果不同而已。所以,不管是农业经济活动,工业经济活动还是商业经济活动,其空间分布规律的分析与区位经济活动的决策均可以从土地的区位利用角度进行研究。

第二节 农业区位论:土地农业区位利用原理

杜能是农业区位论的开创者,他的理论不仅对现代农业区位论和土地经济学产生了深远影响,同时作为区位理论一般及其所推导出来的级差地租理论对城市用地的区位选择和房地产价格形成等均有重要的启示意义。故本节将重点介绍杜能理论。

一、杜能的农业区位论

(一)理论假设

杜能在其《孤立国》中提出农业区位论是基于以下假设:

1. 肥沃的平原中央仅有一座城市。
2. 平原土地是均质的,即土地的自然肥力处处相等,气候、水文等自然条件处处一样,土地均适宜于农业耕作。
3. 城市与平原农作区的分工格局是:城市供应全境人工业产品,平原农作区供应城市所需的全部食品。
4. 城市与农作区只有陆上交通,马车是惟一的交通工具。
5. 运费与农产品重量和产地到市场的距离成正比。
6. 远离城市的地方是与世隔绝的未开垦的荒野。
7. 矿山和盐场均在城市附近。

(二)位置级差地租模型与杜能的结论

1. 位置级差地租模型。基于以上七个假设条件,杜能推导出了位置地租收入的理论模型,这构成了杜能农业区位论的一个核心。

$$R = (p - c - sk)Q$$

R:地租量;

p:农产品价格;

c:单位农产品生产费用;

s:农产品产地与市场的距离;

k：单位重量农产品运输单位距离的费用，即运费率；

Q：农产品产量（假设等于实际销售量）。

2. 杜能的结论。根据级差地租模型可以得出以下重要结论：(1) 对于同一种农作物而言，由于运费率保持不变，由竞争性市场决定的农产品价格则随着与市场距离的增大，总运费增加，地租量减少。所以，总是存在一个距离使得地租量降低为零。地租为零处是该农作物种植的经济性极限。(2) 对不同的农作物而言，土地产出能力、产品价格、单位产出的生产费用、运费率等均不相同，因此，同一区位选择不同农作物所获得的地租量不同。这表明，同一区位上的土地事实上还面临着不同农业利用方式的选择。结合以上两点结论，在当时的社会经济、技术条件下，杜能提出了以下土地农业利用的圈层模式，即以城市为中心由内到外圈层分布着以下农业产业带：

第一圈层为自由农作带。主要生产蔬菜、水果、牛奶等不适宜于长途运输的鲜货，谷物的生产次之。此圈层的地租很高，所以不允许有休耕地和抛荒地存在，土地利用的集约程度和利用的效率均较高。

第二圈层为林业圈。主要向城市供应薪炭林和用材林。设薪炭林和用材林的价格已定，由于木材不宜运输、运费率较高，若运距太远，运费上升可以使地租量趋于零而不可能运往城市销售。由此决定了林业适宜于配置在距城市不远的第二圈层。

第三圈层为轮栽作物圈。以较集约的方式种植农作物，并实行两年轮作制。

第四圈层为轮作休闲制圈。土地利用方式有种植牧草、放牧，也种植谷物，不作集约型利用。

第五圈层为三区农作制圈。以种植谷物为主。

第六圈层为畜牧圈。亦可作粗放式种植业之用。

二、杜能农业区位论评述

（一）方法评述

一般地，人们把产生于 19 世纪初叶至 20 世纪 40 年代之间的区位论看做古典区位理论；而把 20 世纪 40 年代以后产生的区位论看做现代区位论。古典区位理论的一个共同特征是，主要从静态角度，运用局部均衡分析方法，以区位因子决策变量最优化为其目标函数。杜能的农业区位论就属于古典、静态区位论的范畴。他考察一种农作物的区位分布规律时，将该作物的价格、单位生产成本、运费率等决定土地利用收益的因素看做常量；同时还事实上假定了需求完全弹性或无限弹性，由此考察每种农作物的土地利用净收益及其决定的优势土地区位。他未考察谷物价格随时间而变动、需求存在约束且随时间而变化等情况下的区位决策变动情况，即杜能理论未关注农业区位的动态甚至比较静态情形。

（二）理论评述

杜能的理论贡献集中地表现为以下三个方面：

1. 杜能的农业区位论由于采用了高度抽象和孤立化的分析方法，抽象掉了许多影响土地利用的因子及其间的关系，因而遭到了一些后继的区位论研究者的批评。但从总体上来看，他还是成功地抓住了影响当时农业土地利用的关键的因子：土地位置和距离，揭示了土地区位利用的核心机制：级差地租模型，从而第一次从理论上系统地阐明了距离摩擦或空间摩擦对土地的农业区位利用的深刻影响。级差地租模型的基本原理不仅可以用来解释农地的分区利用，而且对于工业、商业和住宅业等经济活动的区位决策和土地的合理利用也有重要的指导意义。

2. 杜能在探讨农业土地区位利用模型时,还独立地构造出了与李嘉图级差地租论十分相似的地租理论。杜能研究的地租实际上是由土地区位的优劣和土地质量的好坏等差异所产生的级差地租,因而属于级差地租的第 I 形式。

3. 杜能农业区位决策的最高准则是农产品成本最小化或农产品销售价格最小化。尽管这种准则存在对利润最大化目标关注不够的缺陷,但这种决策思想的实质是农业生产布局要尽可能节约社会劳动,以最少的耗费生产更多产品的最优化思想。这种思想对今天的农业区位理论和实践,甚至工商业区位理论与实践均有重要的指导意义。

三、杜能理论的修正

理论界从以下几个方面对杜能理论进行了修正:

第一,杜能的农业区位决策的准则是成本最低,而这又是以其"农业经营目的在于供应城市所需全部农产品"的商品性农业假设为前提的。对于自给性农业,其生产决策的目标是产量最大化和品种多样化,以满足农庄或农户自身的多样化需求,因而决策者并不必然追求生产和经营成本的最低化。决策目标的变化将导致农地利用的区位格局严重偏离杜能模式。

第二,级差地租模型中,距离是一个关键变量,在决定土地利用收益、进而土地利用的区位格局时,起着十分关键的作用,杜能予以特别的关注。但是,前面已经提到,杜能所做的分析仅限于静态分析,没有考察技术进步的影响。事实上,技术因子无论是在具体产品的生产函数中,还是在土地利用的级差收益模型中均是一个非常重要、因而不适宜于作为常量函数处理的因素。技术进步不仅可以大大提高土地的产出效率、直接节约生产费用,同时还可以大大地缩短时空距离、克服时间摩擦和距离摩擦对农业区位选择的束缚,从而导致实际的土地利用空间分布形态与杜能模型的再次偏离。

第三,杜能农业区位论可以较好地解释发展中国家的农地利用现实,但却无法有效解释发达国家城市周围的土地利用格局。辛克莱尔通过研究美国中西部许多大城市周围的土地利用格局,提出了与杜能圈境模式完全相反的土地利用模式,即所谓的"逆杜能圈"。他解释说,现代城市化进程的加快促使城市区域的迅速蔓延,导致了农地转化为市地的速度相应加快。处于城市近郊的土地所有者都怀有农地转为市地的心理预期,同时又惧于土地利用转换的高成本,因而对这种区位的土地大多采用了弃耕或粗耕的低效利用方式。与此相反,处于近郊的农地由于近期转换为市地的可能性很小而更多地采用了高投入的集约式经营方式。这种伴随着城市的蔓延而出现的农地利用形态即"逆杜能圈"模式。

第三节 工业和商业区位理论:土地工商业区位利用原理

韦伯工业区位论是古典工业区位论的代表作,同时又是 20 世纪 40 年代以后,现代工业区位论研究的重要基础,其在整个工业区位论体系中仍然处于核心地位。所以,本节重点介绍韦伯的工业区位论。

一、韦伯的工业区位论

（一）韦伯工业区位论概述

韦伯的工业区位论有三个非常重要的理论假设，这些假设来自于对现实经济世界的抽象和简化，它们是：

(1) 已知工业生产原料产地的地理分布（这些原料属非普遍存在性原料）；

(2) 已知产品的消费地及市场规模，且市场由许多分散的地点组成（隐含的假设是竞争性市场结构）；

(3) 存在几个固定的劳动力供应地，劳动力供给无限且不具流动性，工资率已知。

基于以上三个理论假设，韦伯又定义了影响工业区位的三个基本因子：

(1) 运输费用；

(2) 劳动成本；

(3) 集聚与分散因子。

韦伯又将这三个区位因子中的劳动成本因子和运费因子称作一般区域性因子；把集聚与分散因子称作地方性因子。

在上述假设和定义的基础上，韦伯按照由简单到复杂的逻辑顺序分三步构造其工业区位论：第一步只考虑运费对工厂区位的影响，以确定最低运费区位，此即韦伯的"运费指向论"；第二步是在进一步基础上再考虑劳动成本因子，由于工资率差异导致劳动成本差异使得运费指向的工厂区位发生第一次偏离，此即韦伯的"劳动力指向论"；第三步是在前两步基础上又考虑了集聚与分散因子，由于集聚与分散因子的区位经济作用使得运费和劳动力综合指向的工厂区位发生第二次偏离，此即韦伯的"集聚指向论"。

1. 运费与工业区位：运费指向论。韦伯将运费看做决定工业区位的首要的区位因子，而运费又被视为运量与运距的函数。在仅考虑运费因子的情形下，韦伯区位决策的准则是"运费最小原理"。根据这个原理，在区分原料性质、定义原料指数概念的基础上，韦伯推出了运费最小指向区位。

2. 劳动费用与工厂区位：劳动指向论。劳动费用是韦伯的第二个一般区域性因素。他认为，劳动费用低廉使运费指向的工厂区位发生偏移的条件是：劳动费用的节约大于由于区位偏移而需要增加的运输费用。但是，由于运费指向的区位向廉价劳动力区位的移动，又产生了一个新的问题：第一步确定运费最低点时，未予考虑的那些远离生产地的原料产地可能会由于区位移动而变得有用。在这种情况下，就有必要作运费因子和劳动费用因子的综合分析，以求出由二者组成的总成本最低点。

3. 集聚和分散因子与工厂区位。与劳动力费用因子一样，集聚与分散因子的作用同样会导致工业生产费用的节约或浪费，从而使得运费和劳动力综合指向的区位再次发生偏离。所谓集聚因子是指这样一种社会经济因素：一定数量与规模的经济活动在特定地点或区域上的集中，从而使布局于这里的企业由于可以共享人才、基础设施和信息等社会经济资源而有效地降低经济活动中的交易费用。集聚现象的产生是基于区位本身和区位经济活动产生的正向外部效应及其不断的累计。分散因子是指通过促使某产业从经济活动过度集中的地方分散出去而导致交易成本降低的那些社会经济因素。分散现象的产生是基于过于集中的经济活动产生了负向外部效应、导致区位质量的恶化。韦伯认为,当集聚布局所产生的费用节约大于因离开运费和劳动费用综合最低区位所需增加的费用是,集聚布局在经济上才是可行的。

(二) 韦伯工业区位论评述

韦伯的工业区位理论发表于90多年以前,其间自然也经历了许多批评,这些批评首先是其"理论假设的非现实性",其次是其作为区位决策准则的"最优化思想的片面性",最后是其"研究方法的间接性"。

第一,理论假设的非现实性。对于韦伯的理论假设,后来的区位论学者批三个方面:

一是完全竞争的市场结构;二是需求条件的空间一致性;三是运费率的一致性。诚然,有了这三个理论假设,的确是现实经济世界因高度的抽象而简化,从而便于韦伯进行其理论分析。但是,无论是完全竞争的市场结构和需求分布的空间一致性假设,还是运费率的一致性假设均与现实相差太大,这严重地影响了韦伯理论对现实的解释力。由于运费率的一致性假设受到的批评或评论最多,我们将重点介绍。

在韦伯的理论中,一开始就抽象掉运输方式、运输距离等因素对运费率的影响,其内涵地将其假设为"各个方向上是一致的",即在工业区位决策中,把运费率作为一个外生给定的量来处理,因而对工业区位决策不发生影响。根据这一假设,韦伯把运费简化为运输重量与运输距离的线形函数。现实中,运费率不仅因货物性质和运输方式的不同而不同,而且就是同一种货物,采用同一种运输方式其运费率也会随运输的区段距离的不同而不同。一般地,运费率是运输的区段距离的递减函数。因此,运费率是一个变量,它是运输的物品类型、运输方式、运输的区段距离三个要素的函数。换言之,货物性质、运输方式和区段距离三者首先决定了运费率,运费率、运输重量和实际距离共同确定实际的总运费。

第二,最优化思想的片面性。曾经有人提出韦伯的工业区位决策的最高准则是成本最低,而忽略了厂商决策有时以利润最大为最高准则的现实。对此,我们应当客观地予以评价。韦伯的成本最低准则及其所体现的最优化思想构成了古典工业区位论的一大特色,其实质是与杜能农业区位论中费用最少的节约思想是一脉相承的,也是韦伯的一个突出贡献。我们认为,韦伯提出这一决策思想的依据是完全竞争的市场结构假设。在完全竞争的市场结构下,同一产品的价格决定于无数生产该产品的厂商之间的竞争性均衡,即单个厂商无力左右产品价格。因此,在这种假设基础上,如果再假定厂商生产规模既定,则追求成本最低的目标与利润最大化目标在逻辑上是一致的。但是,在现实经济世界中,垄断和垄断竞争的市场结构是更为普遍的市场结构形态。在这种市场结构条件下,厂商区位经济决策的目标常常是利润最大化而非成本最低化。在现实的工业区位决策实践面前,韦伯的古典最优化思想需要修正。

第三,韦伯方法的间接性。韦伯由于采用了间接方法来寻找最优工业区位而遭到批评。前面的介绍已经指出,韦伯分三步来确定工业区位:先找运费最低点,然后再考察劳动成本因子和集聚与分散因子导致的运费指向区位的两度偏移,最后才可以确定目标区位。如果一开始就考虑所有影响产品成本的因素,直接求解总成本最低点以确定最佳区位会更加科学。

对韦伯理论进行的种种批评并不影响其理论贡献,其作为古典工业区位论的基石和现代工业区位论开端的理论地位始终没有改变。许多后来的区位论者都从韦伯那里获益匪浅。韦伯的理论贡献除了前面提到的"提出成本最低的最优化思想"以外,还有以下几个方面:(1) 韦伯创建了许多区位论的基本概念和理论分析框架,成为现代区位论分析中常用的概念和分析工具,比如原料指数、等费用线等。尽管韦伯对运费因子的分析存有偏颇之处,但对其模型稍加修正,便可为现代区位论研究,特别是为一般的可变成本因子分析提供一种特别有价值的分析框架。(2)韦伯的实证研究框架的理论意义。艾萨德曾经指出,正是韦氏方法,他才对美国钢铁工业的区位问题作了有意义的探讨。(3)与杜能一样,韦伯采用了抽象和演绎的逻辑分析方法,这种方法对后来的区位论学者产生了深远的影响。总之,韦伯关于工业区位的理论和方法不仅对现代工业区位理论与实践有深刻的影响力,而且对于其他产业的区位理论与实践同样具有重要的指导意义和应用价值。

(三) 工业区位论与房地产经济

工业区位论是关于工业经济活动的空间法则的理论。工业区位论从两个方面与房地产发生联系:第一,工业区位论研究的一个核心内容是工厂的区位决策问题,而工厂的区位决策问题,从房产经济的角度来看,实际上也就是工业房产的区位选址问题。因此,工业区位论客观上构成了指导工业房产区位投资决策的理论基础。事实上,国外房地产经济学者在进行工业房产的投资分析时,也习惯于把工业房产的区位因素分析列为一项重要的内容。第二,工业区位论研究工业经济活动的空间分布与布局规律,而这种分布或布局的载体只能是土地。所以,工业区位论又是关于土地的工业区位利用的理论,而土地利用是土地经济学研究的一个重要内容。总之,无论是工业房产投资的选址,还是土地的工业合理利用都需要由工业区位论作指导,与农业区位论一样,工业区位论是房地产经济学的一个非常重要的基础理论。

二、商业区位论

商业区位论的产生相对来说要晚于农业区位论和工业区位论。一开始,商业区位论问题并没有被作为一个独立的对象进行系统而深入的研究,而是由经济学家和经济地理学家在研究工业区位和城市区位问题的过程中提出并加以研究的。20世纪30年代初,德国经济地理学家克里斯塔勒在系统研究中心地理论,即城市区位问题时对城市商业职能的分化、市场区的界限等宏观商业区位问题都进行了大量开创性的探讨,因而被尊为商业区位论的开创者之一。

克里斯塔勒于1933年发表《德国南部的中心地:关于具有城市职能聚落的分布与发展规律的经济地理学研究》(中译本《德国南部的中心地原理》)建立了中心地理论。克氏建立中心地理论旨在探索决定城市数量、规模及其分布的规律,因此,许多学者都将克氏的区位理论列为城市区位理论的经典性代表。事实上,克氏在探索城市区位过程及其规律的同时,对商业区位活动的许多问题,特别是商业区位的宏观问题,如城市商业活动的等级、商业服务的范围、服务类型的空间分异等宏观区位问题都作了较深入的探讨,为商业区位问题的研究提供了一套基本概念和基本的分析框架。因而,克氏的中心地理论又是关于商业区位的理论。此处我们只介绍与商业区位经济活动有关的克氏观点,关于中心地的其他问题不予特别关注。克氏对商业区位理论的贡献集中体现在两个方面:第一,揭示了商业区位活动的宏观分异规律;第二,阐释了中心地商业区位活动的空间范围。

(一) 商业区位活动的宏观分异

克氏认为,城市与其周围地区是一种共生关系。一定规模的生产地(包括工业生产和农业生产)必将产生一个适当城镇,它构成其周围地区的中心地,而周围地区则构成其腹地。中心地的职能是为整个区域提供商品和服务,是全区的商品集散地;而腹地不仅向城市供应必须的农产品,而且又是城市商品和服务的一个巨大的消费市场。克氏同时还指出,中心地有大小之分,提供的商业服务内容和商业辐射范围亦存在差异:高级的中心地,即规模较大的城市,有能力和必要向全区提供较全面、较高级的商业服务,所以适宜布局品种齐全、档次较高的商业服务设施,如:提供贵重物品、耐用消费品的大型商场,提供完善医疗服务的医院,提供品种齐全的非耐用品的零售百货商店等。此类中心地数量较少,商业服务半径较大。比较而言,低级中心地,即小城市仅可以提供档次较低、种类较少的商品和服务。其主要布局的商业企业包括小百货商店、副食品商店、加油站、教堂等。这类中心地商业服务半径较小、数量较多,分布也较为广泛。这种商业经济活动的内容和布局特点的城市间差异,我们称作商业区位活动的宏观分异。

（二）商业区位活动的空间范围

商业活动的空间范围是指商业企业一旦在中心地定位,其商品和服务所能供应的或吸引的范围。在中心地理论中,克氏也对商品和服务的空间范围提出了开创性的观点。他为商品或服务的供应范围定义了两个界限:一个是下限,又称内侧界限;另一个是上限,又称外侧界限。

所谓上限,是指中心地商品和服务的最大半径。这个半径是由中心地所在区域对该商品或服务的现实需求所决定的,而现实需求又取决于消费者购买某种商品或服务需支付的"实际价格"。此处的实际价格等于消费者在中心地商场的购物价格,再加上为购买此物所作的空间移动费用,即运费。若距中心地过远,购物者需支付的运费增加、时间延长,这种不利因素可以导致消费者购买的行为发生改变:要么不购买,要么到别处购买。所以,克氏的商业服务上限就是中心地提供某种商品或服务的绝对性空间界限,它是由消费者的需求力量规定的区位商业活动的空间范围。

所谓下限,是指为维持正常利润,中心地提供某种商品或服务所必须达到的空间界限,这是由商业企业的供给力量为中心地商业活动所规定的空间范围。

如果上限和下限均很大,就拥有较高级的中心商品和服务,这种中心地为高级中心地;如果二限均较小,则只适宜拥有低级的商品和服务,这种中心地为低级的中心地。

以上简略介绍了克氏的商业区位论思想,尽管其商业区位论存在着对消费者行为的复杂性考虑不够、注重静态分析而对商业区位的动态特征关注不够等缺陷,但他提出了商业区位分析的主要概念并对商业区位的宏观布局进行了卓有成效的研究,这些成果对商业区位论的影响十分深远,克氏是商业区位论无愧的开创者。

第四节 住宅区位论:城市土地住宅区位利用原理

一、住宅区位理论概述

住宅区位论是研究住宅空间分布规律、探讨住宅开发和建设活动所应遵循的空间经济法则的理论。住宅总是附着于一定区位、一定面积的土地之上,从而形成一个完整的物质实体"住宅房地产"或"物业",因而,住宅区位论也可以作如下表述:是研究土地的住宅区位利用规律的理论。

住宅区位理论的产生比农业区位论和工业区位论为晚,但与商业区位论相比,二者的产生大致处于同一个时代,这个时代为20世纪20年代。与商业区位论一样,住宅区位论也是与城市区位论相伴而生的,因为住宅区位的许多重要的思想观点大多产生于城市经济学家或城市地理学家对城市区位经济问题的研究过程之中。对住宅区位论的产生和发展贡献较大的学者主要有以下几个[①]:(1)城市经济学家巴吉斯,创立"同心圆带状住宅区位论";(2)城市经济学家霍伊特,提出"扇形住宅区位论";(3)城市经济学家哈里斯和乌尔曼,提出"多核心城市结构下的住宅区位论";(4)狄更逊提出"三个地带住宅区位论";(5)爱里克森提出"折衷住宅区位论";(6)温哥和阿兰索提出"费用替代住宅区位论";(7)伊文思提出"社会集聚住宅区位论"。

以上几位城市经济学者各自从不同的角度阐释了一种或几种区位因子对住宅区位形成的影响极其作用机制,但每一种理论都不太全面,所以,本节将对上述观点都作简要的评介,以使读者了解住宅区位理论发展的轮廓。

二、居民家庭收入与住宅区位:巴吉斯的"同心圆带状"住宅区位论

E.W.巴吉斯于1925年提出了如下基本观点:城市住宅分布呈现出以城市中心商务区的几何中心为圆心的同心圆带状结构;从市中心到市郊,住宅档次由低到高、居民家庭收入由低到高渐次变化。这就是巴吉斯的收入因子影响下的城市住宅区位分异理论。

巴吉斯以芝加哥为例,通过对城市土地区位利用的分异情况的实证研究,揭示了城市住宅的空间分布规律。根据他的研究结果,芝加哥城市土地的住宅利用可分为四个地带,由内向外依次是:

1. 高级住宅衰退带。位于四个住宅带的最里层,是围绕市中心商务区的圆带状的住宅分布区。此地带被巴吉斯称作"渐移地带",因为在城市发展的初期,这里分布着收入较高阶层的高级住宅,随着土地的大规模工商业利用,住宅区位质量逐渐下降,不再适宜于高级住宅的分布,高收入家庭开始迁出,因低收入阶层迁入,从而成为主要由城市贫穷家庭居住的低级家庭居住的低级住宅区的一个组成部分。

2. 低级住宅区。紧邻高级住宅衰退带,住宅多为二层低档建筑物。由于高级住宅带土地的大规模的工商业利用,导致低级住宅的逐渐拆毁和低收入家庭逐渐迁出。迁出的这些居民就在距离上班地点较近的低级住宅区居住,从而成为该带的主要居住人口。

3. 中级住宅。低级住宅的外围是中级住宅区。该住宅区区位质量优于低级住宅区,居民主要为中等收入家庭。在该区内公寓式住宅有所发展。

4. 高级住宅区,即巴吉斯的"通勤带"。位于城市的郊区,此区的自然环境比较优越,交通便利,住宅区位质量最高,为高级住宅分布区。入住此区的居民,其家庭收入一般都比较高,他们在市内上班,却在郊区居住,需要乘车或驾车上班,因此又称作通勤带。此区住宅的布局特点是:多数街区有完善的交通设施,如高速公路、铁路等。

巴吉斯观察到的城市住宅空间分布状况是:由城市中心向外围,住户家庭收入由低到高,住宅的档次由低级向高级渐次过渡。巴吉斯解释说,由于19世纪芝加哥的飞速发展,越是新的住宅离市区中心越远。收入较高的家庭由于市区住宅区位质量的恶化需要也有能力向外搬迁,远离市中心的新住宅就成了他们的首选目标。留下的旧住宅则由中低收入家庭居住,而收入较低的居民住在离中央商务区最近的旧房中。收入较高居民不断地外迁,收入较低的居民则不断

[①] 前六种区位论主要参考张文奎(1989),第269—273页的有关论述。

地由旧宅迁入稍新的住宅中,最旧的住宅被腾空而拆除,最后让位于中央商务区的商业房产。这就是住宅区位格局形成的"过滤机制"(张泓铭,1998,第169页)。因此,从住宅区位格局的形成机制的角度来讲,巴吉斯关于住宅区位的同心圆带理论又称作"过滤论"。

巴吉斯的"同心圆带状"住宅区位论作为一种实证性理论,对19世纪初期芝加哥市住宅区位分异特征及其形成机制给予了很好的说明,为以后城市经济学者研究包括住宅在内的城市经济、城市地理问题提供了一种有价值的分析模式。这是巴吉斯理论的最突出的贡献。但它同时也存在一定的缺陷,这方面也有不少学者提出了批评意见。主要的观点认为,该理论所阐明的城市住宅的空间分布结构与大多数城市现实的住宅区分布结构不相符合。政府并不会强制性地规定低收入阶层家庭必须居住高收入家庭迁出以后留下的旧宅,因为各国政府现行的住房保障政策以及住房金融部门提供的优惠性的住房信贷支持,完全可以使相当一部分城市中低收入居民有能力购租新房。从住宅供给角度来看,开发商可以但并不必然去开发市郊区位的住宅,市区内部实际上也存在着适宜于住宅开发的优良区位。所有这些现象的存在足以使巴吉斯关于住宅区位格局形成机制的"过滤论"对现实的解释力降低,巴吉斯理论的修正和发展不仅是实践的需要也是理论本身的需要。

三、霍伊特等人对吉巴斯理论的发展

(一)霍伊特的扇形住宅区位论

1939年,霍伊特著《美国城市住宅附近的结构与增长》一书,在批评巴吉斯同心圆带状理论的基础上,提出了扇形住宅区位论。

霍伊特收集了当时美国60多个大、中、小三种规模城市房租(R)的样本资料,通过统计分组,将城市划分为5级不同地带:

R 低于10美元;

R 在10到19.99美元;

R 在20到29.99美元;

R 在30到49.99美元;

R 在50美元以上。

他发现,城市住宅区并非呈现巴吉斯所说的同心圆状分布,而是呈扇形发散状。他还用实证研究方法得出结论:住宅区倾向于沿着空间摩擦和时间摩擦最小的路径由中心向外延展。通常的拓展路径是便利的交通路线,如公路、铁路、河岸、湖岸、海岸线等,也有高级住宅区倾向于向高级商务中心和社会名流居住地逼近。霍伊特认为,正是由于以上几种类型的住宅区扩张运动导致了巴吉斯的同心圆带状住宅区分布格局的破坏和扇形住宅区格局的形成。

(二)乌尔曼和哈里斯的住宅区位论

乌尔曼和哈里斯于1945年在研究同心圆带状理论和扇形住宅区位论的基础上,提出了城市多核心总体结构框架下的住宅区分布理论。其核心观点是:城市的中心往往不止一个,而是由多个中心组成的,城市实际上是靠这些城市中心及其附近的工业、商业和住宅业的联合扩张来发展壮大的;在多个城市中心和城市总体扩张过程中,形成了与之规模和特点相适应的住宅区位格局。工人住宅区(一般为低级住宅区)仍然处于城市住宅总体格局中的最内层,只是分布的空间形态不太规则:既不是圆带状、也非扇形,而是一种块状结构。不过,我们仍然发现其大

致的区位特征:这种低级住宅主要围绕商业区、工业产业区分布,这不仅因为这种住宅区的居民多为工人,其收入水平较近,无力购买高级住宅,还因为选择这种区位的住宅距离工作地点较近,可以有效地降低每天的通勤成本。中级住宅区仍然位于低级住宅区的外围,而高级住宅的分布则更多地位于城市边缘区甚至郊外。

（三）狄更逊的"三地带住宅区位论"

1947年狄更逊提出了关于城市空间结构的三地带理论,按照这个理论,他把城市住宅分别定位于三个地带中,从而揭示了城市住宅区位的分异特征。

狄更逊的三个地带是:

中央地带:是商业、政府办公机构房产、住宅房产的集聚地;

中间地带:在中央地带的外侧,是中级住宅的分布区,但沿河地带分布有工业房产;

边缘地带:在城市区的边缘地区,为住宅和工业房产的分布地区,但住宅与工业房产的分布是相互独立的,这与市内低级住宅与工商业企业临近布局的特点是根本不同的。

（四）爱里克森的折衷理论

爱里克森通过对巴吉斯的同心圆带状理论、霍伊特扇形理论、哈里斯和乌尔曼的不规则住宅分布理论三个理论的综合,于1954年提出了自己关于城市住宅空间分布规律的理论。他认为,一个城市的中央商务区通常由市中心向外呈放射状延伸;放射状的中央商务区之间为住宅区的分布地带;在中央商务区和城市住宅区的外围通常分布着城市大工业。这一理论由于是对三种既有理论的综合,所以我们不妨称之为"折衷理论"。折衷理论的创新点不多,但它对当时欧洲一些城市住宅的空间分异状况却有着很强的解释力。

四、距离与住宅区位:温哥和阿兰索"住宅区位费用替代论"

关于住宅区位的费用替代论最早由温哥和阿兰索提出,后经穆斯(R. F. Muth)和伊文思(A. W. Evans)等人对此进行了完善和发展(张泓铭,1998,第170—171页)。费用替代论的基本观点可以概括为:城市居民通过对住房直接费用(即购、租一定区位的住房的费用)与通勤费用的比较以确定适当的住宅区位。其理论假设有三个:

1. 运送所有上班人员的交通工具具有相同的通勤效率;
2. 各种区位上的城市住宅均适宜于居住;
3. 住宅密度等因素并不影响居民的住宅区位决策。

基于以上假设,居民住宅区位决策主要取决于选择一定区位住房的实际居住费用,实际居住费用又由两个部分组成:一是购、租一定区位的城市住宅需要支付的直接费用,二是由住宅区位到市区上班所需要的通勤费用,二者均取决于住宅区位与市中心的距离。随着与市中心的距离的变化,住宅消费的直接费用与通勤费用之间存在着此消彼长的替代关系;若住宅区位由市中心向外移出,住宅费用的降低可在一定程度上被通勤费用的降低所抵消。理性的住户在作住宅区位决策时,会通过住宅直接费用与通勤费用的比较,选择可使综合费用最低的距离,由此距离决定适宜的住宅区位。

阿兰索则是在伊文思的基础上又综合考虑家庭收入和家庭消费支出结构对住宅区位的影响,提出了区位平衡理论。其基本思想是:消费者通过寻找住宅消费直接支出、通勤费用支出和购买其他商品或服务三种支出的合理组合,使家庭效用最大化。平衡理论对于住宅区位决策的意义在于：居民在家庭收入约束下,通过选择效用最大化的消费支出结构,间接地确定了住宅的理想区位。但我们认为,此处所确定的住宅区位与费用替代模型所确定的最优区位不尽相同:后者的决策函数是总费用(住宅直接费用加上通勤费用);而这里的决策函数却是效用函数,且考虑了收入约束条件和消费支出结构对住宅区位决策的影响。

费用替代论通过三个假设对现实的住宅区位决策进行了抽象和简化。以此为基础,重点考察距离因子对居民住宅区位决策的决定性影响。这一点明显地继承了古典区位理论的研究传统,应予以肯定。但是,该理论没有将人的行为、心理因素、收入因素、房地产制度因素等影响居民住宅区位决策的变量纳入分析框架,作进一步分析,这是尚待改进的地方。阿兰索的平衡区位论虽然考虑了距离对地价的影响以及由此决定的土地使用支出,但没有直接考虑住宅消费支出,这些都为我们继续深入研究住宅区位问题留下了创新的空间。

五、集聚因子与住宅区位：伊文思的社会集聚住宅区位论

1985年,伊文思出版《城市经济学》,书中提出了三类社会集聚因素与居民住宅决策有直接的关系。由于产生集聚因子(或现象)的基础又是人的不同层次、不同类型的心理需求,所以,与其说是集聚因子影响了住宅区位决策,倒不如直接说是人的心理需求影响了对住宅区位的选择。这些因素是：

1. 人的社会交往需求、集聚与住宅区位决策。人往往希望被某种社会阶层的群体所承认、接纳和重视。在住宅区位选择时,这些居民会主动选择能够接近那些希望结交的群体的住宅区,这种过程本身就是一种集聚现象,而集聚格局一旦形成,又会形成吸引类似需求居民入住上述住宅区的重要因素。例如,在有社会名流居住的住宅区,不仅能够吸引社会名流入住,而且对普通居民亦有一定的吸引力。因为普通居民,特别是收入水平高或有较多财产但文化水平、社会地位并不很高的居民把住宅选在临近名流住宅的区位,可以创造较多的与名流结交的机会,至少产生一种与社会名流为伍的邻里效应,从而满足人们追求较高社会政治地位、较高文化品位的心理需求。实际当中确有这样的例子：在河北省石家庄市,有一个住宅小区名"书香园",入住此区的多是些高级知识分子。受社会交往和追求较高文化品位等心理需求的驱动,许多有钱的但文化层次不算太高的居民也纷纷迁入。这是一种典型的集聚现象,而这种集聚现象本身也表明了"书香园"文化名人集聚因素对居民住宅区位决策的影响。

2. 需求类型的差异、集聚与住宅区位。需求类型相同的居民倾向于聚居在同一地区。

3. "向美心理"、集聚与住宅区位。几乎每一个人都希望居住在风景优美、住房档次高的高级住宅区。但是,受收入水平的制约,只有那些富裕阶层居民才可以实现这种愿望。所以,风景优美的高级住宅区成为高收入居民的集聚之地。

以上通过几种主要的住宅区位论的介绍,直接或间接地探讨了影响住宅区位的几个关键因子：收入、距离、住宅价格、社会集聚等。事实上,影响住宅区位的因素还有很多,如历史因素、城镇规划与管制、政府住宅保障政策、土地本身的自然条件等一般因子。

专题分析：城市住宅区位理论比较研究

城市住宅区位问题,既涉及社会经济发展和居民收入水平,又涉及土地资源配置和城市规划问题。所以,不仅是居民和开发商要精心选择,同时也是城市政府部门非常关心的问题。在正

文中我们评介的"同心圆带状住宅区位论"等七种住宅区位理论,至于哪种理论更科学、更符合实际似乎还值得深究。另外,在城市土地利用规划中长期存在两种针锋相对的思路:一种是"分散主义",主张在大城市周围建设"卫星城"或"卧城",把居民疏散出去;一种是"集中主义",主张建设"立体城市",住宅向高层发展。这两种思路虽然不是直接讲住宅区位问题,但与住宅区位(空间)密切相关,是住宅区位决策不能不考虑的问题,当然也是值得理论研究中予以关注的问题。

除了上述因素以外,住宅区位的安排和选择还与一个国家或地区社会经济发展水平、城市化进程以及土地资源丰度有密切的关系。我国是一个发展中国家,城市化的总体水平不高,土地资源严重短缺,如何合理规划和利用宝贵的城市土地,如何安排和选择住宅区位更是理论工作者、各级政府特别是城市政府要深入研究和关注的问题。所以,我们在本章正文就有关住宅区位问题予以系统评介以外,还特别设此专题分析,旨在为同行做深入探讨提供一些线索。

思 考 题

1. 简述区位的概念和特征。
2. 分析区位理论的发展与产业结构的演进之间的关联性。
3. 试述杜能农业区位论的主要内容,并对其理论的得失作一简述。
4. 试构造土地农业区位论利用收益模型,并用它解释现代农业利用空间分异。
5. 试分析影响工业区位经济活动的主要因子及其作用机制。
6. 阐述影响现代居民住宅区位决策的主要因素。

参 考 文 献

1. 沃纳·赫希:《城市经济学》,中国社会科学出版社,1990年。
2. 约翰·冯·杜能(1921年版),吴衡康译:《孤立国同农业与国民经济的关系》,商务印书馆,1986年。
3. 伊利·莫尔豪斯:《土地经济学原理》,商务印书馆,1982年。
4. Bish, Robert L., 1975, *Urban Economics and Policy Analysis*, McGraw-Hi, Inc..
5. Paul N. Balchin and Jeffrey L. Kieve, 1985, *Urban Land Economics*, 3rd Edition, Macmillan Pubilishers LTD.
6. 张泓铭:《住宅经济学》,上海人民出版社,1998年。
7. 张文奎:《人文地理学概论》,东北师范大学出版社,1989年。
8. 李小建、李国平等:《经济地理学》,高等教育出版社,1999年。

第六章 房地产外部性理论

第一节 外部性概念与分类

一、外部性基本概念

关于外部性存在许多不同的称谓,如外部效应、外部影响、外差因素、外部经济与不经济等等。这些不同的称谓主要导源于经济学者对国外文献的不同翻译方式与不同的表达习惯,其实这些概念的含义并无实质性差异。在本章的讨论中,我们将这些不同的术语视为同一概念,但为分析方便,可能在不同的场合会使用不同的表达方式。那么,外部性的确切含义究竟是什么呢?

所谓外部性,是指一个人或企业等经济主体的行为影响了其他个人或企业的福利,但是没有相应的激励机制或约束机制使产生影响者在决策时充分考虑这种对其他主体的影响(张帆,1998,第57页)。完整的外部影响概念应当包含三个方面的含义:一是施加影响者;二是被影响者;三是影响机制。有经济学者认为,外部性的产生与存在应当具备两个基本条件:(1)某经济主体(简称为A)的生产函数或效用函数所包含的非货币变量值由其他经济主体(企业、个人或政府,简称B)来选择;而B在做出决策时根本不考虑A的福利变化。(2)经济主体B并未因其行为影响了其他人而支付或者接受与其对他人施加的或负或正的福利相等的补偿。也有经济学家认为第二个条件并不必要,只要符合第一个条件,则无论施加影响者是否为这种影响得到报酬或支付赔偿,外部性就事实上已经存在。所以,我们也可以把外部性定义为:一个经济主体的行为影响了其他经济主体的生产函数或效用函数,但施加者的生产函数或效用函数却没有包含这种影响。外部性的存在造成了私人成本或收益与社会成本或收益的偏离、资源配置的市场机制失灵,导致实际交易价格与社会最优的价格的背离。

二、外部性的一般性分类

经济学为更好地分析和治理外部性,通常要对外部性进行分类。根据本书讨论房地产外部性的需要我们拟介绍四种分类方案。

(一)按外部效应的性质和影响方向划分:外部经济和外部不经济

若某经济主体的活动为社会上其他成员带来了福利的改善,但施加这种好处者并未因此而得到报酬,这种性质的外部性被称为外部经济或正外部性。外部经济的概念最初由经济学家马歇尔(A. Marshall)提出,以后的经济学家给予了广泛的补充和发展。马歇尔认为,外部经济包括三种类型:市场规模扩大提高了中间投入品的规模效益,从而为提供中间产品的厂商带来了递增收益;劳动力充分的市场供应为厂商带来的收益;信息交换与技术扩散导致的收益。前二者又被称为金钱的外部经济,即通过规模效应形成的外部经济;后者则被称作技术的外部经济,也叫纯外部经济,因为它并不与收益递增的市场结构相联系。

若某一经济主体的活动使得社会上其他成员的福利受损,但该经济主体没有为这种损害承担赔偿责任,这种性质的外部性被称作外部不经济或负外部性。

(二)按经济活动的类型划分:生产的外部性和消费的外部性

生产者的生产活动使其他主体受益或受损,这种外部性被称为生产的外部性。如处于河流上游的钢厂由于污染物的大量排放影响了下游的渔场的渔业生产,此即生产的外部不经济;生产油菜的农场主为养蜂人无偿提供了采蜜基地,这也是生产的外部经济。

类似地,可以定义出消费的外部性:一个消费者的消费行为使他人受益或受损。柔美的音乐使播放音乐者以外的人的效用得到提高,这是消费的外部经济;抽烟者使得不抽烟者感到十分反感,这是消费的外部不经济。

(三)按与外部性联系的物品的性质划分:私人物品外部性和公共物品外部性

许多外部性是公共物品的特性,但是也有一些外部性与私人物品相联系。相应地,我们也可从这个角度对外部性进行分类:公共物品外部性(public externalities)和私人物品外部性(private externalities)(张帆,1998,第158页)。城市环境污染物是一种公共产品,因为城市居民的增加并不排斥他人受污染,也不会减轻他人遭受污染的程度;城市街心花园也是一种公共产品,因为一个城市居民欣赏花园并不排斥其他居民欣赏花园,也不会降低他人欣赏花园的效用。由公共产品所产生的外部性称做公共产品外部性,使人们受损的是公害型外部性,使人们受益的是公益型外部性。比较而言,私人物品外部性在现实中不易找到。张帆教授曾举了一个例子:"B把垃圾扔到A家的院子里,……这和把垃圾扔到大街上不同,是私害。"(张帆,1998,第158页)

(四)按提供外部性产品的主体类型划分:私人部门外部性和公共部门外部性

个人、家庭或企业等私人性质的经济主体产生的外部性,称做私人部门外部性。如个人在公共场合抽烟导致的消费外部不经济;工厂排放污染物导致的生产的外部不经济等等。尽管私人部门也会产生一些外部经济效应,但更多的情况却是外部不经济。政府或公共事业部门等公共性主体的行为所产生的外部性称做公共部门外部性。如公共主体兴建市政工程设施,包括城市绿地、开放式公园等均可产生正向外部效应。公共主体虽然也会由于不当行为而产生外部不经济现象,但更多的却是由于提供公共物品而产生外部经济效应。

第二节 外部性治理的理论与实践

一、外部性与资源配置失当

无论正外部性还是负外部性均可造成这样一种严重后果:完全竞争条件下的资源配置机制失灵,即市场失灵,进而导致资源配置效率偏离了帕累托最优状态,使社会福利受到损失。以生产的外部性为例,当存在外部不经济时,由于厂商的生产决策未能考虑它施加于他人的外部成本,所以其边际成本曲线MC低于社会边际成本曲线(MC+MEC),在竞争性市场结构下,厂商的产出水平高于社会最优水平;当存在外部经济时,由于厂商的生产决策未能考虑它施加于他人的外部效益MER,所以其边际成本曲线MC低于社会边际成本曲线(MC−MER),在竞争性市场结构下,厂商的产出水平低于社会最优水平。两种情形下,均未实现经济资源的最优配置,这是人们努力治理外部性的根本的诱因。

二、外部性治理理论

针对外部性治理问题,福利经济学家提出了以下几种理论方案:

(一) 对造成外部不经济的主体课税:庇古税

1. 庇古税的基本思想。经济学家很早就已经意识到伴随着产业和经济要素的区位集聚和经济的发展而出现的环境污染、城市拥挤、住房紧张等不良外部效应。针对这些外部不经济现象,古典经济学家 A. 马歇尔曾经建议向产业主课征"新鲜空气税",以供当地政府管理和控制大气质量所用。这种政策建议的基本思想是将环境污染看做正常经济活动中出现的一种失调现象,因为正常经济活动中任何稀缺资源(包括清洁的环境)的消耗都决定于该资源的供求力量之对比(K. J. 巴顿,1976,第 106 页)。尽管马歇尔是 20 世纪最先论及环境污染问题并提出对造成污染的经济主体课税的经济学家,但从理论上系统地阐述污染税的却是英国的福利经济学家 A. 庇古(Arthur Pigou,1877—1959)(K. J. 巴顿,1976,第 106 页;张帆,1998,第 175 页)。1920 年,A. 庇古在《福利经济学》中提出,政府应当根据污染所造成的危害对排污者征税,这种税被后来的福利经济学家和环境经济学家称为"庇古税"(Pigou taxes)。按照庇古思想,在存在外部效应的情况下,生产的边际社会成本与边际私人成本才有背离,并且厂商的生产规模比社会最优规模大。在这场合,需要对厂商课以等于边际外部成本的税收,以弥补社会边际净损失,同时又将厂商私人边际成本提高到社会边际成本的水平,从而迫使厂商将产出拉回社会最适规模,污染水平却下降为最优污染水平(沃纳·赫希,1989,第 374 页)。

2. 课征庇古税的困难。美国城市经济学家沃纳·赫希认为,征收庇古税在理论上和经验上都将陷入困境。即使可以制定出一种有效率的税收方案,也可能引起社会公平方面的争论(沃纳·赫希,1989,第 386—387 页)。从理论上来看,如果一些公司相互污染,并且其成本函数又不可分(A 商品的边际成本是 A 商品产量和其他商品产量的函数),则实现有效率的税收几乎是不可能的。从实践上来看,最优庇古税的税率确定不仅需要知道边际外部成本的确切信息,而且还需要知道企业的边际净收益函数,但这类资料政府部门很难得到,此即信息不对称问题。信息不对称导致政府课征庇古税遇到了操作上的困难。

3. 可行的解决方案。一条可能的途径是改进城市政府依靠财产税、销售税、政府之间资金划拨和使用税等建立起来的财政体制,以有效改变污染者的行为。此处准备考察两类税收对企业污染行为的影响(沃纳·赫希,1989,第 375 页)。(1) 定期税及其选择。当事人在污染之前或之后交纳定期税金。通常情况下是在外部效应发生以后才交税,但有些情况下也有提前交纳的,如汽油税。我们称此类税收为定期税。从理论上讲,城市政府必须清楚每一期造成的损害的真实货币价值量才能以此为基础确定适宜的税收方案。但是测定损害的价值同样会遇到成本过高的问题。因此,许多国家的城市政府倾向于采用经验估计方法,事先规定一定费用,以取代这种通过直接测定外部性损害程度来确定的税收。日本政府根据飞机起飞时的吨位和噪音水平征收"噪音费"的方法即属此类。另一种成本较低但可靠性较低的替代性税收是间接代用税。例如,可以根据使用一定土地造成的污染量,征收年度性从价税(财产税),在这场合,可以根据对特定区位上的土地的使用在上一年里所造成的损害来确定税额。(2) 总预付税及其选择。即投资时的总预付税,它等于每一未来时期由企业造成的预计损害的贴现值之和。制定适宜的预付税或预付费需要正确评估特定经济活动若干年的全部损害;必须根据每一项经济活动在每一时期的最佳水平上这一假设确定理想的税费政策;这种税费额必须可以逐年阻止污染物达到这样的水平:遭受外部不经济侵害者的边际损失大于污染者的边际控制成本。因此,除非政府具有精确的预见能力,否则仅仅根据目前收集的信息是无法做出最佳税费调整,就这个意义上来讲,总预付税不如定期税操作方便。只有当定期税成本过高时,可以考虑采用总预付税的办法。

(二)产权的界定与交易:科斯定理

治理外部性的第二个理论方案是产权的界定与交易。其基本思路是完全不要政府之干预,让市场机制独立作用以达到最优。这种思想最早是由经济学家罗纳德·科斯(Ronald Coase)于1960年提出的。科斯强调,明确界定的产权和外部性涉及的双方之间的自由谈判机制可以对解决问题起到关键性的作用。他反对政府制定环境标准、收费、征税、补贴等手段直接干预外部性问题的解决。科斯理论同时认为,如果资源产权十分明确,施加外部性的经济主体与因为该外部性而受损的经济主体之间可以通过面对面的谈判,或者通过贿赂的方式等自由交易形式自行解决外部不经济。但是,运用科斯定理解决外部效应问题在实践中并非一定有效。主要的理论与实践障碍有:第一,有些资源的产权难以界定。例如,对城市清洁空气的产权很难界定清楚。如果产权不清或者界定的成本很高将导致科斯理论的前提不能满足,科斯定理失效。第二,明确的资源产权是否一定可以转移也是一个问题。如果资源的产权虽然比较清楚,但无法自由交易或者交易成本过高,科斯定理同样难以奏效(高鸿业,1996,第425页)。第三,如果制造外部不经济的厂商所处的市场结构是非完全竞争的市场结构,科斯定理亦会出现应用上的困难。因为,只有在完全竞争的条件下通过产权的交易使得制造外部不经济的厂商,通过调整其边际成本曲线将产出进而污染物排放量降到社会最优的水平上。如果是不完全竞争市场,比如厂商处在垄断的市场结构下,无论通过怎样的产权交易,它改变的只是其边际净收益曲线,但并未改变其产量决策的机制(即按照边际收益等于边际成本定产;按照市场需求曲线定价),在此机制下垄断厂商的个人最优总是与社会最优相偏离的。由于现实中的市场结构通常不是完全竞争的,所以科斯虽然提出了一个解决外部性的理论思路,但其在实践中的应用却遇到了一个难以克服的困难。

(三)外部效应内部化:企业的合并

这种方案主要适用于生产的外部性的治理。如果一个厂商的经济活动影响到了另一个企业,并且前者并未在其生产决策中考虑其对后者的有益或有害的影响,则此时就产生了外部效应。但是,无论这种外部性是正的还是负的,只要将这两个企业合并为一个企业,则作为一个经济主体,新厂商在进行生产决策时必定要综合考虑互相冲突的生产经营项目之间的关系(即它面临的是一个新的生产决策函数),按照总体的利润最大化原则确定产出量,原来的外部效应事实上已经通过企业的合并而内部化了。

(四)政府强制性手段:制定环境标准

环境标准通常可以从两个不同的方向进行界定:一个是环境清洁度的标准,一个是污染物排放量标准(简称排污标准),实践中往往以排污标准最为常用。所谓排污标准是由政府管制部门制定并依法强制实施的每一个行业或者具体的每一个企业排放污染物的最高数量界限。制定排污标准是目前世界各国广泛采用的治理外部性的政府强制性措施。这种方法不仅从法律上规定了污染物的排放的上限,同时也规定了对违规者的惩戒措施,即超标排放罚款制度。从广义的角度来看,我们也可以把这种罚款制称为对过度污染的一种收费制,所以排污标准制又像是一种很粗糙的定价收费制度(K. J. 巴顿,1976,第110页)。

(五)政府间接性手段:收费与补贴制

收费制是政府部门对造成外部不经济的经济主体,比如排污的工厂排出的每一单位污染物收取一定费用,以此将其产量和污染量拉回到最优水平。收费制在消除外部不经济上的作用机制类似于课征庇古税。收费制面临的困难仍然是政府如何准确获取企业的边际净收益和边际控制成本的信息以确定最佳的收费标准。

补贴制基本上是污染收费制的对立面。城市政府可以有选择地给城市污染者发放现金补贴,作为其把排污量限制于最优排污量标准的报酬。所谓最优排污量,是指企业在边际外部成本等于企业的边际净收益处的排污量。污染补贴的金额原则上应当等于由于废物的增加所导致的外差成本,并应根据污染量和环境质量的变化而做出相应的调整(沃纳·赫希,1989,第379页)。应用补贴制的关键是如何根据企业的边际净收益和边际外部成本信息确定最佳补贴标准,而政府获取这种信息的成本往往过高。另外,政府如何有效地监督企业一定将补贴用于治理污染也是一个很大的问题。

第三节 房地产外部性的概念及其分类

本章以下两节拟利用前两节介绍的关于外部性的一般理论,来探讨房地产经济中存在的外部性及其治理问题。

一、房地产外部性概念

为了更全面地分析房地产经济中存在的外部性问题,我们首先对房地产外部性概念作一界定。此处拟给出两种房地产外部性概念,一种是狭义概念,一种是广义概念,后者是对外部性概念的扩充。

狭义的房地产外部性是指一些家庭、企业或公共机关的房地产经济活动(包括房地产的开发、流通、消费和经济管理等)对其他一些家庭、企业等主体造成了影响,但这种影响并不通过市场发挥作用,即这种影响关系不属于市场交易关系。简言之,狭义房地产外部性概念仅指经济主体的房地产活动对其他主体的影响。广义的房地产外部性概念既包括房地产经济活动主体对其他经济主体的影响,又包括其他一些经济主体对房地产经济主体的影响,并且无论哪一种情况下,施加影响的一方均未将这种影响作为其决策变量。简言之,广义的房地产外部性不仅包括房地产经济活动施加的外部效应,也包括它接受的外部效应。无论是狭义概念还是广义概念,在理论分析的时候,都应当做到:既考虑施加影响一方的经济行为,又要考虑接受一方的经济行为。外部效应在外部性经济主体的决策函数中的体现是不同的:施加外部效应的一方只考虑自己的利润最大化问题,属于个人理性而非社会理性;接受外部效应的一方则必须考虑这种外部效益或外部成本对经济决策的影响,属于个人理性,但这种个人理性行为与社会理性并不冲突。这就是外部效应的非对称性。

二、房地产外部性的分类

按照不同的标准可以对房地产外部性进行不同的分类。

(一)按照房地产外部性影响的产业的范围分:宏观外部性与微观外部性

1. 宏观外部性。房地产经济活动主体的行为施加于其他主体之上的外部效应或者接受的其他主体施加的外部效应。例如,因地产投资开发活动而使区域投资环境改善,这为工商业经济活动带来了成本的节约并扩展了行业盈利的空间。这种房地产业施加于其他产业上的有益影响就是一种宏观的外部经济现象。城市工商业的繁荣,不仅增强了整个城市经济活力,而且也使得相关市地的区位地价水平提高。这是其他行业施加于房地产业的外部经济效应。

2. 微观外部性。是指房地产业内部各经济主体之间或者不同的房地产经济活动之间存在的外部效应。例如,工商业房地产的开发活动对住宅房产开发、流通和消费均存在着外部影响。

(二)按外部影响的性质和作用方向分:房地产外部经济与外部不经济

凡是因为房地产经济活动而受益的外部影响称为房地产外部经济。房地产开发而使得城市景观大大改善就属于房地产外部经济。凡是因为房地产经济活动而受损的外部影响称为房地产外部不经济。城市土地的过度开发建设导致的住宅拥挤、公共绿地的减少、环境污染等则有可能减低土地价值,影响包括房地产业在内的诸多产业的发展,这属于房地产外部不经济。

(三)按照经济活动主体划分:开发的外部性与消费的外部性

1. 房地产开发的外部性。它又可以分为两个亚类:(1)房地产开发商施加于房地产开发商或其他生产者的外部性。如果一个房地产商的开发活动妨碍或便利了其他生产者,但它又没有为其妨碍而承担补偿或因为其提供了便利而获得报酬,这时候便产生了开发的外部性。这种房地产外部性类似于第一节提到的生产外部性。房地产开发的外部性的实质是促使被影响生产商的边际成本曲线右移(在外部不经济时),或者使其边际净收益曲线右移(当存在房地产开发外部经济时)。尽管许多经济学家认为负外部性比正外部性存在更为广泛,但在房地产经济领域中,正外部性也容易找到。一个常见的例子是,一个房地产商在市郊开发一片住宅区,并完成了附近的基础设施建设,这不仅缓解了市区住宅拥挤问题,而且也为其他房地产商在相邻区域开发各种类型物业创造了良好的环境条件,从而为其带来基础投资和物业营销投资的节约,这种节约的实质就是房地产外部经济。正是由于这种房地产的外部经济才推动了房地产业的地理积聚。在实践中,一些实力雄厚的房地产商为了避免房地产外部经济的区位外溢,常常将与开发区段紧邻的土地也列入在房地产投资计划中。在河北省石家庄市,某房地产集团投资兴建市中心广场,广场建成之后,附近区位土地升值,该集团迅速将周边地段土地使用权全部购买下来,用以开发住宅物业,这就是一种防止房地产外部经济区位外溢的垄断开发行为。(2)房地产开发商施加于消费者的外部效应。这种房地产开发的外部性既有暂时性的,也有持续性的。在房地产开发建设期间产生的噪声污染、建筑垃圾、交通线路的暂时堵塞和改变等均给附近居民的生活造成了不便和烦恼,这些都直接降低了家庭的效用水平,但这种损害并未在房地产商的利润函数中予以考虑,因而是一种典型的房地产外部不经济。不过,这种外部不经济是一种暂时性的,因为,随着房地产开发项目的完成和建筑垃圾的处理,外部不经济将趋于消除或缓解。由于房地产的开发建设而造成的植被大量破坏、公共绿地与市区水域面积剧减、河流湖泊的污染等生态性破坏对城市居民带来的不利后果会在相当长的时间内存在,因而是一种持续的外部不经济现象。对于这种外部不经济现象,地方政府必须予以特别关注,并尽力通过经济的、法律的或行政强制的手段加以限制或消除。

2. 房地产消费的外部性。是指因房地产的消费行为而产生的外部性。比如,在一些住宅区,由于废品处理设施不健全导致居民生活废水、废物的大量堆积,严重影响住区的生活质量,降低住宅的价值,这是典型的住宅消费的外部不经济。再如,由住宅隔音设施的不完善而引起的居民相互干扰等也属于住宅消费的外部不经济。

(四) 按外部性产生的主体类型分:公共部门外部性与私人部门外部性

1. 公共部门房地产外部性。城市或地方政府等公共主体的房地产经济活动对其他活动(包括房地产经济活动)造成的外部性被称做公共部门房地产外部性。公共经济学理论认为,公共主体的经济活动多具有公益性,因而,其创造的产品被称做公共产品。一般地讲,公共产品就是具有正向外部效应的产品,如道路、路灯、城市排水设施、公共绿地等都属于公共产品的范畴。政府提供公共性房地产产品无疑会给城市房地产开发建设活动带来成本的节约,而对房地产商来说,如果它没有为这种外部成本的节约或外部效益而支付给公共主体一定的报酬,这时候就产生了外部经济。

2. 私人部门房地产外部性。私人性经济主体,即个人或企业的房地产经济活动产生的外部性被称作私人部门房地产外部性。私人部门,即房地产商提供的多数为私人产品,如商品住宅。对这种产品的开发建设以及消费均可能产生外部影响。与公共部门房地产外部性不同,私人部门房地产外部性主要是负外部性。

(五) 按土地利用类型分:工业用地外部性、农业用地外部性、商业用地外部性和住宅用地外部性

1. 工业用地的外部性。土地的工业利用形成了工业房地产,即工业厂房、工业场地(包括工业仓储设施、堆栈、厂区铁路等用地)。土地工业利用的直接后果是用人为景观替代了土地自然生态景观并出现了诸如水源和土壤污染、噪音干扰、空气质量下降等不良生态反映。这些都是土地工业利用出现的负外部效应。我们并不强调零污染的土地工业利用,因为一般情况下,零污染意味着零发展。根据环境质量学理论,在一定的污染区间内自然界能够利用自净能力将这些污染物降解掉使其不至于对人类生产生活造成危害,环境质量学要求的污染量为零,而允许的污染量是环境能够自净的污染量。经济学上要求的最优污染量是与最优产量相对应的污染物排放量,而最优产量是指由边际外部成本等于企业边际控制成本(或企业边际净收益)的社会最优条件所决定的产出水平。经济学分析中的最优污染量与环境质量学的最优污染量不是同一概念。因此,从经济学观点来看,工业土地利用是与负外部效应相伴而生的,这种负外部性主要是施加于临近地区的消费者及其后代的。但是,对其他经济主体来说,土地工业利用在一定的集约度内会产生外部经济效应。这种正向外部性既可能是一种基础设施投资的节约,也可能是一种劳动力、技术资源、信息资源和市场营销网络的共享所带来的额外收益。这种额外收益是促使工业在某个区位集聚的基本动力。英国城市经济学家 K.J.巴顿也认为,工业在地理上的集中的主要原因之一便是大家均能享受的集聚经济效益,这种经济效益主要是但并非全部是经济学家所说的外部经济效应(K.J.巴顿,1976,第20页)。后来集聚而来的工业企业,获得了工业区位收益,但它并不为此付出代价,因而是一种外部经济。

2. 农业土地利用的外部性。在土地的农业利用中,除了森林利用可以产生明显的外部经济效应以外,其他农业利用形式,包括种植业、畜牧业均产生了负的外部效应。土地的种植业过度利用、草原的超载放牧、围湖造田等导致了植被破坏、水域面积锐减、荒漠面积扩大、土壤肥力下降、气候异常等生态质量恶化现象均会导致相关区域经济活动成本的上升和居民生活质量的下降。例如,由于我国内蒙古草原的过度放牧导致草场退化,土地沙化严重,再加上气候干旱,导

致 90 年代以来我国北方地区沙尘暴频繁爆发,不仅影响华北地区的农业生产,而且也严重地干扰了整个华北地区城市居民正常生活。这种土地农业利用的外部性的特点是,从一个产业波及另一个产业,从一个区域扩展到另一区域,因而是一种横向外部性。对农业土地利用外部性而言,还有一种独特的外部性是跨期外部性,又称做纵向外部性。因为,从时间上来看,当代人对土地不当利用行为造成的外部不经济加大了后代人的治理成本,而当代人并未对这种行为承担补偿责任,因而属于跨期外部不经济。

3. 商业房地产外部性。城市土地的商业利用以及商业在一定区位的土地上的空间集聚会提高该区位土地的价值,同时也为相关产业在该地段的发展提供了良好的外部环境。这种商业区位产生的、对其他产业发展有利的影响就是商业房地产外部经济。但是,实践证明商业房地产外部性并不总是正向的,负向外部性也在一些场合存在着。例如,由于商业、服务业向城市中心区的强烈集聚会大大地提高该区段土地价值,但却使偏离中心区一定距离的其他区位土地价值低于正常地价水平,这就是商业土地利用的负向外部性。

4. 住宅房地产外部性。指住宅或住宅小区的开发、建设以及住宅的消费过程中产生的或正向、或负向的外部效应。

第四节 房地产外部性的治理

尽管房地产外部性可以按照各种标准进行分类,但经济学分析中最为常用的分类方法却是按照外部影响的性质和作用方向分类,即把房地产外部性分为房地产外部经济与外部不经济。

本节重点讨论房地产外部经济与不经济对资源配置机制干扰的原理,在此基础上探讨矫正这些外部性的种种措施。

一、房地产外部经济:经济效率及其治理

我们考察两种市场结构下的房地产外部性与资源配置效率的关系。

(一)完全竞争的房地产市场结构

从理论上假设某种房地产产品的市场结构呈完全竞争型,并且由于房地产产品的供给导致其他经济主体的福利改善,而后者并未对这种利益支付任何费用,此时便产生了房地产外部性。在这场合,由于私人部门的边际成本高于社会边际成本,所以,该外部经济性房地产如果由私人主体提供,则会出现供给不足的问题,因而不是有效率的资源配置方式。解决这种房地产外部性的对策无非有两种理论方案:第一是由政府给产生外部经济的房地产商以财政补贴,以促使其边际成本与社会边际成本相等,这时,房地产产品的供给量将提高到社会最优水平上。第二,是由政府来提供这种公益性房地产产品(即公共性用途的房地产),而政府的资金来源应来自于或部分地来自于直接从公共房地产受益的私人部门课征的税收收入。

(二)垄断的房地产市场结构

在房地产经济中,由于土地区位的独特性、土地资源的稀缺性以及信息的不完全性和非对称性,导致了房地产市场更多地具有垄断性特征。因此,我们分析房地产外部性必须对垄断市场结构下的情形予以关注。从理论上讲,与完全竞争的市场结构一样,在垄断条件下房地产企业的产出也会在一个较低的产出水平上供给房地产商品,因而同样不是帕累托有效的资源配置状

态。在这种情形下,治理外部性的手段与完全竞争情形并无实质性差异:要么由政府提供这类公共产品性的房地产,要么由政府给予提供这类房地产的厂商以适当的财政补贴。必须注意,用财政补贴的方式刺激房地产商提供更多的公益性房地产产品只能达到厂商个人最优(即消除外部经济效应的产出)而无法达到社会最优产出。因为,在由市场决定资源配置的假设下,垄断厂商总是根据个人边际成本等于边际收益的原则选择产量,而这个产量总是低于完全竞争情况下的所能达到的最优产出量。由此可以认为,带有垄断性质的公益性房地产由公共主体提供不仅在现实中更为常见,而且也比政府补贴刺激下的私人主体提供更为有效。那么,房地产外部性能否消除,将依赖于政府部门能否准确地测度出外部经济效益的大小,以恰当地确定收费或课税标准。

二、房地产外部不经济:资源配置效率及其治理

(一) 完全竞争的房地产市场结构

由于施加外部不经济的房地产商并不考虑它施加于其他经济主体经济活动上的外部成本,因而其私人边际成本低于社会边际成本。在这种场合,由市场需求和厂商边际成本决定的产出量将大于社会最优产出。

矫正外部不经济可以采用多种手段:一是政府管制,如建筑规划管制,它规定房地产商只能在规定的区域里提供规定面积和建筑密度的房地产。这样就把房地产供给量强制性地限制在一定区域、一定数量范围内,以尽可能大地减弱不良外部性对周围居民产权的侵蚀。二是经济手段。即对房地产商违规提供的每一单位的建筑进行收费或课税,收费或课税的理论标准应当根据社会边际成本等于社会边际收益的原则来确定。通过收费或课税将房地产商的私人边际成本拉回到社会边际成本的水平,理性的房地产商将根据社会边际成本(等于私人边际成本加上边际外部成本)与边际收益相等的法则重新确定其经济活动的水平,该水平也是社会最优水平。

(二) 垄断的房地产市场结构

在垄断的市场结构下,房地产商施加外部不经济的场合很多。例如,建造高层建筑物会导致临近区位的土地利用受到限制;新兴反光材料在建筑物外装修上的大量应用将导致局地气候的改变(即光污染现象)等均属于外部不经济的范畴。在这场合,房地产外部不经济造成的资源配置扭曲表现为产出过多。矫正外部性的理论方案是对造成外部不经济的房地产商进行课税或收费。如果假设单位收费额为 f 或课税的税率为 t,私人边际收益为 MR,私人边际成本为 MPC,边际外部成本为 MEC,那么消除外部不经济的理论税率或费率将由以下最优化条件来确定:

$$MR = MPC + f \text{ 或 } MR = MPC + t; t = f = MEC$$

以上分别讨论了房地产经济领域内存在的外部经济与不经济对资源配置效率的损害机制,提出了一些治理外部性、恢复市场机制或弥补市场机制缺陷实现资源配置帕累托改进的经济方法。但是,必须注意,采用经济手段必须能够准确地了解造成房地产外部性损害或外部性效益的各种信息资料,如边际外部成本或收益、私人边际成本或收益、房地产商面临的市场需求曲线等,这样才可以制定出最优的庇古税、收费或补贴标准。由于在治理房地产外部性方面存在的信息不完善和不对称等问题,世界各国政府均倾向于使用直接的行政管制方法来控制外部不经济。这些方法包括行政性管制、建筑规划许可、道义劝告、土地使用分区制以及由城市政府参与的促使外部效应内部化的种种手段。

专题分析:政府如何促使外部效应内部化[①]

如何防止负外部性对他人或社会利益的侵蚀,优化环境,使生产者的私人成本与社会成本一致实现清洁生产是当今世界各国政府均十分关注的问题。我们在这里特别介绍一些方法供读者研究参考。

在一些外部效应的内部化方面,政府可以采取一系列的措施,实行不同程度的直接干预。其中一些措施并不需要政府提供资金,例如,政府可以促使当事人公开协商解决外部性问题或者批准组建土地所有者发展公司;而另外的一些措施则需要政府给予资金支持,如政府需要为购买地役权提供资金。

第一,公开协商解决外部性问题。城市政府可以举行让所有受外部性因素影响的人参加的公开座谈会,促使当事人就外部性问题公开进行谈判。为给谈判打下基础,必须严格执行与外部性因素有关的可交换财产权的分配。这种财产权的分配将影响到外部性的施加者与接受者进行谈判的动机。由于外部性环境具有交互性和激励性,这为谈判提供了理论依据。例如,一种外部不经济可给排污者提供收益,但却给接受者施加外部成本。对于合理产生的任何外部不经济,其外部性产品数量的减少都会给接受者带来收益,即减少其外部成本。另外,也可以通过削减利润或降低效用的方式将费用加在排污者身上。也可以施加强大的政治、社会和道德压力来控制外部不经济,促使外部性施加者与接受者协商一种互惠方案限制外部不经济。如果对外部不经济没有法律限制,受污染者因外部影响的减弱而节约的成本的一部分提供给排污者,以此激励排污者降低污染者排污量。当然,城市政府还可以代表市民与造成污染的公司进行谈判。

第二,城市政府可以创建或批准组建旨在控制外部性因素的土地所有者发展公司。通过在一个决策部门内统一控制特定土地上的一切活动,许多外部性因素都可能内部化。但土地所有者也可能不符合社会需要。因为,为有效控制外部性因素,公司在发展问题和地区土地使用问题上将需要有实质性垄断权。要制定关于公司开发垄断权的公共政策,需要大量的有关信息。这些信息数量巨大,与制定另一类外部性控制政策(控制从私人土地使用者中产生的外部性)所需要的完全相同。因此,这种政策几乎没有什么价值。

第三,政府为购买地役权提供资金支持。政府可以用货币支付的办法,促使财产所有者放弃他们以某些特定方式(如污染大气、江河)使用财产的权利。这类方法之一便是购买环境地役权。要提高社会购买环境地役权的效率必须满足一定的条件:向财产所有者购买地役权的成本不应超过财产所有者以外的所有其他社会成员希望得到的净收益。财产所有者引起的这些外部成本与社会可以获得的净收益构成了地役权提高经济效率的补偿额的上下界限。在实践当中,精确测度这些价值是极其困难的,因为,地役权基本上是一种消极的控制机制,难以有效地使用资源。另外,由于建立环境地役权需要行使国家征用权,因此必须履行两项法律条款:一是征用地役权以后,必须为财产所有者的损失支付公平的补偿。二是购买地役权的财产其使用权仅限于公共目的。购买地役权在任何时候都具有灵活性和适应性优点。但它也同时存在着严重的不足,即实施这种方案所需要的信息量十分巨大。此外,财产所有者尽管可以得到政府的经济补偿,但他们可能还会对以前产生外部性的经济活动有兴趣,这会使得矫正外部性的政府努力所产生的

[①] 本专题根据沃纳·赫希:《城市经济学》,中国社会科学出版社 1989 年版,第 382—384 页内容改写。

效果减弱。

中国的城市经济管理体制和城市土地制度具有明显不同于西方国家的特征,上述治理房地产外部性的措施是否适用于中国的城市经济实践还是一个尚待继续深入探讨的问题。

思 考 题

1. 举例说明什么是房地产外部经济与外部不经济?
2. 房地产外部性是如何影响资源配置效率的?试用现代经济学的分析工具证明你的观点。
3. 下图是外部性影响市地价值或地租的示意图。试分析之,并提出将地价或租金曲线恢复到正常路径上的对策(即如何消除外部不经济)。

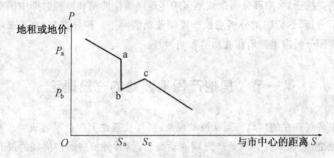

外部性对地价和地租的影响

资料来源:M.歌德伯格,P.钦洛依,1990,第 238 页。

4. 综合分析治理城市房地产外部性的经济、法律、行政手段及其作用机制。
5. 假设某个城市的住宅市场呈垄断型结构,试回答外部不经济,如城市污染对住宅价格有何影响?为什么?(提示:垄断房地产开发商面临的市场需求曲线内移,而开发商边际成本曲线未发生变化,由此导致住宅均衡价格下降。)

参 考 文 献

1. 张帆:《环境与自然资源经济学》,上海人民出版社,1998 年。
2. 高鸿业:《西方经济学(微观部分)》,中国经济出版社,1996 年。
3. 沃纳·赫希:《城市经济学》,中国社会科学出版社,1989 年。
4. M.歌德伯格,P.钦洛依:《城市土地经济学》,中国人民大学出版社,1990 年。
5. K.J.巴顿:《城市经济学》,商务印书馆,1976 年。
6. Simon James, Christopher Nobes, 1998, *The Economics of Taxation: Principles, Policy and Practice*, T. J. Press (Padstow) Ltd. of Great Britain.
7. Raghbendra Jha, 1998, *Modern Public Economics*, TJ International Ltd, Padstow, Cornwall.
8. 陈多长:"房地产外部性及其治理问题的理论探讨",《不动产纵横》,2000 年第 3 期。

第七章 房地产周期理论

与经济增长过程中的周期波动现象相似,在房地产业发展过程中也客观存在着房地产周期波动,正确认识和把握房地产周期波动,对于深入理解房地产经济运行特征,从而引导房地产业稳定、持续和健康发展具有十分重要的作用。本章从经济周期理论出发,在探讨房地产周期波动基本概念及其主要特征后,对部分国家或地区的房地产周期波动和转轨时期中国房地产业的周期波动进行实证分析,然后归纳分析房地产周期波动的冲击—传导机制,并从宏观经济因素和产业因素两个方面分析房地产周期波动的影响因素。

第一节 房地产周期波动的一般理论

对于现实中客观存在的房地产周期波动现象,需要从理论上进行系统研究。本节在介绍经济周期一般理论之后,深入探讨房地产周期波动概念,然后分析房地产周期的展开过程及其主要特征。

一、经济周期理论概述

(一)经济波动与经济周期

世界各国的经济发展进程表明,在经济总量增长过程中,由于不同时段的增长速度或增长率总是快慢有异、高低有别,导致经济总量在时间序列上的波动现象,即实际增长曲线围绕趋势曲线上下波动,由此反映经济增长与经济波动的关系。

具有不同表现特征的经济波动,一方面在持续时间、波动频率、展开过程等方面存在明显区别,反映出经济活动的复杂性和特殊性;另一方面就其在连续运行过程中扩张与收缩重复出现、波峰与波谷相继交替的本质特征而言,又总是存在明显的相似之处,表现出相似的周期性涨落、重复性再现特点,这种有规律的经济波动便构成所谓经济周期,它反映了经济波动的相似性和规律性。正如萨缪尔森所指出的,没有两个经济周期是完全一样的,但它们有许多相似之处。虽然不是一模一样的孪生兄弟,但可以看得出它们属于同一家族。(保罗·萨缪尔森等,1992)

因此,可以说经济波动也就是重复出现扩张与收缩的周期波动,而经济周期则可以称为从波峰到波谷周期性运行的经济波动。

作为宏观经济扩张与收缩交替出现、波峰与波谷不断循环、复苏与衰退往返运行的状态,经济周期反映了宏观经济在动态过程中呈现出有规律的起伏波动、循环往复的运行特征。具体来看,经济周期一般包括繁荣、衰退、萧条、复苏四个阶段,其中复苏与繁荣两个阶段构成扩张过程(也可称为繁荣期或景气期),衰退与萧条两个阶段构成收缩过程(也可称为衰退期或不景气期)。在从扩张过程转为收缩过程时,宏观经济达到繁荣期最高点即波峰;当从收缩过程转为扩张过程时,宏观经济达到萧条期最低点即波谷。

需要指出的是,经济学家对经济周期的分析特别是关于四个阶段的划分是对经济波动现象的高度抽象,实际的经济波动过程可能与典型的经济周期并不完全相同,波动过程也并不一定严格区分为四个阶段。特别是近年来美国经济运行所出现的"微波化"趋势,表明在新经济时代的经济波动已经出现新的变化,有关经济周期的展开过程也因此而具有了新的特点。但是就其在连续运行过程中扩张与收缩重复出现、波峰与波谷相继交替的本质特征而言,经济波动仍然都表现出相似的周期性涨落、重复性再现特点。经济波动总是重复出现扩张与收缩的周期波动,而经济周期则总是表现为从波峰到波谷周期性运行的经济波动。

经济周期可以从不同角度来进行划分,由此形成不同类型的经济周期。

从周期波动性质来看,经济周期可以划分为古典型与增长型两种周期类型。由经济总量负增长或绝对意义上下降而形成的古典型周期或古典循环,主要存在于20世纪30年代以前的工业化国家,表现为在经济衰退时期投资或社会生产往往出现绝对量的下降。二战以来,世界各国在经济衰退时出现负经济增长率的情况虽然仍然存在,如1997年东南亚金融危机中部分国家或地区也出现过经济负增长,但从总体上看,这种绝对意义上的下降或负增长次数却大大减少,古典型周期逐渐让位于增长型周期。在增长型周期里,经济总量并无绝对意义上的下降,只有相对意义上的降低,增长率仍然为正值,只不过出现相对较低的水平,经济增长速度有所减缓。这样经济周期就主要表现为经济增长率上升和下降交替出现。

从周期持续时间角度来分析,经济周期又可以划分为短周期(基钦周期或存货周期)、中周期(朱格拉周期或投资周期)、中长周期(库兹涅茨周期或建筑周期)、长周期(康德拉季耶夫周期)。按时间长短划分的各类经济周期存在重叠、交叉等现象,其结果导致实际经济活动所表现出来的扩张—收缩两大过程、复苏—繁荣—衰退—萧条四个阶段的周期性波动强弱程度和持续时间也不尽一致。

(二)经济周期理论

对于经济增长过程中的波动现象,经济学家从19世纪中叶以来进行了广泛深入的研究,其中对经济波动中的周期现象和周期规律的分析与研究更是取得大量成果,以此为基础形成了经济学的一个重要组成部分——经济周期理论。其中既有早期对商业周期的经典研究,也有凯恩斯主义的周期理论,还有近期以实际经济周期、理性预期学派为主的新古典周期理论。马克思主义对资本主义经济危机的分析,实际上也属于经济周期理论的经典内容。在从不同角度对经济增长过程中周期性出现的波动现象进行分析与研究过程中,形成了不同流派、侧重不同内容的经济周期理论。

迄今为止,经济学对经济周期波动的研究大体上经历了三大阶段,形成各具特色的经济周期理论。

1. 从19世纪初期到20世纪初期。这一时期西方主要国家处于工业化初期和中期,经济波动从不规则的、偶然的变动向较为有规则、不断重复的正常周期形式过渡,同时周期波动强度随工业化进程加快而加剧。与此相应,这一时期属于经济周期波动研究的早期阶段,虽然各流派对涉及经济波动的各种可能因素都进行了初步分析,但占主导地位的却是古典经济学的供求均衡论,认为市场本身可以消除其不稳定性,进而达到供求均衡。到19世纪末和20世纪初,出现对各种经济周期波动观点进行综合归纳的周期波动理论。

2. 20世纪中期。1929—1933年的大危机使凯恩斯主义迅速崛起,随着凯恩斯对古典均理论的"革命",在经济周期研究中也开始形成凯恩斯主义占主导地位的局面,到20世纪60年代末进入全盛时期。在此过程中,凯恩斯于1936年出版的《就业、利息和货币通论》一书,不但表示凯恩斯主义和宏观经济学的诞生,而且由于他所建立的全部理论都是用来解释经济周期波动的,并且还用专章集中论述了经济周期问题,因此该书也是凯恩斯主义经济周期波动理论形成的标志。

凯恩斯指出,社会就业与经济稳定与否,取决于经济的均衡和有效需求的状况。所谓有效需求是总需求与总供给达到均衡时的需求,当总需求与总供给达到均衡时所形成的均衡就业水平,通常小于充分就业时的就业量,即经济体系达到有效需求点的均衡状态时,就业量可能尚未达到充分就业。在达到充分就业均衡的过程中,由于总供给总是比较充分,在短期内也不会变动,因此充分就业水平只能取决于总需求水平。但在通常情况下,由于边际消费倾向下降引起消费需求不足,同时因利息率上升和资本边际效率随投资增加而递减,使得投资需求也出现不足,结果总是导致总需求水平低于有效需求水平,出现有效需求不足。此时即使经济达到均衡,也只能是小于充分就业条件下的均衡,社会实际产量小于社会所可能达到的产量,实际经济活动存在对潜在生产能力的偏离,因而经济活动就可能出现波动。进一步来看,由于构成有效需求的社会总消费量相对比较稳定、投资量则不稳定,而投资量波动主要又受资本边际效率影响。在用有效需求理论来分析经济波动时,凯恩斯主要是从资本边际效率角度展开的,认为正是资本边际效率的周期性变动,决定了经济波动的周期性。

在凯恩斯周期理论基础上发展起来的凯恩斯主义周期理论,力图用更为动态的理论来解释经济的不稳定性,其代表人物有萨缪尔森、卡尔多、哈罗德、多马、希克斯等人。他们围绕工业化后期的经济稳定增长,重点研究了动态增长周期的理论和模型。在政策主张上,针对工业化进程中的私有经济和市场的严重缺陷,主张通过政府干预来熨平经济波动。随着凯恩斯主义关于通过政府调控总需求来稳定经济、平抑波动的周期理论和政策主张,大量运用于西方主要国家的宏观调控,推动了这些国家在战后的迅速而稳定发展。在这一繁荣时期,由于人们认为经济波动不再成为严重问题,因而一度导致有关经济周期的研究不再成为社会关注的重点。

3. 20世纪后期。随着西方主要国家进入后工业化社会,其经济周期波动也出现新的特点,主要表现为经济体系的内生波动趋向缩小,经济波动更多地、更明显地来源于外在冲击。不但出现20世纪70年代的经济衰退,而且许多国家在70—80年代还重新陷入古典型波动,出现严重的"滞胀"。进入20世纪90年代后则又出现以经济周期微波化为主要特征的持续增长。在经济周期理论研究方面,经济周期研究也相应出现新的特点,凯恩斯主义独占垄断地位的局面被打破,各种新兴流派相继产生,以新古典主义为号召的新自由主义周期理论向凯恩斯主义发起严重挑战。在研究内容上,认为经济周期波动的主要原因在于政府的过度干预,强调外生因素的主导作用,同时建立外在冲击与内在传导机制相结合的总体分析框架;在研究方法上,注重分析实际因素对经济波动的影响,形成规范性、微观化的趋势,从采用大型的经济计量模型转向小型的、直接随机的总体均衡模型;在政策主张上,则注重改善供给面,强调发挥市场经济的自身调节作用,同时提出立足于中长期的较为稳定的经济增长政策。

建立在市场出清和理性预期两大基础之上的新古典宏观经济学,因其采用理性预期均衡分析方法而曾经一度被称为理性预期学派。在经济周期研究方面,新古典宏观经济学所提出的经济周期模型,大致可以分为两个阶段,一是在20世纪70—80年代被称为理性预期学派的,以卢卡斯为代表所形成的货币周期理论,强调即使在完全竞争经济中,不完全信息也会导致经济周期波动;二是20世纪80年代逐渐形成的既批判凯恩斯主义、又不同于理性预期学派的实际经济周期理论,其中以基德兰德为主要代表,强调技术变化是导致经济波动的最重要扰动因素。

进入20世纪90年代,经济周期理论中最值得注意的发展来自于新经济增长理论及其对周期波动现象的解释。通过把技术、人力资本和知识以内生因素置于经济增长模型之中,新增长理论获得了对经济增长现象,特别是当代发达国家经济持续高速增长现象的有说服力的理论阐释。而在新经济增长理论的框架内,所谓经济周期波动现象是与经济增长现象不可分割的同一问题的两个方面。由于新增长理论把其理论分析置于较为令人信服的微观基础之上,因而它把经济增长理论和经济周期理论联系分析的理论成果,使我们对经济周期理论的内在机制和运作机理有了更为深入的认识。

二、房地产周期波动定义

(一) 房地产周期波动的不同定义及其简要评述

对于房地产周期或房地产周期波动概念,目前主要有以下六种观点:

1. 房地产周期、房地产周期波动(何国钊等,1996)。这种观点认为,房地产业在起伏波动的发展过程中,呈现出由复苏、繁荣、衰退和萧条四个阶段构成的周期性循环波动,由此形成房地产周期或房地产周期波动。

2. 不动产经济波动、不动产经济周期(梁桂,1996)。这种观点认为,在一般市场经济前提下,由不动产总供给和总需求的波动及其相互作用而产生的不动产经济波动,呈现出周期性波动的特征,由此形成不动产经济周期,分为不动产供求失衡—市场趋于活跃—繁荣—紧缩—萧条五个阶段。

3. 房地产业周期波动(谭刚,1993;1994)。这种观点认为,与宏观经济的周期波动相似,房地产业发展也存在周期波动现象。尽管房地产业周期波动的长度和幅度不同,但与宏观经济周期波动一样,也可分复苏与增长、繁荣、危机与衰退、萧条等四个阶段。

4. 房地产景气、房地产景气循环。这种观点主要在台湾、香港学者间流行。所谓景气循环(business cycle),是指经济活动的兴盛(景气)与衰退(不景气)现象彼此交替重复出现。与此相类似,房地产景气循环就是房地产各阶段活动重复交替出现兴盛、衰退的经济现象(张金鹗,1989)。

5. 房地产经济运行周期或房地产经济周期运行过程(陈柏东、张东,1996)。这种观点认为,房地产经济运行周期是房地产经济在连续不断循环运动的一个周期内所经过的各阶段和环节的流程,以房地产商品的生产为起点,包括地产开发、建造房屋、房地产营销、使用、维修与服务、退废等阶段或环节。

6. 房地产生命周期[①]。与任何产品的生命周期划分为投资—生产—交易—使用四个阶段相似,房地产的生命周期也表现为这四个阶段的不断循环重复过程。

以上六种观点实际上可以归纳为两大类。(1) 前四种观点都是从经济周期的角度来定义房

[①] 对于房地产生命周期的观点较为一致,具有代表性的讨论可参见张金鹗:《房地产投资与决策分析—理论与实务》,台湾华泰书局,1996年。

地产周期或房地产周期波动,并且基本上都把房地产周期分为扩张与收缩两大阶段、复苏—繁荣—衰退—萧条四个过程。所不同者,只是对经济周期或景气循环、房地产或不动产采用了不同的表述方法。(2)后两种观点都是从房地产业的运行过程来定义房地产周期,只不过所选用的表述方式不同,一个称为房地产经济运行周期,一个称为房地产生命周期,都属于房地产业运行的客观过程,或者说是房地产活动的必经阶段。

综合起来分析,上述六种观点或两大类看法,虽然在一定程度上揭示了房地产周期,但仍然存在有待完善的地方。例如有的把房地产周期等同于房地产业运行过程,实际上已超出了经济周期的范围;有的不是从房地产业角度来讨论周期问题,很容易导致概念上的混淆或歧义。此外这些定义大多没有对房地产波动、房地产周期、房地产周期波动等概念进行明确的区分和界定,有可能引起概念上的混乱。

(二)房地产周期波动的概念界定

房地产周期是指房地产经济水平起伏波动、周期循环的经济现象,表现为房地产业在经济运行过程中交替出现扩张与收缩两大阶段、循环往复的复苏—繁荣—衰退—萧条四个环节。尽管房地产波动在波动幅度、波动频率、持续时间等方面都存在明显区别,但是就其在连续运行过程中周期性出现的扩张与收缩重复出现、波峰与波谷相继交替的本质特征而言,各具特色的房地产波动则又是相同的,表现出相似的周期性涨落、重复性再现特点。这种有规律的产业波动便构成房地产周期,它反映了房地产经济波动的相似性和规律性,即在房地产业运行过程中,房地产经济水平所呈现出来的扩张与收缩两大阶段交替出现、复苏—繁荣—衰退—萧条四个环节循环往复的周期波动,因此房地产周期也可以称为房地产周期波动。正是在这个意义上,房地产波动就是重复出现扩张与收缩的周期波动,而房地产周期则可以称为房地产经济从波峰到波谷的周期性波动。

1. 房地产周期是宏观经济周期在房地产领域内的表现形态。房地产周期作为宏观经济周期的重要组成部分,是经济周期在房地产领域内的表现形态。从经济周期角度来看,房地产周期与宏观经济周期相似,也是指房地产业上升与下降循环交替、相对有规律的上下波动,呈现为大致有规律的周期性波动。一般也可分为扩张与收缩两个阶段,复苏—繁荣—衰退—萧条四个环节。其中衰退是房地产经济的下降或收缩阶段;萧条(谷底)是房地产经济下降阶段的终点,此时进入本轮房地产周期的最低点,随后将转入上升阶段。复苏是房地产经济的上升或扩张阶段;繁荣(峰顶)则是上升阶段的终点,此时房地产经济达到本轮周期的最高点,随后将进入收缩和衰退期。

从房地产业角度分析,房地产周期是房地产业经济水平周期性起伏波动的反映。在这里需要明确的是:第一,房地产周期实际上是房地产产业领域内的周期波动,因此与其说是房地产周期,不如说房地产业经济周期更为准确。如果按一般表述,房地产周期也应当理解为房地产业经济周期的简称。由于房地产业是指从事房产和地产开发、经营、管理和服务等经济实体所组成的产业部门,因而房地产周期也就是在房地产开发(土地开发与再开发、房屋开发)、房地产经营(包括土地使用权出让、转让、租赁、房屋抵押、交易等地产经营和房产经营活动)、房地产管理(主要是房地产消费过程中的物业管理)、房地产服务(主要是房地产估价、测量、经纪等中介服务和融资、保险等金融服务)过程中呈现出的周期性波动现象。第二,房地产周期反映了房地产经济水平的周期循环、起伏波动。也就是说,在房地产业运行过程中,由各种指标所反映的房地产经济水平的循环波动,构成了房地产周期现象。

2. 房地产周期是房地产经济运行过程中的周期波动。房地产周期是在房地产波动过程中表现出来的,因此房地产周期首先表现为房地产波动。由于经济周期实际上就是经济波动的一种形式,因而房地产周期也是房地产运行过程中的波动形态,是就波动过程中呈现出的扩张与收缩、或者复苏—繁荣—衰退—萧条这种波动共性而言,存在周期性的波动特征,由此而形成所谓房地产周期或房地产周期波动概念。一般来说,经济波动是经济增长过程的重要现象,可以用一组由时间序列组成的经济变量来表示,用以反映因多种因素发展变化、共同作用的结果。从统计学意义上看,因影响因素的不同作用,任一经济现象的总波动可以分解为长期趋势、季节波动、周期波动(或循环波动)和不规则波动(或残差)四类分量。其中只有呈现出周期循环特点的周期波动或循环波动,才可称为严格意义上的房地产周期。正是在这一层次上,可以说房地产周期就是房地产周期波动。从总体上看,房地产周期以房地产波动为基本形式,因而必然表现为房地产波动,这种呈现出周期特点的波动就是房地产周期波动;但房地产波动并不必然全部都呈现出周期特点,除了房地产周期波动外还存在其他波动形态,并不一定都表现为房地产周期。也就是说,房地产周期可以称为房地产周期波动,但房地产波动并不一定都表现为房地产周期。

总之,房地产周期或房地产周期波动应当从三个方面来完整地理解:第一,长度不同、振幅不等的房地产周期,具有相似的波动模式,即都表现为扩张与收缩交替循环、衰退—萧条—复苏—繁荣往来运行的周期性波动形态,或者说房地产周期具有相同的展开过程,由此形成房地产周期的规律性。第二,具有相似波动模式的房地产周期,虽然在引发波动的具体原因和波动路径上存在各不相同的表现形式,但在本质上仍然具有相似的波动传导机制,大体上分析都可以从外部冲击与内部传导两个方面进行分析。第三,具有相似波动机制和展开过程的房地产周期,在波动的持续时间、振动频率、波动幅度等方面存在明显的差异,从而形成各具特色、千差万别的波动形态,由此构成房地产周期波动的特殊性。

三、房地产周期波动的展开过程及其主要特征

与经济周期的波动形态一样,房地产周期也可分为扩张与收缩两大过程,或者进一步细分为复苏与增长、繁荣(波峰)、危机与衰退、萧条(波谷)四个阶段(参见图 7-1)。从图中可以看到,复苏与繁荣两个阶段构成房地产周期的扩张过程,衰退与萧条两个阶段构成房地产周期的收缩过程。在从扩张过程转为收缩过程时,房地产经济达到繁荣期最高点即波峰(P);当从收缩过程转为扩张过程时,房地产业达到萧条期最低点即波谷(T)。

(一) 房地产复苏与增长阶段

在房地产周期波动过程中,承继萧条(波谷)而出现的复苏与增长阶段,一般会经历较长时间。这一阶段的主要特征为:

1. 与萧条阶段类似,在复苏阶段初期,房地产供给仍然大于需求,购楼者特别是住宅类购楼者在满足自用的前提下进入市场,但总体上看房地产交易量不大,价格与租金水平仍然处于较低位置,其中各类房屋建筑的楼花价格仍低于现楼价格,楼价已经明显止跌趋稳并开始缓慢回升。

2. 经过一段时间的恢复,特别是在宏观经济复苏的带动下,房地产需求上升,房地产供求关系开始逐渐改善,现楼购买者逐渐增多,并带动期楼或楼花销售增加,房地产交易数量有所增

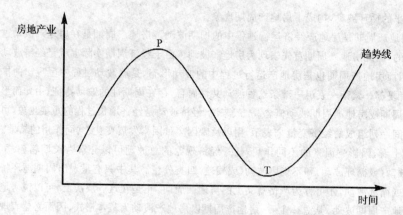

图7-1 房地产周期波动的展开过程

加。同时由于建房成本上升,楼房价格有所回升,房地产开发投资逐渐增多。随后由于房地产需求趋旺,进一步刺激现楼价回升,交易量的增加也推动房地产开发的上升,市场加速复苏,少数房地产投机者开始入市寻找机会。

3. 在宏观经济加速复苏的刺激下,房地产市场进一步回升,人们对日益好转的房地产市场形势充满乐观情绪。在通货膨胀提高、存款利率与贷款利率下降的形势下,金融机构和房地产投资机构加大对房地产的投资,并带动其他行业投资机构也进入房地产领域。随着房地产投资者特别是炒家进一步涌入,工业用房、商业用房、住宅用房等各类房地产物业价格上涨、租金飙升,同时房地产楼花价格也开始快速回升,房地产空置率大幅下降,房地产市场交易量快速上升,土地市场开始活跃,物业开发与建设加速展开。伴随房地产快速增长,与房地产业具有密切联系的建筑业、建材业等行业也快速发展,带资开发房地产项目的建筑企业数目明显增加,由此推动了房地产业的进一步扩张。

(二)房地产繁荣阶段

继复苏与增长阶段后,房地产周期波动便进入持续时间相对较短的繁荣阶段,并达到周期循环的波峰(P)。这一阶段的主要特征是:

1. 房地产开发企业对土地及物业的开发项目与建设数量进一步增大,其他行业的企业也因市场极度乐观和高额利润而进入房地产市场,且投资计划大多雄心勃勃。于是现货楼和期货楼(楼花)大量推出,各级、各类市场的交易数量激增。

2. 房地产价格愈涨愈高,先是楼花价格紧追现楼价,然后两者价格并驾齐驱,接着楼花价慢慢超过现楼价,最后楼花价大步上升,明显拉大与现楼价的差距,并在楼价上涨过程中起带头拉动作用。

3. 房地产投机者与自用者均大量增加,人人欢欣鼓舞,市场一片乐观情绪,迅速形成并不断加大房地产泡沫。由于房地产投机者以更快速度增长,逐渐拉近与自用者人数的距离,并呈现出追赶后者的态势,结果导致房地产市场炒风日炽,炒楼行为越来越为市场所注目。在此压力下,社会关于限制炒楼行为的呼声也逐渐提高,政府开始出台一系列限制炒楼的政策措施,如提高银行利率、压缩投资规模、实行保值储蓄以及收紧银根等政策手段。

4. 随着楼价高涨到市场无力负担程度,真正自用购楼者大多被迫退出市场,而留下炒家的投机资金支撑旺市,形成有价无市的局面,房地产空置率开始增加。在这一时期,股市上的房地产概念股股价达到顶峰,房地产市场进入繁荣阶段的峰顶,房地产泡沫达到极限。

5. 随着政府出台的收缩政策开始发生作用,房地产投资与交易过程中开始出现因利率提高、营运费用增加及财务压力加大等原因导致的各种违约现象,新增房地产投资数量明显下降,房地产投资总量也开始出现回落。同时以住宅为代表的各类物业销售市场达到饱和极限,销售难度明显加大,销售价格开始回调,房地产租赁市场交易量与租金水平也有所下降,房地产空置现象进一步增加。在这一时期,房地产市场的全面乐观情绪逐渐被悲观情绪取代,房地产泡沫面临萎缩甚至破灭的危险。

（三）房地产危机与衰退阶段

当楼价高涨到把真正用家排斥在房地产市场之外,而仅靠投机资金支撑时,房地产周期也就由盛转衰,预示着危机与衰退阶段到来。这一阶段的主要特征是:

1. 随着房地产紧缩政策效应的进一步显现,房地产市场在交易价格和交易数量两个方面都出现萎缩、衰退的趋势,房地产泡沫破灭的可能性增大。在房地产价格方面,虽然不同楼盘的楼价有升有降,但市场上房地产价格总体水平已经出现下调趋势,特别是现楼价基本上停顿不前甚至有所回落,只有个别楼花价或个别楼盘现价还在上涨,但涨升速度明显放慢,大多数只比前一阶段微升。在房地产交易数量方面,随着房地产交易价格停止不前甚至有所下降,房地产交易量也明显减少,各类房地产物业的空置率进一步加剧,房地产市场日渐停滞萎缩,房地产市场的悲观情绪进一步加强。在政策层面和投资回报率下降、投资风险加大的多种因素影响下,房地产投资额明显下降,特别是新动工的房地产项目急剧减少,已投资建设的房地产项目风险加大。

2. 受一些突发性利空消息或事件影响,房地产价格开始急剧下挫,有价无市的现象被打破,房地产泡沫开始破灭。在用家被高价排斥出市场、炒家因转手困难而纷纷恐慌性抛售的双重打击下,房地产价格出现暴跌。其中楼花价因下降更快而低于现楼价。暴跌的价格势必阻止用家及炒家进入市场,从而又加剧了房地产价格的下跌速度和深度。房地产投资量大幅缩减,仍然处于开发建设的房地产项目出现转手、停建等现象,房地产交易在大幅回调的低价格水平和低交易数量的基础上维持。

3. 由于物业价格大幅下降,交易数量锐减,房地产企业的利润大幅下降,投资风险增加,为争夺市场而追加的营运费用上升,结果一些实力较差、抗风险能力较弱的开发商因资金债务等问题而宣告破产,房地产企业破产率也逐渐增加。同时,由于房地产投资项目减少,使得房地产业的就业水平下降,失业人数增加,并进而带动相关行业特别是建筑业失业人数增加。

（四）房地产萧条阶段

经过急速而痛苦的危机和衰退之后,房地产周期便进入了持续时间相对较长的萧条阶段。这一阶段的主要特征是:

1. 房地产销售价格和租金水平继续维持沿着衰退期以来的跌势下降,大多只跌难升,个别楼价甚至跌破物业原值或建造成本,同时期楼价格加速下降,从繁荣时期高于现楼价回复到低于现楼价的水平。在这一时期,不论楼花还是现楼,其跌幅（与繁荣阶段的波峰相比）均触目惊心,房地产泡沫完全破灭。

2. 伴随房地产价格的大幅下跌,房地产交易量进一步锐减,其中楼花交易量降幅更大,房地产空置率居高不下成为市场的普遍现象。

3. 在价格暴跌和成交萎缩的双重打击下,房地产泡沫破灭,房地产纠纷大量出现,房地产商破产现象更为普遍,甚至连一些实力雄厚的大型公司也在所难免,由此慢慢达到波谷位置。

4. 在房地产业总体水平加剧下滑之后,特别是房地产泡沫成分被挤出以后,由于受到房地产开发成本以及房地产正常需求水平的双重支持,房地产市场从急剧下降转变为波动相对平稳的阶段。同时政府也逐渐减少对房地产业的限制性政策干预,部分放宽对房地产投资、交易等方面的限制,以期房地产市场有所稳定或回升。不过,房地产市场何时走出萧条阶段而进入新一轮周期的复苏与增长阶段,一方面依赖于产业内部对前期房地产开发项目的消化程度,以及伴随这种消化过程房地产供求关系能否以及何时重新回到相对均衡状态;另一方面也取决于产业外部的诸多影响因素,如宏观经济周期波动趋势、宏观经济政策特别是货币与金融政策以及房地产业政策的变化。

第二节 房地产周期波动的实证分析

本节以美国、日本、中国及中国香港、台湾地区为例,说明房地产周期波动在各国或地区的客观运行状况,并为分析房地产周期波动的内在机制、影响因素提供实证基础。

一、美国、日本房地产周期波动

(一)美国房地产周期波动

1870 年以来,美国房地产周期波动情况如图 7-2 所示。从图中可以发现,1870—1973 年间,美国房地产大致经历了 6 次周期性波动循环。其中,第一个周期从 1870 年的繁荣期经 1876 年低潮再回到 1887 年高潮期,历时 18 年;第二个周期从 1887 年高潮期转入 1896 年低潮期后重新回到 1904 年的繁荣期,仍历时 18 年;第三个周期从 1904 年繁荣期转入 1916 年萧条期再回到 1923—1925 年的繁荣期,历时 20—22 年,期间插入了一个较小的循环期,即 1916 年萧条期→1918 年繁荣期→1920 年衰退期;第四个周期从 1925 年繁荣期经 1933 年萧条期再回到 1945 年的繁荣期,历时 21 年;第五个周期从 1945—1955 年为美国房地产业持续繁荣发展期,期间有正常水平以上的回落(1949 年和 1953 年),形成明显的增长型周期特征;第六个周期从 1955 年繁荣期经 1964 年衰退后再进入 1972、1973 年繁荣期,历时 18 年。此后,经 1975—1976 年回落到 1981 年重新进入新的繁荣期,从而完成一次较小的房地产周期循环。

从周期长度角度来看,美国房地产周期主要按库兹涅茨周期模式进行,即 18 年左右完成一次周期波动,同时也存在 5 年一次的短期波动。美国房地产经济学家 Fred Case(1974)和 Alan Rabinowitz(1980),分别以美国房地产市场交易量(或销售额)为依据,通过分析 1795—1973 年共 180 年间美国房地产的实际运行情况,指出美国房地产存在约 18 左右的长期波动周期,主要受历史事件如战争、经济衰退、技术创新等事件影响。[1]此外,由于货币市场、贷款额度和政府住

---

[1] Alan Rabinowitz, 1980, *The Real Estate Gamble*, New York:AMACOM—A Division of America Management Association,p. 238;Fred E. Case, 1974, *Real Estate Economics*:*A Systematic Introduction*, Los Angeles:California Association, pp. 102—105.转引自梁桂:"中国不动产经济波动与周期的实证研究",《经济研究》,1996 年第 7 期。

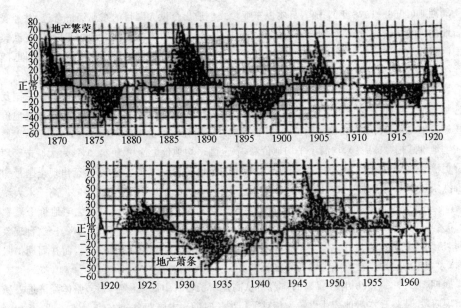

图 7-2 美国房地产周期波动趋势

资料来源：香港《信报财经月刊》1991 年第 3 期第 121 页改绘。

宅政策等因素影响,美国房地产周期还存在 5 年左右的短期波动周期。[1]例如,从图 7-2 可以看到,在 1945 年到 1955 年的第 5 个增长型周期中,就包含了一个为期 6 年的短周期,即从 1950 年的波峰经 1953 年小幅回落再重新达到 1955 年的繁荣期。又如,在 1955 年到 1964 年的第 7 个波动周期中,包含了从 1955 年繁荣期经 1957 年回落、再到 1958 年扩张期的为期 4 年的短波动。

（二）战后日本房地产周期波动

二战以来,日本经济增长大致经历了兴起(1955—1970 年)—延续(1971—1980 年)—扩展(1981—1985 年)—不成功的调整(1986—1996 年)—衰退(1997 年起)五个阶段(刘树成,2000)。与此相应,从最能代表日本房地产波动情况的地价变动来看,1956 年以来日本房地产业已经出现五个发展阶段,以 10 年左右的波动频率和周期长度,形成五个明显的房地产波动周期。

周期 I（1956—1966 年）：伴随战后日本经济迅速恢复和持续高速增长,特别是重型、大型产业高速发展,导致对工业用地的需求剧增,由此推动日本房地产业快速发展。在本周期内,前 6 年为扩张期,后 4 年为收缩期,1961 年房地产业达到繁荣期。按全用途平均率计算的全国地价平均上涨率为 20.9%,东京等六大城市上涨率 26.3%;其中在扩张期内全国地价平均上涨 32.1%,工业用地增长率达到 37.7%,六大城市地价平均上涨率为 46.4%,工业用地增长率达到 55.6%。

---

[1] Stephen A. Pyhrr & James R. Cooper, 1982, *Real Etate Investment*, John Willey & Sons, Inc., 第 165—168 页。转引自张金鄂:《房地产投资与决策分析—理论与实务》,台湾华泰书局,1998 年,第 754 页。

周期Ⅱ(1966—1976年):随着日本以东亚模式创造出令世人瞩目的东亚经济奇迹,并经受了石油危机的冲击和考验,房地产业也以前7年扩张、后3年收缩的表现继续快速成长,在欧美各国因石油危机和凯恩斯主义破产而陷入衰退时,日本于1973年进入房地产周期的繁荣期,随后在1974年经济增长率大幅收缩的影响下,日本房地产出现连续3年的大幅回落。

这一周期的特点为:第一,由于全国国土开发计划的推进(如日本列岛改造计划、东京圈复兴计划),加上伴随工业化而出现的城市化进程加速,形成以住宅为中心的开发重点,住宅地价涨幅超过平均地价涨幅。在该周期扩张期内,不论是全国住宅地价上涨率(27.6%),还是六大城市住宅地价涨幅(28.9%),均高于平均地价涨幅(全国平均地价上涨率为24.0%,六大城市平均地价上涨率为24.9%)。第二,全国各地与大城市的地价升幅差距明显缩小,甚至出现全国平均地价涨幅超过大城市的现象。例如,在本周期内,全国地价的平均上涨率为12.9%,高于六大城市11.2%的平均升幅;但在周期扩张期内,全国平均地价上涨率(24.0%)和住宅地价上涨率(27.6%),却低于六大城市平均地价的上涨率(24.9%)和住宅地价上涨率(28.9%)。这种现象表明,房地产投资或投机获取暴利的现象导致地价上涨的趋势已经向全国扩展,而在周期扩张期内,大城市的房地产投资或投机现象更为突出。

周期Ⅲ(1976—1986年):随着日本经济从高速增长转入中低速稳定增长,整体经济进入稳定扩展阶段,使得日本房地产业也转为相对平稳增长时期。本周期内,前6年为扩张期,于1981年达到周期顶点,随后转入持续4年的房地产经济收缩阶段。

与前两个周期相比,该周期内日本房地产波动出现以下新的特点:第一,地价平均上涨率明显趋缓。在该周期内,全国地价平均上涨5.5%,其中六大城市地价平均上涨率也只有6.6%,均远远低于前两个周期的增长率。第二,从房地产品种结构来看,由于战后出生者进入购房期,住宅需求大增,一方面导致住宅用地价格涨幅大大超过其他用地,不论是全国住房用地涨幅(11.9%),还是六大城市住房用地涨幅(17.4%),都明显高于平均用地上涨率(全国及六大城市平均用地涨幅分别为8.0%、11.2%),另一方面还促使房地产开发商不断投资建设高层公寓,扩大房地产供给。第三,从房地产区域结构来看,不论是平均地价还是住宅地价,大城市地价涨幅高于全国平均水平,六大城市特别是东京圈的地价又高于一般大城市,表明房地产投资或投机现象开始向大城市特别是超大规模城市集中。

周期Ⅳ(1986—1996年):随着1985年日元大幅升值,迫使日本对持续了30年的外向型经济增长模式进行战略调整。在内需主导政策推动下,日本整体经济从1986走出低谷,1987年进入新周期的上升期。日本政府对购买住宅采取优惠政策,金融机构降低住宅贷款利率和扩大住宅贷款范围,广大居民也纷纷投入高收益的房地产市场和股票市场,形成全民性投机生财热,以房地产和股票为代表的资产价格飞涨,导致严重的"泡沫经济"。1989年日本全国房地产市场总值超过2000兆日元,其房地产市场总值是国土面积大于日本25倍的美国的4倍。到1990年日本房地产泡沫进入波峰后,由于"泡沫经济"破灭,房地产泡沫破灭(Christopher Wood,1992,chapter 3),房地产价格出现大幅回落。1991年东京都圈内23个区内的房屋价值减少37%;同时日本对外房地产投资也大幅下降,如对美国的房地产投资总额,在经历了从1985年(19亿美元)以来的迅速增长之后,从鼎盛时期的1988年(165亿美元)和1989年(148亿美元),跌落到1991年的51亿美元。随后日本经济增长率处于长期下降趋势,房地产经济也进入持续下降阶段。

与宏观经济的波动特征相似,在本轮房地产波动周期程中,前4年为扩张期,到1990年进入繁荣期后,随即转为持续 6 年的收缩期。该周期日本房地产波动的主要特点为:第一,在日本经济增长模式从外向型转为内需主导型的宏观背景下,以住宅投资为代表的房地产投资,成为宏观经济进入扩张期的推动力量,同时也导致新一轮房地产周期的出现。第二,房地产价格暴涨,出现严重的"房地产泡沫"。日本地价 1985 年开始涨升,1990 年达到高峰,随后即出现大幅度全面下挫。不论是住宅用地还是商业用地,也不论是东京圈、大阪圈,还是名古屋圈、地方圈,其市场价格指向均呈相同走势。东京地区最高级住宅用地每坪地价,从 1985 年的约 182700 港元涨升到高峰(1990 年)期的 945000 港元,升幅达 400% 以上;但从 1991 年起,全国地价在 17 年内首次出现下跌后,到 1992 年底上述地块地价已跌至 425800 港元(每坪),只及高峰期的 44%。同年全日本地价因暴跌损失高达 665 兆日元。第三,大城市地价大大高于全国平均水平,说明城市"房地产泡沫"更为明显。据有关资料,本周期内日本全国地价平均上涨 4.7%,而六大城市则上涨 9.2%,其中在周期扩张期内,后者涨幅(24.4%)更是明显高于前者(7.9%)。

周期 V(1997 年以后):1997 年东南亚金融危机爆发后,日元大幅贬值(最低点的 1998 年 6 月与最高点的 1995 年 4 月相比,日元贬值 46%),经济增长率大幅下滑,日本经济陷入战后最严重的困境。在此过程中,日本房地产经济出现长期回调,给本来就因地产泡沫破灭而出现收缩的日本房地产经济严重打击,至今仍难以看到明显的景气回升态势。

二、我国香港特别行政区、台湾地区房地产波动特点与周期划分

(一)香港房地产波动周期

从总体上看,香港房地产业的周期波动现象,既受产业内部因素影响,又与香港经济及世界经济波动等外部因素密切相关。就影响香港房地产波动循环的内部因素来分析,一方面土地资源的稀缺性、房地产资本的高度集中与垄断运作,使得香港房地产市场在长期内形成了一种特殊的供求关系,并逐渐发育出由地产市场、住宅楼宇市场、商业楼宇市场和工业楼宇市场组成的房地产市场结构,从根本上为房地产周期波动创造了条件;另一方面,在房地产市场运行过程中出现的"炒楼花"制度,以及股票市场与房地产市场联合运作的"股地拉扯"制度,进一步加大了房地产市场的投机性,结果加深了香港房地产市场的周期波动特征。从外部因素来分析,作为全球开放程度最高的经济体系,香港经济对世界经济特别是发达国家或地区经济、政治变化的敏感程度很高。在这些因素的影响下,不但直接导致香港经济随之出现周期性扩张或收缩现象,而且还通过工商业景气状况,导致房地产需求发生相应变动,进而影响香港房地产的波动循环。从图 7-3 中可以看到,香港房地产经济波动与宏观经济波动具有明显的同步运行特征,但相比之下,房地产波动幅度明显大于以 GDP 来反映的宏观经济波动。

根据二战结束以来香港房地产业的实际发展情况分析,香港房地产业存在明显的周期波动规律(杨奇,1996),一般最短 6—7 年、最长 9—10 年、平均 8—9 年就会出现一次房地产周期循环波动,并且每个循环周期大致呈现出前 5—6 年上升、后 2—3 年下降的波动规律。具体来分析,1945 年以来香港房地产业已经历了 8 个波动循环周期。各个周期的波动过程与主要特征如下:

周期 I(1945—1952 年):二战结束后,特别是 1947 年后,随着中国内地居民进入香港的数量不断增加,加上受经济政策刺激,香港房地产业得到初步发展。但到 1952 年,因受联合国对中国禁运的影响,香港房地产市场进入衰退与萧条期。

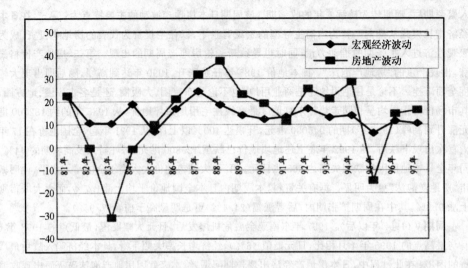

图 7-3　香港经济与房地产经济波动趋势

根据香港特别行政区政府统计处,《本地生产总值(1961—1999)》整理、绘制。

周期Ⅱ(1953—1959年):朝鲜战争结束后,香港经济逐渐恢复,并走上工业化道路,加之内地侨眷和南洋资本注入,刺激了香港房地产业的恢复与发展,1953—1958年进入上升发展期。随后当1958年西方发达国家出现经济危机,以外向型为特征的香港经济也难以幸免,房地产业亦步入下降轨道。

周期Ⅲ(1960—1967年):1959年以来,由于香港工业产值增长,外贸结构首次出现出口值超过进口值的重大转变,加上南洋资本大举抵港,特别是受1962年港英当局颁布"新建筑条例"的影响,香港地产商大量购入地皮开工建造,使得香港房地产市场从1960—1965年上半年进入上升期。但1965年因地产商加大向银行贷款而出现银行挤提事件,同时受1967年暴动事件影响,香港房地产市场从1965—1967年进入衰退和萧条期。此周期历时8年,前6年上升,后2年下降。

周期Ⅳ(1968—1975年):随着海外资本进一步涌入,以及外流资本及人才纷纷返回,特别是20世纪70年代初地产商利用香港股市兴旺之机,大量上市筹集资金,使得香港房地产迅速从萧条中恢复过来,形成1968—1973年的持续增长与繁荣。随后由于股市崩溃,以及石油危机引发的全球性经济衰退,结果出现1973—1975年的房地产低潮期,期间地价下跌近9成。该周期历时8年,前5年上升,后3年下跌。

周期Ⅴ(1976—1983年):1976年香港迎来了战后的经济高速增长期,开始逐渐发展成为世界第三大金融中心。特别是1978年中国改革开放以来经济持续增长,香港与中国内地形成特殊的经济联系,为香港房地产业发展提供了极好的机遇。1976年香港房地产市场再次复苏,1981—1982年初达到高峰,每平方英尺楼价由200港元推高至1200港元。随后,1982年中英开始就香港前途问题展开谈判,使得香港经济未来前景变得不明朗,同时受全球性经济危机影响,香港房地产市场大幅下挫,其中地价下降40%—50%,楼价平均下跌30%左右。到1983年底,市场仍处于低潮期。此周期历时8年,前5年上升,后3年下降。

周期Ⅵ(1984—1991年):1984年中香港楼价见底反弹上升,其间虽有1987年的全球股灾,但房地产市场一度沉寂后很快活跃起来,1989年楼价较1984年已上升130%。1991年海湾战争爆发后,香港楼价大幅涨升,全年住宅楼宇增幅达50%,从1984年的每平方英尺700港元升至3000多港元,交易量也比上年增长39%,交易价值增加96.9%。但到1991年底,因银行减少按揭成数及出台其他抑制炒楼措施,香港楼价适度回落,交投渐趋清淡。此周期历时8年,前5年持续涨升,后3年虽几度下调,但整体水平仍为涨升趋势,形成增长型波动循环的特征。

周期Ⅶ(1992—1998年):随着"九七"回归临近,香港经济持续增长,政治前景也日益明朗,投资者对香港未来发展信心不断增强,加上大量外资进入香港,对香港各类住宅楼宇、商业楼宇及工业楼宇的需求持续增加,投资香港房地产成为大量国际游资的重要选择,以金融和地产为代表的服务型经济成为转型时期香港经济的主要推动力量,结果推动1992年以来香港房地产价格飞涨,甲级写字楼及甲级分层住宅都超过1万港元/平方英尺的高位。随后,由于高地价、高通胀和高工资政策与联系汇率制度、经济转型成为当时香港经济潜存的重大问题,而因高地价高租金导致各业成本大增而引发各界强烈不满,政府开始加大打击房地产炒风力度,到1995年房地产市场出现一年多的调整,其中整体楼宇价格比高峰期下降约30%,市场成交量也大幅萎缩。但在回归因素刺激下,到1996年香港楼价止跌回升,到年底楼价基本达到1994年高峰时的水平,住宅用地拍卖价格创造了7万港元/平方米的新纪录,到1997年第一季度,住宅楼价再升20%左右,分层豪宅及甲级写字楼升至1.5—1.8万港元/平方英尺的历史高位。结果引发市民再次不满,政府再次公布压抑楼价措施。到1997年下半年以后,随着东南亚金融危机爆发,香港经济受到直接正面冲击,股市和楼市大幅下跌,服务业持续低迷,1998年第一季总体经济出现13年来的首次负增长,使得以服务型经济为主体的香港经济出现严重衰退和调整,同时还加大了短期复苏的难度。在此过程中,香港房地产市场也出现深幅调整,房地产价格总体下降40%,其中住宅1998年比1997年下挫50%左右,工商业楼宇及土地价格也大幅下降。

周期Ⅷ(1999年以后):在金融危机的冲击下,香港经济进入艰难的调整阶段,过去长期困扰香港经济发展的一些隐忧特别是经济转型过程中的结构调整问题明显暴露出来。不过值得肯定的是,香港在经历这一艰难的调整阶段,不但取得了金融保卫战的可喜胜利,基本实现干预金融市场的政策目标,并产生正面的重大国际影响,而且还保持了稳健的银行体系,国际竞争力仍居世界前列,为未来确保香港经济增长提供了可靠基础。正是在这些有利因素的支持下,到1999年下半年,伴随东南亚国家或地区经济逐步回升,香港整体经济也开始逐步回升,房地产楼价轻微回升。虽然从总体上看香港房地产交易依然低迷,但可以预言,伴随香港整体经济的逐渐复苏和缓慢增长,香港房地产经济已经开始逐步进入新一轮周期。

(二)台湾房地产周期波动

据有关资料分析,台湾房地产波动大约5—6年循环一次(见图7-4)。从图中可以看出,台湾地区各在1970—1974年、1975—1981年、1982—1986年、1987—1992年分别完成一次波动循环。

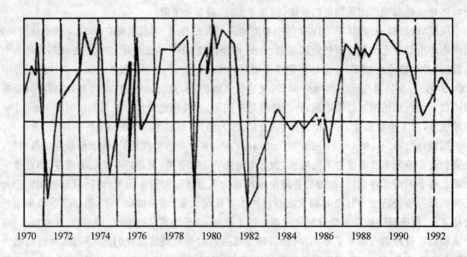

图 7-4　台湾房地产周期波动(1970—1992)

资料来源：台湾《房地产季报》1993 年。

三、转轨时期的中国房地产周期波动

改革开放以来，尽管中国房地产业的真正形成与发展只有 20 余年的历史，而且在这一过程中各地房地产市场化程度也各不相同，房地产业发展进程存在明显的差距，但仍然出现了较为明显的周期波动现象，形成转轨时期房地产周期波动的一些主要特点与问题。

从总体上观察，中国房地产业进入到以体制转轨为主要运行特征的发展阶段以后，房地产经济开始形成较为明显的复苏—繁荣—衰退—复苏四个阶段相互循环、产业扩张与产业收缩两个过程交替出现的周期波动现象。对于改革开放以来中国房地产周期波动的划分却存在不同思路和不同标准，而且即使在同一分析思路下也存在明显区别，因而所划分的中国房地产波动周期形态也有所区别。概括起来看，主要有三种具有代表性的观点：

(1) 根据 GNP 增长率与商品房销售额增长率所呈现的良好对应关系，把改革开放以来中国房地产周期波动划分为四个阶段(张元端,1996)：即 1979—1985 年为复苏期，1986—1991 年为增长期，1992—1993 年高速增长期，1994—1995 年为宏观调控期。

(2) 用年商品房销售面积来刻画中国不动产供给与需求相互作用而产生的波动状况，认为年销售量波动率与增长率曲线清楚地反映了我国房地产经济的内在波动。按此分析，1986 年以来中国房地产周期波动已经历了一个半周期，即 1986—1991 年持续 6 年的周期，以及 1992 年以来到 1995 年的半个周期(梁桂,1996)。

(3) 选用房地产经济活动中的商品房价格、城镇新建住宅面积、城镇住宅竣工面积、实有房屋建筑面积、实有住宅面积、城镇住宅投资、房地产业从业人员、房产买卖成交面积等 8 项指标，通过各个指标的环比增长率给出各单项指标的周期波动，然后综合各指标的单个图形，最后利用扩散指数计算方法，从而得到中国房地产周期波动形态(见图 7-5)。按此分析，把 1981 年以来的中国房地产周期划分为 3 个，1981—1986 年为第一个周期，1987—1989 年为第二个周期，

1990年以后为第三个周期。其中1984年、1992年为景气分割点,1987年、1989年萧条转折点。处于景气上转点的年份为1983年上半年、1988年的上半年、1990年的上半年,处于景气下转点的年份是1986年的下半年、1989年下半年和1993年下半年。

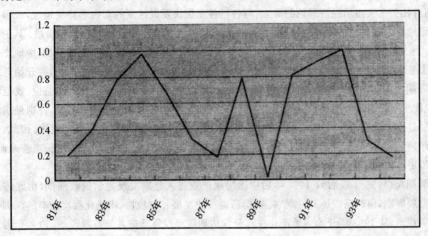

图7-5 中国房地产周期波动(8项指标合成法)

资料来源:何国钊、曹振良、李晟:"中国房地产周期研究",《经济研究》,1996年第12期。

参照产业运行环境特别是产业政策与体制变动,同时结合多项指标合成观点来分析,改革开放以来中国房地产经济运行经历了以下周期波动:

周期I(1978—1986年):随着经济改革和对外开放在全国推行,特别是引进外资数量逐渐增加,以及非全民所有制的乡镇企业不断崛起,加之在全民所有制企业中进行以承包制为主要内容的早期改革,在实践中不断出现对由各类房产(如厂房、住宅等)和地产(主要是城市土地)构成的房地产进行交换、作价等问题,也就是产生了把房地产纳入到商品经济运行轨道的需要。在此背景下,建国以来一直落后于国民经济的房地产业迎来了产业渐进复苏和发展的新时期。1980年开始推行住房商品化试点改革,接着又在深圳、广州等城市收取城市土地使用费试点。1984年正式把房地产业列为独立行业,为中国房地产业发展创造了良好环境。这样,与经济体制改革和对外开放不断推进相适应,以住房制度和土地制度的商品化改革为标志,房地产作为生产要素开始逐步进入市场,与此同时房地产业作为一个相对独立的产业部门,逐渐发展成为我国国民经济的一个新兴领域。到1984年左右形成转轨时期中国房地产业发展的第一个高潮。不过从总体上看,这一时期房地产业只是处于起步阶段,房地产市场也处于探索阶段,房地产交易规模较小,交易价格波动也不大。

周期II(1987—1991年):在1987年深圳率先开展土地使用权招标、拍卖的基础上,1988年全国第七届人民代表大会通过《中华人民共和国宪法修正案》,明确规定土地使用权可以依照法律进行转让,从而突破了土地不能转让的禁区,为房地产进入市场进行出让、转让和买卖提供了法律保证,因而成为这一时期房地产业复苏和发展的重要推动力量。但随后因政治经济方面的影响,到1990年房地产业的主要指标跌入低谷,第一次出现较大幅度的波动。在这一周期内,房地产投资与交易规模有较大幅度增加,但仍然远未达到成熟的程度,房地产企业数量仍然较少;

房地产市场运行方式单一,存在大量的不规范行为,房地产法规很不健全;地区发展严重不平衡,房地产业发展相对较快的地方集中在东部沿海城市和经济特区,其他地区的发展明显滞后。

周期Ⅲ(1992—1994年):在1992年邓小平在南方发表重要谈话和"十四大"召开的推动下,随着社会主义市场经济理论的确立,与各行各业加快发展速度的宏观形势相适应,我国房地产业迅速成为国民经济的热点产业,形成1992—1993年的产业急速增长与繁荣阶段。其主要表现是:房地产开发投资高速增长,土地出让量迅猛增加,房地产开发公司大幅增加,房地产价格快速上涨,房地产交易额明显增大,房地产业快速发展成为中国经济的重要产业,并开始与宏观经济周期波动而相应波动。与此同时,由于对迅速增温的房地产热缺少有效的监控、规范和管理,也使房地产市场一度呈现混乱现象,暴露出产业急剧发展中存在的不少问题,特别是房地产业发展过程中存在的深层次问题也开始显现,个别地区出现较为明显的房地产泡沫。因此,伴随宏观经济调控和"软着陆",全国房地产业在经历短暂繁荣后,从1994年开始增长率普遍回落,市场投资结构出现调整,产业发展进入巩固、停顿和消化阶段。

周期Ⅳ(1995年以后):1994年后中国房地产业进入急剧发展之后的收缩期,由此转入新一轮发展周期,何时完成还有待观察。根据房地产业发展相对较快、市场化程度较高的深圳等地情况来观察,从1998年开始房地产业在部分发达地区已经逐渐进入复苏阶段。2000年全国宏观经济运行明显走强以后,全国房地产业的复苏走势将更趋明显。从长期过程来看,可以说中国房地产业进入到一个相对稳定的发展阶段。

第三节　房地产周期波动的机制分析

从周期理论角度分析房地产波动的根源与形成过程,是房地产周期理论研究的一项重要内容。本节首先借鉴经济周期理论的研究方法,提出房地产周期波动的冲击—传导模型,然后从宏观经济变量和产业运行两个方面,分析影响房地产周期波动的主要因素。

一、房地产周期波动传导机制

现有经济周期理论实际上都可以看成是从不同角度对经济周期波动机制的分析研究与实证解释。对于经济周期的波动机制,现有经济周期理论大致上可以概括为冲击—传导学说(萨克斯、拉雷恩,1997),即经济周期波动是经济体系受到随机性的外部冲击之后,经由一定的内部传导机制而引发的周期性反应。

利用外部冲击和内部传导相结合的分析方法,可以从外部冲击与内部传导相结合的角度,探讨房地产经济的周期波动根源,解释房地产周期波动的形成原理与波动过程。这样一来,就形成房地产周期波动的外部冲击—内部传导模型。

(一)房地产周期波动的外部冲击机制

在经济周期理论中,外部冲击机制是指经济系统外部的冲击通过系统内部传导而发生的经济运动。同样,当来自房地产经济系统以外的干扰或外部冲击,在通过房地产经济系统的内部传导机制作用下,导致房地产经济系统发生运行趋势出现转折,或者使原来的运行趋势在运行水平或程度上发生变化。这一运行机制就是房地产周期波动的外部冲击机制。

一般来说,来源于房地产经济系统外部的自发性冲击,既可以是随机性的因素,也可能是周期性的因素。如果外部冲击是随机因素,那么房地产经济系统在没有滞后的情况下会做出响应,系统呈非周期性运动;但当房地产经济系统对这种随机性外部冲击做出滞后响应,使房地产经济系统或者单调向上或向下运动、或者振荡衰减或振荡发散,都会在房地产经济系统内部产生周期运动。如果外部冲击为周期性因素,那么不论房地产经济系统是在滞后情况下还是在没有滞后情况下做出响应,都会导致房地产经济系统出现周期性运动。

假定房地产经济系统中一个时间序列的经济变量 X_t 由两个部分构成,一个是系统内部分量,可以由自回归移动平均方法求出,因此又可称为趋势分量;另一个是系统外部分量,由外部冲击或干扰引起,相当于周期分量,那么该房地产经济变量可以表示为:

$$X_t = \rho_0 + \rho_1 X_{t-1} + \rho_1 X_{t-2} + C_t$$

式中 C_t 为干扰变量,既可能是虚拟变量,也可能是指示器,具有不同的表现方式,如脉冲击信号、阶跃信号、扩展冲击信号等,并导致使得房地产经济变量 X_t 面临不同的外部冲击或干扰类型,最终形成周期性振荡。

这里以制度创新为例,分析体制变迁对房地产供求关系的影响,说明外部冲击对房地产周期波动的作用过程。假定房地产生产函数为 $Y=F(K,L,E)$,其中 K 为房地产资本,L 为房地产劳动力,E 为体制变动量。假定随着体制改革的推进,房地产资本效率上升,同时房地产就业人数增加,从而使得房地产业具备更为有利的运行空间。如图 7-6 所示,当体制改革因素从 E_0 增至 E_1 时,由于房地产资本增加,资本产出水平上升,劳动力水平也相应上升,房地产生产函数从 $Y(K,L,E_0)$ 上移到 $Y(K,L,E_1)$。此时房地产总产出从 Y_0 上升到 Y_1,同时在房地产生产函数作用下,资本与劳动量则从 KL_0 增加到 KL_1,从而导致房地产总产出量进一步增加到 Y_2。

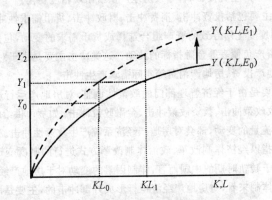

图 7-6 外部冲击与房地产波动

在体制改革的冲击下,随着生产函数上移,使得房地产供给增加,房地产供给曲线向右移动,如图 7-7 所示。在房地产需求曲线保持不变时,由于房地产供给增加,于是便会出现房地产需求不足(Y_2-Y_0),进而导致房地产价格从 P_0 下降,而房地产供给随价格下降而逐渐减少。当房地产价格从 P_0 降至 P_3 时,房地产供给也从原来的 Y_2 减少到 Y_3,与此同时房地产需求随价格下降而从原来的 Y_0 增加到 Y_3,于是房地产供求达到新的平衡点,原来存在的房地产需求不足量消失。这样一来,可以看到房地产供求关系在体制改革因素的冲击下,通过房地产经济系统的内部传导机制作用,结果导致房地产经济运行出现周期性的波动。

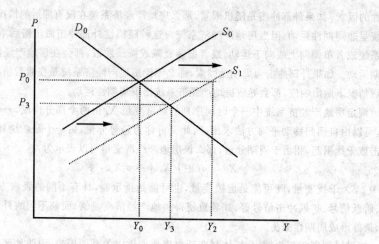

图 7-7 外部冲击与房地产波动

作为宏观经济周期在房地产业领域具体表现而形成的房地产周期波动,不但面临着经济周期性波动所可能出现的外部冲击,而且宏观经济周期运行本身实际上也可能成为房地产经济系统的外部干扰或冲击。中国房地产周期性波动的外部冲击主要有:

1. 实际供给冲击,主要是指技术进步、气候变化、资源发现以及国际经济要素价格等发生变化,从而对房地产生产率产生直接影响,导致房地产供给出现相应变化。

2. 实际需求冲击,主要包括投资冲击、消费冲击、财政冲击、货币需求性冲击等。其中货币需求性冲击是指金融制度变化所导致的资产组合选择或货币需求的变动,包括利率、存款准备金率和贷款率的上限、资产负债表等金融指标的波动。这类冲击主要是由于对经济运行的预期出现变化而产生,对房地产投资、房地产消费等实际需求产生冲击。

3. 政策性冲击,主要是由于经济管理部门的政策性调整,对房地产运行形成政策冲击,主要有货币政策冲击、财政政策冲击、投资政策冲击、金融政策冲击。如货币供给的创新或冲击,包括金融市场上各种资金流量的变动,都会对房地产经济系统产生政策性冲击。

4. 体制变动冲击,指以经济体制改革、政治体制改革方式进行的制度变迁,对房地产经济系统产生直接冲击。对于转轨时期的中国而言,体制因素的变动对于房地产经济所产生的冲击效应十分明显。从经济体制来看,对房地产经济运行形成外部冲击的,主要是所有制结构变动、宏观经济运行机制转换和政府宏观经济调控体系调整等体制性因素。

5. 宏观经济总供求模式变迁、经济增长方式转换以及产业结构升级等宏观经济发展模式的调整变动,也会对房地产周期波动产生明显的外部冲击。

6. 国际政治、经济冲击。国外政治经济形势的变动,对于外向型经济体系和开放条件下的房地产经济运行,同样会产生程度不同的直接或间接的外部冲击。

(二) 房地产周期波动的内部传导机制

经济周期理论中的内部传导机制,是指由经济系统内部结构特征所决定的经济运动,它表明经济系统内部信号或变量以滞后方式进行传递、扩散的过程。由于内部传导机制假定经济周期波动的产生与出现,是由经济系统内部结构所决定的,并不需要由外部冲击或外部干扰来引发,因此它强调反映经济系统的内部结构效应,主要通过与内生变量相联系的结构参数来体现经济周期波动现象,例如在生产函数中引入一定的延滞结构,就会使得经济能够因系统自身因素而产生振荡运动(加比希、洛伦茨,1993)。

由于内部传导机制强调经济波动由经济系统内部结构特征所决定,因此内部传导模型大都采用计量经济学模型来解释经济波动,也可以说经济计量模型大都反映了经济系统的内部传导机制。实际上,一个经济计量模型可以用来说明经济系统在受到冲击(不一定是外部冲击)后,各相关经济变量如何对冲击产生响应,而且这些经济变量之间又如何发生变动,从而解释经济系统的周期性波动。按照内部传导机制理论,反映内部传导机制的数学模型主要有三类:一是单变量一阶自回归方程,它说明经济波动是由自身变量的一阶滞后推动引起的;二是单变量二阶自回归方程,其中以萨缪尔森的乘数—加速数模型最为典型;三是多变量动态联立方程,由一组变量方程组成,说明经济波动不仅与自身变量滞后分布有关,而且还与其他内生变量的滞后分布有关,其中以货币—价格联立动态模型最为典型。

同样,作为经济周期组成部分的房地产周期,也同样存在内部传导机制。所谓房地产周期波动的内部传导机制,是指由房地产经济系统内部结构所决定。并且以滞后方式传递或扩散从而引发房地产经济出现周期波动的运行过程。其主要传导机制有:(1)乘数与加速数机制,反映构成房地产需求中的投资与消费之间的作用与反作用过程以及对房地产产出的影响。(2)房地产业关联机制,主要反映房地产业内部各行业之间前向、后向"连锁效应",同时也表明房地产业与国民经济其他产业之间的前后向产业联系,从而说明房地产业在国民经济中的产业地位以及房地产业内部各行业之间的相互发展关系。(3)房地产市场机制,主要反映房地产市场供求之间的相互关系,说明各种房地产市场信号对房地产经济运行的影响作用。除了经济学中所分析的供求、价格等一般市场关系之外,在房地产市场中的投机行为也是一个比较独特的传导机制。(4)房地产业发展的上限—下限缓冲机制,主要表明房地产业发展的制约机制,包括对产业扩张上限与产业收缩下限两个方面的制约因素,前者主要为房地产生产要素(土地、资金等)供给方面的约束、房地产需求方面的约束(如房地产价格、通货膨胀等形式的限制);后者主要为房地产就业刚性、房地产基本需求等因素保证了房地产业能够维持一定的发展水平。

这里以乘数—加速数机制为例,说明房地产周期波动的内部传导机制。参照萨缪尔森的乘数—加速数模型,我们可以构造一个具有二阶自回归特征的房地产周期内部传导机制,反映在给定投资下由乘数原理导致房地产总产出增长,在给定产出时由加速原理反映房地产投资变化,从而说明在乘数和加速数综合决定下房地产经济的波动机制。

假定房地产总收入 Y_t 由三个部分组成,一是政府对房地产的购买支出 G_t,二是私人部门对房地产的购买支出 C_t,三是社会对房地产的投资性支出 I_t,即:

$$Y_t = G_t + C_t + I_t$$

其中,房地产消费支出由上期公共支出所引发,即 $C_t = \alpha Y_{t-1}$,其中 α 为大于 0 的系数。房地产投资支出由消费增长率决定,即 $I_t = \beta(C_t - C_{t-1}) = \beta(\alpha Y_{t-1} - \alpha Y_{t-2})$,其中 β 为大于 0 的系数。如果把政府购买房地产的支出 G_t 为常数不计,则房地产总收入函数为:

$$\begin{aligned} Y_t &= C_t + I_t \\ &= \alpha Y_{t-1} + \beta(C_t - C_{t-1}) \\ &= \alpha(1+\beta)Y_{t-1} - \alpha\beta Y_{t-2} \end{aligned}$$

上式表明：

(1) 当乘数和加速数不变时，t 期的房地产收入由 $t-1$ 和 $t-2$ 的房地产收入决定。这时由于 $\alpha>0,\beta>0$，$t-1$ 和 $t-2$ 期的房地产收入分别以加速力和减速力方式对 t 期的房地产收入发生影响，从而反映出 t 期的房地产收入是在前两期收入波动过程中实现的，也就是说房地产经济系统在自回归条件下以内部传导方式形成波动。

(2) 如果前两期房地产总收入水平既定，则 t 期的房地产收入由系数 α、β 决定。在这里，α 和 β 实际上反映了乘数和加速数的大小和作用，决定着房地产周期波动主要呈现以下几种波动形态：一是房地产收入逐渐扩大到预期数值；二是房地产收入上下波动，最后逐渐稳定于乘数所预期的数值；三是房地产总收入以爆发式扩散运动以至无穷；四是房地产收入持续增长，最后按固定比例上升。

(三) 房地产周期波动的冲击—传导模型

根据前面对外部冲击机制和内部传导机制的分析，可以把房地产周期波动看成是房地产经济系统对外部冲击的响应曲线，即在来自房地产经济系统以外的随机性或周期性因素的冲击下，通过房地产经济系统内部传导机制的作用，结果相应出现了具有周期波动特征的运行轨迹。这一过程如图 7-8 所示。

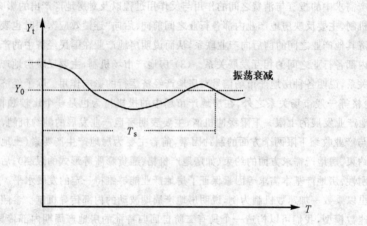

图 7-8　房地产周期波动的冲击—传导模型

房地产周期波动的冲击—传导过程大体经历了以下四个阶段：

第一步：外部冲击阶段。来自房地产经济系统外部的变量，如宏观经济政策变动、经济体制变迁，对房地产经济系统产生外部冲击。

第二步：初始响应与内部传导阶段。房地产经济系统对外部冲击产生初始响应，并利用内部传导机制把外部冲击转化为房地产经济系统运行的重要动力因素。如果振幅（Y_0）越大，说明房地产经济系统对外部冲击越敏感；如果振幅（Y_0）越小，说明房地产经济系统对外部冲击的敏感程度越小。

第三步：内部传导与振荡衰减阶段。由于房地产经济系统存在内部运行阻力，当外部冲击通过内部传导机制向房地产系统各个领域进行全面传导时，必然会导致初始响应曲线发生衰减,也就是随着内部传导过程的持续,外部冲击对房地产经济系统运行路径的影响程度会逐渐衰减,表现为房地产经济波动在波动强度、波动振幅与波动长度等指标上逐渐趋于正常或稳定状态。

第四步:进入稳定状态或重新恢复冲击前的正常运行状态阶段。房地产经济系统在对外部冲击做出初始响应,并经内部传导机制作用而呈现振荡衰减之后,到达 T_s 时刻后重新进入稳定状态,或重新回到外部冲击前的正常运行轨迹。在这里,房地产经济系统达到稳定状态所需时间 (T_s),是衡量房地产经济系统特征的重要指标。T_s 愈长,说明房地产经济系统在受到外部冲击后重新恢复稳定或正常运行所需时间就愈多,那么这一房地产经济系统对外部冲击的抵御能力就愈差,其内部特征也就愈差。相反,T_s 愈短,说明房地产经济系统在受到外部冲击后重新恢复正常运行所需时间就愈短,也就是说这一房地产经济系统对外部冲击的抵御能力愈好,房地产经济系统的内部特征也愈好。

总之,当房地产经济系统受到外部冲击而改变运行轨迹或出现不稳定状态之后,通过内部传导机制对外部冲击进行滞后的自我反应与调整,在冲击机制与传导机制交互作用下,历经上述四个阶段而重新回到稳定状态,这样也就完成一次波动。当外部冲击连续不断甚至重复叠加时,房地产经济系统便在冲击—传导机制作用下进入连续不断的波动循环之中,由此形成房地产周期波动。

在房地产周期波动的冲击—传导模型中,外部冲击和内部传导对房地产经济周期波动的运行机制和影响效果有所区别。第一,从运行机制来看,外部冲击来源于外生变量的自发性转移,主要强调时间序列的变化,通过外生变量及与内生变量无关的参数体现,并通过这些变量的传导作用而对房地产经济波动产生影响;内部传导机制反映了房地产经济系统的结构效应,主要通过与内生变量相联系的结构参数体现出来,强调房地产经济系统对外生的时间序列变量变化的滞后响应,因此内部传导机制主要通过房地产经济系统的内在机制而在系统内部扩散,表现为系统内部对于外部冲击的自我响应与自我调整。第二,从对房地产经济波动的影响效果来看,外部冲击是波动的初始原因或初始推动力量,并不直接决定房地产波动的周期性和持续性,只是通过内在传导机制而对周期波动的波幅、波长、波峰、波谷等产生叠加影响,使基本波动形态产生变化,并对房地产周期波动转折点的形成产生主导性作用;内部传导机制虽然表现为对外部冲击的滞后响应,但由于房地产经济系统是一个内生运动决定的单一积累过程,因而在本质上决定着房地产经济波动的周期性和周期的持续性,决定着房地产周期波动过程中包括波峰、波谷、波幅、波长等的基本波动形态。

二、房地产周期波动与宏观经济因素的关系

(一)影响房地产周期波动的宏观经济变量

在现实经济运行过程中,国民经济与房地产业之间的相互影响与相互作用,都是通过经济变量、经济参数来完成,并在国民经济周期波动和房地产周期波动过程中实现的。因此,那些既对国民经济波动产生作用,同时又会影响房地产波动的宏观经济变量和参数,便成为影响房地产周期波动的重要因素。这里简要分析经济增长率、国民收入与消费水平、物价与通货膨胀率等宏观经济变量对房地产周期波动的影响。

1. 经济增长率。经济增长是指一国经济活动能力的扩大,其衡量标准是一国商品和劳务总

量即国民生产总值的增长状况,或者采用人均国民生产总值的增长状况来表示。美国经济学家西蒙·库兹涅茨在对各国经济增长率进行大量数理统计分析后,指出国民经济增长率与房地产业发展状况之间存在十分紧密的关系。第一,房地产业发展水平与国民经济增长率高度正相关,宏观经济增长率越高,房地产业发展速度也就越快。第二,房地产业与宏观经济增长水平的高度相关性,实际上还说明在经济的不同发展阶段,房地产业的发展水平有所区别。

与此相关,由于通常用经济增长率来表示宏观经济周期变动,因此房地产周期波动与宏观经济周期走势密切相关。一般来说,经济发展水平的周期性波动,对房地产这类具有独特性质的消费品和投资品的供求关系会产生较强的影响,结果使得宏观经济周期与房地产波动呈同向发展趋势,但在波动时序上略有区别,房地产周期略早于宏观经济周期。当宏观经济处于萧条期时,一旦政府通过扩张性政策刺激经济,在这一外部因素的冲击下,同时在房地产价格需求弹性和房地产收入需求弹性等房地产特有的产业扩张传导机制作用下,社会生产资源向带有国民经济基础性和先导性等产业特征的房地产业转移,由此导致并推动房地产业率先开始复苏,进而在房地产业率先复苏推动下带动宏观经济步入扩张期。当宏观经济进入高涨期后,在政府通过提高利率、紧缩通货等紧缩性政策冲击下,由投资、消费构成的房地产需求分别在宏观紧缩政策影响下出现降低,同时又由于受到房地产投机被抑制、房地产泡沫破灭等房地产业特有的产业收缩机制的影响,结果使得社会资源率先从过热的房地产领域退出,结果房地产市场先于宏观经济而进入收缩期。

2. 国民收入、消费水平。国民收入表明一个国家在一定时期内投入生产资源后所生产出来的产品和劳务的价值或由此形成的收入水平。国民收入的增加或下降,一方面表现为消费水平和社会购买力的上升或降低,另一方面又可表现为社会投资水平中可供投资的资源数量的增加或下降。从总体上分析,当收入水平变动作为外部冲击形成后,在房地产收入需求弹性等内部传导机制的作用下,不但会影响房地产消费需求,而且还会影响房地产投资需求,结果最终导致房地产需求随收入水平而波动。

收入水平影响房地产需求的传导机制可以从两个方面分析:一方面收入变动会影响消费者对房地产物业的支付水平,而支付能力的调整影响到房地产需求水平。例如收入影响家庭在住宅上持续不断地支付现金(如租金或分期付款)的能力,结果通过现金支付承受力来影响住宅需求。另一方面,收入水平变动会影响消费者对财富积累的预期,进而影响房地产需求水平。例如收入变动影响家庭成员一生财富积累的预期,结果通过这种财富积累的预期再对住宅需求产生影响。

消费水平是个人可支配收入扣除储蓄以后的余额部分。按照恩格尔定律,随着消费水平的变动,以及在收入水平和边际消费倾向既定下消费结构发生变动,房地产需求都会受到影响,从而使房地产业的发展相应出现扩张或收缩现象,由此带动房地产业波动。一般来说,不但消费水平本身,而且影响消费水平发生变化的各种影响因素,如个人可支配收入、储蓄倾向、消费者偏好、商品价格水平、家庭财产状况等,也会对房地产需求产生影响,进而影响房地产业发展状况。从实际情况来看,处于不同经济发展水平的国家,其房地产需求和消费水平也各不相同。在美、英、德、日等国,住宅消费占生活费的比重基本达到15%左右,而在低收入国家,其住宅支出则不到10%。改革开放以来,我国尽管积极推行了住房制度改革,但我国居民住宅消费支出在总消费支出中的比重仍然较低。

3. 通货膨胀率。物价指数或通货膨胀率主要是通过两个途径对房地产经济波动产生影响的。第一，通货膨胀因素影响房地产名义价格与真实价值变动，从而导致房地产经济运行出现相应变化。由于房地产价格是构成总物价水平的重要组成部分，因此物价指数或通货膨胀率与房地产价格之间存在明显的正相关关系。当物价总体趋向上涨时，房地产名义价格也随之上涨，扣除通货膨胀率后的房地产真实价值也相应上升；当物价总体水平趋于下降、通货膨胀率下降时，房地产名义价格也会趋于下调，扣除通胀因素后的房地产真实价值明显减少。随着房地产名义价格与真实价值的变化，在价格机制作用下，进而导致房地产经济运行出现扩张或收缩性变化。以西方主要工业国家为例，可以看到在通货膨胀持续高涨的年代，房地产价格也出现明显上涨趋势。第二，通货膨胀因素影响房地产商品的保值与升值功能发生变动，进而影响房地产经济运行波动。物价上涨引发通货膨胀后，导致货币价值下降，消费者宁愿持有真实资产而放弃货币资产。由于房地产具有较强的保值和升值潜力，并且还能够在通胀率高时顺利实现保值和增值功能，因此房地产便成为消费者抵御物价上涨的有效投资渠道，从而推动房地产投资活动增加。相反，当物价下降，特别是出现通货紧缩后，不但作为真实资产的房地产名义价值会有所下降，而且甚至还可能出现房地产真实价值减少，其结果均会导致房地产投资行为和投资规模受到影响。

（二）房地产周期波动与宏观经济政策

与宏观经济变量对房地产周期波动的冲击作用相似，宏观政策因素和体制因素也会以冲击和传递方式，对房地产经济运行趋势和轨迹产生影响。这里对投资政策、金融政策的影响进行简要分析。

1. 投资政策。作为经济增长的重要因素，投资不但直接影响宏观经济增长趋势与增长水平，而且也对宏观经济组成部分的产业发展产生重要影响。当投资规模与投资结构出现变动时，对所需资金投入多、形成价值也较大的房地产业来说，也就自然会随投资波动而出现房地产经济增长的波动。利用投资—经济增长总量模型，可以说明投资波动对房地产经济周期的影响。

如果用 Y 来表示某一时期房地产增加值，I 为国民经济中用于房地产业的新增投资，即在房地产开发、建筑过程中新购置土地、建筑材料、建筑设备和新增劳动力等方面的投入，m 为资金—产出比率，可以用来反映房地产业和建筑业技术进步和劳动生产率提高等技术因素，其他非技术性因素如经济体制、产业组织等因素对房地产业增长的影响用系数 ε 表示。这样，全社会的房地产投资对房地产经济增长总量的关系就可以表示为：

$$\triangle Y = (1/m) \times I + \varepsilon Y$$

式中，$\triangle Y$ 为房地产增加值增量，I/m 表示由于新增投资 I 所带来的房地产增加值的增量部分，εY 表示由于非技术因素带来的房地产增加值增加部分。假定资金—产出系数 m 和非技术因素系数 ε 在一定时期内保持不变，那么房地产增加值的增长率就可以用房地产投资率来表示：

$$\triangle Y/Y = (1/m) \times (I/Y) + \varepsilon$$

如果用 g 来表示房地产增加值增长率，k 表示房地产投资率，那么上述公式可以表示为：

$$g = (1/m) \times k + \varepsilon$$

从中可以看到，当 ε 保持不变时，房地产投资总量与房地产增长率同步增长，投资成为房地产经济增长的决定性因素。结合投资乘数效应和加速原理，那么房地产投资对房地产经济增长的作用就更为明显。

实际上,在投资对房地产经济增长的作用与机制保持不变的条件下,如果投资政策发生变动,全社会投资规模与投资结构出现变动,房地产经济增长会产生相应波动。具体来看,在投资传导机制保持不变时,作为外部冲击的投资政策会在两个层次上对房地产经济增长产生波动性影响。一是当社会总投资规模与总投资结构出现变动时,投向房地产的资本量会发生变化,从而导致作为房地产业增长动力的投资水平出现变动,结果使得房地产经济增长出现波动。二是在社会投资规模与投资结构保持不变时,投入房地产业的资本会出现投资结构的变动,在这种情况下也会影响房地产业的发展状态。

2. 金融政策。作为外部因素对房地产经济运行产生波动性影响的金融政策,主要是通过货币供应变动与利率变动等方式,对房地产经济运行过程形成外部冲击和干扰。由于房地产业所需投资额巨大,房地产投资开发活动在相当程度上是一种融资过程,因此金融政策的调整与变动对房地产经济运行的冲击影响比对其他产业更为明显。

这里可以用一个简要的模型来分析货币供应变动对房地产经济波动的影响。当整体经济体系处于均衡时,各种市场超额需求的总和为零,即:

$$ED_m + ED_y + ED_s + ED_h + ED_o = 0$$

上式中 ED 为超额需求,下标的 m、y、s、h、o 分别代表货币市场、产品市场、股票市场、房地产市场和其他市场。把上式中的 ED_m 右移,即可得到货币市场超额需求公式:

$$ED_y + ED_s + ED_h + ED_o = -ED_m$$

由于负的货币市场超额需求 $-ED_m$ 正是货币市场上的超额货币供给 ES_m,于是上式可写为:

$$ES_m = ED_y + ED_s + ED_h + ED_o$$

该式表明,货币市场的超额供给最终将反映到产品市场、股票市场、房地产市场和其他市场上,使这些市场产生超额需求,从而推动各个市场价格上涨、产量也相应出现波动。

利率变动作为外部因素对资金投入巨大的房地产经济运行的影响也十分明显,由此对房地产业的发展产生较强的调节作用。一般来说,第一,由于长期利率反映了社会的投资利润率,同时也就反映了房地产投资的机会成本水平。如果长期利率越高(低),表明房地产投资的机会成本越大(小),因而房地产投资会受到抑制(刺激)。第二,利率水平的波动,会直接影响到房地产的投资成本、投资收益。这不但会调节房地产投资主体的投资行为与投资规模,而且还会决定社会资本是否流入或流出房地产投资领域,从而影响着房地产业的发展状态。

(三)房地产周期与宏观经济周期

从经济发展阶段来分析,随经济发展水平不断上升,房地产经济景气与宏观经济景气的相关程度逐渐提高,一方面房地产经济景气趋势与宏观经济景气趋势逐渐从早期的逆周期转变为正周期,另一方面房地产经济振荡幅度也随产业发展水平提高而逐渐从早期大幅波动趋于稳定,出现相对稳定的发展状态和运行趋势。

从经济周期不同阶段的展开过程来分析,第一,宏观经济开始复苏后,房地产投资与开发也随之上升,但因物业开发的时滞效应,使得房地产的复苏会稍晚于宏观经济的复苏。第二,在房地产经济开始复苏后,在宏观经济持续增长的带动下,房地产需求不断上升,但由于房地产供给短期刚性,加上在保值增值心理影响下是导致房地产价格全面上扬;与此同时,随着房地产价格上升,房地产开发商资产相应快速膨胀,在银行提供大量按揭的情况下,经过投资乘数等作用,结果导致房地产经济周期比宏观周期更快进入繁荣阶段。第三,由于房地产周期的繁荣期更早来临,加之没有宏观经济那种各行业之间相互消长的综合影响,因而房地产业通常比宏观经济先期进入衰退现象,即当宏观经济进入繁荣阶段时,房地产经济已经率先出现停滞乃至衰退的迹象。第四,当宏观经济进入衰退后,房地产经济出现更为猛烈的下降过程,房地产价格大幅下降,房地产交易量也大大降低,房地产商品空置率明显提高。第五,经过明显的产业紧缩之后,房地产经济进入相对持续时间较长的萧条阶段,直到宏观经济开始缓慢复苏后,才慢慢走出萧条期,重新进入新一轮的经济周期。

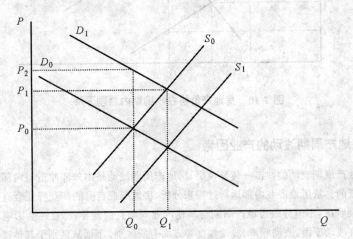

图 7-9　房地产价格在扩张期内急剧上升

在周期不同阶段的展开过程中,房地产经济波动幅度一般高于宏观经济波动幅度。对此可以从扩张期和收缩期分别进行说明。

在扩张期内(参见图 7-9),当宏观经济复苏带动房地产经济复苏,房地产需求上升,使需求曲线从 D_0 右移到 D_1,房地产需求量从 Q_0 增加到 Q_1。但在房地产供给短期刚性影响下,短期内房地产供给曲线并不能够从原来的 S_0 增加到 S_1,同时也就不能形成需求曲线上升而供给曲线不变时的新均衡价格 P_1。由于房地产供给量仍然维持在 Q_0 水平上,这样一来市场上实际的房地产价格就从原来的 P_0 急剧增加到 P_2。显然,房地产需求上升后形成的新市场价格 P_2,不但高于原来的均衡价格 P_0,而且也高于需求曲线上升后的新均衡价格 P_1。这表明,当房地产需求持续上升,房地产价格就会大幅提升,由此进一步推动房地产经济急剧扩张。

在收缩期内(参见图 7-10),当宏观经济出现衰退后,使得先期进入经济收缩阶段的房地产需求进一步下降,即需求曲线从 D_0 左移到 D_1。由于房地产供给缺乏弹性,即房地产供给曲线仍保持为 S_0,市场上的实际价格就从原来的 P_0 急剧下降到 P_3。这一市场价格,既不是供给曲线不变时需求量下降后形成的新均衡价格 P_1,也不是像一般商品供给曲线那么通过短期左移到 S_1,以适应需求曲线下降后而形成相对较高的新均衡价格 P_2。这表明当房地产需求量持续下降后,房地产价格急剧下降,由此带来房地产经济快速收缩。总之,综合上述两种情况,表明房地产经济波动振荡幅度一般大于宏观经济波动幅度。

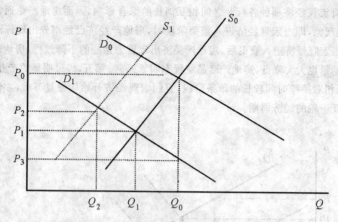

图 7-10 房地产价格在收缩期内急剧下降

三、房地产周期波动的产业因素

根据房地产周期波动的冲击—传导模型,房地产周期波动是由外部冲击与内部传导机制综合作用而形成的。从房地产业内部运行过程来分析,房地产业自身的产业特征会直接影响房地产周期的波动状况,不但导致房地产周期与其他产业周期有所差异,而且还会影响不同时期的房地产周期在波动原因、波动频率、波动幅度等方面有所区别。下面从区别于其他产业的产业特点角度,简要说明房地产供求关系、市场结构与运行特征等产业因素对房地产周期波动的影响。

(一) 房地产供求关系与房地产周期波动

对于房地产供求关系与房地产周期波动的关系,可以从两个方面展开分析。一方面如果把房地产周期波动理解为房地产供求关系从非均衡向均衡状态的逼近过程,那么房地产供求关系的变动,也就反映出房地产周期波动的运行状态;另一方面由于房地产供给与需求的自身变动,既受到房地产价格弹性等内部传导因素的影响,又受到来自宏观经济变量的影响,因此房地产供给与需求关系的变动过程,可以视为外部因素冲击与内部传导机制的综合作用过程,或者说导致房地产供求关系发生变化的相关因素,实际上也就成为直接或间接影响房地产周期波动的主要因素。然后把上述两个方面的分析结合起来研究,可以看到房地产供求关系是如何在外部因素冲击与内部传导机制的作用下相应变动,以及这种变动又是如何影响到房地产经济运行的波动周期。

从长期来看,由房地产在国民经济中所具有的基础性和先导性等特点所决定,房地产需求不断上升,但受房地产不可移动性等因素影响,使得不断增加的房地产供给与持续上升的房地产需求在结构上(特别是区域结构上)总是存在一些差异。这就使得在相对较长的房地产经济运行过程中仍然会存在房地产波动,或者说从总体上导致房地产经济的周期波动也相应较长。

在短期内,假定房地产供给保持相对不变、房地产需求上升,由于短期内土地供给不变,同时房地产生产过程较长,都使得房地产供给在短期内不易增加。这样一来,在相对较长的房地产经济运行过程中,短期内增加的房地产需求和基本保持不变的房地产供给之间的矛盾较为明显,因而导致短期内房地产周期性波动。此外,假定短期内房地产供给出现变动、房地产需求相对不变,由于前期开发的房地产商品投入市场时,在短期内房地产供给出现增加,但此时因房地产需求由于受消费者收入等宏观经济的影响而不可能在短期内增加,结果在短期内出现房地产供给大于需求的非均衡状况,受其影响仍然会产生房地产经济的短期波动。

(二)房地产业运行与周期波动

房地产业是把地产与房产结合于一体的产业部门,形成了独特的产业运行特征,如房地产完成一次循环所需时间较长、房产与地产运行轨迹既有所联系又有所区别、房地产运行过程因涉及众多行业导致产业管理较为复杂以及房地产产品生命周期等产业运行特征,都对房地产经济运行波动产生了重要影响。

1. 从经济运行时间来分析,房地产商品完成一次循环所需时间长,直接影响到房地产经济周期波动。这里主要有两种情况:一是从不同运行周期之间的衔接来看,如果上一周期运行出现问题,那么紧接而来的后一期房地产经济运行也会受到影响,结果导致房地产经济波动在不同运行过程之间出现。二是在同一运行周期内,如果在开发投资、经营使用与再开发等不同阶段出现问题,特别是在房地产交易环节中如果不能及时售出房地产商品,那么房地产运行就会出现阻碍,结果可能导致房地产经济波动。当这种波动因产业运行受阻而不断强化,就可能导致房地产经济运行出现周期性波动。

2. 从运行内容上分析,房地产经济运行实际上是房产经济与地产经济相互交融、互相联系的有机统一过程。房地产经济运行过程始终是围绕着土地与房屋两个要素展开的,房产与地产紧密联系,缺一不可,但在运行轨迹上两者却有所区别。房产与地产在房地产经济运行过程中的紧密联系与运行轨迹上的差异性特征,对于房地产经济运行中所出现的波动现象产生了重要影响。第一,房产与地产在经济运行过程中所形成的相互继起、相互交织的紧密联系,不但共同决定着房地产经济的波动式运行趋势,而且还通过在价值与价格形成过程中的相互强化机制,对按照某一趋势运行的房地产经济发挥着乘数式增强效应或抑制效应,结果在两者共同作用下形成较强的房地产波动。第二,在房产与地产的差异性决定下,房地产经济运行轨迹具有地产与房产既相互统一又有所区别的特点,这在一定程度上加大了对按照各自轨迹运行的房产与地产进行统一协调运行的难度,使得房地产经济在地产与房产内部协调基础上有效运行的难度增大,因而导致房地产经济系统受到地产与房产的运行差异影响而出现整体运行的波动。

(三)房地产周期波动的市场因素

在市场经济体制下,房地产经济运行的周期波动是在房地产市场内通过房地产市场波动而表现出来的,房地产市场因素也会对房地产周期波动产生一定影响。除了可以从房地产需求与供给关系角度来探讨以外,还可以从房地产市场结构和市场行为等方面来分析。

1. 房地产市场结构对房地产周期波动的影响。

构成房地产市场的各个要素之间,总是因社会经济制度、技术水平等因素影响而形成特定的经济联系,由此在本质上决定了房地产市场的结构形态;而房地产市场各构成要素之间受特定经济联系决定而形成的比例关系,则从量上决定了房地产市场的结构形态。房地产市场结构正是各市场要素之间在质和量上的统一体现。

不论从何种角度对房地产市场结构进行划分,对于由各种市场构成要素组合而成的房地产市场结构来说,只要房地产市场的组成要素因外部影响而出现变动,那么在特定的房地产市场结构下,一个市场要素的变动会通过市场结构机制传递到另一要素,最终各个要素之间相互传递、相互推动,引发在这种市场结构下的房地产经济波动。当各市场要素的微小波动累积到一定程度形成剧烈变动后,不但可能导致房地产经济波动加剧,而且还可能引发房地产市场结构出现调整,从而形成与各市场要素变动后所达到的新的经济联系和比例关系相协调的新房地产市场结构。这里以房地产商品市场结构为例,说明其对房地产经济波动的传导过程。

(1) 就房地产商品种类来看,住宅、商业楼宇、工业厂房对周期波动的相关性或敏感性依次减弱。也就是说,房地产市场周期波动的传导过程,大致按上述顺序进行,即住宅最先受影响,接着商业楼宇也顺势调整,而工业厂房则较为迟钝。因此这三类物业依次传递而形成的波浪型变动,反映了房地产周期波动的内部传导与扩散过程。

(2) 就同一物业的档次(品质)来看,住宅类的中低档多层和高层楼宇,对市场走势的反映通常会比别墅等高级楼宇更为灵敏;商业类的中高级商场、写字楼受市场趋势的影响更快,调整起来也更迅速;相比之下,专业性的工业厂房更容易受市场周期影响,而通用型厂房相对要滞后一些。

(3) 就同一物业的地点来看,地理位置优越的写字楼和商场,与位置相对较差的同类物业相比,前者对市场衰退与萧条期的反应比后者要慢要小,而对市场复苏与繁荣期的反应则比后者要快要大;地理位置因素在住宅类对市场周期的指示上不如商业楼宇那么明显,工业厂房的情况也大致相同。

2. 房地产市场行为与房地产周期波动。

与房地产市场特征、房地产市场结构对房地产经济波动产生直接影响一样,房地产供求双方的市场行为及其变动,也会影响到房地产经济的运行过程,并在一定条件下成为房地产经济波动的传导因素。实际上,如果把房地产供求关系的变动视为房地产供求双方按一定方式开展市场活动的结果,那么可以说房地产供求关系在房地产周期波动形成与变动过程中的作用,当然也就间接地反映出房地产供求双方的市场行为对于房地产经济波动的影响。在这里,我们以作为房地产市场行为典型代表的房地产投机为例,进一步说明房地产市场行为在房地产经济周期波动中扮演的角色与作用。

房地产投机是以房地产商品为对象、在房地产市场中进行的投机行为。第一,从行为方式来看,房地产投机行为类似于房地产投资,有时甚至很难区别两者之间的差异。不过在严格意义上两者仍然存在一定的区别:房地产投机是一种以较高利润为目标、承担较高风险和不确定性、同时进行时间相对较短的房地产投资行为,或者说,那些追求较高预期利润、承担较高风险、时间相对较短的房地产投资行为,具有房地产投机倾向。第二,受房地产商品与房地产市场特征的影响,在房地产经济活动中容易产生房地产投机行为。从房地产商品特征来分析,不论是房地产商品的不可移动性、异质性,还是在使用上的耐久性、投资与消费二元性,都容易导致房地产投机行为。从房地产市场特征与市场结构来分析,不论是不完全竞争和不完全开放等主要市场特点,还是区域性、层次性等其他市场特征,也十分容易导致出现房地产投机行为。第三,房地产投机行为是在法律规定范围内,针对法律体系的漏洞而形成的逐利行为,如果要通过法律来进行规范,则可能同时会抑制不少正常的经济行为,因此很难采用法律来进行干预。

随着在房地产投资、建设、交易与使用过程中都形成和出现不同类型的房地产投机行为,使得房地产经济的正常运行秩序受到负面冲击,结果不但导致房地产经济波动趋势的强化,而且还在事实上加剧了房地产经济波动幅度。这是因为:

(1) 从总体上看,由于房地产市场容易出现市场失灵、政府调控失效与市场结构不健全等现象,使得以房地产商品为对象、在房地产市场中进行的房地产投资行为,比其他投资行为更容易转变成为投机行为。其结果能导致外部不经济,又使得市场更无效率。

(2) 一般投机行为所具有的价格发现、风险转移与降低市场垄断性等功能,对房地产投机行为而言表现得并不明显。例如,对价格发现功能来说,由于房地产商品的异质性与房地产市场的不完全竞争和不完全开放特征,使得单个房地产商品的交易价格并不能成为同类房地产商品的定价标准,最多只能成为市场定价的参照作用,或者作为预测未来市场价格趋势的作用。同样,对风险转移功能来说,房地产投机的结果往往导致市场风险进一步增强,在转移市场风险的作用方面并不明显。此外,在降低市场垄断、提高市场效率功能方面,由于房地产投机者在市场失灵空间进行的投机活动,通常比一般市场的投机空间大,而且投机持续的时间更长,或者说因投机者相互竞争而使市场失灵的空间缩小并重新回到均衡状态的过程更为漫长,因此对提高房地产市场效率的作用并不明显。

(3) 在房地产投机行为的作用下,对房地产经济运行产生不利影响,不但使得房地产资源难以优化配置,而且还增加了房地产经济运行的不公平程度,同时更加剧了房地产经济运行过程的波动趋势和波动幅度。

专题分析：房地产周期波动的景气指标

房地产周期作为房地产波动的运动形态,总是通过一些特定的指标表现出来的。这些反映房地产周期波动的指标,一般又可以简称为房地产景气指标。根据房地产冲击—传导机制,按四个阶段依次循环而形成房地产业的周期波动,既是房地产经济运行的结果和方式,也是宏观经济周期波动的组成部分之一。所以,这两个方面的某些经济变量和参数,可以构成用来考察和分析房地产周期波动的景气指标。指标或指标体系怎么选择直接影响周期波动的状态。我们在正文选取的是商品房价格、城镇新建住宅面积、城镇住宅竣工面积、实有房屋建筑面积、实有住宅面积、城镇住宅投资、房地产业从业人员、商品房销售面积等八项指标。这是否科学合理,我们认为还值得研究,所以特设专题研究,并介绍另一种指标体系,供读者研究参考。这种指标体系是将景气指标分成两种类型、两个层次(谭刚,1994)：

1. 间接指标,主要是一些与宏观经济周期波动相关指标,它们对房地产业的周期波动有重大作用和影响,但本身并不直接体现为房地产业的波动循环。主要有国民经济增长率、中长期贷款利率与货币供给年增长率、物价指数等。

2. 直接指标,是直接反映房地产景气波动的、体现房地产业运行状况的指标。又可分为表层指标和内层指标两个层次。

(1) 表层指标,主要是一些本身就能直接反映出房地产周期波动的表面性指标。表层指标包括：房地产业增加值增长率、房地产价格与租金、房地产交易量、土地与楼宇供应量、房地产空置率等。

(2) 内层指标,主要是一些虽能直接反映房地产周期波动,但不如表层指标那样可明显观察到的较深层次的指标。内层指标包括：房地产投资收益率、房地产租金收益率、房地产企业利润增长率、房地产业就业率与失业率、房地产投机行为、房地产物业类型与结构变动、股地联动系数等。

思 考 题

1. 如何理解房地产周期和经济周期的联系与区别?
2. 试归纳房地产周期波动的不同定义,它们的根本差异在什么地方?
3. 简述房地产周期波动的展开过程及其主要特征。
4. 在海内外房地产周期现象的比较基础上,归纳中国房地产周期的主要特点。
5. 试述房地产周期的波动传导机制。
6. 简述房地产周期理论的最新发展。

参 考 文 献

1. Sale G. Bails and others, 1982, *Business Fluctuations: Forecasting Techniques Applications*, Premtiee-Hall Inc. Eagle Wood Cliffs, Newjersey.
2. 郑家享等:《中国经济的波动与调整》,中国统计出版社,1992年。
3. G. 加比希、H. W. 洛伦兹:《经济周期理论——方法和概念通论》,上海三联书店,1993年。
4. 毕大川、刘树成:《经济周期与预警系统》,科学出版社,1990年。
5. 谢贤程:《香港房地产市场》,商务印书馆(香港)、山西经济出版社,1993年。
6. 郭克莎:《中国:改革中的经济增长与结构变动》,上海三联书店,1993年。
7. 张元端:《中国房地产业指南》,黑龙江科学技术出版社,1991年。
8. 建设部计划财务局:《城市建设统计年报》,1978—1995年。
9. H. 钱纳里等:《工业化和经济增长的比较研究》,上海三联书店,1989年。
10. 曹振良、李晟:"论房地产业在我国产业结构调整中的战略地位",《南开经济研究》,1995年第6期。
11. 石磊:"我国经济波动性质辨析",《经济研究》,1993年第11期。
12. 吴兆华:"发展房地产业的理论与对策探讨",《经济学家》,1995年第2期。
13. 保罗·萨缪尔森等:《经济学》,中国发展出版社,1992年。
14. 何国钊、曹振良、李晟:"中国房地产周期研究",《经济研究》,1996年第12期。
15. 梁桂:"中国不动产经济波动与周期的实证研究",《经济研究》,1996年第7期。
16. 谭刚:"房地产业的周期波动",《中外房地产导报》,1993年第13—14期。
17. 谭刚:"房地产业的周期波动及景气指标",《住宅与房地产》,1994年第4期。
18. 张金鹗:《台湾房地产景气之探讨》,台湾政法大学地政学系,1989年。
19. 张柏东、张东:《房地产经济学》,华中理工大学出版社,1996年。
20. 刘树成:《繁荣与稳定——中国经济波动研究》,社会科学文献出版社,2000年。
21. Christopher Wood, 1992, *The Bubble Economy*, The Atlantic Monthly Press.
22. 杨奇:《香港概论》,香港三联书店有限公司,1996年。
23. 张元端:"中国房地产发展的周期波动",《住宅与房地产》,1996年第1期。
24. 杰弗里·萨克斯、弗利普·拉雷恩:《全球视角的宏观经济学》,上海三联书店、上海人民出版社,1997年。

第八章 房地产与泡沫经济理论

狂热的人们把某种商品或公司的价值抬高至令人发疯的地步,直到产生恐慌,人们匆匆抛售,从而使价格暴跌,这种现象被经济学家称为泡沫(bubble)。

经济史上不乏泡沫的案例。最早的泡沫现象可以追溯到1634—1637年间在荷兰发生的郁金香狂(the dutch tulipmania),普通郁金香球茎价格从1636年11月到1637年1月上涨了25倍。1637年2月5日投机达到最高峰后,价格即开始剧跌。1719—1720年发生在法国的密西西比泡沫(the Mississippi bubble),印度公司的股票从1719年10月的每股500利弗尔(livres)上升到1720年1月的18000利弗尔,到1720年12月则跌至1000利弗尔。与此同时在英国发生了南海泡沫(the south Sea bubble),南海公司的股票指数从1720年1月的128点上涨到7月1日的950点,于10月14日跌至170点。在泡沫破裂期间,不少投资者纷纷破产,损失惨重。

中国经济史上也有类似的案例。1910年在上海发生的"橡皮风潮",橡皮股票超过面值二十多倍。而1992—1993年发生的北海泡沫至今仍可见其影响。

如果说以上泡沫案例还只是单种资产的价格暴涨暴跌形成的,那么日本1987—1993年由土地泡沫与股票泡沫膨胀而形成的泡沫经济的"繁荣"与崩溃,则具有国民经济规模了。

泡沫现象对有关"理性经济人"行为的理论及一般均衡(包括宏观经济)模型所依赖的基础、甚至对整个经济学的基石——价值理论发出了挑战。20世纪50年代资本理论的发展及对多条动态非稳定资产价格路径存在可能性的发现、80年代的金融理论发展及日本泡沫经济所产生的重大影响,促使许多经济学家来研究"泡沫"这个令人困惑的谜。本章主要探讨房地产泡沫的形成原因、检测办法、预警及防范对策,并分析房地产泡沫与泡沫经济的关系。

第一节 泡沫与泡沫经济

一、泡沫的定义

1. 泡沫:一种在不可靠基础上的投机性冒险,很少或没有成功的机会。这个定义仅指明了泡沫是由一种缺乏根据的投机活动所导致;但在泡沫崩溃前的投机者或多或少都会成功。

2. 泡沫:任何形式的过度投机。该定义抓住了泡沫的本质——由过度投机形成的,但未指明泡沫是一种价格运动现象。

3. 泡沫:A:一种资产的价格持续上涨到很高的水平直至崩溃;B:一种投机性冒险。除非有无数个参与者,否则,泡沫在本质上是非理性的。这个定义比较全面,但泡沫在理性预期条件下也存在,即存在所谓的"理性泡沫"。

4. 泡沫:指一个机构为牟取暴利,以欺骗手法将一种物品或股票的价格抬高到远远高于它的实际价值之上,最后就像气泡破裂那样,其价格猛然下降,使买主蒙受巨大损失。又指买卖资信欠佳的公司股票以进行投机,使股票的价格远远高于它的实际价值。这个定义仅指明了由欺骗形成的泡沫,如南海泡沫、橡皮风潮中的股票泡沫等,但许多泡沫是由于公众的群体预期一致及过度投机形成的。

5. 泡沫:指地价、股价等资产的价格,持续出现无法以基础条件来解释的上涨或下跌,最后突然暴跌或暴涨。这个定义比较准确,但没有揭示出泡沫是由投机形成的。

6. 金德尔伯格在"泡沫"辞条中写道:泡沫可以不太严格地定义为:一种资产或一系列资产的价格在一个连续过程中的急剧上涨,初始的价格上涨使人们产生价格会进一步上涨的预期,从而又吸引新的买者——这些人一般是以买卖资产牟利的投机者,对资产的使用及其盈利能力并不感兴趣。随着价格的上涨,常常是预期的逆转和价格的暴跌,由此通常导致金融危机。这个定义比较形象,但确实"不太严格",它没有指明这种价格上涨是市场基础条件所无法解释的。此外,他还区别了泡沫与繁荣,认为"繁荣"与泡沫相比,价格、产量、利润的上升比较温和,范围也要广泛,其后也许接着是以崩溃或恐慌形式出现的危机,或者以繁荣的逐渐消退告终而不发生危机。

7. 弗拉德与加伯(Robert P. Flood and Peter M. Garber,1981)认为:当实际市场价格正向地依赖于它的预期的变动率时,泡沫才会产生。具有理性预期的经济主体不会有系统性的预测误差,所以,价格及其预期的变动率之间的正相关就意味着价格与其实际的变动率之间也有类似的关系。在这种情况下,由于对价格变动的套利行为及自我完成的预期就会使实际价格变动脱离市场基础,这种情况叫价格泡沫(price bubble)。这是一个颇具模型化的定义,是建立理性泡沫模型的基础。

综合考察各种泡沫案例及定义,我们认为,泡沫本质上是一种价格运动现象,对其简单定义为:泡沫是由投机导致的资产价格脱离市场基础持续上涨。泡沫又称价格泡沫、资产泡沫(asset bubble),或投机泡沫(speculative bubble),或资产价格泡沫。具体来讲,泡沫有两重含义:

1. 指资产价格脱离市场基础持续急剧上涨的过程或状态(或曰泡沫化)。
2. 指资产价格高于由市场基础决定的合理价格的部分。

所谓资产,就是能长期提供服务流的商品,它可能提供能用来购买消费品的货币流,如债券、股票等,其提供的服务流为利息、股息或红利;它也可能提供纯粹的消费服务流,如住房。

问题在于,什么是市场基础价值呢?弗拉德与加伯认为:对市场基础的明确定义依赖于一个特定模型的结构,事实上,如果没有一个详述市场运行的精确模型,对泡沫进行恰当定义是没有意义的,也不可能去定义市场基础与分离出泡沫的轨迹特征。一般认为资产的市场基础价值是由资产的未来收益的现值决定的。诚如斯蒂格勒茨(Joseph E. Stiglitz,1990)所言:决定跨时期持有资产的市场基础价值的因素有三项:估计持有期可获得的收益,如土地的租金、股票的股息;估计持有期末资产的终值,如土地的最后售价;选择将未来收益转换成现值的折现率。如果投资者的预期按这样的方式变化:他们相信在未来能够以比先前预期的更高的价格出售资产,那么资产的现价会提高。尽管对泡沫的定义各有不同,但有一点很直观:如果今天的高价仅仅是因为投资者相信明天的售价会更高——然而市场基础因素并不反映这种高价——那么泡沫就存在。

二、泡沫经济的定义

关于泡沫经济的定义,大致有如下几种观点:

1. 泡沫经济是投机者出于高赢利预期并形成社会群体热潮产生的其价格与利益超常规上涨的经济现象和文化现象。此定义显然过于宽泛,且带有较浓价值判断色彩。

2. 泡沫经济指的是以资产(股票、房地产)价格超常规上涨为基本特征的虚假繁荣,其直接动因是不切实际的高赢利预期和普遍的投机狂热。该定义似乎更适合于"泡沫",它指出了泡沫经济的一个特征"虚假繁荣",即繁荣所掩盖的是实物经济的相对萎缩。

本书只将虚拟资本(主要是股票与土地)的价格泡沫的过度扩张称为泡沫经济。扩张到何种程度才算泡沫经济,要视一个经济系统的实物生产能力而定,尤其在开放经济条件下,要视一国的国际贸易优势与政府宏观调能力而定。许多实物资产都可能产生泡沫,但它们不可能形成泡沫经济,主要是因为它们的市场基础价值相对较易判定、交易量占商品总流通额的比例较小。另外有人将价格泡沫称为"经济泡沫",虽然从表面看,"经济泡沫"与"泡沫经济"的区别似乎很形象、明显,但这种提法值得商榷,因为"经济泡沫"易让人误解为"局部的泡沫经济";另外,一些实物资产的价格泡沫无论怎样扩张,对总体实物经济来说都是无足轻重的,如称之为"经济泡沫",则有夸张之嫌,如中国20世纪80年代在东北发生过的"君子兰泡沫现象"及邮市上断续发生的"邮市大战",似乎许多人并未觉察。

三、价格波动、通货膨胀与泡沫、泡沫经济

市场价格的正常波动是由真实需求与真实供给的相互作用形成的。凡影响真实需求与真实供给的因素,如人们的收入、财富、偏好、要素价格、预期等因素,都可能使市场价格发生波动。但价格的正常波动是围绕某个稳定值而上下波动,不会偏离太远。这个波动重心在古典经济学家那里被称为自然价格,在马克思那里被称为价值。正是因为价格的正常波动,指导资源的流动,导致利润率的平均化,从而使经济趋向一般均衡。

但投机需求的引入,将会使价格产生异常波动,其中由投机导致的资产价格偏离其市场基础价值持续大幅度上升即形成泡沫。乍一看来,价格正常波动中价格高于其价值,则其高出部分为泡沫,但实际上这不能算是泡沫,因为在自由竞争市场中,这种正的偏离幅度不大,并且是短暂的,只有持续的加速的正偏离才算是泡沫。正如我们不是把暂时的物价上涨,而是把物价的持续普遍上涨(通常是一年以上)看做是通货膨胀一样。

通货膨胀是物价的持续普遍上涨。大多数经济学家认为,物价水平每年平均上涨2.5%以上,并持续一段时期,才算发生了通货膨胀;但泡沫经济则只是几种资产价格的持续暴涨,通常是股票与房地产价格的不断上升。如果泡沫经济形成过程中,货币的过度扩张引起一般商品价格也持续上涨,则形成了通货膨胀与泡沫经济并存的局面。但恶性通货膨胀中有可能存在资产价格泡沫,因为人们为求保值而抢购房地产、黄金、外汇等资产,由于投机、预期及非理性等原因,可能使这些资产价格的涨速远高于通货膨胀率而形成泡沫。也有人把泡沫经济看做是一种特殊的通货膨胀,称之为资产型通货膨胀。

一种特殊的情况是,如果一般物价水平与预期的通货膨胀率相关,则有可能产生价格水平泡沫,即整体物价水平脱离市场基础上涨,这种情况也许在恶性通货膨胀中会出现。

第二节 房地产泡沫

所谓房地产泡沫是指由房地产投机所引起的房地产价格脱离市场基础的持续上涨。实际

上,因为建筑物系劳动产品,其价格相对较稳定,较易判别,所以房地产泡沫实际上主要指地价泡沫。

一、地价泡沫模型

(一) 非泡沫地价上涨模型

在房地产价格评估当中,收益还原法是一种评估收益性房地产价格的基本方法。收益还原法的基本原理是:房地产的价格等于房地产未来净收益的现值和。设地价为 P_t,t 为时间,r 为土地还原利率,R 为土地净收益(地租),g 为土地净收益的年增长率,那么土地的现价为:

$$P_t = \frac{R}{(1+r)} + \frac{R(1+g)}{(1+r)^2} + \cdots + \frac{R(1+g)^{n-1}}{(1+r)^n}$$

$$= \frac{\frac{R}{1+r}\left[1-\left(\frac{1+g}{1+r}\right)^n\right]}{1-\frac{1+g}{1+r}} = \frac{R\left[1-\left(\frac{1+g}{1+r}\right)^n\right]}{r-g}$$

当 $g<r$ 时,$\lim\limits_{n\to+\infty} P_t = \frac{R}{r-g}$;但是当 $g>r$ 时,$\lim\limits_{n\to+\infty} P_t = +\infty$。

可见,当地租的增长率持续大于经济的自然增长率时,地价会无限膨胀。在这个模型里,看不出泡沫与市场基础价值的区别,但它可以解释庞奇游戏之类的"泡沫",设局者以后来筹集的资金按超过实际投资收益率的标准回报前的投资者,但在未来某个时刻一定会发生信用链条的断裂,产生支付危机即泡沫破裂。

(二) 无套利条件下的地价泡沫模型

在不存在不确定性的无套利条件下,土地的均衡收益率必定等于无风险利率,即在均衡时:

$$\frac{P_{t+1} - P_t + R}{P_t} = r \tag{1}$$

r 为无风险利率,其他同模型(一)。左边又可分为两部分,$\frac{P_{t+1}-P_t}{P_t}$ 称为资本收益(盈亏)率,$\frac{R}{P_t}$ 为即期收益率,两者之和为土地的广义收益率。

(1) 可化为:

$$P_{t+1} - (1+r)P_t = -R \tag{2}$$

(2) 为一阶差分方程,其通解为:

$$P_t = A(1+r)^t + \frac{R}{r} \tag{3}$$

A 为任意常数,A 的取值决定于 P_0 的取值,即 $A = P_0 - \frac{R}{r}$,P_0 为初始地价水平。

从方程(3)可以看出,方程(1)的稳定解为 $\frac{R}{r}$,即地租资本化而成的地价。当土地的初始价格 $P_0 > \frac{R}{r}$ 时,$A>0$,那么随着时间 t 的推移,地价会出现膨胀,$A(1+r)^t$ 可称为泡沫。在这里,地价沿着一条不稳定的路径上升是因为人们预期它上升,地价的上升使资本收益率提高,即期收益率降低(假定地租 R 不变),因而土地的均衡广义收益率仍然等于利率,整个框架与标准的一般均衡分析并无二致。但如果初始价格 $P_0 < \frac{R}{r}$,则 P_t 最终显示出负的价格,这种情况应从均衡中排除。因此,这个模型似乎难以得出确定的结论。

（三）理性泡沫模型

经济学家一直相信，如果经济人的行为是理性的，预期是理性的，那么资产的价格就仅仅反映其市场基础价值，即资产价格只取决于关于此项资产的现期及未来收益的信息。价格对市场基础价值的偏离，至少从表面上看来是非理性的。然而，行为与预期的理性并不意味着资产价格必然等于它的市场基础价值，换而言之，存在着价格对市场基础价值的理性偏离(rational deviation)，即所谓的理性泡沫(rational bubble)。

一般地，如果模型中变量的预期值会影响其现期值，那么模型就存在多重解，即存在不确定性的路径，这是宏观经济学最近讨论的主题"非惟一性"。理性泡沫模型即属于这类模型，该模型由布兰查德与瓦特森(Oliver J. Blanchard and Mark W. Watson, 1981)所建立。

假设：经济人的行为与预期是理性的，市场出清，此时，在给定的个人信息与价格显示的信息条件下，任何人都不能够通过重新安排资产组合来提高他的预期效用，于是推出标准的有效市场（无套利）条件(4)与(5)：

$$R_t = \frac{P_{t+1} - P_t + x_t}{P_t} \tag{4}$$

这里 R_t 为资产的广义收益率，x_t 为资产的直接收益（如股票的股息、土地的净租金），其余同上。

$$E[R_t/I_t] = r \text{ 或 } E[P_{t+1}/I_t] - P_t + x_t = rP_t \tag{5}$$

I_t：t 期的信息集合（为所有经济主体所共用）；

r：无风险资产利率（假设为常数）。

$I_t = \{P_{t-i}, x_{t-i}, Z_{t-i}, i=0, \cdots \infty\}$，信息集包含有 P 与 x 的当期值与滞后值，也包括向量 E_t 中其他有助于预测 P、x 值的其他变量的当期值与滞后值。

$E[P_{t+1}/I_t]$ 表示在 t 期信息集 I_t 条件下对 $t+1$ 期价格 P_{t+1} 的预期，在理性预期条件下，预期值等于 I_t 基于的 P_{t+1} 的数学期望。

将(5)变为：

$$P_t = \frac{1}{1+r} E[P_{P_{t+1}}/I_t] + \frac{x_t}{1+r}$$

$$= \theta E[P_{t+1}/I_t] + \theta x_t, \theta = \frac{1}{1+r} \tag{6}$$

求解(6)可得

$$P_t = \theta^{T+1} E[P_{t+T+1}/I_t] + \sum_{t=0}^{T} \theta^{i+1} E[x_{t+i}/I_t]$$

因为 $\theta = \frac{1}{1+r} < 1$，所以如果满足横截性条件

$$\lim_{T \to \infty} \theta^{T+1} E[P_{t+T+1}/I_t] = 0 \tag{7}$$

那么 $P_t^* = \sum_{t=0}^{\infty} \theta^{i+1} E[x_{t+i}/I_t]$ 为方程(6)的解，称为基础解，它表明 P_t 是现在预期的未来资产收益 x_{t+1} 的贴现值之和，亦即地价为预期未来的土地净收益的现值和，或股价为预期未来股息的现值和，因而 p_t^* 可称为资产的市场基础价值。

如果能设定 x 的预期路径或变化过程，就可以求解 P 的路径与变化过程。

(5)中存在两个内生变量 P_t 与 P_{t+1} 的预期值,如果放松条件(7), p_t^* 就不是惟一的均衡解了。设具有下列形式的解均为(5)的解:

$$P_t = P_t^* + b_t$$

则可以推出 $b_t = \theta E[b_{t+1}/I_t]$,即

$$E[b_{t+1}/I_t] = \theta^{-1} b_t \tag{8}$$

可以看出,对于满足(8)的任意 b_t, $P_t = P_t^* + b_t$ 也是方程(5)的解。

由(8)可以推出:

$$\lim_{i \to \infty} E[b_{t+i}/I_t] = \theta^{-i} b_t = \begin{cases} +\infty, \text{若 } b_t > 0 \\ -\infty, \text{若 } b_t < 0 \end{cases} \tag{9}$$

当 $0 < \theta = \dfrac{1}{1+r} < 1$ 时, b_t 的预期值将激增, b_t 通常称为泡沫。

从以上可以看出,在不破坏套利条件的情况下,市场价格也会偏离市场基础价值。如果能设定 b_t 的路径,就可以描绘出价格变动从急剧上涨到急剧下跌或破灭的路径。一个最简单的例子是确定性泡沫(deterministic bubble),设 b_t 遵从时间趋势 $b_t = b_0 \theta^{-t} = b_0 (1+r)^t$,为满足套利方程,假设净地租 x 及市场基础价值 p^* 不变,如果 $b_0 > 0$,虽然净地租为常数,但土地价格将指数增长,其结果是:因为经济主体预料地价将进一步上升,更高的资本收益率正好可以抵消低地租地价比(即期收益率),所以个人准备支付比对应于地租现值的地价更高的价格。这个例子中价格不断上涨的预期是自我完成的,并满足套利条件。

如果资产持有者为风险厌恶者,在某些情况下,泡沫可能增加了持有资产的风险,持有者会要求更高的收益,这时,价格会比(8)增加得更快。如果泡沫破灭的概率增大,也会导致价格上涨得更快,所以在泡沫崩溃前夕,资产价格会以更快的速度增长。

(四) 非理性泡沫

尽管正统经济学只研究理性行为,但"经济人"的非理性行为却总是存在的。市场参与者常常相信,市场基础仅能部分地决定价格,外来因素如群体心理、时尚、狂热等,也可能成为决定价格的重要因素。金德尔伯格(1978)描述了经济史上许多泡沫与投机事件,无疑大多数泡沫都存在非理性因素。非理性泡沫之所以产生,是因为市场并不是有效的,信息的获得和利用可能存在差异,投资者对未来资产价格的预期也并非同质的,存在着大量"愚笨"投资者及受心理情感因素支配的投资者。显然,非理性泡沫似乎更接近现实生活中的投机狂热。然而,迄今为止,研究理性泡沫已经很困难了,更毋庸说非理性泡沫了。

二、房地产泡沫形成与破灭的原因

房地产泡沫主要是由于群体的预期模式及投机行为、非理性心理的趋同性与集中性而形成的。

(一) 预期

经济学中的预期本质上是对同当前决策有关的经济变量的未来值的预测。预期的重要性早已被人们所认识,凯恩斯在其《就业、利息和货币通论》中就给预期很高的地位,但他的处理还只是探讨性的。20世纪80年代兴起的理性预期学派认为:预期是利用最好的经济模型和所有现

存资料所得出的关于某个经济变量水平或变化率的明确预测,换而言之,任何时间的变量预期值都等于该变量的以前所能得到的信息为条件的数学期望。理性泡沫模型即以此为假设前提推导出来的。然而现实生活中的经济主体似乎并不知道所有相关变量的前期值及真实经济模型的结构参数,因此,在合理预期假设之外,还出现过许多描述预期的行为方程。

最简单的是不变期望模型,即本期的供给依赖于上一期价格,这样形成的供求均衡模型就是传统的蛛网模型,当供给弹性的绝对值大于需求弹性的绝对值时,价格会出现振荡发散。此外,梅兹勒提出了内(外)推期望价格模型,卡甘提出了适应性预期模型,戈德温提出了戈德温预期模型。但这些模型都只是在供给方程加入了预期,而把需求当作本期价格的函数。但在泡沫形成与崩溃阶段,经济主体的预期方式却有两个明显的特点:(1)同质预期。经济主体对资产价格走向具有共同预期,一大批人对于房地产价格的涨跌方向看法相同。对资产价格看涨的共同预期是形成泡沫的基础。(2)需求预期与价格预期的正反馈。一般情况下,价格上升,需求会下降。但在投机泡沫形成时,预期价格越高,投机者预期的资本收益率会愈大,因而增加现期的购买与囤积,以待价格更高时抛出,这样需求量反而增加了。需求的增加造成市场的"繁荣",引起进一步涨价的预期,这样就形成了一个起自我强化作用的正反馈环,最终使价格膨胀为泡沫。因此,我们可以在需求方程中加入价格预期,形成一个带有供求双重预期的蛛网模型,在满足某些条件下,这个简单模型可以描绘出地价泡沫形成及崩溃的过程。

考虑以下模型:

$$\begin{cases} D_t = a + b\hat{P}_{t+1} & (10) \\ S_t = a_1 + b_1 \hat{p}_t \quad (t < n) & (11) \\ S_t = \overline{S} \quad (t > n) & (12) \\ \hat{P}_t = P_{t-1} + c(P_{t-1} - P_{t-2}) & (13) \\ S_t = D_t & (14) \end{cases}$$

D_t、S_t 为房地产 t 期的需求与供给量,P 为价格,$\hat{P}_t$,$\hat{P}_{t+1}$ 为 P_t 与 P_{t+1} 的预期值;
$\overline{S}$ 为最大供给量,n 表示 t 到了 n 期后供给量已达极限 $\overline{S}$;
a,b,a_1,b_1,c 为常数,$b>0$, $b_1>0,c>0$。

求解(10)、(11)、(13)、(14)得:

$$P_t = A_1 \left(\frac{c}{1+c}\right)^t + A_2 \left(\frac{b_1}{b}\right)^t + \frac{a_1 - a}{b - b_1} \quad (t < n) \tag{15}$$

A_1,A_2 为任意常数,取决于 P_0。

显然,当 $A_2>0, b_1>b>0$ 时,价格会从某时刻起单调发散,不断上涨。

当时,由(10)、(12)、(13)、(14)求解得:

$$P_t = A\left(\frac{c}{1+c}\right)^t + \frac{S_0 - a}{b} \quad (A 为任意常数) \tag{16}$$

(16)表明,价格会逐渐趋向均衡值 $\dfrac{\overline{S}-a}{b}$,类似于泡沫的收敛。

问题在于 b_1 是否大于 b,即资产的供给弹性是否大于需求弹性?试分析一下 1993 年我国沿海地区的房地产热。从需求方面看:个人为硬预算约束;集团需求由于行政法规及财经纪律的制约,肯定也不是软预算约束;从供给方面看,不少开发公司是挂靠政府职能部门或金融机构,其资金来源大多为挪用公款、贷款或拆借、集资等,缺乏硬预算约束的投机资本纷纷涌入房地产市场;加上地方政府出于地方利益及短期利益的考虑而放松且低价批地,使房地产的供给几年之内远大于需求。从以上的分析可粗略地推出,此段时间内房地产的供给弹性大于需求弹性,因而造成房地产价格单调上升。至于是否存在泡沫,尚待检验。

(二) 投机

对任何资产的需求可归结为三类需求:

1. 生活消费需求。即购买资产是为了购买者的生活消费,如购买住房以消费住房服务。

2. 投资需求(生产消费需求和金融投资需求)。投资有两种含义:一种是经济学意义上的投资,特指物质投资,即经济主体对资本品的购买,所以亦称生产消费需求;另一种意义上的投资是指购买某种形式的资产以取得合理的预期收入(如股息、租金、利息等)或以长期增值的方式获利,一般可称之为金融投资。两者的区别是:物质投资生产新资产,增加一国的生产力,是国民收入与整体经济增长的重要决定因素;金融投资只是对现存资产所有权的转移,是国民收入的一种再分配形式。

3. 投机需求。所谓投机是指为了从资产价格的变动中获利而买进或卖出资产,并不对资产本身的使用或盈利能力感兴趣。投机的特点是:投机者希望很快能获得价差收益,持有资产的时间通常很短,收益具有不确定性,因而投机者愿意承担比投资者更大的风险;投资者则关注可靠的有规则的稳定收益,持有期比较长。尽管有些投机者持有的高风险资产长达几年,投资者持有资产只有几个月,但持有的动机不同,前者是为了获得价差利润(资本收益),后者是为了获取资产的孳息(但也能获得财产增值的资本收益)。从保守的角度来看,只有政府公债、市政公债与高声誉的一流公司的债券可以认为是投资,其他证券都具有投机性。至于期货、期权、外汇交易,实际上所有的买者都是投机者,因为除了可以预期从价格变动中获利外,没有什么其他理由值得去购买它们。

对资产的生活消费需求与生产消费需求,发生在实物经济领域,其需求的变动会改变资产的相对价格,引起资源的重新配置,从而引致实物经济领域正常的景气波动。金融投资虽然脱离了实物经济领域,但其收益来源于实物经济的收益,亦即实物经济领域所创造的剩余价值有一部分变成了利息、地租、股息等金融投资报酬。金融投资的波动也影响实物经济活动。这三者共同导致了价格的正常波动,可以用市场基础条件来解释。对资产的投机需求亦脱离了实物经济领域,其收益只不过是国民收入的再分配而已,但投机需求有可能引起实物经济领域的异常波动,从而酿成诸如"狂热"、"泡沫"、"恐慌"之类的脱离市场基础条件的经济现象。

对资产的需求可以用图 8-1 表示:

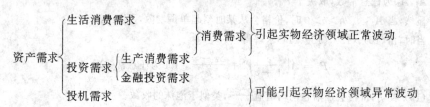

图 8-1　资产需求

投机活动对市场可能产生稳定或不稳定作用,取决于投机者是否形成了对未来价格运动的群体看法或者大多数投机资本的运动方向。例如:若一些投机者对地价看涨,另一些投机者对之看跌,则他们的投机活动的效应就可以部分甚至全部抵消,最后的净效应对市场价格影响甚微;但是,如果大多数投机者认为地价会上涨,他们就会大量买进以期在未来抛出,这样,需求增加,地价被抬高。如果此时市场价格本身处于下降阶段,则投机活动确实可以熨平地价的波动;但是,如果此时价格的市场走向本身是上行的,则投机者的群体活动就会使地价以更快的幅度加速上涨,放大了市场的波动,这样就有可能形成泡沫。一句话,如果投机者的群体看法或大多数投机资本的运动方向与未来价格的走向相同的话,便会产生价格的异常波动。

弗里德曼(Milton Friedman,1953)曾经认为:不存在不稳定的投机活动,因为不稳定投机者在价格上升时买进,在价格下跌时卖出,高买低卖会使他们亏损。他还说,不稳定投机活动只是一种理论上的可能性,他从不知道有这样的特殊案例可以作为经验证据,更不用说这是一个一般规则。但经济史上确实有许多这样的案例。金德尔伯格描绘了许多投机事件。通常在经济快速扩张或繁荣时期,投机者常被一种"幼稚"的预期所鼓动,即繁荣将会无限期持续,或至少足够长,以致可以使最初的投机者出售他们的资产会给另外的更不避风险的投机者,从而形成投机繁荣。如美国1929年大萧条前的空前繁荣、我国1993年沿海地区的房地产热就是如此。

金德尔伯格认为,投机者可分为两个群体,局内人与局外人,局内人把价格抬得高而又高,在高峰时卖给局外人;局外人高价买进低价卖出,对于每一个不稳定的投机者,对应着一个稳定的投机者。那么,投机者的群体预期与市场价格走向相同的现象是否符合"经济人"的理性呢?这可以用一个博弈论的简单模型来说明。在股票市场上,存在着大户与小户,为了降低风险、提高收益,就需搜集信息。如表8-1:

表 8-1 大户和小户的博弈

		小户	
		搜集信息	跟风
大户	搜集信息	5,1	4,4
	跟风	9,-1	0,0

表8-1中(5,1)表示大户、小户投资者都搜集信息的条件下,大户的收益为5,小户的收益为1,因为存在信息成本。其余类推。可以看出:不论大户是搜集信息还是跟风,小户的最优选择是跟风;给定小户跟风,则大户的最优选择是搜集信息。因此,由于信息成本的存在,小户投资者往往跟着大户行动,即所谓"搭便车",这是小户投资者的理性选择。然而,当大量小户跟风时,会造成市场波幅增加,跟风的小户成了"局外人",往往受损最大。这样,个体的理性就表现为市场的非理性,这是个典型的合成谬误。

问题在于:局外人(小户投资者)总是要吃亏的,经过多次博弈后,局外人应该会改变策略,至少经济史上许多投机狂热崩溃的例子足以让人警醒,但为什么崩溃的悲剧常演不衰?诚如金德尔伯格所说,不稳定投机者只不过是自己极度欣快的牺牲品而已。这是很难用"经济人"的理性来解释,而只能从人的非理性方面寻找答案。

(三) 非理性

经济学中的非理性是指对"最大化"的偏离。心理学上的非理性则指心理结构上的本能意识与无意识及认识结构或主体结构中的非逻辑的认识形式。为什么人们的实际经济行为会偏离最优化?因为人的决策及其行为后果不仅取决于他的理性计算,也取决于他自身的精神因素和外部环境条件的组合,欲望、情绪、情感、时尚、激情、冲动、本能、无意识等非理性因素影响人们的认知与决策。

非理性行为有如下特点:(1)非自觉性;(2)非逻辑性;(3)冲动性;(4)盲目性。许多个人的非理性行为就表现为市场的非理性,使市场产生非均衡性、更大的不确定性、无序性甚至异常振荡。

欲望是驱动人的一切活动与行为的根本动力,属于人的非理性层面,具有潜在性、本能性、冲动性与无规则性等特点。发财致富的欲望似乎是人类最执着最强烈的欲望之一。凯恩斯写道:人生有限,故人性喜欢有速效,对于即刻致富之道最感兴趣。早期的经济学家巴吉奥特(Bagehot)1972年提出的自生泡沫(self-feed bubble)理论认为:储蓄存款的所有者喜欢追逐不确定的东西,当这些东西可能带来高利息或较大差价收益时,这些投资者就紧紧追随,使买卖风蔓延,最后形成泡沫。欲望的盲目驱动或无节制的冲动,会给市场带来负面的冲击。股票热、房地产热、期货热、集资热、炒邮热等的背后是市场参与者发财致富的欲望所激发的市场冲动、兴奋和激情。当人们为贪婪的欲望所攫住而涌入投机热潮中时,市场便会表现出"疯狂",失去理性。

从众行为是一种市场的集体无意识。心理学认为:个人因受到群体压力而在知觉、判断、动作等方面做出与众多人趋于一致的行为,原因在于群体的压力。压力之一是信息压力,即每个人都是通过别人获得客观外界信息的,通常人们宁可怀疑自己的感知、判断能力,也要相信众人的意识,因为多数人正确的机遇更多。凯恩斯举了一个"选美"的比喻,每一个参加竞赛者都不选他自己认为最美的,而是选他们认为别人认为是最美的。凯恩斯认为这是职业投资者的普遍心理。之所以有人购买一项资产,并不是他认为该资产价值多少,而是他自己预期会有人以更高的价格来购买,正如一句拉丁谚语所说:他人愿意支付的乃一物之价值也。这正是投机狂热中的普遍心理现象。经济学里还有一个"乐队车效应"(bandwagon effect)来解释从众行为:搭着乐队的车子吹吹打打行进,好奇的人们跟在后面探寻究竟,看到车子和有人跟着,更多的人因好奇而加入,最终毫无理由地跟在车子后面的人越来越壮大。日本金融专家铃木淑夫在描述1988年开始的地价与股价暴涨时的公众行为时,幽默地指出:不考虑"泡沫"的产生就无法解释,即"乐队的大车"开始走到大街上了,很多人紧跟其后。既然有这么些人跟在后面,乐队车当然还会继续行驶在大街上,人们越这样想越要跟在车子后面。即人们不断地参与购买土地和股票。既然有这么多人买,虽然说不清原因,但价格决不会崩溃。事实上,地价和股价确实继续上涨,这又诱使人们接着购买。这正是典型的"泡沫"的产生。中国股市的"大伙傻"现象,也是一种从众行为,许多股民很少仔细研究上市公司的财务报表和经营前景,只是受致富的欲望驱使,模仿多数人的选择,盲目跟进。在房地产热中也存在类似的现象,不过主要表现为"法人"的从众行为。

情绪与情感也影响人的认识与决策,它们的非理性特征表现为紊乱性、波动性与突发性。当市场参与者过分冲动并达到激情状态时,往往会出现反常行为,如决策的不冷静、甘愿冒更大风险等。某种行为的群集性激动称为市场情绪。抢购热、投资热、恐慌、挤兑、抛售等,都是集体情绪的反映。凯恩斯认为:人们的积极行为有很大一部分,与其说取决于冷静计算,不如说是决定于一种油然自发的乐观情绪;大概只是受一时血气之冲动,一种油然自发的驱使;并且群意的骤变将会使价格剧烈波动。通常在投机狂热或泡沫形成过程中,市场情绪表现为过分自信、狂热、失去理智、盲目的激情、狂乱、群体的歇斯底里、"发烧"的投机、异想天开、"陶醉"的投资者、"忘乎所以"、极度兴奋等。1720年在南海泡沫中亏损的大科学家牛顿感叹道:"我可以计算天体的运动,却无法测度人们的疯狂!"骗子庞奇则指出了他"成功的奥秘":当人们的目光盯在一件事物上时,他们很可能是瞎了。这些都是市场非理性或不稳定投机的情绪特征的真实又形象的写照。

即使人们有完全的预期,依然会产生"理性泡沫",那么,人们的非理性行为就更易于产生泡沫(非理性泡沫),遗憾的是,传统的经济学一直是以"经济人"的理性假设为演绎前提的,要研究非理性泡沫,借现有的经济学分析方法与工具也许是远远不够的。

(四) 虚拟资本理论

所谓虚拟资本,是指同一笔资本的两重或多重存在形式中,与现实资本相区别的那种形式的资本。虚拟资本是生息资本或这种性质的货币资本通常采取的形式,它的市场价值和增值与其所代表的现实资本的价值和增值常是脱节的。

马克思在《资本论》第三卷中详细地论述了虚拟资本。当货币所有者A把货币贷给B从事生产后,这笔货币对于A来说,是作为生息的资本;对于B来说,是作为能创造剩余价值、创造利润的生产资本。生息资本参与了生产资本创造的剩余价值的分配。但生息资本的放出与收回,同资本的现实运动无关,只是"表现为任意的、以法律上的交易为媒介的运行"(《马克思恩格斯全集》第25卷,1974,第389页),"我们所看见的只是放出与偿还,中间发生的一切都消失了"(《马克思恩格斯全集》第25卷,1974,第391页),因此,生息资本的运动与实物资本的运动可能会产生严重脱节,从而引起经济系统的不稳定。

"生息资本的形式造成这样的结果:每一个确定的和有规则的货币收入都表现为资本的利息,而不论这种收入是不是由资本生出。货币收入首先转化为利息,有了利息,然后得出这个货币收入的资本"(《马克思恩格斯全集》第25卷,1974,第526页),"人们把每一个有规则的会反复取得的收入按平均利息率来计算,把它算作是按这个利息率贷出的资本会提高的收入,这样,就把这个收入资本化了"(《马克思恩格斯全集》第25卷,1974,第528—529页),但是,这个资本或本金只是"一种纯粹幻想的观念",或曰虚拟资本。

例如国债,资本本身已经由国家花掉了,耗费了,它已不再存在了,但债权人持有国债,有权从国家的年收入中取得一定金额,这个余额经过资本化,就相当于一笔资本,"把国家付款看成是自己的幼仔(利息)的资本,是幻想的虚拟的资本"(《马克思恩格斯全集》第25卷,1974,第389页)。又如股票,作为资本所有权证书,它代表企业中投入的并执行职能的资本,或现实资本,"但是,这个资本不能有双重存在:一次是作为所有权证书即股票的资本价值,另一次是作为在这些企业中实际已经投入或将要投入的资本。它只存在于后一种形式中"(《马克思恩格斯全集》第25卷,1974,第529页),前者只是虚拟资本形式。股票只是对这个资本所实现的剩余价值对应的所有权证书。股票(及其他有价证券)的价格有独特的运动和决定方法。"作为纸制复本,这些证券只是幻想的,它们的价值额的涨落,和它们有权代表的现实资本的价值变动完全无关"(《马克思恩格斯全集》第25卷,1974,第540页)。一方面,"它们的市场价值,会随着它们有权索取的收益的大小和可靠程度而发生变化","这种证券的市场价值部分地有投机的性质,因为它不是由现实的收入决定的,而是由预期得到的、预先计算的收入决定的";(《马克思恩格斯全集》第25卷,1974,第530页)另一方面,假定现实资本的增值不变或年收益固定,则股价的涨落与利息率成反比。总之,有价证券的价值始终只是收益的资本化,即将可得收益按现有利率计算得出的一个"幻想资本"。

如果说债券的清偿可以看做是一笔资本的多重形式的强制性的、定期的"归一",那么,股票就没有这样的"归一"。但是,所有这些证券实际上都只是代表已积累的对于未来生产的索取权或权利证书,它们的货币价值或资本价值,或者像国债那样,不代表任何资本,或者完全不决定于它们所代表的现实资本的价值。因此,有价证券从而虚拟资本市场价值的独立运动,有可能与其所代表的现实资本价值的变动无关,此时,"一个国家就决不会因为名义货币资本这种肥皂泡的破裂而减少分文"(《马克思恩格斯全集》第25卷,1974,第531页),当然,也不会因为股票泡沫的膨胀而增加分文。

土地虽然是实物资产,但由于它不是劳动产品,没有价值,所以也被马克思看做是一种"虚拟资本"。承租土地者,必须在一定期限(如每年)内按契约规定支付给土地所有者即他所使用土地的所有者一个货币额(和货币资本的借入者支付一定利息完全一样),这个货币额称为地租。这里的地租是是指纯粹的地租,是为了使用土地本身而支付的,不管这种土地是处于自然状态,还是已被开垦。在这里,"地租是土地所有权在经济上借以实现即增值价值的形式"(《马克思恩格斯全集》第25卷,1974,第698页)。由以上可知,任何一定的货币收入都可资本化,可以看做一个想象资本的利息,因为,地租的资本化就会形成了土地的购买价格或价值。地价是个"不合理的范畴",因为土地不是劳动产品,但地价的背后隐藏着一种现实的生产关系,即土地给土地所有者带来的年收益相当于一笔等量于地价的资本所能带来的年利息。假设地租是个不变量,那么地价的涨落就同利息率的涨落成反比。马克思认为,在经济社会发展进程中,利润率有下降的趋势,从而由利润率决定的利息率也有下降的趋势。因此,土地价格,即使和地租的变动以及土地产品价格(地租构成它的一个部分)的变动无关,也有上涨的趋势。土地的虚拟资本性质使地价运动有可能脱离土地使用者对土地的利用实绩,加上土地投机与土地价格上升的"不可逆性",因而易于产生泡沫。

(五) 其他原因

有许多泡沫的形成与欺诈有关。南海泡沫、橡皮风潮、俄罗斯的"3M"公司事件等,就是欺诈。类似于庞奇游戏的形形色色的高利集资,也不能不说是一种骗术。通常恐慌或崩溃的开始,往往是因为某种欺诈、内线交易、操纵造市等事件的暴露。我国股市的大起大落与这些因素不无关系。从公众方面来讲,贪婪与轻信造就了欺诈的牺牲品。另外,政府部门的设租寻租行为也有助于泡沫形成。我国的北海市曾出现的土地泡沫现象,与这一点有很大关系。

(六) 房地产泡沫破灭的原因

如果房地产泡沫不断膨胀,那么,随着时间的推移,房地产价格将趋向于无穷大,这在现实生活中不可能存在。因此,房地产泡沫总会在某个时刻开始收缩,破灭。但房地产泡沫会在哪个时刻开始破裂,这是很难预测的。因为如果人们能够正确地预测到 $t+n$ 期泡沫会缩小,那么在 $t+n-1$ 期就会发生抛售;如果人们预期 $t+n-1$ 期会发生抛售,那么在 $t+n-2$ 期也就会发生抛售;反推过来,在 t 期就不会存在泡沫。正因为泡沫的破灭很难预测,所以,泡沫的破灭虽然受市场体系内生的因素所影响,但也常受一些随机的、偶然的外在冲击所影响。

使房地产泡沫破灭的内生因素有:

1. 泡沫膨胀到一定程度,需求法则将发生作用,泡沫资产的需求会下降,产生供给过剩,从而导致资产价格开始下跌。如住房泡沫持续到一定程度,居民受购买力的约束买不起住房,而投机需求只占市场容量的一小部分,因此,当住房市场价格高于居民的购房能力达到某种程度时,高价格将无法维持而开始下跌。

2. 泡沫膨胀到使资产价格等于或超过其替代品的价格时,泡沫将停止膨胀。这是由于替代原则在起作用。如过高的住房价格使购房者减少,而承租者增多,住房销售市场将渐趋降温。

使泡沫破灭的外生冲击有:

1. 投机者预期的逆转。正如泡沫的形成是以大多数投机者的价格上涨预期为基础一样,当大多数投机者认为价格将下跌时,他们会纷纷抛售,从而使资产泡沫加速破裂。

2. 一些偶然的因素将影响到人们的心理、信心,从而产生非理性的市场情绪使泡沫出乎意料地开始破灭。据说郁金香泡沫是由于一个外来的水手偶然把一颗名贵的球茎当洋葱吃了,从而引起公众对郁金香真正价值的怀疑,由此导致抛售。通常,某种市场谣传,某种欺诈的暴露即可引起恐慌,正如"风声鹤唳,草木皆兵"所描绘的那样,或者如混沌学里的"蝴蝶效应"所意味的那样,一些偶然的细小的事件可能导致一场巨大的灾难。

3. 政府的干预会使泡沫提前破灭。如果政府认为土地资产价格不正常地高以致必须采取手段干预其上涨时,只要公众预期政府将会采取干预措施,则泡沫在干预措施正式采取之前就会破灭。

三、房地产泡沫的经济效应

（一）理性泡沫的中性效应

如果资产价格合乎仲裁条件(即与拥有多数资产时的收益率相等的条件),那么,即使存在理性泡沫,泡沫对实体经济也无影响。在前面提到的理性泡沫模型中,有泡沫资产的收益率等于无风险利率。尽管价格不断上升,但资产的贴现值始终保持固定,因此,投资者对有泡沫资产与债券或存款的选择是无差异的。泡沫的存在本身就维持了仲裁条件的成立。因此,理性泡沫的膨胀对实物投资不起作用。这种中性效应在实际经济领域是否存在,似乎值得怀疑。

（二）房地产泡沫反过来会影响房地产的市场基础价值,修正房地产价格行为

如果资产不可再生,那么泡沫就仅能给资产持有者带来经济租金。但许多产生泡沫的资产是可再生的或可以复制生产的。以住房为例:住房由土地与建筑物构成,土地的供给曲线向右上方倾斜;建筑物因施工周期长,所以短期内供给无弹性,长期内有弹性。稳态运行的住房市场,房价应该等于未来租金的现值和。设有一个确定性的泡沫出现在住房市场上,则经济主体须支付比市场基础价值更高的价格,这样,住房建设收益提高,供给将会增加,未来的住房存量会更大。如果住房服务需求不变,则房租会下降,未来房租的现值和会下降,亦即住房的市场基础价值会下降。因此,房地产泡沫具有使房地产市场基础价值迅速下降的效应。随着时间的推移,房价逐渐上涨,泡沫以指数膨胀,住房存量越来越大,房租越来越低,住房市场基础价值也会越来越低,这是住房生产过度的症状。当土地的供给完全无弹性时,新的住房流量将停止,此时更高的涨价就只反映土地的价值。价格膨胀到一定限度,终将使人们买不起住房,这时泡沫将开始破灭。泡沫破灭后的住房价格将会跌至比泡沫前更低的水平,因为有了很大的住房存量,形成生产过剩。

（三）泡沫的一般均衡效应

如果货币供给量不变,那么一种资产出现泡沫,就隐含着其他资产价格会下降,因为许多资金都流入到了有泡沫的资产上来,因此,房地产市场出现泡沫可能会压抑股市;虚拟资本市场上出现大规模的泡沫将会过度吸收实物生产领域的资金,造成"产业空洞化"。但如果有货币扩张来支持资产泡沫,则可能会出现多种资产泡沫并存甚至同时出现实物经济领域也很景气的局

面,这就是"泡沫经济"现象。

资产出现泡沫使资产价格超常规上涨,将使持有资产者名义财富增加,通过"资产效应",将会使消费与投资支出增加。房地产出现泡沫,使拥有房地产的企业账外资产(资产市值与资产账面值之差)增加,房地产就具有更大的抵押价值,企业就能获得更多的贷款。但住房泡沫的资产效应很小,因为大多数人购买住房只是为了居住,无论怎样涨价,也不会出售。但股票泡沫的资产效应就比较明显,高股价条件下,企业通过发行新股就可以低成本地筹资。日本泡沫经济期间曾出现过一种"西玛现象",地价与股价上涨的资产效应促使了资产所有者的高级消费,进口高级轿车、超级商场中的高级绘画作品、宝石、毛皮等的消费膨胀。遗憾的是,泡沫破灭会产生"逆资产效应",消费萎缩,房地产抵押价值下降,银行在泡沫膨胀期间发放的抵押贷款也会变成不良债权。

(四) 泡沫的社会心理效应

投机泡沫诱使许多人产生强烈的投机致富心理而加入投机狂潮中,从而产生轻视劳动、贪图敛财之道的不健康的大众心理;泡沫的膨胀与破灭,使一部分人骤富而使最后持有资产者骤贫,产生了扭曲的再分配效应,拉大了贫富差距;投机狂热中往往产生欺诈、蒙骗、造势、操纵等非法与不正当竞争行为,使市场秩序紊乱,市场伦理缺失。尤其是土地出现泡沫时,住房价格飞涨,居民无法实现"居者有其屋"的梦想,与社会福利密切相关的公共设施用地很难得到,社会资本投资不足,引起生活质量的恶化。

四、房地产泡沫的检测

泡沫的检测是一件很困难的事。加伯(1989)曾参考了大量文献,对历史上郁金香狂潮是否存在泡沫进行了研究。他的结论是:虽然由于数据缺乏,不能得出可靠的结论,但研究结果表明郁金香投机并不是明显的疯狂,至少在 1634—1637 年间的大部分时间里不是"狂热",既快又高的贬值对于珍稀的郁金香球茎来说在球茎花卉中最为典型,只有在投机的最后一个月里,普通球茎价格的暴涨与暴跌才有可能是泡沫。加伯提醒人们:对其他所谓的泡沫作仔细的研究也许会产生同样的结果,那些常被引用的古老的例子可能其本身并不是泡沫。

正因为泡沫的存在性检验很复杂,我们先介绍一些排除泡沫存在的情况。

(一) 泡沫的排除

从模型(9)可以看出,b_t 不可能为负,因为如果 $b_t<0$,那么在未来某个时刻 b_{t+i} 会足够大,以致使资产价格为负,而如果资产可以无成本地抛弃掉,那么价格就不可能为负,因此,不存在负的泡沫(但可能存在负的偏离,使价格低于市场基础价值)。

在可以明确市场基础价值的资产市场,泡沫较少发生。反之,泡沫更有可能出现在市场基础价值很难确定的资产市场,如黄金、外汇或艺术品市场。比如说,普通市场参与者更可能会基于过去的实际收益而非市场基础来决定是否持有黄金。在房地产市场上,房屋的价格比较容易判断,它毕竟是类似于工厂化产品的生产,但土地的价值相对来说较难判断,因此,土地比建筑物更易产生泡沫,因此我们有时把房地产泡沫简称为地价泡沫。

如果 P_t 满足未来某个时间的终端条件或横截性条件,那么由于 P_t 必须等于终端时的值,于是 $b_t=0$;反推过来,b_t 必须总是等于 0,从而不可能有泡沫。因此,对于在指定日期以指定价格赎回的资产,如债券,不可能存在泡沫(但永久公债除外)。我国的法律规定:土地使用权期满,土地使用权及其地上建筑物、其他附着物所有权由国家无偿取得。因此,越接近于使用期限的土地,产生泡沫的可能性越小。

如果 P_t 是实物资产的价格,而且可以无限弹性的供给获得替代(尽管可能是以非常高的价格替代),那么,如果 b_t 为正,预期价格将趋向无限大,最终会超过替代品的价格,因此,对于可自由出售和在某种价格的无限弹性供给内可完全替代的资产,不可能存在泡沫。房地产由于其区位的固定性与异质性,替代弹性是很低的,这是房地产易于产生泡沫的原因之一。

泡沫类似于庞奇游戏。庞奇游戏以超乎理性的速度快速增长,似乎也是一种泡沫。假设,有限个具有无限寿命(无限期界)的市场参与者,如果价格小于市场基础价值,他们就买下资产获得收益,所以不存在负的泡沫;如果价格大于市场基础价值,他们就会卖空资产,所以不存在正的泡沫(如果不能卖空,他们可以持有资产以期以后再出售以实现预期的资本收益)。但如果所有人倾向于在有限时期里出售资产,则无人再持有资产,这不可能是一种均衡。所以,有限个具有无限期界的市场主体假设,不会出现泡沫。对于庞奇游戏来说,其条件是要有新的参与者的不断进入。如果市场是由连续的"一代一代"参与者构成,则可能会出现泡沫。在房地产投机当中,房地产或"楼花"在投机者间频频倒手,层层加价,使价格超出其市场基础,但一旦没有新的投机者加入,则泡沫就必定开始破裂。

以上只是叙述了可用于排除泡沫可能性的局部均衡论证。要联系一般均衡来考察泡沫的排除或产生,需采用非常复杂的模型,本文不拟讨论。

(二) 方差上限检验、游程检验、尾检验

目前检测泡沫是否存在的方法有两种。一种是先设定某一类特殊的泡沫,再到某个特定的资产市场上去检测其是否存在,如弗拉德与加伯(1980)曾用此方法检测德国 20 世纪 20 年代的恶性通货膨胀中是否存在泡沫。另一种较好的方法是:寻找拒绝不存在泡沫假设的证据;但是拒绝不存在泡沫的零假设,可能是因为存在泡沫,也可能是因为存在异于泡沫的其他现象,如非理性。

如果仅仅只有价格 P_t 的数据,则无法检测泡沫,因为 P_t 是由市场基础与泡沫两部分组成的,如果其中一个未知,另一个也不可能知道。所以必须要有股息 x 的数据,或对 x 已知的条件下,可采用第二种方法,但需解决两个问题:(1) 在不存在泡沫的零假设下,给定股息 x,需要对价格运动施加什么限制?(2) 要找出这些限制条件中,哪些在出现泡沫时会受到破坏?困难在于不知道泡沫本身的运动路径。

布兰查德与瓦特森认为:泡沫的出现会增加 P 的方差,会减弱 P 与市场基础的决定因素 x 的相关关系。在不存在泡沫的零假设下,给定某些条件,就可以求出价格方差的上限(Shiller,1981;Singleton,1980;Blanchard and Watson,1981)。当泡沫出现时,这两个上界条件会受到破坏。希勒利用 1871—1979 年标准普尔指数推算出的历年的股票实际价格与实际股息样本,计算出了样本方差及其上界,结论是:拒绝不存在泡沫的零假设。但这是因为存在泡沫还是存在异于泡沫的其他现象,如非理性,不能确定。

如果仅仅只有价格 P 的数据,能否从中检测出是否存在泡沫?布兰查德与瓦特森讨论了 P 的更新值(超额收益)的分布。如果存在泡沫,并且泡沫会在某个时期破灭,那么在泡沫存续期间,泡沫的更新值为同号;当破裂开始时,变为异号。这样,泡沫更新值的游程会比纯随机序列的要长,从而会使样本的总游程数变小。泡沫成长期间,会产生小的正的超额收益,但随之而来的是会在某个时刻泡沫开始破裂,产生大的负超额收益,这类泡沫的更新值的分布会成尖峰态分布或粗尾分布,因此,价格更新值的较大的峰度系数很可能意味着泡沫的存在。故此,布兰查德与瓦特森提出了在仅知价格的条件下的游程检验与尾检验方法。但这两种方法效果并不理想,因为泡沫游程数并不必然小于独立随机变量序列的游程数;另外,市场基础价值的分布也可能呈尖峰态。即使如此,这两种方法还是引起了经济学家们的兴趣。

我国的土地市场发育比较缓慢及土地本身的异质性导致的价格差异较大,并且至今尚无统一的地价指数,更缺乏多年的地价时间序列,因此,目前还不具备利用地价数据进行方差上限检验,但我们可以用另一种方法,即"收益还原模型"检测法。

(三)"收益还原模型"检测法

日本泡沫经济发生后,为了检测资产价格泡沫,日本经济学家采用了收益还原模型来计算资产的理论价格(即由市场基础决定的资产价格)。

收益还原模型中,决定资产价格的因素有三:该资产所能带来的期待收益、贴现利率、风险补偿率。对于股票与土地来说,期待收益就是股息与地租;贴现利率与国债长期利率相当;风险补偿率是指风险性资产所要求的追加的期待收益率。用贴现率与风险补偿率(二者之和为还原利率)将期待收益贴现求和即为资产的收益价格(理论价格)。显然,收益还原模型与有效市场的无套利条件本质上并无二致,但日本采用的是简化的收益还原模型,因而检测泡沫时比较简单、粗略。

资产现实价格与理论价格之差即为泡沫。理论价格与现实价格的偏差应该说是经常存在的,但偏差太大时,使人有理由相信泡沫的存在。在现实情况中,除经济条件外,投资者预期的变动也会影响偏差。日本 1993 年的经济白皮书中,采用的理论价格模型舍象掉了企业的成长性(决定未来的持续股息额)与地租的预期上涨率及风险补偿,因而比较简单。股票的理论价格为每股收益除以国债长期利率。现实股价与理论股价之比即为用利率修正的股价收益率 PER＝$\frac{股价}{每股收益}$×国债长期利率。可以看出,如果现实股价等于理论股价,则修正的 PER＝1;但如果 PER 大幅度上升的话,便意味着现实股价远远脱离了企业收益与长期利率等基础条件,从而产生了泡沫。白皮书中计算出了 1971 年 1 月—1992 年 4 月的逐月数据,如图 8-2 所示:

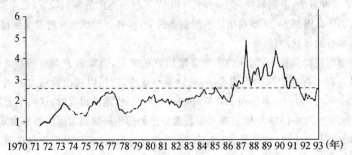

图 8-2　日本用利率修正的 PER

资料来源:日本 1993 年度《经济白皮书》第 127 页。

可以看出,1986 年后半年 PER 超过了 2.5,到 1987 年夏急剧上升,在"黑色星期一"之前达至近 5 倍,正应了前面所述泡沫破裂前涨速增加的推论;1990 年 1—2 月 PER 值再次超过 4 倍,此期间正是泡沫经济繁荣高涨的时期。1985年以前的高峰是2.5左右,并一直大于1,这主要是因为战后日本的整体宏观经济环境较好,经济波动主要是增长率高低的周期波动,再加上法人相互持股比率渐增,从而支撑了高价位的股票市场价格。薛敬孝教授认为,根据经验数据"用长期利率修正的股价收益率"超过了2.5,长时间内便会形成国民经济规模的泡沫经济。

住宅用地的理论价格是将房租用住宅贷款利率折现后求得;商业用地的理论价格是将办公楼租金用长期利率折现而得。白皮书中列出了东京、大阪、名古屋三大都市历年的住宅用地与商业用地的理论价格与市场价格,见表8-2、表8-3。

表8-2 日本各地的不动产理论价格

年度	东京地区住宅地	东京地区商业地	名古屋市住宅地	名古屋市商业地	大阪市住宅地	大阪市商业地
1981	92	88	93	90	91	89
1982	98	96	98	97	96	96
1983	100	100	100	100	100	100
1984	109	107	109	107	108	108
1985	118	119	117	119	116	120
1986	124	133	119	127	125	134
1987	138	156	134	145	141	152
1988	151	172	147	165	154	168
1989	153	177	151	172	159	175
1990	153	160	153	157	161	161
1991	129	128	129	129	137	134
1992	151	150	150	152	159	158
1993	173	182	171	187	181	194

资料来源:日本1993年版《经济白皮书》第556、557页。

表8-3 日本各地的不动产价格推移 1983=100

年度	东京地区住宅地	东京地区商业地	名古屋市住宅地	名古屋市商业地	大阪市住宅地	大阪市商业地
1981	91	84	89	89	88	87
1982	96	92	96	96	96	95
1983	100	100	100	100	100	100
1984	103	122	103	105	104	108
1985	107	159	105	112	108	123
1986	118	244	106	123	112	150
1987	209	366	109	146	120	212
1988	300	413	124	208	156	324
1989	285	411	155	255	212	405
1990	286	421	192	316	298	514
1991	287	420	226	372	314	549
1992	249	388	197	312	255	461
1993	193	269	170	206	207	285

资料来源:日本1993年版《经济白皮书》第556、557页。

对比表 8-2、表 8-3 可以看出,三大都市土地市场价格与理论价格在 20 世纪 80 年代中后期出现了很大差距。东京地区的住宅地在 1985—1990 年间,理论价格上涨了 29.6%,市场价格却上涨了 167.3%;同期内商业用地的理论价格上涨了 34.5%,而市场价格却上涨了 164.7%。这说明了土地市场的泡沫化程度。从图 8-3、8-4、8-5 可以直观地看出三大都市住宅地的理论价格与市场价格的推移。

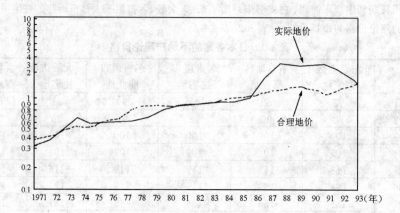

图 8-3　东京住宅地价格的推移

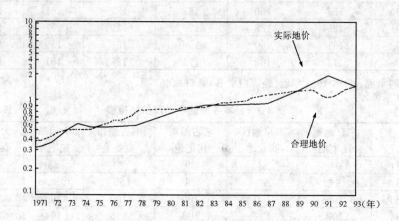

图 8-4　名古屋市住宅地价格的推移

中尾宏用更为详细的收益还原模型计算出了东京都商业用地的历年理论价格。他采用的公式是:

不动产价格＝纯收益/(安全资产利率＋风险补偿率－租金预期上涨率)

合理地价　　合理租金　　　　合理的风险补偿率

计算结果见表 8-4、图 8-6。

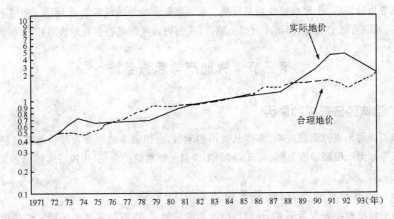

图 8-5　大阪市住宅价格的推移

表 8-4　东京商业用地历年的合理价格与实际价格　　　　（单位：1000 日元）

年	合理地价	实际地价	年	合理地价	实际地价	年	合理地价	实际地价
1970	229	181	1980	326	466	1990	601	2532
1971	250	199	1981	562	515	1991	415	2528
1972	253	212	1982	565	562	1992	594	2331
1973	279	337	1983	486	611	1993	616	1753
1974	341	422	1984	432	743	1994	810	1198
1975	389	391	1985	546	968	1995	730	866
1976	355	391	1986	895	1485	1996	987	636
1977	259	393	1987	1069	2217			
1978	419	397	1988	774	2489			
1979	625	416	1989	569	2470			

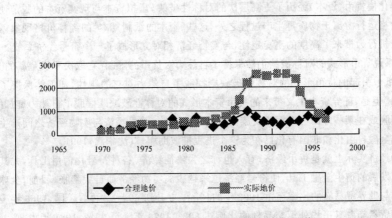

图 8-6　东京商业用地的合理地价与实际地价

从图 8-6 中可以看出,实际地价从 1983 年开始大幅度偏离理论地价。收益还原模型对于检测我国经济中是否存在资产泡沫是很方便的。以土地为例,我国不少城市进行了土地级差收益测算与基准地价评估。土地级差收益是反映了企业经营业绩外的超额收益。因此,利用土地级差收益资料,选取合适的利率,即可求出理论地价,从而可以判断是否存在地价泡沫。

第三节 房地产与泡沫经济

一、泡沫经济形成的原因

泡沫经济的形成原因很复杂,需要从货币的起源、虚拟资本的膨胀及股价泡沫与房地产泡沫的扩张等方面一层层递推分析。限于篇幅,本节只是作粗略的介绍,虚拟资本理论参见上节所述。

(一)货币的对称性破缺、符号经济与泡沫经济

简单的物物交换表现为形式上的对称性,买卖同时完成,商品完全是按照它们的价值来交换的,不存在偏离。

当各种商品都利用金来交换时,一边是商品使用价值的各种各样的自然形式,一边是它们共同的统一的价值形式,即货币形式,这被称作价值形式进化当中的第一次对称性的破缺。简单商品交换统一的对称性的破缺,便意味着商品的买卖从时间和空间上被割裂开来了,从而导致了交换实现的偶然性与不确定性,也就产生了引起经济波动与危机的可能性。

当纸币代替贵金属货币时,价值形式经历了第二次对称性破缺,因为同商品对立的不再是一种商品实体,而是一个价值符号。这种非对称性使商品的让渡与商品价格的实现在时间上分离开来。这样,就存在流通的货币量与流通的商品量的背离。货币在流通,而它所代表的是早已退出流通的商品。商品在流通,而它的货币等价物只有在将来才出现。另一方面,每天订立的支付和同一天到期的支付完全不是可通约的量,这样,对称的量(债权=债务)在社会总和中转变为不对称的差额,经济系统在时间维度上出现了动态变化;存在一种可能性即不同期限的债务会偶然地集中在某一天到期,形成一项随机的巨涨落,并触发金融系统的不稳定性。

证券化使货币(资本)经历了更高层次的对称性破缺。虚拟资本与现实资本的脱节使证券发行及其价格运行游离于物质再生产过程之外,这些"资本的纸制复本"的纯粹价格现象以及金融市场的投机行为带来了高度的不稳定性,与实物经济相对立形成了一个符号经济系统。

"如果说货币形式的对称破缺仍然保持了自然力对货币的限制(它取决于贵金属的开采)的话,那么纸币引起的货币形式的对称性破缺则摆脱了自然力对它的制约,却仍然保持了国家法权的限制。但是,证券资本主义带来的货币资本形式的对称性破缺既摆脱了自然力施加的限制,又力图摆脱或在某些方面已经摆脱民族国家对它的羁绊。符号经济与实物经济之间产生了双重的背离。金融自由化和非国有化已在为这个进程推波助澜。"(沈华嵩,1991)

符号经济实际上就是货币经济,有人也称之为象征经济。各种符号化信用工具,尤其是近些年来迅速发展的衍生金融工具,使符号经济越来越脱离实物经济而自我膨胀。目前,全球外汇市场交易额与世界贸易额的比率已由1983年的10:1上升到60:1。再看美国,1966年美国日平均进出口贸易额占日平均外汇交易额的比例达80%,1976年降至23%,1981年为5%,到1992年已经不到2%了。符号经济过度膨胀的后果是非常危险的,它不再是周期性的生产过剩危机,也不是通货膨胀危机,而是金融危机,一种对金融体系失去信任的危机。近几年爆发的一系列金融危机,如墨西哥金融危机、巴林银行倒闭、东南亚金融危机等,本质上都是符号经济脱离物质

生产领域而成为自身的游戏。

属于符号经济范畴的虚拟资本的运动可称为"虚拟经济",如证券市场、外汇市场、地产市场等。虚拟资本产生价格泡沫后,其名义价格总额大到超过整体实物经济所能决定的程度时,便产生了泡沫经济。

(二)泡沫经济形成的直接原因

符号经济独立于实物经济的自我膨胀及虚拟资本产生价格泡沫的可能性,使泡沫经济的产生成为可能。世界经济史上典型的泡沫经济要属日本平成景气中的泡沫经济。产生泡沫经济的主要原因有三:

1. 资产泡沫(股票与房地产泡沫)的存在是产生泡沫经济的前提。

只有当经济体系中资产泡沫的价格总额超过了实物经济所决定的市场基础价值总额,从而产生了价格与价值总额的严重背离与非对称时,才会形成泡沫经济。如果用"收益还原"模型来检测泡沫,我们会发现股价泡沫与地价泡沫是非常平常之事,但只有当股价泡沫与地价泡沫膨胀到一定程度,才可形成整体经济规模的泡沫经济。日本的泡沫经济表明,当实际股价超过理论股价的 2.5 倍,并且较长期持续时,便会产生泡沫经济。

2. 货币扩张是支持泡沫经济的主导力量。

如果货币供给量不变,则一些资产出现泡沫后,另一些资产价格下降,如果时间足够长,则在某个时候,另一些资产的价格将为负,但现实生活中这是不可能发生的。为了维持其他资产价格的稳定,就产生了货币需求的压力,导致货币供应扩张。货币扩张可以表现为增加货币发行,或放宽信贷条件,如降低利率、以账外资产作抵押担保等,或是有游资或外来投机资本的涌入等。从这个意义上讲,泡沫经济是一种特殊的通货膨胀,它一般不表现为物价水平的普遍上涨,而是股价、地价等少数几种资产价格的暴涨,因此也有人称之为"资产型通货膨胀",简称资产通胀。表 8-5 列出了日本泡沫经济前后的历年货币供应量,可以看出,高达两位数的货币增长率支撑了高股价与高地价。

表 8-5 日本的货币供应量增长率与其他指标的关系

年度	货币供应量增长率(1)	消费物价增长率(2)	地价增长率(3)	股票价格增长率(4)	实际 GNP 增长率(5)	(1)/(5)
1984	7.8	2.2	3.2	26.1	4.5	1.73
1985	8.7	1.9	2.8	22.1	4.8	1.81
1986	8.6	0.0	2.8	32.7	2.9	2.96
1987	11.2	0.9	5.4	48.3	4.9	2.29
1988	10.8	0.8	10.0	8.7	6.0	1.8
1989	10.3	2.9	7.6	20.4	4.5	2.29
1990	10.2	3.3	14.1	−15.2	5.1	2
1991	2.6	2.8	10.4	−15.4	3.6	0.72
1992	0.1	1.6	−1.8	−26.2	0.6	0.17
1993	1.5	11.2	−5.5	12.2	−0.4	5
1994	2.5	0.4	−4.6		0.5	5

注:货币供应量 1968 年前为 M_2,1968 年后为 M_2+CD;地价为全国市区地价指数。

资料来源:《经济白书(1995)》参考资料第 58、62、65 页。《国际比较统计(1994)》第 76 页。《经济统计年报》(日本银行调查统计局)各期。

3. 大量的经济主体的群体投机行为促使泡沫演化为泡沫经济。正如资产泡沫的膨胀需要有新投资者的不断参与,泡沫经济的形成也需要大规模的持久的群体投机来支撑泡沫的膨胀与蔓延。日本1987年大约有1/5的国民加入了股市投机,使股价剧涨;许多企业利用高股价条件下筹集的低成本资金又投入股票与房地产上,从而使股价地价一齐暴涨,东京证券交易所的股价1989年12月上涨了84.2%。一旦新加入者停止,泡沫便会开始破裂,泡沫经济亦将开始崩溃。

二、泡沫经济的效应

(一) 泡沫经济的强周期效应

泡沫经济会强化正常的景气波动,使经济系统具有更大的不稳定性。泡沫经济易形成于经济扩张时期,反过来又刺激经济景气,使经济过热,表现在:资产泡沫产生的资产效应使消费开支、企业设备投资增长;企业在高股价下筹资便利;账外资产增加使银行增放贷款,形成信贷扩张;货币扩张使利率降低,进一步刺激投资与投机;泡沫经济使多数经济主体形成了一种容易致富的极度乐观、兴奋感,形成所谓的"极乐鸟经济"。

当泡沫经济破灭时,产生以下效果使经济更为萧条:泡沫经济中房地产与股票的过度供给使泡沫破灭后股价地价跌得比泡沫前更低;逆资产效果缩减消费开支与企业投资;资产抵押价值大跌,银行形成大量不良债权;最后一批持有泡沫资产者损失惨重;企业筹资困难。日本1992年经济白皮书声称泡沫经济使日本股票损失340万亿日元,地产业损失100万亿日元。

(二) 泡沫经济的非均衡效应

泡沫经济扭曲了价格信号,形成了不合理的资源配置。大量的过剩资金、银行贷款甚至企业资金被吸引到股市与房地产市场上,会使生产投资相对萎缩,形成"产业空洞化"现象。一方面是名义财富的急剧增长,另一方面是实际GDP的停滞甚至减速增长,形成失衡的经济结构。

(三) 泡沫经济的通货膨胀效应

由于泡沫经济需要货币扩张来支持,因此泡沫经济的出现同时必定隐含着某种程度的通货膨胀。如果货币供给失控,以致其他商品价格也一起上涨,则会形成超级通货膨胀;如果同时出现"产业空洞化",则经济会处于滞胀状态。

(四) 泡沫经济的再分配效应

泡沫经济本身并不创造物质财富,它只是一种纯粹的货币运动现象。在泡沫崩溃前能抛出有泡沫资产的经济主体,不费吹灰之力便可暴富,最后一批持有泡沫资产者将是最大的损失者,是被剥夺者,包括发放房地产抵押贷款、持有股票的银行、持有房地产与股票的企业与居民。

(五) 泡沫经济的社会心理效应

在投机的狂热中,常伴随着欺诈、丑闻等。通过"理财技术"而骤富的人们忘记了劳动,企业忘记了经营,消费出现了高级化与奢侈化。整个国民心理素质与积极健康的道德、价值观念受到了严重的拜金主义的冲击。

三、房地产与泡沫经济

(一) 土地价格

土地价格具有不断上涨的趋势,原因如下:

1. 土地的自然供给量固定,经济供给量弹性也较小,尤其在城市中心,土地稀缺表现得更为严重;

2. 社会经济的发展,使土地的区位条件不断改善、优化,使土地增值从而使地价上涨;

3. 根据马克思的观点,社会平均利润率有下降的趋势,从而利息率也有下降趋势,而土地稀缺性的增加,促使土地收益增加,根据地租资本化原理,这两者的反向变动会使地价提高;

4. 如同股票一样,土地具有投资品(赚取租金)与投机对象(赚取买卖差价)的双重属性,当土地成为过度投机的对象时,地价可能产生泡沫;

5. 最重要的一点是:土地是人类赖以生存的基础,"土地所有权本来就包含土地所有者剥削土地、剥削地下资源、剥削空气,从而剥削生命的维持和发展的权利"(马克思,1975,第703—704页),因此,土地的私有将给土地所有者带来特权,"一切古老国家都把土地所有权看做所有权的特别高尚的形式,并且把购买土地看做特别可靠的投机,所以,购买土地所根据的利息率,多半低于其他较长期投资的利息率……这也就是说,他为地租付出的资本,多于他在其他投资上为等量货币收入所付出的资本"(马克思,1975,第872页),这也就是为什么在土地私有制国家里土地投机特别严重的原因。我国城市土地为国家所有,但土地使用权可依法流转。在土地使用期限内,使用者可依法自由转让土地使用权,这就使炒卖土地使用权成为可能,甚至在某些情况下也会很严重。

(二)地价、股价泡沫与泡沫经济

股价的波动会引起工商业的景气循环,地价的波动则波及各个部门,甚至影响居民的生存。因此,股价、地价的膨胀对国民经济影响很大,它们是形成泡沫经济的两个主要因素。当股价、地价泡沫持续扩张,以致股票价格总额与土地价格总额超过了实体经济所决定的资产价格总额时,国民经济规模的泡沫经济就产生了。

土地的收益是地租,它是一种经济剩余,来源于实物经济所创造的剩余价值;将地租用一个适当的利率贴现成土地价格时,这个价格就是一个由实物经济决定的合理价格。设一国的国民收入为NI,其中归属于土地的要素收入土地租金额占NI的比重为α,则一国实物经济所决定的合理地价总额为$\frac{\alpha}{r-g}NI$,r为土地还原利率,g为国民经济的自然增长率。当土地市场价格总额超过的某个比例时,可以判定存在泡沫经济。从表8-6、8-7可以看出,日本发生泡沫经济期间,土地价格总额,与GNP的比例为4.7—5.4。

表8-6 日本的国民总资产

年代	总额 (10亿日元)	与名义 GDP之比	结构比(%)		
			实物资产 (除土地等)	土地等 (注)	金融资产
1973	1178669.4	10.10	20.6	32.0	47.4
1974	1300866.1	9.40	23.4	29.1	47.5
1975	1438747.2	9.44	23.1	28.1	48.7
1976	1627971.3	9.50	23.3	26.6	50.1
1977	1782046.3	9.37	23.2	26.0	50.8
1978	2031634.5	9.74	22.4	25.9	51.7
1979	2335724.1	10.37	22.7	27.0	50.3

续表

年代	总额 (10亿日元)	与名义 GDP之比	结构比(%)		
			实物资产 (除土地等)	土地等 (注)	金融资产
1980	2642541.8	10.76	22.4	28.2	49.4
1981	2918827.0	11.19	21.6	28.9	49.5
1982	3131249.8	11.46	21.3	28.7	50.0
1983	3357497.9	11.77	20.5	27.8	51.6
1984	3617688.2	11.86	20.1	26.9	53.1
1985	3935905.1	12.14	19.2	26.6	54.2
1986	45360273	13.41	17.1	28.8	54.1
1987	5340773.0	15.09	15.4	32.2	52.4
1988	5990609.1	15.89	14.6	31.5	53.9
1989	6871158.0	17.08	14.0	32.1	53.9
1990	7153176.5	16.84	14.7	34.1	51.2
1991	7184191.7	15.91	16.4	30.6	53.0
1992	6926577.1	14.96	17.9	28.4	53.7
1993	6981272.2	14.98	17.5	27.4	55.1

注:土地等含土地、森林、地下资源、渔场。
资料来源:日本1995年度《经济白皮书》附参考资料第68页。

表8-7 日本的资产膨胀规模

年代	地价总 额(A)	地价增 额(B)	地价增 长率(C)	股票总 值(D)	股票增 值(E)	股值增 长率(F)	资产增 值(B+E)	GNP	GNP
1984	928.6			203.3				305.7	3.04
1985	1004.7	76.1	8.17	241.9	38.6	18.98	114.7	315.3	3.09
1986	1257.2	525.5	25.13	374.7	132.8	54.9	385.3	339.6	3.70
1987	1672.7	415.5	33.04	472.9	98.2	26.2	513.7	356.2	4.70
1988	1839.4	166.7	9.96	669.0	196.1	41.47	362.8	379.2	4.85
1989	2153.0	313.6	17.05	889.9	220.9	33.02	534.5	405.8	5.31
1990	2338.2	185.2	8.60	594.5	-295.4	-33.2	-110.2	435.2	5.37

资料来源:转引自薛敬孝:"日本泡沫经济分析",《日本经济研究论文集I》,南开大学出版社,1996年。

四、地价与股价的关系

鉴于股价地价在泡沫经济中所扮演的重要角色,我们继续讨论一下股地价之间的关系。究竟是股价的变动引导地价的变动还是相反,抑或是其他原因共同导致股地价的联动?以下将从理论与实证两方面做出分析。

从理论上分析,可能有这样几种情况:

(一)股价变动引导地价变动

利用托宾q理论可以解释股价领先于地价的变动。托宾把资本的市场价值与重置成本之比称为q。在规模收益不变与完全竞争的假设下,$q=1$,可以保证资本品的重置,使经济按自然增长率扩张。当 $q>1$ 或 <1 时,就会加强或减弱投资刺激,托宾的 q 又可以用企业的市场价值除以企业的资本价格来表示。企业的市场价值可以用企业的股票价格来表示。资本品的价格可以在国民收入与国民生产核算账户的表格中查到,所以 q 很容易计算出来。当 $q>1$ 时,说明资本的实际收益大于其租用价格,企业价值增加,企业将增加资本存量,直到新增资本的边际收益降到同新的租用价格相等为止。因此,股票价格上涨,将引起企业投资增加,其中包括对房地产的需求增加。

"财富效应"也可以解释股价领先于地价变动。股价上升,持股者包括企业与个人财富增加,会增加对工商业用地及住宅的需求。在日本泡沫经济期间,许多企业利用高股价增发新股筹资,但所筹资金大多重新投入股市与房地产市场,从而加剧了地价的上涨。另外,股票市场充满竞争,流动性强,效率很高,而土地市场相对缺乏流动性与有效性,这也是地价变动滞后的一个原因。

(二)地价领先于股价变动

地价领先于股价变动似乎只有一种情况:房地产业的繁荣引起房地产股票的上涨。但有时候,用于买卖以赚取差价而持有的投机性土地的价格变动会引导股价变动。Stone 与 Ziemba(1993)讨论了在日本发生的这一情况,但结论并不十分有效。当货币供给量不变时,股市或地价出现泡沫,会压抑地产市场或股市,但这种股地价的反向变动似乎很难见到。

(三)影响股价与地价变动的其他因素

这里最重要的是利率与货币供给量。因为股价与地价都可通过收益还原模型计算出来,因此,利率变动引起股地价同时反向变动。货币供给量增大,无论是通过凯恩斯效应还是货币主义的货币余额效应,都会使消费或投资支出增加,从而引起股地价同时上涨。其他因素,如对未来的预期、宏观经济走势、政治环境等都会引起股地价的同时变动。

可见,股地价之间的关系是很复杂的。

从实证分析来看,图 8-7 描绘了日本全国地价与日经平均股价从 1955 年 1 月至 1992 年 2 月的走势:

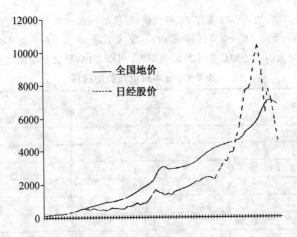

图 8-7　全国地价与日经股价(1955.1—1992.2)

资料来源:Stone and Ziemba(1993).

可以看出：从1955年3月—1992年9月，股地价几乎上涨了同样的幅度。Ziemba(1990)的计算表明：股价水平与商业用地的价格相关度更高，达99%。Stone与Ziemba(1990)用过去季度的股价收益来预测现在季度的全国地价收益，发现了很强的证据表明：股价变动引导地价变动而不是相反。Hamao与Hoshi(1991)发现，用股票的超额收益可以很好地预测土地的超额收益，但反过来则不行。Canaway(1990)则估计出了地价变动的滞后期约为11个月。但这种股地价的联系并非到处都存在，如在美国股地价收益之间不存在显著的相关，但滞后的房地产股票收益与房地产收益则存在较高的相关度。

股地价的波动幅度也不尽一致。1955—1971年，日本地价比股价上涨要快，而1971—1989年，股价上涨了约20倍，六大都市地价则只上涨了5—10倍。但股价比地产更易变(Volatile)。图8-8描绘了股地价收益率的波动。

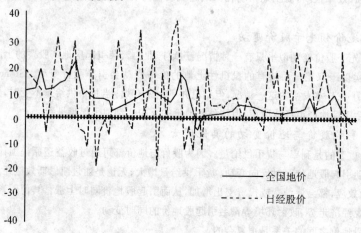

图8-8　日本全国地价与日经股价平均收益率(1995.1—1992.2)
资料来源：Stone and Ziemba(1993)。

从图8-8中可以看出，在20世纪90年代前，地价惟一的一次下跌是发生在1973—1974年第一次石油危机后，下降5%—8%；但是股价有29次下降10%之多。表8-8、8-9列出了日本东证股价指数变动与全国住宅地价格指数的变动率。可以看出，股价变动比地价变动要猛烈得多。

表8-8　日本股价指数的推移

年度	日本	
	指数	增长率%
1980	47.6	+5.4
1981	55.3	+16.3
1982	55.1	-0.4
1983	64.9	+17.9
1984	81.9	+26.1
1985	100.0	+22.1
1986	132.7	+32.7
1987	196.8	+48.3

续表

年度	日本	
	指数	增长率%
1988	213.9	+8.7
1989	257.5	+20.4
1990	218.3	−15.2
1991	184.7	−15.4
1992	136.7	−26.2
1993	152.9	+12.2

注：上表为东证一部指数。

资料来源：日本银行统计局：《国际比较统计》(1994年)，第76页。

表 8-9　日本全国住宅地价格指数(比上年同期相比%)

年月	市街地价格指数	地价公示价格
1986.3	2.2	2.2
1986.9	2.5	2.2
1987.3	4.5	7.6
1987.9	9.4	9.2
1988.3	8.4	25.0
1988.9	4.2	7.4
1989.3	5.5	7.9
1989.9	8.2	6.8
1990.3	12.8	17.0
1990.9	15.3	13.2
1991.3	9.7	10.7
1991.9	2.2	2.7
1992.3	−2.5	−5.6
1992.9	−4.7	−3.8
1993.3	−5.0	−8.7
1993.9	−4.1	−3.6

资料来源：日本银行调查统计局：《经济统计月报》，1997年7月，第10页。

第四节　房地产泡沫的预警与防范

一、房地产泡沫的预警

怎样才能比较简便地判断房地产市场出现过热与过度投机，从而有可能会产生房地产泡沫呢？可以从以下几方面着手：

1. 检验房地产投资收益率是否太高。房地产投资收益率指其广义收益率,即持有期房地产租金加上卖出房地产后的价差利润再除以房地产购入价。如果收益率过高,将会吸引更多投资(机)者加入,推波助澜,哄抬地价。我国1993年沿海地区有些房地产公司炒卖地皮,利润率达300%,这就表明房地产市场发展不正常。

2. 检验房地产的转手率或成交额。房地产的转手率可以通过房地产交易所监测,短期内转手率高,说明炒卖严重,存在过度投机。房地产成交额不正常地显著增大,说明房地产交易过于活跃,其中肯定存在不以房地产利用为目的的投机转手交易。

3. 估算房地产的理论价格,看现实价格超出理论价格的幅度。我国许多城市已建立了基准地价评估制度,今后要根据经济发展及企业业绩适时修正基准地价并定期公示,以之作为理论价格的参考。如果市场价格过分超过公示地价,则可判断存在地价泡沫。

4. 分析房地产投资是否过度。房地产价格产生泡沫时,开发商收益将提高,这样会诱使开发商进一步扩大投资,最终造成生产过剩。因此房地产业投资额超常规增长便意味着房地产投资过度。

5. 监测开发商的施工进度。在房地产投机热中,投机者持有房地产并不是想真正使用,也不会投资开发,而是想待价而沽,因此如果许多开发商持有土地后,迟迟不肯投资或施工进度特别缓慢,则可判定开发商有投机炒地炒楼花的动机。在我国的北海土地投机中,许多土地交易竟是炒"红线图",连正常的土地出让手续也未办,更毋庸说投资开发土地了。

二、房地产泡沫的防范

我国房地产业曾出现过泡沫化与过度投机现象,引起了房地产业的异常波动。怎样防范房地产泡沫的产生,使房地产业能稳定、健康、有序地发展?我们提出以下对策:

(一)设计合理、严密的房地产税制,引导土地持有者合理提高土地使用效益,抑制土地的过度投机

1. 对土地空(闲)置征税,以鼓励持有人积极投资开发,提高囤积投机的成本。如台湾对可利用而逾期尚未利用、或作低度利用的私有建筑地课征空地税;对低度利用或未利用的私有农地征荒地税;对地主不在的土地征不在地出税,以使土地能流转到真正需要土地的使用者手里。

2. 征收土地增值税。土地增值税又分为两种:对土地移转时的增值部分(资本收益)征税;在土地持有期间每隔一定时间评估地价,对增加的地价征税。土地增值税能有效地抑制土地投机,且能将由社会引起的土地增值通过增值税的形式部分返还社会,体现了社会公正。德国、日本、泰国、马来西亚、我国台湾等国家和地区都设有土地增值税。其中日本的做法尤其值得借鉴:将土地转让分为长期转让、短期转让和超短期转让,其划分的标准分别是转让前持有期超过10年、未超过10年及两年以下,分别课以不同的税率。过高的土地转让增值税可能会使土地持有者觉得转让不合算而长期保有土地,这样可能会减少土地的供给量。因此对土地保有增值也应课税,但两种税不应重复计征。

3. 征收土地保有税,以刺激土地供给。用地紧张的地方因土地更加稀缺,所以地价也易上涨,投机易产生。如果对保有土地适当征税,就可以提高保有成本,刺激低度利用土地者转让土地或出租土地,以增加土地供给。如日本就征收特别土地保有税,以取得或保有基准面积以上的土地为课税对象。但日本的土地保有税及固定资产税实际税率低,在泡沫经济期间使许多人或

企业不必花多大代价就能囤积土地以期从土地增值中获益,从而减少了土地的供给量,这已引起了日本经济学家的注意。

我国在房地产热退潮后,颁布了土地增值税暂行条例;规定取得土地后两年内不开发的将予以没收;未投足一定量资金不得转让土地等,这些都有力地抑制了炒地炒楼花。但我国的土地税制还存在一些弊端,如耕地占用税、城镇土地使用税税额都太低,起不到应有的抑制多占土地的作用;对土地保有期间的增值未征税;对空闲地也未课税。因此,我国的房地产税制亟待完善。

(二)加强对房地产价格的监测与调控

1. 建立城市基准地价与公示地价制度,编制并定期发布地价指数、各类物业价格指数,以之作为市场交易的参考与"道义劝告"。

2. 建立房地产交易价格评估制度与成交价格申报制度,这样政府就可以掌握每一宗房地产的成交价格情况。

(1) 借鉴日本经验,设立土地交易监视区制度与土地交易许可制度。当某个地区土地价格上涨过快、出现泡沫化倾向时,政府可根据有关法律确定其为地价监视区,调查地价与土地交易情况,对监视区内的每宗土地交易前要求其提出许可申请,有关部门应审查土地交易的目的、最高限价等。

(2) 加快土地出让的市场化。政府出让土地应尽量采用拍卖与招标方式,尽量以市场价格出让;对优惠出让的土地的再交易情况做出严格限制与动态监控,以减少土地层层转手牟利的机会。政府应根据土地市场行情适时地收购土地或增加土地出让,以调控土地市场。

3. 对商品房预售要作严格审查。凡未投足一定量资金、施工进度未达一定要求的开发公司不得预售"楼花",以防止开发商以预售为名进行土地投机。

4. 规范房地产融资行为。以房地产抵押贷款为例,金融机构发放贷款时,应根据保守、确实、安全的原则来评估抵押标的物的抵押价值,并严格审查,以避免呆账、坏账损失与信贷膨胀。房地产抵押价值的评估应按以下步骤进行:

(1) 先评估抵押房地产的正常价格,即在合理(公开)市场上所能形成的市场价值的货币表示额,这是将来如要清偿债权而处置抵押物时所预料的最高价格。显然,房地产市场出现泡沫时,含有泡沫的市场价格会被评定为正常价格,这就是日本金融机构为何愿以账外资产作担保的缘故。

(2) 从正常价格中扣除各种风险后得到查定价格。查定价格是有把握可能处置的最高价格。这些风险因素包括:抵押房地产本身具备的风险性,如倒塌、烧毁等;与贷款条件相关的因素,如利率风险、房屋折旧、债务人的信用风险等。当房地产出现价格泡沫时,最重要的一点是要考虑到泡沫破灭的风险,泡沫的破灭将会使房地产的市场价格跌至泡沫前的水平。日本的金融机构就是因为没有考虑到泡沫破灭的风险,结果在泡沫经济崩溃后,大量房地产抵押贷款无法收回。非泡沫风险一般占正常价格的 30%—40%,如考虑泡沫破灭风险,则查定价格比正常价格要低得多。

(3) 确定融资比率或贷款比率,即以查定价格的一定百分比为贷款的最高限额,一般为 70%—80%。之所以不以查定价格为贷款额度,是因为行使抵押权时还会产生下列费用:拍卖交易费用、收回利息、管理费用、拍卖价格可能低于正常价格等。

5. 利用货币金融政策调控房地产市场。当房地产市场出现过热时,政府可以通过提高利率、紧缩信贷额、提高购房首次付款比率等货币政策来调整房地产投资总额与投资结构,以保证房地产市场比较稳定地发展。

6. 加快企业制度改革与房地产使用制度改革,使房地产投资主体成为自负盈亏、自我约束的经济实体。在房地产热期间,许多投机资本来自国有企业、国有银行甚至政府职能部门,这些机构具有软预算约束,导致经营者搭便车利用公款牟利而自己不担风险。只有培育理性的投资主体,以开发经营社会所需的各类物业为主业,房地产业才能长期持续发展。

7. 政府应适时发出警告,公告有关市场信息,加强对投资者市场风险的教育,调整市场情绪,改变更正大众的信心与预期状态,使市场参与者变得冷静、理性,尽量化解群体行为的非理性。

专题分析:中国的房地产泡沫——"北海泡沫案例分析"

泡沫经济和房地产泡沫是当今世界的热门话题,我们在本书设了一章,对此做了较全面深入的论述,但仍有待深入研究,尤其是我国或我国某些城市,当前是否存在房地产泡沫更是人们关注的问题。为此我们特推出"北海泡沫案例分析",以其对深化泡沫经济理论研究,判别我国或局部当前是否存在房地产泡沫有所启示。

1992—1993年是中国房地产业发展的一大转折,房地产业经历了从投机繁荣到"泡沫"崩溃的阵痛,并开始走向规范化发展。

1991年全国只有三百多家房地产企业,1992年猛增至近万家;1992年国家商品房投资增长94.4%,房价比上年普遍上涨了50%以上,全国各类各级开发区达8000多个,仅广东1992年底时就达到267个各类开发区;1992年全国共出让土地使用权3000幅计2.2万公顷,分别为1991年以前所有出让土地的3倍与11倍;各地掀起了集资热,仅1993年第1季度,社会集资达500亿元以上,投入炒卖房地产、倒卖进口汽车等。"投机繁荣"中,以广西北海的土地投机最为狂热。

1992年初,北海市仅有3家房地产公司。由于北海市政府采取低门槛政策,规定土地出让价最高9.7万元/亩,最低4万多元/亩,并且成片大面积出让,允许购地者再转让(即允许炒地)。一时间,投资者蜂拥而至,土地投机也日趋严重,1992年4月底地价开始暴涨,半年间地价上涨一二十倍,最高价达每亩120万元;房价也上涨了3—6倍。1993年7月政府采取宏观调控措施后,全国房地产市场骤然降温,北海的房价跌幅达30%;约400家开发公司自动消失或撤走,大量资金也被抽走,仅200家公司仍有项目动工。大量土地闲置,有的开发区实为圈一块地,竖一块牌。

北海泡沫形成的主要原因有:

1. 出让规模太大,出让价格过低。北海市城市总体规划的用地控制指标,1991年是14平方公里;2000年是90平方公里,2010年是161平方公里,可是,从1992年开始后一年多来,政府规划出让土地76平方公里,超过当时城区的5倍,至1994年8月,北海市已规划出让国有土地面积154.26平方公里,规划期18年的用地配置,2年多就用完了。由于实行"低门槛"政策,收取的土地出让金远不能满足基础设施配套,低地价反而给次级市场上的层层加价倒手创造了前提。

2. 土地市场规范失控,违法乱纪行为严重。按北海规定,正常的土地出让手续需由用地单位向市计委、市政府、规划局、土地局、环保消防等部门办理有关手续,但在实际执行当中,规划局将规划用地红线图直接交给用地单位,用地单位拿到红线图后便开始多次炒卖,土地交易变成了"期货交易"。另外,越权乱批地问题很严重。北海市先后兴办了10个开发区,但只有两个是经过了自治区与国务院的批准。经后来查处,北海市越权批地10宗,面积8829.06亩;越权修订国有土地使用权出让合同12宗,面积达28598亩以上。在土地出让过程中,政府官员贪污受贿严重,有的领导受贿2万元,便批地10亩,20亩。据后来中央联合调查组的结果,土地出让问题中涉案人员达123人,涉案金额达1.1亿元。

3. 金融秩序混乱,许多人拿了国家的钱来搞投机;信贷膨胀助长了投机,不少房地产公司背着18%—25%的贷款利率来炒地。另外,政府的决策也有失误。北海市政府领导认为,北海没有资金、没有人才,只有土地,所以以土地吸引体外循环资金,"引鸟筑巢"才是良策,并且批地过多,炒地越热,留下的资金就越多。事实表明,炒房地产并不能炒出一个新城市来。北海市收取了地价约30亿元,但基础设施及建筑物投资约需1000多亿元,而宏观调控后,一半的开发公司抽资撤离。1992年北海市常住人口约20万人,加上流动人口也不过50万人,但出让的土地足以容纳200万人,如果没有雄厚的工商业作后盾,能吸引这么多移民来北海吗?

北海的房地产市场目前已复苏,但投机热潮带来的教训仍需警醒。

思 考 题

1. 谈谈有关泡沫与泡沫经济内涵的争论及你的看法。
2. 试述房地产泡沫计量模型的内涵及其发展。
3. 试述房地产泡沫形成与破灭的原因。
4. 如何用博弈论来研究房地产泡沫,谈谈你的看法。
5. 简述房地产泡沫的经济效应及其实际表现。
6. 试述房地产泡沫检测与排除的方法和步骤。
7. 如何理解地价泡沫、股价泡沫与泡沫经济?
8. 试述房地产泡沫的预警措施与防范对策?

参 考 文 献

1. Blanchard, Oliver J. and Mark W. Watson, 1981,"Bubbles, Rational Expectations and Financial Markets," in *Crises in the Economic and Financial Structure*, ed. by Paul Watchtel, Lexington Books, New York.
2. Blanchard, Oliver J. and Stanley Fisher, 1989, *Lectures on Macroeconomics*, The MIT Press, 1989.
3. 曹振良主编:《土地经济学概论》,南开大学出版社,1990年。
4. Flood. Robert P. and Peter M. Garber, "Market Fundamentals versus Price-level Bubbles: The First Tests", *Journal of Political Economy*, V88 August.
5. 傅十和:"房地产融资的误区剖析——兼议房地产证券化",《天津房地产》,1997年第5期。
6. Garber, Peter M., 1989,"Tulipmania", *Journal of Political Economy*, V97, no. 3.
7. Garber Peter M., 1990, "Famous First Bubbles", *Journal of Economic Perspectives*, V4,

no. 2.
8. 龚德恩等:《动态经济学——方法与模型》,中国人民大学出版社,1990年。
9. Henry Higgs, 1926, *Palgrave's Dictionary of Political Economy*, Vol 1, London, Macmillan.
10. 胡梯云:"建国前后的四次物价波动",载《新中国若干物价专题史料》,湖南人民出版社,1986年。
11. 杰费里帕克:"1500—1730年欧洲近代金融的产生",载《欧洲经济史》第2卷,卡洛·M.奇波拉主编,商务印书馆,1988年。
12. 凯恩斯:《就业、利息和货币通论》,商务印书馆,1981年。
13. Kindleberger, Charles, P., 1978, *Manias, Panics and Crashes, History of Financial Crises*, New York, Basic Books.
14. Kindleberger, Charles P., 1987, "Bubbles", In *The New Palgrave Dictionary of Economics*, Vol 1, P281
15. 李拉亚:《通货膨胀与不确定性》,中国人民大学出版社,1995年。
16. 铃木淑夫:《日本的金融政策》,中国发展出版社,1995年。
17. 浅子和美:"泡沫对实体经济的影响",《国外社会科学快报》,1993年第12期。
18. 沈华嵩:《经济系统的自组织理论》,中国社会科学出版社,1991年。
19. Stigliz, Joseph E., "Symposium on Bubbles", *Journal of Economic Perspectives*, Vol 4, no. 2.
20. 夏军:《非理性世界》,上海三联书店,1993年。
21. 薛敬孝:"日本泡沫经济分析",《日本经济研究论文集I》,南开大学出版社,1996年。
22. 张雄:《市场经济中的非理性世界》,立信会计出版社,1995年。
23. Shiller, R. J., "Do Stock Prices Move Too Much to Be Justified by Subsequent Changes in Dividends?", *American Economic Review*, June 1981, Vol 71.
24. Singleton, K. J., 1980, "Expectations Models of the Term Structure and Implied Variance Bounds", *Journal of Political Economy*, Vol 88.
25. 马克思:《资本论》第3卷,人民出版社,1975年。
26. 《马克思恩格斯全集》第25卷,人民出版社,1974年。
27. Stone Douglas, William T. Ziemba, 1990, "Land and Stock Prices in Japan", Mimeo, University of British Lolumbia, Vancouver, and Frank Russel Company, Tocama.
28. Stone Dauglas, Willian T. Ziemba, 1993, "Land and Stock Prices in Japan", *Journal of Economic Perspectives*, Vol. 7, No. 3.
29. Hamao, Ya Sushi, and Takeo Hoshi, 1991, "Stock and Land Prices in Japan", *Mimeo*, Columbia University.
30. Canaway Hugh, 1990, "Land Prices in Japan: No Cause For Alarm", *Baring Securities*, Tokyo.

第二篇

地 产

第九章 土地产权制度

产权理论是房地产经济学理论体系中的一个核心部分。因此,本章拟以产权内涵为起点,来讨论土地产权的一些理论问题。主要内容包括以下四个部分:第一节探讨产权的内涵及产权结构体系;第二节研究土地产权制度问题,包括两个相关的部分:土地所有制和土地使用制;第三节进行土地产权制度的国际比较;第四节研究土地产权管理制度。

第一节 产权内涵与产权结构体系[①]

产权理论十分复杂,涉及面很广,很多问题长期以来争论不休。本节就与房地产产权密切相关的几个理论问题作些介绍和分析论述。

一、产权内涵

对产权的定义目前国内外仍然没有统一看法。我国经济学界对产权概念的讨论基本上是沿着马克思的所有制理论,借鉴西方经济学的理论观点来展开的。代表性的观点大致有以下几种:

1. "损益排他论"。这种观点认为产权是一种能给经济主体带来损益的、可以作为市场交易标的物的排他性权利。这基本上是德姆塞茨的"所谓产权,意指使自己或他人受益或受损的权利",和诺思关于"产权本质上是一种排他性权利"两种观点的综合。前者强调产权得利性,即收益权,后者强调产权的排他性,亦即强调所有权的惟一性和排他性。这些基本上包含在下面的定义中。

2. "广义所有权论"。即产权就是广义的所有权。但是广义所有权中包含哪些权能即权能结构如何,各有不同的认识和表述:

(1) 有的认为,产权就是指财产所有权,即对财产的占有、支配、交换、分配的权利可将其简称为"四权结构Ⅰ"。

(2) 有的则认为,产权就是对财产的权利,亦即对财产的广义所有权——包括归属权、占有权、支配权和使用权;它是人们(主体)围绕或通过财产(客体)而形成的经济权利关系;其直观形式是人对物的关系,实际是产权主体之间的关系。这里虽然也是"四权结构",但具体内容与前述不同,我们称之为"四权结构Ⅱ"。

(3) 有的认为,产权是经济关系的法律表现形式。它包括财产所有权、实际占有权、支配权、使用权、收益权和处置权。对此,我们可以称之为"六权结构"。

3. "两种涵义论"。持此观点的同志认为,产权或财产权有两种涵义:财产所有权与财产使

---

① 本节内容参考曹振良:"改革和完善中国土地制度论纲",《南开经济研究(海外版)》,1994年第1期。

用权。此处的所有权显然是指狭义的所有权,即归属权;而使用权则是指一定时间和一定程度内的使用权、收益权和处置权,即实际占有权。"两种涵义论"实际上与"广义所有权产权论"基本无差别,可称之为"四权结构Ⅲ"。

上述介绍表明,我国学术界对产权内涵的认识有倾向"广义所有权产权论"的趋势。但是,广义所有权包括哪些权能并不一致。这种状况导致不仅在理论上对产权内涵不好把握,更重要的是在实践中无法操作。因此,有必要先对广义所有权的权能结构进行界定,然后再来对产权内涵进行分析判定。

二、广义所有权内部权能结构的分析界定

所谓广义所有权内部权能结构的界定,是指上述涉及的权能哪些是独立的、平行的权力关系?本书认为,只有所有权和使用权是独立的经济权力关系,从而构成主要权能,其他权能,包括占有权、支配权、收益权、处置权均是所有权和使用权的从属权能。

1. 所有权和使用权是独立的经济权力关系。在这里,所谓独立的经济权力关系应同时具备两个条件:一是有独立的经济利益主体;二是有实现其经济利益的具体形式。总之,是要具备独立的经济机制。

首先来看所有权。作为一种独立的经济权力关系它完全具备上述两个条件:(1)有独立的主体——所有者,有独立的法人地位和独立的经济利益;(2)有实现其经济利益的具体形式:一是所有者可将其对生产资料(包括土地)的所有权作为一种财产出售。此时,生产资料的物质形态,或其使用价值一次性全部出让,其价值以售价形式一次性全部实现。二是所有者对其所有的财产自己使用。财产的使用价值和价值均在所有者个人对财产的使用过程中得到实现。这场合,不仅所有权和使用权归属同一个经济主体,就是其他权能,包括占有权、支配权、收益权、处置权等也属于这一主体。我们称之为"封闭型"所有权内部权能结构。三是所有者将其财产按契约规定的用途出租给其他经济主体使用。他们分别拥有对财产的所有权和使用权的占有、支配、收益和处置权。我们称之为"外化型"的所有权内部权能结构。四是通过入股,以股份制形式来实现。在这种形式下,财产的物质形态或使用价值出让给股份公司经营使用,所有者则通过一定渠道对其使用方向和使用方式施加间接影响,其价值以分红和股息的形式逐步得到实现。因此,所有权内部结构也属于"外化型"。

再来看使用权。所有权实现"外化型"是使用权成为独立经济权力关系的前提条件。可见,所有权实现形式的"外化"也就是使用权的"独立化"。此时,使用权也就相应地具备了独立经济权利关系的两个条件:(1)使用权有其独立的经济利益主体——经营使用者,并具有独立的法人地位。使用者既拥有获得使用权和开展生产经营活动的经济实力,又拥有对使用权的占有、支配、收益和处置的权力。(2)有实现其经济利益的具体形式:一是使用者可以将其得到的使用权转让或出租,一次或逐步补偿为获得该使用权而付出的经济代价。二是使用者可以直接经营使用,这是主要的一种形式。这一过程不仅可以补偿使用者为获得使用权所付出的代价,即转化为所有权收益,同时还可取得使用者自己的经营收益,即使用权收益。

2. 其他权能不是独立的经济权利关系,从属于所有权或使用权。其理由如下:一是它们没有独立的经济利益主体,即在所有者和使用者之外不存在具有独立经济利益的占有者、支配者、收益者和处置者,二是既然没有独立的经济利益主体,当然也就不存在实现其经济利益的具体

形式。所以,这类权能只能从属于所有权和使用权。

所谓其他权能从属于所有权和使用权是指以下三种情况之一:其他权能与所有权或使用权同义或通用;其他权能不是对所有权的占有、支配、收益或处置,就是对使用权的占有、支配、收益或处置等;其他权能是所有权或使用权的体现。

先看占有权。有时它与所有权同意义或通用,这在经典文献中并不少见。例如,经典作家把生产资料所有制形式也说成生产资料的占有形式,也有相反的情况;有时经典作家所说的占有,实际又是对使用权的占有。例如,马克思曾经说过,在原始社会末期,公社社员"个人占有"土地(《马克思恩格斯全集》第46卷上册,第481页),在封建农奴制社会农奴是土地的"占有者"(《资本论》第3卷,第893页)。实际上这都是对土地使用权的占有,因为在上述两种社会制度下,土地所有权分别属于原始公社和农奴主,公社社员和农奴都不是土地的所有者,对土地没有所有权而只有使用权。可见,"占有权"不是对所有权的占有,就是对使用权的占有。

支配权也有类似于占有权的情况。对支配权人们往往把它等同于使用权,即与使用权同义或通用。但是,所有者也可以对所有权进行支配。所以,支配权既可以看做使用权的同义或通用语,也可以看做是对所有权的支配。

对于处置权,一般被看做所有者对所有权的出售、出租、抵押、赠送等的权利,即所有者对所有权的处置。然而使用者也可以对使用权进行处置。如土地使用者在土地承租期间,可以将其使用的土地使用权转租、抵押或赠送等等。所以,处置权不是对所有权的处置,就是对使用权的处置。

关于收益权。所谓收益权,是指对利益的获得权利。那么,经济主体凭什么获得利益呢?就土地收益而言,不外乎表现为收取地租或收取土地之上的生产物。前者是所有者凭借土地所有权而获得的利益,后者则是土地使用者凭借对土地的经营使用权而获得的经济利益。所以,收益权不是所有权的体现,便是使用权的体现。

上述分析表明,所有权内部结构不是"多权平行结构",即各种权能都具有同等的地位和功能,而是一种"多权主从结构",即在所有权的多种权能中,只有所有权和使用权是基本的、主要的权能,其他权能是从属权能。

根据"多权主从结构"原理,我们认为,产权是对财产的所有权和使用权。这一产权定义,既不同于广义所有权产权定义,又不同于将所有权和使用权分别定义为两种涵义产权的观点。同时根据"多权主从结构"的产权关系,在实际工作中明晰产权,只要明晰和确定所有权和使用权、所有者和使用者即可,无须在所有权和使用权之间、所有者和使用者之间,再去创立和寻找其他的独立产权权能和产权主体,否则,会由于在上述关系之间找不到占有权、支配权、收益权和处置权以及独立的占有者、支配者、收益者、处置者等,致使产权关系和产权主体更加模糊不清。

第二节　土地产权制度

一、土地产权与土地产权制度的定义

根据上节对产权的一般定义,我们可以把土地产权定义为对土地财产或土地要素所拥有的所有权和使用权。

土地产权除了具有一般产权的特点以外,还具有以下几个特点:第一,土地产权是典型的

实物财产权。这与对有价证券拥有的虚拟资产产权有明显不同。第二，土地产权权能的可分离和可分割性以及土地产权主体的多元性。如土地所有权与土地使用权的分离；土地收益权在土地所有者和土地使用者之间的分割；土地处置权（比如抵押权）在所有者与使用者之间的分割等。土地产权权能的可分离、可分割性导致了土地产权主体的多元性，如土地所有权主体与土地使用权主体的非一致性和土地收益权主体的非单一性。第三，土地产权权能结构的"多权主从性"。在土地产权的权能结构中，土地所有权和土地使用权是两个主要的、基本的权能，其他权能如土地占有权、土地收益权、土地处置权等均是土地所有权和土地使用权的派生权能，因而是从属权能。第四，可交易的土地产权的二元性。土地产权交易的形式很多，但土地产权交易的内容主要有两类：一类是土地所有权的交易，就土地实体本身的交易；一类是土地使用权的交易，即土地服务的交易。

所谓土地产权制度，是指因对土地的所有、使用、交易所发生的各种经济行为所应遵循的社会、法律规范的总称。它是由社会强制力量和市场强制力量对土地产权及其交易的保护、约束和规范的结果。土地产权制度是一个抽象的社会经济存在，是土地产权的规范和提升的结果；土地产权是一种现实的经济法律存在，是土地产权制度的具体表现形式和具体内容。因此，讨论土地产权制度必须从土地产权的性质、内容、权能结构以及产生和存在的原因等方面开始。

尽管土地产权制度的内涵十分丰富，但其核心的内容却是土地所有权和土地使用权以及两种主要的产权权能之间的关系。讨论土地产权制度就应当抓住这两个主要的制度要素。

二、土地所有制与土地所有权

（一）土地所有制与土地所有制结构

所谓土地所有制，是指一个国家或地区在一定的社会制度下占有和控制土地的形式。在不同的社会制度下，占主导地位的生产方式决定着该社会的土地所有制形式。迄今为止，伴随着生产方式的演进，人类社会共经历了原始土地公有制、奴隶主和封建主土地所有制、资本主义国家所有与私人所有制、社会主义土地公有制等几种土地所有制形式。

一个国家或地区的全部土地所有制形式及其数量关系便构成了其土地所有制结构，又称作土地所有制的外部结构（曹振良，1993）。例如，中国的土地所有制结构为：城市土地的国家所有制与城市郊区和农村地区除法律规定为国有以外的土地集体所有制并存；美国的土地所有制结构可描述为：联邦政府土地所有制、地方政府土地所有制以及土地的私人所有制并存。

（二）土地所有权

一种流行的观点认为，土地所有权是指土地所有者在法律规定的范围内自由使用和处置其土地的权利（董俊祥等，1994，第135页）。马克思认为，土地所有权具有两个不可缺少的内容：一是土地所有者把土地当作自己的财产，对其土地实行垄断和自由支配；二是土地所有者凭借其对土地的垄断和自由支配而收取一定地租，使得地租成为土地所有权在经济上的实现形式。具备这两个方面，土地所有权才具有完善意义。

根据我们的理解，土地所有权首先是指法律对于一种财产或生产要素在归属上的一种强制性的规定，因而是一个法学范畴；其次，换个角度考虑，是指土地的所有者对土地拥有的完全权利，包括占有、使用（自用或他人用）、收益、处置等诸项权利，其中最能体现所有者权利特征的是土地的收益权和土地处置权，因而它又是一个经济学范畴。简言之，狭义的土地所有权是指土地的法律归属;广义的土地所有权是指土地所有者拥有的关于土地的产权,它包括土地所有者为达到一定社会经济目的而分离、分割和回归上述诸项派生权能的权利。为更好地理解土地所有权概念,此处指出土地所有权的几个典型特征:

第一,土地所有权主体的确定性和单一性。作为一种法律范畴的产权,即土地的归属,必须具体、明确,且是单一的人格化代表,否则会引起法律上的混乱,不利于土地产权的析分和交易,进而不利于所有权在经济上的实现。无论是国有土地、集体共有土地还是私人所有土地,其所有权主体,即所有者必须有确定的且惟一的人格代表,它们分别是政府、集体组织和自然人。后两者的惟一性问题不大,此处存而不论。关键是国有土地,在一些国家(比如中国)没有明确是哪一级别的政府作为国有土地的人格代表,因而产生了土地使用过程中缺乏科学的激励和监督机制,导致土地利用效率低下、土地收益机制扭曲等严重问题。

第二,在排除土地所有权交易的前提下,土地所有者必然拥有土地的归属权;可以拥有收益权、占有权等土地权能,换言之,土地所有者可以根据需要分离、分割其归属权以外的土地产权,如土地所有者可以将土地占有权和使用权用契约方式分离出去,自己保留对土地的归属权(狭义所有权)、收益权以及监督土地使用和到期收回土地占有权(两者构成对土地的控制权)。这个过程同时又是一个土地产权分割的过程,即土地收益权按契约规定在土地所有者和土地的使用者之间进行分割。因此,土地所有权还可以定义为:土地所有者在拥有土地归属权的前提下,根据法律规范和市场规范,自由处置土地使用权和收益权的权利。

第三,马克思认为,完善意义上的土地所有权要求以地租形式在经济上得到体现,而一般意义上的土地所有权并不总是要求必须以地租形式在经济上体现。比如,在存土地国有制的国家或地区,用作公益事业的土地使用者不必向土地所有者交纳使用费或地租,但所有权并不因此而受到侵蚀。

第四,土地所有权产生的社会经济原因是土地资源的有用性和稀缺性。有用性是所有权产生的必要但不充分条件,如空气有用但不稀缺,因而不会产生所有权。土地资源具有多种社会经济用途,满足所有权产生的必要条件;土地资源无论是总体数量还是分类数量都是有限的,具有稀缺性,从而满足了所有权产生的充分条件。

(三) 土地所有制与土地所有权的关系

土地所有制是一种关于土地财产或生产要素的占有、使用及其相关的土地经济关系的经济制度;而所有权是在一定的土地所有制形式的基础上的具体的、可操作的产权形态,它既是一种经济范畴又是一种法律范畴。所有制是一种对土地所有权的抽象的存在,而所有权则是一种对所有制的具体化的存在。

从社会历史的观点来看,土地所有制作为经济制度的一个元素,是在一定的社会制度条件下产生和发展起来的,而社会制度的产生往往是一定的政治集团的政治选择的结果。因此,可以认为,一定的土地所有制是由政治力量在社会变迁过程中对社会制度选择的大背景下,对土地要素的占有形式的亚选择;土地所有权则是这种亚选择在法律上的表现。

三、土地使用制与土地使用权

所谓土地使用制是指在一定的土地所有制条件下,关于土地使用的程序、条件和形式等方面的社会规范的总称,是土地产权制度的另一个重要元素。土地使用权是指经济主体依法对一定土地进行占有、使用、管理并取得经济的或非经济的利益的权利。所以,土地使用权的客体是土地使用权;土地使用权的主体既可以是土地所有者本身,也可以是土地所有者以外的另一方。土地使用权是土地使用制在法律和经济上的具体表现形式。

土地使用制(权)与土地经济效率。土地使用权产生并与土地所有权分离的经济原因是土地资源的稀缺性和人类对土地服务需求的逐步扩大,后者更加剧了土地的稀缺性。如果土地资源数量上足够多,质量无异,同时抽象掉土地位置对资源配置效率的影响,则不仅土地所有权不会产生,土地使用权亦不会产生并从所有者权利中分离出来。正是因为土地数量的有限性、质量和位置等土地自然经济特征的非均质性才导致了土地所有权垄断的产生,而这又成为土地所有权产生、分离的直接的制度原因。在土地私有制下,排除了土地作为资产性投资品而必须作所有权交易的情况以后,土地作为生产要素必然通过土地市场,利用价格机制将土地服务配置于最有效的用途之上。在土地公有制下,土地的所有者与土地的利用者并不常常一致,而土地的公有制又为土地所有权的自由交易设置了不可逾越的制度障碍。在这种土地制度安排下,土地使用权的产生及其与土地所有权的分离又多了一个制度诱因。

在土地所有权可以自由买卖的经济里,人们为了取得土地的使用权,虽然可以通过购买土地所有权的办法来完成,但是,土地所有权和使用权分离(简称"两权分离")从而土地使用权作为独立的交易对象则是更为常见的制度安排。在土地"两权分离"的制度安排下,土地使用权或土地服务可以作为一种经济要素进入市场参与交易,在价格信号的引导下,流入出价最高的使用者手中。在经济理性原则的指导下,该使用者会尽力将其配置于最有利的用途上。然而,在现实中,土地资源配置的有效性不仅受到土地市场自身特点的影响,而且还受到政府对土地使用权交易的管理方式、土地使用权法规、土地税收、土地利用规划和管制等制度因素的影响。只有政府关于土地使用权配置的一系列制度安排得当,土地资源的配置才可能有效。那么,土地产权制度安排的合理标准有哪些呢?我们认为,这种制度安排至少应做到以下几点。第一,科学界定、有力保护土地所有者和使用者的土地产权内容和产权边界,以有效避免土地利用中的外部性对资源配置效率的干扰。第二,在土地所有者和使用者之间建立起一种有效的激励和约束机制。比如,农地的产权安排中,可以利用分成租佃制来达到农地有效利用的目的。第三,有一个完善的土地交易市场和成熟的且简明的规范市场交易行为的法规。

第三节 土地产权制度的国际比较

本节拟就土地产权制度的两个基本方面:土地所有制和土地使用制进行国际比较。在比较之前,我们试图对不同的土地产权制度进行简单的分类。由于土地所有制始终是决定一国或地区土地制度的主要方面,因此,我们考察土地产权制度的类型也就以土地所有制作为主要分类依据。

世界范围内的土地所有制形式很多,但目前存在的土地所有制类型当中,比较典型的主要有以下四种:

第一,土地国有制。规定一定类型或一定范围内的土地归国家所有。但不同的国家或地区对国有的含义理解不同,有把"国王所有"理解为国有的,如英国;也有把"全民所有"理解为国有的,如中国;也有把"中央政府所有"理解为"国有"的,如日本、新西兰等国。我们认为,无论对"国有"的含义作何种理解,这类所有制下的土地都有一个共同的特点:由中央政府代表国家行使所有者的土地权利或由中央政府通过行使土地权利来完成国家职能。因此,我们把"全民所有"和"中央政府所有"统称为广义的"国有"。这样,在中国、日本、英国和美国等国家均存在着这种意义上的土地国有制。

第二,土地公有制。此处的"土地公有制"不同于中国的"土地国有制和土地集体所有制统称为土地公有制",特别限定为属于中央政府所有以外的各级政府土地所有制。因为,各级地方政府代表公众利益,行使为辖区内公众提供公共服务的职能。美国、日本都存在此类土地所有制。

第三,土地集体所有制。土地集体所有制一般是指为某一集体合作组织的全体成员共同拥有某一土地的所有权。例如,在中国,法律规定:"农村和城市郊区的土地,除由法律规定属于国家所有的以外,属于农民集体所有;宅基地和自留地、自留山,属于农民集体所有。"此类土地所有制也存在于其他一些发展中国家,如叙利亚、坦桑尼亚等国。

第四,土地私有制。这种土地所有制形式是指土地归私人(自然人)或法人所有。美国和日本的土地所有制结构中,土地私有制占了主导地位。

下面就以上四种土地所有制形式分布比较典型的四个国家的土地产权制度进行简单介绍:

一、中国的土地产权制度

中国目前的土地所有制结构为典型的"二元结构":土地国有制与土地集体所有制并存。新的《土地管理法》与《城市房地产管理法》对全国土地的所有权进行了明确的界定。

这一界定基本上是根据土地的地理分布和利用类型进行的。根据上述法律,城市市区的土地属于国家所有;农村和城市郊区的土地,除由法律规定国家所有的以外,属于农民集体所有;宅基地和自留地、自留山,属于农民集体所有。国有土地主要分布在城市地区,我们称之为市地;集体所有制土地几乎全部分布于农村地区,利用类型多属农村产业类,因此我们称之为集体农地。市地的所有权主体为国家,中央政府,即国务院代表国家行使所有者权利;市地的所有权禁止任何形式的买卖。在实际当中,市地所有权的行使是通过中央政府委托各级地方政府来完成的。由于各级地方政府存在各自相对独立的地方利益倾向,城市土地收益大部分为地方政府和土地使用者获得,中央政府获得的份额相对很少,所以,地方政府部门是实际的土地所有者。另外,同一级地方政府中又有多个具体部门在行使国家委托的土地所有者职能,这又产生了事实上的"土地所有者",即土地收益的实际占有者不止一个的产权矛盾。城市土地的实际所有权主体的不确定性和多元性是导致我国城市土地低度利用、国有土地收益流失和土地所有权虚置的一个重要的制度原因。从市地的使用制度来看,实行土地无偿划拨与有偿使用并存的"双轨制"。我国市地使用的双轨制的存在是导致市地隐性土地市场存在、国有土地收益严重流失的又一个重大制度缺陷。

集体农地的所有权主体为农民集体。但由于历史的原因,这种农民集体又有三种不同的具体表现形式。一是村农民集体所有(村相当于过去的"大队");二是村内各集体经济组织的农民集体所有(相当于过去的"生产小队"或现在的"生产小组"或行政村以内的其他形式的集体经济组织);三是乡(镇)农民集体所有。这三种农民集体所有形式只是集体经济组织的规模和农民集体的范围不同,但它们没有实质性差别,都是农民集体所有制。农地可以由国家依法征用为市地,即变为城市国有土地,但这种土地所有权交易的买方只能由国家垄断。从这个意义上说,农地所有权主体的地位相对于市地所有者的地位处于弱势,中国的集体土地所有权是一种不完备的所有权,或称作"有限土地所有权"。中国农地使用制规定为"有期承包经营制",即集体经济组织成员可以根据契约规定承包经营其所在的集体经济组织所有的土地,经营期限由法律规定为30年。在这种基本的农地产权制度安排下,中国农村的一些地区又创新和试行了其他的土地使用制度的具体实现形式,如在发达地区的农村试行的"农村集体农场制"、"农村车间制"和以家庭承包制为基础并与农业社会化服务相结合的"双层农地经营制";在经济欠发达但农地资源相对富足地区的农村试行的"两田制"(即"口粮田"和"承包田")等。

二、美国的土地产权制度

美国是一个典型的发达市场经济国家。其土地所有制结构具有三种土地所有制形式并存,而以土地私人所有制为主体的混合所有制特点,在全部国土中,私人所有土地占国土面积的58%;联邦政府所有,即国有土地占32%;地方政府(州政府)所有,即所谓的公有土地占10%(柴强,1993,第21页)。在美国,无论何种土地所有制形式,其所有者均拥有该土地的地上及地下矿藏的所有权。因此,美国的土地所有制下的土地所有权是一种比较完备的所有权。另外,美国的土地所有权还具有可分割性,即土地所有者可以把其土地的地上所有权或地下所有权(比如矿藏的所有权)单独出售。这一点在世界各国当中算是比较特殊的。

就土地使用制而言,美国土地实行有偿使用制。无论是使用权还是所有权均可以依法上市自由交易,这不仅是指私人所有土地,也包括国有(联邦政府所有)土地和公有(地方政府所有)土地。与土地所有权的可分割性相对应,美国的土地使用权具有可分割性,即土地所有者可以把其拥有的土地的地上权和地下权的某一项单独出租,或将二者同时分别租予不同的使用者。

三、英国的土地产权制度

在英国,从法律意义上讲,实行的是单一的土地英王或国家所有制形式,不存在其他土地所有制。但是,私人和公共部门可以根据英国法律规定,通过租借程序而长期地占有和(或)使用国有土地。在由私人或公共部门占有的土地当中,凡是可以依法无条件继承或限定继承或可以终身保有土地产业权的,称作租赁者获得了土地的永业权。这类土地的保有者通过完全拥有土地权益的方式而事实上成为土地的真正所有者。从这个意义上来分析土地所有制结构,按英国统计局1985年的资料,中央政府所有的土地,即实际的国有土地,占国土面积的26%;各级地方政府所有,即公有制土地,占11%;个人所有、法人所有以及政府以外的公共部门所有的土地,即私有土地,占86.4%。所以,实际上,英国的土地所有制结构也是一个三种所有制形式并存、而以土地私人所有制为主混合式结构,并且,私有制土地的份额远远超过了美国和日本等国。

四、日本的土地产权制度

类似于美国,日本的土地所有制结构表现为土地国有制、土地公有制和土地私人所有制三种土地所有制的组合。其中,国有土地是指中央政府负责经营管理、作为国家资产的土地;公有土地是指日本各级地方政府,包括都、道、府县和市町村等地方政府拥有的土地;私人所有制土地是指个人和法人拥有的土地。从三种所有制土地所占的份额来看,在20世纪80年代初期,国有土地和公有土地合计约占日本国土面积的35%;而私有制土地却占到了日本国土面积的

65%。

日本的土地所有权和使用权均可依照政府土地法规进行交易,无论政府部门还是私人部门使用非自己所有的土地,均须通过购买土地所有权或租赁方式实现。但是,比较而言,日本政府对土地的具体使用方向、方式实行了比较严格的管制和调控措施,比如,通过征收土地固定资产税来调节土地的使用方向和使用程度;通过道义劝告形式来促进私人空闲地的有效开发等等。

第四节 土地产权管理制度

一、土地产权管理制度的定义

狭义的土地产权管理制度是指政府针对土地产权实施管理的一系列成熟的管理法规、管理体制和管理手段。广义的土地产权管理制度是指国家通过各级政府对特定区域或特定类型土地的产权的保护、产权交易的规范、调节和引导所形成的政策和法规,所采用的手段以及实施具体管理的组织机构的综合。由此可见,广义的土地产权管理制度既包括通常意义上的系统化的、规范化的,因而相对稳定的土地产权管理政策及体制,即狭义的土地管理制度,又包括那些未经系统和规范的土地管理政策和措施。本书分析中采用的是广义概念。

二、土地产权管理手段

土地产权管理手段是土地产权管理制度的一个重要内容。政府实施土地管理的手段多种多样,不仅因土地所有制的不同而不同,而且同一种土地所有制下的不同国家或地区,采取的具体手段也不相同。但大体看来,可将这些手段归纳为以下四类。一是行政手段。地政部门对土地权属的调查、地籍测量、土地登记以及土地权属和利用分类统计等日常管理手段,均属于行政手段。二是道义劝告手段。在一些国家(如日本),对申报交易的土地面积、用途进行审查,如果不符合政府规定,则进行停止交易或改变交易土地面积或(和)用途的劝告。三是经济手段。又分四种主要的手段:A.价格手段。这是一个兼有行政性和经济性的手段。政府通过规定区域最高交易地价或公布指导地价(又称公示地价)的办法,引导土地交易价格的形成。这可以在一定程度上限制地价的过剧上涨。B.供求手段。政府可以建立起一套土地"吞吐"制度,通过土地的收购储备和相机出售,从供给和需求两个方面调节土地市场,使土地的总供给与总需求实现大致的动态平衡,抑制地价的非正常波动。C.税收手段。是政府强制手段的一种。适宜的土地税制既可调节土地保有和土地的利用,也可有效抑制土地投机、重新分配土地财富。关于土地税收的经济效果分析,可以参考本书"土地税收论"一章。D.金融手段。通过控制土地信用贷款,限制土地投机融资或非政府鼓励的土地利用方向的土地交易和土地投资开发融资;鼓励用于配置政府鼓励发展项目的土地开发融资。四是法律手段。国家或政府对侵害土地产权、不公平土地交易以及不合理土地利用等行为的惩处,最常用也是最有效的手段便是法律手段。相应地,国家立法机关制定了一系列的土地法规,如交易法、土地计划法、土地规划法等等。另外,政府对特殊用途的非公有土地的强制性征收,也是一种法律手段。法律手段较之于其他三类手段更具有规范性、稳定性和强制性等特点。一切行政的、经济的、道义劝告的手段,如果没有法律手段的配合和保障,很难达到调控和规范土地经济行为的政策目标。例如,对土地交易中的不规范行为的惩处手段和机制不外以下两类。一是政府惩罚。这是土地交易主体与政府之间的地位不平等的博弈,博弈规则是政府法规和政策。这种机制对违规的惩罚是一种独立的和强制性的。博弈的均衡取决于政府部门执法的强度,土地交易主体对收益的预期等因素。另一类惩罚机制是土地交易主体间的惩罚。这种惩罚带有非强制性,其实质是交易主体间的地位相对平等的博弈。博弈规则是市场规则。如果考虑无穷多次情况,这种机制会使博弈达到一种促使理性交易者自动遵守市场规范和契约规定,进而使土地市场有序运行的均衡状态。实际当中,规范土地交易行为的既有法律强制力量,又有市场强制力量,即有两套博弈机制在起作用。但是,从单个交易来看,法律的威慑力最大,其作用也最普遍。正因为如此,许多国家都制定了有关土地的法规,并且这些法律思想在宪法、民法、财产法、经济法、行政法等法律中有所体现。

三、土地产权管理的制度模式:以中国为例

(一) 土地产权管理的必要性

土地产权交易即土地市场是住宅和房地产市场的源头,而规范和强化土地产权管理又是基础。在中国当前的整个房地产市场体系中,土地市场发展滞后、运动无序、管理乏力,呈现政出多门、多家"卖地"、多种形式"成交"、隐形市场"活跃"、国有土地收益严重流失的局面,直接影响了住宅建设和居民入市进行住宅交易,制约了房地产市场机制的形成和房地产业的发展。造成这种局面的根源在于土地产权交易及其管理不规范。具体表现在:

(1) 由于土地"出让"政出多门、多家"卖地",不利于政府运用土地供应总量控制来调节激活住宅和房地产市场。据有关城市统计资料显示,近年来,在住宅建设用地总面积中,由政府土地主管部门直接经管,作为商品住宅用地、实行有偿出让的只占8%。国内外实践经验表明,政府运用土地供应总量控制,是调节和激活住宅和房地产市场,合理配置土地资源的有效手段。显然,我国当前这种全部住宅用地中由政府直接控制的不到10%的状况,就很难达到上述目的。

(2) 由于土地"供应"分散,住宅零星插建,难于成片,不利于居住区达到一定规模,提高整体功能和环境质量。这既影响城市规划的实现和景观环境效益,也影响居民的购房兴趣,无形中影响了住宅业的发展。

(3) 由于土地产权交易和管理不规范,容易造成价格错位,增加居民负担,影响住宅市场的发展。前面提到在全部住宅建设用地中,由政府土地主管部门直接经营有偿出让的商品住宅用地只占8%,而同期以市场价出售的商品房约占全部合法上市住宅总量的69%,这一反差(69%-8%)说明,不少以划拨方式取得土地使用权并享受减免税费优惠政策的开发项目,以市场价出售商品房,其土地收益必然流入开发者手里。这一事实产生双重悖论:一是国有土地收益流失;二是给部分居民的土地优惠变成了开发者的收益,结果这部分居民非但没有享受到国家的土地优惠,反而以市场价购买商品房增加支出,其中包括应由国家土地收益开支的市政大配套费(400—500元/平方米)。

(4) 由于土地交易产权不清晰及土地使用权与房屋产权如何衔接不明确,既不利于居民入市进行住宅交易,从而影响他们入市的积极性,同时也就抑制了住宅和房地产次级市场的发育和拓展。上述问题的存在都直接或间接影响住宅业成为"两点"。要消除这些不利影响,势必要强化土地供应总量控制,规范土地产权交易和管理。为此,笔者认为,应在完善相关法律法规的同时,依法完善土地使用和产权管理的规划、政策、确认、调整、变更(五个环节)动态统一管理机制

(模型),实现房和地产权管理一条龙,变土地产权交易市场中堵漏似的无序被动管理,为法规型有序主动管理,为政府运用土地供应总量控制,调节房地产市场,促进住宅业成为"两点",扩大内需创造基础性条件,下面拟就五个环节作简要论述。

(二)土地产权管理的模式

1. 规划。这里的规划是指用地规划。用地规划是土地供应总量控制和房地产发展宏观调控的基本内容,是日常用地和产权管理的依据和基础,也是直接科学合理配置土地资源的重要手段。主要内容有:(1)土地供应总量控制规划,包括中长期规划;(2)土地用途规划,即各类用地规划;(3)各类用地使用年限的具体规定等。

2. 政策。这里的政策是指土地使用权实现(出让)形式的具体政策规定。是实现用地规划、构建土地一级市场的基础,是与用户确定产权关系进行产权管理的依据,是实现土地供应总量控制管理的有力杠杆。主要内容有:(1)无偿划拨用地的控制原则,即在什么条件下无偿划拨用地,对此要严格控制;(2)土地补贴使用的适用范围,即在什么情况下实行土地使用费补贴,一般是明补;(3)全价有偿出让土地付费形式的规定,是全价一次性付款,还是年地租制。所谓年地租制,就是一次成交按年分期付款,主要是对那些一次性付款有困难的用地者。该办法已经在我国深圳市开始实行,我们认为加上必要的保险或担保配套措施,可以推广;(4)有偿出让土地基本成交方式的设计,即协议、招标、拍卖等成交方式各自适用的范围,当前应扩大拍卖成交方式;(5)房和地使用年限不一致如何衔接的原则规定,如土地使用年限到期,房屋完好继续使用如何确立新的土地产权关系,怎样补交土地延期使用费;(6)测定基准地价;(7)土地产权管理的其他有关规定,如房地产交易中申报制度,公示地价制度等。

3. 确认。这里的确认就是根据用地性质和用地者的具体情况落实上述有关规划和政策规定,明确用地产权关系。在当前具体运作可按不同用地分新增用地和存量用地落实。关于新增用地形式和产权关系的确认。按照土地用途和用地单位与居民家庭收入具体经济条件,有两种情况,一是无偿划拨用地,如公益事业用地,低收入家庭享受的廉租或廉价房用地等。二是有偿交易用地,一般为土地一级市场交易行为,具体形式有如:a.全价一次性付款形式如商品房用地、生产经营用地等;b.年地租制形式,如商品房用地,房价和地价分开,以照顾一次性清付地价有困难的用户;c.补贴出售形式,如经济适应房用地等。以上各种用地形式,绝大部分已经实行,从"确认"的角度来说以下几点应强调:(1)不论是有偿使用还是无偿划拨一律都要明确规定使用年限,即在新增用地中不再有无限期使用的情况;(2)用地补贴一般应由暗补改为明补,增加用地补贴的透明度;(3)积极创造条件在住房交易中试行房价和地价分开,地价实行年地租制并争取逐步推开,这不仅可以减少国有土地无偿使用的弊端,缓解居民购房一次性支付地价有困难的矛盾,同时对扩大内需,活跃住宅市场使住宅成为新的经济增长点,解决居民住房问题也有重要意义。当前住宅市场不活跃一个重要的制约因素是居民家庭收入相对较低,房价相对较高,而房价中地价又占有相当大的比重,为达到启动和活跃住宅市场的目的,实行年地租制不失为一种现实的可行选择;(4)针对当前各类用地出让以协议方式为主的状况,要增加招标、拍卖成交方式的比例;(5)无论是哪种用地形式都要将土地使用权落实到用地单位和个人,并发给土地使用证(或随房发证)明确用地性质、使用年限和产权关系。其产权关系一般来说,全价一次性付款者,在土地使用期内有使用权,有转让(支配)权,有全部收益权;享受地价补贴者,在使用期内有使用权和转让权,有与个人所付费用相应的收益权;实行年地租制者,在使用期内有使用权和转租权,对预付年地租剩余有收益权,对所欠年地租有补交地租的责任;享受无偿划拨用地者,在使用期内有使用权,有转让权,无收益权。

关于存量用地产权关系的确认。这是确认环节的重要内容,是对长期以来国有土地使用中产权关系的一次性清理,是规范激活房地产市场特别是二级市场基础性工作,主要包括以下几方面的工作:(1) 对以往不论采取什么形式无偿划拨的土地一律按土地用途重新确定使用年限,变长期以来无期使用为有期使用,结束国有土地无期使用的历史。即可以有无偿使用形式,但不存在无期使用形式。这类用地的产权关系同样是在使用期限内有使用权,有转让权,无收益权。(2) 对居民在房改中随各种购房形式所获得的土地使用权的确认,并随住房证发给土地使用证,明确土地使用年限和产权关系。确定用地产权关系的具体操作方法是根据购房价格中是否包含地价和地价含量的多少,参照上述新增用地产权关系原则确定产权关系,即房价中不含地价者按无偿用地对待,在土地使用期限内有土地使用权,有权随房转让土地使用权,有与个人支付土地使用费相应的部分土地收益权;房价含全部地价者按全部地价一次性付款用地对待,在土地使用期限内,有土地使用权,有权随房转让土地使用权,有土地收益权。以上是居民存量用地遗留产权的确认,其基本原则也适应于其他存量用地遗留产权的确认。

4. 调整。这里所说的调整就是根据土地资源供应状况,房地产市场的发展变化和用地者情况的变动依法对用地规划、用地政策和产权关系作相应的调整,这是实现用地产权关系动态统一管理的关键,具体内容有:(1) 用地总供应计划和土地用途的调整;(2) 土地使用权实现方式的调整。(3) 随着用地者经济情况的变化,无偿划拨土地到期后是否继续无偿使用;(4) 借鉴海外居民家庭收入与房价、地价挂钩,并随时调整的原则,调整居民用地的形式和产权关系,即根据家庭收入高低和变化情况,按无偿用地补贴用地、年地租制和全价一次性付款用地等调整用地形式和产权关系;(5) 基准地价的补测调整;(6) 增删修改有关用地产权管理政策;(7) 随房屋的用地使用年限到期后继续使用产权关系和付费办法的调整等。

5. 变更。这里的变更主要是土地使用权转让过程中产权关系的变更及相应产权的管理。多发生在房地产次级市场。这是当前土地产权管理中最复杂的方面,也是国有土地收益流失的主要环节,需要做的工作很多。有如:(1) 照原出让形式(如无偿划拨、补贴出让、年地租制、全价一次性付款)转让,产权关系变更过户登记管理,这虽是经常性工作,但很重要;(2) 无偿划拨土地有偿转让,补交土地出让金及相应产权关系变更过户登记管理;(3) 补贴出让全价转让,补交补贴出让金及相应产权关系变更过户登记管理;(4) 土地使用年限合同到期后继续使用续签使用合同,补交相应用地形式应付费用,确认变更后的产权关系;(5) 拆迁重建包括当前的货币拆迁产权变更登记管理;(6) 公有住房置换土地产权变更管理等。为了实现土地产权规划、确认、调整、变更动态统一管理,必须形成房和地统一协调管理机制,按城市建立类似香港土地注册处管理机构,以土地管理为龙头,坚持房地产一级市场和二级市场统一管理原则;协调居民家庭收入与房价、地价之间的关系;实现房和地产权产籍统一管理。

专题分析:中国土地所有制结构发展趋势问题

我国现有土地所有制结构是城市土地国家所有,农村土地集体所有。对前者一般没有异议,而对后者自改革开放以来理论界则有各种不同的主张。这不仅关系到我国基本经济制度和"三农"问题,同时也直接关系到未来城市特别房地产新增土地的性质和费用问题。是国内外非常关注的问题,也是争论较多、意见分歧较大的问题。我们特设此专题,介绍一些研究动态供同行深入研究参考。关于农地所有制改革有四种不同的观点:第一种观点主张实行彻底的农地私有制。这种观点的代表人物是经济学家杨小凯先生。1998年杨小凯在《经济学消息报》上撰文提出土地所有权私有化的观点。他指出,如果实行土地私有化,不仅可以提高土地利用的经济效率,而且还有助于解决中国目前进展十分迟缓的农村地区城市化问题。

第二种观点是将目前的农地分作两类:一类是作为口粮田的私田;另一类是作为责任田的集体田,即公田。认为,这有利于调动农民土地投资的积极性和土地的规模经营,而无害于土地的公有制(李庆曾,1986)。

第三种观点是维持现状,不主张进行土地所有制层次上的变革。认为农地私有制和国有制只能导致人们产生诸如"不顾资源约束的规模经济幻觉"和"私人家庭农场制度的小农经济神话"之类的不切实际的臆念空想(孔泾源,1993);"就多数地方而言以租赁制完善承包制可能是一种现实和明智的选择"(王西玉,1998),这种观点的核心是不主张土地所有权改革而倾向于继续改革和完善现有的土地使用制。

第四种观点认为,目前我国必须继续坚持农村土地集体所有制,不能退回到个人所有制,包括部分个人所有制。相反,从我国社会经济长远发展趋势、缓解我国人地比例严重失调的矛盾等方面来考虑,我国农村土地应当实行国家所有制,这主要是考虑到以下几个方面:(1)有利于科学合理利用现有土地。一是便于统一规划,合理配置,减少浪费,节约土地;二是有利于形成土地规模经营,提高其利用效果,三是有利于摆脱"兼营",而形成专业化生产格局。(2)有利于土地的综合养护治理,包括农田水利基本建设,优化土地生态环境,提高土地质量,增强土地的整体生产能力。(3)我国农村土地集体所有制实际内在经济机制较弱,逐步发展到国家所有制对土地集体所有者农民影响不太大。其一,农村集体土地所有权实际更多的只是法律意义上的所有权,而经济意义上的所有权实现不足。其二,集体土地所有者无权买卖、转让土地所有权,与我国其他集体所有制经济的所有者不同,后者有权直接处置归集体所有的任何一种生产资料。(4)实现土地国有制后,无论是实行个人承包,或集体承包,还是实行有偿租赁制,对经营者都没有什么不同。(5)现在根据需要,国家可以随时依法征用农村集体所有制土地,这实际是在集体所有制土地关系中已渗透了国家所有制因素。

思 考 题

1. 试阐释土地制度的含义。
2. 经济学上的产权概念与法学上的产权概念有何实质性不同?试给出你自己的看法。
3. 土地产权与一般物权概念的本质不同在哪里?土地权能析分的经济依据是什么?
4. 土地所有制与土地资源配置效率有无确定的相关性?试从经验上和理论上探讨。
5. 农地使用制与市地使用制有何不同,能否将一些农地使用制,如分成租佃制移植于市地使用制上?
6. 中国的土地产权结构现状如何?
7. 比较中国和英国的土地产权制度和土地经济效率。

参 考 文 献

1. 杨瑞龙、周业安:"一个关于企业所有权安排的规范性分析框架及其理论含义——兼评张维迎、周其仁及崔之元的一些观点",《经济研究》,1997年第1期。
2. 刘伟、李风圣:"产权理论范畴的理论分歧及其对我国改革的特殊意义",《经济研究》,1997年第1期。
3. 曹振良:"改革和完善我国土地制度论纲",《南开经济研究》,1993年第5期。
4. 毕宝德:《土地经济学》,中国人民大学出版社,1993年。
5. 柴强:《各国(地区)土地制度与政策》,北京经济学院出版社,1993年。
6. H.登姆塞茨:"关于产权的理论",《财产权利与制度变迁》,上海三联书店、上海人民出版社,1994年。
7. 董俊祥、李权兴、徐祖望:《土地管理的理论与实践》,中国经济出版社,1994年。
8. 南京地政所主编:《中国土地问题研究》,中国科技大学出版社,1998年。
9. 丘金峰:《房地产法词典》,法律出版社,1992年。
10. 曹振良、郝寿义、袁世明:《土地经济学》,南开大学出版社,1989年。
11. 贾生华:"论我国农村集体土地产权制度的整体配套改革",《经济研究》,1996年第12期。
12. 廖洪乐:"农村改革实验区的土地制度建设实验",《管理世界》,1998年第2期。
13. 李庆曾:"谈我国农村土地所有制结构改革",《农业经济问题》,1986年第4期。
14. 易之:"略论我国土地所有制结构问题",《农业经济问题》,1986年第4期。
15. 曹振良、高晓慧等:《中国房地产业发展与管理研究》,北京大学出版社,2002年。
16. 孔泾源:"中国农村土地制度:变迁过程的实证分析",《经济研究》,1993年第2期。
17. 王西玉:"农村改革与农地制度变迁",《中国农村经济》,1998年第9期。

第十章 土地利用

土地利用,就是人们在把握土地的自然特性和经济特性的基础上,根据社会对土地的需要,对一个国家或地区的土地资源进行合理配置和有效使用的行为及过程。土地利用作为人类最基本的经济活动,它一方面需要有科学技术的推动,另一方面又具有促进科技和社会进步的功能。土地利用之于社会经济发展的重要性要求我们必须认真考察影响土地利用的社会的、经济的、技术的条件,研究土地利用的基本规律,总结土地利用的成功经验,为政府制定并推行适宜的土地利用政策提供理论依据。

第一节 土地利用的基本原理

一、影响土地利用的因素

影响土地利用的因素很多,我们将其概括为自然因素、科学技术因素、经济因素和社会因素四类。下面分别予以讨论。

(一) 自然因素

自然因素是影响土地利用方式和土地利用程度的一个基础性因素。土地自身是一个自然综合体,它包括土壤、岩石、矿藏、气候、地貌、植物、水文等自然构成物或自然地理因素。这些要素的数量、质量、组合情况以及土地所处的地理位置均会影响到土地利用的方向和利用程度。由于上述自然因素或条件的区域分布存在差异,因此,同一条件对土地利用的影响程度会有所差别。总体说来,可以分作三个层次:第一层次,决定了一定的经济技术条件下某种土地用途能不能实现。如,在当前的技术条件下,寒带地区的土地很难用于水稻生产;第二层次,制约土地利用的效果,如优越的水土条件有利于小麦的生产,而干旱少雨的地区则不利于小麦的生产;第三层次,制约土地的最佳用途,例如,地处城市郊区的一块肥沃土地,极适宜于用作农地,但往往由于城市化发展的需要而被改作工商业用地,风景秀丽的景观地一般作旅游地而不会用作农地。

(二) 科学技术因素

科学技术的进步一方面提高了人们开发利用土地的能力,使得土地利用从深度上得以向纵深方向发展以提高土地利用的集约程度;从广度上延展了人类利用土地的自然界限,扩大了人类经济活动的空间范围,比如,科学技术特别是交通运输技术的进步,可以使区域间的时空距离大大缩短,从而自然条件对土地利用的制约作用大大减弱,土地利用方式的选择的空间范围得以扩大。另一方面,由于在生产函数中土地、技术、资本、劳动等生产要素的可替代性,科学技术的进步导致在一定范围内技术的供给可以替代人类经济活动对土地的需求,如建筑技术的进步使得高层建筑成为可能,这可以在一定范围内缓解市地供给不足的矛盾。所以,从这个意义上讲,科学技术的进步可在一定程度上减弱人类对土地的依赖。

(三) 经济因素

经济因素是影响土地利用的又一重要因素。一方面,经济发展是土地开发利用的结果;另一方面,经济发展不仅为人们开发利用土地的深度和广度提出了更高的要求,而且也为人们开发利用土地创造了物质基础。具体地讲,表现在以下三个方面:

1. 经济发展对土地的开发利用提出了更高的要求。社会经济的发展和生产规模的日益扩大,要求通过加深和扩大土地利用,以获得生产和生活所需的土地产品;社会经济的发展、城市化进程的加快直接要求有更多的土地由农地转为交通用地、工商业用地或居民生活娱乐用地。这些都会促使土地利用规模、利用结构和利用程度的变化。

2. 社会经济的发展为深化和扩大土地利用提供了资金条件。如果一个地区经济发展水平较高,资金融通条件优越,那么其土地开发利用的规模将会扩大、开发的速度也将加快,对城市土地开发利用来讲,尤其如此。

3. 经济发展所带来的土地利用结构的变化会促进土地利用向更高经济效益方向发展。如城市工商业用地的面积的扩大,正是由于工商业用地与农地相比具有比较优势。

(四) 社会条件

主要包括人口、土地产权制度两类因素。

1. 人口因素。在人口经济学、人口地理学等学科的研究中常常提到的人口密度就是指每平方公里土地面积上人口分布的数量;而土地经济学研究中常提到的人地比例则是指人均土地占有量,二者反映的均是土地与人口之间的数量关系。由此可见,人口与土地之间的密切关系是经济学研究中的一个十分重要的问题。从土地经济学观点出发,人口及其与土地之间的数量关系更为重要。土地作为一种自然物,早在人类出现之前就已经存在。然而,只有在人类出现以后且随着人口的增长,才产生了人类对土地的需求和土地的供给之间的矛盾,进而产生了土地产权如何界定以及土地如何合理利用的问题。从经济发展的历史来看,人口始终是影响土地利用的一个至关重要的因素。首先,人作为消费者随着数量的增加和质量的提高,从衣食住行等各个方面对土地的利用提出了更多、更高的要求,要求人们从深度和广度两个方面开发利用更多的土地和提高土地利用效果(曹振良,1989,第80页)。但必须注意,土地的供给是有限的、土地利用程度又受到土地经济规律和技术进步速度的限制,所以,人口的生产一定要有所计划,如果人口的增加超过了土地承载的自然界限引起人地比例严重失衡,将不利于人类自身的发展和社会的进步。其次,人作为生产者其数量的增加和质量的提高为人类更好地利用土地提供了可能。

2. 土地产权制度。土地产权制度,特别是土地所有制是影响土地利用形式的决定性因素。一般来讲,土地所有制和土地利用是决定和被决定、基础和形式的关系。从生产关系内部结构来看,土地所有制是土地生产关系的基础;土地利用则体现了这种土地经济关系。有什么样的土地所有制就有与之相适应的土地利用形式。但是,土地利用对土地所有制又有反作用。表现为:一是土地利用是土地所有制的法律表现形式,是土地所有权在经济上得以实现的途径。二是土地利用方式的演进可起到推动土地产权制度变革的作用,如低效的土地利用方式可促使土地所有制或是使用制的制度创新的发生。

二、土地利用的经济原理:报酬递减率

土地经济学家从纯粹经济理论方面探讨土地利用的性质,得出了土地利用过程符合土地投

资报酬规律。对此定律的意义,不少早期的经济学家都有过经验性的论述,如法国重农学派的代表人物杜尔阁(1727—1781)、18世纪末英国的经济学家和人口学家马尔萨斯等人。其中,马尔萨斯从人口增长与粮食产量增加的数量关系的研究着手,指出粮食的增长不可能赶上人口增长的根本原因是土地报酬递减规律的作用。且不管马氏人口论的正确性,但从其考虑到土地报酬的变化规律这一点来讲,其贡献也是非常重要的。爱德华·威斯特对农业领域土地报酬递减规律给予了明白的定义:"将等量工作不断投于农业,则对每一单位工作的报酬实际是递减的。"一般的经济学者仅仅指出了农业生产中存在报酬规律。却不知工业生产领域如何,而西尼尔则指出,农业生产规模报酬递减而工业生产规模报酬递增(张德粹,1963,第85—86页)。这种观点显然不完全正确。

当代经济学者对报酬递减律作了如下解释:"当两种或两种以上的生产要素互相配合以生产某物品时,倘有些因素的数量固定不变,而其他因素的数量不断地递增单位,则起初每增加变量因素一单位所增加的报酬是大于前一单位所增加的报酬;及至某点以后,产量报酬又按次递减,即每一次变量单位增加一单位所增加的报酬是小于它前一单位所获得的报酬。"(张德粹,1963,第87页)报酬递减律在农业生产中表现比较突出,由于农业生产的基本资料是土地,其他生产要素的投入也是以土地为载体,报酬递减律在农业领域中又被称作土地报酬递减律,但这决不意味着报酬递减规律仅在农业领域中起作用。事实上,在工业生产领域中既有规模报酬递增的阶段,也有规模报酬递减的区间。土地报酬递减规律要求在土地利用过程中,必须恰当地选择各种生产要素的配合比例,争取以最少的投入获得最多的产出。

三、土地利用的基本原则

土地利用原则就是土地利用过程中所依据的准则,它是对土地利用实践经验的总结和概括,也是对土地利用中体现的自然规律和经济规律的认识和把握。土地利用原则既决定于一国或地区土地产权制度,特别是土地所有制,又会受到一定经济条件下的土地利用目的的制约。如果抽象掉土地产权制度因素的影响,即无论土地产权性质如何,各国或地区的土地利用一般应当遵循以下几个基本原则:

(一)经济效益原则

经济效益原则,即土地利用必须以提高土地资源利用效率为基本目标。这一原则要求人们的土地利用行为必须在充分认识和遵循土地利用的自然规律和土地经济规律的基础上,尽力规范土地经济行为,灵活运用市场机制对资源配置的基础性功能,使土地资源的利用达到一种有效率的状态。

(二)社会效益原则

土地利用过程不仅要致力于达到土地经济的有效率状态,而且还应注重其社会性目标的实现。比如,土地利用行为要有助于维护已经确立的土地产权制度,特别是土地所有制,即维护代表该国或地区统治阶级利益的土地所有制及由此产生的制度化的土地经济关系;同时,土地资源的配置和利用方向要尽力满足社会各领域,特别是非营利性的、带有社会保障性的公益事业对土地的需求等。

(三)生态效益原则

土地的开发利用必须做到利用和养护有机结合,培养资源战略观念,尽力防止人们由于对土地资源的耗竭性利用而破坏生态环境的平衡,影响土地经济的可持续发展。生态效益原则是一个战略性的原则,这一原则所要达到的目标是人类对土地的利用行为要有助于土地自然生态的良性演化,即人类的土地经济行为和土地生态行为达到和谐,这是人类开发利用土地乃至其他一切自然资源的最高境界。必须注意,生态效益原则要求经济效益目标、社会效益目标的实现不能以牺牲土地生态环境质量为代价。因为,从跨期角度来看,只有生态目标得到保证,经济目标和社会目标才可以持续地、均衡地、高质量地实现。

第二节 土地利用分类

上节介绍了土地利用的一般原理,本节拟专门介绍土地利用分类问题。

一、土地利用分类的意义

如果只是一般地讲土地分类,可以从各种不同的角度划分,如从地貌特征划分有山地、高原、盆地、丘陵、平原等。从土壤质地划分有粘土、壤土、沙土等。我们这里是从经济学的角度,按照土地的现实经济用途来划分的,如耕地、林地、牧地、水域、城乡建设用地、工交用地等,这是人们在长期的土地使用过程中,在自然、经济、技术条件影响下逐渐形成的。因此,所谓土地利用分类,实际就是实现土地资源利用的类型。其特点是:(1)相对性,即随着科学技术的进步和社会经济的发展,土地利用分类也随之发生变化;(2)地域性,不同地区的土地差异是非常明显的,从而用途也各不相同。这在农业用地中尤为突出;(3)土地的自然机能作用始终是分类的绝对基础,就是说不管土地利用分类如何纷繁复杂,都是为发挥土地养力作用和承载作用,开采利用其各类资源。

研究和划分土地利用类型的意义在于:第一,这是土地普查的迫切需要。现在谁都说我国土地问题严重,但是严重到什么程度呢?各种数据和情况都不十分准确,有的很不准确。仅就耕地面积一项来说,有的说 14.9 亿亩,有的说 20.4 亿亩,二者相差甚远。其他用地的数据也有类似的情况。这当中既有各地报数不实的问题,也有统计口径不一致的问题。为了弄清国土情况,迫切需要按照统一口径对我国土地进行一次普查。科学的土地利用分类就能起到统一口径的作用,有利于改进土地利用。第二,通过我国现实土地利用分类情况的分析研究,可以了解我国土地利用结构和存在的问题,同时也为调整土地利用结构,改进土地利用提供了依据。第三,为国家计划和决策提供依据。土地利用分类情况是重要国情之一,它不仅为国家制定国土规划和农业区划提供重要依据,同时对国家宏观决策、制定发展战略也有重要参考价值。第四,能为开展土地经济研究、建立土地经济学提供重要的基础资料。

二、土地利用分类:以中国为例

现在世界各国因情况不同,采用的土地利用分类方案也有所不同。有的国家采用三级分类系统,如日本;多数国家采用二级分类系统,如英国和美国。近年来我国也在搞土地资源调查,有的按二级分类系统,有的按三级分类系统。三级的依据大体是:第一级按国民经济各部门用地的特点来划分;第二级主要按土地经营使用方式来划分;第三级主要根据具体经营使用类别来划分。下面是按二级系统分类的基本情况(见表 10-1)。

上述情况表明,我国土地按二级系统分类有10大类,49小类。这个表基本上是一种理论分类,还缺少全面和较准确的土地面积数量构成,有些类型的土地虽有面积,但不准确,都有待通过调查或普查来充实。

表10-1 我国土地按二级系统分类情况

类型　　　　　　　　　　　含　义

1. 耕地　指种植农作物的土地,包括轮歇地、粮果间作地、草田轮作地。
   1-1 水田　指筑有田埂经常蓄水、以种植水稻为主的耕地。
   1-2 水浇地　指有水源和灌溉设施,在一般年景能正常灌溉的耕地。
   1-3 旱地　指无灌溉设施而靠天然降水生长旱作物的耕地。
   1-4 菜地　指分布在城镇居民点周围以种菜为主的耕地。
2. 园地　指集约经营多年生的草本或木本作物用地,一般连片集中种植,覆盖度在50%以上。
   2-1 果园　指人工经营的纯果园。
   2-2 茶园　指种植茶树的园地。
   2-3 桑园　指种植桑树的园地。
   2-4 热带作物　指种植橡胶、可可、咖啡、胡椒等热带作物园地。
3. 林地　指生长森林、竹林和灌木林等土地。
   3-1 用材林　指为提供木材为主的林地,包括针叶林、阔叶林及针阔混交林。
   3-2 防护林　指以防护为目的的森林,如水土保持林、农田防护林、水源涵养林等。
   3-3 经济林　指栽种经济收入较高的林地,包括木本粮油。
   3-4 灌木林　指高度在2米以下的密生林或覆盖度在10%—30%以上的林地。
   3-5 疏林地　指树林生长稀疏,覆盖度在10%—30%的林地。
   3-6 苗圃　指固定培育木苗的土地。
4. 牧草地　指生长以草木和灌木为主,可供经营畜牧业的土地。
   4-1 天然草地　指未经人工改造生长天然植被的草地。
   4-2 改良草地　指人工撒草籽,引水灌溉加以改造的草地。
   4-3 人工草地　指常年种植牧草而建立的永久性草地。
5. 水域　指陆地水域及水利设施占用土地。
   5-1 河流　指河道常年最高水位岸线之间的面积。
   5-2 湖泊　指天然和人工的积水地。
   5-3 灌排渠道　指人工修建的灌排干渠。
   5-4 水库　指人工修建的贮水地区。
   5-5 养殖场　指人工进行水产养殖的场所。
6. 城乡建筑用地　指城市、农村居民点内的各类建筑用地。
   6-1 工业用地　指城市内工厂生产用地及厂区内行政管理、住宅、福利设施用地。
   6-2 机关用地　指各级党政行政办事机构用地。
   6-3 科教用地　指科研、设计单位和大专院校及中小学校用地。
   6-4 居住用地　指各类住宅用地,包括胡同、街坊、小路、小块绿地。
   6-5 商业、服务业用地　指各类商场或商店、饭店、宾馆、招待业用地、理发店等用地。

6-6 公共事业用地 指文、体、娱乐;医疗;邮电、银行、自来水、煤气、火葬场等用地。
6-7 道路广场 指为城市服务的大型街道、停车场、集会广场等。
6-8 公园绿地 指公园、绿化河湖、街心公园、大块绿地等。
6-9 农村居民点用地 指农民居住、工副业、畜牧业以及办公、教育用地。
7. 工矿用地 指城市范围以外的工矿业用地。
   7-1 工业区 指距城较远的工业集中区。
   7-2 矿区 指矿区及其范围内的各类建筑用地。
   7-3 油气田 指大型石油、天然气田占用土地。
   7-4 盐场 生产盐为主的用地。
8. 交通用地 指各种主要交通干线占用的土地。
   8-1 铁路 指铁路干线、专用线、车站等占用地。
   8-2 公路 指国家一级和二级公路。
   8-3 港口 指沿海轮船停泊的主要地点。
   8-4 机场 指民用机场。
9. 特殊用地 指军事外事及旅游区。
   9-1 军事用地 指军事机关、部队营房、军事院校、军事工厂等。
   9-2 外事用地 指大使馆、领事馆、外交公寓及各类外事服务用地。
   9-3 旅游用地 指风景游览区、名胜古迹。
   9-4 自然保护区 指国家和省市级重点自然保护区。
10. 其他土地 指难于利用和不宜利用的土地。
    10-1 冰川、永久雪地 指冰川和永久积雪覆盖地。
    10-2 沙地 指表层为沙质、天然植被覆盖度在15%以下的土地。
    10-3 沙漠 指天然植被极稀少,覆盖度在33%以下的沙质土地。
    10-4 戈壁 指表层少土质,天然植物覆盖度在3%以下的土地。
    10-5 沼泽地 指常年积水或季节性积水造成的土地过湿、表层生长湿生植物的土地。
    10-6 裸岩 指表层岩石裸露的石质山地。

注:上表转引自郭焕成:"我国土地资源利用类型及其合理开发利用问题",《生产力布局与国土规划》第1辑,第34—35页。

第三节 农业土地利用

本书主要研究城市房地产和城市土地,但城市增量土地的主要来源是农业土地。因此,研究农业土地的利用状况有助于节约、高效利用城市土地。

农业土地又简称农地,它有广义与狭义之分。狭义的农地仅指耕地;广义的农地则不仅包含耕地,还包含林地、草原、渔场等大农业用地,其中种植业所使用的耕地是其中的最主要的类型,所以,本节以耕地为主,结合其他农业用地类型进行用地特点和意义分析。

一、农业用地的特点和意义

第一,农地受自然条件的制约比较突出。农地是靠土地这一自然综合体为农作物的生长提供必要的条件,即利用土地的养力。这除了受土地养分肥力影响外,还要受气候、光照、雨量等自然因素的影响,尤其是农作物的典型品种——粮食作物,从育苗、生长发育、开花结果直至收获,无不受上述因素制约。有时尽管已果实累累,但由于收获时天气不好也会前功尽弃。正因为农作物栽培受自然条件制约严重,所以适合于作农业用地的土地就有限,尤其是适合种粮食作物的耕地更为稀缺。

第二,土地作为农业生产资料直接替代性差。工业生产中,工业生产资料替代性较强,尤其在现代科学技术条件下,不论是机器设备,还是原材料替代性都很强,表现为多而快,但是在农业中,土地作为农业生产资料,在目前科学技术条件下基本上还不可能直接替代,尽管世界各国科学家都在搞无土栽培,发展"设施农业",但还只限于蔬菜,对于大面积的粮食作物一时还难以推广。至于间接替代,情况稍好些,如以钢代木、以塑代木,可间接替代林地,即节省林业用地。又如化纤代棉花,可以节省植棉用地,间接替代棉田等。

第三,多功能性。有的农地在利用过程中可产生多种效益,如林地的基本用途是生产木材,增加社会经济效益,但是森林同时又可以防风、固沙、蓄水等,从而可以保持水土,防止土地沙化,调节气候,维持生态平衡,取得良好的生态效益。

第四,可以永续利用。一般生产资料,在生产过程中被消耗掉了,而土地作为农业生产资料则可以永续利用,即在农业生产经营过程中,对土地只要注意合理利用,维持其生态平衡,就可以往复继续利用,并永远延续下去。这是因为在正常的生态条件下,土地有自行恢复生机的功能。

农地的上述特点是由土地的自然特性所决定的,所以对农地的开发利用要特别注重尊重自然规律。

二、农地利用的社会经济意义

农地利用的社会经济意义,是由农业在国民经济中的地位和作用决定的。农业是国民经济的基础,这种基础作用的实现,也就是农地开发利用的社会经济意义,这主要表现在:

1. 为人类提供最基本的食物。人类以粮食为主要食物已有数千年历史,即使在今后一个相当长的时期内这种状况也不会改变。民以食为天,粮食来自耕地,所以农地特别是耕地的开发利用,仍然是人类社会经济生活中的头等大事,粮食的数量和质量,也是衡量一个国家生活水平的重要指标。

2. 对工业的促进作用。农地的开发利用除了能为工业提供各种工业原料外,还能为工业提供广阔的农业生产资料市场,也包括提供工业消费品市场。后者虽与农地开发利用不很直接,但是其销量在很大程度上取决于农地开发利用状况,即农业年景的丰歉。

3. 可以提供较多的就业机会。当然,由于各国经济技术发展水平不同,从而农业有机构成也不同,因此一定数量农地提供就业的机会也不同。我国人多地少,资金不足,农机化水平低,对农地宜于实行劳力集约化经营,以提供更多的就业机会。

4. 可为国家提供财政收入。农业是国民经济一个非常重要的大部门。农业丰收,不仅可以直接增加国家税收,同时还可通过工业对农业原材料的加工,直接增加国家财政收入。

5. 可以改善生态效益。所谓土地利用的生态效益,实际就是通过农业(包括农、林、牧)这个绿色加工厂的作用(包括防沙、固土、蓄水、防风、调节气候等)保持和调节生态平衡,实现生态系统的良性循环。尽管人们现在对生态效益的具体内容还不十分明确,但是,世界各国对生态效益都非常重视,并通过各种途径来进行经济评价。如日本林业厅从1971年起用三年时间对森林涵养水分这一生态效益进行了调查,每年的经济价值大致相当于涵养2300亿吨水的投资,约为16000亿日元,芬兰科学家也通过测算提出,全国森林用地每年生长的木材经济价值为17亿马克,但对环境保护,即生态效益的经济价值则为53亿马克。生态效益的经济价值大于木材的直接经济价值。对生态效益并不一定是人们用地的直接目的,但是它的经济价值更大,于人类于社会就更有意义,是高级的经济效益。可是,在我国对此还没有引起足够的重视,还没有变为每个人的自觉行动。

三、中国农业用地利用中所面临的问题

中国是一个农业大国,同时又是一个人口大国和土地资源小国。我国用占世界7%的耕地养活了占世界20%的人口。但是,随着我国人口的持续增加、工业化和城市化的迅速推进、生态破坏的日趋加剧,我国耕地面积以惊人的速度在减少。这使得农业土地利用中存在的问题变得更为突出。这些问题主要表现在以下四个方面:

1. 农地不足,供需矛盾更加突出。我国国土面积略大于美国,但人均耕地资源只有1.22亩,不及世界人均耕地3.69亩的33%,而且水田和好地只占耕地总面积的30%多一点。全国2000多个县中,已经有666个县人均耕地低于世界规定的人均0.8亩的警戒线(蒋尊玉,1998)。

2. 投入产出不平衡,形成超负荷经营。由于我国农地相对供应不足,为了满足人们对农产品的需要,必然造成掠夺式经营。在种植业方面,就我国拥有的耕地面积,不仅种植面积大,而且复种面积指数高,多数是两熟,有的还三熟,而投入的肥料却相对不足,尤其是有机肥料少。建国以来,随着农业生产的大发展,我国化肥增加近200倍,仍不能满足需要,然而有机肥料只增加2倍,这既说明有机肥料少,同时还说明化肥和有机化肥不成比例,这对维持土地永续利用极为不利。在林业中,主要是重采伐轻营造、采伐过量,致使木材采伐量超过生长量,这不仅影响林地的合理利用,而且破坏了生态环境。在草原利用方面同样存在只注重放牧,牲畜头数不断增加,而忽视草场的建设和保护,造成单位面积草场超负荷经营。这种原始落后的掠夺式放牧经营,导致草原退化,产草量下降,退化面积约占可利用面积的1/3。目前每年仍以一二千亩的速度继续退化。在渔业生产中,也是过量捕捞,忽视资源保护。实际是竭泽而渔,致使鱼产量下降。对地下水资源的开采利用,同样存在严重的问题,由于井位过密,造成超量开采,地下水位下降严重。

3. 土质下降,自然条件恶化。这是我国农地利用面临的另一个大问题,是农地供给相对不足、过量经营使用的必然结果。这表现:(1)在水土流失严重。我国水土流失还没有确切的调查,但据多方面的资料估计大约为110—150万平方公里,占国土面积的1/8—1/6。黄河输沙量长期在16亿吨左右,与解放前比,没有减少,长江输沙量长期在5—6亿吨左右。造成水土流失的原因除自然因素(如降雨、地形和土质情况等)外,还有人为的因素,如滥垦、滥伐、滥牧等。(2)耕地荒漠化严重。受荒漠化影响,我国干旱区和半干旱区耕地的40%不同程度退化(国家土地管理局保护耕地专题调研课题组,1998)。(3)土地盐碱化。我国盐碱地面积没有精确的统计,据有关材料估计,在耕地中盐碱地约有一亿亩,主要分布在我国北部的黄淮海平原、东北西部平原、黄河河套平原、西部的内陆区和沿海滩涂。产生盐碱化主要原因是排水系统不健全,灌排不合理。(4)"三废"污染。三废污染是工业发展过程中的产物,尤其是工业化初级阶段,这是世界上

普遍性的问题。近年来我国注意了这个问题,但是不同地区都还不同程度的受到污染。现在值得注意的是随着农村乡镇企业的发展,三废对农地的污染更直接。近年来大中城市中的一些污染严重的企业也迁移到农村,把污染源直接引向农村。土地污染不仅影响农作物产量和质量,还会影响人们的身体健康。

4. 农地内部结构不合理,开发利用发展不平衡。我国耕地、林地、草原占总土地面积的比重分别为 10.4%、12.7% 和 33%,耕地和林地少,尤其是林地少,起不到水源涵养和环境保护作用,从而造成整体自然结构失调。在经营使用中农林牧争地严重,主要是种植业不适当的扩大,挤林、挤牧。即使在农区有些地方也没有按照土地的自然特性,因地制宜安排农林地粮食作物与经济作物的生产,往往是以农(粮食)挤林牧,以粮食挤经济作物,限制了土地生产潜力的发挥。在我国农地利用中另一个问题是各地利用效率相差悬殊,总的情况是从东部往西效果逐渐降低。同一地区低产耕地单产只有高产耕地的 1/5—1/10,从不同地区来看差距更大,水稻有的亩产 1000 多斤,有的只有几十斤;内陆养鱼平均亩产量,低产渔场只有高产渔场的 1/10;全国畜牧业平均单位土地面积生产率只是国内先进企业的 1/10,等等。上述情况平均起来,我国农地利用效果就变得更差了。

一方面我国农地相当稀缺,但同时农地利用比率与土地利用充分的国家相比又低,即农地利用占总土地面积比重小,我国约为 60%,而美国是 77%,印度是 76%,日本和西欧等一些国家都超过 80%。当然这里有自然地理条件的差别,有不可比的因素,但是我国仍存在大量荒山坡、疏林地,零星空地未被利用也是事实。

上述问题的产生,除了历史的原因外,主要是因为:(1) 对人口和土地之间的关系认识不清,人口增长过快。加剧了土地的供需矛盾,致使农地超负荷经营;(2) 在所有制结构方面,片面强调所有权和使用权的一致,而否认"两权"适当分离的必要性,相应造成经营管理体制上的"大锅饭";(3) 对社会主义条件下土地的商品经济属性缺乏正确认识,没有按经济规律办事,这一方面是土地无偿使用,另一方面是土地产品价格不能反映劳动消耗,不能调节土地的合理经营使用;(4) 对土地利用中的自然规律缺乏认识;没有按土地的自然特性科学合理、因地制宜地利用各种类型的土地;(5) 长期以来没有一部完善的土地管理法,使土地利用管理无法可依。

四、中国农业土地利用的基本对策

针对我国农地利用的现状和面临的问题,应该采取哪些相应的对策呢?我们认为,总的指导思想应该是:坚持科学用地,优化生态环境,遵循经济规律,强化集约经营;根据现有国情,实行综合治理;全面提高效益,保证供需平衡。具体包括以下几方面:

1. 统一安排,合理布局,调整农地利用的内部结构。这主要包括两个方面。一方面要从整体上逐步调整农林牧用地之间的比例关系。这里的关键是要逐步扩大林地面积,增加木材蓄积量。为此,首先要经营维护好现有林地,杜绝滥砍滥伐,坚持有计划的合理采伐,采育结合,随采随育,保证成活;加强治安和护理,防止天灾人祸,提高木材蓄积量。其次要开发利用宜林的荒山坡及其他荒地,扩大森林面积。再次要对过去毁林开荒的情况进行认真清理,一般来说都要退耕还林。另一方面要调整种植业内部结构,即调整耕地利用中粮食作物与经济作物之间的比例关系。一般来说凡是适合种经济作物的土地都要种植经济作物,已种粮的要逐步退回去。

2. 利用和整治相结合,当前要特别注意整治。这是提高土地利用效率的需要,也是恢复土地生态平衡的需要。治理包括两方面的内容：一是直接治理，如改土治碱；二是间接治理，如兴修农田水利设施。对我国农地利用现状来说，这两方面都非常需要，但目前更应注意后者。这是因为在建国初期，国家和集体虽然用了大量人、财、物修建了不少水利灌溉设施，但经过多年的使用，亟待整修，同时在当前这种分散经营的体制下，往往又容易被忽视，所以这个问题显得更为迫切。

3. 稳定耕地面积。耕地不仅是农地利用中的主体，同时在整个国民经济中也有举足轻重的作用。我国是一个有12亿人口的大国，食物的绝大部分来自耕地，工业原料的很大一部分也来自耕地，经济建设中的建筑用地也主要来自耕地。所以耕地问题成了我国土地利用中的关键，是农地问题的核心，是土地供需矛盾的焦点。

4. 利用经济杠杆调节农地的合理利用。这里包括两个方面的内容：一是土地要有偿使用，通过有偿使用促使经营使用者爱惜、节约和科学利用土地，同时土地所有权可以在经济上得到实现，使其代表者——国家或集体有一定的收入用于土地的开发和整治。二是制定合理的农产品收购价格，使农地经营使用者通过出售自己的农产品可得的收入，除补偿生产成本外，还有相当的盈利。其盈利除了用于个人消费外，还有可能向土地投资逐步变国家救济性拨款"支农"为通过价格直接"支农"，即"以农养农"或"以地养地"。

5. 积极开展科学研究，努力培养科技人才，尽快提高农地经营使用的科学技术水平。这主要包括土地生态系统的研究，农药化肥的研究，牲畜、作物等优良品种的研究开发，无土栽培技术的研究开发和推广应用，适合我国特点的农机化研究等等。这些都是合理利用土地，提高产量缓解土地供需矛盾的重要途径。为了达到这一目的，必须培养大批农业科技人才。

6. 要进一步深化农村经济管理体制改革。一方面要加强宏观控制，把行政、经济、法律管理手段有机地结合起来，从全局上保证我国有限的农地得到更充分合理的利用；另一方面要继续调动农民的生产积极性，在进一步搞活农村经济，发展农村商品生产的同时鼓励农民种好、管好、养好农地。

第四节 城市土地的利用

一、城市土地的特点及其在国民经济中的地位和作用

市地是城市用地或城市土地的简称。城市是随着人类社会经济的发展而逐渐形成和发展起来的区域中心。有了城市同时也就有城市用地，并随着城市社会经济的发展而逐渐扩展。市地的形成及其利用反过来又加快了社会经济的发展，所以市地的利用在国民经济中有着极为重要的地位和作用。今天的市地一般都是由农地（主要是耕地）转变而来的，但是与农地相比又有自己的特点和相应的经济关系。

（一）市地的特点

1. 中国市地与农地本质区别在于所有制不同。前者是全民所有制，即国家所有制，后者是集体所有制。因此，国家可以更直接地干预和控制市地的开发利用，从而有可能使其得到更科学合理的规划使用。由于所有制性质不同，它们所体现的经济关系也不一样。农地利用所体现的一般是集体所有制内部、集体与个人之间的经济关系，而市地利用所体现的是全民所有制内部、全

民与集体、全民与个人之间的经济关系。此外,在对外开放中所形成的中外土地经济关系,也基本上发生在市地。所以市地利用中的经济关系更为复杂,有它自己的特点。

2. 市地的位置具有特殊的重要性。这是因为在市地利用中位置的差异是产生级差收益的基本原因,会给经营使用者带来不同的经济效益。对于工业企业用地,位置的差异会影响产品成本和销售价格中的运输、管理费用,从而直接影响企业的盈利水平。对于商业用地,由于位置和人口密度的差异,会直接影响商品的销售量,商业成本和商业利润也会因运费和其他流通费用的增减而相应受到影响。事业单位和居民住宅用地所处位置的差异,除影响职工的通勤成本以外,同时还会因离购物中心的远近而影响个人的经济利益。正因为级差收益的存在,所以不同地区和不同地段的价格水平也不一样。一般地,城市中心地区的地价较高,城市边缘地区地价较低。因此,不同位置的等量城市土地其成交价格可能不同,使用者支付的地租也会不同。城市土地价格的区位级差原则不仅适用于同一城市的不同地段的地价,也适用于不同城市之间的地价。

3. 市地利用集约化程度高、潜力大。在农地利用中,在一定的科学技术条件下,农业生产发展规模的天然界限是土地面积,即农业生产规模要受土地面积的限制,同时又由于农业生产要受到土地自然特性的限制,其吸收资金和技术的程度也会受到一定的限制。而市地利用中这种限制相对较小,单位面积城市土地可以吸收大量的土地投资,可以发展资金和技术集约化程度很高的产业,可以承载大量的人口。

4. 市地利用的固定性和多样性。城市土地利用中多数是利用土地的承载作用,修建各类建筑物诸如厂房、住宅、水电设施等长期附着于土地之上的、使用寿命很长的土地改良物。因此,这类投资短期内不易转移,投资的回收期较长。城市土地利用的多样性是城市社会经济特点决定的。一般而言,城市经济比农村发达,分工较细,生产社会化和专业化程度较高,所以,土地利用的途径也多,相应各类用地收费标准也不一样。

5. 城市土地利用的配套性强。市地利用和利用效益的提高要求有各种配套设施,这主要包括向外联系的交通设施(如铁路、公路、港口、机场等),市内交通设施设备,市内外邮电通讯,其他重要市政设施等。可以说,没有与市地利用相适应的配套设施,也就无所谓市地,也就无所谓市地与农地的区别。

(二) 市地在国民经济中的地位和作用

市地在我国总土地面积中所占的比重不大,但这是国土中的精华,在整个社会经济生活中有着极为重要的意义。如果说由于农业是国民经济的基础,农地的利用是实现农业基础作用的载体和场所;那么也可以说,由于工业是国民经济的主导,市地的利用就是实现工业主导作用的载体和场所。市地利用对国民经济的作用都是通过城市的社会经济活动来实现的,具体表现在:

1. 城市土地为发展城市经济提供了空间和场所。城市是工商业、金融、交通、邮电的中心。而这些经济活动都需要一定的场所和空间,市地开发利用的一个重要方面就是满足这些需要,以保证上述经济活动的顺利进行。

2. 市地是社会经济信息反馈交流的中心。在现代市场经济社会里,经济信息的反馈交流成了经济决策、经济管理、资金投向等经济行为的重要依据,而这些信息首先是在城市这块土地上形成,并通过它的优越的交通邮电条件进行广泛的交流和传播。

3. 市地利用是国家财政收入的重要源泉。这包括两方面的含义:一是实行市地有偿使用,通过收取地租直接增加国家收入；二是通过合理开发利用城市土地，发展城市工商业，增加国家税收。市地经济价值大，比农业提供的税收多。据国外有人估计，农、工、商用地，经济效益之比是1∶100∶1000。而市地主要是用于工商业领域。

4. 城市土地利用为发展科学技术、文化教育事业提供了场所。城市不仅是经济中心，还是政治文化中心。科学技术和文化事业的发展也需要占用和扩展城市土地。

总之，城市土地在国民经济中占有极其重要的地位和作用，是城市社会经济发展的基础条件，而城市经济的发展又反过来推动城市土地的开发和利用。因此，城市土地利用状况又是社会进步和人类文明进步的重要标志。随着社会经济的发展，城市用地必然要进一步扩大。目前的问题是要防止城市过度蔓延，防止城市用地对农业用地的过快侵蚀，使城市在不破坏生态系统平衡的大前提下获得可持续发展。

二、城市土地利用分类

为了进一步了解市地的经济特性和经济关系，科学合理地利用市地，有必要对其进行分类研究。在具体分析城市土地分类前，首先要对城市土地的范围有一限定。对于城市土地的范围现在还没有统一的口径：可指城市建成区，即市内已使用的土地；可指城市市区土地，即除了建成、已使用的土地外，还包括市内尚未利用的土地；可指城市规划区土地，即除了市区已利用和尚未利用的土地外，还包括规划中将要划入市区的土地；也可指城市行政区内土地，即除城市市区土地外，还包括郊区、县土地。本书所说的市地是指城市市区土地。

市地利用的分类，如同对全国土地分类一样，可以从各种不同的角度来分。目前，对市地利用分类的口径很不一致，再加上市地本身的范围不规范，意见就更难一致了。我们这里基本是按本章土地分类中第6类城乡建筑用地来分的，即包括工业用地、机关用地、科教用地、居住用地、商业和服务业用地、公共用地、道路广场用地、公园绿地，但减去了农村居民点用地，另外增加了仓库用地、对外交通用地、河流湖泊及其他用地四类。这样，市地利用分为十二类型。

表 10-2 城市用地类型

1. 工业用地
2. 仓库用地
3. 机关用地
4. 科教用地
5. 居住用地
6. 商业和服务业用地
7. 公共事业与公共建筑用地
8. 道路广场用地
9. 公园绿地
10. 对外交通用地
11. 河流湖泊
12. 其他用地

三、中国城市用地中存在的问题与对策

（一）市地利用中的问题

市地的利用也和农地的利用一样存在不少问题：(1) 从整体来说浪费严重，在征地方面全国各类城市都不同程度地存在先征后用、征多少用、征而不用的现象。同时在我国城市，每个机关单位差不多都留有大院，而实际有效利用的面积比较小，这样我国市地利用中就呈现出一种极为不协调的现象，一方面喊城市用地紧张，另一方面又有不少市地空闲未用。(2) 市政设施不配套，影响市地的有效利用。市地利用的一个重要经济特性就是要有相关的市政配套设施，否则就直接影响其使用和使用效果。我国城市人均市地面积并不太少，但是经济效益很低，一个重要原因就是城市基础设施跟不上，几乎所有城市都不同程度地存在市内交通拥挤、对外交通不畅、邮电通讯缓慢、工程管线质量差、服务设施不足等问题。这就是说，市地的利用和利用效果的提高，需要有大量的配套设施投资。(3) 市地利用中，绿地面积太少，城市生态环境条件差。据统计，80年代末，我国一些大城市人均绿地面积水平大大低于国外一些城市：广州是6.8平方米，北京是5.1平方米，武汉是1.8平方米，上海仅是0.5平方米；而伦敦是24.2平方米，纽约是19.0平方米，维也纳是11.8平方米，都高于我国。(4) 各城市人均占地面积不平衡，大体情况是：一般城市高于大城市，经济发达的城市低于经济发展较慢的城市。(5) 市地管理体制不健全。从全国来说各类土地管理都存在不少问题，但由于市地利用对管理要求更高，所以问题也显得更为突出。这主要表现在管理混乱，没有统一归口管理，不少城市土地是市规划局管规划、市房地产管理局管地政，有的市农委也管，多家管理实际上常常是谁家也没有认真管。在管理方法上，基本是单一的行政管理。由于市地无偿使用，缺乏或没有必要的法律手段，经济手段基本被取消。管理机构不够完善，长期以来从中央到地方没有一个精干的有权威的管理机构体系。后来国家成立了土地局，地方也相应地建立了土地管理机构，但房地产分开管理的体制弊端依然存在。

市地利用存在上述问题的历史原因是什么呢？我们认为原因是多方面的，但最基本的或关键的一条，是对土地的经济属性认识不清。一方面在所有制结构上否认所有权和经营使用权应适当分离的必要性；另一方面不承认土地有商品经济属性。其结果必然导致土地的无偿使用。由于无偿使用，国家就既不能用经济杠杆——地租来调节或抑制土地的需求，从而造成浪费，同时也不可能通过收取地租来搞城市配套设施建设，从而影响了市地的有效利用。正由于理论认识不清，指导思想不够明确，当然反映到管理上也不可能科学合理。管理不健全反过来又加剧了问题的复杂性。上述原因的分析虽然是就市地利用来说的，但是对全国各类土地也基本适用。

（二）市地利用的基本对策

根据上述存在的问题和实现市地的科学合理利用，应该采取哪些切实可行的措施呢？这里只简要归纳几点：

1. 在提高理论认识的基础上，坚持土地所有权和经营使用权适当分离，实行有偿使用，用经济杠杆来调节土地科学合理利用。这是最基本的对策。

2. 按市场经济原则经营使用土地，积极创造条件开放城市土地市场，通过市场机制调节土地的合理分配与使用。

3. 在实行市地有偿使用的基础上，建立和形成市政建设基金，使市政建设有较稳定的资金

来源和渠道,以保证城市配套设施的建设能持久地进行下去。这样城市综合功能才能不断增强,也才有可能不断提高市地利用的社会经济效益。

4. 改革和完善城市土地管理体制,加强市地规划利用的宏观控制。这主要包括建立和健全组织管理机构,从中央到地方要形成一个管理网络,层层有专人管理土地;完善土地管理法规,要根据全国土地管理法制定市地管理细则,制定经济管理办法。

5. 合理控制城市用地规模。总的来说城市用地规模是扩大的趋势,这是社会经济发展的必然结果。但是根据我国的具体国情,城市土地布局和结构应有自己的特点。为此一般来说应该限制大城市,尤其是特大城市市区面积的扩展,适当扩展中等城市,积极发展小城市,引导农村就地城市化,在大城市周围建立和发展与其功能互补的卫星小城镇。

专题分析:如何评价土地利用的生态效益?

这是一个与可持续发展有密切关系的议题,值得设立专题进行分析,以便引起更深入的研究,发现更科学的方法。

土地利用的生态效益原则要求人类活动要符合生态平衡的自然规律,保证土地社会经济利用的可持续性。人类对土地的利用往往伴随着对生态系统的改变,这些改变既存在有利于生态系统良性演化的方面,即产生正向外部效应的情况;也有不利于生态系统进化的情形,即有负外部效应产生(详细论述参考本书"房地产外部效应理论"一章)的场合。在人类社会经济发展的进程中,在工业文明的初期阶段,伴随着人类对自然的大规模掠夺性开发利用,包括对土地的利用,产生的负向外部效应常常占有主导地位。对自然生态环境的破坏已经使人类自身遭受了无数次的惩罚,这又促使人类警醒,并开始重新认识人地关系。人类活动的生态效益观念正是在这种背景下产生并迅速发展起来的。土地利用的生态效益评价也是在近代工业文明发展的过程中提出并逐渐得到世人关注的。[①] 提出这一问题旨在把土地利用的生态效益转化为经济效益,或者把生态效益与经济效益结合起来进行分析。生态效益评价目前主要停留在定性评价阶段,由于生态系统的复杂性、人类活动对生态系统扰动效果的时间滞后性以及评价技术手段的局限性,导致定量方法的引入存在一定的技术性困难。因此,如何克服技术性障碍,使定量评价方法成为主流的生态效益评价手段,将是促进土地可持续利用的一个重大课题。

思 考 题

1. 试阐释土地利用的基本原则及其相互关系。
2. 农地利用与城市土地利用有何不同?
3. 中国土地问题主要表现在哪些方面?试用产权经济学理论给出解决这些问题的对策。
4. 土地利用理论与区位理论和外部性理论之间的关系是怎样的?

参 考 文 献

1. 曹振良:《土地经济学概论》,南开大学出版社,1989年。
2. 毕宝德、柴强、李铃:《土地经济学》,中国人民大学出版社,1993年。

[①] 此处参考了毕宝德等:《土地经济学》,中国人民大学出版社,1993年,第75页的内容。

3. 国家土地管理局保护耕地专题调研课题组:"近年来我国耕地变化情况及中期发展趋势",《中国社会科学》,1998年第1期。
4. 蒋尊玉:"以可持续发展为主导合理配置开发国土资源",《管理世界》,1998年第5期。
5. 张德粹:《土地经济学》,台湾国立编译馆,1963年。

第十一章 城市土地市场

第一节 土地市场均衡分析

一、土地市场的需求与供给

（一）土地需求分析

1. 作为生产要素的土地需求。对城市土地的需求来自于对各种产品或城市服务的需求，所以，与一般产品需求不同，土地需求是引致需求或派生需求。城市土地可以用作工业、商业和住宅业等多种用途。对某种用途土地的需求取决于其提供的产品或服务所能产生的净收益。在竞投地租模型中，城市土地租金梯度曲线表明了土地配置在各种用途上的均衡使用模式，从而确定了土地的需求。在房产经济学中，家庭根据可支配收入并利用效用最大化原则来进行住房或非住房商品的购买决策，住房建筑物与土地的替代性就决定了住宅用地的需求量。总之，在竞争性市场上，城市土地是按照最有利的用途进行分配的。

2. 作为资产的土地需求。以上讨论的实际上是对土地使用权的需求或简单地称作对土地服务的需求。这也是经济学理论上通常所指的土地需求概念。在土地所有权不允许自由买卖的经济体系中（如在我国城市经济中，土地为国家所有），说土地需求即指土地服务需求，不会引起歧义。但是，在土地所有权可自由买卖的经济中，还有一种土地需求，不是为了土地本身的生产特性，而是以土地价值储存特性为目的。这种需求主要包括土地投机性需求和为了防止价格上涨而套购土地。这种土地需求，从产生的原因上来看，可能是由于税收制度的扭曲而产生，亦可能是由于通货膨胀的影响而产生。分析此类土地需求常常需要先作土地投资收益分析。一般储蓄存款纯收益率为：

$$r_n = (1-t)r - p_e$$

其中，r_n 为税后储蓄存款收益率；t 为个人所得税的边际税率；r 为土地以外的投资收益率；p_e 为预期通货膨胀率。这里假定，应付税款没有扣除预期通货膨胀率。若利率为12%，预期通货膨胀率为10%，则在边际税率为40%的市场上，投资的税后净收益率为-2.8%。

用于土地的投资虽然没有现金流收益，但它的利息却相当于预期通货率。在美国和加拿大，土地投资的收益按正常税率的一半缴纳，所以，土地的投资收益率为：

$$r_L = (1-t/2)p_e - p_e$$

如果土地有实际产出，设实际边际产品为 k，则实际收益就是实际边际产品加预期通货膨胀率，即税前的 $p_e + k$，则投资土地的、扣除了通货膨胀率和税收后的实际收益率为：

$$r_L = (1-t/2)(p_e + k) - p_e$$

仍以前面的数据为例，设 $k=2\%$；$r_L = -0.4\%$，虽然仍为负数，但对土地投资进而土地需求的影响已经大大减弱。由此可见，较低的土地税率可以导致在通货膨胀情况下对土地的大量投资，对土地的需求会相应增加。

3. 混合性土地需求。上面我们已经讨论了两类不同的土地需求。但是,在现实经济生活中,人们有时可能既把土地当作一种生产要素,把它投入到某种生产经营活动中,又把它看做是一种资产,期望获得预期的资本性收益,这种情况下产生的需求,我们称之为"混合性土地需求"。影响土地服务需求和土地资产性需求的诸多因素,自然地也会影响混合性土地需求,只是这种影响的机制可能更加复杂而已。

4. 影响土地需求的因素分析。现在,我们从一般意义上来考察影响土地需求的社会经济因素。大致来讲,影响城市土地需求的因素主要有以下几类:(1) 城市人口。城市人口的增加不仅直接导致住宅用地需求的增加,而且也间接地导致交通用地、文化教育用地、休闲娱乐用地等城市土地需求的增加。(2) 国民收入。国民收入,尤其是居民可支配收入的增加会提高居民对住宅、各种服务的需求量,进而提高对宅地和商业、服务业和公共设施用地的需求量。所以,同人口因素一样,国民收入也是影响土地需求的一个增长性因素。(3) 景气预期。人们对经济形势的预期比较乐观,则地价趋升,土地需求增加;反之,则会抑制土地需求的增加。(4) 投资渠道。当国民收入增加,市场上游资增加时,这类资金不会过度集中于房地产市场,土地需求不会骤然增大。如果此时投资渠道不畅,游资会大量涌入房地产投资市场,会使土地需求顿时放大,推动地价上涨。(5) 土地制度和财产税制。以土地私有制为主体的国家,土地可以自由买卖,对土地的资产性需求会大于土地公有制国家的资产性土地需求;针对土地的财产税率如果过高,就会影响土地的资产性需求。(6) 城市经济形势。城市产业,特别是城市工商业的迅速发展会刺激土地需求的迅速增加;如果城市经济不景气,则土地需求扩张的势头将会受到抑制。

(二) 土地供给

短期内,城市土地,无论是土地服务供给还是土地所有权供给均为无弹性的;但在长期内,由于土地可以在不同的用途之间进行转换,某种用途的土地服务的供给就是有弹性的,对作为资产的土地由于受土地预期资产收益率、进而土地资产价格的影响,其供给也可能表现出一定的弹性特征。一般而言,影响城市土地供给的因素主要有:

1. 土地使用者成本(user cost)。土地使用者成本为:$U_L=r+t_e+s-p$,U_L:土地服务的使用者成本;r:利息率;t_e:现行财产税率;s:保险费与其他服务成本;p:土地潜在资本收益率。当$U_L<0$时,投资者因占有没有提供任何改良服务设施的土地而获得利润,因而不可能把土地投入市场。当$U_L>0$时,持有土地需支付一定净费用,因此持有者愿意尽快转让土地,从而有可能增加土地的供给。但是,土地供给并不完全依赖于土地使用者成本的大小,它还取决于占有土地的机会成本。当通货膨胀和预期的通货膨胀上升时,若有一个扭曲的税收制度,则可能促使人们继续持有土地,甚至买入土地进行投机。

2. 交易费用、信息、预期等因素。如果出售土地的手续费和法定费用很高,土地所有权的转让将会受到抑制,土地所有权的供给则相应减少;有关土地利用控制的信息及土地用途转换的可能性及其转换成本会影响土地的市场价值,进而影响土地持有者的供给决策;人们对于地价与土地利用变化趋势的预期也会影响土地供给,这在土地投机交易过程中表现得十分明显。

3. 城市发展规划。城市土地利用,系根据城市发展所制定的土地使用分区与管制来实施。住宅用地、商业用地、工业用地、城市公共设施用地等等,均按城市发展规划的使用分区而划定。如果某类土地编定的面积大,则此类土地的供给量就可能增大。

4. 政府规制。政府对各类土地利用的限制性规定、对建筑物的遮蔽率、容积率的规定及土地税制(如资产税、空地税、土地增值税)等也会影响土地的市场供给。

二、土地市场均衡

将土地需求与土地供给联系起来就建立了土地市场。此处简单讨论短期意义上的土地市场均衡的条件。

假定在短期内,土地供给无弹性,土地供给量固定为 q_0,土地需求曲线为 D_0(图 11-1),则由 $D_0(p)=S(p)=q_0$ 所确定的土地市场的均衡价格为 p_0。如果某种用途的土地需求是有弹性的,由于某些因素的影响使得土地需求增加,例如,对个人住房减免税将使对商品房的需求增加,从而使住宅用地的需求增加,则由于供给无弹性,市场地价会提高至 p_1;如果需求减少,即需求曲线左移,结果导致市场价格减低为 p_2。因此,在短期内,由于土地供给无弹性,土地价格(或租金)水平完全由需求一方来确定。

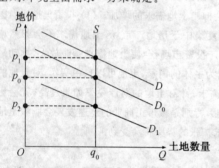

图 11-1 土地市场的短期均衡

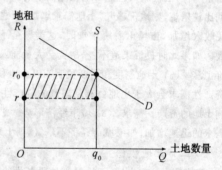

图 11-2 土地税收对土地市场均衡的影响

如果对土地征税,则税负完全落在土地所有者身上(如图 11-2)。设均衡的土地租金为 r_0,这是租用者付给土地所有者的租金。如果对土地征税 t,所有者得到的地租为 $r_1=r_0-t$,政府税收收入为 tq_0,土地所有者承担了全部税收负担,土地租用者的福利水平并未改善。

三、时间因素对市场均衡的影响:蛛网模型

在土地市场的实际运行中,时间是影响供给的一个关键因素。从筹资、规划、设计到争取政府的批准等一系列准备工作,构成了一个相当耗费时间的土地供给过程。而且,土地资产缺乏流动性,土地不能迅速变现,对价格变化的反映存在着潜在的滞后因素。这种供给调节的滞后就形成了"蛛网模型"。

最简单的蛛网模型假设,需求取决于现期的土地价格,而供给则取决于上期的土地价格,市场均衡时有:$D(p_t)=S(p_{t-1})$,t 表示时间。由于一定时间内生产无法进行,因此市场不会迅速达到均衡。

可用代数法描述土地市场的蛛网模型。设土地供给函数和需求函数均为线性形式:

$$D(p_t) = a - bp_t$$
$$S(p_{t-1}) = c + dp_{t-1}$$

均衡条件是： $D(p_t)=S(p_{t-1})$

所以，有 $p_t=(a+c)/b-dp_{t-1}/b$

这是一个一阶差分方程，用迭代法求解得：

$$p_t = (a+c)/(b+d) + [p_0 - (a+c)/(b+d)](-d/b)^t$$

对该式，我们可作如下讨论：

(1) 若 $d>b$，即土地供给曲线的斜率小于需求曲线的斜率（供给弹性大于需求弹性），或者直观地讲，土地供给曲线比需求曲线更平坦，则 $d/b>1$，蛛网为爆炸型发散蛛网，市场均衡不存在。

(2) 如果 $d<b$，即土地供给曲线的斜率大于需求曲线的斜率（供给弹性小于需求弹性），或者说土地供给曲线比需求曲线更陡直，则 $d/b<1$，蛛网收敛于市场均衡点 $E(p_0,q_0)$，$p_0=(a+c)/(b+d)$；$q_0=(ad-bc)/(b+d)$

(3) 若 $d=b$，即土地供给曲线的斜率等于需求曲线的斜率（供给弹性等于需求弹性），或者说土地供给曲线与需求曲线一样的倾斜程度，则 $(-d/b)t$ 在 -1 和 $+1$ 之间振荡，而蛛网则围绕点 $E(p_0,q_0)$ 等幅振荡，既不逼近均衡点又不远离均衡点，此时蛛网被称为等幅振荡型蛛网。

第二节 土地市场结构分析（一）

市场结构一般被定义为一个市场上的交易各方之间、市场上已有的交易者与可能的进入者之间在交易、市场利益的分配等方面存在的市场关系。根据交易双方左右市场的力量和特点的差异，可将一个市场分作完全竞争、完全垄断、垄断竞争以及寡头垄断四个基本类型。

我国的城市土地市场是在城市土地国有制和土地所有权与使用权两权分离制的基础上建立起来的，所以，城市土地所有权由国家垄断，并且不具有可交易性，城市土地市场交易对象只是土地使用权。从这个意义上讲，我国城市土地市场与大多数市场经济国家不同，它是一种不完全竞争型市场。

一、完全竞争的土地市场

完全竞争的土地市场必须同时具备以下几个条件：一是完全信息，即市场中的土地交易者必须完全了解交易对象的所有信息，包括土地供给、土地需求信息、土地质量、区位等影响土地交易价格、用途的全部信息。二是土地交易对象具有均质性。三是市场上有足够多的市场交易者。这样才能保证土地交易价格不至于被少数的土地交易者控制。四是土地交易者有充分的自主决策权。

二、垄断型土地市场

垄断型土地市场的基本特征是：土地交易市场上只有一个土地需求者或惟一的土地供给者。由于土地区位的独特性、位置的固定性，再加上土地没有合适的替代品，因而土地供给者容易对土地供给形成特殊的垄断地位。这就是土地供给的垄断。这种垄断在土地私有制经济里比较常见。在土地公有制经济里，土地供给的垄断除了由于上述自然原因以外，还可能由于政府行政规制的作用而形成，我们可称之为行政性供给垄断（如中国的城市土地的供给垄断）。除了供给垄断以外,还有另外一种土地市场垄断形式,即需求垄断或买方垄断。在中国,农村集体所有土地的买方由法律规定只能由国家购买,其他主体无权购买农村土地所有权。这是一种典型的买方垄断形式。

三、垄断竞争性土地市场

垄断竞争性土地市场产生的原因是:土地产权交易既要受到政府规制的约束,同时还要受到土地市场机制和交易规则的约束。垄断竞争性土地市场的主要特征表现为:

第一,土地市场上存在有限个土地供给者或有限的土地需求者,它们共同分割土地交易市场。每一家土地供给者均对市场价格有较大影响力,但均不能独立地、完全地决定地价走向。这些土地供给者之间既存在天然的竞争倾向,同时又具有彼此合谋进行价格垄断的利益动机。

第二,在垄断竞争性市场结构体系中,需求方的竞争性远大于供给方的竞争性,因为相对而言,土地供给者数量可能会少于土地需求者数目。这会刺激供给方的价格垄断行为。

第三,土地市场的竞争有利于土地资源的有效配置;垄断则会造成较高的交易成本。这为政府对垄断竞争市场进行适度干预提供了现实依据。政府干预土地市场的主要目标正在于:鼓励适度竞争、限制过度土地供给垄断。

第三节 土地市场结构分析(二)

一、城市土地一级市场

城市土地一级市场又称土地出让市场或批租市场,是指国家作为土地所有者将一定年期的土地使用权转让给土地使用者。让度方式有有偿出让和无偿划拨两类。而有偿出让目前又有协议出让、招标出让和拍卖出让三种形式。

(一)土地出让方式

1. 划拨出让。依照《城市房地产管理法》的规定,土地使用权划拨是指县级以上人民政府依法批准,在土地使用者缴纳补偿、安置等费用后将该幅土地交付其使用,或者将土地无偿地交付给土地使用者使用的行为。采用这种土地使用权转让方式有明确的使用范围,这个范围包括国家机关用地和军事机关用地、城市基础设施用地和公益事业用地、国家重点扶持的能源、交通、水利等项目用地或法律规定的其他用地。划拨土地使用权一般没有使用期限的限制。划拨出让是我国计划经济体制下的惟一的土地使用权出让方式,且划拨土地大多数是无偿取得。如果土地使用者按有偿出让方式补交土地使用权出让金(称作补地价),或以转让、出租、抵押等方式所获收益抵缴土地使用权出让金以后,才能进入土地次级市场进行流转。在现实生活中,许多经过划拨取得的土地使用权往往不是通过公开渠道进行交易,而是采取绕过土地行政部门的管理和监督的私下交易方式来完成,此即我国许多城市都存在的土地隐形市场问题。隐形市场的存在造成了我国城市国有土地收益的惊人流失。

2. 协议出让。是指由出让主管机关根据用地的性质和功能确定土地使用权的受让人,或由有意愿的受让人直接向出让方提出,然后双方协商、谈判以达成出让协议。显然,协议出让方式受政府部门行政干预较强。在实际运作中,成片土地的出让一般采用协议方式完成。由于政府出让部门缺乏正确评判出让土地市场价值的信息,或出于短期利益考虑,协议出让土地一般价格较低。另外,由于协议出让土地的程序不公开,缺乏必要的社会监督机制,容易滋生寻租腐败行为,在某些地区甚至会引起土地投机热。

3. 招标出让。是指出让方根据地块的开发要求,发出招标邀请,由投标者投标后,出让方从中择优确定中标人。招标方式一定程度上引进了竞争机制,但是出让方并不一定以出价高低作为惟一考虑因素。设计方案、施工进度、环保意识、企业信誉等级等因素也十分重要。因此,招标出让方式适宜于大型区域开发或小区成片开发以及技术难度较大的项目用地。

4. 拍卖出让。指由出让方委托专业拍卖机构或个人通过公开叫价方式将土地使用权出让给出价最高者的法律行为。拍卖方式充分引入了市场竞争机制,可使土地出让收益最大化,适宜于竞争性较强的赢利性房地产项目用地。

(二)地租的支付方式

我国土地使用权租金的支付方式主要是批租制。它是指土地使用者必须把使用期内的年租金的折现值之和一次性支付给土地出让方的租金支付制度。有偿出让的协议、招标、拍卖方式均需采用批租制的付租方式。采用这种方式的好处在于,城市政府可以一次性地获得大笔土地出让收入,作为改善城市基础设施的资金保证。但是,从受让方来看,却是一个沉重的负担。特别是目前我国商品房价格居高不下,主要原因之一便是地价过高,土地使用权租金分摊到房价上约占房价的20%到30%。欲降低房价,有必要考虑从降低地价开始。于是,一些学者建议实行土地年租制(周诚,1997)。

土地年租制就是由受让方每年按期缴纳土地使用权租金。年租制与批租制的主要区别是,前者是逐年交租,后者是若干年一次性交租,但二者的租金现值相等。年租制的最大优点是,对开发商来说,可以降低开发经营风险;对居民购房来说,可以有效降低首次付款的负担。但是,年租制目前仍有许多问题尚待研究,比如,如何确定合适的租期?如何根据利率、通胀率等因素的变化调整年租水平?年租收缴的交易费用多大?实行年租制的土地如何进入次级市场以及是否影响其土地产权流动性?等等。显然,年租制与批租制的差别并不仅仅是付租方式的差别。

(三)土地拍卖机制的选择

采取招标和拍卖两种土地出让方式所面临的一个共同问题是信息的不对称,每个竞投者都有自己对土地价值的评估值,而出让方开始并不知道。出让方应当设计一种适宜的拍卖机制,以有效观察买方对土地评价的信息,最大限度地实现出让土地的潜在价值。

招标和拍卖的两个基本功能正是揭示信息与减少代理成本。在土地出让时,买方对土地的投资价值判断各异,而卖方并不清楚。因此,为了使出让价格尽可能高些,出让方往往不首先提出价格或不公布底价,而采用公开拍卖或密封拍卖(即招标)方式出让土地。当出让方和受让方直接以交易主体身份出现时,可以减少中间代理成本。

二、土地次级市场

土地次级市场是指由土地一级市场上取得的土地使用权的转让与再转让形成的市场,包括土地使用权的转让、出租和抵押等。这是发生于土地使用者之间的交易市场。

土地使用权的转让是指土地使用者将土地使用权再转移的行为,包括出售、交换和赠与。土地使用权转让时,原土地使用权的出让合同和登记文件中所载明的权利、义务亦随之转移给新的受让者。

土地使用权出租是指土地使用权者作为出租人将土地使用权随同地上建筑物、其他附着物租赁给承租人使用，由承租人向出租人支付租金。

土地使用权抵押是指土地使用权人以土地使用权作为履行债务的担保，当使用权人到期不能履行还债义务或者破产时，抵押权人有从处分抵押财产中优先受偿的权利。

与政府垄断的土地使用权一级市场不同，次级市场是竞争性的，存在许多土地使用权交易者。从资源配置效率角度来看，次级市场应是我国城市土地市场体系中的主体，它不但接受一级市场的土地流量，而且将存量市场上的土地与房产资源配置到较适宜的用途上。

三、土地征用市场

静态地看，我国城市国有土地的总量是固定的。但是，随着城市人口的增加以及工商业的迅速发展，城市土地的集约利用毕竟有一定的限度，所以必须有土地流量的加入。

我国农村土地归集体所有。但我国有关法律规定，国家出于公共利益等方面的需要，可以依法对其进行征用。这为城市国有土地总量的增加提供了法律依据。征用农村集体土地需向土地所有者支付征地补偿费，征用后土地所有权转为国有，再由城市政府代表国家配置土地使用权。可见，位于城乡结合部的土地征用市场实际上是我国土地市场结构中惟一的一个土地所有权交易市场。

城市土地市场与土地征用市场关系非常密切，但目前尚未引起政府部门足够的重视。这里我们准备提出一些关于城郊土地征用市场的问题供大家思考。

在土地征用方面，国内外存在着明显的差异。国外土地征用所支付的地价一般等于或接近于被征地所在区域土地市场价格，以保证土地所有权交易的公平合理性。我国的征地补偿费则很少考虑市场地价，而表现出明显的不公平性，目前出现的征地费用过高和过低两种极端现象就是其具体表现。

在一些地方，征用农村土地仅仅支付被征地上附属物的补偿费；有些甚至采用预征地方式，低价征用以后囤积起来，待土地增值时再转让，以牟取暴利，严重损害农民的利益。相反，在一些经济发达地区，城郊土地征用费却特别高昂。城市的发展产生了显著的外部效应，使得位于城乡结合部的农地增值很快，因而征地费用也就比其他地区要高。但是，这种高费用有其不合理的成分。因为郊区土地的增值，主要由于城市的社会投资产生的社会效益向城市边缘外溢而形成的，包含了一定的社会成本，现在却由于高地价而被郊区农民无偿地占有了。因此，如何量化城市社会投资对郊区土地价格的正向影响，合理评估土地征用价格，是一个急需研究解决的问题。

关于征地、用地的操作程序。由于我国宪法规定城市土地归国家所有，所以城市用地单位须先向郊区农民集体支付征地补偿费，将集体所有制土地转化为城市国有土地，这一步实际上已完成了土地所有权的交易。然后，用地单位再向城市政府支付一定费用后方可最终取得被征土地的使用权，这一步实际上已经进入了城市土地一级市场。仅看征地市场，用地单位支付的征地补偿费实际上构成了土地所有权价格。若用地单位支付了土地所有权价格，它就应当拥有被征地的所有权，而被征土地所有权却归未支付所有权价格的国家所有，城市政府代管。这就产生了征用土地所有权悖论。这种悖论的解决有赖于城市土地经营管理体制的改革。例如，可以考虑成立城市国有土地资产经营公司，以代替纯粹的政府行为，由该公司负责征用土地，再向城市用地单位出让使用权。

城市土地所有者的代表是各级地方政府,而农村土地的所有者"集体"的主体地位不很明显且有不断弱化的趋势。农村集体土地名义上归农民集体所有,但在一些地方,土地征用时实际拥有决断权利的常常只有少数几个人。土地产权主体不明晰将产生土地收益分配问题,进而影响土地征用市场的正常发育。另外,单个集体只有一定数目的农户,他们如何运作土地产权交易,首先就面临集体土地产权如何界定,如何分解的问题。只有城乡土地产权主体都明晰化,城乡土地征用市场才能规范发展。

专题分析：我国城市土地隐形市场

土地隐形市场,又称土地黑市,是指以隐蔽或变相的形式进行国有划拨土地使用权的出租和转让等非法土地交易活动所形成的市场(毕宝德,1994)。我国自1987年实行土地有偿出让以来,城市新增土地开始逐渐采用有偿出让方式,但原存量划拨土地数量依然十分巨大。这种土地使用中的双轨制非常容易导致土地划拨行为的不规范乃至非法市场化,即出现城市土地隐形市场。

根据有关方面的调查,城市土地隐形市场上的非法交易活动通常采用以下几种形式：(1)在出租、出售房屋中隐含土地使用权的出租、转让,即房租、房价中隐含地租、地价。如市中心旧房出售时,房屋本身残值几近于零但售价却很高,原因就是包含了地价。(2)直接出租或转让国有土地使用权。一些经过划拨取得土地使用权的使用者不经过合法程序,私下将土地出租或转让给其他使用者,收取租金或转让费。(3)以土地使用权入股与其他单位、个人合作、合资兴办经济实体,获取红利(土地收益)。(4)出租或转让国有土地使用权,以各种实物形式获取土地收益。如以联合建房形式出让土地使用权,分得部分房屋作为土地转让费。(5)自营收益性经济活动,获取土地级差收益。本应是非赢利性项目免收土地使用权租金,若进行赢利性经营,则应补交土地租金。

划拨土地使用权的交易盘活了无偿使用的存量土地资产的价值,使之在市场流转中得到显化和充分实现,这不仅在一定程度上实现了土地资源配置的帕累托效率改进,同时也为存量与增量土地使用制度改革以及土地市场双轨制的整合找到了一个衔接点。这是土地隐形市场存在的正效应。但是,由于目前的房地产流通中尚缺乏有力的法制化、规范化的管理制度,划拨土地使用权流动所激活的土地潜在价值与隐性收益,本应归国家却逆流到交易者手中,使城市国有土地收益大量流失。因此,从土地收益分配角度考察,土地隐形市场的确有一定的负面效应。这也正是城市土地管理部门极力主张对其严厉打击直至取缔的根本原因。但是,政府在打击隐形市场的同时,一定不要忘记及时做出让隐形土地交易显性化、合法化的制度安排,"只堵不疏"的治理对策不仅会压迫土地黑市交易朝着更隐蔽的方向发展,而且会由于土地合法交易市场的真空或不完善而损害土地资源的配置效率。因为,从根本上讲,土地黑市交易的产生不仅由于获得划拨土地的单位具有追逐土地经济利益的强烈偏好,同时也是土地使用权流动和土地资源优化配置的内在要求。

随着我国房地产经济的日趋活跃,土地隐形市场存在的负效应会越来越突出,治理整顿刻不容缓。土地隐形市场整顿的办法主要是建立并严格执行划拨土地使用权的市场准入规则。在明晰土地产权与合理评估地租地价的前提下,划拨的国有土地使用权可以按如下方式进入次级市场进行流转:(1)重新出让,原用地单位向国家补足土地出让金。(2)由国家收取土地转让收益。划拨土地使用权的转让方将转让房地产所获收益中的土地收益按规定上缴国家。(3)划拨土地使用权出租赢利时,由国家向出租方收取土地收益金。收益金从租金收入中扣除房租后的剩余中按适当比例提取。(4)将原划拨土地使用权改为国家向使用者出租土地使用权,国家收取租金。(5)以地折股。许多占据优越地段的国有企业经营绩效不佳,如让其补交土地出让金则企业不堪重负,国家可以用土地使用权作价入股,由国家授权的单位负责经营管理。这些措施的有效性尚待实践的检验。

思 考 题

1. 试分析税收对土地市场均衡的影响。
2. 我国土地市场中存在的主要问题有哪些?试提出你的解决办法。
3. 试用西方经济学的观点说明如何提高城市土地使用权配置的经济效率。
4. 试分析土地市场类型、结构与土地产权结构的关联性。
5. 从所有者角度来看,哪种土地使用权出让方式最有利?试说出你的理论依据。
6. 如果考虑时间因子,土地市场均衡将会有何种变化?

参 考 文 献

1. M. A. Hines,1987,*Investing in Japanese Real Estate*,Greenwood Press,Inc.。
2. 马恩国:《房地产经济学》,中国建筑工业出版社,1995年。
3. 周诚:《土地经济问题》,华南理工大学出版社,1997年。
4. 伊利·莫尔豪斯:《土地经济学原理》,商务印书馆,1982年。
5. 岳天祥:《土地管理与房地产评估的系统模型》,中国社会科学出版社,1994年。
6. 野口悠纪雄:《土地经济学》,商务印书馆,1997年。

第十二章 地租、地价理论的发展脉络

地租、地价理论是房地产经济学中最重要的理论之一,研究城市地产首先就必须研究地租、地价理论及其发展过程和各种学术流派。①

第一节 古典经济学家对地租、地价理论的阐释

一、配第的地租理论

威廉·配第是英国古典政治经济学的创始人,他在1662年出版的《赋税论》中指出,劳动是财富之父,土地是财富之母,在肯定劳动创造价值的同时,他充分认识到了土地作为自然物在使用价值的生产中有着不可或缺的作用,劳动并不是财富的惟一源泉。配第对地租理论的重要贡献在于他提出了级差地租的最初概念,在这个概念中既涉及到级差地租Ⅰ又涉及到级差地租Ⅱ。关于级差地租Ⅰ,配第是从土地所处的不同位置、从土地与市场的不同距离引出的。在《赋税论》中,配第指出,如果供应伦敦或某一支军队的谷物必须从40英里远的地方运来,那么,在离伦敦或这支军队驻地只有1英里的地方种植的谷物,它的自然价格还要加上把谷物运输39英里的费用。由此产生的结果是,距离人口稠密的地方近的土地比距离远而土质相同的土地,不仅提供更多的地租,并且所值的年租总额也更多。配第所说的地租是级差地租Ⅰ(区位级差地租),它是耕种距离市场较近土地的工人所创造的超额利润。配第还涉猎了同等土地面积由于土地肥沃程度不同而产生不同的劳动生产率,这正是级差地租Ⅰ产生的另一个条件。关于级差地租Ⅱ,配第指出如果用比现在更多的劳动,如用翻地代替犁田,用点种代替散播,用选种代替任意取种,用浸种代替事先不做准备,用盐类代替腐草施肥,等等,能够获得更大的丰产,那么,增加的收入超过增加的劳动越多,地租也上涨得越多。这里配第实际是讲对土地连续追加投资形成不同的劳动生产率所引起的超额利润而转化的地租。

土地价格问题在配第时代是一个十分重要的问题。英国查理二世复辟时期到18世纪中叶,地租下降,地主对此不断发出怨言。在这种情况下,"土地的价值"和提高这个价值的方法作为国民利益被提到首位。配第致力于"土地的价值"的研究,力图发现可以自由买卖的土地的自然价值。配第认为,"土地的自然价值"或"土地的价值",其实就是土地价格。当然,按劳动价值论把土地价格叫做"土地的价值"是不正确的。因为土地不是劳动产品,没有价值。配第的贡献在于他正确地指出,土地的价格就是一定年数的地租。他认为,必须规定某种有限的年数,这个年数就是

---

① 对地租、地价理论脉络的梳理是以作者著作的出版时间作为分组标志的。如把地租、地价理论的发展分为4个阶段:17世纪中叶到19世纪初,即古典经济学家对地租、地价理论的阐释;19世纪上半叶,即资产阶级经济学家对地租、地价理论的论述;19世纪下半叶,即主要阐述马克思主义的地租、地价理论;20世纪初到20世纪下半叶,即现代西方地租、地价理论。

一个50岁的人、一个28岁的人和一个7岁的人可以同时生存的年数,也就是祖、父、孙三代可以同时生存的年数。这个年数按照英国的估计为21年,因而土地价格也就约等于21年的年租。配第强调21年只是一个约数,有的地方可能等于6—7年的年租,有的地方则可能等于30年的年租,只有在所有权有保障,并能确实可靠地享有年租的地方,才等于21年的年租。

配第的公式是:土地价格＝年租×21

在土地价格问题上,配第的贡献不仅在于论证了土地价格等于三代人共同生活的年数与年租的乘积,而且还在于他看出了土地价格是资本化的地租,是一定年数的地租总额,是地租本身的转化形式。

二、魁奈的地租理论

弗朗斯瓦·魁奈是重农学派的创立者。他的地租理论是"纯产品"学说,他把社会不同的生产部门归并为两类:一类是使社会财富扩大的部门;另一类是使社会财富相加的部门。他认为,农业因为有自然的帮助而为社会创造财富,而自然是不会向人类索取报酬的,所以农业部门在农产品扣除了一切消耗后,还会有剩余产品,从而使财富扩大。除了农业部门以外的一切部门,如加工工业等它们只使社会财富数量上相加,而不能使社会财富有所扩大。因此,在农业中由自然界的帮助而生产的剩余产品称为纯产品。他说,这些纯产品以地租形式归土地所有者所有。

魁奈及其追随者第一次提出了一个重要原理,这就是"纯产品"即剩余价值不是流通领域而是生产领域创造出来的。马克思在评价这一原理时指出:"重农学派把关于剩余价值起源的研究从流通领域转到直接生产领域,这样就为分析资本主义生产奠定了基础。"(《马克思恩格斯全集》第26卷(Ⅰ),1972,第19页)但是魁奈的只有农业才是惟一的生产部门、只有农业才生产"纯产品"的观点是片面的,用自然恩赐来解释"纯产品"即地租的产生也是错误的。

三、杜尔阁的地租理论

安·罗伯特·雅克·杜尔阁是重农学派的重要代表人物之一。杜尔阁虽然同魁奈一样认为"纯产品"是自然的恩赐,但同时他又强调这是土地对于农业劳动者劳动的赐予。按照杜尔阁的意见,因为农业中存在着一种特殊的自然生产力,所以就使得农业劳动者在劳动中所生产出来的数量,大于为自己再生产劳动力所必须的数量。他写到"农人的劳动一旦生产出多于他的需要的东西以后,他就能够用自然界在他劳动工资以外作为纯粹礼物给予他的这种剩余产品,来购买社会中其他成员的劳动"(杜尔阁,1961,第21—22页)。他进一步指出,农业劳动者是"惟一的这样一种人,他的劳动生产出来的产品超过了他的劳动工资"(杜尔阁,1961,第22页)。也就是说,魁奈所说的"纯产品",在杜尔阁看来,已经是由农业劳动者劳动生产出来的。

杜尔阁既然认为"纯产品"是土地对农业劳动者劳动的赐予,所以他也就认为土地所有者占有"纯产品"是对别人劳动的占有。杜尔阁明确指出,土地所有者之所以能不劳动而占有"纯产品",是由于他们拥有对土地的私有权,而土地的私有权之所以获得保障,不是由于"自然秩序"的规定,而是由于人为的法律决定的。马克思在评价杜尔阁的理论时指出:"这个'纯粹的自然赐予'在他那里,不知不觉地变成土地所有者没有买过而以农产品形式出卖的土地耕种者的剩余劳动。"[《马克思恩格斯全集》第26卷(Ⅰ),1972,第29页)但是杜尔阁并没有摆脱认为农业是惟一创造财富的部门的偏见,所以,他是从特殊形式即地租上来认识剩余劳动,而不是在一般形式上来认识剩余劳动的。

四、斯密的地租理论

亚当·斯密是系统研究地租问题并提出一整套地租理论的英国古典经济学家。他给地租下了一个定义：地租是为使用土地而支付的价格。斯密认为，土地产品或产品价格要补偿他（租地资本家）用以提供种子、支付工资、购置和维持耕畜与其他农具的农业资本，并提供当地农业资本的普通利润。产品价格超过这一部分（即补偿耗费资本和平均利润部分）的余额，不论这个余额有多大，土地所有者都力图把它作为自己土地的地租攫为己有。从斯密对地租的定义和阐述可以得出：资本主义的地租是租地资本家为了取得土地使用权而支付给地主的农产品价格超过补偿预付资本和平均利润的余额，也就是超过平均利润的那一部分剩余价值。斯密还指出，地主不仅对改良的土地"要求地租"，而且对未经人力改良的土地"要求地租"，甚至有时对完全不适于人们耕种的土地也"要求地租"。地租是一种由于土地所有权的垄断才不得不支付的、和工业品价格不同的垄断价格。马克思对斯密的观点作了肯定的评价，指出："斯密非常明确地强调，土地所有权即作为所有者的土地所有者'要求地租'。斯密因此把地租看做土地所有权的单纯结果，认为地租是一种垄断价格这是完全正确的，因为只是由于土地所有权的干预，产品才按照高于费用价格的价格出卖，按照自己的价格出卖。"[《马克思恩格斯全集》第 26 卷（Ⅱ），1973，第 389 页]

第一性地租和派生性地租，是斯密地租理论中的一个很有意义的说法。提供主要植物性食物的土地的地租即农业地租，决定畜牧业地租、林业和经济作物种植业地租。农业地租是第一性的地租，畜牧业、林业和经济作物种植业地租是派生性的地租。例如，在欧洲，小麦是直接充当人们食物的主要土地产品，因而麦田的地租决定其他所有耕地的地租。因为各种耕地是可以相互转化的。在说明畜牧业地租和农业地租关系时，斯密说：随着土地耕作的进步，天然牧场的地租和利润，在一定程度上决定于已耕地的地租和利润，这种已耕地的地租和利润，又决定于麦田的地租和利润。斯密用同样的方式论证了林业和各种经济作物种植业的地租和农业地租的关系。

关于级差地租，斯密认为，在完全没有开垦的荒地上饲养的牲畜，和在耕种得很好的土地上饲养的牲畜，在同一市场上，就会按其重量和质量，以同样的价格出卖。斯密在这里正确地从市场价值超过个别价值的余额中得出了级差地租。

关于绝对地租，斯密不像后来李嘉图那样否认它的存在，但也不认为资本主义土地私有制使绝对地租普遍存在，在他看来，土地所有者在一定情况下有权利对资本进行有效的抵抗，使人感到土地所有权的力量因而要求绝对地租（例如，生产食物的土地就是如此）。但是，当资本没有遇到土地所有者的这种有效抵抗时，就不存在绝对地租。

关于建筑地租，斯密认为，建筑地租与所有非农业土地的地租的基础一样，也是由农业地租调节的，但建筑地租又有自己的特点。斯密区分了房租和地皮租，房租中包括地皮租，地皮租归土地所有者。他说，全部房租中超过足够提供合理利润部分，自然归入地皮租；当土地所有者和房主是两个不同的人时，这部分在大多数情况下全部付给前者。在房屋地皮租上，斯密注意到位置的重要性。他说：在远离大城市的乡村中的房屋，可以随意选择空地，只提供很少一点地皮租，或者说，不超过房屋所占土地用于农业时所提供的地租。大城市附近的郊外别墅的地皮租有时要昂贵得多。至于具有特别便利或周围风景优美的位置，那就更加昂贵。这表明斯密已经认识到房屋的位置是级差地租的决定因素。

五、安德森和威斯特的地租理论

在斯密和李嘉图之间,地租理论在安德森和威斯特的著作中有了重大发展。安德森和威斯特直接和间接地对李嘉图的地租学说的形成产生了重大影响。配第和斯密的地租理论虽然包含许多创见,但是他们的理论形成于资本主义工场手工业时期,带有那个时代的特点。配第考察的主要是17世纪后半期的情况,斯密考察的主要是18世纪前半期的情况,和他们不同,安德森的地租理论考察的是整个18世纪。他的理论对于资本主义生产方式来说具有典型意义。马克思指出:安德森是"现代地租理论的真正创始人"。(《马克思恩格斯全集》第25卷,1974,第700页)斯密只看到18世纪初和中叶谷物价格下降的情况,相反,李嘉图只注意18世纪末19世纪初谷物价格上升的情况。和斯密、李嘉图不同,安德森既看到了上半世纪谷物价格下降的情况,又注意到了下半世纪谷物价格上升的情况。因此,他认为自己发现的地租规律同农产品价格上涨或农业生产率低没有关系。安德森考察问题的前提是:不存在妨碍对土地任意投资的土地所有权;始终存在用于农业的足够资本;从较好的土地向较坏的土地推移是相对的,较坏的土地经过改良可以变成较好的土地;农业生产率的降低不是绝对的,而是相对的,绝对的农业生产率还是提高了。

关于地租的源泉,安德森认为,不是地租决定土地产品的价格,而是土地产品的价格决定地租。亦即地租不是来源于土地,而是来源于土地产品的价格即价值,也就是来源于生产土地产品的劳动。这就否定了地租是农业特殊生产力的产物,而农业特殊生产力又是土地特殊肥力的产物的观点。

关于级差地租,安德森明确指出:地租同土地的绝对生产率没有任何关系。他提出了土地相对肥沃的概念。他认为,一个国家有各种土地,它们的肥力彼此大不相同,可以把这些土地分成不同的等级,用A、B、C、D、E、F等字母表示。等级A是土地最肥沃的土地,以下字母依次表示肥力递减的不同等级的土地。不同等级的土地,具有不同的相对肥沃程度,这种相对肥沃程度同农业的绝对生产率没有任何关系。支付地租的土地和不支付地租的土地之间的差别,或者支付不同地租土地之间的差别,就在于这种肥沃程度。由此,他得出结论:如果等量谷物,不论来自哪一个等级的土地,可以按照同一价格出卖,耕种最肥沃的土地的利润一定比耕种其他土地的利润大得多;而且,由于肥力越低这种利润越少,最后必然达到这种情况,就是在某些等级低的土地上,耕种费用同全部产品价值相等。这里安德森所说的利润是指土地产品价格超过费用的余额,这种费用包括生产费用和平均利润;他所说的全部产品价值是指土地产品的市场价格,各种不同等级的土地的产品都按这种市场价格出售,这就使不同等级的土地可以获得不等的超过费用的余额。地租等于土地产品的市场价格超过平均价格的余额,在安德森看来,只有超额利润才能够形成地租。如果土地的等级越来越低,以致费用大到使土地产品的市场价格等于平均价格,地租就会消失。

另外安德森并不认为土地肥力仅仅是自然的产物,由于经历的耕作方式不同和施肥等原因,可以把土地原始状态改变成为完全不同的状态,也就是说土地肥力的不同可以是天然的也可以是人工改良的结果。

威斯特是英国古典经济学家,与安德森不同,他把地租问题作为独立的论题来研究。他在不知道安德森著作的情况下独立地阐述了现代地租理论。马克思指出：威斯特阐述地租理论的专著《论资本用于土地》，是一本"在政治经济学史上有划时代意义的"著作。(《马克思恩格斯全集》第23卷,1972,第595页)威斯特的地租理论和古典政治经济学的劳动价值论有一定联系。威斯特有一个错误的假定，按照这个假定，级差地租必然以转到越来越坏的土地为前提，也就是说，必然以土地肥力越来越下降为前提。后来，李嘉图毫无批判地接受了威斯特的假定前提。

威斯特是根据片面的历史资料研究地租问题的。他只注意18世纪下半期和19世纪初期谷物价格不断上涨这一方面的现象，而没有注意18世纪上半期谷物价格不断下降的情况。

在《论资本用于土地》一书中，威斯特讨论了土地净产品对总产品的比例必然递减的原理。他认为，在耕作改进过程中，未加工产品数量的提高，其耗费将愈来愈大，或者换句话说，土地净产品同它的总产品的比例是经常在递减的。

六、李嘉图的地租理论

李嘉图把安德森和威斯特的地租理论同英国古典政治经济学联系起来，并在劳动价值论的基础上比较充分地阐明了地租理论。李嘉图的地租理论的出发点和安德森的极为相似。

首先，资本在对土地进行投资时似乎不存在土地所有权的障碍。其次，始终存在用于农业的足够资本。即和工业中资本不断从一个部门自由地流入另一个部门一样，资本也自由地、不受限制地流入农业部门。这就意味着李嘉图的地租理论是以发达的资本主义生产占统治地位为前提的。事实上，资本投入土地不可避免要受到土地所有权的障碍。李嘉图相信资本能自由地、不受限制地流入农业部门，这和他的不存在土地所有权的前提是一致的。第三，他们都认为耕作序列是下降序列，即从优等地逐步向劣等地推移。但是，他们两人有一个重要的不同点：安德森认为这种推移序列是相对的，因为土地是可改良的，劣等地可变成优等地；李嘉图则认为这种推移序列是绝对的，因为科学技术的反作用造成的中断只是例外现象。事实上耕种序列既可以从劣等地逐步向优等地推移，也可以从优等地到劣等地和从劣等地向优等地交错推移。更重要的是，耕种序列根本不是说明地租的必要条件。因为就级差地租而论，土地耕种按下降序列推移或按照上升序列推移都同样可以产生。

李嘉图地租理论的突出优点，在于它是建立在劳动价值论的基础上的。马克思指出："李嘉图把地租理论同价值规定直接地、有意识地联系起来，这是他的理论贡献。"(《马克思恩格斯全集》第26卷(Ⅱ),1973,第272页)李嘉图给自己的地租理论提出的任务，是要解决土地所有权和地租同商品价值决定于劳动时间这一原理是否矛盾的问题。李嘉图坚持认为价值规律具有普遍的适用性，一切经济范畴都从属于这一基本规律，地租也只有在价值规律的基础上才能得到说明。

李嘉图的地租理论的根本性缺点在于，他在阐述了价值决定于劳动时间的原理之后，不研究价值到生产价格的转化，不研究剩余价值到平均利润的转化，而是匆忙用价值规律来说明地租的形成问题，这必然会给自己的地租理论带来一系列无法解决的问题。

关于绝对地租，李嘉图始终不承认其存在。他有两种说法：一是最坏的土地不能提供地租，二是最初的土地不能提供地租。谈到最坏的土地不能提供地租时，他说："肥力极小的土地决不能生产任何地租；肥力中常的土地，由于人口的增加可以提供中常的地租；肥力大的土地则能提供高额地租。"(《李嘉图著作和通信集》第1卷,第346页)谈到最初的土地不能提供地租时，李嘉图从斯密那里搬来了"殖民理论",说:在一个新开辟的地区中,肥沃的土地同人口对比起来绰绰有余,因而只需要耕种一等地。在这里,全部净产品都将属于耕种土地的人,成为所支付资本的利润。在这样的时候,不存在地租。李嘉图否认绝对地租的存在是有其深刻原因的。他感到,如果承认最坏的土地也能提供地租,如果承认最初的土地也能提供地租,那么,他的整个价值理论就要被推翻。因为按照劳动价值论,既然商品的价值决定于劳动时间,那么商品的平均价格就必定等于商品的价值。李嘉图所说的商品的平均价格,等于生产商品耗费的资本加平均利润,也就是生产价格。价值是劳动创造的,自然要素例如土地并不能创造价值。在李嘉图看来,如果土地产品的价格在补偿可变资本和不变资本的耗费之后,除了提供平均利润之外还提供绝对地租,那就是承认土地产品的价格高于平均价格,也就是承认价格高于价值。这样一来,就会认为在农业中除了劳动创造价值以外,自然要素也创造价值。这就必然推翻劳动价值论。

关于级差地租,李嘉图的最大贡献就在于他在劳动价值论的基础上系统地阐明了级差地租问题。李嘉图对级差地租下的定义是:"地租总是由于使用两份等量资本和劳动而获得的产品之间的差额。"(《李嘉图著作和通信集》第1卷,第59页)李嘉图的这个定义基本是正确的,但是他忘记加上"在同量的土地上"这一限制。对于级差地租产生的条件,李嘉图作了如下说明:如果所有土地都具有同一特性,如果它们的数量无限、质量相同,使用土地就不能索取代价,除非它的位置特别有利。因此,只是由于土地在数量上并非无限,在质量上并非相同,又因为随着人口的增长,质量较坏或位置比较不利的土地投入耕种,使用土地才支付地租。由此可见,李嘉图在这里说的是级差地租Ⅰ产生的条件,也就是同土地肥力大小和位置好坏有关的级差地租产生的条件。李嘉图用土地耕作的下降序列说明级差地租Ⅰ的形成过程:随着社会的发展,就肥力来说属于二等的土地投入耕种时,在一等地上立即产生地租,这一地租的大小将取决于这两块土地质量上的差别。三等地一投入耕种,二等地立即产生地租,而且同前面一样,这一地租是由两种土地生产力的差别决定的。同时,一等地的地租也会提高,因为一等地的地租必然总是高于二等地的地租,其差额等于这两种土地使用同量的资本和劳动所获得的产品的差额。李嘉图把级差地租和土地等级相联系,认为它是土地耕种者耕种较好土地所获得但被土地所有者所占有的超额利润,这无疑是正确的。李嘉图的错误在于他把土地耕种的下降序列当作是级差地租形成的前提。因为在下降序列(Ⅰ、Ⅱ、Ⅲ)的情况下可以形成级差地租,在上升序列(Ⅲ、Ⅱ、Ⅰ)的情况下也同样可以形成级差地租,土地耕种的序列不是说明级差地租形成的前提。

李嘉图的级差地租理论的科学成就之一是指出了劣等地的生产条件决定农产品的"比较价值"即生产价格。耕种劣等地,由于生产条件差,劳动生产率低,土地产品的数量就比较少,因而这种土地产品的"比较价值"即个别生产价格就高。农产品的社会生产价格不取决于中等地,更不取决于优等地,而取决于劣等地。这样,优等地和中等地的耕种者按劣等地的生产价格出售产品,就能获得超额利润,这种超额利润就成了被土地所有者占有的级差地租。据此李嘉图指出,"农产品的比较价值之所以提高,是因为在生产最后的那一部分产品时花费了较多的劳动,而不是因为向土地所有者支付了地租。谷物的价值决定于不支付地租的那一等土地或不支付地租的那一笔资本生产谷物所花费的劳动量。不是因为支付地租谷物才贵,而是因为谷物贵了才支付地租"(《李嘉图著作和通信集》第1卷,第61页)。但是李嘉图在这里毕竟没有把价值和生产价格区分开来,这就使他的这一理论大为减色。

关于级差地租Ⅱ李嘉图也作了一些分析。李嘉图认为,在一等地上连续追加投资,同样会产生级差地租,因为地租总是使用两个等量的资本和劳动所取得的产品量之间的差额。他在这里研究的是在同一块土地上连续追加投资获得不同的劳动生产率而给土地所有者带来的地租。在李嘉图看来,这种级差地租是由于追加投资而获得的超额利润。这种由于追加投资而获得的超额利润,不像由于土地肥沃程度和位置好坏不同而获得的超额利润那样全部归土地所有者,在租约期满之前,它归租地农场主,只是在租约期满之后,它才归土地所有者。

关于地租和价格的关系,李嘉图的认识比斯密前进了一步。斯密把价值和"自然价格"即生产价格等同起来,认为地租和工资、利润一起构成自然价格。李嘉图批判了斯密的错误,正确地指出,地租决不加入自然价格,不是农产品自然价格的构成部分。理由是,最坏的土地产品价格等于这个产品的自然价格,等于这个产品的价值,它决定农产品的市场价值。李嘉图说:如果昂贵的谷物价格是地租的结果而不是地租的原因,价格就会随着地租的高低而成比例的变动,地租就会成为价格的构成部分。但是花费最多的劳动生产出来的谷物是谷物价格的调节者,地租不是也决不可能是这个谷物价格的构成部分。李嘉图认为地租不是生产价格的构成部分,并且认为劳动时间决定价值量的原理并不像斯密断言的那样会因为地租的出现而改变,这些论点都是正确的。但是李嘉图的论证是错误的。和斯密一样,李嘉图也没有区分生产价格和价值,而是沿袭了斯密由于混淆自然价格和价值所引起的混乱,把农产品的自然价格即生产价格和价值等同起来,因而无法说明绝对地租是怎样形成的。李嘉图在论述矿山地租时说:这种地租同土地地租一样,是它们的产品价值高昂的结果,绝不是价值高昂的原因。(《李嘉图著作和通信集》第1卷,第70页)就级差地租而言,李嘉图的这个论点是正确的。因为只有当农产品价格上涨到同劣等地产品的生产价格相等时,经营优等地和中等地才能得到超额利润,这种超额利润由于土地所有权而成为土地所有者的级差地租,而由于土地的有限性引起的土地经营垄断则是产生级差地租的原因。就绝对地租而言,李嘉图的这个论点是不正确的。因为绝对地租不是农产品价格昂贵的结果,相反,倒是农产品价格昂贵的原因。由于绝对地租的存在,土地产品的市场价格除了包含生产价格,还要包含绝对地租。土地私有权的垄断则是这种市场价格高于生产价格的差额转化为绝对地租的原因。同样,李嘉图的"即使地主全部放弃地租,土地所生产的商品也不会更便宜"(《李嘉图著作和通信集》第1卷,第241页)这一论点,就级差地租而言是正确的,因为如果土地所有者放弃级差地租,那就会归租地农场主所有;就绝对地租而言,则是不正确的,因为如果土地所有者放弃绝对地租,也就是说,如果不存在土地私有权的垄断,农产品的价格就会降低。

第二节 19世纪上半叶资产阶级经济学家有关地租理论的论述

一、萨伊的地租理论

让·巴蒂斯特·萨伊是从效用价值论来考察地租的。他认为,"人力所创造的不是物质而是效用"(萨伊,1963,第60页)。他认为生产出来的物品具有效用时,人们就给这种物品以价值。这样他把商品的价值和使用价值混淆在一起。在这基础上他提出生产三要素论,即劳动、资本与土地。凡生产出来的价值,都应归于劳动、资本和土地三者作用的结果。因此,工资是对劳动服务的补偿,利息是对资本服务的补偿,地租是对使用土地的补偿。这样萨伊抛弃了以斯密为代表的古典学派关于地租是劳动生产物的一个扣除部分的科学论断,进一步从生产三要素论转向三位一体的分配论,他割裂了社会各阶级的收入同工人劳动之间的联系,而似乎社会各阶级的收入都有自己独立的源泉。后来西方经济学的地租理论,都是以萨伊的这个地租理论为依据的。

二、马尔萨斯的地租理论

托马斯·罗伯特·马尔萨斯的地租理论反映在他 1815 年的《关于地租之性质及其进步的研究》一书中。他解释说,地租是总产品价格中的剩余部分,或者用货币来计算,是总产品中扣除劳动工资和耕种投资利润后的剩余部分。这个剩余部分产生的原因:第一是土地的性质(指土地的肥力),土地能生产出比维持耕种者的需要还多的生活必需品。第二是生活必需品适当分配以后就能够产生出它自身的需要。第三是肥沃土地的相对稀缺性。而土地的性质是剩余产品产生的主要原因。因此,地租是自然对人类的赐予,它和其他垄断无关。

马尔萨斯的地租理论只是重复了斯密认为地租是自然力的产物的错误,抛弃了古典经济学把地租看成是剩余价值一部分的正确主张。

三、杜能的地租理论

关于地租的概念,杜能区分了"田庄的收入"和"土地的收益",也就是区分了土地的租金和纯地租。他认为,只有从田庄收入或田庄租金中扣除投在土地上的资本的利息,才能得到真正的地租。他说:"田庄的收入与土地的收益不同,我们必须仔细加以区别。田庄上有房屋建筑、垣篱、树木等等有价值的东西,这些东西可以与土地分开对待。这就是说,田庄提供的收入并不完全来自土地,部分是投资于上述有价值的东西所生的利息。在田庄收入项下,扣除房屋树木、垣篱等一切可与土地分开的东西的价值所生的利息,剩余之数属于土地本身,我称它为地租。"(杜能,1997,第 28—29 页)

杜能研究的地租是级差地租,确切地说是级差地租Ⅰ。他说:"一个田庄的地租是由于它的位置和土地比最劣的、但为了满足城市需要又不得不从事生产的田庄优越而产生的。"(杜能,1997,第 191 页)他是讲,只要一个田庄比最劣的田庄优越,就会产生地租。他所说的优劣包括两方面:一是田庄的位置优劣,一是田庄土地的优劣。由此可见,杜能的地租就是同土地位置好坏的差别和土质好坏的差别相联系的级差地租。但是,在进一步研究级差地租时,他抽象掉了孤立国全境的土地肥沃程度的差别,把注意力完全集中到土地位置即离城市远近这一因素上,而没有研究土地肥沃程度不同所造成的地租量的差别,因此,他对级差地租Ⅰ的说明是片面的。

杜能把生产谷物的地租看做是第一性地租,把生产其他作物的地租看做是派生性地租。他说:"地租量是由种植谷物决定的,因此现在种植亚麻的土地,地租也不能高于种植谷物的地租。"(杜能,1997,第 126 页)这样,杜能就把对地租的研究归结为对种植谷物的土地的地租的研究。

关于地租的来源,杜能认为,地租是农产品价格超过生产价格的余额。他说:"城市只有支付这样的价格,即至少足以补偿最远地点生产的为城市所需的谷物费用和运输费用,才能得到谷物的供应。"(杜能,1997,第 189 页)而他所说的费用通常包括普通利润。杜能认为,各圈境的谷物在城市都按统一价格出售,而每个圈境的谷物的生产和运输费用是不等的,离城市越远,费用越高,离城市越近,费用越低。如果谷物价格大大超过费用,就支付高地租;如果谷物价格稍微超过费用,就支付低地租;如果谷物价格只够补偿费用,地租就等于零。城市谷物价格是由离城市最远的第五圈境生产和运输谷物的费用决定的。位置最差的第五圈境的谷物价格等于费用，没有地租。第一、二、三、四圈境的位置比第五圈境优越，因而都存在地租。离城市越近，谷物价格超过费用以上的余额越大，地租就越高。在论证级差地租理论时，杜能是以先近后远的耕作序列为前提的。在他看来，人们总是先耕种离城市近的土地，随着城市对农产品需求量的不断增长，才耕种离城市越来越远的土地，这样，先耕种的土地就产生地租。杜能说："如果谷物的消费增长，则现有的耕地不再能满足城市的需求，而市场供应不足将会引起价格上涨。价格上涨使最远的、历来没有地租的田庄获得盈余，产生地租。"（杜能，1997，第189—190页）

关于绝对地租，在一般情况下，在理论上杜能是否定绝对地租的。他认为，当农产品价格等于生产和运输费用之和时地租为零。但凭他长期经营农业的实践经验，绝对地租的存在是一个事实。因此，他又说对地租起源的解释，并不尽善尽美，因为他在《孤立国同农业和国民经济的关系》第2卷研究的结论是如果各个田庄的地力、距离销售市场的远近以及一切与田庄价值有关的因素完全相等，然而只有在荒地不付出代价得不到的情况下，土地才能产生地租。因此，杜能提出："地租的产生除了上述一个田庄比另一个田庄优越以外，还有更深一层的原因。"（杜能，1997，第192页）在这里杜能实际上接触到了土地所有权问题，这里的地租是土地所有者凭借土地所有权的垄断取得的地租，与"田庄地力"、"距离销售市场的远近"没有关系，是"荒地不付出代价得不到"才不得不支付的地租，也就是绝对地租。

杜能和李嘉图在论证级差地租Ⅰ时，杜能主要考察了土地离城市远近不等的情况下由于最远的土地的耕种而在最近和较近的土地上产生的级差地租；而李嘉图主要考察了在土地肥沃程度不同的条件下由于劣等地的耕种而在优等地和中等地产生的级差地租。他们各自强调一方面，是级差地租Ⅰ产生条件的互相补充。杜能把离城市先近后远的耕作序列当作是级差地租产生的必要前提，李嘉图则把从优等地到劣等地的耕作序列当作级差地租产生的必要前提。二者形式不同，但错误性质相同，都把级差地租形成的条件当作形成的原因。

杜能和李嘉图对绝对地租的认识也有区别。杜能由于经验在否定绝对地租之后，又以另一种方式承认它的存在；而李嘉图为了研究的逻辑性，而完全否认绝对地租。

第三节　马克思主义地租理论

马克思主义的地租理论是在批判和继承古典经济学地租理论的基础上创立的，并赋予了地租理论崭新的科学内容。其理论特点在于指出了资本主义地租的本质是剩余价值的转化形式之一，阐明了资本主义地租的三种形式：绝对地租、级差地租和垄断地租。

一、绝对地租

由于土地所有权的垄断，不管租种任何等级的土地都必须缴纳的地租就是绝对地租。马克思认为，对绝对地租的分析，困难不在于说明使用土地必须对土地所有者支付地租这件事本身，而在于"在剩余价值已经在各个资本之间平均化为平均利润之后，在待分配的全部剩余价值看来都已分配完毕之后，从哪里又会出现这种剩余价值的超额部分，由投在土地上的资本以地租形式支付给土地所有者。"（《马克思恩格斯全集》第25卷，1974，第881页）

马克思对资本主义地租分析的前提是：农业资本主义生产方式已经完全确立，即农业资本家租用土地所有者的土地雇佣工人进行耕种。因此,资本主义生产方式已经统治社会的各个部门,自由竞争使得资本和劳动力能在各个部门之间充分自由转移,生产价格理论已经形成,由工业决定的平均利润也决定和支配农业的利润。按照马克思生产价格理论,资本主义部门内部的竞争,使个别价值转化为市场价值;而不同部门之间的竞争,又进一步使市场价值转化为生产价格。而商品价值与生产价格的关系可以有三种情况:价值高于生产价格;价值低于生产价格;价值等于生产价格。农业属于价值高于生产价格的生产部门。由于历史的原因,农业资本有机构成低于社会平均有机构成,这意味着"农业上一定量的资本,同社会平均构成的同等数量的资本相比,会产生较多的剩余价值,即推动和支配较多的剩余劳动(因此,一般地说,也就是使用较多的活劳动)。"(《马克思恩格斯全集》第25卷,1974,第857页)"那么它的产品价值就必然高于它的生产价格。"(《马克思恩格斯全集》第25卷,1974,第859页)而土地所有权"这种外力限制资本投入特殊生产部门,只有在完全排斥剩余价值一般平均化为平均利润的条件下才能允许资本投入特殊生产部门,那么很明显,在这种生产部门由于商品价值超过它的生产价格就会产生超额利润,这个超额利润将转化为地租。"(《马克思恩格斯全集》第25卷,1974,第858—859页)把马克思的绝对地租理论概括一下,农业部门存在超额利润,是因为农业资本有机构成低于社会平均资本有机构成;而超额利润是否平均化,是否转化为地租,则取决于土地所有权的存在。

马克思对农业资本有机构成低于社会平均资本有机构成时,绝对地租的来源问题进行了比较系统的研究。如在绝对地租的量的问题上,原则上认为是农产品价值与生产价格的差额,在此基础上又进一步进行了论证。马克思指出:"地租究竟是等于价值和生产价格之间的全部差额,还是仅仅等于这个差额的一个或大或小的部分,这完全取决于供求状况和新耕种的土地面积。只要地租不等于农产品价值超过它们的生产价格的余额,这个余额的一部分总会加到所有剩余价值在各单个资本之间的一般平均化和按比例的分配中去。一旦地租等于价值超过生产价格的余额,这个超过平均利润的全部剩余价值,就会被排除这个平均化。"(《马克思恩格斯全集》第25卷,1974,第859页)在这里,马克思阐明了市场价格将在多大程度上高于生产价格,接近价值,因而农业上生产的超过平均利润的剩余价值将在多大程度上转化为地租,或在多大程度上进入剩余价值到平均利润的一般平均化。在农产品价值与它们的生产价格差额量的发展趋势上,马克思说:"农业资本比非农业资本的一个同样大的部分推动更多的劳动。差额有多大,或者这个差额一般是否存在,这取决于农业和工业相比的相对发展程度。按问题的本质来看,随着农业的进步,这个差额必然会缩小,除非同不变资本部分相比,可变资本部分减少的比例,在工业资本上比在农业资本上更大。"(《马克思恩格斯全集》第25卷,1974,第870页)

"如果农业资本的平均构成等于或高于社会平均资本的构成,那么,上述意义的绝对地租,也就是既和级差地租不同,又和以真正垄断价格为基础的地租不同的地租,就会消失。这样,农产品的价值就不会高于它的生产价格;农业资本和非农业资本相比,就不会推动更多的劳动,因而也就不会实现更多的剩余劳动。"(《马克思恩格斯全集》第25卷,1974,第862页)据马克思的论述可以推论出,在农业资本有机构成赶上或超过社会平均资本有机构成后,消失的只能是作为绝对地租实体的超额利润,至于绝对地租是否存在,其价值实体是什么,这都是马克思没有解决的问题。

二、级差地租

级差地租是由经营较优土地而获得的归土地所有者占有的那一部分超额利润。级差地租按其形成条件不同可分为两种形态：级差地租第一形态(级差地租Ⅰ)和级差地租第二形态(级差地租Ⅱ)。

级差地租Ⅰ是指投到相等面积、不同地块的等量资本，由于土地肥沃程度和位置不同，所产生的超额利润转化的地租。尽管土地的肥沃程度会受人类活动的影响而有所改变，但在一定时间内和一定技术条件下，不同地块的肥沃程度总是会有差别的，这就决定了投入不同地块的等量资本会产生不同的生产率，从而使不同地块的单位产品的个别生产价格有所差别。既然农产品的社会生产价格是以劣等地的个别生产价格决定，那么，经营优、中等地就会获得超额利润并转化为级差地租Ⅰ。土地位置差别也是形成级差地租Ⅰ的条件。由于不同地块距离市场、码头、车站的远近不同，交通运输条件不同，同量的农产品和农业生产资料所必须的运费也就不同。距离市场远或交通条件差的，所须运费就高；距离市场近或交通条件好的，所须运费就低。运费是农产品成本的一部分，运费不同，农产品的个别生产价格就不同。因此，在其他条件相同的情况下，经营土地位置较优的农场主，由于运费较低，其个别生产价格就低于社会生产价格，就能获得超额利润并转化为级差地租Ⅰ。

级差地租Ⅱ是指在同一地块上连续追加投资形成不同生产率所产生的超额利润转化成的地租。追加投资所带来的超额利润是级差地租Ⅱ的实体，这部分超额利润到底归谁所有，则取决于租地农业资本家和地主之间的斗争。一般说来，这部分超额利润产生在租约订立之后，因此在租约有效期内它归农业资本家占有。在租约期满后，重新续约或另行出租时，土地所有者就会考虑到追加投资的盈利而提高地租，于是这个超额利润将全部或部分地以地租形式归地主所有。马克思的有关级差地租Ⅱ归属的合理性在于，在租约期内，农业资本家追加资本所带来的超额利润实际上是土地资本的利润，在租约期内理应归农业资本家所有。租约期满，实际上农业资本家已经把土地资本折旧完毕，并获得了应得的利润，这时级差地租Ⅱ就应归土地所有者所有。之所以会出现这种情况，是因为"土地资源所具有的特殊自然属性却可以使土地资本在价值形态上的分期偿还，与其实物形态上的磨损状况发生一定程度的分离。也就是说，土地资本价值形态上的分期偿还，受一般资本价值形态上分期偿还的影响而超前于土地资本实物形态的磨损状况。于是，土地资本经过一定时期虽然在价值形态上由于分期偿还(提取折旧)而消失，但其实物形态的一部分却仍残留或融合在自然土地资源之中继续发挥作用。"(杨继瑞，1994)实际上，马克思提出级差地租Ⅱ的目的是为了区别因土地的位置和肥沃程度不同而带来的级差地租Ⅰ，而级差地租Ⅱ的存在意义一般应限定在租约期满之后。

马克思不仅分析了级差地租的两种形式，还分析了这两种形式之间的联系。他认为，级差地租Ⅰ是级差地租Ⅱ的出发点。从历史上看，在生产力低下，未开垦的土地较多时，资本家首先进行粗放经营，级差地租主要采取Ⅰ的形式。随着生产力发展和资本积累，土地大部分被开发时，资本家就主要进行集约经营，级差地租主要采取Ⅱ的形式。土地所有者在订立租约时，也是从级差地租Ⅰ出发，逐步追加到级差地租Ⅱ。不管级差地租Ⅱ与级差地租Ⅰ如何不同，但它仍要以决定级差地租Ⅰ的最劣等地农产品的个别生产价格为基础进行比较。并且级差地租Ⅱ还会反作用于级差地租Ⅰ。如果在最劣等地(A级土地)上追加投资，以至A级土地的生产率发生变化，或者由于各级土地都追加投资，以至土地产品供过于求，使A等地的耕种成为多余，以至市场价格由B级土地产品的生产价格决定，这两种情况都使作为级差地租实体的计算基础发生变化，因此也使级差地租Ⅰ发生变化。

马克思不仅分析了级差地租的"质",而且还分析了级差地租的"量"。在《资本论》第3卷和《剩余价值理论》第2册中,马克思对级差地租进行了大量计算,列出了许多表格,分析了多种情况下级差地租量的变化;分析了土地肥沃程度和位置对级差地租Ⅰ量的影响;分析了生产价格不变、下降、上升三种情况对级差地租Ⅱ量的影响。

三、垄断地租

马克思把绝对地租和级差地租称为"正常形式"的地租。除此之外,还有一种被马克思称为特殊形式的地租,即垄断地租。

就农业垄断地租而言,垄断地租是指由某一特殊地块的产品的垄断价格带来的垄断超额利润所形成的地租。某些地块具有特别优越的自然条件,能够生产出某种名贵和稀有产品。这种产品就可以按照不仅高于生产价格也高于价值的垄断价格出售。这种垄断价格既不以生产价格为基础,也不以价值为基础,而是由购买者的需要和支付能力决定。这种垄断价格超过价值的部分,就构成垄断超额利润。土地所有权的存在,决定了这种垄断超额利润最终转化为垄断地租归土地所有者占有。

四、地价理论

马克思指出,土地价格的实质是地租的资本化。"土地不是劳动产品,从而没有任何价值。"(《马克思恩格斯全集》第25卷,1974,第702页)但土地却具有价格。这是因为资本主义土地能够自由买卖,因此它与一般商品一样,也可以用货币来表示它的价格。但土地价格并不是它的价值的货币表现,而是由于土地的稀缺性,土地所有权的垄断,垄断者可以凭借土地所有权得到一定的收入即地租。因此土地价格并不是土地本身的购买价格,而是土地所能提供地租的购买价格,它不外是资本化的地租。

土地价格作为资本化的地租,是通过地租与利息率的比率确定的。即土地价格=地租/利息率,地租不过是表现为购买土地的那个资本的利息,地价就是地租这个资本化的比率;除此之外"地租资本化的另一种表现"(《马克思恩格斯全集》第25卷,1974,第703页)是一定年限年地租的乘积。马克思说,"在英国,土地的购买价格是按年收益的若干倍来计算的"(《马克思恩格斯全集》第25卷,1974,第703页),地价就是地租这个资本化的年限。无论是"资本化的比率"还是"资本化的年限",地价总是以地租的存在为前提的。土地价格的高低首先取决于地租量的大小,而地租量的大小除了取决于土地所有者和土地经营者之间的竞争外,还取决于土地产品市场及土地产品供求关系的变化。土地所有者在决定出卖土地时,必须考虑当时银行利息率的水平,只有当他出卖土地所得的货币收入存入银行,能够带来和原来地租一样多的利息时,他才愿意出卖土地。因此,土地价格的水平是由地租和利息率两个因素决定的,土地价格与地租成正比,与利息率成反比。

第四节 现代西方经济学有关地租、地价理论的研究

古典经济学以及19世纪上半叶有关地租的研究都是从生产关系的角度,主要对农业地租进行深入研究;而现代西方经济学则主要采取均衡分析、边际分析、供求分析和数量分析的方

法,侧重研究地租量的形成、地租的作用等,并从市场和制度两方面入手,主要研究城市地租问题。

一、马歇尔的地租理论

马歇尔把土地的收益分成两部分:一是基于自然赋予的特性,而不是由人为的努力取得的收入,这是土地的纯收入,是真正的地租;二是对土地的投资使土地改良获得的收入。他认为,地租也是受供求作用支配的,只不过它有一些独自的特点。由于土地的供给是固定不变的,没有生产费用,也没有供给价格,因此,地租只受土地需求的影响,它的大小取决于土地的边际生产力。他从农业报酬递减趋势出发,认为耕种者对同一土地连续追加资本和劳动,农产品的总产量也会连续增加,但增加率是递减的。当减到报酬或农产品收益仅仅够偿付耕种者的开支和他自己的劳动这一点时,就是达到耕种边际。总产量抵偿耕种者支出所需的生产物的余额,就是他的"剩余生产物",在一定条件下,这种"剩余生产物"就变为地租。他用图形加以说明。(马歇尔,1997,第174页)

设 OD 是陆续投入土地的资本和劳动量,并按先后次序加以相等的划分,MP 是在 M 点增加一单位资本和劳动所增加的生产物的数量,DC 是投入最后一单位的资本和劳动,这一单位支出刚好与所得的收益相等。生产物的总量由 $ODCA$ 面积代表,$ODCH$ 的面积代表抵偿耕种者支出所需生产物的部分,而 $AHGCPA$ 面积就是剩余生产物。

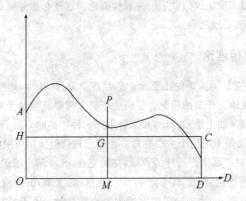

图 12-1 马歇尔"剩余生产物"示意图

与地租理论相联系,马歇尔还提出了"准地租"的概念。"准地租"是马歇尔把供求均衡的长期、短期分析运用到分配理论上而得出来的。所谓"准地租"是指在短期内土地本身以及土地以外的各种生产要素,如劳动、资本或企业组织管理能力,所得到的超过平均水平的收入,不论其形式是工资、利息还是利润,由于在这一短期内这种收入不是产品价格的决定因素,而相反,它本身却是由产品价格决定的,在性质上与地租相似,所以称为"准地租"。就长期而言,由于竞争和其他原因,生产要素的报酬将逐步恢复到均衡水平,"准地租"将因之消失。换言之,在短期内,生产要素的收入带有"准地租"性质,它本身是由价格决定的;而在长期内,生产要素的"准地租"性质消失,并转化成为产品价格的决定因素。但是马歇尔的"准地租"概念,和他关于其他生产要素收入的概念一样，在很多方面是含糊不清的。正如熊彼特在大力推崇马歇尔的"准地租"概念对于现代经济分析，尤其在"时间因素"上具有重要价值之后，特地指出马歇尔处理"准地租"概念犹如他处理"地租"概念一样，是多少受了"前后不一致"的损害。(熊彼特，1994)

马歇尔的均衡价格理论就是他的价值理论，就是把供求论同边际效用论、生产费用论融合为一体的调和的价值理论，是马歇尔经济学说的核心和理论基础。分配理论是他的均衡价格理论的延续和进一步运用。按照马歇尔的观点，分配问题就是国民收入如何分割为各生产要素的份额问题，生产要素各自所得的份额就是它们各自的价格。马歇尔的分配问题实质上是各个生产要素的价格问题。在生产要素中，除了劳动、资本、土地外，马歇尔还加上了企业组织能力，因而生产要素所得份额或价格就相应地有工资、利息、地租、利润四项。马歇尔的分配理论的特点是：第一，把分配理论与价值理论紧密联系，两者同以供求均衡作用作为立论的一般原则和基础。第二，运用"边际生产力论"解释生产要素需求方面的原因，把边际生产力看做是各个生产要素需求价格的决定因素。所谓"边际生产力"就是一种生产要素的边际增量产品，换言之，一种生产要素的每个增加单位所增加的产量依次递减(以报酬递减规律为基础)，直到最后增加一个单位生产要素的产量就是这一生产要素的所谓边际生产力。第三，在分配理论方面强调心理因素。他认为，厂商对生产要素的需求是一种派生需求。如果消费者对厂商生产的产品的需求发生变动，则厂商对生产要素的需求也将发生相应的变动。在马歇尔看来，消费者对任何一定量商品的需求价格，都是由这一定量商品对消费者的边际效用所决定的。而边际效用是消费者的一种主观心理现象，用边际效用来决定价值就成了主观价值论。这就必然使由此派生出来的对生产要素的需求和需求价格充满心理色彩。

二、克拉克的地租理论

约翰·贝茨·克拉克是美国哥伦比亚大学的经济学家，他认为，地租就是土地对产品的生产所作的一种贡献，即土地生产力的报酬。任何生产至少需要有两种生产要素互相结合才能进行生产。当两种生产要素(如土地和劳动)相结合生产一种产品时，每一种生产要素都对产品及价值做出了贡献。地租就是土地这个生产要素对产品及其价值所作贡献的报酬。为了确定共同参与生产的诸因素各自对产品生产所作的贡献，克拉克在1899年出版的《财富的分配》一书中，提出了生产要素的"边际产量"概念，即在一种生产要素(如土地)的数量既定不变的条件下，另一种生产要素(如劳动或资本)增加一单位而增加的产品总量。由于"边际收益递减规律"的作用，生产要素的边际产量也是递减的。克拉克认为可以用生产要素的边际产量决定要素价格的方法，来解决两个协作的生产要素之间的分配。而地租可以在土地这个生产要素的数量既定不变，劳动要素可变的假定下，通过计算出劳动的边际产量，决定出劳动的价格，然后再用产品的价格减去工资等生产费用，所得余额就是地租，归土地所有者所有。在这里克拉克实际是用"剩余法"来确定地租的，他把地租看成是一种"经济盈余"，其前提是地租不是产品成本的构成部分。

三、胡佛的地租、地价理论

胡佛是美国土地利用学派的代表人物之一，他是第一个建立竞价曲线理论的学者。早期的学者分析城市问题时，一般将住宅或商业等不同用途土地分开来处理，而胡佛则提出竞价曲线来说明不同使用者之间的关系,他从土地利用出发,建立土地供需函数,而土地供需函数是不同类型的城市土地使用者相互竞标的结果。因此,他最大的贡献在于其理论能同时处理许多不同类型土地使用的竞标。竞价曲线是需求曲线的一种,它表示买地者在任何一区位愿付出的代价。

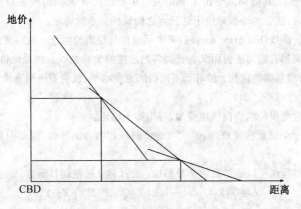

图 12-2　胡佛的竞价曲线

竞价曲线越陡峭表明土地使用者竞价能力越强,其选择区域越接近城市中心;竞价曲线越平缓表明土地使用者竞价能力较弱,其选择区域一般在城市中心的外围。一般来说,商业用途的竞价能力大于住宅用途的竞价能力。通过竞价曲线的设计和分析,胡佛认为,作为消费者,一般试图定居在生活安全、开支少、生活舒适的地方;作为生产者,他们则试图选择工作条件好、收入有保障的地方。

四、阿兰索的地租理论

阿兰索的地租理论基于以下假设:
(1) 单核心城坐落在没有特征的平原上,四周的土质都是一样的;
(2) 成为这个城市通勤者作用对象的产业活动,都集中在城市中心地区;
(3) 买卖自由,市场发达,信息灵敏。

当一家人要到城市定居时,最关心的问题可能是距离工作场所的远近和住宅或宅地面积之间的补偿关系,并且他们必须做出选择:在距市中心多远的地方,购买多大面积的住宅或宅地?由于家庭收入是固定的,每个家庭都希望以一定的支出取得最大的效用。假设家庭支出将用于土地投资(购买住房)、通勤费用和其他商品支出,那么,这个家庭的预算限制线就为:

$$家庭收入 = 土地投资 + 通勤费用 + 其他商品支出$$
$$Y = R(X)Q + T(X) + Z$$
$$U(Z, Q, X) \rightarrow MAX$$

其中:Y——家庭收入
　　　$R(X)$——地租(地价)
　　　Q——土地面积
　　　$T(X)$——通勤费用

X——距城市中心的距离

Z——其他商品费用支出

U——效用水平

在对土地数量 Q、其他商品支出 Z 和距城市中心距离 X 之间的关系分析后,阿兰索指出,对于一个家庭来说,区位的平衡取决于这三者之间比例关系的确定。

阿兰索用竞价曲线(bid price curves)来表示地价与距离的组合。他将竞价曲线定义为一组家庭在不同的距离都有能力支付而又保证同等满意度的价格曲线。如果地价按此曲线变化,那么,家庭就不会计较具体的区位。相对于不同的满意度水平,就会有一组竞价曲线。竞价曲线的位置越低,其满意度越高。

阿兰索将竞价曲线和地价曲线相叠加,得出如下结论:

家庭会选择一个满意程度最高,而又与地价曲线相吻合的区位,即图中竞价曲线和地价曲线的相切处 E。

实际上上述过程也可以通过数学推导得出:通过建立拉格朗日函数

$$L = U(Z, Q, X) - \lambda \{R(X)Q + T(X) + Z - Y\}$$

对其求一阶导数

$$\partial L/\partial Z = \partial U/\partial Z - \lambda = 0$$
$$\partial L/\partial Q = \partial U/\partial Q - \lambda R(X) = 0$$
$$\partial L/\partial X = \partial U/\partial X - \lambda Q R'(X) - \lambda T'(X) = 0$$
$$\partial L/\partial \lambda = R(X)Q + T(X) + Z - Y = 0$$

这样,在地价、交通运输价格已知的情况下,用一定的收入取得最大的效用所应该选择的 Z、Q、X,就可以通过上述联立方程计算出来。

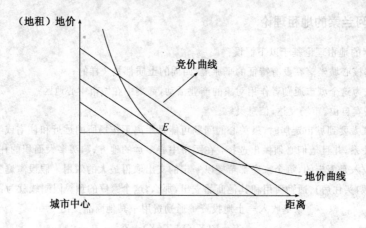

图 12-3 阿兰索竞价地租曲线

另外,阿兰索还对城市郊区土地市场进行了分析,提出了土地市场取得平衡的条件,即供求数量相等,直到城市边缘所有土地被卖光,在一定距离内不再有土地出售。竞价曲线斜率最大的用户因其竞争力强而取得市中心的区位,斜率次大的将处于其外围,直至城市边缘。由于农业地价的计算方法古典经济学已有成熟的理论,那么就很容易从城市郊区反推到城市中心。

五、影子价格理论

用影子价格来计算土地价格,是西方发达国家普遍采取的一种方法。它最早是由荷兰数理经济学家詹思·丁伯根提出。他认为,影子价格是反映资源得到合理配置的"预测价格"。几乎在同一时期,前苏联数理经济学家列·维·康托洛维奇也提出了用线性规划计算的"最优计划价格"。两人提出的理论被后人统称为影子价格。后来萨缪尔森从三方面对影子价格的定义进行了发展:第一,影子价格是以线性规划为计算方法的"记账价格";第二,影子价格是一种资源价格,制定其目的是保证稀缺资源得到最优利用;第三,影子价格以边际生产力为基础,把商品的边际成本称之为影子价格。

土地的影子价格是从土地资源有限性出发,以求每增加一个单位的土地资源可得到最大的经济效益。影子价格的确定一般采取局部均衡法。当一定数量的某种资源按一定比例分配给各部门各企业时,由于各部门各企业生产技术条件不同,资源利用的边际收益不同,当某资源在某生产单位边际收益大于另一单位边际收益时,即该资源在两个生产单位边际收益之差是正数时,说明资源分配还没有趋于合理,只有在社会资源量可变动幅度内,把资源从边际收益低的生产单位转移到边际收益高的生产单位,就可以产生更大的经济效益,直到整个社会经济效益增加时,这时资源的影子价格也就得到确定。土地影子价格的确定还取决于它的经济含义,并且要与线性规划目标函数的经济内容紧密相联。如果目标函数是产品的收入,则其影子价格就表示在最优生产方案下,该单位资源的变化对产品总收入带来的改变量。如果目标函数表示利润最大化,则影子价格表示的是单位资源的变化给总利润带来的改变量。目标函数是什么经济含义,影子价格就表示与之相应的经济意义。

土地影子价格取决于土地数量在不同生产部门之间的分配。土地影子价格的确定应以整个社会经济效益最大化为前提条件。按照这个经济含义确定土地的影子价格,就应是在一定的土地资源数量下,土地的供给在一个部门增加一个单位,相应在另一个部门减少一个单位,对整个社会经济带来的利益或损失,即通过土地资源的改变量来看对社会总收益带来的改变量。因此它也可以利用对偶规划法,先计算出土地在各部门内的不同影子价格,得出它们之间的边际收益差额,然后,根据线性规划灵敏度分析原理,计算出土地在各部门之间的可变动数量,调整土地在各部门的分配量,重新计算各个部门间的边际收益差额,这样反复计算后,直到各部门边际收益基本接近,从而确定出最优分配方案,得出影子价格。

六、萨缪尔森的地租理论

萨缪尔森认为,土地不同于其他要素的一个特性,就是它的总供给是由非经济力量决定的。土地的数量通常不随价格提高而增加,也不随价格下降而减少,土地的供给具有固定性和完全无弹性的特征。因此土地的供给曲线是一条与横轴垂直的线 SS,它与需求曲线 DD 相交于 E 点,这一点相应的地租就是土地的均衡价格。如果地租高于均衡价格,那么,所有企业所需土地量就会少于土地现有的供给量。一些土地所有者的土地就不能租出去,他们就不得不降低索价,从而压低地价;同理,地租也在不能低于均衡价格之下保持太长时间,否则,土地需求未得到满足的企业会提高出价,迫使地价回到均衡价格水平上,只有在均衡价格上,需求的土地总量恰好等于其供给量,市场才会处于均衡状态。

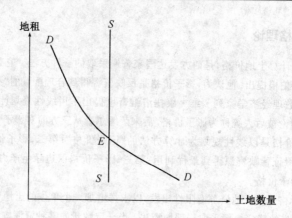

图 12-4 萨缪尔森的土地均衡价格

萨缪尔森对于地租是不是决定价格的成本问题具有自己的见解。他认为,如果某一块土地完全无弹性地向某一行业提供供给,并且没有其他方面的用途,那么,无论它从该行业获得何种程度的收益,它都会在那里使用。这样,土地得到的收益在任何一家小企业看来都是与其他成本相同的成本。但是,作为整个行业的观察者来说,必须认识到,土地收益是一种由价格决定的土地租金,而不是决定价格的成本。其结论是:"地租是否成为决定价格的成本,这取决于观察问题的角度,对单个企业或某一行业看来是决定价格的成本,而对整个社会而言则可能是对无弹性供给要素所支付的纯经济地租。"(萨缪尔森、诺德豪斯,1996,第 489 页)

七、哥德伯戈和钦洛依的地租理论

哥德伯戈和钦洛依把地租划分为三种类型:

(1) 地租(land rent)是在一定时期内为使用土地而支付的费用,通常由租赁契约规定,因此也称为契约地租。

(2) 经济地租(economic rent)是指在完全非弹性供给的情况下,对生产要素支付的费用。

(3) 竞标地租(bid rent)是指某人愿意向不同位置的土地支付的最大费用。

三者之间的关系是:契约地租的实体是经济地租,而经济地租又是竞标地租的内在基础。经济地租是核心范畴,内在地规定着契约地租和竞标地租,经济地租在租约期内不变。而竞标地租是人们在市场竞争中愿意支付的最大费用,随着市场供求关系的变化而变动。竞标地租的高低同所在地块与城市中心的距离的远近成反比:距离城市中心远,竞标地租就低;距离城市中心近,竞标地租就高。但从总量上讲,竞标地租的总量等于经济地租的总量。

哥德伯戈和钦洛依在其所著的《城市土地经济学》一书中,主要运用制度经济学的方法,对城市土地问题进行了深入分析。哥德伯戈和钦洛依认为,新古典经济学把制度作为不变量是不现实的,因为制度"无论是有活力的或受抑制的,都是人为的,是可变的"(哥德伯戈、钦洛依,1990,第 10 页)"供求双方不是在真空中相互作用,而是在一个复杂的社会、政治与法律体系中发挥作用。"(哥德伯戈、钦洛依,1990,第 39 页)制度是影响地租的因素之一,制度因素包括:有关土地的法律、宏观经济制度(财政政策、货币政策、区划政策、环境保护政策等),所有这些因素

第十二章 地租、地价理论的发展脉络　　243

都会对城市土地市场产生影响,直接修订在市场理论下形成的城市地租。土地与一般生产要素不同,土地的固定性和信息的不对称性,造成土地市场是不完全竞争的市场,由市场本身配置土地不可能实现,这就决定了政府必须对城市土地市场进行干预。

哥德伯戈和钦洛依对土地市场的研究首先从单一市场均衡入手,他们假设,土地供给毫无弹性,需求仅对现有价格做出反应,在这些假设下,土地价格完全取决于需求。举例来说,假如对地块的需求为 $D=500-0.01P$,地段供给量 S 为 400,在供求均衡时,$D=S$,即 $500-0.01P=400$,则 $P=10000$ 美元,如果政府实施刺激土地需求的计划(政府对购买新住房或初次购买住房者给予免税),导致需求曲线向右上方平行移动,$D'=550-0.01P'$,那么 $P'=15000$ 美元。

兼顾存量和增量两个因素,可以将上述模型扩展。设有两个独立的土地市场,一个是现有建筑物的土地市场即土地存量市场,另一个是新建设用地市场即土地增量市场。在存量土地市场条件下,土地供给是完全无弹性的,如果其土地供给用 S_{exist} 来表示,存量土地市场的均衡就由 S_{exist} 和存量土地市场的需求曲线 D_{exist} 相交点所决定,其均衡式是:$D_{exist}(P)=S_{exist}$。

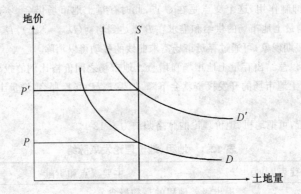

图 12-5　哥德伯戈和钦洛依的地价决定

P_e 是存量土地市场的均衡价格。存量土地市场的均衡由左半部所示。

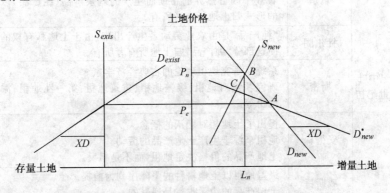

图 12-6　哥德伯戈和钦洛依的地价扩展模型

右半部表示增量土地市场,在该市场上,土地供给并不是完全无弹性的,因为随着地价上涨,更多的农地和其他用地会转化为建设用地,这就形成了供给曲线 $S_{new}(P,X)$,其中 X 表示影响供给的其他变量。来自开发商和投机商的地段需求函数 $D_{new}(P,Y)$,在这里 Y 代表影响需求的其他变量。在增量土地市场上,供给曲线和需求曲线相交于 B 点,其均衡价格为 P_n,在均衡点上,土地的交易量为 L_n。如图所示,增量土地市场的均衡价格 P_n 高于存量土地市场的均衡价格 P_e,由于这两个市场的土地不是完全可以相互替代的,因此,P_e 和 P_n 不一定相等。增量土地市场可能体现了技术变化,诸如改进了下水道和地下铁路装备及通讯设施。在这里道路和服务的布局可能设计得更合理。

假如在存量土地市场上均衡价格不是 P_e,而是 $P<P_e$,那么在存量土地市场上就会产生过度需求 XD,它将导致增量土地市场需求曲线在 A 点转动即由 D_{new} 转动到 D^*_{new},新的需求点在 A 的右侧,它等于初始的均衡额加上过度需求。相反,如果在存量土地市场中,$P>P_e$,这说明供给过度,即 $S_{exist}>D_{exist}$,由于存量土地市场的不均衡而发生的调节,它将导致增量土地市场需求曲线在 A 点转动即由 D^*_{new} 转动到 D_{new},新的需求点在 A 的左侧。只有在 A 点上,存量市场上的需求对增量市场才没有影响。存量土地市场价格 P_e 在 P_n 之下如果说有任何相互作用的话,那就是对新需求有抑制作用,这个交点是 C 点,此时存量土地市场仍会影响增量土地市场的 D^*_{new}。从长远看,增量土地市场的供给和需求在 B 点达到均衡($D_{new}=S_{new}$)。D_{new} 和 D^*_{new} 两种需求的出现只是一个短期现象,可通过存量市场需求曲线的移动得以消除。

综上所述,可以总结出存量土地市场和增量土地市场之间价格比例的投资理论:如果 $P_e/P_n<1$,那么,增量土地市场的开发投资就会下降;如果 $P_e/P_n>1$,那么,增量土地市场的开发投资就会增加。

综合以上分析,可把地租、地价理论的脉络归纳为表 12-1。

表 12-1 地租、地价理论发展脉络

时期	代表人物	主要观点和贡献
17世纪中叶到19世纪初	配第	提出级差地租的最初概念。 土地价格=年租×21
	魁奈	提出"纯产品学说"。 农业中因自然界的帮助而生产的剩余产品(纯产品)以地租的形式归土地所有者所有。
	杜尔阁	"纯产品"是由农业劳动者生产出来,由于土地私有权的存在使这部分"纯产品"归土地所有者所有。
	斯密	系统地研究地租理论的古典经济学家。 研究了绝对地租、级差地租、建筑地租、第一性地租、派生性地租等。
	安德森	提出了土地相对肥沃的概念。 地租来源于生产土地产品的劳动。 土地产品的价格决定地租,而不是相反。
	威斯特	级差地租以土地耕种的下降序列为前提。 土地产品的边际收益是递减的。
	李嘉图	在劳动价值论的基础上阐明地租理论。 只承认级差地租,否认绝对地租的存在。

续表

时期	代表人物	主要观点和贡献
19世纪上半叶	萨伊	提出"三位一体"的分配论：工资是劳动的补偿；利息是资本的补偿；地租是使用土地的补偿。
	马尔萨斯	地租是自然对人类的赐予。
	杜能	创建农业区位论。 主要研究级差地租Ⅰ中由于位置的优劣不同而产生的地租。
19世纪下半叶	马克思 恩格斯	把劳动价值论贯彻到地租理论的始终。 资本主义地租是剩余价值的转化形式之一。 地租分为3种形式：绝对地租；级差地租；垄断地租。 土地价格是地租的资本化。
20世纪初到20世纪下半叶	马歇尔	创立均衡价格论。 地租只受土地需求的影响而决定于土地的边际生产力。
	克拉克	地租是土地这个生产要素对产品的生产所作的一种贡献。 地租是一种"经济盈余"。
	胡佛	建立了竞价曲线理论。这种理论能同时处理不同类型土地使用的竞标。
	阿兰索	解决了城市土地地租、地价的计算问题。
	丁伯根	土地的影子价格。
	康托洛维奇	土地的影子价格。
	萨缪尔森	地租是否成为决定价格的成本，取决于观察问题的角度。
	哥德伯戈钦洛依	用制度经济学的方法对城市地价进行分析。

专题分析：马克思主义地租理论与现代西方地租理论有何分歧？

我们较系统地介绍了古典经济学、现代西方经济学和马克思主义地租、地价理论，旨在通过比较深化和发展马克思地租理论。本专题希望为深化地租地价理论研究提供线索。

理论来源的分野。一般认为，马克思主义地租理论是对古典经济学地租理论的继承和发展，它以坚持劳动价值论为出发点，主要从生产关系的角度对农业地租进行了分析，揭示资本主义的剥削本质，界定了地租的概念、地租的来源，并侧重于定性分析。现代西方地租理论则秉承了19世纪上半叶资产阶级经济学家的思想，这种思想体系一般都不涉及地租存在的社会经济根源，也就是从不回答为什么一部分社会财富要作为地租归土地所有者所有，而是注重空间分析和定量分析，并且其研究范围从农业地租扩展到城市地租。

对地租实质的认识不同。马克思认为，地租是与土地所有制从而与土地所有权相关联的，其存在的前提是土地所有权与使用权相分离。资本主义地租是由资本主义土地所有制决定的土地私有权在经济上的实现形式。它是租地资本家或租地农场主为取得土地使用权而交给土地所有者的超过平均利润的那部分剩余价值。它体现了土地所有者、农业资本家、农业雇佣工人之间的关系，即农业资本家和土地所有者共同剥削农业雇佣工人的关系。现代西方经济学则认为地租是土地作为生产要素在一定时期内提供服务的正当报酬。

地租基本范畴的不同。马克思把资本主义地租分为三种形式：绝对地租、级差地租和垄断地租；现代西方地租理论则把地租分为契约地租、经济地租和竞标地租。

分析方法的不同。马克思在研究地租问题时综合运用了各种分析方法（如规范分析法、实证分析法、抽象法、边际分析法等）；现代西方地租理论，在分析地租时大都运用了边际分析的方法（如地租是由土地的边际生产力决定的等）、均衡分析、比较静态分析等方法。事实上，马克思主义经济学和现代西方经济学的分析方法，在很多方面二者殊途同归，如比较静态分析的方法与抽象法都是假定一个经济现象受多种因素影响时，假定其他因素不变，专门研究一种因素对经济结果的影响。另外，马克思在《资本论》第1卷中抽象掉了供求关系对商品价值的影响，商品的价值是由第一种含义的社会必要劳动时间决定的，到第3卷时马克思由抽象到具体，加入了供求因素对价值形成的影响，提出了第二种含义的社会必要劳动时间，使价值的决定得到了市场的检验。因此，马克思研究地租、价值、价格等经济范畴并不排斥供求的影响，只不过不如现代西方经济学对供求研究的细致、深入。

对地租定量的分析。马克思对绝对地租和级差地租的量都进行了详尽分析。马克思指出：级差地租"等于这个处于有利地位的生产者的个别生产价格和整个生产部门一般的、社会的、调节市场的生产价格之间的差额。这个差额，等于商品的一般生产价格超过它的个别生产价格的余额"（《马克思恩格斯全集》第25卷，1974，第722—723页）。绝对地租是指与土地等级无关，土地投资者一定要支付的地租，它等于农产品价值超过生产价格的余额，它与土地所有权有着直接联系。此外，马克思还分析了垄断地租的量的确定。垄断地租"以真正的垄断价格为基础，这种垄断价格既不是由商品的生产价值决定，也不是由商品的价格决定，而是由购买者的需要和支付能力决定"（《马克思恩格斯全集》第25卷，1974，第861页）。而现代西方地租理论，对地租量的分析则引入了边际分析、均衡分析、弹性分析等一系列数学工具和制度经济学的一些分析方法，建立了各具特色的地租地价模型，实际上更具有可操作性。

两种地租理论在中国的应用。我国正从传统的计划经济体制向市场经济体制转变，马克思主义地租理论的精髓无疑对我们认识地租范畴、分析地租本质有着积极作用，但发达市场经济中土地市场的一般运动规律，特别是西方学者注重对地租进行定量分析，以及综合运用各种分析方法，对地租地价的运动规律进行剖析研究等，对我国目前土地使用制度改革及土地价格的确定都具有重要的借鉴意义。

我国理论界在土地经济关系上最初认为，社会主义制度建立以后，商品货币关系将消失，社会主义不存在任何形式的地租，只承认级差收益，否认绝对地租。随着社会经济实践的发展，才逐步认识到社会主义仍存在商品生产和交换关系，承认级差地租的存在，但否认社会主义存在绝对地租。改革开放以后，经济理论界对社会主义制度下的地租理论进行了广泛深入的讨论，不仅承认了级差地租的存在，而且也承认了社会主义仍存在绝对地租。地租的总量由绝对地租和级差地租两部分构成（如果存在垄断地租的地方，地租总量还要再加上垄断地租）。

在土地经济实践上，我国已从改革开放前的土地无偿无期行政划拨制度向土地有偿有期使用制度转变，土地市场已初步建立，土地出让采取批租和租赁两种形式，形成了土地批租市场和土地租赁市场。在土地市场上土地价格形成主要有三种途径：协议、招标、拍卖，其中协议价格是主要形式，其弊端已日益显现。土地价格的确定不仅关系到土地资源能否合理配置和有效利用，而且还关系到以土地为基础的下游产品价格的合理性问题。吸收和借鉴现代西方经济学的地租、地价理论中有关市场经济条件下地租、地价量的确定等科学成分，为我所用，无疑对向市场经济转轨中的中国具有重要的决策指导意义。

思 考 题

1. 结合地租与土地产品的关系,分析地价与房价的关系。
2. 根据阿兰索的地租理论,分析住宅选址与地租、家庭收入、通勤费用等的关系。
3. 分析对比杜能与李嘉图的级差地租理论。

参 考 文 献

1. 《马克思恩格斯全集》第23卷,人民出版社,1972年。
2. 《马克思恩格斯全集》第25卷,人民出版社,1974年。
3. 《马克思恩格斯全集》第26卷(Ⅰ),人民出版社,1972年。
4. 《马克思恩格斯全集》第26卷(Ⅱ),人民出版社,1973年。
5. 杜尔阁:《关于财富的形成和分配的考察》,商务印书馆,1961年。
6. 李嘉图:《李嘉图著作和通信集》第1卷,商务印书馆,1962年。
7. 萨伊:《政治经济学概论》,商务印书馆,1963年。
8. 杜能:《孤立国同农业和国民经济的关系》,商务印书馆,1986年。
9. 马歇尔:《经济学原理》,商务印书馆,1997年。
10. 哥德伯戈、钦洛依:《城市土地经济学》,中国人民大学出版社,1990年。
11. 萨缪尔森、诺德豪斯:《经济学》第14版,北京经济学院出版社,1996年。
12. 熊彼特:《经济分析史》,商务印书馆,1994年。
13. 杨继瑞:"地价上涨机制探析",《经济研究》,1994年第5期。

第十三章　城市地租地价

所谓地租地价理论,就是关于土地价值及其市场表现形式的理论。这是一个在经济学说史上一直存有争议且流派纷呈的论题。但总体看来,地租理论主要可以分为两大理论类别:一类为效用价值论,另一类为劳动价值论。本章主要对两类地租理论进行简单的分析比较,然后分别介绍马克思主义地租理论和西方地租理论关于地租的一些基本范畴,最后介绍当代流行的地租地价理论及其评估的实用方法,各种不同的地租地价学说已在第十二章"地租、地价理论的发展脉络"中作系统介绍。

第一节　城市地租地价理论分析

这主要是马克思地租理论与西方地租理论的有关分析,但二者又有不同:一是关于地租产生之原因;二是关于地租的来源。这是进行地租地价理论研讨所不可回避的两个基本问题。本节主要内容由下述三个问题构成:一是城市地租(价)存在的自然、经济原因;二是城市地租的来源。这也是进行地租(地价)理论探讨必须首先回答的两个问题;三是对两种地租理论进行综合比较分析。

一、城市地租(价)存在的自然、经济原因

城市地租(价)存在的自然的、经济的原因究竟是什么呢?针对这个问题的回答,根据侧重点的不同可以作两种本质上并不矛盾的论点:一个是强调土地的自然物质特性、土地稀缺性和效用性的一元论;另一个是既强调土地的自然物质特性又强调土地的资本特性的二元论,后者实际上是对马克思主义劳动价值论的发展。此处仅讨论地租、地价存在性,与此紧密关联的地租(价)来源问题,我们将作为第二个问题讨论。

(一) 一元效用论

一元论认为,土地是不可再生的非耗竭性自然资源。所谓自然资源是自然界中人类可以直接获得的用于生产和生活的物质要素。自然资源不是劳动产品,因而没有生产成本。在经济学上,天赋的自然资源都可以当作土地来处理,比如河流、森林、渔场、矿山、建筑地段等,对它们所提供的服务的支付都可统称为地租。

土地资源首先具有稀缺性,数量是有限的。地球上土地的供给总量是固定的,尽管人类可通过劳动开荒填海来增加土地供给,但成本巨大且数量极为有限;而且人类的部分活动对土地资源有破坏作用,反而使土地供给减少。另一方面,人类社会发展对土地资源的需求不断增加。这两方面的作用使土地成为一种稀缺的经济物品,无法像供给无限的零价格物品那样可以自由取用。土地资源的稀缺性是土地具有价格的外在依据。

土地资源的第二个性质是效用性,它可以为人类提供巨大效用。土地是人类赖以生存的劳

动对象与基本的劳动资料,为生命的存在与繁衍提供栖息之所,为人类的所有生产、生活活动提供一切初始条件。土地资源具有使用价值是土地自然资源转化为经济资源从而具有价格的内在依据。

对有用的且稀缺的土地资源的竞争性需求,使得地租(价)成为配置土地资源的有效工具。

（二）土地二元论

二元论认为未经人类劳动改造的土地是纯粹的自然之物,是一元性的土地;已加入人类劳动的土地则是自然之物与劳动产物,即土地物质与土地资本的"二元复合体"。土地物质与土地资本在物质上、经济上都可进行单独分析或综合分析。对土地物质的支付称为地租,对土地资本的支付称为土地资本的租金(包括土地资本的利息和折旧)。但在实际生活中把对土地物质和土地资本的支付合称为地租或土地租金。而纯经济学意义上的地租仅指对土地物质的支付。按照马克思的观点,土地自然物质虽具有使用价值,但无劳动价值。土地物质的租金和价格,完全取决于在人们对土地所有权和使用权垄断前提下的土地服务和土地本身的供求关系。土地资本则既有使用价值又有劳动价值。土地物质的价值是虚拟的,其价格不是土地的购买价格而是土地所提供的地租的购买价格。土地资本的价值和价格则是真实的。

二、地租的来源：两种理论观点

关于地租的来源主要有两种观点,分别来自新古典经济学的地租理论与马克思主义经济学的地租理论,或者可归结为效用价值论与劳动价值论的歧见。

（一）新古典经济学地租论

土地边际生产力理论及竞投地租理论均属于新古典经济学的地租理论。新古典地租理论认为各种生产要素都能创造价值,劳动、资本、土地各要素分别按各自的贡献取得报酬即工资、利息与地租。土地的报酬有时又称为商业租金(commercial rent),它包括两部分,转移收入(transfer earnings)与经济租金。转移收入是对地力消耗的补偿或土地资本的报酬,经济租金则是反映土地稀缺价值的支付。土地租金中转移收入与经济租金的比例随土地供给弹性的变化而变化。

当土地供给完全无弹性时,商业租金由经济租金构成,转移收入可以忽略不计。当土地供给有一定弹性时,商业租金由转移收入和经济租金构成,二者的比例由土地供给弹性决定,土地供给弹性越大,转移收入所占比例越大。当土地供给具有完全弹性时,商业租金中就只有转移收入,经济租金不复存在。

（二）马克思主义地租论

马克思的地租理论则包括了新古典地租理论中未包含的地租形成与维持的社会关系。马克思认为只有工人的劳动才创造价值,工人创造的 m 是可变资本(工资 V)的价值增值,它包含了利息、地租与企业纯利润;地主是寄生的,他们不创造价值却以地租的形式参与对剩余价值的分割。马克思定义的三类地租：级差地租、绝对地租与垄断地租,每一类都反映了一种特殊的社会关系。

两种关于地租来源的理论可以用下列分式表示

$$PQ = C + V + M \tag{13-1}$$

$$PQ = W \times N + R \times L + r \times K + B \tag{13-2}$$

(13-1)式是马克思主义观点,PQ 是产品价值,C 为生产资料的价值补偿,M 为劳动者所创造的剩余价值,它是利息、地租和纯利润的来源。(13-2)式是边际生产力理论的观点。B代表纯利润。$W \times N, R \times L, r \times K, B$分别代表劳动、土地、资本和企业家才能对于产出的贡献,也是四种要素应当得到的报酬,一般称之为工资、地租、利息和利润。

三、两种地租论的综合分析

必须注意,在解释地租的真正来源时,西方地租理论是错误的。西方新古典地租论认为,各种生产要素资本、劳动、土地、管理等均可以创造价值,因而它们都可以按照各自的贡献获得相应的报酬:利息、工资、地租和利润。如果说以上四个要素可以参与价值的分割,这并不算错误,但如果说这四种要素共同创造价值、从而认为地租由土地所创造则是错误的。土地本身只是自然之物,它只是地租产生的条件但不是地租的真正来源,地租真正来源仍是人类的劳动;资本也是劳动价值的积累;管理也是劳动的一种高级形式,惟有劳动才是一切价值的真正的源泉。在解释地租来源问题上马克思是正确的:地租是工人创造的剩余价值的转化形式,是以收入分配与地主或地主强占的劳动价值。

但是,新古典地租论并非一无是处。正如以上分析所指出的那样,它在解释价值在要素间的现实分配和地租的实现形式时具有合理成分。只是这种实现地租的形式依靠的是对土地所有权的垄断和土地交易的供求机制。其他要素,如资本之利息也是如此。

我们认为,两种地租论均有合理成分,亦同时存在一定的不足。马克思主义的劳动价值地租论可以科学地揭示地租的真实来源;西方经济学的效用价值地租论(又可称为市场地租论)则可以成功地阐释现实地租或实现的地租的决定机制。劳动价值地租论是评判市场地租的平均尺度和检测地租水平合理性的标准。换言之,劳动价值地租是土地市场上的一个长期均衡租金,而效用价值地租则是土地市场的一个短期均衡租金。因此,两种地租在逻辑上并不矛盾,可以相互结合以解释现实中的地租形成的机制。

第二节 城市地租地价种类

主要的地租、地价范畴已经在第十二章"地租、地价理论的发展脉络"中给予了系统性的介绍。本节的主要任务是,在第十二章内容的基础上,进一步介绍目前西方土地经济学界广泛流行的阿兰索竞投地租模型,然后依据这个基本模型,从综合的角度逐个分析目前土地经济学领域中常用的几个地租概念,如级差地租、绝对地租、垄断地租等。

一、阿兰索竞投地租模型

竞投地租(bid rent),或称为招标地租,是指土地使用者愿意向不同位置的土地支付的最大费用。它是投标者为了某项用途而利用该土地所愿意支付的最高代价。如果产品市场是完全竞争的,则土地租金就表现为竞投地租。竞投地租理论最早出现在约翰·冯·杜能的著作中,他是以农业土地为例来说明的。阿兰索完善了这一理论。本节以城市商业用地为例进行说明。

位置是影响城市土地生产率的最重要的因素。土地将按其所在位置所取得的最高竞投租金而确定其用途。由于城市土地位置的固定性、异质性而引起的垄断性,使商业企业面临向下倾斜的需求曲线。假设企业在中心商业区(central business district, CBD)销售产品,并承担产品运往市场的运输费用。商业企业的总生产费用为CCD,包括用于劳务、机会成本、资本设施的费用,位置d(距离CBD的距离)上的企业利润为：

$$\pi(d,p) = pq - C(d) - r(d)n(d) - t(d)q \tag{13-3}$$

其中,p、q为产品的价格与数量,$r(d)$为地租,$n(d)$为在距离d上出租土地的数量,$t(d)$为运费,假定单位距离运输费不变。在竞争性产品市场上,每个企业都获得相同的利润水平π_0,则各企业的土地总支出为：

$$r(d)n(d) = pq - C(d) - t(d) - \pi_0 \tag{13-4}$$

单位面积土地租金为：

$$r(d) = \{pq - C(d) - t(d) - \pi_0\}/n(d) \tag{13-5}$$

如果假定所有企业的成本费用相同,即$C(d)=cq$,$n(d)=1$,正常利润包含在成本费用中,$\pi_0=0$,则(13-5)可改写为：

$$r(d) = q\{p - c - t(d)\},$$

这就是杜能模型中的竞投租金表达式。

将(13-5)式两边对d求导得：

$$r'(d) = \{-C'(d) - t'(d)q - r(d)n'(d)\}/n(d) \tag{13-6}$$

二、级差地租

竞投地租模型中,租金梯度是由土地距CBD的距离所决定的,远郊的土地租金为零。这种随距离而变化的地租属于级差地租。按照马克思主义观点,如果两个等量资本和劳动被使用在等量土地上而产出不同,较优等地所获得超额利润就会转化为级差地租。竞投地租模型中,等量资本与劳动在不同位置的土地上利润不同,因为距离所造成的交通费的节省额不同,这种节省额就成为一种经济利润(超额利润)而转化为级差地租。除了距离之外,其他因素如土地肥力、气候、矿产丰度、税负等也是产生级差地租的重要因素;在已开发地区如城市,社会投资的空间分布及其产生的外溢效应也是导致级差地租产生的积极因素,比如,人口密集度、商业和服务业的繁华度、交通、通讯、供热、供水、供电等基础设施完善度等因素的空间差异决定了城市级差地租的分布。这一类因素产生的级差地租称为级差地租Ⅰ。显然,最劣等地是不会产生级差地租Ⅰ的。

级差地租Ⅱ是指由于在同一地块上连续投资的劳动生产率不同而产生的级差地租。在同一地块上连续追加投资,所获得的产出品只要高于劣等地的产出且产出品的社会生产价格仍由劣等地的产品个别生产价格所决定,这时连续追加投资所生产的产出品收益的一部分就可以转化为超额利润,这部分超额利润就会形成级差地租Ⅱ。

三、土地服务价格

竞投地租模型中,远离CBD的边际地租为零。这里的地租仅指级差地租,即由距离所导致的级差地租。使用边际地的企业仍需支付给边际地所有者地租,作为土地要素提供服务的报酬。在所有土地都同质的情况下,竞争市场的均衡条件下,这些土地都获得相同报酬(地租),这是边际生产力理论的一个重要结论。

假设生产函数为

$$Q = f(K, N, L) \tag{13-7}$$

其中,Q 为产量,K 为资本,L 为土地,N 为劳动。

如果生产函数为可微的一次齐次函数,根据欧拉定理,有下式成立:

$$Q = MP_K K + MP_N N + MP_L L \tag{13-8}$$

式中的 $MP_K K$,$MP_N N$,$MP_L L$ 分别是资本、劳动和土地的边际产品。该式表明资本、劳动和土地三个要素共同对产出做出贡献。

在完全竞争市场上,企业将根据产品和要素价格来选择投入物的最优比例,以使企业利润最大化。为实现这一目标,企业决策依据为:

$$r = PMP_K;\ w = PMP_N;\ R = PMP_L \tag{13-9}$$

P 为产品价格,r,w,R 分别为资本的报酬(利息)、劳动的报酬(工资)、土地的报酬(地租)。将(13-9)中各式代入(13-8)式可得:

$$PQ = RL + rk + wN \tag{13-10}$$

(13-10)式就是西方经济学中关于国民收入分配的"三位一体"公式,即国民收入将按要素贡献分别以地租、利息和工资的形式分配给土地、资本和劳动三种要素。因此,边际生产力理论认为,地租是土地提供服务的报酬,均衡条件下,地租等于土地的边际产品价值。

四、绝对地租

远离 CBD 的边际地没有级差地租,但使用者仍需支付边际地的服务报酬,这种报酬被马克思称作绝对地租。绝对地租存在的前提是土地所有权的垄断。有土地所有权就一定会有绝地地租的存在。如果劣等地不收取地租,就意味着土地所有权的废除,即使不是法律上的废除,也是事实上的废除。资本主义社会存在绝对地租早已是一个不争的事实,无论是马克思主义经典作家,还是西方经济学者对此都有许多精彩的论述。关于社会主义城市是否存在绝对地租、其来源如何、如何进行评估等问题,目前仍然处于争论之中。我们倾向于认为,社会主义城市仍然存在绝对地租,只是在实际社会经济活动中,社会主义城市的土地使用权的出租并不区分绝对地租和级差地租,而是将二者叠加在一起以土地使用费或一般地租的形式表现出来。实践中不加区分并不等于理论上不存在。从理论上讲,社会主义城市土地具备产生绝对地租的基本条件:第一,社会主义国家城市土地属于国家。国家土地所有权的存在是绝对地租产生的必要条件。第二,土地所有权和使用权分离的事实,使产生绝对地租的充分条件得以满足。

五、垄断地租

具有独特性质的土地,其独特的优越性与稀缺性会导致其产出品能以高于产品价值和生产价格的垄断价格出售。由此所产生的超额(垄断)利润会转化为地租,即垄断地租。垄断地租产生的自然基础仍是土地的独特性质及其稀缺性,这一点与级差地租Ⅰ没有差异,不同之处就在于地租产生的机制。垄断地租是由垄断价格产生的垄断利润转化而成的。马克思曾经以葡萄酒的生产来说明垄断价格产生垄断地租。

垄断地租的大小取决于购买者对于特质的土地产品的购买欲望和支付能力。垄断地租的产生与土地所有权无关,土地所有权只是决定这个垄断利润的归属,并转化为垄断地租。

六、土地经济租金

土地经济租金是土地经济学中的一个十分重要的概念,此处拟用一般意义上经济租金的产生机制来说明土地经济租金的经济学涵义。

理论经济学指出,经济租金是支付给生产要素的报酬超过为获得该要素供给必须支付的最低报酬的部分,其实质是"生产者剩余"。由于纯粹的土地是自然资源,没有生产费用,因此,对纯粹自然资源的土地所支付的租金就全部是经济租金。经济租金产生的主要原因是要素的供给无弹性。

以上介绍了多种地租概念。这些概念各有其特定的内涵,同时又互相联系。在竞投地租理论中,假定边际地租为零,即边际地无级差地租,由于近 CBD 的土地交通费的节省,导致不同区位上的企业产生不同的经济利润,这种超额利润就是级差地租,亦是经济租金,企业经营者竞相购买近 CBD 的土地,从而哄抬地价,使经济租金转化为地租交付给土地所有者。若市场是完全竞争的,地租被抬高到使所有经营者只获得正常利润(包括在生产费用内)的水平,即地租的存在使资本和劳动的报酬刚好弥补不把这些资源投到别处的机会成本。

尽管劣等地无级差地租,但使用劣等地也必须付费,这种对土地稀缺性的付费是纯粹的经济租金,也是绝对地租。区位优势特殊的土地,由于竞投人的支付意愿很多,尤其在拍租、拍卖情况下,可能产生垄断地租。

第三节 地租评估方法

出租土地的租金如何确定?这是一个非常现实的问题。本节主要介绍评估地租(或土地租金)的两种实用方法——级差收益测算法与租金剥离法的基本原理。

一、级差收益测算法

城市土地级差收益实质上是由土地区位差异所导致的级差地租。土地区位是一种潜在的生产能力,很难进行直接量度,但它可以通过企业的经营效果表现出来。即使假设所有的企业是同质的,但如位于不同区位的土地上,由于其生产经营的环境不同,等量投入的产出利润也就不会相同,亦即在企业的利润中包含了土地级差收益,因此可以设法从企业利润中分离出土地级差收益。

影响企业利润的因素很多,但主要是资本、劳动与土地等投入要素,因此可把企业利润看成是这些因素共同作用的结果,即:

$$Y = F(X_1, X_2, X_3, S) \tag{13-11}$$

Y:企业利润;X_1:资金投入量;X_2:劳动投入量;X_3:企业所在土地等级;S:企业所占用的土地面积。

将上式中各变量均除以 S、化成单位土地面积上的利润函数:

$$y = F\{x_1, x_2, f(x_3)\} \tag{13-12}$$

$f(x_3)$ 是单位面积土地的级差地租,是土地等级的函数。

通过选取某类企业的足够的单位面积利润、资金使用量和劳动投入量(以工资额表示)的样本资料,选用适当的数学模型,利用回归分析方法估计出模型参数,从而可测出不同行业各级土地的级差收益。在实际测算时,一般采用对土地等级比较敏感的商业企业作为级差收益测算的样本。

土地级差收益测算中常用的数学模型有以下三类：

指数模型 $$y=A(1+r)^n \quad (13-13)$$

其中，$n=0,1,2,\cdots$；

y：企业单位用地面积产生的利润；

r：利润级差系数；

A：零级土地（最劣等地）的收益。

该模型假设，企业利润受资金投入量（包含工资总额）和企业所在区位土地等级的影响。将资金收益（比如按 12% 的资金收益率）从企业利润中扣除，得到剔除资金影响而只有土地等级影响的企业利润，从而建立起上述土地级差收益测算模型。

估计出上述模型中的参数 r 的值后，就可以测算出各级土地的级差收益 R_n：

$$R_n = A\{(1+r)^n - 1\}$$

生产函数模型 $$y=ax_1^b x_2^c x_3^d \quad (13-14)$$

其中：

y：企业单位用地面积上的利润值；

x_1：企业单位面积上资金投入量；

x_2：企业单位面积上劳动投入量；

x_3：企业所在区位的土地等级；

a,b,c,d：模型参数。

该模型实际是对柯布—道格拉斯生产函数的合理改造，它加入了土地等级与企业利润之间的指数关系。为便于求解参数，可以对模型作线性化处理，使之变为四元线形回归模型。

分级回归模型 $$y=b_1 x_1 + b_2 x_2 + F(x_3) + e \quad (13-15)$$

$F(x_3)$ 表示单位面积的某一级土地的级差收益，对于同一级土地来说，它是常数，对不同级土地来说，$F(x_3)$ 又是 x_3 的函数。e 为随机扰动项。该某型假设各级土地上单位面积的资金利润率与劳动投入的利润率是相同的，即 b_1,b_2 对任一级土地来说都是相同的。

根据统计学原理，可以用不同的几组数据共同回归出这两个系数，然后代入各级方程求出各级土地的级差收益值 $F(x_3)$，再选取 $F(x_3)$ 的适当形式以确定级差收益与土地等级的关系。

二、租金剥离法

租金剥离法是从实际房屋（主要是商业用房）租金中分离出地租，再将地租资本化用以计算地价的一种方法。由于采用这种方法可以从实际成交的房租里分离出地租，所以我们把它列为地租评估的一种方法。

房租的理论构成包括：折旧费、维修费、管理费、投资利益、保险费、税金、利润及地租。在城市繁华地段，一幢破旧的铺面房可以高价出租；同质的房屋在繁华程度不同的地段，租金相差可能很悬殊，这说明达成交易的租金里包含了地租。房租构成中前七项因素的取值方法可以参照本书《住房价格》一章有关论述，国内也有学者对此作过实证分析。从房地产交易租金中扣除房租构成中的前七项因素，余下的就是地租。即：

地租＝房租－{折旧费＋维修费＋管理费＋利息＋保险费＋税金＋利润}

第四节 地价理论

一、古典地价理论

(一)地租与地价

1. 地租。地租是给予土地所提供的经济服务的报酬。类似于付给机器这种企业固定资产所提供的经济服务的报酬,我们称之为租赁费。作为土地服务,它是一个流量概念,所以地租又可以看做是土地服务这种流量财富的价格。必须注意,在传统的西方经济学理论中,通常把作为流量的土地服务当作土地经济分析的对象,因此在那里所讲的土地价格实际上是地租,即土地的出租费。

2. 地价。地价则是提供土地服务的土地资产本身的价格。类似于作为企业固定资产的机器设备本身的所有权价格。从严格意义上讲,在土地所有权可自由交易的经济里,地价也应是土地所有权的交易价格。在日本这种土地私有制为主体的国家,人们通常所谈到的地价正是指土地资产的价格,即土地所有权价格。在中国,城市土地归国家所有,法律禁止城市土地所有权的交易。我们所讲的地价实际上是土地使用权的价格,它用若干年的土地使用权租金的贴现值的形式体现出来。因此,我国的地价的含义与日本地价的含义是根本不同的。

3. 地租和地价的关系。地租和地价都属于价格范畴,概念上的区别仅在于,前者是土地服务的价格,后者则是土地资产的价格。除此以外,在两种价格的决定机制及其经济含义等方面也存在着差异。(1)地租。人们对于土地服务的需求导源于对各种商品和服务的最终需求。土地,确切地说是土地服务,只是生产这些最终需求产品的诸多投入要素中的一种。在竞争性要素市场上,地租的决定机制与其他投入要素(财富和服务)价格的决定机制完全相同,都受要素边际生产力的规律影响。从长期来看,土地服务的供给及对土地服务的需求都是有弹性的,根据市场供求变动规律,有弹性的供给和有弹性的需求二者共同作用将导致一个长期均衡,所以,地租在长期内将趋于稳定状态。(2)地价。上述分析已经表明,地价是一种可以源源不断地提供土地服务流量或地租收益流量的土地资产的价格。作为一种资产的价格,其影响因素和决定机制自然不同于流量财富和服务的价格。土地资产价格除了要受资产市场供求因素的影响以外,还要受到人们心理预期因素的巨大影响。由于资产的价格是由资产未来收益的贴现值所决定的,这种价格根据对收益的预测和贴现率的变化而作较大的变动。由于土地没有损耗,所谓"未来"即为无限期的未来,即使收益率或贴现率稍作变化,足以导致土地资产价格的巨大变动。从短期来看,作为资产的土地其市场相对较小且土地的供给缺乏弹性,这一点与同是资产市场的股票市场不同,因而不能对地价的涨落立即做出供给变动的反应,在短期内形成不了将地价拉回均衡水平的市场力量,再加上地价的形成过程中人的投机心理预期因素的推动作用,最终导致地价的市场表现较之于地租来讲,具有不稳定的内在因素。导致地价不稳定的外在原因主要是土地资产价格标定方法导致产生了地价急剧波动的表象。流量的价格是实际交易的物品的价格,而资产的价格不是这种意义上的价格。以日本土地市场为例,一年之内交易的土地占全日本土地资产总量的2%左右,数量极其有限,其余的土地没有交易但仍以这极少量的土地价格为其标注上价格。这就产生了全部土地资产似乎都已经市场交易确定了价格的错觉。但实际上仅用极少的交易事例给所有土地定了价格。为此，在整个土地市场上，极少数不动产业者的土地投机行为便可以造成地价的大规模波动。

（二）古典理论：以地租的现值作为地价

在古典经济学理论中，土地租金被规定为由市场交易所决定的土地服务价格的均衡值，土地则是产生这种地租收益流量的资本存量，而地价则是一定时期内地租的贴现值之和。马克思称之为地租的资本化。假设地租 R，且每年以一定比率 $g(g<i)$ 的增长，i 为利息率（在评估里常称为土地还原利率或资本化率），则现实地价 p（假定土地无限期持有）为：$p=R/(i-g)$，这是无限期持有土地时的价格，也可以看做土地所有权的价格。

二、现代理论：土地资产价格[①]

古典地价理论是把地价看做地租收益的现值之和，而地租作为土地提供的经济服务的报酬是由市场的实际交易和供求力量决定的。因此，这种地价由市场基础（market fundamental）条件决定的合理的地价，又称作均衡地价，即市场上的实际地价不会长期偏离它。日本土地经济学家一般称之为理论地价。

当土地被当作一种可交易的资产看待时，与其说"地价间接地由地租决定"，倒不如说"地价直接由土地资产的买卖所决定"。在这场合，地价不仅受到持有者土地利用收益的影响，同时还受到将来卖掉土地时所产生的收益（称为资本收益或土地增值收益）的影响。并且，各个经济主体的资产选择行为可以影响土地的保有量，从而使之成为在资产市场上决定地价的又一重要因素。

假设现期地价为 q，预期持有期期末转让土地的资本性收益（即预期地价上涨额）为 Δp^e，土地持有期内的土地利用收益为 R，利息率（土地以外的资产收益率）为 i。不考虑课税和不确定性因素，则资产市场的均衡条件是：土地资产的收益率与其他资产的收益率相等。也即：

$$i = (R + \Delta p^e)/q \tag{13-16}$$

从上式可以推得：

$$q = PVR(n-1) + q_n^e(1+i)^n \tag{13-17}$$

$PVR(n-1)$ 为到 $n-1$ 年后的土地利用收益 R 的现值之和，q_n^e 表示 n 年后的预期地价。

上述土地资产价格公式与古典地价公式有着极其不同的形式，因为对土地未来价格的预期影响现在的价格，如果预期未来地价上升，那么，现在的地价会马上上升。但在合理预期的条件下（即预期值和实现值一样），土地资产价格与古典地价完全一样。

以上分析表明，若土地持有期无限长，或者说，土地持有者只是为了获得长期稳定的地租收益流量，那么土地的资产价格就可以回归到古典地价理论中的均衡价格水平上。但若存在土地转让投机，再加上不确定性和税收等因素的影响，资产性地价将会发生振荡。

三、地价泡沫与地价的虚构性

不仅土地利用收益与利率等市场基础条件影响土地资产估价，人们对未来地价的预期也影

[①] 此处参考野口悠纪雄：《土地经济学》，商务印书馆，1997年，第 49—50 页内容。

响现期地价。人们的预期往往因客观条件的微小变化而发生巨大的变化,有时甚至产生那种没有确凿依据的预期,从而使地价出现剧烈的波动,并且与土地利用完全无关,这种实价地价偏离合理地价运动剧烈的现象被称为地价泡沫。由于地价泡沫脱离了土地市场基础条件,与土地的实际利用实绩无关,因此说地价泡沫具有虚构性(虚拟性)。

在无套利条件下,外生的冲击使初始地价偏离均衡地价后,沿着不稳定的路径上升。即使在理性预期条件下,也存在多条动态非稳定资产价格路径,其中包含有偏离市场基础价值的地价泡沫路径。我们将在房地产泡沫一章中详细探讨地价泡沫类型及其成因。

由于拆迁、新建、迁移成本的存在,已用于居住、生产或商业用途的土地,即使找到了更理想区位的土地可作替代,一般也不会立即将原来的土地卖掉。因此,许多选址尽管不是最佳的但仍然急需使用,现实市场上实际交易的土地数量往往只占土地资产总量的极小的一部分。由此也决定了虚构的地价泡沫并非可永续地被转卖,以维持泡沫的存在,土地终归要用于生产或生活用途,地价泡沫最终要破灭,从而使地价回归到由土地利用收益决定的合理地价水平上。

第五节 地价评估原理

地价评估方法很多,本节仅就常用的方法的基本原理作一介绍,至于地价评估的技术规范,本书不作详细介绍。

一、市场比较法

市场比较法是指将待评估的土地与最近期内已经发生交易的类似土地进行比较,把已知的交易实例的价格作为待估土地的初始价格,然后经过一系列修正最后得出其最可能实现的价格。此处的"类似"是指与待估土地处于同一区域或者同一供需圈内的土地。

市场比较法的基本依据是替代原理,即在同一市场上有相同效用的商品应当具有相同的价格,否则竞争会使同类且具有替代关系的商品价格趋于一致。

搜集到足够的类似土地交易案例后,应进行下列因素的比较分析与修正:

1. 市场交易情况修正。排除掉交易行为中一些影响交易价格的特殊因素,如有利害关系当事人的交易,买卖方不了解市场行情的交易等。

2. 时间差异修正。交易案例发生在前,故需作交易时间修正,可采用地价指数、长期趋势法等方式将交易案例价格修正为待估地评估日期的价格。

3. 区域因素与个别因素修正。区域因素指土地所在地区对土地价格水平产生影响的自然、社会、经济、行政等因素。个别因素则指影响地价的个别条件。不同类型土地或不同区位的同类土地其区域因素与个别因素的修正并不尽相同,要视具体情况而定。

经过上述因素修正以后,每个交易案例都可以得出一个修正价格,再利用简单平均法、加权平均法、取中位数或者众数等统计方法得出一个参考价格以作为待估土地的评估价格。

二、收益还原法

收益还原法又称为资本化法,是指将土地的总收益减去总费用而得到的纯收益,利用还原率进行还原的估价方法。这种方法的理论依据是"地价是地租或收益的资本化",即地价等于未来各期土地净收益的贴现值之和。

收益还原法具有争议的地方是还原利率如何确定。一般认为,土地还原利率实质上是土地的投资收益率,应等于获取与土地纯收益具有相同风险的资本的获利率,因此土地还原利率采用安全利率加上土地投资风险补偿率比较合适。从已交易土地案例中的租金与地价数据中反推土地还原利率也较为可行。

如果假设土地净收益每年 R,土地还原利率每年都为 i,土地持有期为无限,则上式就变成:$p=R/i$,这就是通常所说的地租资本化公式。

三、成本估价法

成本估价法是以土地开发成本来确定地价的方法,其基本理论依据是生产费用论。但是,未开发的自然土地没有成本,因此,成本法确定的价格中应当另外加上素地的价格,而这必须求助于成本法以外的地价评估方法。成本法一般适用于建筑物或新开发土地的估价,尤其是适用于土地市场狭小、成交案例不多、无法利用市场比较法的场合。成本法的基本公式为:地价=土地取得费用+基础设施开发费用+素地价格,素地价格指未开发土地的价格;土地取得费用包括征迁补偿费用;基础设施开发费用则是指将素地变为"三通一平"或"七通一平"的熟地的费用。对于已开发土地进行转让时,其地价为:地价=投入成本(含原购地价格、土地开发投资的折旧与利息)+土地增值(即资本收益)。

对于成片土地开发的出让进行评估,要考虑到地价分摊问题,因为成片土地中有些土地必须作为公共用途,如用作绿地、道路、公共设施等,无法有偿出让,必须由可出让土地的收益来弥补公共用地的费用,因此,新开发成片土地中可出让的土地的出让价格为:

$$p = (100/f) \times 1/(1-a) \times \{(1+n_0 r)X + B(1+nr)\} \qquad (3\text{-}18)$$

p:开发后可转让土地的出售价格;

f:有效宅地化率=开发完成后实际可供建筑的土地面积/(全部开发面积-既存公共用地面积);

a:管理费率;

n:对土地开发费用的利息负担月数;

n_0:土地成本的利息负担月数;

r:投资收益率;

X:开发前的空地取得价格;

B:开发费用。

由于城市土地开发会产生正向外部效应,如增加附近地区的就业机会、使周围地区的土地升值、提高当地的交通通达与繁华程度、增加人们的投资信心与对未来的良好预期等,这些间接效应较难用成本法估算,因此成本法对于城市地价评估来讲,有其局限性。

四、剩余估价法

剩余估价法亦称假设开发法、倒算法。剩余法类似于前面所讲的租金剥离法,其含义是:估价土地上未来将建造完成的建筑物连同基地可实现的价格,扣除为建造和销售该建筑物所花费的必要代价及应取得的合理利润而倒推出目前该土地的价格。

剩余法的理论依据是古典地租理论,即地租是一种经济剩余。地租可以看做是土地最高期望收益减去投入物的机会成本及经营者期望的利润后的剩余。剩余法的计算公式为:

地价＝拟建成房地产期望售价－建筑费本息－购地费利息及其他间接费－开发商期望利润－其他费用

剩余法对于我国国有土地出让估价有重要意义。由于每个投资者对土地的投资价值判断不同,对同一块土地竞投价格会出现较大差异。为了保证土地能得到最有效利用,竞投者会采用剩余法估计土地价格来最大化自己的出价以提高竞争力;出让者也会采用剩余法以遴选实力最强的竞投者,以充分实现土地的潜在价值。可以认为,在竞争性市场中,剩余法评估出的土地价格是土地在现实的市场条件下最应该实现的目标价格,也是适应市场需求的最佳交易价格,一方面有利于土地利用结构的优化,另一方面也有利于激励土地使用者努力提高生产经营水平,提高土地利用效率。但是,剩余法也同样存在着严重的缺陷,比如利用此法估价时需要对许多参数做出事先估计,因此其估价结果比较粗糙。但是,对于待开发地块,剩余法又几乎是惟一实用的方法。

常用的地价评估方法还有路线估价法、残余估价法、长期趋势法等,此处不再论述,有兴趣的读者可以阅读本章篇末提供的参考文献3、4、6、8。

专题分析:地价为先还是租金为先?

在地价与地租的关系、地租与土地产品价格之间的关系问题上,尽管马克思和一些经济学家早有科学的论述,但仍有不同的看法,马克思明确指出"资本化的地租表现为地价"(《马克思恩格斯全集》第25卷,1974,第704页)。即地价＝地租/利率,地租决定地价。

在探讨房地产租金与地价的相互关系时,仍有两种相反的理论观点:一种观点认为,地价规定出租房地产的租金。若地价上涨,将引起各类房租、地租上升,导致国民生活水准下降,企业生产成本上升,竞争力降低。另一观点认为地价的均衡值是未来各期土地利用收益的贴现值之和。其实质是:不是地价决定房地产租金,而是由房地产租金所代表的土地利用收益决定了地价。日本土地经济学家野口悠纪雄曾经指出,作为常识性见解,第一种观点容易被大众所接受,但由于它不能一贯地得到实际中地价与地租互动关系的实践检验,因而没有得到土地经济学界的一致性认同,租金决定地价的观点在经济学上一直占据了主流地位。

思 考 题

1. 试区别以下基本的地租概念:
   绝对地租　　级差地租
   经济租金　　垄断地租
2. 论述地租和地价的关系。
3. 试比较古典地价理论与现代地价理论的区别与联系。
4. 评述常用的地价评估方法的优缺点及其各自的适用对象。
5. 关于土地价值的来源,有哪些理论观点?试用现代经济学理论对其进行合理性评价。
6. 试介绍阿兰索地租模型的主要内容。
7. 地租和地价在变化机制上有何不同?

8. 试回答"地价的虚构性"的含义。

参 考 文 献

1. 《马克思恩格斯全集》第 25 卷,人民出版社,1974 年。
2. 曹振良:《土地经济学概论》,南开大学出版社,1989 年。
3. 杭仲明等:《地价理论与土地评估方法》,江苏人民出版社,1990 年。
4. 李铃:《中国地产价格与评估》,中国人民大学出版社,1999 年。
5. 张德粹:《土地经济学》,台湾国立编译馆出版,1963。
6. 国家土地管理局:《城镇土地估价规程》,测绘出版社,1993。
7. 谢潮仪、黄进城:《不动产经济学导论》,(台湾)茂荣图书有限公司,1993。
8. 陈满雄:《不动产估价理论与实务》,(台湾)中华征信所企业股份有限公司出版部,1984 年。
9. 吴易风:《英国古典经济理论》,商务印书馆,1988 年。
10. 野口悠纪雄:《土地经济学》,商务印书馆,1997 年。

第十四章 土地税收

政府部门出于社会的、政治的、经济的目的,常常需要实行不同的土地政策或制度,土地税收便是其中之一。所谓土地税收,是指公共主体将私人主体拥有的、或因拥有土地产权而得到的土地财富无偿的、强制性的征收的活动。土地税的课税范围,从狭义角度来讲,是指针对土地实体本身或其提供的服务所课征的赋税,如地价税、地租税、土地增值税和田赋等;从广义角度来讲,则不仅包括对土地本身及其提供的服务的课税,而且也包括对土地之上的建筑物、构筑物等土地改良物所课征的赋税如房屋税、土地改良物税;对土地或土地改良物交易行为的课税,如契税;以及对土地的不当利用行为或不作为所课征的赋税,如空地税、荒地税等。本文研究中所采用的是广义的土地税收概念,但研究的重点在于针对土地本身的课税,即狭义土地税收。从本质上来看,土地税收与一般税收一样,是政府部门利用国家政权的力量将与土地有关的财富由私人主体向公共主体的强制性转移。这与地租根本不同,因为后者从本质上讲是土地所有权在经济上的实现形式。土地税收是一类十分古老的税收形式,其起源大体可上溯至农业文明兴起、土地作为一种财富或获取财富的手段的时候。本章主要探讨土地税收的理论依据、土地税收种类、土地税收的经济分析等主要的理论与实践问题。

第一节 土地税收的理论依据

所谓土地税收的理论依据,就是指政府土地课税行为的基本出发点是什么？要达到何种目的或实现哪些社会经济目标？政府之所以开征土地税,是因为它对土地税收应具有的社会经济功能作了事前假设。因此,探讨土地税收理论依据为本章理论部分设定了需要研究的主要问题(即政府关于土地税收功能的种种假设),为土地税收效应的经济学分析确立中心。从问题本身来讲,土地税收理论依据不仅影响最优土地税制的设计,而且也会影响如何正确评判政府土地税收行为的合理性以及政府课税行为的绩效。例如,土地税收是否达到了其财政收入目标、是否必然造成经济效率目标与社会公平目标的偏离？土地税收是否必然干扰土地资源的有效配置？等等。因此,土地经济学必须对此问题进行科学的理论探讨。

土地税收的理论依据究竟有哪些呢？对此,理论界目前尚未形成统一认识。但从总体上来看,可以将就此问题的看法分作两类六种基本观点。一类是公共经济学观点。公共经济学将土地及其上的土地改良物看成一种财产,认为财产课税的理论依据同样适用于土地税收,尽管土地税收与其他类型的财产税之间存在着许多不同的经济特点。公共经济学者在探讨土地税收依据时,主要侧重于土地税的政府财政收入功能和社会财富公平分配功能方面的考虑。这种理论观点的实质是认为,一方面,土地税确实具有以上基本功能;另一方面,土地税收应更多地体现政府的强制性意志。第二类是土地经济学观点,这类观点重点关注土地税收是否影响资源配置。

一、公共经济学观点

公共经济学关于土地税收依据的理论观点主要有以下三个：

（一）利益支付说

利益支付说的核心观点是，由于政府为土地所有者提供了土地财产权利的安全保护，包括国内治安、消防等保护和国防安全保护等，从而保证了土地产权能够顺利地为其所有者带来经济利益和心理上的满足等效用，作为受益者的土地产权所有者理应为这种产权保护支付一定的报酬。所以，从这个意义上来讲，土地税代表了土地持有者对于从政府那里获得的利益（即公共产品或服务利益）的一种支付。从土地税收的实践来看，许多国家都将土地财产税当作地方性税种，以此为地方公共支出筹措资金，这种现象在一定程度上支持了利益支付说。因为，地方政府，特别是城市政府提供的各种公共设施，使得土地财产的价值得到提高，为土地产权所有者带来额外收益，从利益对等的经济原则出发，他们应当负担一部分或全部公共设施建造和维修等项费用。尽管以利益为基础而课征土地税的基本观念具有很强的说服力，但实际中土地税是否可以达到这种目标，目前尚无足够的经验材料来证明。正是由于这个原因，有些公共经济学者甚至提出，如果基于利益的课税是一个目标，那么，公共服务的使用者收费制度会比财产税更为恰当。但我却认为，使用者收费制和税收制虽然都可以从利益对等原则那里找到理论依据，但在确定公共服务价格上存在的困难以及收费制在排他消费成本过高或排他技术上不可行性等方面存在的缺陷，却是选择税收制的又一个理论根据。就土地税而言，欲确定土地产权所有者从公共服务中得到的利益几乎是不可能的。因此，我倾向于认为，利益支付说可算是某些土地税收的一个方面的理论依据。

（二）财政收入说

公共经济学者认为，土地税收以此为依据主要适用于社会经济发展的早期阶段，特别是以农业经济为主导经济形式的封建社会。封建国家庞大的政府支出需要有稳固的税源作保证。但是，在这样的经济时代财产品种有限，而财产税又是封建国家主要的财政收入来源，以土地私有制为基础的封建国家，针对土地课征的各种赋税构成了财产税体系中最为主要的税种。因此，为满足国家财政支出需要而筹措财政收入就构成了那个时代土地税收的主要依据。事实上，不仅在经济发展的早期阶段，即使在高度工商业文明的现代经济里，出于财政收入的目的而课征土地财产税的做法仍然不难找到，只是在这场合，土地财产税作为一种地方性税种，课税的主要目的已经不再是维持国家支出，而是用以提供地方公共产品或服务。

（三）社会政治功能说

这种观点认为，土地税不仅具有充分体现负税能力的功能，而且还具有均分土地财富、抑制不劳而获、消除社会贫困的社会政治功能。

负税能力论最初是由古典经济学家魁奈提出、后来被一些西方财政经济学者接受的一种观点。该观点认为，土地及其改良物组成的不动产是衡量一国人民负税能力的一个比较客观的标准。在其他条件相同的前提下，私人拥有的土地财产或房产越多，其负税能力也越大。不仅如此，财富本身可以给其所有者带来购买力和安全感，从而减少其储蓄意愿。来自永久性的财富的收入现值大于来自有限期的工作收入现值。综合以上理由，从税收"横向公平"原则考虑，对财富课税并且课以重税才是合理的。西方学者的这种观点同样适用于土地税收。

均分土地财富是土地税收的一个最典型社会功能。尽管提出这种观点的人可能出发点不同,但其课征土地税的政策主张和提出这种主张的理论依据却是相同的。19世纪美国著名的社会改良家亨利·乔治(Henry George,1839—1897)在其名著《进步与贫困》中,基于土地垄断是造成社会贫困的根源的认识,提出对地租课以100%的赋税的极端政策主张。这种观点的缺陷是不言而喻的,但它对后来的东西方土地改革家却产生了深远的影响。如中国革命的先行者孙中山先生的"平均地权思想"就深受亨利·乔治的影响,我国台湾省正是在这种观念的指导下,设计并推行了一套较为完整的土地税收制度。在西方公共经济学领域,把降低土地财富集中度、打击不劳而获的不良社会现象等社会政治目的作为对包括土地、房屋在内的财富课税的一个重要理论依据,已经成为共识。

二、土地经济学观点

土地经济学家认为,随着人类社会步入工商业经济时代,土地税作为一种主要财政收入手段的地位日渐削弱,所得税逐渐成为政府财政收入的主要来源。所以,课征土地税已经不是或主要不是出于财政收入方面的考虑,而开始更多地关注土地税收的经济效率功能与经济政策目标。从土地税收的经济效应角度出发,土地经济学领域对土地税收的理论依据作了零星的、但却是十分有益的探讨,我们对这些文献进行了归纳和提升,形成三种主流理论观点:外部效应论;土地税收中性论;土地税收非中性论。

(一)外部效应论

所谓外部效应,是指一个经济主体的行为影响了其他经济主体的福利,但没有相应的激励机制或约束机制使产生影响者在决策时充分考虑这种对其他经济主体的影响。

具有外部经济效应的房地产若由私人提供则会出现供给不足问题。外部经济性房地产本身具有较强的垄断性,即使政府采取财政补贴的激励措施也只能实现房地产商的个人最优而非社会最优。有鉴于此,再加上这类房地产存在的定价与收费困难,经济学家多主张应当由政府部门提供这类垄断性、公益性房地产,同时对因此而收益的主体课税。这种意义上的税如果以土地或土地改良物作为课税对象,我们便把它称作"庇古型土地税"。

房地产外部经济及其治理理论被土地经济学者成功地用于阐释为什么要对土地及其改良物课税。这种阐释形成了土地税收依据的一个主流观点,即投资外部经济效应论。这实际是以上理论在解释针对土地课税的理由时的具体运用。投资外部经济效应论者认为,城市地区甚至是城市边缘地区以及交通干线途经之地,其地价升值之主要原因是政府部门对一定区位上的土地进行公共投资对相关区位上的土地产生了正向外部效应。由于这种正向外部效应可以给这些土地的所有者或占有者或使用者带来了土地投资利用上的节约,或产生超额的利用收益,这种超额利用收益的折现值就是某个时点上土地价值正常增加的那一部分。由于政府公共投资的真实资金来源主要是城市全体纳税人交纳的税金,为保证城市基础设施资金的良性循环、保证公益性房地产有充足的供应,同时为了体现社会公平原则,因公共投资外部经济效应而获得的私人土地增值收益应当有一部分为公共主体所吸收,吸收的形式多数国家都采用了强制性的土地税收手段。投资外部经济效应论很早就有,并且比较容易为公众所接受。因为这种观点在一定程度上体现了税收的利益与义务对等的基本原则。从具体税种上来看,土地增值税和土地产权转让所得税可以说是这种理论依据在土地税收实践中最恰当的体现或运用。

（二）土地税收中性论

持此观点的学者认为，从公平与效率两个方面考虑，土地适宜于作为独立的课税对象。其中，对土地租金的课税被视作对零弹性供给的生产要素——土地所获得的经济租金的课税，这不会引起超额税负，也不会影响经济主体的经济行为，因而对于资源配置效率来讲，是一种中性的税收。但是，土地税收却可以为政府提供财政收入，并通过政府公共支出政策而有助于政府实现缩小贫富差距的社会目标。因而，土地税收不仅合理而且值得大力提倡。但是必须注意，税收中性与税收的社会公平性是两个截然不同的概念。税收中性的经济学含义有两层：第一，课征赋税使得纳税义务人或者社会付出的代价仅以税额为限，即不会引起税收超额损失；第二，课税不会改变资源配置的原有机制，比如价格机制，进而不至于改变经济主体对经济行为的选择。这里，第二层含义，是公共经济学研究中最常提到的判断税收是否中性的标准。而税收的社会公平则是一个古老的课税负担分配的原则，它只考虑税负分担是否与纳税能力分布一致以及课税是否可以达到"削富济贫"的社会目标。简言之，税收中性只关注税收对资源配置效率产生干扰；税收公平则只关注税负分担与财富分配是否合理。因此，二者是两个不同的范畴。一般地，中性的税收未必公平，公平的税收也未必中性。比如，在一个经济体系中课征一次总付税（又称作人头税），课税结果并不改变拉姆齐模型中资源配置的最优条件，因而被认为是典型的中性税收，但它一般不会被认为是公平性税收，因为这种课税方式下纳税人的负税能力没有得到关注，因而有悖于税收的垂直公平原则。相反，对收入课征的累进所得税虽然可以起到调节收入分配、缩小贫富差距的作用，但它却可能改变了社会资源配置的条件，影响家庭的劳动供给、储蓄与消费决策行为以及企业在不同的经济行为之间的选择，因而是非中性税收。

（三）土地税收非中性论

土地税收非中性论又称作土地税收经济政策论。其基本观点是，认为土地税收可以当作一种经济政策手段来使用，因为灵活恰当地运用某些土地税收手段，比如地价税或土地固定资产税、土地增值税或土地转让所得税、荒地税和空地税等，可以达到政府所期望的经济政策目标，包括促进农地有效利用和生态性利用、促进城市各产业对土地的高效利用、增加适用住宅的有效供给，总而言之，是提高土地资源的经济效率。由于土地税收依据的这种观点所基于的理论假设是土地税收是可以改变土地资源配置机制、进而影响经济主体的经济行为，即土地税收是非中性税收，因此，这种观点被称为土地税收非中性论。

三、土地税收的理论依据：本书观点

政府课征土地税收的理论依据历来都不是单一的，而是具有多方面的依据的。这是由土地税收种类的非单一性、不同土地税种的社会经济效应和功能的差异性以及政府土地政策目标的多样性和动态性所共同决定的。以上讨论的土地税收理论依据都有一定的道理，也都能从土地税收的实践中得到不同程度的经验支持。我把土地税收的理论依据划为土地经济学观点和公共经济学观点，不仅是为强调两个学科领域对此问题考虑的角度不同、侧重点不同，也是为分析上的方便，其实，两类理论依据中的部分观点并无实质上的分歧。

从客观效果上来看，无论哪一种土地税收，都具有增加政府财政收入的功能。因而，出于财政收入方面的考虑而课征土地税就构成了土地税收的一个理论依据，但这不是土地税的全部依据。对某些土地税种来说，政府课税的最初动机根本不含有财政收入因素，而一旦课税，这种税收收入就作为一种政策工具的副产品而成为一种客观存在。显然,在这场合财政收入就不是土地税收的主要依据。例如,空地税和荒地税虽然也可以增加政府财政收入,但其根本的或主要的课税依据在于促进土地的有效利用。从财政经济的发展历史来看,随着国民财富的数量和结构的变化,对土地收益以外的流量财富的课税(如西方国家的综合所得税)渐渐取代了包括土地财产在内的存量财富税而成为政府岁入的主体。这一事实表明,政府课征土地税的主要目标已经不再以财政收入目标为主。

公共经济学家提出的利益支付说与土地经济学家提出的投资外部经济效应论在本质上也是一致的。这种理论观点无论在土地公有制经济还是土地私有制经济里,都可以得到经验上的支持。例如,对城市土地而言,政府公共投资导致土地升值,作为受益者,无论是土地所有者还是土地使用者,均应为这种从政府公共投资支出所产生的正向外部效应中得到的利益而支付报酬,这实际就是一种利益与义务对等税收原则在土地税收实践中的体现,地价税与增值税就是这种意义上的土地税种。

土地税收的社会政治功能说,主要可以从土地固定资产税或地价税、土地增值税、土地改良物价值税等税种的实际社会经济功能方面得到验证。土地是一种财产,更是一种谋取财富的资本性货物。因而,占有了土地不仅代表着占有了存量财富,同时也代表着占有了获得流量财富的权利,即土地收益权。由于土地流量财富,包括土地的实际利用收益和土地的增值收益中,有相当一部分来自于社会全体民众的共同创造,应当归社会全体成员占有,因而对土地流量财富课税有助于实现社会财富公平分配的目标。必须注意,在西方公共经济学界,一些学者正是由于把土地及其改良物看做资本,认为对资本课税不利于社会财富的增加,因而并不主张对存量土地财富课税。这种观点的正确性依赖于对土地资本的定义、假设和分析的方法,在此处我暂不作评判。但是,必须清楚,不主张对存量土地财富课税的理论依据却是土地税收经济效应方面的,与此处的土地税收的社会政治效应范畴不是一个概念。

土地税收归宿说自魁奈提出以后,除了其"社会纯产品论"不能被普遍接受以外,其关于土地税的不可转嫁性的观点曾经被大多数古典经济学家所认同。但关于土地税是否转嫁的问题,它不仅依赖于我们对土地税的定义,而且也取决于分析土地税收效应时对课税物市场的种种假设和分析方法的选择。

土地税收中性论与非中性论。土地税收中性只是一种理论上的存在,或说是政府土地税收政策所要努力追求的目标。一般而言,任何一种税收要想达到完全中性几乎是不可能的,因而税收中性具有相对意义。土地税收中的一些次要的税种,比如契税由于产生的替代效应很小,因而可认为是一种中性的土地税;而其他的主要税种,如地价税等均会产生替代效应,因而是非中性的。土地税收非中性具有绝对意义。土地税收中性论与土地税收非中性论是两种截然不同的理论观点。土地税收中性论否认了土地税收对人们经济行为的影响,因而也就排除了土地税收作为经济政策手段的功能,而只能作为执行社会政策的工具。土地税收非中性论则承认土地税收会影响资源配置机制,因而认为,土地税收具有一定的资源配置功能。但仍需注意,即使如此,土地税收非中性论也并不否认土地税收具有某些社会功能的可能性,只是该观点认为土地税收的主要功能在于经济政策方面而已。

第二节 主要的土地税种:性质及其税类归属

本节先作土地税收分类,旨在更好地认识现实中的土地税收的性质和税种归属,也为了方便土地税收经济分析;然后对实践中主要土地税种的性质和税类归属进行专门讨论。

一、土地税收分类

(一) 按照课税物性质划分

可分为狭义土地税和土地改良物税。前者是指对土地财产及其收益的课税,如地租税、地价税、荒地税、空地税、土地增值税、田赋等。土地改良物税是指对土地之上、人为建造的各种建筑物或构筑物的课税,建筑物价值税和房租税等。

(二) 按照计税方法分类

又有三种划分方法:

1. 按照税额计算方法可以分为从量土地税和从价土地税。前者是按照土地或土地改良物的面积单位确定税额;后者则是以土地或土地改良物的价值量,或其所有权转移时的价值增量,或其提供的服务租金(即使用权价值)为计税依据。从量税是一种十分古老的税种,随着社会经济的进步和土地利用程度的提高,从量税已经成为历史税种,从价土地税则变为主流的税种。

2. 按照计税依据的类型分类。可分为土地价值税和土地租金税。前者是对土地或土地改良物所有权价值的课税,具有对存量财富课税的性质;后者则是对其提供的服务或使用权租金的课税,具有对流量财富课税的性质。

3. 按照税率随课税价值变化的方式划分。可分为累进税(如土地继承税和土地增值税);累退税;比例税(如房租税)三种。

(三) 按照土地税课税物产权是否流动分类

可分为转移性土地税和非转移性土地税。前者是指发生土地产权转移时课征的土地税,如土地增值税(有些地区不转移产权也需交纳此税)、土地转让所得税、遗产税与赠与税、契税等,租金税作为一种对使用权转让的课税也可归入转移性土地税中。后者是指不发生课税物产权转移时课征的赋税,如地价税、房屋价值税等。

(四) 按照三大税类归属划分

西方国家一般按照课税对象的性质不同将税收区分为三大类:所得税类,以所得为对象的税收,所得包括工资收入、利息收入、租金收入、利润收入等;商品税类,以商品或劳务为对象的税收;以财产为对象的税收。根据这种税收分类方法,我们也可以把土地税收划分为以下两类:所得性质的土地税和财产性质的土地税。前者是指把土地或土地改良物作为一种生产要素,对其获得的收入进行课税,如地租税、房租税、土地增值税等。当然,还可以将土地与土地改良物区分开来再对土地税作进一步划分:如将地租税称作非再生性资本所得税;将房租税称作再生性资本所得税;将土地增值税称作非再生性资本增益税。财产性质的土地税首先是把课税物土地或土地改良物作为财产对待,然后以财产价值为计税依据进行的课税。如房屋价值税和地价税等。

(五) 按照税负是否可以转嫁划分

可将土地税分为直接土地税和间接土地税。前者指土地税负无法转嫁的土地税种;后者指土地税负可以转嫁的土地税种。按照古典土地税收归宿理论,针对土地价格或土地服务价格的课税无法转嫁,因而是直接税最为典型的代表税种;而对土地改良物价值或其服务价格的课税可以转嫁,因而是间接税最为典型的代表税种。利用现代经济学方法,对同一土地税种的效应进行分析,却可能得出与古典理论十分不同的税收归宿结论,由此看来,将土地税简单地分为直接税和间接税未免过于笼统,只能算是一种抽象的理论分类。狭义土地税(地租税和地价税)为直接税,而土地改良物税为间接税的观点主要基于古典土地税收理论的局部均衡分析,在一般均衡分析框架内未必成立。土地税负是否可以发生转嫁、进而它是否直接税或间接税应在进行了全面、系统的土地税收效应的局部均衡分析与一般均衡分析以后,根据经济分析得到的结论才可验证。

以上几种分类方法均有一定的优点,因而适用于不同场合的土地税收经济分析。本章中,为说明不同的问题可能在不同的场合使用不同的土地税收分类方案。

二、土地税种性质及其税类归属

土地税收实践中常见的税种有五组:地租税和土地改良物租金税、地价税或土地固定资产税和土地改良物价值税(最主要的是房产税)、促进土地利用税(荒地税、空地税)、土地增值税与土地(或土地改良物)转让所得税、不动产继承或赠与税、契税等等。从税收的社会经济效应方面考虑,土地经济学家普遍认为前四组土地税对土地资源的配置与利用效率以及土地财富的分配影响较大,开征这些土地税不仅会产生收入分配效应也会产生替代效应,从而影响资源配置效率;而不动产继承税或赠与税主要的税收效应是收入分配效应,契税则只是表示政府机关对土地产权交易合法性的认可和对土地产权流动的保护,一般不会对资源配置与利用效率产生明显的影响。因此,本节将重点探讨前四组土地税种的性质及其归属问题,其他土地税种只作简单介绍。

(一)地价税和土地固定资产税:财产税类

1. 土地固定资产税。在土地私有制经济里,由于土地被视为一种无折旧的私有资产或财产,因而政府向土地所有者课税是一种十分普遍的现象。这种以土地财产或土地资产为课税对象,以土地价格为计税依据而以土地所有者或持有者为纳税义务人的赋税被称为土地固定资产税。

2. 地价税。地价税是指以土地的评估价或市场价格为计税依据所课征的土地税。征收地价税旨在抑制土地过度集中、囤积和过度的投机交易,促进土地产权的适度流动和土地资源的有效利用。

3. 土地固定资产税和地价税的性质与归属。从税收的性质来看,两种土地税都具有如下特点:第一,均是对存量土地财产课税,这与所得税是对流量财富课税的性质明显不同。第二,属于经常税类。以地价税和土地固定资产税为主体的土地税收收入构成了政府,特别是地方政府的一种稳定和经常性的财政收入来源。第三,地价税和土地固定资产税带有直接税性质。

土地财产税和地价税都是针对土地课征的、以地价为计税依据的对物税,尽管政府课税的目的在不同的经济制度下或同一制度下的不同经济发展阶段上可能彼此不同,但其客观上的税收功能和税收效应在本质上是一致的。这些功能可能包括经济功能,如通过影响收益地价实现引导土地资源利用方式转变的经济目标;社会政策功能,如公平分配土地财富,避免土地财富过度集中;政府财政收入功能,即满足为政府公共支出筹措资金的功能等等。给地价税、土地固定资产税和土地财产税标以不同的税种名称,只是表明政府课税的政策重点或税收目标的差异而已,并不能改变土地资产税、地价税从属于财产税的事实。如果出于某种需要,将针对土地价格的课税分为地价税和土地财产税,旨在说明地价税是一种经济目的土地税;土地财产税是一种社会财富分配目的土地税。至于不同国家所采用的地价标准和税率的差异并不改变地价税的基本性质。因此,我倾向于把地价税和土地固定资产税视作财产税的观点。但是,本书同时认为,在经济发展的不同阶段地价税的政策目的可能不同:在经济发展的早期阶段,如农业经济时代,土地作为一种主要的社会财富决定了地价税主要是一种财政收入和财富分配目的税;在经济发展的中期阶段,如工商业经济时代,土地被作为一种主要的生产要素对待,这决定了地价税主要是一种经济目的税;在经济发展的后期,即后工业化阶段,由于技术进步导致要素替代成本大大降低,土地作为生产要素功能及地位相对下降,由此决定地价税在发达国家经济里主要作为一种社会财富分配目的税,而在发展中国家里则不仅有公平财富分配方面的考虑,而且更有促进土地利用等方面的经济政策依据。同样的分析也适用于其他土地税种,如土地改良物税等。

(二)土地改良物价值税:财产税类

1. 定义与税类归属

土地改良物价值税是单独以房屋或土地之上的其他构筑物价值为计税依据而课征的土地税。土地改良物价值税中最典型的是房屋价值税。

从税类归属上看,房屋价值税是一种比较典型的财产税。

2. 课税的理论依据

(1)财政收入论。在经济发展的早期阶段,房屋与土地是一个国家居民的主要财产,出于政府财政收入方面的考虑而对房屋与土地价值课税,可以获得可靠的税收收入。

(2)服务费用论。该论点认为,政府公共服务不仅保护了不动产所有者的产权安全,而且也增加了不动产的价值。因而,根据受益原理应当课征包括房屋价值税、地价税在内的土地税,其实质是为政府服务付费。

(3)纳税能力论。认为房屋和土地等不动产可以反映纳税能力,因而适合于作为税基。这种观点在一国经济发展的早期阶段是适用的,因那时的财富主要以实物形式表现。但对于发达国家的现代经济则不适用,因为,在发达国家衡量纳税能力的最佳标准、因而最适宜于作税基的是以流量财富形式表现的所得。这场合,把不动产税作为对所得税和消费税无法涉及的税基所课征的补充性税收,则有几分道理。

(4)社会政策论。房屋价值税和地价税和其他财产税种一样,均可以作为社会控制的手段,这种控制的目标在于达到公平分配财富。

这里的课税理论依据同样适用于地价税、不动产价值税等土地税场合。

3. 房屋价值税的性质与税负归宿

房屋价值税效应以及税负归宿的结论主要依赖于房屋税性质的假设和所采用的分析方法。对此,本书的土地税收效应分析中已经给予了详细讨论。

古典土地税收效应的局部均衡分析中,把房屋当作一种消费资财看待,进而把房屋税视为对消费品课税。古典理论又进一步假设房屋长期供给呈完全弹性特征,因而这种土地税收可以实现完全前转而归宿于住房服务的消费者负担;税负归宿的分布相对于收入分布呈现累退性特征。

财产税效应的现代经济学分析中,把房屋价值税看成是对生产要素(资本)的课税,其产生的经济效应与资本收益税的效应相同。这样,在一般均衡分析框架内得出了与古典理论迥异的税收效应与税负归宿结论：短期内房屋税由资本所有者承担；长期内由于资本供给呈弹性且具有地区流动性，则资本税负会部分转嫁于无弹性、非流动性的生产要素，如劳动和土地，其税负归宿更趋复杂，但整体来看，税负归宿仍具有累进性。本书赞成一般均衡分析得出的结论：土地改良物价值税具有对资本课税的性质，具有影响资源配置的功能，税负归宿相对于收入分配来讲具有累进性。

4. 房屋价值税评价

房屋税最大的问题是房屋价值评估的非独立性。房屋的价值常常与其附着的土地密切相关，土地区位优越房屋价值就较高。所以，房屋价值中包含有地价的因素。强行分离不仅不太合理，而且也存在着一定的困难。另外在地价税与房屋税分别单独计征的土地税制下，也可能存在着重复课税的问题。例如，台湾的房屋税中，房屋标准价格必须加入街道等级调整率，该调整率系根据土地区位的优劣而定，由于地价税之地价亦考虑土地区位因素，因而房屋标准价格的评价体系中存在对同一因素导致的房地产价值重复课税的弊端。

上述讨论给我们的启示是，在土地与房屋价值分离比较困难的场合，可以采取对房地产价值联合课征价值税的办法。这也正是目前大多数国家或地区所采用的不动产课税制。

(三) 房地产价值税

以房地产市场价值为计税依据而课征的土地税。通常，房地产价值税并入不动产税系列并构成不动产税中的主体税种，如我国香港的不动产税；也有一些国家课征的住宅税实际上是对房地产价值的课税，如美国的住宅价值税。

(四) 地租税和土地改良物租金税：所得税类

1. 税种性质和税类归属

这是一类对流量财富的课税。所不同的是，地租税是一种对不可再生性资本收益的课税；而土地改良物租金税，如房租税是对可再生资本的纯收益课税。在作土地税收效应分析时，将前者视作对要素所得的课税、将后者视作对资本收益课税也是现代财政经济学分析中通行的做法。这场合，二者在税类归属上均被归于所得税类。当然，也有不少公共经济学者主张将二者看做财产税。这种观点等于将静态财产税中的财产的外延扩大化、使财产既包括存量财富又包括流量财富。本书认为，在地租税和土地改良物租金税的税类归属上的争执意义不大。因为，一旦进入土地税效应的分析，尤其是一般均衡分析时，两种观点并不产生实质性分歧。尽管如此，如果按照通行的三大税类划分法(所得税类、商品税类和财产税类)，我仍然支持将以上二土地税种归入所得税类。由于土地服务与土地改良物服务有着彼此不同的供给弹性特征，因而其税收负担的转嫁与归宿规律可能会存在着较大的差异，这不仅被古典土地税收理论的局部均衡分析所证实，即使在静态一般均衡分析框架内，两种土地税收的经济效应和税负转嫁与归宿规律也截然不同。

2. 租金型土地税的课征制度

在西方国家的课税制度中，土地及土地改良物租金收入通常并入个人或企业所得，而并征所得税。因而，与价值型土地税相比，租金型土地税并不构成独立土地税种。

(五) 土地增值税与土地转让所得税：所得税类

1. 土地增值税

以土地和(或)土地改良物的增值额为课税标准而课征的赋税，称作土地增值税。从课税时间特点上看,一般可以分为土地转移增值税和定期土地增值税两种。前者是指仅对土地或土地改良物产权转移时发生的增值课税;后者指对两个时点之间的课税物增值额课税。

关于土地增值税的税种性质和税类归属目前仍然存有争议。有人认为,从土地增值税的计税依据来看,它是对土地或土地改良物的增值额课税,故视其为资本收益或资本所得税似无不可,有些国家,如美国在税收实践中也将其纳入所得税中并征。从理论上来看,土地增值税包括对土地的自然增值额课税和对土地改良物自然增值额的课税,土地又是一种不可再生性资源或生产要素;土地改良物则是一种物化的可再生性资本。所以,土地增值税中对土地本身的课税可以视作对非再生性资源的非人为性增益的课税,而对土地改良物的课税则显然属于资本所得税。实践中,无论是土地还是土地改良物,都可以看做投资者进行资本投入的结果,并且从增值的原因看二者均非所有者本人的努力而是社会力量所致。因此,本书认为,将土地增值税归属于资本所得税似乎更为合理。因为,一般意义上的财产税是以私有财产的价值量作为计税依据的,属于存量财富税的范畴,且政府课征土地财产税的主要政策目标是调整收入分配;而土地增值税是以土地产权交易获得的土地自然增值额或两个时点上土地政府部门评估得到的土地自然增值额作为计税依据,属于流量财富税的范畴,政府课征土地增值税的政策目的不仅仅是为达到均分土地财富的社会目标,同时也有防止地价飞涨、打击土地投机的经济政策目的。因此,本书认为,土地增值税应属于所得税类。

导致土地增值的原因一般有以下几个:第一,土地持有者对土地的私人性投资改良导致的土地资本性增值。第二,物价的上涨推动的地价升值。第三,土地市场供求变动导致的地价升值。一定时间内土地及土地服务的供给是缺乏弹性的,而社会经济的迅速发展导致土地需求快速膨胀,这将导致需求拉动型地价上升。第四,土地市场的投机推动导致的地价非正常上升。第五,政府公共投资导致的地价上涨。这是一种外部效应的外溢造成的地价升值。第六,政府提供的产权安全保护是地价升值能为土地产权所有者享有的基本前提。从理论上讲,出于对私人土地投资改良的鼓励,对第一、第二个原因所导致的地价增值应予以免税,对因其他原因导致的地价增值应当课以增值税。这就产生了下列土地增值税的理论依据:(1)社会政策依据。土地的自然增值属于社会财富,应当通过强制性的税收方式收归社会所有。公平分配不劳而获的土地增值财富就成了大多数征收或曾经征收过土地增值税的国家或地区的政府所声称的主要理论依据。(2)经济政策依据。经济政策依据有两层含义:第一,政府公共投资产生的正外部效应或政府提供的产权保护导致的地价增值应当部分或全部地通过一定的方式收归公共主体所有,以满足政府公共投资的良性循环或更好地提供公共服务,这是一般税收理论中提倡的"受益原则"在土地税收实践中的具体运用。为什么地价增值的回收方式一定要税收制而不用收费制呢?本书认为,收费制和税收制均可体现"受益原则",但税收制同时还可体现"能力原则",这是采用税收制的第一个理由。采用收费制还需满足政府公共服务或者私人主体因政府服务而获得的利益可以经济地定价以及排他消费成本足够低廉两个前提条件。在此处讨论的场合,这两点均不易实现。因此,税收制就成了一种较好的选择。第二,课征土地增值税可以有效地打击土地投机性交易、促进土地合理利用。如果人们不仅仅是为了苛求土地的自然增值而进行土地的持有和交易,则土地才有可能得到有效利用。(3)其他方面的依据。课征土地增值税还有增加政府财政收入、减少对其他行业课税以刺激这些行业发展的政策考虑(高信,1982,第158页)。

土地增值税理论依据决定了其税率的设计多采用了累进税率制,这在实行土地增值税的经济里得到了印证,如中国的土地增值税均采用了超额累进税制。

2. 土地转让所得税

土地转让所得税是对土地或土地之上的改良物的产权转让所得课征的税,是目前日本仍在实行的一种土地税种之一。从课税的目的和税收功能来看,土地转让所得税与土地增值税有些类似;从税种的归属来看,土地转让所得税显然应当视作资本性收益税。日本对土地的转让所得采取了长期转让所得与短期转让所得区别征税的办法,而对短期转让所得采用了近乎禁止性的重税措施。对土地转让所得课以重税客观上起到了抑制地价过度上涨、打击土地投机的效果,但同时也存在着阻碍土地利用方式正常转换、抑制正常的土地资产性交易的重大缺陷。这也是土地税制比较中应当注意的问题。

(六) 促进土地利用税:行为税类

促进土地利用税是指为了促进土地的有效利用而对不当的土地利用行为或不作为所课征的、以地价为计税依据的惩罚性的土地税。在具体实施时,一般又可以分为促进城市土地利用的空地税和促进农地利用的荒地税两个亚类。

由于课征这类土地税是在一般意义上的地价税的基础上的课征,旨在对土地持有者的低效或无效的土地利用行为进行惩罚,刺激土地资源的有效利用,所以,它与作为财产税的地价税又有所不同,我们称之为不当土地利用行为税,以此区别其他目的或性质的土地税种。但必须注意,从计税依据上来看,促进土地利用税显然属于地价税类。

促进土地利用税显然是一种执行政府经济政策的土地税种,它并不因土地制度的差异而改变其基本职能。因而,台湾省的这种土地税制对于中国的土地税制建设和完善具有非常重要的借鉴和参考价值,因为中国的土地浪费问题目前已经十分严重。

(七) 遗产税(或继承税)和赠与税:财产(行为)税

遗产税(或继承税)是指对财产所有者死亡时遗留的财产课征的财富税。有文献又将此概念作进一步区分:称对遗产总额课征的财富税为遗产税;称对继承人继承的财产份额课征的财富税为继承税(各国税制比较研究课题组,1996年,第143页)。这实际是根据遗产税的具体课税方法或计税依据又作了进一步划分:从财产所有者角度观察对财产遗留行为的课税称遗产税;从财产继承者角度观察对财产的继承行为的课税称继承税。从实际课税对象的性质和课税的理论依据上看基本上均无实质性差异。因而,遗产税和继承税可以作为同一概念处理,不必作严格区分。至于不同的经济中课税制度存在差异则是另外一回事。

赠与税是指对财产所有者生前赠与他人的财产课征的财富税。为弥补单独课征遗产税可能导致人们通过生前财产赠与行为而合法避税的法律漏洞,更好地体现财产课税的公平性,许多国家在课征遗产税的基础上还要课征赠与税,作为遗产税之补充税种。

(八) 契税:财产(行为)税

契税是在土地、房屋等不动产权变更时,就当事人双方订立的契约而向产权受让人课征的一种交易税。不动产权变更包括不动产的买卖、典当、赠与或交换等行为。契税的法律依据一般是契税条例。中国开征有此类税收。课征契税旨在确认不动产权交易的合法性、利用政权力量确保由这种交易而产生的产权后果。显然,契税是一种财产行为税。契税的法律依据一般是"契税条例"。中国开征此税种。台湾省契税条例规定,不动产由于买卖、赠与、分割或占有而取得所有权时须缴纳契税,但课征土地增值税的地区免交契税。由此可见,台湾省的契税是针对不动产所有权转移行为而课征的行为税。台湾契税实行差别税率制：税率为2.5%—7.5%；计税依据为不动产转移时订立的契约所载明的价格金额。

以上分别讨论了实践中主要的土地税种的性质及其税类归属。从土地经济学观点出发，对土地资源配置与利用效率影响最大的土地税种主要有：土地租金税与土地改良物租金税、地价税与土地改良物价值税三组。这些无疑已经作为了本章讨论的重点税种。

第三节 土地税收的经济分析

一、土地税收的局部均衡分析

土地税收的局部均衡分析类似于一般商品税的局部均衡分析，其基本假设如下：第一，土地或土地服务供给零弹性；第二，土地税收的经济效应如同商品税效应。在此假设下，可以得出以下结论：(1) 地价税不会改变市场交易量，只会引致土地交易价格的等税额下降。在实际的土地所有权交易中，若土地课税制度已经实行，则买方会把土地税负以若干年（或无限期）的税额现值和的方式从交易地价中扣除，这种现象在土地经济学中被称作"土地税收的负向资本化"。税收的负向资本化导致土地税负全部归宿于原土地所有者，这就是古典经济学关于地价税收归宿的基本结论。(2) 地租税不会改变土地服务的交易量，只会导致土地服务的出租者得到的租金等税额下降，税负完全由出租者负担。(3) 地价税和地租税不能改变市场交易量，因而，两种土地税是中性的。

二、土地税收一般均衡分析

现在拟对局部地区统一资产税和局地差别资产税两种场合下的土地税收效应及税负归宿问题进行一般均衡分析。

（一）局部地区统一资产税

不妨假设对A区中的资本和土地课征统一税率的资产税；对B区的所有资产免税。

1. 假定资本具有充分的地区流动性或地区流动成本为零，而劳动者与消费者不能在地区之间流动。对A区所有资产课征统一资产税的最初效应仍然是降低该区域内所有资产的收益，因而短期内税负由课税资产的所有者承担。随后，为逃避税负A区的资本将转移到无税的B区寻求就业，直到两区资本净收益率相等时为止。我们称这种现象为资产税的区位效应。

资产税的区位效应又会导致两区要素市场及产品市场产生如下进一步的变化：

对A区，资本的流出导致区域资本供给下降，进而导致资本的边际报酬提高和劳动与土地边际报酬的降低，表明资本税转嫁与了该区域内的地主与劳动者。在产品市场上，在A区局地垄断生产的资本密集型产品的价格会提高。如果此类产品的价格需求弹性较弱，资本税负会转嫁与整个经济中该产品的消费者(不仅仅是A区消费者)。在A区局地垄断生产的劳动密集型产品的价格会降低，整个经济中该局地产品的消费者将获得福利的改进。如果产品，无论是资本密集性的还是劳动密集性的，在全国市场上竞争性生产、竞争性销售，同样会因课征局地统一资产税而产生价格波动，只是波动的幅度小于局地垄断生产的产品而已。若A区的生产规模很小，这种波动或税收效应的强度会更加微弱。

对B区,会产生大致与A区相反的经济效应。假设由课税区A流出的资本在B区获得充分就业。由于B区的劳动与土地供给量不变,这必然使该经济中资本比其他要素相对充足,导致资本边际报酬下降和劳动与土地边际报酬提高。这表明A区的资本税部分转嫁与了B区的资本所有者。产品市场上,由B局地垄断生产的资本密集性产品价格下降,劳动密集性产品价格将上升;由全国市场上竞争性生产、竞争性销售的产品的价格变动不是很大。

A与B区的地价变动。A区,要素流动结果导致土地收益的下降和收益地价的下降(设贴现率不变);在B区,土地收益提高,区域地价升值。A区地主受损;B区受益。

2. 修正情形下的土地税效应。资本不具有地区流动性场合。这种情形类同于全国经济统一资产税模型但又有一定差别。仍然假设劳动、消费者不具备地区流动性。当课税区域资本供给无弹性时,局部地区统一资产税效应与全国统一资产税对应情形完全相同。当课税区域资本供给存在一定弹性时,则与全国统一资产税效应有所不同。这种不同主要表现在产品市场上。在A区,一旦资本供给具有弹性,则课税会导致资本供给量减少,资本市场租金上升。这种资本价格效应会引起A区局地垄断生产、全国市场销售的资本密集性产品价格上升,使消费者福利受损。单纯这一因素的作用是使得经济中劳动者的实际工资下降。这意味着局地资产税负部分地转嫁与了课税的区与非税的区所有此类产品的消费者。在A区,劳动不具有弹性,资本的跨区流动最终导致工资率下降,A区局地垄断生产、全国市场销售的劳动密集性产品的价格下降,使A、B区消费者受益。地价税效应表现为:A区因地价税资本化而下降,资本税转嫁与土地更加剧地价的进一步下降;B区地价并无明显变化。

(二) 局地差别资产税

对A中的两种资产课征差别税;对B中的所有资产免税。

1. 对A课征土地资产税,其他资产免税;B所有资产免税。定义这种税为局地土地税。若土地供给零弹性,局地土地税只会影响区地主土地净收益而不影响市场地租,也不影响经济中的其他价格与资源的区域配置,即如果税前资源配置处于均衡状态且资本与劳动供给固定,则税后亦没有任何诱因使之偏离这种均衡状态。这是一种严格假设之下一般均衡分析得出的理论结论。

实际中,区域资本供给并非零弹性且土地与资本常常耦合在一起形成统一的、技术上难以分割的房地产以发挥要素功能。局地土地税等于对房地产实行歧视性税收待遇,这会产生促使地产主增加土地投资、提高土地利用收益进而提高房地产整体资产价值的税收激励。因而,从实践角度来看,局地土地税并非中性税,它会提高土地之上的资本集约度,这种效应被称作"资本密集效应"。

2. 对A中的资本课税,对土地资产免税;B中所有资产免税。定义它为局地资本税。

(1) 不考虑部门影响。若经济中仅有一个生产部门,A与B一样。此时,税收效应与税负转嫁与归宿规律与局地统一资产税场合的资本税效应相同。

(2) 两部门模型下的局地资本税效应。不妨设A与B两区域均由一个资本密集性、一个劳动密集性部门组成。此时,局地资本税具有双重效应:部门效应与区域效应。

部门效应。对A区的两个经济部门而言,局地资本税就相当于两部门经济模型中的对局部地区课征一般要素(资本)税,在A区内也就会产生与部门经济模型中对应情形相同或相似的经济效应。我称之为局部资本税的"部门资源配置效应",简称为"部门效应"。

区位效应。由于对 A 区的资本课税,对 B 区资本免税,资本净报酬率的区域差异导致资本发生区域流动,引致要素价格与产品价格发生变化。这些效应我们称之为局地资本税的"区域资源配置效应",简称为"区域效应"。

总之,区域经济模型中,局地资本税不仅导致资源的跨部门重新配置,也会引致要素在区域之间重新配置,因而其非中性税的特征十分明显。

三、土地税负的转嫁方式

假设土地所有权交易是在实施了土地课税制度以后的任意时点发生,则这种赋税的实际纳税义务人为新的土地所有者。但由于假定土地交易双方均是理性的,且土地的供给者处于完全竞争的市场上,拥有完全信息,因而买方可准确预测购买土地以后的每年应交纳的税额。所以,买方可以在交易发生时将税额部分作预先扣除,这种扣除部分既包括由买方负担的税额也包括由卖方负担的税额。在不同的土地供给弹性假设下,土地交易双方的赋税分担比例不同,因而,如果以税前均衡地价为参照点,这种税收预扣额是不相同的:在土地供给完全无弹性场合,这种地价的扣除为税收完全扣除(即扣除额等于从量税率 t);在土地供给呈微弱弹性场合,地价预扣等于税率 t 的某个比例。税收经济学上将这种现象称作土地税收资本化,相应地,把前者称为土地税的完全资本化;把后者称作税收的部分资本化。

土地税收的转嫁无非采取以下四种方式,其中前三种与一般商品税的税负转嫁有些类似,第四种则是土地税特有的税负转嫁方式。(1) 前转,即通过土地交易向前转嫁与土地买方,在土地供给有弹性而土地需求弹性并非无限大时总能实现。在土地供给呈微弱弹性的场合,由于课征土地税不仅使得土地卖方接受的地价降低,而且也使买方实际承受的地价比税前提高了。换言之,土地需求方也承担了部分税负。因此,从土地交易的卖方的角度来观察,可以认为从量土地税实现了部分前转。(2) 税收资本化,即在土地交易时买方将应由原土地所有者负担的税收资本化部分在交易地价中预先扣除。这样,尽管土地税的法的归宿是新的土地所有者,但其经济归宿却为原土地所有者。所以,从土地买方来看,土地税负实现了部分或全部后转。但必须注意土地税后转的确切涵义与一般商品税的后转涵义不同:商品税的后转是指商品制造商利用降低制造课税商品所需的生产要素价格的方式将税负转嫁与要素供给者承担。而土地是自然之物,没有人工生产过程,自然也就谈不上税负后转与生产要素供给者负担。所以,严格地讲,对土地价格课税或者说对土地所有权交易课税没有税负后转的概念。但可以换个角度考虑,即从土地税的纳税义务人角度考虑,在土地税法实施以后发生的土地交易,新的土地所有者所交纳的土地税对他并不构成或者不完全构成真正的负担,其交纳的土地税事实上已经在土地交易发生时就已经由土地卖方承担了,即税负向后转嫁给了原土地所有者。此即土地税资本化的实质。(3) 土地税的旁转。旁转是商品税的一种常见的转嫁方式。土地税能否实现旁转呢?土地税的旁转与土地所有权的交易没有直接关系。这种转嫁方式的发生是以土地所有者自己占有并利用土地进行生产经营为前提的,若土地所有者仅以交易性资产形式持有土地而不作任何利用,则根本谈不上旁转。现在假设土地用于工商业目的,此时若对土地课以从量税,土地所有者可以根据自己经营的产品的需求弹性、产品所处行业的市场结构及自己所处的市场地位,将已交纳的土地税加于自己经营的产品和服务之上以转嫁与消费者负担。此时,由于针对土地的课税与土地所有者生产经营的产品或服务非直接相关,与消费者根本无关,故称此种税收转嫁方式为旁转。但是,土地税能否顺利实现旁转以及旁转的程度如何关键要看土地所有者的土地利用方式及其生产经营产品和服务的市场特性。一般而言,若产品的需求价格弹性很低、厂商垄断市场的能力较强,则土地税旁转的可能性较大,转嫁程度也相应较高;若产品处于竞争性市场中,土地所有者影响市场价格的能力几乎为零,此时土地税的旁转几乎不可能发生。例如,对土地所有者作单一类型农业利用的土地课征从量税,若其经营的农产品(比如小麦)价格由竞争性市场决定,则该土地税无法通过农产品的价格上涨实现旁转。(4) 土地税负的收益转嫁。除了我们上面讨论的三种土地税负转嫁方式以外,土地经济学文献上还提到了另外一种特殊的土地税负转嫁方式,即收益转嫁(张德粹,1963,第525—526页)。该转嫁方式的确切涵义是,政府课征自土地的税收收入若被用于改善课税土地所在区域的基础设施条件,那么,该区域的土地利用收益、进而该区位土地或房产价值会相应提高,交纳土地税土地所有权人可以从房地产增值中获利。所以,从税收收入用途和税收资金流动过程来看,这种土地税收可以因政府公共投资而得到一定程度的价值补偿,换言之,土地税负通过政府公共投资行为而转嫁到了土地收益上了。

专题分析:土地税收的税负归宿是否具有累进性

土地税属财产税类。财产税是否具有收入分配功能依赖于其税负归宿是否具有累进性,后者在理论上又有累进论和累退论两种相反观点。迪克·纳泽(Dick Netzer)是财产税累退论的代表人物。他认为:"财产税相对于现行货币收入来说是均衡的,在一定程度上具有累退性"(费雪,2000,第323页)。累退论基于"财产税是消费税"的理论假设和税收效应的局部均衡方法。如果财产税如课于商品之上的消费税一样发挥作用,且假设财产的供给并非零弹性,则局部均衡分析的结果是:它会提高应税商品的市场价格,从而将税负转嫁给该财产的消费者承担。比如,该观点认为,住宅财产税会通过提高住宅租金的方式、按与住宅服务消费数量成比例地将税负转嫁给租户负担。由于包括住房服务消费在内的年消费支出占家庭年收入的比重,低收入家庭比高收入家庭要高,因此,从总体上看,财产税负分布相对于收入分布而言是累退的。艾伦(Henry Aaron)则认为财产税税负分布相对于收入分布具有累进性(费雪,2000,第324页)。累进论基于财产税是资本税的假设和一般均衡分析方法。累进论认为,财产税可以课于除消费以外的资本利得、工薪收入、地租收入等财富之上。由于短期内全国资本的总供给是缺乏弹性的,资产所有者通过转让资产给他人、或变更资产形式并不能有效逃避税负,因此,短期内,课于资本的全国统一资产税将以减少资本净报酬的方式而归宿于资本所有者头上。由于包括土地改良物在内的资本财富主要是由高收入家庭拥有,所以,这种税负的归宿便具有明显的累进性。西方学者从经验实证角度对财产税的累进性给予了初步说明。如艾伦曾经在一个研究报告中说,美国的一些州中,人均收入与实际的财产税率正相关,该事实支持了财产税累进论;但他同时还指出,在一些县级行政区内二者却呈负相关,这一事实则支持了财产税累退论(费雪,2000,第324页)。因此,在经验上财产税累进性的结论是模糊的,但这至少动摇了财产税累退论。

事实上,土地税作为财产税中的一类税种,其课税对象——土地和土地改良物的性质及其供给弹性是彼此不同的,同一课税对象的供给弹性在不同的时间尺度内是不同的,不区分课税对象和时间尺度而对财产税课税物的供给弹性进行抽象,会使研究的问题过于简单化、片面化。

狭义土地财产税的归宿具有累进性。由于土地供给零弹性或低弹性,所以,无论是局部均衡分析还是一般均衡分析,此类税负均难以转嫁而主要由土地所有者承担。① 若经济中土地资产主要由富裕阶层保有的统计观察是正确的,那么可以认为狭义土地税负分布与收入的分布具有一致关联性,累进性结论得到支持。

土地改良物(财产)税的税负归宿其累进性是不确定的。作为消费税的住宅财产税具有累退性,这是古典土地税收理论中,将住宅资产(资本)或服务的供给视为完全弹性的假设下,运用商品税转嫁原理和局部均衡分析方法得出的结论。这种观点存在下述缺陷:在住宅税收效应分析中,通常将住宅视为一种资本品而假设供给是无限弹性的,而无限弹性的理论依据则是考虑整个经济中,各种资本形式之间的替代性投资收益率应当相等的投资决策原则:长期内住宅投资可以得到无限多的资金,如果由于某种外部冲击而使投资者得不到社会平均的资本报酬,他会减少住宅投资去寻找其他投资场所,促使住宅投资收益率恢复到税前水平。可见,这里的"住宅是资本品"的假设以及住宅长期供给曲线的确定已经包含了一般均衡思想,如果继续采用商品税效应分析的局部均衡分析方法考察住宅财产税(价值税)效应,存在一定的逻辑矛盾。显然,基于局部均衡分析得出的住宅税归宿的结论也是不可靠的。基于住宅税是资本税假设和一般均衡分析方法,若一国资本供给是缺乏弹性的,那么,课征住宅财产税的效果就相当于降低经济中住宅资本保有者的净回报,由于住宅资本的持有者多为高收入家庭,相对于低收入家庭而言,住宅资本税更多地由这类家庭承担,由此得出了住宅税累进性的结论。本书认为,住宅税可按住宅本身的用途区分为两种类型:一种是资本税,住宅用于工商业经营。另一种是住房消费税,住宅作为居民个人的基本生活消费用房。前者具有累进性;后者具有累退性。如果假设用作资本的住宅在住宅财富总量中的比重,会随着经济的发展而逐渐提高,那么,我们便可以根据这种观点得到一个推论:在长期内,从社会总体来考察,住宅税的累进性可能并无确定的结论,它可能形成一个 U 型曲线:在一定的人均收入水平以下住宅税负与人均收入负相关,即它是累退的;超过一定收入水平,二者正相关,即表现为累进性。

不动产税负归宿具有累进性。② 财产税的累退论者认为,财产税中对建筑物课征的财产税是一种累退税。由于财产价值中的建筑物价值远比地产价值大,因此,不动产税总体上是一种累退税(鲍德威、威迪逊,2000,第 277 页)。这种观点值得商榷。其一,不动产价值中的地产价值未必低于建筑物价值。一旦将房地产作为一个整体课征财产税,并且地产价值高于建筑物本身的价值,从价值最初分担税负的份额上看,不动产税主要是对土地资产课征的而非对以建筑物形式保有的资本课征的。这时,姑且不论建筑物财产税具有累退性的观点是否正确,再称不动产税具有累退性理由不足。其二,在将建筑物财产税看做资本税和全国经济中建筑物资本供给无弹性的假设下,资本税效应类似于土地财产税效应:全国平均而言,资本税主要由资本所有者承担。据此可以认为,建筑物财产税是累进的。其三,假设建筑物资本有弹性。课于建筑物的资本税将会把税负部分地转嫁给土地这类非流动要素。如果资本税负转嫁给土地的份额足够大,则建筑物财产税负的归宿就会具有明显的累进性。简言之,由于土地保有者多为高收入阶层,即使资

---

① 在局部均衡分析框架下,古典土地税收理论基于土地供给零弹性假设、运用商品税原理得到以下结论:土地税会等税额减少土地所有者得到的地价,因而税负全部由卖方承担。一般均衡分析中,土地是一种非流动性资产,在地区差别资产税或同一地区课征资产差别税的场合,税负多由"易流动资产"的持有者转嫁给非流动的土地所有者承担。

② 此处的不动产专指地产与附着于其上的建筑物的混合体。

本税可以转嫁给土地所有者负担,也不能改变税负归宿具有累进性的结论。其四,经验实证。美国学者罗伯特·卡罗尔等人(Robert Carrol)1994年主持的一项波士顿城区房屋出租的研究报告指出:过去落到地主和租户身上的财产税负每增加1美元,地主承担0.91美元,报告据此指出,租户相对于房地产所有者较大的流动性消除了财产税负大部分转嫁给租户的可能(鲍德威、威迪逊,2000,第323页)。这一事实有力地支持了不动产税负归宿具有累进性的论点。

土地税负归宿相对于收入的分布是否具有累进性具有较强的政策含义:若土地税收是累进的,则旨在平均分配土地财富的土地税收政策功能才有望实现;若土地税收是累退性的,则土地税收便失去了其因具有收入分配功能而存在的合理性。因此,土地税收累进性研究是对土地税收收入分配功能的证实或证伪,这又可以为土地税制设计提供重要的理论依据。

思 考 题

1. 试评述土地税收的几种理论依据。
2. 古典土地税收归宿理论有哪些方面需要修正以及如何修正?
3. 比较土地税的转嫁与归宿规律和一般商品税的转嫁与归宿规律有何不同?试用局部均衡分析方法证明你的判断。
4. 在一般均衡分析框架下,实证土地税收非中性论。

参 考 文 献

1. 野口悠纪雄:《土地经济学》,商务印书馆,1997年。
2. 张德粹:《土地经济学》,台湾国立编译馆,1963年。
3. 陈秀夔:《财税概论》,台湾正中书局,1974年。
4. 高信:《土地问题选集》,台湾正中书局,1982年。
5. 陈铭福:《土地税》,台湾五南图书出版公司,1982年。
6. 各国税制比较研究课题组:《财产税制国际比较》,中国财政经济出版社,1996年。
7. 陈多长:"土地税收理论初探",《中国房地产研究》,2001年第2期。
8. 费雪:《州和地方财政学(第2版)》,中国人民大学出版社,2000年。
9. 鲍德威、威迪逊:《公共部门经济学(第2版)》,中国人民大学出版社,2000年。

第三篇

住宅房地产

第十五章　住房制度

第一节　住房制度概述

一、住房制度的基本含义

所谓住房制度,是指在一个国家或地区内在住房供给、分配或交易、消费过程中形成的各种社会经济关系的总称。

住房制度作为一种经济制度范畴,其产生和发展与一个国家或地区的社会经济体制、经济发展的总体水平、社会价值观念、消费习惯等等因素密切相关。而其中最为重要的是其经济制度和经济水平。因此,研究住房制度不可脱离其所在国家或地区的宏观经济制度背景。例如,从世界范围来看,计划经济体制下的住房制度与市场经济体制下的住房制度在一些主要方面有所不同。对此,本章的第二节将予以比较研究。尽管如此,如果将各国的经济制度差异抽象掉,单单考虑住房制度的社会经济目标,还是可以发现不同经济体制下的住房制度仍然存在某些共性:任何住房制度安排都是为了提高住房的有效供给、努力平衡供求关系,更好和更快地解决其居民的居住水平,保证住房市场的良性运行。这正是不同社会经济制度和不同发展阶段的国家之间住房制度改革与建设存在可资借鉴之处的根本原因。

二、住房制度要素

根据住房制度的上述定义,住房制度包括以下几个制度要素:住房供给制度、住房分配制度、住房消费制度、住房产权制度以及住房的管理体制等。

所谓住房供给制度,是指住房的开发建设、维修以及住房的提供。它包括住房建设、维修资金的提供者(住房的真正供给者)及其提供机制(是自筹资金、政府提供、银行贷款、住房债券等等)。从提供住房的方式来看,住房供给又可以分为增量供给和存量供给,前者指新开发住房形成的供给,后者是指经过维修形成的旧房供给。在世界范围内,从住房供给主体上划分,住房供给主要有政府供给和私人资本供给两类,前者主要由政府作为供给主体提供的带有一定福利属性的住房供给,后者则是接受市场调节的商品性供给。

所谓住房分配与消费制度,是指住房由所有者让渡给新的所有者或使用者的渠道以及对住房的使用方式。一般而言,除了自建、自用住房以外,住房的分配可以由市场渠道分配,也可以由公共机构按照一定的社会经济标准实行指令性分配,从而形成了市场分配和政府分配两种形式。与此相对应,住房的消费制度也就可以分为完全商品性消费和福利性消费。我们还可以对政府分配作进一步的划分:有些国家或地区习惯于以住房实物方式对中低收入家庭实施住房分配,而有些国家或地区则倾向于以货币方式对中低收入家庭实施住房补贴,这就形成了住房实物分配与货币分配两种形式。

所谓住房产权制度,是指在一定的住房产权的交易方式下形成的住房产权性质及其结构。一般而言,住房产权交易主要有所有权交易和使用权交易两种,二者形成的产权后果有所不同:对于所有权交易,其买方拥有完全产权;对于使用权交易,买方仅仅拥有使用权,不具有住房的任意处置权等权利,因而是一种不完全的住房产权。对于政府分配的住房,其使用者所拥有的产权更为有限。不完全的住房产权往往会限制住房资源的适当流动和有效配置。

第二节 住房制度国际比较[①]

本节主要内容是比较分析世界范围内不同国家或地区的住房制度,其目的是为中国的住房制度改革与完善提供经验借鉴。

美国和日本同属于世界级的发达市场经济国家,两个国家均经历了住房严重短缺到逐渐缓解的曲折过程,但日本与美国在住房供给的基本条件,如土地资源的供给上存在一定差异,因而在解决住房问题过程中,政府的政策以及政府介入的程度会有所不同。因此,本节选择美、日两国作为发达国家住房制度比较研究的对象。

新加坡是一个新兴工业化国家,其特殊的国家地理条件决定了政府在解决住房问题上具有特殊重要的作用。因此,新加坡也创造了在人口高度密集地区有效解决住房短缺问题的许多成功经验,比如,住房公积金制度。

俄罗斯是一个典型的转型经济国家,转型之前它实行的经济体制与中国20世纪80年代以前的经济体制大体相同,转型之后二者均致力于建立具有各自特色的市场经济体制,在这种经济制度背景下,俄罗斯的住房制度中的成功经验与存在的问题可能对中国的住房制度改革具有某些借鉴价值。

一、美国的住房制度

(一)美国住房制度概况

美国是一个典型的发达市场经济国家,其社会经济发展程度处于世界上的领先水平,在这种社会经济背景下,美国人民的住房水平也是较高的。资料显示,20世纪90年代初期,全美人均住房面积已经达到60平方米,同期住房的自有率也达到了70%,居于世界各国或地区的前列。

由于美国市场经济体系比较发达,市场在资源配置中发挥着主导性作用。在住房的供给与分配领域,市场同样起着主导作用,即美国的住房市场在较大程度上由市场价格引导来调节供求关系。

但是,这并不意味着政府部门在住房问题上就无所作为。因为,即使是在美国这样的发达经济体系中,社会财富分布的严重不平衡也是经常地、普遍地存在着,对于那些收入水平较低,无力通过市场手段购买或租赁住房的居民,政府的帮助也是不可缺少。因此,美国的住房制度的基本特征是实行"市场调节与政府干预相结合的分层调节制":即对于收入水平较高的家庭,可以直接地、自行通过市场获得住房,这是美国住房消费市场的主体;对于收入水平较低的家庭,可

---

① 本节内容主要参考王薇主编:《住房制度改革》,中国人民大学出版社,1999年。

以在政府优惠政策的帮助下间接地通过市场或者政府部门获得住房。

（二）美国住房供给和分配制度的基本原则

1. 住房是一种私人财产。政府承认住房是一种私人资财，可以通过市场交易获得其产权（所有权或使用权）；政府对市场渠道供给与分配住房不进行直接的行政性干预，如果有必要干预也是采用间接的经济法律手段，如房地产税收手段、房地产金融手段、住房的消费补贴手段等。这与中国20世纪80年代以前的住房制度显著不同。

2. 政府干预住房分配。住房的分配不可全部依靠市场机制完成，它必须由政府的适度干预和调节加以辅助，以实现住房分配和消费的"社会公平目标"。因此，美国的住房制度体系里也具有一定的福利制度成分。这也是世界上绝大多数国家和地区住房制度的共性。

3. 政府辅助住房供给。尽管市场渠道供给和分配住房是美国住房制度体系的主体，而政府直接供给与分配住房则是该制度体系中的重要补充。例如，美国目前仍有不少政府部门直接建立公共住房机构，持有一定数量的住房，直接提供给低收入家庭居住。

（三）美国住房制度的基本内容

1. 住房供给制度。美国住房供给主体主要有三类：一是房地产开发商，二是政府公共住房机构，三是居民个人（自建自住），其中，房地产开发商是房屋的供给主体。房地产开发商与居民个人开发的住房资本共同构成了私人资本，私人资本是美国住房资本市场的主体。但是，在房屋的供给过程中，政府部门可以采用一系列的法律的、经济手段，辅助私人资本提供适宜于城市经济发展和居住环境改善的住房。这些手段当中，最主要的是住房建设融资制度。

美国利用发达的现代金融体系，采用抵押信贷方式，有力地支持了开发商对住房的开发建设。美国早在20世纪30年代就开始建立住房信贷金融体系，这不仅可以为住房开发建设提供资金，也为住房的消费提供融资渠道。这从供给和销售两个方面推动了美国住房市场体系的发育和完善。

2. 住房分配与消费制度。如前所述，美国的住房分配和消费主渠道是市场交易，政府公共住房机构辅助分配低收入家庭的福利性住房。由于大多数家庭通过市场来获得住房产权，实现消费目的，所以，政府部门为支持住房的市场分配和消费，建立了一套鼓励住房消费的制度，即住房消费信贷制度。如果说早期的美国住房信贷制度的支持重点是住房的开发建设或住房供给的话，那么，20世纪70年代以后，其住房信贷制度的重点开始逐渐转向中低收入家庭提供住房消费信贷。一般情况下，住房金融机构可以向居民提供相当于房屋市场价值70%—80%的住房信贷额度。这种制度安排极大地刺激了美国住房的市场需求。另外，为配合住房信贷消费，政府部门还常常通过减免住房税收、提供住房信贷担保等手段来加大扶持力度。对于那些即使通过住房消费信贷也无力解决住房问题的低收入家庭，政府部门直接提供廉租公共住房或直接进行房租补贴，让其能够在市场租赁到适住房屋。

（四）美国的经验及其对中国的启示

美国的住房制度为中国住房制度改革与完善提供以下经验与启示：

第一，美国住房的供给、分配与消费注重充分发挥市场机制的作用，它面对广大中高收入阶层；政府干预只限于相当小且具体的范围之内，它面对美国低收入阶层或老年阶层。

第二，政府干预住房供给、分配与消费手段主要有：为城市低收入家庭或老年阶层直接提供廉租住房，或进行住房租金补贴，或者通过税收优惠、信贷支持提高其购买力等。

第三，美国住房供给与消费制度体系中，住房信贷占有十分重要的地位，并且住房信贷的主体是面向中低收入家庭的消费信贷。

中国目前属于发展中国家，中低收入家庭是社会的主体，在住房制度改革过程中在注重发挥市场机制的基础性作用的同时，必须同时注意发挥政府部门间接调控的作用：利用住房消费信贷、房地产税收、房租补贴等手段帮助广大中低收入居民实现其住房需求。

二、日本的住房制度

日本和美国同属于发达市场经济国家，在住房制度方面有一些共同之处。但是，与美国不同，日本国土面积狭小，城市化水平高，人口密集，特别是在都市地区地皮紧张、住房拥挤的状况非美国情况所比。因此，研究日本的住房制度，会发现一些与美国住房制度不同的地方，比如，政府对于住房开发建设、住房的分配与消费等的介入程度可能会比美国政府要大。

（一）日本住房制度演化概况

自从第二次世界大战之后，在美国的大力扶植下，日本开始快速工业化、城市化进程，随之而来的是都市人口急剧集中、住房紧张问题。日本政府当局认识到，单单依靠市场力量已经无力解决日趋紧张的房荒问题，政府的适当介入已经是不可避免，在此背景下，1951年日本政府颁布《公营住房法》，为政府提供若干干预住房分配提供了法律依据。根据这部法律，公营住房是指由地方政府在国家补贴下建造、由地方住房供给公社经营、并专门出租给低收入的住房困难家庭的一种带有福利性质的住房。在1966年日本政府又颁布了比较系统和完善的住房法规《城市住房计划法》，这部法律对日本住房发展的目标和实施该目标的各个阶段的发展计划以及相关措施都作了较全面的规定。这部法律的颁布和实施，大大地推动了日本住房开发建设、加快了解决住房紧张问题的步伐。到20世纪90年代初期，日本家庭（四口之家）平均住房面积达到了59平方米，较好地完成了《城市住房计划法》规定的第五个五年计划目标。

（二）日本住房制度的主要内容

1. 住房供给制度。与美国一样，日本实行政府供给与私人资本供给相结合的住房供给制度，但私人供给是日本住房供给体系中的主体，占日本住房总量的87%，政府直接提供的住房只占日本住房总量的13%。日本政府在解决住房问题上的主要作用体现在为广大中低收入家庭提供长期的低息住房建设信贷和住房消费信贷。就私人资本供给的房屋而言，其基本运作规范是按照市场需求规律、在遵循政府房地产开发建设的法律、法规的前提下，实行自主决策，这与美国的住房市场供给体制没有差别，此处不作详细介绍。现在重点考察日本政府在住房供给上的制度安排。

日本政府直接供给的住房又称为社会保障性住房。在日本，政府设置的全国性的住房建设管理机构是建设省住房局，这种中央级政府管理机构的主要职责是制定住房发展政策、建立住房开发计划实施体制、编制住房开发的五年计划并监督其实施、编制住房预算和政府住房投资分配方案、对地方性住房公共机构和住房金融部门实施业务、政策指导以及监督，推动私人资本住房供给。从实践效果来看，建设省住房局在住房供给方面的作用主要表现为：在建设局的统管之下，构建了以住房金融公库、日本住房都市整备公团和地方住房供给公社为主体的社会保障性住房供应体系。

住房金融公库主要的住房供给职能和业务是向自建住房的私人或机构提供长期低息贷款，

为开发建设出租用住房的地主提供贷款,为私人住房金融机构提供贷款保险业务。住房金融公库对日本低收入居民住房供给的信贷支持的方式主要是为其提供较优惠利率、较长还款期限和较大贷款额度的住房建设资金。

住房都市整备公团是隶属于日本中央政府的非营利性机构,其职能是面向全日本中等收入居民提供住房。其基本形式是:先出资建筑低成本住房,再向中等收入家庭出售或者出租。

地方住房供给公社则是地方级的非营利的住房供给机构。它直接负责建设和提供面向地方的低收入家庭的住房。

除了住房金融支持以外,政府还在税收制度方面给予住房供给以大力支持。例如,日本有关住房法律规定,凡是利用住房贷款自行开发建设住房的,在5年之内每年可以从所得税中扣除当年年底的住房贷款余额的1%。

由此可见,日本的政府住房供给制度主要是在住房金融制度和税收制度的大力配合下,以中低收入家庭为住房供给对象,实行中等收入家庭与低收入家庭区别供给、中央政府与地方政府分别负责的供给体制。这与美国略有不同。

2. 住房分配与消费制度。与住房的供给体制相对应,日本的住房分配和消费制度也实行了"分层制":大多数的居民、特别是高收入居民直接通过市场渠道获得住房,中低收入居民在政府资助下获得社会保障性质的住房。而中低收入居民获得住房的方式和渠道又有所不同:中等收入可以通过住房整备公团购、租该公团开发的低成本住房;低收入者则可以获得地方住房公社建造和提供的住房。

为了保证广大中低收入居民能够得到住房、提高住房购买力,日本政府也实行了一系列的刺激住房消费的举措。例如,优惠的住房消费信贷,不动产税、财产登记税、城市建设税等的减免,政府部门对低收入家庭实施的购房补贴、房租补贴等等,均在一定程度上推动了低收入家庭住房问题的解决。

(三)日本住房制度的经验与存在的问题

日本住房制度中最典型的特点是,在积极发挥市场在住房供给与分配的主导作用的同时,政府的主要职责定位在"为中低收入家庭提供带有社会保障性的住房",其住房制度目标十分明确:切实解决中低收入居民住房困难,重点是低收入居民的住房问题。为实现这一目标,日本建立了从中央政府到地方政府、集住房供给、分配与消费为一体的住房保障体系,在住房金融、房地产税收和直接的政府财政扶持(如购房、租房补贴)等优惠政策的帮助下,为解决中低收入居民住房困难方面起到了重要作用。日本住房制度的成功经验是:充分发挥市场作用、利用发达的住房金融体系为住房开发建设和住房消费提供便利的融资条件、政府住房供给与分配准确定位于中低收入家庭、利用多方力量解决住房问题。

但是,日本住房制度中也存在一定的问题,需要加以解决。比如,尽管政府在为中低收入家庭供给住房问题上做出了重大的努力,但公营住房的供给依然远远小于中低收入家庭的住房需求,1992年日本三大都市对公营住房的需求与政府供给量的比例达到了9.8:1。另外,公营住房维修不力、质量较差、配套设施不完善等弊端也极大地降低了政府住房有效供给能力。这也反映了政府非营利性的、直接的住房供给的无效率。政府是否一定要直接参与住房供给是一个尚待研究问题。

三、新加坡的住房制度

新加坡是一个成立于1959年的新兴工业化国家。由于人口比较密集,土地面积狭小,住房高度紧张。建国之初,84%的人口居住困难。新加坡的住房制度就是在这样的背景下产生的,所以,其政府直接干预的特征比发达工业化国家更为明显。政府在住房供给、分配方面起了非常重要的作用。根据统计资料,从1960年到1989年的30年间,新加坡政府连续实行了6个建房五年计划,一共建造和供给了70多万套的住房,较大程度上缓解了住房紧缺的状况。

(一) 新加坡住房制度主要内容及其特点

1. 新加坡住房供给制度。新加坡的住房制度是在住房极其短缺的背景下建立的,而一开始政府就在住房的建设与供给中发挥了主导作用。从一定意义上讲,新加坡的住房供给制度是属于"政府供给主导型"制度。这与美、日等发达国家的"市场供给主导型"有着显著的不同。新加坡政府推行的"住房五年计划"等举措足以证明了这一点。为了迅速增加住房供给,新加坡政府成立了专门的住房发展机构"房屋开发局"(HDB),隶属于国家发展部,它专门负责全国的住房建设计划安排、施工建设和住房分配(出售或出租)、住房的使用管理等事务。1974年,政府又成立了国营房屋与城市开发公司(HUDC),专门建设和供给五居室大型住房。政府对房屋开发局的住房开发建设活动给予大力支持,比如,政府可以划拨国有土地或征用私有土地给房屋开发局,并以信贷方式提供建房资金。

除了政府建设并供给大部分住房以外,政府也极力鼓励私人建房,但这种供给在新加坡住房供给总量中比例不大。

2. 住房的分配、消费以及产权制度。由于新加坡建国初期住房高度紧张,政府供给的住房主要是通过房屋发展局、按照居民的收入状况进行计划性出租或出售分配。例如,新加坡政府最初规定,凡是月收入不超过800新元的家庭才有权租住公房,月收入不超过1000新元的家庭才有资格购买公房。与这种住房分配和消费制度相适应,早期新加坡住房产权制度格局是:低收入家庭只拥有住房的使用权而不具有住房的所有权及转租等其他派生产权;中等收入或高收入家庭则可以通过购买房屋而拥有住房的完全产权包括所有权。1979年以后,随着住房紧缺状况的逐步缓解,低收入家庭逐渐也可以购买公房,再加上在政府鼓励下私人建房的增多,住房产权结构逐渐发生变化。20世纪90年代以后,住房所有权私人化的比例已经大大提高,目前新加坡住房私有化率已达到90%左右。

关于新加坡的住房消费制度,最具有特色的是其住房消费的强制储蓄制度:住房公积金制度。从1968年开始,新加坡政府为了刺激住房消费,将公积金制度推广至住房消费领域。经过近20年的运作实践,到1987年这项制度已经趋于完善,它在解决中低收入家庭购房困难方面发挥了十分重要的作用。公积金制度是新加坡政府实施的一个强制性的储蓄制度,由雇主和雇员共同交纳,以解决包括住房在内的雇员退休生活保障问题。从1988年起,公积金交存比率为雇主和雇员各20%。居民可以利用公积金申请购房。

(二) 新加坡住房制度的经验

新加坡住房制度的主要经验在于,在住房高度紧张时期,政府建立了精干高效的住房开发、分配、管理机构,该机构虽然隶属于政府部门,但它具有独立运作的机制和权利,政府对其运行绩效进行监督和考察,其主要功能和目标定位于:为广大中低收入居民解决公有住房,属于非营利性经营,亏损部分由政府补贴。政府在这种住房紧缺时期起到了住房供给主体的作用。随着住房短缺问题的逐步缓解,政府逐渐放松对住房供给、分配的干预,极力鼓励私人资本进入住房市场,多方面扩大和改善住房供给。从产权制度上看,新加坡已经实现了从私人主要拥有住房使用权到拥有包括所有权、使用权和处置权等在内的完全住房产权的过渡。从消费制度上看,政府强制性地规定了个人和雇主的公积金缴存比率,为居民住房消费的实现提供了基本保障。但是,这些制度在中国是否具有借鉴和实施的制度条件以及如何实施还是一个值得我们认真研究的问题。

四、俄罗斯的住房制度

(一) 俄罗斯住房制度建立的历史背景

俄罗斯是1991年底苏联解体时成立的新兴市场经济国家,其经济制度经历了由集中计划经济体制向现代分散市场经济体制转变的过程,因而其住房制度也具有了一定程度的转型经济特征。欲很好地认识俄罗斯的住房制度,有必要简要回顾苏联的住房制度特征。

在高度的计划经济体制下,苏联建立了具有浓厚福利分配色彩的住房制度体系,国家向居民无偿提供住房被看做计划经济下社会保障功能的一部分。因此,国家供给、无偿分配、低租或零租消费住房构成了苏联住房制度主要特征。

(1) 住房供给制度。苏联住房的增量供给中,绝大部分由国家直接投资或集体农庄合作社以及社团出资建设,三种投资渠道供给的住房称公建住房。私人资本建房、个人集资合建住房比例不大,在20世纪80年代的两个五年计划中,国家投资建设房屋的资金占全国住房建设投资的比例达到了76%以上。在存量供给方面,国家通过给予房管机构以高额财政补贴方式来维持住房的维修。

(2) 住房分配制度和消费制度。除了私人建造住房由私人资本所有者自行使用、集资建房由入股者按出资比例自行分配或分割以外,公有住房由国家或公共团体按照一定标准无偿分配给居民使用。居民得到住房以后,只需要付出很少的房租便可实现住房使用权。因此,无偿分配和低租金消费构成苏联住房制度的主要特征,也正是在这个意义上,我们认为苏联的住房充当了福利的角色,住房制度也就相应地具有了福利特征。

(3) 住房产权制度。由住房供给制度、住房分配制度和消费制度的上述特征决定了苏联住房产权制度的基本格局:私人资本建设的住房,其所有者拥有完全产权(包括房屋所有权、使用权及其派生权利),公有住房的所有权归国家或集体经济组织或公共社团,居民仅仅拥有房屋的使用权。根据有关统计资料,到1990年底为止,在苏联的全国存量住房当中,按面积计算的国家、社团、住房建筑合作社所有的房屋比例为61%;私人住房面积比例仅占39%。因此,到20世纪90年代苏联解体之前,苏联住房的所有制结构特征为:以公有住房为主体、私有制住房为补充。

(二) 俄罗斯的住房制度改革与建设

1991年苏联解体,俄罗斯开始了财产私有化、资源配置方式市场化的激烈变革。在私有化和市场化的过程中,住房制度的改革不可避免。其改革的基本取向是:公有住房产权的私有化;住房供给主体多元化并渐渐以私人资本为主体;房屋分配与消费渠道市场化,以市场为调节供给与需求的基本手段。这就是俄罗斯住房制度改革的制度背景和基本目标。

1. 住房产权制度改革。自叶利钦执政以来，俄罗斯加快了经济私有化改革的进程，在此背景下住房产权私有化步伐也随之加快。根据现行俄罗斯住房政策法，俄罗斯的住房可以具有国有、地方政府所有、社团所有、集体所有、私人所有等多种所有制形式，并且各种不同所有制形式之间可以通过交易互相转变。1992 年开始，伴随国有企业和地方企业的私有化，公有住房私有化改革全面展开。私有化改革采用了按照统一标准免费转交住户、超标部分由住户自己购买的办法。经过产权改革，俄罗斯住房所有制结构中，私有产权比重逐渐提高、国有比重渐渐降低。到 1993 年底，私有住房占全国住房存量的 55%，私有制住房已经成为住房所有制结构中的主体，预计未来的私有制比重还会有所提高。

2. 住房供给制度改革。住房产权的私有化改革，不仅要注重公有住房的私有化改革，还要注意住房供给制度改革，因为住房供给是公有住房形成的源头。住房供给改革的措施是鼓励各种形式资本、尤其是私人资本投资开发住房，实现投资主体多元化、扩大住房的市场供给。与此同时，政府也在住房开发建设资金上给予了大力支持。按照 1994 年俄罗斯公布并实施的《住房信贷条例》，政府可以为公民或法人提供用于房屋开发建设的信贷资金。公民既可以通过抵押方式获得建房资金，也可以通过政府担保得到建设资金。另外，政府还通过直接的无偿住房建设资金补贴（补贴给建房单位）、实行税收优惠、发行住房有价证券（保值功能）等财政手段极力鼓励私人资本参与住房建设与供给。

3. 住房分配和消费制度改革。通过建立和完善住房产权交易市场，引入竞争机制，让市场渠道成为分配住房、调节住房供求、引导住房消费的主要工具。政府在住房制度的改革与重建中，主要作为一种辅助力量，比如提供优惠的住房消费信贷支持、为中低收入家庭进行住房消费补贴等等。

（三）俄罗斯住房制度改革绩效评价

俄罗斯住房制度改革的实践对中国住房制度改革来讲，有一些基本思路和经验值得我们借鉴。

首先，在计划经济体制下形成的住房政府供给主导制向私人供给主导制的改革，在中国的住房制度改革中有其直接的借鉴价值。实践证明，政府主导的住房供给制，难以有效解决一个大国居民的住房紧缺问题，因而，这种供给体制是无效率的。这与新加坡的情况不是完全相同，因为后者是一个国土狭小、人口总量不大的城市型国家，政府主导供给可以在一定阶段上发挥集中国家财力、保证广大中低收入家庭基本解决住房困难的问题。

其次，政府直接参与下的住房无偿分配、低租金消费向市场分配、市场价格消费的转变也值得我国房改借鉴。俄罗斯住房制度改革前的住房分配制度实质是一种带有一定福利性质的住房分配制度。住房在住房制度体系中被当作了一种福利品加以平均分配。住房本身作为一种商品，不仅可以作为投资对象，更是一种消费资财，在房屋紧缺的时期，其作为人们基本消费品的属性更加突出。我们必须承认，任何一个国家或地区的政府，在设计其住房制度时，均会对中低收入居民的住房问题给予特殊关照，这正是住房制度中福利成分的体现。但是，在具体实施形式上是采用直接的实物性分配还是间接的资金性或政策性的支持，其社会效果与经济效果不同。俄罗斯的房改证明，采用间接的资金或政策支持比直接的实物分配效果要好。

最后，住房产权制度改革。俄罗斯积极推进住房所有权私有化改革，大力培育住房产权交易市场，推进住房资源的合理配置。住房产权的私有化、多样化既是住房供给制度、分配制度改革的结果,也是住房制度走向完善的一个必要制度保证。这对中国房改的启示是:允许多种所有制形式的住房存在、并允许其按照一定的法律规范进行产权交易,只有这样,有效率的中国住房制度才可能形成。

第三节 中国住房制度[①]

一、中国住房制度改革历程回顾

中国的住房制度改革,从 20 世纪 70 年代末期开展的住房属性大讨论到 90 年代末期提出系统的房改方案,历时二十余载。这期间正是我国经济体制改革从计划经济(1978 年以前)到有计划商品经济(1978 年至 90 年代初期),再到社会主义市场经济的体制转轨时期。所以,作为我国经济体制改革组成部分的住房制度改革亦带有转轨经济的鲜明烙印:住房制度改革的目标不明确,政策多变,相关制度改革滞后,寻租腐败盛行等。纵观 20 年房改历程,可以将其划分为五个阶段:

第一阶段 1979 年—1986 年,理论准备与早期房改试验阶段。此阶段开展了两项工作:一是开展了住宅商品属性的大讨论,为下一步住房制度改革扫清了理论障碍。

第二阶段 1987 年—1991 年,中期房改试点阶段。1988 年前后,国家先后将唐山、烟台、常州、蚌埠、佛山、上海、广州等市作为房改试点城市。主要内容是:"提租增资"和"三三制售房"。"提租"是将公房租金提升至成本租金水平(包括折旧、维修管理费和保险费);"增资"是要求提高房租以后按照合理的租售比价相应地提高工资水平。"三三制售房"是指按照个人、单位、国家三者各自负担房价 1/3 的办法将房屋出售给职工个人。

第三阶段 1991 年—1993 年,房改全面推进阶段。这一阶段的主要内容是:继续推行"提租增资"房改方案,建立并完善住房公积金制度,积极推进公房出售,鼓励职工集资、合作建房,建立住房基金等。

第四阶段 1993 年—1998 年,房改深化阶段。这一阶段提出的房改内容涉及到住房供给、分配、管理体制、产权交易等多方面内容:住房资金来源要求逐步转向以个人负担为主;住房供给社会化、市场化;住房分配货币化;住房市场化分配与社会保障型分配(政府主导下的分配)并存;建立规范的住房产权交易市场。总体来看,这一阶段的房改任务主要是逐步扩大和深化前期住房体制市场化改革成果,但此间我国国有企业改革正处于攻坚阶段,住房制度改革所需要的巨大资金没有及时得到满足,所以,房改的成果并没有达到事先预计的理想结果。

第五阶段 1998 年 12 月 31 日至今,房改全面深化和实质运作阶段。中央政府明确规定,1999 年全国各地全面停止实物福利性分房,实行货币工资性分房制度。1999 年上半年,各省房改方案相继出台。市场取向的房改方案进入实质性运作阶段。

二、传统住房制度

中国传统的住房制度是在计划经济体制背景下形成的,在国际上具有一定代表性,对这种

[①] 本节主要参考曹振良、高晓慧等:《中国房地产业发展与管理研究》,北京大学出版社,2002 年,第 466—484 页内容。

在典型指令性经济背景下的住房制度进行系统剖析,具有普遍意义。在传统住房制度下,国家成为城镇职工住房的惟一生产者和调度者,其基本运行体制为:国家在财政基建拨款中特设一笔建房专用基金,用于承担全国城镇的建房工作,职工工资中的住房消费部分完全上缴财政。房屋建成后,再按照职务、工龄等标准进行分配。事实证明,这种住房制度存在很大弊端,如:公房租金过低,使住房的日常维修养护都难以维持;住房分配不公,导致社会公平丧失等等。有必要对传统的住房体制从本质上加以分析,以使房改目标更加清晰和明确。

(一)中国传统住房制度的基本特征

1. 住房投资渠道和供给渠道的单一性。在旧住房制度下,我国城镇职工住房主要由政府投资兴建,资金来自中央、地方政府和企业的公共积累,建房主体是政府和国有企事业单位。因而不受居民实际需求约束的住房建设,必然随着投资的多少出现不规则收缩与扩张。

2. 住房分配的实物性和分配手段的行政性。传统住房制度下住房分配形式是直接的实物分配,由职工所在单位采用行政手段,按照职务级别、工作年限等标准进行分配,从而并非所有人都能及时分得他们所需的住房。同时由于国家在住房投资上的不均衡,造成有的单位得到的住房资金多,有的单位则得到很少甚至完全得不到的情况,更加剧了住房分配不公。职工能否得到住房和能得到多大面积住房,不仅取决于其职务大小,工龄长短,还要取决于其工作单位的实际状况。

3. 住房产权的扭曲性。传统住房制度下,从公有住房的所有权方面来看,似乎理所当然完全归国家或企事业单位所有。其实不然,除去解放初期没收的城市房地产是"纯粹的国有房产"以外,在后来的增量住房中,从资金的终极来源来说,又分为两种情况:一是国家财政拨款,一是职工工资扣除的积累。在我国传统经济体制下,国民收入初次分配中,积累与消费的比例不当,职工工资中很少或根本不含住房消费,而是将这部分本应包含在职工工资中的住房消费作为国家财政收入的一部分,然后由国家以财政拨款的形式进行住房建设投资。这就意味着国家的住房建设拨款的终极来源中含有职工用于住房消费的工资扣除。用这部分扣除工资建造的住房其终极产权应按比例为工资量化到个人。再从住房使用权及其派生权利来看,职工一旦获得住房使用权,便可永久占有和使用,并在客观上享有收益和处分等权利。可以说,职工已拥有了对住房的实际控制权,成为了事实上的所有者,国家纯财政拨款于住房形成的产权部分则未能切实体现。

(二)我国传统住房制度的本质

住房制度改革讨论的出发点,应该是对传统住房体制的正确认识。这个基点不清楚,就无法对房改战略达成共识。当前无论是在理论界还是在实际工作中,对原住房体制的把握都还较为模糊。如下面一些概括:"企业福利供给制"、"自然经济住房制度"、"产品经济制度"等等。这些概括,都抓住了传统住房制度某个阶段或某种层面上的本质,但作为一个整体概念来讲,则失于偏颇。

1. "自然经济住房制度"论。该观点认为旧的住房制度既非商品经济的,又非产品经济的,是彻头彻尾的自然经济住房制度。其主要根据是:传统体制下住房的生产、供给、分配均在企业系统内部进行,具有"自给自足"的特性;分配是以"实物住房"进行,具有当然的"实物形式",而"自给自足"和"实物形式"恰是自然经济的典型特征所在。这种论点有一定争议。首先,"住房实物形式是自然经济的典型特征"表述不准确。商品经济下同样具有实物形式,并非自然经济所特有;其次,尽管社会不承认传统住房制度中存在的商品属性,住房的生产、交换、分配也未按商品经济的基本规律来运作,但其中的商品经济关系仍有体现。以下事实可作说明:第一,住房租赁关系存在,且房屋建设过程中不同单位间的资金供应、材料采购存在商品货币关系;第二、住房分配按职务、工龄等实行"有限按劳分配",并非自然经济实行的"原始的平均分配";第三、"企业范围内住房的自给自足"表述不准确。20世纪70年代末,国家成立"住房统一建设办公室",在全国范围内曾负责住房的统一建设、统一组织,再按条块在行业、部门与企业间的单位职工中进行分配,这部分住房供应主体应为国家而非企业。可见,认为旧的住房制度实质是"自然经济制"不确切,不能全面、准确概括其运行本质。

2."产品经济制度"论。基本观点是,传统住房制度的实质是产品经济制度。但我们认为,与其说传统住房制度是单纯的产品经济制度,倒不如说是"混合经济"更为贴切,因为,传统住房制度既有自然经济的某些特征又有商品经济的部分积极因素,同时又采取了产品经济的计划管理模式。即使在混合经济条件下,社会产品的生产、供应与销售也要讲究经济核算,但传统住房制度下,住房仅有生产和供应却没有销售环节,直接以实物形式分配给职工,所以它与当时的一般产品循环体制有所不同。讲"传统住房制度是产品经济的住房制度"也是值得商榷的。

3."企业福利供给制"。持此观点的学者认为:从住房的投资来源(国家基建拨款)、住房规划(统一的住房范式)、住房建设(国家统建及单位自建)、住房分配(实物福利分配)等诸方面来看,传统住房体制是"企业福利供给制",即住房完全是由国家和单位作为一种福利品无偿提供给个人使用的。事实是否如此?正如上面提到的,在传统住房制度下,职工工资中不含住房消费部分,而是由国家将这部分工资集中起来作为财政收入的一部分,再以财政拨款的形式进行住房建设投资。这就意味着政府住房建设拨款的终极来源中除纯财政拨款外,还有职工用于住房消费的工资的扣除。因此,用这部分工资扣除建造的住房,其终极产权应归属个人而不是国家或企事业单位。认为传统住房制度是"福利供给制"同样不能成立。

4.产权扭曲的住房制度。正确认识传统住房制度的本质,应从产权方面入手。产权关系混乱是传统住房制度运行的结果,又是形成其他制度层面问题的根源。"福利供应制"之所以没有抓住问题的实质,就在于没有认清"福利供给制"只是产权制度的衍生物。从我国住房体制的形成过程中可以看到这一点。20世纪50年代中期国家将旧中国城镇私有房产收归国有,这些房产成为我国住房制度启动时赖以分配的存量基础。伴随着这种"纯粹国有房产"无偿的行政分配,我国住房制度的另一个要素"住房低租消费制度"亦同时启动,50年代以"纯粹国有房产"为对象的存量住房分配完毕后,一直到20世纪70年代末,国家基建拨款是城镇住房投资的惟一来源。城市政府住房建设部门和国有单位的基建部门接受国家基建拨款以后开始筹建住房。从投资到建房形成了我国传统的住房供给制度。这种供给制度的根本特征是:以纯计划的行政方式运作,以资金定供给,以供给定需求。国有房产形成以后,再以行政手段、条块分割方式在国有单位之间、国有单位职工之间,主要以非经济因素为标准进行分配。住房供给制度的下一个层面是住房消费制,这种消费制度的典型特征是低租制,这种制度形成的经济根源在于"低工资"。低工资形成了公共积累,并作为基建拨款的重要部分进行住房投资,故基建拨款中含有职工工资预扣的积累。因此,住房消费制度以低工资、低租金为外在表现形式,其实质是通过职工对自己工资中住房消费部分扭曲的"非商品性消费",索回本应属于自己的住房产权。

但是,我们也不同意那种把国家的住房拨款全部看做来自职工工资扣除的观点,我国的住房建设投资的终极来源除了职工工资扣除外,还有纯财政拨款。在当今世界上任何一个国家的政府为解决部分低收入,一般都实行财政性补贴,我国政府更是如此。显然这部分纯财政拨款所建造的住房,其终极产权应属于国有。在国外一般是通过对低收入阶层实行低房价来实现这种财政性住房福利补贴的,在我国实际上是将政府财政性住房福利补贴与职工工资扣除混在一起,统一建造住房,然后国家将全部新建住房作为"福利",以低租金实物形成按"官本位"优先分配给官位和工资收入较高的职工,使他们获得丰厚的"暗补";而官位和工资收入较低的职工由于少分房,或根本分不到房,不但很少或根本得不到政府纯财政性住房福利补贴,反而通过国家对工资中住房消费的统一扣除,将本属于自己工资一部分的住房消费无偿转让给多分房、分好房的职工身上。

通过以上简单分析可以看出,正是由于产权制度的扭曲,由职工工资扣除建造的住房,产权本应属职工个人,却被国家作为"福利"在全国范围内统一分配;而由国家纯财政拨款建造的作为社会福利的住房,亦被当作工资扣除的结果,失去其改善住房困难户的作用。所以,传统住房制度的实质可以概括为:产权扭曲的住房制度。

三、新型住房制度的构建

(一)我国住房制度改革的根本出路

在市场经济条件下,市场在资源配置中发挥有效作用的必要条件有三:其一,社会必须对产权给予明确的规定,使得人们对每项物品的权利得到法律的保障和约束;其二,产权必须是可以实施和转让的;其三,产权应当是分散和多元化的,以便促进市场竞争并促使价格合理化。对于住房这种位置固定的特殊商品来说,情况尤为如此。

正如前文所分析的,住房制度改革尽管是一个包含投资制度、供给制度、分配制度、消费制度、产权制度在内的系统工程,其核心层面是产权制度。如何根除传统体制的积弊,重新塑造产权明晰的住房制度是我们今后应主要考虑的问题。正如传统的分配制度启动了传统住房制度,并与传统消费制度一道形成了我国传统的"产权扭曲"的住房制度体系,住房分配制度的改革也必将引起我国住房产权制度的改革,继而建立起新的住房体制。

住房分配制度改革就是要变行政性的实物分配方式为在市场机制调节下的货币分配方式。这一分配模式使居民以货币的形式从社会总财富中取得自己应得的一份,然后用货币到市场上购买或租赁自己所需的住房。因此,居民成为住房市场的决策主体,住房真正成为商品在市场上流通,可因市场机制的调节决定其合理的流向。同时,住房分配货币化可以有效地切断传统存量产权问题累积的渠道。它可按照产权的真实来源,以货币的形式进行住房产权的复位、落实,还职工住房产权以真面目,彻底改变原有的产权扭曲的住房体制。从流量上看,国家公共积累转化成的住房基金的真实来源是职工的工资预扣,理应以货币的形式发还给职工。因此,笔者认为,我国住房制度改革的根本出路在于以住房分配制度改革为先导的住房产权制度改革,即住房分配货币化。

(二)新住房制度体系框架

我们认为,新住房制度体系应主要包括以下几个方面:

1. 建立以私有产权为主,其他产权形式并存的多元化产权制度。我国目前正处于计划经济向市场经济过渡的转型时期,而要真正转向比较成熟完善的市场经济,必须建立一整套与市场经济相符合的产权制度和运行机制。

进一步推进住房制度的商品化、社会化改革,必须强调住房产权的私有化。其内容包含:居民个人拥有住房的所有权,享有住房的占有、使用、收益、处分的权利,并且这些权利受到法律保障;机关、社会团体、企业事业单位等具有法人资格的组织同样可以拥有对住房的所有权,既可以用其进行投资,又可以解决内部成员的住房问题,任何外部组织机构均不得对其进行干涉。同时,必须建立一整套法律和措施以保证住房产权在社会范围内的自由流动,以达到住房资源的优化配置。在法律上保障住房产权的私有化,理论上分析并不与我国社会主义公有制的生产关系性质相违背。选择私有产权作为住房产权的主要形式,这是由我国社会主义市场经济的本质特征决定的。在市场经济中,必须保证商品的私有权,才能进行消费。住房同样是一种商品,应列入生活资料的范畴之中。社会主义公有制要求的是生产资料的公有制,而并非生活资料的公有制,生活资料产权的私有化与生产资料产权的公有制应是社会主义市场经济发展过程中相辅相成的两个方面,缺一不可。传统的住房体制下,产权结构发生极度扭曲。国家规定住房完全归国家或国有企事业单位所有,通过对职工工资中住房消费部分的扣除集资建房,再按职位、工龄等依次分配给职工。职工一旦分得住房使用权,便可永久性占有使用,客观上成为住房的所有者,享有了包括收益和处置权在内的诸多权利。但因住房产权名义上仍为国家或单位所有,又限制了住房产权在居民和单位间的有效流动,造成住房分配不公,限制劳动力合理流动等一系列弊端。因而,强调住房产权的私有化,应作为推动住房改革的最根本目标来抓。

在市场经济国家中,在强调私有产权为主的同时,还应注意产权的多元化发展。住房产权是一组可以分割成若干独立组成部分的"权利束",包括使用权、出租权、出售权、抵押权、继承权、收益权等等,这个"权利束"的各个组成部分都应是可以独立转让的。一般而言,住房产权作为一种复杂的产权组合,主要有以下四种形式:(1)单独所有权,即业主独立拥有住房;(2)合伙经营,可分为普通合伙和有限合伙,即两个或两个以上,集资合股的产权;(3)股份有限公司,这是以公司形式组织起来,专门从事房地产业投资、开发与经营的一种财产组织形式;(4)住房信托,即专门从事房地产投资经营的信托业务。由此可见,产权作为一种介于人与物、权与利以及人与人之间关系的社会契约,有着多样的组成形式,建立以私有产权为主体,多种产权形式并存的多元化的产权制度势在必行。

2. 改变传统住房制度下单位建房分房的供给方式,实行住房分配货币化。传统住房制度实行的是住房实物分配的供给方式。住房不是由职工通过劳动所得的工资进行购房,而是由单位扣除职工工资的一部分作为建房款,统一建房分房。由于这种制度下住房只有投入,没有产出,建房、分房越多,赔钱越多,以至连最起码的房屋维修养护费用都不能保证。

产权制度决定分配制度。完全意义上的公有制必然决定与之相适应的是一种住房的实物性供给制。当私有产权被法律确定和保障下来,住房私有化在全社会范围内达成共识以后,住房分配货币化势必取代传统体制,成为新的住房分配供给方式。

住房分配货币化模式的关键因素是以货币的形式进行分配。居民将根据其向社会提供的物质产品或社会服务的数量和质量,以货币的形式从社会总财富中取得自己应得的一份,然后持所得货币到市场上购买或租赁自己所需的住房。住房分配货币化强调住房的私有产权必须通过货币支出来购买或建造,并且通过货币支出来购买或建造房屋者拥有住房的"完全产权"。其实质是将住房的一次性实物分配转化为多次货币收入分配,将传统体制下职工工资的扣除部分返还到职工工资中去,职工用来购买住房的购房款应包括工资、公积金、住房补贴等。

3. 加快住房市场发育,促进住房产权交易市场规范化。在旧的住房制度安排下,由于住房产权归属国家而非个人,公有住房是禁止上市流通的。北京市人民政府曾颁布《关于城市公有房屋管理的若干规定》,第二条规定:"承租人不得擅自将承租的房屋转租、转让、转借他人;严禁出卖公有住房使用权"等。可见,传统住房制度下,我国基本不存在住房市场。发展住房市场就是要建立规范化的住房金融市场,住房交易市场和住房的维修管理市场,逐步实现住房资金投入产出的良性循环,促进房地产及其相关产业的完善和发展。

目前从我国交易市场看,二级市场的开放势在必行。随着经济的发展和人们生活水平的提高,愈来愈多的人不满足现有的居住状况,要求以小换大,以旧换新,改善自身居住水平。上海等地实践证明,住房二级市场的开放,有利于盘活存量住房和合理配置资源,可以引导居民消费,增加住房投资。但就目前情况来看,大部分地区的住房二级市场运行得还很不规范,很多城市公房出售时并没有考虑地段差价因素,一旦盲目加大开放住房二级市场的力度,则这些隐性收入便全部流入个人之手,造成新的住房分配不公和社会不稳定因素。

培育与发展住房市场体系需要有一个过程,尤其是住房交易市场的规范化需要长期的探索。完善的市场化交易制度要求:住房市场应包括一级市场和二级市场。一级市场是指新建住房的买卖市场,市场主体包括开发商、建设单位和购房者。居民在一级市场中购买房屋获得对住房的所有权,并且住房产权在法律上得到确认和保障。二级市场是住房私有产权的出售、出租和交易市场,市场主体为住房产权所有者与消费者。两级市场中的交易均采取等价交易原则,市场主体地位平等,交易自愿进行,租金与价格由市场供求关系决定。政府不直接干预微观主体间的市场交易行为,而是市场的宏观管理和调控者。

4. 针对不同收入家庭的承受能力,建立新的住房供应体系。实现住房的商品化、社会化改革迫切要求改变传统住房制度下,政府集中控制的住房供应体系,建立新型的市场化的住房供应体系。新的住房体系要充分体现市场的主体作用,政府由住房建设参与者转变为住房市场的管理者,通过市场需求引导市场供给,满足不同阶层家庭的住房需求。

新的住房供给体系的核心是对不同收入家庭,实行不同的住房供给政策。即建立以中等收入家庭为对象,具有社会保障性质的经济适用房供应体系和以高收入家庭为对象的商品房供应体系,保证各收入家庭都能解决居住问题。对于低收入者,由国家提供廉租房,给予一定的补贴和优惠,并一般采用只租不售的形式。

应该指出的是,经济适用房毕竟是国家补贴,带有福利性质的住房,带有传统住房体制中计划经济的特征。因此,必须对经济适用房的规模和适用者资格进行严格控制。否则,供应量过多,会冲击商品房市场,不利于职工住房最终走向市场化,也不利于中国住房体制改革的"住房商品化、社会化"目标的实现。

5. 明晰住房产权主体,实现住房管理的社会化。在传统住房体系下,房屋产权形式单一,仅存在直管公房和单位公房两种形式。公房住房区由房屋所有权单位或政府房管部门组建的房管所实施管理。由于住户只是象征性地交纳一些房租,国家每年的房屋养护费用高达 3 亿元左右,形成国家资产的巨额损失。

由于传统体制下住房产权统一归国家或单位所有,这种以福利形式为主的单位自管房物业管理方式有其存在基础,并得以维持。但随着城镇住房制度改革的逐步开展,产权形式由单一的公有制开始向多元化转变,这便给房管部门的运作和管理带来困难。因为居民的产权不再局限于一个单元之中,一座楼宇的产权可能为不同的权利主体所分割。在这种情况下,迫切需要建立社会化、专业化的住房管理体系,取代陈旧落后阻碍我国住房改革进程的传统住房管理体制。

在新的住房管理体制下,物业管理公司将取代房管所成为住房的维护管理机构。这些专业化的物业管理公司和独立经营企业,不再隶属于行政部门,而是同房地产开发商和建造商更紧密联系在一起。物业管理公司受产权主体委托,将分散的社会分工汇集起来实施管理,负责居住区的清洁、保安、水电、绿化等工作,有利于充分发挥物业的各种效益。从本质上说,社会化的物业管理体系是与私有产权确立,货币化分房的实行和市场化交易的运作紧密相连的,它们互为补充,互相融合,共同成为实现住房商品化、社会化改革目标的必然选择。

(三)中国住房制度的关键环节:住房产权制度改革

在住房体制改革的初期,住房产权问题并没有引起人们较大的关注。那时,为住房建设筹措资金,几乎吸引了人们的全部注意力,随着住房改革的不断深入,住房产权问题不断地被从各个角度提出。在房改当中,出售公有住房,多渠道筹资建房,以及提高公有住房租金水平,始终构成其最重要的三项内容。就现存公房以及新建商品房的买卖来说,既然涉及买卖,买卖对象的性质以及买者对该对象所拥有的权利,无疑必须界定清楚。动员各方面的资金来建造住房也是这样。如果投资者对投资对象的权利得不到保障,其投资的积极性绝不可能持久。甚至提租也回避不了住房产权问题。因为,提租所需的补贴资金的来源、提租收入在政府和单位之间的分享,以及这些收入的使用等等问题,都需要在住房产权界定清楚的基础上方能妥善解决。事实上,在中国的经济体制改革确定了市场化方向之后,人们已经清楚地认识到:市场交易的实质是权利的转让。这意味着,建立一套界定清晰,受法律保护和监督,可以实施的产权体系,是推进市场化改革的前提条件。毫无疑问,在开拓住房这个容量庞大,且至今处于发育阶段的大市场的过程中,这个前提条件是必须首先具备的。

正如本章前面所论述的那样,公有住房的概念在相当长的时期中未能得到清楚的说明。诸如公有住房的形成,对公有住房的权利和责任在各级政府以及政府部门之间的划分、权利的行使、公有财产的管理等等有关公有住房实施的重大问题,都没有明确的界定。这种状况对于住房体制改革构成了严重的障碍。例如,单位出售公房的收入问题,就因为公有住房的产权界定不清,而在单位,政府主管部门和各级政府之间引起了无穷的纠葛;已出售的公有住房也因只拥有使用权而产生"产权凝固",不可能在市场上流通。因此,在向市场经济过渡的今天,按照市场经济的要求,借鉴其他市场经济国家的成功经验,进一步深化我国住房产权制度改革便具有举足轻重的作用。为此,应努力做好以下几点:

1. 建立与社会主义市场经济发展相适应的多元化产权主体。市场经济需要多元化的产权主体。产权分散,竞争机制才能充分发挥作用。在充分竞争的基础上,市场价格才能趋于合理。这一点,已被理论和实践所证实,如果说,改革之前中国住房体制的单一公有制是由片面推行公有制的发展战略造成且与之相适应的话,那么,在多种经济成分共同发展的格局已经确定的今天,为了与之相适应,城镇住房的产权制度也应当是多样化的。建立多元化的住房产权制度,首先要理顺公有产权制度,将公有住房从成千上万个国有企事业单位中分离出来,组建者如住房股份公司之类的独立经营机构。这样既可以创造出一批具有自身利益关系的经济主体,来维护公有住房产权,并通过专业化经营,实现公有住房资产的保值和增值,又可以使我国广大企业摆脱

"办社会"的沉重负担,真正成为市场经济的主体。其次,在建立多元化的住房产权制度的过程中,大力发展各种非国有产权住房是至关重要的。这一战略,将主要通过出售国有住房产权和鼓励非国有住房投资等措施来实现。

2. 给予住房购买者足够且具有法律效力的权利。无论是发展非国有的住房产权,还是改造现有的国有住房产权,使住房产权拥有者得到足够的权利,并建立相应的法律框架,使这些权利能够真正实施,都是十分重要的。在最初的出售公有住房方案中,居民所购买的只是"有限产权",即居民的权利只是永久居住这些住房并可将之传给后代居住,但不能在市场上转租或再出售。在这种有限产权安排下,居民付出资金所交换的,只是某种与传统的租户权相差无几的东西。两者比较,当然还是支付低租金继续租用公有住房在经济上更划算,这种状况提醒我们,在出售公有住房时,除了必须考虑价格因素之外,还应当注意在产权安排上向购买者提供足够的刺激。从根本上说,居民所以愿意放弃以低租金租用公房的利益,而情愿花去多年的积蓄来购买住房,主要考虑的是住房具有保值和增值的优良性质。倘若仅仅赋予居民以有限的权利,尤其是限制了其继续买卖住房,以获得房产增值的权利,他们是不大可能有积极性的。

3. 培育和发展有利于产权流动的住房市场。在理顺住房产权关系和形成多元化市场行为主体后,应尽快培育和发展住房市场。

专题分析:中国住房制度改革的进程与反思

我国经济学,尤其应用经济学的研究有一个大的转变,即从运用马克思主义理论和西方经济学理论来分析我国的现实提出改革方案,简称借鉴式研究。把借鉴式研究与我国实际经验结合并升华为理论,进一步深化改革,丰富和发展经济理论,简称升华式研究。同样房地产经济学研究转变为借鉴式研究与升华式研究并存。我们设此专题分析意在同行中广泛开展房地产经济学的升华研究。

我国住房制度改革大致可分为四个阶段:

一、理论准备与出售公房的试点期(1980—1985年)

1980年1月号《红旗》杂志刊载《怎样使住宅问题解决得快些》一文,引发了房地产业理论界及实践部门对住房属性的大讨论,明确了住房的商品属性,统一了住房制度改革的可能性和必要性认识。有关住宅属性的大讨论为我国今后20年的住房制度改革建立了舆论导向和理论基础。

1982年,国家正式批准郑州、常州、四平和沙市四城市作为住宅补贴出售的试点,实行"三三制"售房,即住房价格由国家、单位和购房者各负担1/3。"三三制"售房的好处在于适应大多数居民的消费能力,解决了一部分急需购房者的住房问题,并实现了住房产权由公有到个人私有的部分转变;但这种售房制度使国家和单位的负担过重,国家通过售房收上来的钱根本不足以进行新一轮的住房建设,造成"个人买得起,国家企业补不起"的状况。实践证明,"三三制"售房方案不可行,因而自1989年起,大部地区终止了住房的补贴出售,开始研究新的租金改革方案。

二、提租发补贴,以租促售的配套改革期(1986—1993年)

1987年冬,烟台、唐山、蚌埠和沈阳试行提租发贴(增资)改革。烟台推出以"提租发贴,空转起步"为特征的城镇住房制度改革试行点,经国务院正式批准,随后唐山市也经国务院批准,推出了"提租增资"的改革方案,与烟台不同的是实转起步。接着蚌埠等城市也加入了房改试点的行列。1988年1月,全国住房制度改革工作会议在北京召开,宣布将房改正式纳入中央和地方的改革计划,分期分批加以推行。自此,房改开始了以提租为主要任务的阶段。提租补贴,租售结合,以租促售的政策是这一阶段房改的主题。

从改革的实践来看,提租发补贴的住房制度改革方案取得了一定成效。首先是租金大幅度提高,从房改前的每平方米不足0.13元升至1元以上,增幅13—18倍,使房改向前迈出了可喜的一步。其次是改善了房地产经营机制,初步奠定了住房商品化和产业化的基础。

三、综合配套,全面推进期(1993—1998年)

1993年底,第三次全国房改工作会议召开,次年7月国务院颁发了《关于深化城镇住房制度改革的决定》。在总结前段房改经验教训的基础上提出了全面深化我国房改总的思路:(1)改变住房建设投资由国家、企业统包的体制为国家、单位、个人三者合理负担的体制;(2)改变各单位建房、分房和维修、管理的体制为社会化、专业化运行的体制;(3)改变住房福利性实物分配的体制为工资性货币分配的体制;(4)建立以一般收入家庭为对象、具有社会保障性质的经济适用房供应体系和以高收入家庭为对象的商品房供应体系;(5)建立住房公积金制度;(6)发展住房信贷和住房保险,建立政策性和商业性并存的住房信贷体系;(7)建立规范化的住房交易市场和维修、管理市场,逐步实现住房资金投入产出良性循环,推进房地产业和相关产业的发展。

四、实行住房分配货币化,进一步深化住房制度改革的阶段(1998—至今)

1998年7月,国务院发布了《关于进一步深化城镇住房制度改革,加快住房建设的通知》。通知要求1998年下半年停止住房的实物分配,逐步实现住房分配货币化。这是我国住房制度改革和房地产业发展过程中的一项重大变革,它意味着,建国以来一直实行的福利性实物分配的住房制度将"寿终正寝",给职工发住房补贴为主的工资性货币化分房的制度开始实施。表明我国"房改"按照既定的目标——商品化、市场化全面推进,向纵深发展。在这一过程中不仅实现了机制转换,促进了房地产业特别是住宅业发展,大大改善了居民的住房条件;同时还使住宅业成为新的经济增长点和消费热点、房地产业成为国民经济的支柱产业,拉动整个国民经济的增长。认真总结我国房地产经济改革和发展的经验,升华为理论是房地产经济学的重要任务之一,我们愿意与同行一起共同努力。

思 考 题

1. 回答住房制度的含义,并说明住房制度体系构成及其相互关系。
2. 试比较美国与新加坡两国住房制度的异同,并说明决定住房差异的基本因素有哪些?
3. 决定俄罗斯住房制度改革的制度经济因素是什么?中国住房制度改革可以在哪些方面借鉴其经验,如何借鉴?
4. 中国传统住房制度的特征和实质是什么?其改革的基本原则是什么?

参 考 文 献

1. 曹振良、高晓慧等:《中国房地产业发展与管理研究》,北京大学出版社,2002年。
2. 王薇:《住房制度改革》,中国人民大学出版社,1999年。
3. 曹振良、郝寿义等编著:《房产经济学概论》,南开大学出版社,1992年。
4. 曹振良:"国有企业住房制度改革与产权边界",《中国房地产》,1996年第6期。
5. 杨鲁、王育琨:《住房改革:理论反思与现实的选择》,天津人民出版社,1992年。
6. 包宗华著:《房地产:先导产业与泡沫经济》,中国财政经济出版社,1993年。
7. 张元端、邱需恩主编:《中国房地产投资全书》,中国统计出版社,1992年。

第十六章　住宅开发建设

房地产经济学研究的基本问题是住宅经济学,而住宅经济学所应涉及的关键问题在于住宅的开发与建设过程。1992年以来,我国以住宅为主的房地产业进入高速发展时期,大批以住宅为主的房地产公司及中介,物业管理等机构应运而生,商品房特别是商品住宅的开发建设均达到或超过历史最高记录。这一时期住宅的大量开发为我国房地产业的健康发展积累了宝贵经验,但也带来了很多教训。如住宅区位选取不当,带来居民生活工作上的诸多不便;住宅建设质量低下,存在多方面的事故隐患;住宅区配套设施严重不足,达不到国家或地区颁布的住宅配套最低标准等。本章主要分析住宅区的规划及选择,住宅开发建设过程,住宅区域配套设施规划设计及与住宅质量相关的几个问题,以期达到对我国住宅业开发建设的进一步认识。

第一节　住宅区的规划设计

住宅的开发建设与一定的区位密不可分,不同区位所决定的住宅的功能、价位均不同。完整分析住宅整体区位的选择,应从区位理论入手。由于本书前面曾系统阐述过住宅区位理论的原理及实践,本章不再赘述,主要从人们对住宅选择的各项影响因素入手,分析住宅区规划所应遵循的原则及所应达到的标准。

一、影响居民选择住宅区位的因素

人们在选择住宅时,会从各方面评价某处住宅能给其带来的效用满足程度。住宅带给居民的效用主要有:舒适性,安全性,交通顺畅,环境保健,购物方便,有利交往等。不同的人在综合考虑这些影响因素时,会对其中的某项具体因素有不同的侧重,从而某处住宅可能为某类人所青睐,但却不能满足另一类人的需求。这也表明,一处完全尽善尽美的理想化的住宅实际是不存在的,大部分住宅各有其优缺点。人们具体选择时,也会由于侧重点的不同对同一处住宅产生不同评价,体现出多样性。一般而言,这些影响因素主要有:

（一）住宅的使用功能

一处住宅的使用功能是多方面的,但人们总是偏重于那些能带来最大使用功能,即能给自身需求达到最大满足的住宅。例如,长期生活于危棚简屋中的居民,最希望搬迁至设施完备、功能齐全的新房,对新房以后的升值潜力则不作过多考虑;一直生活在交通不便、出行困难地区的居民,其最大的需求则是能选择一处交通便利,车流通畅的住宅区域,解决上下班困难的问题,对住宅是否环境优美,是否设施完善则并不在意;同样长期居住于环境恶劣、声音嘈杂地区的居民,其最大愿望肯定是获取一套恬静安逸、污染较小的住宅。居民选择住宅的标准不同,归根结底还是由于多样性。不同的人会通过分析鉴别,选择最能满足其居住需要的房屋。可见,住宅的使用功能是影响居民判断选择的首要因素。

（二）住宅的安全效能

人们选取住宅时，毫无疑问，其安全程度将是影响决策的重要指标。一般来说，人们会具体考虑住宅区域的各项安全隐患，如住宅的防火效能，抗震效能，安全疏散通道与场地，居住区域安全保卫等等。偷盗、抢劫等犯罪事件频频发生的地区肯定鲜有人问津；存在火灾事故隐患、抗震能力不强的住宅也肯定不会为精明的消费者所认可。开发商若想成功销售所建住宅，必须从住宅商品的安全角度入手，提高安全系数，加大人防与消防力度，否则必将成为房地产开发中的失败案例。

（三）住宅的周边环境

随着人们生活水平的日益提高，对住宅周边环境的优劣程度的要求也越来越高，因为不利的居住环境直接威胁居民的身心健康。据测算，一个工作的成年人每天58%的时间是在住宅内度过，老年人和儿童每天在住宅内逗留的时间则更长。不从工作环境来看，只从居住环境来分析，如果一个人一生中一半以上的时间是在这样的环境中生存的话，显而易见对人身健康的影响将是很严重的；相反如果住房周边环境幽雅，空气清新，即使工作环境恶劣，也能在回到居住区域时对身体起到调节和保健作用。从目前来看，人们对住宅周边环境的要求主要为卫生与安静，区域内要有良好的日照与通风条件，尽量减小噪音与空气污染等。上海曾在1997年房地产业发展状态低迷期间推出一个以环境开发为亮点的绿色居住小区，吸引了大批沪上购房者，成为当时最受欢迎的热销房。可见，寻求卫生保健、有益健康的住房环境的居住新理念业已深入人心。

（四）住宅的人文气息

人生活在社会中，具有社会性，其最主要特性就是要与他人进行交往。在过去南方的旧式里弄或北方的大杂院的居住环境下，人与人的交往非常便利，一家遇到难事，往往多家来支援，所以有远亲不如近邻之说。但现代居住方式完全打破了旧的理念，每家每户都有独用的厨房卫生设施，户门一关，相互间便不再轻易往来。但也正因为如此，人们更希望所居住的住宅区具有良好的人文氛围，邻里间相处和睦，来往密切，增进交流。不同的人会选择不同的居住氛围。普通居民户或老熟人老邻居希望能住在一起，以便经常交往；上层阶级或身份地位较高的人则希望居住在一起，或者寻求帮助，或者谋求发展，形成另一种截然不同的居住人文气息，如北京的亚运村，上海的古北新区，香港的港岛山上等地区。住宅区人文环境对居民购房决策的影响，已在当前乃至将来发挥着越来越重要的作用。

（五）住宅的豪华程度

一些具有相当经济实力的人，可能会需要豪华的住宅别墅，或者建于风景如画的海滨山脚，或者建于气候宜人的旅游地区。他们购买这些豪华别墅并不是为了长期居住，只是在假期或闲暇时来住上几天，放松身心，享受生活。对这类特殊的消费群体来说，住宅的豪华和舒适是第一位的，是购买决策时的首选要素。

二、居住区规划布局

通过对以上影响居民购房决策的各项因素分析，在规划住宅区时，要统筹安排，妥善规划，使住宅的整体布局最大限度地满足人们的生活需要，达到最优经济效益与社会效益。

（一）住宅区布局原则

进行城市整体规划布局时，对住宅区的规划，一般而言应把握如下原则：

1. 住宅区的规划应与国民经济发展水平相适应，即应与生产力发展水平和人们的实际承受能力相符合。在具体确定居住建筑标准、公共建筑规模、项目时均应考虑当时当地的建设投资规模及居民的经济状况，做到因地制宜。我国从东部到西部形成经济发展上的阶梯式布局，规划住宅区时也会因经济发展水平的差异呈现不同特点。东部地区经济发达，居民购买能力普遍较高，住宅区规划时往往制定较高的建筑标准，小区内各项配套设施也往往比较完善；中部和西部地区则次之。应根据不同地方国民经济发展的具体特点，妥善安排住宅区规划。使其在地域空间上满足不同地方居民的居住需求。

2. 住宅区规划应最大限度满足生产力发展需要。住宅区是劳动力居住的场所，其与产业区域布局的相互关系直接影响到地区生产力的发展状况。一般而言，住宅区应尽量靠近产业区布置，这样的布局有利于居民减少上下班耗时，缓解交通压力，降低生产成本，达到最优经济效益与社会效益，对促进生产力发展起着重要作用。当然，也要根据不同城市和不同地区的产业发展状况具体安排住宅区布局。小城市产业结构比较单一，规划也比较简单，只需将住宅区与产业区就近布置便能满足生产力发展需要；大城市一般产业结构复杂，规划要适应不同产业发展要求，如其集中或分散程度，对居民人身健康有无影响等，决定住宅区布局的相应形式。

3. 居住区尽量靠近城市主干道布置，但也要保证两者之间的适度隔离。城市主干道是关联城市东西南北各方向的主要交通路线，其特点是距离短，人流物流量大，交通压力重等。住宅区靠近城市主干道布局的好处在于可以尽量缩短上下班时间，给人们的出行带来极大便利，因为城市中的主要交通设施如地铁、轻轨、大型公交车辆等均是沿主干道布置的。但居住区与主干道之间也要保证有一定的隔离空间，一般通过绿化带隔离，保证主干道的噪音、废气等污染对居民健康危害达到最小。特别应防止城市交通主干道穿越居民区，否则将既增大主干道交通运输难度，又给居住区居民的正常休息与活动带来干扰。

4. 住宅区的规划设施应满足城市土地最优利用，防止土地利用上的不当和浪费。一般而言，城市土地按功能性质和使用特点可分为生活居住区、市中心区、工业区、科研区、对外交通区等等。进行城市整体工业利用规划时，应本着统筹规划、全面安排、综合利用、合理布局的原则，最大限度发挥每一寸土地的作用，达到土地功能的最优配置。从住宅区角度来说，首先其不利于规划在城市中心区域。市中心区域主要用于全市性的行政、金融、经济机构及旅馆、公园、大型停车场等，房价地价高昂，一般居民根本承受不起。另外市中心喧嚣嘈杂，人流车流量大，交通拥挤，安排居住区也并不合适。其次，在较普通地段建造豪华公寓和高档住宅，属于土地的超前开发利用，也会造成投资上的浪费。因而，进行住宅区的选址规划时，应本着合理利用城市土地原则，发挥每块土地的最大效益，在靠近城市中心地带、级差地租较高的区域布置高档住宅或公寓式住宅；在接近城市边缘地带、级差地租较低的区域布置普通住宅。

5. 住宅区规划是一个长期而持续的过程，要随着城市的不断发展而调整和创新。随着社会生产力的不断发展，城市结构与规模不断随之变化，产业部门会调整，人口数量会增大，经济发展程度会提高，从而原有的土地利用结构会因各项因素的变化而出现滞后，表现为各项用地空间分布上的逐步不合理和土地利用效益上的逐渐减弱，这就需要不断对规划的不适应性方面做出调整，使其适应新的经济环境和产业结构。住宅区规划是城市整体规划的一部分，同样是一个动态的过程,一般应经历规划和调整的交替运动。实际操作是首先对影响城市经济结构变动的各项因素进行分析预测,据此对住宅规划修改、补正,使其适应可以预见的未来发展情况。这就需要及时注意新出现的一些不易察觉的因素或问题,系统研究,使住宅区规划对城市居住区的选择和发展真正起到指导与促进作用。

（二）住宅区内部规划

住宅区的整体规划要遵循一定原则,要符合社会经济发展规律,同样住宅区的内部规划也要统筹安排,合理布局,给居民生活带来便利。以下从住宅区的规划结构,住宅区绿地规划,道路规划等方面分析,具体阐述住宅区内部规划的原则和方法。

1. 居住区规划结构根据居住区的功能要求,应综合解决住宅与公共服务设施、道路、绿地等的相互关系,采取最优组合方式,规划小区内部结构。影响居住区规划结构的主要因素有住宅区的功能要求、城市规模、自然地形特点及现状条件等。一般而言,规划居住区时是以居住小区为基本单位来组织实施的。居住小区是由城市道路或城市道路与自然界划分的具有一定规模且不为城市干道所穿越的完整地段,区内设有一整套满足居民日常生活需要的基层公共服务设施机构。小区人口规模为1万人左右,用地规模10公顷左右,其公共设施的最大服务范围是居住小区中心至四周400米到500米左右。以居住小区为基本单位来组织居住区不仅能保证居民生活的方便、安全和区内的安静,还有利于城市道路的分工和交通的组织,减少城市道路密度。

除以居住小区为基本单位规划居住区外,还可以居住生活单元作为基本单位。一个居住单元3000人到5000人左右,相当于一个居委会的管理范围。还可以采用居住生活单元、小区、居住区三级方式规划,具体采用何种方式视居住区总体规模和功能要求而定。

2. 居住区绿地规划。居住区绿地规划是根据居住区的功能组织和居民对绿地的使用要求,采取点、线、面相结合的原则,对小区内的公共绿地、公用建筑和公用设施专用绿地、街道绿地、宅旁和庭院绿地等进行的规划布局。

居住区公共绿地规划可以采取三级布置方式,即按住区公园——居住小区公园——小块公共绿地三级布置。居住区公园面积约为1公顷,主要供本区居民就近使用;居住小区公园面积约为0.5公顷,内部可设置一些比较简单的文体设施,应方便居民使用,最好与居住小区的公共中心结合布置;小块绿地主要供居住组团内的居民使用,是居民最接近的休息和活动场所,应灵活布置。

进行居住区绿地规划时应注意采用点、线、面结合的方式,便于居住区内形成完整统一的绿地系统,且与城市总的绿地系统相协调。要尽量利用坡地、洼地进行规划,达到美化居住环境,改善生活空间的作用。

3. 居住区道路规划。居住区道路规划是指根据居住区的总体规模和功能要求,对居住区内的各级道路和各类道路系统进行的设计布局。使其满足居民日常生活方面的交通活动需要。

居住区道路规划的基本要求为:(1)居住区内道路主要为本区居民服务,要保证居住区内居民的安全与安宁,过境交通不应穿越居住区,道路走向应便于职工上下班,车行道通常应通至住宅单元入口处。(2)居住区道路规划应充分利用和结合地形,在地形起伏较大地区应注意减小土石方工程量,尽量节约投资。(3)居住区道路宽度要考虑工程管线的合理铺设。(4)居住区道路造价较高,占居住区室外工程造价很大比例。所以规划时要考虑尽量减少单位面积的道路长度与道路面积。

居住区内道路通常可以分为四级：第一级，居住区级道路，其红线宽度一般为20—30米，车行道宽度应该大于9米，主要用于居住区与外界的相互联系。第二级，居住小区级道路，其红线宽度视规划要求具体制定，车行道宽度应该大于7米，主要用于居住区内部联系。第三级，居住组团级道路，其车行宽度一般为4米左右，主要用来解决居住组群的内部联系。第四级，宅前小路，即庭堂户院前供人通行的小道。居住区内部道路的规划设计要满足居民的日常交通活动需要。满足区内铺设各类工程管线的需要，要保证能够清除垃圾、递送邮件、医疗卫生、人居消防等市政公用车辆的通行，做到小区内部与外界人流通畅，交通运输方便。

第二节　住宅开发建设程序

住宅是人们从事生活、学习、社交乃至工作的小环境，兼有人类生存资料、发展资料和享受资料的各种功能。因而，住宅的开发建设不仅是满足人们生活需要的必须工作，也是维持社会劳动力再生产和整个社会正常运转的重要条件，在房地产业的运行、发展和实施中占有极为重要的地位。

城市住宅开发建设程序，即指住宅从策划到可行性研究再到动工建造的全过程，涵盖住宅开发建设的各项实际操作细节。在我国现阶段，一般需经过以下四个阶段八个步骤：

一、决策阶段

即通过选址区域的分析研究，决定是否进行住宅开发建设，并向政府主管部门申请建设用地。具体分为两步：

第一步，进行开发区可行性研究，即立项，选定开发区的具体地点。

住宅开发投资项目可行性研究，主要是对项目进行经济分析，评估其社会经济效益，即看其经济上是否划算。为此要对影响投资项目经济效益的各个因素逐一分析，综合判断，考虑项目是否可行。这些影响因素主要有：(1) 土地供给状况和质量。住宅开发项目的用地来源有两项：一是征用农用集体所有土地，二是旧区拆迁改造土地。土地位置的优劣直接影响开发项目的投资收益，是影响决策的首要因素。(2) 建筑材料供给状况及价格水平。建筑材料的供给价格、数量及质量，无论是国家计划供应还是直接购于市场，都对成品房的价格有很大影响，直接制约其经济效益。(3) 施工队伍的数量与素质。我国劳动力市场人员充足，拥有一支数量庞大的农村建筑队伍，但素质普遍较低，因而从特殊技术要求来看，施工力量反而欠缺，影响住宅建筑质量和经济效果。(4) 资金与利息率。房地产开发需占用巨额资金，主要来源于开发公司自有资金、银行贷款和预售房款，银行贷款受国家信贷计划限制，预售房款受销售市场购买力限制，因而资金不足的问题对住宅开发影响很大，直接关系到项目能否顺利实施；而利息率更是直接影响到项目投资成本和公司的经济效益。(5) 住宅市场需求状况。住宅市场需求量增加，则住宅价格上涨，有利于立项投资；反之则住宅价格下降，不利于立项。除以上影响因素外，住宅商品建设周期、住宅开发中商品房出房率、政府政策等因素也影响着投资项目的最终收益，对项目进行分析评定时都要考虑在内。

通过对不同项目各影响因素的具体研究，最终判定可以投资的项目，从技术与经济两个方面进行全面系统分析，将最终分析结果写成可行性研究报告的形式，为做出正确投资决策和实现决策科学化提供理论依据。

可行性研究报告应包括以下10个方面的内容：

1. 工程概况。工程概况包括工程名称、地理位置、工程所在地周围环境条件、工程的主要特点和开发建设该工程的社会经济意义。

2. 基本数据。基本数据包括工程占地总面积、规划要点；建筑项目所占土地的原来使用状况，占地面积，需拆除的房屋面积、产权、间数、建筑物性质、需要安置的原住户人数和人口状况；拟建工程建筑物主要参数指标；投资总额；其他材料等。

3. 成本估算。成本估算指预算住宅项目所需的各项费用。这些费用主要有：土地征用费；拆迁安置费，包括拆迁费用，赔偿费用，安置费用等；前期工程费，包括详细规划费，房屋鉴定费，钻探费，购图、晒图费，设计费；临时水、电、场地平整费，建筑安装费；室内外热网设计安装费；小区配套费；管理费等等。

4. 项目开工、竣工日期和进度的初步安排。

5. 资源供应。包括：资金筹集和投资使用计划；主要建筑材料的采购方式和供应计划；施工力量的组织计划。

6. 市场分析。市场分析包括市场需求预测，销售价格分析，销售方式、渠道、对象及计划等。

7. 财物评价。财物评价即效益分析，包括销售收入、税金、利润预测、还贷能力及平衡预算、现金流量分析，财物平衡分析及投资规模、规划设计修改及原材料价格变化因素的影响。

8. 施工手段和工程周期。

9. 风险分析即对社会、经济、政策等方面可能出现的影响，资源供给可能出现的不协调，以及成本、市场可能出现的变化做出分析。

10. 国民经济评价。

11. 结论。即对开发项目做出充分评价后，要提出明确意见，确定方案是否可行。

第二步：向政府土地管理部门申请建设用地。

对拟投资的住宅项目进行立项并做出可行性分析研究之后，开发单位应立即向城建土地管理部门提出申请，要求审批通过项目开发所占用土地的规划使用权。

二、前期阶段

住宅开发建设的前期阶段，即对项目所在地进行建设规划及为动工建造进行施工场地平整工作的阶段。这一阶段主要包含以下几个步骤：

第三步：征用土地，拆迁安置。

政府土地主管部门批准开发单位的用地申请之后，下面要做的便是对项目所在的土地实施征用，并对原地上建筑物进行拆迁和安置原住户。

我国土地有两种所有权性质：农村集体所有制土地和城市全民所有制土地，在我国当前体制下，城镇全民所有制土地征用大体经历如下过程：

1. 开发公司提出开发项目立项报告，经市计委、建委批准立项后列入计划。

2. 开发公司出具批准立项文件，向市规划局申请开发选址。

3. 市规划局初步划定用地范围、面积，并向与原用地有关部门发出建设用征询意见表。

4. 市土地管理部门根据规划初步定点，拟办补偿安置方案。

5. 开发公司陪同规划、市场、土地等有关部门勘察地形,了解地貌,最后确定征用范围。
6. 开发公司与原用地单位、当地政府商谈征地补偿安置方案书。
7. 开发公司与区政府商谈劳动力安置办法。
8. 区政府有关部门根据被征地单位有关情况,设置征地补偿安置方案书。
9. 开发公司与被征地单位签订土地征用初步协议。
10. 市土地管理部门在补偿安置书上签署意见。
11. 市规划局审核征地文件、协议,筹拟征地批复文件。
12. 市规划局审批确定开发区详细规划。
13. 市规划局、土地管理部门将征用土地问题提交市政府讨论后颁发正式文件。
14. 市规划局根据政府批文,核发处理用地有关文件。
15. 区政府组织有关部门具体办理征地事项。
16. 开发公司缴纳征地占用税、新菜地开发基金。
17. 在土地管理部门的主持下,被征地单位向开发公司正式移交土地。

农地征用则与城镇土地征用不同,因为农村所有制土地属于农村集体生产队所有,非全民性质。征用农村土地时城镇土地管理部门直接出面,在当地政府主管部门的配合下,与原用地单位洽谈,按"土地管理法"条例代表国家实施征用,并由开发单位付给被征用单位足够的土地补偿费和安置补助费。

城镇全民所有土地实施征用后,要对地上建筑物进行拆迁,并补偿安置原住户。拆迁与安置工作是旧区住宅开发的主要环节,一般遵循如下程序:

1. 调查核实。即通过派出所、房管站核实拆迁区域内的常住人口及住房情况,主要包括:人口结构、年龄结构、职业、工作单位、住房建筑面积、住房使用面积等。
2. 确定拆迁方案。落实搬迁原住户、拆除旧房方案。
3. 确定安置方案。将拆除片内住户户型、户室面积进行分类排队,将新建房按套型、建筑面积顺序排队,对照考察安置房供给情况。
4. 拟定所需费用计划。拆迁安置费用包括摸底费、搬迁补偿费、投亲靠友补偿费、提前搬迁奖励费、私房补偿费、租赁周转费、拆迁安置承包劳务费等。
5. 申请拆迁。开发公司将有关文件报请政府有关部门批准,领取拆迁许可证后,由政府主管部门拟定动迁公告,并与开发公司签订承包合同。
6. 签订拆迁安置协议。开发公司与拆迁人签订安置补偿协议书,报送拆迁主管机关备案或公证部门公证。
7. 实施居民搬迁。逐户落实居民的迁移活动和特殊问题的处理。
8. 房屋设施拆除实施。开发公司在指定期限及范围内,将原有建筑设施拆除。
9. 拆迁安置中的纠纷处理。

第四步,对住宅开发区进行规划设计,判定最优建设方案。

开发区拆除安置工作完成后,要对住宅进行系统规划和综合设计。居住区规划涉及面较广,一般应在符合总体规划要求下,按照城市局部地区详细规划设计进行,并尽量满足住宅区建设的多方面要求,包括:使用要求,即应为居民创造一个生活方便的居住环境;卫生要求,保证住宅区内的卫生与安宁;安全要求,尽量减少或避免各项事故发生隐患;经济要求,即居住区规划建设应与国民经济发展水平和居民生活水平相适应；施工要求，要有利于施工的组织与经营。

根据住宅区的开发建设，指定具体建设实施方案。建设方案的制定要根据开发工程施工的内在规律，注意使各建设项目的布置适应施工要求和建设程序。建设项目包括住宅区基础设施、住宅楼实体、住宅区各项配套设施等。通过分析鉴别，科学制订施工计划，选择最优施工方案，尽量做到周期短，质量高，效益好。

第五步，施工现场"三通一平"或"七通一平"。

对住宅开发区进行详细规划并选择确定最优建设方案后，便要开始动工建造。开发区工程施工一般从基础工程入手，而基础工程建设应以土地开发为先导。

土地是房屋的载体，土地开发是房屋开发的前提，是房地产工程施工开工以前的准备工作，一般被称为"三通一平"或"七通一平"。"三通一平"是指对开发区进行通水、通路、通电和场地平整；如果开发区规模较大，对基础设施要求较高，则应做到"七通一平"，即：通路、通电、通气、通暖、通信、通供水、通排水和场地平整。

1. 通路：修筑好通往开发区域的专用铁路、公路或码头，及开发区内的各项主干道路，保证工地内道路通畅，运输方便。

2. 修好通往开发场地的输电、配电设施。按施工组织设计要求，架好连接电力干线的供电线路及开发区域内的用电线路和电讯电路。

3. 通气：铺设煤气、液化石油气管道。输电管网采取树枝状或环状布置。煤气管网多采用地下铺设。

4. 通暖：采取核电厂供热和区域锅炉房供热，一般采取地下铺设。

5. 通信：修好开发区内的电话线路，保证住宅区与外界的信息通畅。

6. 通供水：给水管网按树枝状或环状方式布置，管网大小根据对水的需要来定，埋设深度则根据管径大小、管材强度、外部负荷、本地气候等因素确定。

7. 通排水：排水系统有分流制与合流制两种形状，视规划和原有排放形式而定。新的排水系统多采用分流制树枝状管网，管线保持一定坡度，靠重力自流。

8. 场地平整：根据计算标高和土方调配方案进行现场土地平整，以便于土方的机械化施工和水、电、路等的修设。

三、建设阶段

即前期工程准备完成以后，由住宅开发单位选择建筑承包单位，依据住宅区详细规划，对小区内的住宅进行施工建造的阶段。这一阶段实际包含以下步骤：

第六步：通过招投标，发包工程，进行施工建设。

建设项目招投标是工程管理体制的一项重大改革，实践证明它是进行工程管理的一种好的方法。

招投标包含招标发包和投标承包两个方面。投资公司或项目主管部门作为工程项目发包者，以公开形式按自己的要求选择开发公司，或由开发公司、工程承包公司作为建设工程发包者，以公开形式择优选择投标承包者。建设工程招标发包可以是工程全过程，也可以是工程个别阶段，如：勘察设计招投标，材料设备招投标，工程施工招投标等。通过招投标确定施工企业后，即开始对小区住宅的建设工程。小区住宅的施工建造由工程承包单位负责，开发公司主要是以组织、协调者的身份介入建筑工程施工管理。施工管理所应完成的主要任务为：

1. 项目组织与协调工作

(1) 选择施工供应等参建单位，制订各参建单位往来应遵循的原则。

(2) 落实项目施工阶段的各项准备工作，如落实设计意图，选定施工方案，审定材料与设备供应品种及供应方式。

2. 费用控制

主要包括编制费用计划，审核费用支出，研究节支途径。

3. 进度控制

主要进行进度分析，适时调整计划，协调各参建单位进度。

4. 质量控制

提出质量标准，进行质量控制，处理质量问题，组织工程验收等。

施工过程中，还要由各专业性工程监理机构或开发公司自身的监督部门对开发项目实行监督和管理。被监管对象为建筑商在工程施工过程中的技术经济活动，要求以上活动必须符合有关的技术标准、部门规定和法律规章等。

工程监理的内容包括以下几个方面：

(1) 审查工程计划施工方案。

(2) 监督施工全过程。

(3) 整理合同文件及技术档案资料。

(4) 提出竣工报告和处理质量事故。

四、竣工阶段

住宅小区内全部基础设施、住宅实体及公用配套建设完工后，即进入竣工阶段。在这一阶段内，主要完成对住宅小区的竣工验收，付诸使用工作，并要对售后住宅实施管理。主要包含两个步骤：

第七步，竣工验收，交付使用。

竣工验收的主要步骤为：

1. 建筑施工完成以后，施工单位和开发公司递交竣工报告，设计单位向开发单位提交工程有关图纸文件。

2. 开发公司根据图纸、隐蔽工程验收报告、关键部位施工纪录检验工程施工质量。

3. 开发公司为主，并同使用单位、施工单位、监理单位、设计单位等共同检查项目完工情况及图纸资料。

以上验收全部通过后，即由验收单位填具验收证书，质量监管部门发给工程质量等级证书，住宅项目即可交付购房者使用。

第八步：居住区使用管理。有些开发区设有房管部门，经营房屋的出租与管理，接管开发的房屋，对这类开发公司适用这一步骤，其余未设房管部门的公司则没有这一步。

至此，住宅开发建设的四个阶段八个步骤全部完成，实际开发时不一定完全遵循以上介绍的步骤，但它基本反映了我国目前住宅开发的模式和过程。开发单位进行住宅开发项目时，应基本依照以上步骤，因势利导，循序渐进，保证施工项目的合理组织和适当安排，则必能较好依照小区详细设计规划,完成预定任务。

第三节 住宅质量

随着人民生活水平的日益提高,人们的消费心理和消费结构也已进一步成熟和完善,不再满足于获取一套仅能保证最低生活标准的住房,而是对住房的建筑朝向、所处环境、道路交通、配套设施等方面提出了更高的要求。因此住宅质量已成为决定房地产业能否持续稳定发展的重要因素之一,住宅质量问题也正为越来越多的人所重视和研究。

一、住宅质量的含义及内容

住宅质量主要指居住质量,它反映居住的安全性、舒适性、方便性等多方面的内容,是围绕着居住的人而提供的服务。它包括地域、环境、管理、配套等多方面指标,而并非单指建筑物的工程质量。工程质量只是决定住宅质量的诸多环节中的一环。随着经济的发展,住房配套设施的齐全度,售后管理的完善性乃至与周边环境的适宜性日益成为住房质量优劣与否的决定因素。具体说来,住宅质量应包括以下几方面的内容:

(一) 前期设计质量

前期设计质量是指在住宅动工建造前由设计方案决定的住宅质量,包括规划质量、观感质量和使用质量。

规划质量即指住房的总体布局,要求住房布局合理,综合考虑地域、光照、温度、热量等不同的自然因素,根据各个地区不同的特点做出合理适宜的规划设计。例如,北方寒冷,一般温度较低,规划时便要重点考虑如何保暖;而南方潮湿,温度高,规划时主要考虑排水及通风。又如居住小区适宜规划布局于环境优美,交通便利的城市近郊区,而不宜规划于人流众多,繁闹嘈杂的商业集贸区。规划时应重点考虑通畅性与安全性。通畅性即考虑开口的合理,道路的通畅;安全性即尽量解决人车矛盾,做到人车分流。

观感质量是从美学角度来考虑住房质量。随着经济发展和人民生活水平的逐步提高,住房的美观成为人们愈来愈关注的问题。中国古人云:"衣食足而礼仪兴",居住文化随着住宅产业的发展而必然发展起来。当人们逐步从"居者有其屋"走向"居者有好屋"时,便不可避免地对住房提出更高的需求,希望其从外形设计到内部包装给人以美的享受。建筑物的美观并不一定要增加成本,价格昂贵、质量上乘的建筑材料并不一定能营造出美观典雅的住房。在大多情况下,这需要设计师进行规划设计时的想像力和创造力。住宅的开发、建造者均应在增加住宅科技赋加值的同时,注意增加其文化赋加值,这也是住宅业发展的趋势和必然要求。

使用质量应为建筑物的基本功能要求。美观要求固然非常重要,但如果因为刻意追求美观而影响了住宅的使用功能,那将是住宅设计的重大失败。人的一生三分之二的时间在住宅内度过,住宅的使用功能如何,将是人们购买商品住宅时的首选指标。任何住宅都不能是只供摆设的花瓶,而是供人居住、受人使用的消费品,难以使用的住房将毫无疑问是失败的开发。

(二) 地域空间质量

住宅的周边地理环境、建筑类型及交通条件等对住宅质量有着很大影响。不难想象,相同构造的两套住宅供人选择时,人们会更倾向于环境优美,空气清新的住宅。同时,住宅周围高档的建筑群体,便利的交通设施也会以有利的外部性作用于住宅,提高住宅质量。地理环境在很大程度上与人们的心理接受程度有关,其中特定的地理环境可能适合一种人,但不一定适合另一种人。开发商在建造开发住宅前,一定要作好市场细分,充分考虑不同人的心理状况和对环境的接受意愿,确保住宅质量为不同类型的消费者所认可。

(三) 居住环境质量

住宅环境有狭义和广义之分。狭义住宅环境主要指物理环境,包括住宅的位置、土地地质、地形地势、土地形状、日照、温度、通风等人工环境;广义住宅环境除物理环境外,还包括服务设施、娱乐设施、社会生活、文化素质等社会环境,就业水平、供给需求、价格税收等经济环境。一个好的居住环境,可以使人保持轻松愉悦的心境,增加不同居民户间的人文交流与合作,改善现代建筑带来的人与人相互隔离的弊端。开发商应注意营造居区清新自然,恬静优美的内部环境,根据不同建筑物的特点和风格,进行恰当的绿化和装饰,给居民一个舒适雅致的生活空间,这也有利于提高居民的文化素养和增强居住区的人文气息,从而进一步提高外部环境水平。

(四) 建筑工程质量

对住宅建设来说,保证工程质量具有重要而特殊的意义。因为住宅工程质量既关系到人民的生命财产安全,也关系到房地产企业的生存和发展。在注重住宅安全性时,首要必须注意建筑物的工程质量,如防水问题、墙体的平整度、门窗的密封等等,每一项都不可忽视。确保彻底根除屋面渗水、墙面脱落、下水道堵塞等质量通病。"千里之堤,溃于蚁穴",细微的工程质量问题也可能使开发商的全部努力付之东流,造成资源的闲置和浪费。毫无疑问,工程质量的优劣是决定住宅质量的直接环节,提高工程质量,确保住宅的安全性与适用性是房地产业发展的基本要求。

(五) 配套设施质量

配套质量是一种功能性的质量,它体现了对住宅小区所能提供的社会服务程度,如教育、商业、医疗、文化、交通、娱乐等公共设施。配套齐全的小区,能够较好解决孩子的入托、入学问题,老年人的交往和休闲娱乐场所问题,青年人的交际锻炼问题,及为婚丧喜庆、购物宴请等等提供便利。为住宅区提供完整齐全的配套,是满足住户物质生活的需要,同时也是满足其精神生活的需要。

(六) 物业管理质量

物业管理的介入和完善直接关系到住宅的使用寿命和使用质量,是提高住宅质量的重要保证。由于我国人口多,经济结构复杂,各地区发展水平存在一定差距,造成物业管理的区域化或地方化,还没有全社会范围内形成完整的物业管理体系。这种格局虽有利于发挥地方优势,但也在一定程度上造成资源的浪费。因此,营造物业管理的社会体系,已日益成为我国房地产业亟待解决的任务之一。

二、住宅质量标准

住宅质量是房地产业发展中应着重关注的问题,而要提高住宅质量,必须要有一套比较科学和系统的住宅质量标准。现阶段我国的住宅房产无论从建筑规划、功能设计还是从居住面积、配套设配等方面都同发达国家存在着很大差距。因而,规范制定住宅质量的标准便在当前具有了直接而现实的意义。只有通过借鉴国外先进经验,制定出城市新建住宅,改建住宅的最低型标准、平均型标准和导向型标准,才能引导我国的房地产业向国际化的方向迈进。

目前，世界上尚有10亿多人不能拥有足够住房，其中1亿多人甚至无家可归，这在发展中国家尤为严重，保障居民的最低居住需要仍是许多国家政府致力解决的问题。一般而言，各国确定最低居住需要的标准和尺度并不一致，主要有以下几种：

1. 以人均占有居室为划分标准。通行的居住水平大致有三级：每人有一个床位为居住生存型标准；每户有一套住房为居住文明型标准；每人有一个房间为居住舒适型标准。

2. 以人均居住面积或使用面积为标准。例如，韩国将最适宜的标准定为人均居住面积16平方米；阿姆斯特丹为23.8平方米。我国将人均居住面积为2平方米以下的住房特困户作为加以解决的优先对象。1996年出台的《2000年小康导则》（邹明武，1999，第177页），明确提出将人均居住面积9平方米（人均使用面积12平方米）作为2000年目标；同时制定2010年的目标为人均使用面积18平方米，即达到人均一室的总体居住水平。

3. 综合考虑人均居住面积与家庭人口两个方面因素，将两者结合起来制定居住质量标准。日本从1999年开始每五年制定一个住宅五年计划，在第三个五年计划实施过程中，日本政府制定了几种以家庭人数为参照的住宅居住面积标准，分别为最低居住标准、平均居住标准、城市诱导型居住标准和农村诱导型居住标准。城市诱导型居住标准规定：一口之家面积增至37—43平方米；四口之家面积增至91平方米；六口之家为四间卧室并厨房、餐室，面积达112平方米。日本政府制定的1976—1985年最低居住标准详见表16-1：

表16-1 日本1976—1985年最低居住标准

家庭人口	每户房间组成	居住面积(m²)	使用面积(m²)	建筑面积(m²)
1	居室1,厨房1	7.5	16	21
2	居室1,厨房1,餐室1	17.5	29	36
3	居室2,厨房1,餐室1	25.0	39	47
4	居室3,厨房1,餐室1	32.5	50	59
5	居室3,厨房1,餐室1	37.5	56	65
6	居室4,厨房1,餐室1	45.0	66	76
7	居室5,厨房1,餐室1	52.5	76	87

资料来源：邹明武：《谈国际文明居住标准》，选自《住宅：跨世纪发展热点聚焦》，上海财经大学出版社，1999年。

4. 以最低住宅建筑技术标准作为最低限度住宅标准。例如前苏联制定的第一代住宅设计标准为人均居住面积不超过7平方米，有效面积不超过12平方米。

5. 根据家庭收入水平确定最低居住标准。高收入家庭可以享受面积大、质量高的住宅；低收入家庭可以通过房租补贴或申请贷款满足自己的最低生活需要。据资料统计，不同收入水平的国家其平均住宅标准也不尽一致。低收入国家人均建筑面积6.1平方米，每屋人数为2.47人；中等收入国家人均建筑面积为15.1平方米，每屋人数为1.69人；而高收入国家则分别达到35.0平方米和0.66人。

目前，发达国家已不再致力于增大人均居住面积，而是从住房的居住功能、管理服务及与环境的适应性等方面对住宅建设规划提出了更高标准。德国于1990年统一时，住宅总量户均1.14

套。其住宅打破行列式的旧的格局,辅之以自由式规划。住宅设计造型美观,互不重复,给人以空间上的美感。小区内大力实行绿化,对墙体、屋顶、阳台进行多层次性的绿化包装,并加以名家绘画装饰,形成赏心悦目的建筑外观。另外,居住区还安装废水回收系统,空气净化装置,以达成居住区与生态环境的和谐统一。新加坡素有"花园城市"之称,是全世界解决住宅问题最为成功的国家之一。其城市规划步骤力求详尽,要求尽可能保持建筑物所在地的原始自然特征。居住区进行高度绿化,即使停车场的绿化面积也在 70% 以上。

我国房地产业的规划设计经历了逐步完善的发展过程。20 世纪 80 年代以前,由于一直实行的是计划经济下的福利分房政策,国家集资统一兴建住房,然后按工龄、资历等分配给职工,只是收取象征性的房租。这样国家连起码的房屋维修费用都不能保证,造成大量职工住小房,住差房,甚至无房可住的局面,因而政策的重心是解困。改革开放之后,经济迅速发展,国家对原有的住房分配制度实行了渐近式的改革,政策取向明确转为提高人民的居住水平,实施了一系列的有关公房出售、资金筹措、住宅功能等方面的政策。如三三制售房,提租发补贴,公积金制度等。20 世纪 90 年代中期以后,国家开始重视居住远期目标。《2000 年小康导则》提出的远景规划为:"应体现以人为核心的设计思想,努力提高居住环境质量和满足住宅的舒适性、居住性、安全性、耐久性与经济性","提倡住户参与精神,创造具有良好居住环境,完善配套设施与时代精神风貌的城市人民居住地"。由此可见,我国在住宅建设的政策方面,经历了解困、安居、小康的三级标准。

三级标准的制定与实施,在促进我国房地产业发展,改善人民居住水平方面的确起到了积极的作用,但其缺陷和不足之处也较为明显。

首先,三级标准对于宏观政策的依赖性过强。西方的住宅质量标准虽也对宏观政策具有一定依赖性,但其相对独立性更加突出。我国的三级标准则几乎完全建立于宏观政策取向的基础之上,缺乏市场独立指导的空间。

其次,三级标准制定得过于粗略和简化,涉及的范围太大,而没有考虑到不同地区各自的经济、地理、文化特征。西方国家的居住标准则充分体现了这些因素,能够详尽地设计制定适合各个地方的指标,达到居住条件与环境、社会的高度统一。我国的三级指标在各地区实际实行时情形不一,有些地区较好地实现了由解困、安居到小康的过渡,而另一些地区则在施行过程中遇到了重重阻力,并没有实现预期目标。可见,充分考虑地区差异性,依据不同地区的特点制定详细规范的住宅居住指标,将是今后我国房地产业发展中的一项重要任务。

三、改善住宅质量的相应对策分析

近几年来,我国的房地产业在拉动国民经济增长的同时,也改善了居民的居住条件。但随着住宅建设的高速发展,也暴露出了大量的不容忽视的质量问题。

住宅质量从广义上说不仅包含住宅的工程质量,还包括住宅的使用功能质量、配套设施质量、生态环境质量及物业管理质量等。当前我国的住宅质量问题反映于上述环节的方方面面,不仅表现在工程质量不过关,还表现为配套设施不齐全,物业管理不完善等诸多方面。

百年大计,质量第一,住宅质量问题的解决尤为关键和紧迫。它不仅关系到我国房地产业的持续正常发展,更关系着人民的安居乐业和社会的繁荣稳定。住宅质量问题解决不好,将引起诸如使用功能下将,水体污染,居住区衰退,设施老化等等一系列环境与社会问题,根据对我国住宅业发展现状与存在问题的分析，以及诸多房地产公司开发小区的成功经验，加强住宅质量管理，提高住宅质量水平应做好以下几点：

（一）精心组织施工前的规划设计

规划设计是住宅小区建设的龙头，是提高住宅质量的首要保证。房地产商品与其他商品不同，具有价值大、建设程序多、周期长的特征，从而前期规划的质量将直接决定建成后的住宅质量，并进一步决定企业的经济效益和人们的居住水平。小区规划时，不能片面强调住宅开发建设的高容积率、高回报率，而应遵循住宅规划设计的科学规律，严格执行设计规范标准，充分发掘每平方米的潜力，让住户享受到合理、经济、舒适、方便的居住环境。这就要求房地产公司严格选择和要求规划设计单位，质量不合要求的坚决不予通过；同时主管部门应加快住宅规划设计技术标准规范的修编，为提高住宅质量提供技术保障。

（二）慎重选择高素质的施工单位

房地产开发商不可能自己具备健全的设计力量与施工队伍，住宅的生产有赖于设计单位与施工单位的紧密配合，因而择优选择合作单位便成为关键环节。最终确定的施工单位应有责任心强的工程管理人员和技术硬、素质好的施工队伍，要有配套的机械化程度高的施工设备和严密的施工管理制度与程序。要了解施工单位业绩，实行招投标，通过筛选达到精选施工队伍的目的。

（三）强化施工管理，规范建设市场

施工过程是住宅产品的实际开发建设过程，是决定住宅质量的至关重要的环节。这个过程抓不好，再科学合理的规划设计也是一纸空谈。具体说来，应做好以下几点：

1. 严密规范操作程序。要严格执行建设工程施工许可证制度，把握项目建议书，可行性研究报告，初步设计，开工报告及竣工验收各个环节，确保使用功能上不出现诸如墙面渗漏，管道漏水堵塞等问题，要建立健全工程项目招投标制度，引进市场竞争机制，严禁地方保护、行业垄断及不正当竞争的行为。坚持和完善企业审查制度，对不按基建程序办事或操作质量低劣的企业，坚决降低其资质等级。

2. 严格控制材料质量。所有建材必须有厂家出具的质保书、合格证、市场准入证。进入工地前，由质检员抽样送有关部门复试合格后使用，否则一律不得进入工地。特殊建材，还必须提供职能部门批准生产、性能测试的专项报告。

（四）建立健全工程监理机制

工程建设监理即对工程建设过程中的技术经济活动进行监督和管理，使这些活动符合有关的法规政策、技术标准、行业规范及合同规定，以保证工程的质量与进度。一方面，要实行工程监理制，即受项目法人委托，对施工进行全过程、全方位的监督，确保工程质量的重要制度。另一方面，要切实加强政府对工程质量的监督，树立质量监督的法律权威，严格执行各项强制性技术规范标准。对住房质量的监理应贯穿开发项目的全过程，具体包括：(1)监督住房工程承建单位建立质量保证体系；(2)对工程所用材料、设备实施监控；(3)严格监控施工全过程。

（五）大力控制污染，提高环境质量

居住环境质量影响着居民的身心健康，住宅的整体质量，甚至直接关系到房地产开发项目的成败及房地产业的正常运行，必须采取有效措施控制环境污染，提高住宅环境质量。可行的方法主要包括：

1. 分区制。即政府根据城市中各类活动的特点和要求及这些活动对环境的影响,在空间上规定其特定范围,如规定居住区、娱乐区、商业区、工业区等。将干扰自然环境的活动从人们的日常生活中分离出来,或采用绿化带等其他方法予以隔离。分区制可以有效避免房地产公司无计划开发土地的活动,营造出优美适宜的居住环境。

2. 收费。即政府根据企业不同的排污程度而征收不同单位量的排污税,其目的在于将企业排污的外在成本内部化,促使企业按照社会希望的最优产量水平来进行生产。各市政当局在制定排污税时,必须根据本市的自然环境质量及居民对环境质量的支付意愿,力求使企业产量在排污税的约束下,达到最大的经济效益、环境效益和社会效益。

3. 设定排污标准。排污标准是由政府职能部门制定并依法强制实施的每一污染源内特定污染物排放的最高限度。若污染者的排污量控制在政府规定范围之内,就只须支付税费;但排放量超过限度时必须交纳罚金。

(六) 加强物业管理,提高服务水平

物业管理作为一种新型的管理方式,对提高居民居住质量水平起着至关重要的作用。必须大力加强行业管理,规范物业管理服务行为。要全面提高物业管理人员的素质,建设一支高水平的服务队伍,通过对职工的专业培训,提高劳动效率和掌握先进技术。要认真解决管理中的各种问题,为物业管理创造良好的环境和条件。要培育物业管理市场,引进竞争机制,激励企业提高管理水平,并通过优胜劣汰达到资源的优化配置;要健全各项管理制度,大力推进立法进程,使物业管理法律化、制度化、规范化,对我国房地产业的发展起到积极有效的推动作用。

第四节 住宅区配套设施建设

现代城市住宅区的主体组成是供居住用的房屋,但仅有住房的话远远不能满足居住区居民的生活需要,还必须由一系列完善的住宅区配套设施,包括商业,文教,娱乐,水、电、煤管网,道路,绿地,环卫等等。这样才能在满足人们居住的基本生活需要之后,进一步满足其学习、休闲、出行等其他多方面的需要。本节将研究住宅区配套设施的各种类型,探讨加强与改善配套设施建设的相关措施。

一、住宅区配套设施分类

现代住宅区除作为主体的供居住用房屋外,主要包含三项配套设施,即公共建筑、市政配套和公用设施。其中公共建筑主要针对地上,市政配套与公用设施则主要属地下建设工程。

(一) 公共建筑

公共建筑是为住宅小区内居民提供日常服务和生活保障的设施,种类繁多,从不同角度划分为各种不同结果。一般来讲,经常根据居民需要从以下几方面分类:

1. 从居民日常服务频率及依赖性角度来分,可以分为经常使用的公共建筑和亚经常使用的公共建筑。经常使用的公共建筑包括商店、粮油店、卫生站、托儿所、幼儿园、小区小学、小区中学等,亚经常使用的公共建筑主要包括食品、服装、鞋帽、五金、交电、钟表商店和影剧院等。将公共建筑进行以上分类,主要是要求开发商建设小区内公共建筑时,要将侧重点置于经常使用的公共建筑上,提高小区相关建筑建设的合理性,使之更能满足和方便小区内居民的日常生活需

要。

2. 从公共建筑投入使用是否盈利角度看，可以将其分为公益性设施和盈利性设施两类。公益性设施主要包含行政管理用房、教育文化用房、卫生民政用房等，不以盈利为目的，主要为小区管理及居民生活提供保障；盈利性公共建筑包含商业用房、娱乐用房等，开办主体主要是企业、集体或个人，通过为居民生活提供服务而收取一定利润。进行这样的划分，对于研究区域内公共建筑费用分摊至住宅的合理性具有重要意义。

3. 从公共建筑的使用功能和服务特点来看，可以分为行政管理类、金融邮电类、商业服务类、医疗卫生类、文化体育类等。进行以上划分有利于实现各类公共建筑的归口管理，发挥各自最大效益，充分满足小区居民日常生活的各类需要。

公共建筑的建设是按一定的定额指标配套进行的，其定额指标的计算方法主要有两种：一是民用建筑综合指标，包括家属宿舍、单身宿舍和公共建筑三大内容，按厂矿企业每职工多少平方米进行计算；另一种为千人指标，如按小区内中小学每千人多少座位来计算，居住区内公建一般都以千人指标定额配套建设。

（二）市政工程

市政工程的作用主要是将住宅区内的生活污水通过一定方式输送至适当地点进行处理净化后再返还至水体中去，以及将雨水适时适地排除，减少和避免雨水汇积带来的危害。市政工程是住宅区配套设施建设的重要内容，应在具体建设时给予高度重视，使之为小区居民生活提供最大便利。可以从以下两个方面分类：

1. 按使用功能来分，可以将住宅区市政工程分为污水管道和污水处理厂、雨水管网与雨水泵站、道路工程。污水管道与污水处理厂的主要作用是处理住宅区内生活污水，即生活过程中排放的粪便污水和浇灌用水，主要设施包括水泵、风机、电器控制系统等。经常采用的处理方法为生活污水通过污水管网，经污水泵站直接排入远离城市的大水体深处或先将生活污水输送至污水处理厂进行二级处理后，排入自然水系。雨水管网与雨水泵站的主要作用是排出住宅区内降水，防止因雨水汇积带来的危害。目前主要采用排出法和收集循环利用法来处理。道路工程主要满足居民日常出行和垃圾清运，各种公共、市政、服务车辆的通行等。一般分为四级：居住区级道路、居住小区级道路、居住生活单元和宅前小路。

2. 按服务半径来分，可以分为居住区内市政工程和居住区外大市政工程两类。居住区内市政工程指居住区规划红线内的污水管网、污水泵站、雨水管网、雨水泵站、居住区道路等，由于其主要服务于住宅区的正常运转，其建设费用应由住宅成本列支。

住宅区污水量一般可采用与生活用水量相同的定额指标计算。雨水量一般根据各地历年的降雨量强度、污水面积、径流系数等数据综合计算得出。

（三）公用设施

公用设施的作用主要是将水、电、煤气、通讯、电缆等各类居家必需设施输送至各家各户，满足现代家庭生活与出行的需要，可以从使用功能角度分为生活用水输送工程、用电工程、供气工程、通讯工程和交通设施等。

生活用水输送工程主要是通过铺设供水管网与住宅外的城市供水管网相连接，将生活用水输送至千家万户的公用设施工程。用电工程主要是通过埋设地下电缆或架设高空线路，通过变电所和配电站与城市电网连接，将民用电输送至家庭及住宅区内其他用电设施。供气工程主要在住宅区内埋设分配管道、支管、引入管及住宅楼内的小口径管等,将生活用煤气或燃气输送至住宅区家庭的煤燃气用具以供使用。通讯工程主要通过架设或埋设电缆线路,将电话线引入每家每户及其他公用设施内。交通设施主要是在居住区内设立公交站点,开辟公交行运线路,满足住宅区内居民出行的需要。

公用设施配置指标计算标准一般通过以下方式获得:生活用水量主要根据城市气候、居民生活习惯等因素合理确定,以每人每日平均用水升数来表示;民用用电量以每人指标计算确定或按本地区逐年负荷增长比例制定;居住区煤气或天然输送压力应大于 3 公斤/平方厘米,居住区电话线路量按每户至少由 1 号线配置;交通设施配置标准一般为每 3 万人的住宅区至少架设一条公交线路,配置 30—40 辆公交车。

住宅区配套设施除以上介绍的公共建筑、市政工程和公用设施三类以外,还包括为美化环境、隔离噪音而必需的绿地。绿地的合理布置具有净化空气、调节小气候、吸污、杀菌、降低噪音等作用,其与住宅、公建相配合,可以形成住宅区舒适雅致,清洁美观的居住空间。一般来讲,新建住宅区绿化率应不小于 35%,其中集中绿地率不低于 10%;中心城区或改建住宅区的绿地率应不低于 25%。住宅区绿化投资分摊费用应为每户建筑面积 20 元左右,过少则不利于绿地的合理建设。

二、改善与加强住宅区配套设施建设

住宅配套设施建设的规划建设,对住宅区居民的生活水平和健康状况有着直接影响,是住宅区整体规划与建造的重要内容。但我国推行住宅商品化,实行住房制度改革以来,人们对住宅配套设施资金的分摊、所有权的归属、经营管理的方式等方面提出很多质疑,出现很多问题和矛盾。这些问题主要体现在以下几方面:

建设资金全部划入住宅成本,使个人承担了一部分本应由政府和经营企业负责的赤字,致使配套设施产权划分不明晰,房价居高不下;配套设施建设严重滞后,不能与住宅建设相互协调,使居民生活困难,上访率增高;配套设施使用效率低下,不能满足居民的使用需求,造成配套建设上的浪费等等。

为解决以上在我国目前住宅配套设施建设上存在的问题,应主要从以下几个环节入手,使情况得以改善:

(一)妥善进行住宅配套项目标准的制定、修改与实施,尽量避免标准设定的陈旧与老化,使其在空间上有一定的延展性。

1. 要根据社会经济发展速度和人民生活水平的改善程度,合理确定住宅配套建设标准的制定和修改期限。当社会经济发展速度较快,人均收入增长幅度较大时,可以缩小配套标准修改周期,一般为 3 年左右;反之,当经济发展缓慢时,可以使此期限适当延长,如 4—5 年左右,不宜过长,否则不适应住宅建设的发展规模和人民生活需要的增长幅度。

2. 住宅配套项目标准的设定要有一定弹性,要为今后的变动与修改留有余地,使配套建设的变化与发展能够满足住宅区进一步改善的需求。今后,还应建立有利于对配套项目标准进行局部修改和调整的机制,使配套建设更加适应住宅区居民的生活需要。一般可由负责住宅配套设施建设与管理的住宅建设主管部门提出修改意见,提请城市规划设计部门审批后,再由住宅建设主管部门具体负责配套设施的改造与修缮工作。这样可以避免一些落后配套项目的重复建设,减少浪费,保证住宅配套的合理有效利用。

（二）明确各项住宅配套项目的标准主体,使配套设施产权明晰化,降低个人负责分摊的配套建设成本。

1. 属于像商店、服装店、书店、保险公司营业所等盈利性配套设施,应由经营单位负责投资建设,产权归投资主体所有,建造成本不应归入住宅成本由购房者负担。盈利性设施的企业可以是居民区开发建筑企业,也可以通过招投标由社会上的其他建筑企业负责。投资企业通过为住宅区提供服务获取利润,并具有对所投资设施的完全产权,如可以将其转让、出租、出售等,但投资企业的经营服务范围必须符合居住区建设规范所确定的方向和条件。不符合有关规定的,工商行政管理部门有权撤销其营业执照,取消其营业资格。

2. 属于公益性的配套项目,如道路、桥梁、绿地、雨水管、污水管、活动室、敬老院、托儿所等等,由于这些设施不以盈利为目的,其建造开发主要是为了给住宅区居民生活带来福利,因此建造成本应打入住宅成本价格中去,由住户进行分摊。具体运作时,公益性设施产权应完全归承担建筑造价的居民户所有,其管理权可以通过招投标的方式由物业管理公司拥有,或统一移交专业管理部门负责。

3. 属于政府职能、义务及行使福利范围内的配套项目,应由政府职能部门负责投资建设,所需资金按条件向政府财政申请划拨,建设费用可不打入住宅成本。设施最终产权归国家所有,由各职能部门负责实施。这些设施主要包括:文化图书馆、运动场、邮电局、污水处理厂、变电站、水库等等。

专题分析:住宅开发建设中社区生态环境的营造

在城镇住宅的功能不断完善,并朝多元化方向发展的今天,居住社区的生态环境建设显得尤为重要。

首先,阳光是人居环境不可或缺的生态因子,在居住社区生态环境营造中,如何有效合理地利用阳光是一个应当重视的方面。传统的建筑与规划学对于如何保证户室内采光已经有过大量的研究和实践,但社区户外公共空间阳光利用却往往被人忽视。因此,在建设高质量的精品住宅时,应当注意留出沐浴阳光的户外公共活动区,以便能让更多的人有更多的机会进行户外活动和交流,满足居民健康生存的需要,并促进社区归属感的形成。

空气质量也是衡量居住社区宜人程度的指标之一。在我国很多城市,由于工业废气和日益增多的汽车尾气大量排入空气中,城市空气质量不尽如人意,在没有能力改变大环境的情况下,在住宅开发建设中,应当努力改善居住区小范围内的空气质量。首先,社区地块选址应当远离释放有害气体和烟尘的工厂,并按周边环境条件在居住区的边缘设置有效的绿化隔离带,以对进入居住区的空气起到一定的过滤净化作用。另外,对于生活垃圾等会产生异味的东西,一定要住宅设计时就加以考虑,在物业管理中及时妥善地处理。

水是世间最有灵性的东西,水的透彻、洁净、流畅能够引发人们心灵深处的共鸣。从我国目前众多的房地产开发建设的实例中也可以看到,一般稍具规模的居住区中,都要引入相应的水景。主要的做法有修建人工湖和喷泉等(当然很多住宅还包括对自然水体的借景和利用)。但如果处理不好,这些水景不仅不能为社区添彩,却可能成为建设中的败笔。在我国北方的很多城市,冬季漫长而严寒,喷泉成了一堆捆扎在一起的锈水管,在本来就寂寞的季节里更显碍眼。因此，可以在社区内部的中轴线上设计有一定高差的浅窄硬质模拟水道，在其中和周边设置有情趣具变化的小品，给居民提供一个开放的亲水空间，地下利用水泵保持水体的循环，这样便于水质的控制和水道管理，安全性也比较好。另外，有硬质铺装的旱地喷泉也是比较好的解决办法之一，不开放时还可以作为居民活动的平台。

绿化是居住社区生态环境营造中不可缺少的组成部分，绿色是自然生态系统中最基本也是最主要的颜色。城市居住区规划设计规范中指出：新区建设的绿地率不应低于30%，旧区改造不宜低于25%。绿化率的高低已经被认为是衡量一个居住环境质量的重要指标，但是，不知从什么时候起，一股欧化之风将绿地等同为草地，为了追求毫无根据的所谓欧陆风情，甚至将原有的大树毁掉，铺上进口的草皮。殊不知中国与欧洲在最根本的气候条件上就有着较大的差别，虽然纬度相近，但中国属于典型的大陆季风气候区，而没有可遮阳的树阴，在室外常时间停留是很痛苦的。从植物生态学的角度来看，木本植物尤其是高大的乔木在净化空气、吸附灰尘、隔离噪音、阻挡风沙等方面都较草本植物优越，养护成本也较低。而且，在利用方式方面，我们的草坪都是"请勿践踏"的，草坪覆盖率越高，意味着可供居民活动的公共空间就越少。所以，从经济实用的角度看，我们的居住区绿化不要盲目崇尚欧化的城市建设风格，而应当因地制宜以植树和小规模的推广本地草本物种为主。

此外，硬地铺装也成为一种建设时尚，但需要明确的是保留一定面积裸露、半裸露的土壤表面是非常重要的。为了避免扬尘，裸露区应当选在成片的乔木灌木底层，这样不仅可以在一定程度上保持社区内生态系统的物质循环，生活在土壤表层的一些小生物还可以成为孩子们的朋友，让他们有更多的机会接近自然。

思 考 题

1. 试述住宅开发建设的一般程序。
2. 论述住宅质量的涵义及所包含的内容。
3. 目前各国确定住宅监理的标准主要有哪些？你认为还该确立什么样的标准？
4. 如何加强与改善住宅区的配套设施建设？谈谈你的看法。
5. 营造社区适宜的生态环境所应注意的方面有哪些？

参 考 文 献

1. 曹振良等：《现代房地产开发经营》，中信出版社，1993年。
2. 邹明武："谈国际文明居住标准"，选自《住宅：跨世纪发展热点聚焦》，上海财经大学出版社，1999年。
3. 曹振良等：《土地经济学概论》，南开大学出版社，1995年。
4. 张国栋等："城市大环境对住宅开发建设的影响"，《南方建筑》，1997年第3期。
5. 刘晓黎："低层次住房消费是我国目前商品住房开发建设的依据"，《城市开发》，1994年第5期。
6. 高尚全等："中国城镇住房制度改革全书"，中国计划出版社，1996年。
7. 尤翔等："住宅开发的历史思考"，《不动产纵横》，2001年第1期。
8. 翔琴："房地产建设与城市发展的协调性"，《不动产纵横》，2001年第1期。

9. 李桂玲:"开发上如何考虑住宅质量与环境设计",《北京房地产》,1999年第9期。
10. 王宝刚:"中外住宅质量保证制度比较",《建筑经济》,1999年第12期。
11. 李文:"住宅规划设计的人本原则",《住宅科技》,1999年第3期。
12. 陈刚:"住宅规划及设计中值得关注的几个问题",《当代建设》,2000年第4期。
13. 张鸿铭:《住宅经济学》,上海财经大学出版社,1998年。

第十七章 住宅产业化

上一章我们分析了住宅开发建设,本章所讲的就是以什么样的生产经营方式来开发建设住宅,即通常所说的住宅产业化,并探讨生产经营住宅的企业"群"能不能构成一个产业——住宅产业。但重点是探讨住宅产业化。发达国家早在二战后就开始住宅生产经营方式的变革,实行住宅产业化,不久又提出了"住宅产业"这个概念。在传统体制下,我国城镇住宅开发建设基本上是各单位自建自住自管的"小农经济"生产经营方式,当然也就谈不上住宅产业化。随着改革开放的深入和住宅开发建设事业的蓬勃发展,也于 20 世纪 90 年代初开始了住宅产业化的理论探讨和实践。

第一节 住宅产业化一般分析

在住宅产业化讨论中,同时出现了三个概念,除了"住宅产业化"外,还有"住宅产业"和"住宅产业现代化"。其实这三个概念既有联系又有区别。住宅产业化侧重是讲住宅的生产经营方式,是属于运作的问题;而"住宅产业"是住宅产业化的结果是它的理论抽象,讲的是生产经营住宅的企业"群"是不是一个产业,是属于产业经济学中产业结构理论层面的问题。一般来说只有住宅生产经营产业化了,并发展了,才能使分散的住宅生产经营活动成长为一个产业;同时也只有住宅生产经营活动有了独立的主体(企业),并成长为独立的产业,作为生产经营方式的产业化,才能更好地扩展和深化。至于"住宅产业现代化"是从属于服务于叠加于上述二者,即讲的是住宅产业化的现代化(如集约化经营)和住宅产业的现代化(如产业组织现代化),它是一个动态流变的概念。

一、住宅产业的内涵

在传统产业结构分类中并没有直接凸现住宅产业,所以在以往的经济学和房地产经济学中没有住宅产业这个概念。例如在"三次产业"分类中,建筑业划属第二产业,房地产业划属第三产业,没有住宅业或住宅产业这样的概念。又如,联合国推荐的《标准产业分类法》中,把全部经济活动划为 10 大项,建筑业列为第 5 类,房地产和经营服务业列作第 8 类。这种分类也没有住宅产业这个概念。

"住宅产业"是日本通产省于 1968 年首次提出的,是指标准产业分类的各产业领域中与住宅有关各行业的总合,即"住宅及其有关部件的生产、销售企业及其经营活动的总和",但是住宅产业的内涵还不够具体。经过 20 年的实践对其内涵的规定就比较具体了,1988 年 5 月日本通产省产业结构审议住宅与都市产业分会在向通产省提出的《住宅产业发展政策措施建议》中指出:"对住宅产业的范围,看法不一,"但从今后"实现优裕的居住生活"角度看,住宅产业主要包括以下几个方面:

(1) 承担居住空间新建和改造的住宅供应产业、改造产业、内装饰装修材料产业等;
(2) 提供所需材料、设备的住宅建材产业、住宅设备产业、内装饰装修材料产业等;
(3) 承担住宅及其建材、设备等的流通产业,以及与居住生活密切相关的服务业;
(4) 为支持居民自己改善居住条件(新建和改造)的 DIY(Do it yourself.)产业。

近年来,我国学术界和实际部门对住宅产业和住宅产业化进行了较广泛的讨论。关于住宅产业内涵的论述,较普遍的观点认为,住宅产业是以生产和经营住宅或住宅区为最终产品的产业。具体包括住宅区规划和住宅设计,住宅部件品的开发与生产,住宅区的建造,以及住宅(区)的经营、维修、管理和服务。如果把住宅建设再向外延伸,加上建材业、设备研究开发和金融保险业等,实际就形成一个小的产业链(见图 17-1)。

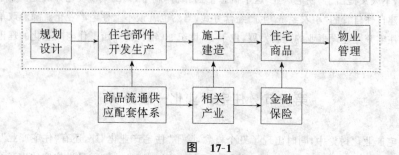

图 17-1

从上面的分析可以看出,住宅产业作为一个概念在国内外已基本形成,是产业结构成长的结果。其原因正如本书第一章所论及的,总的来说是社会经济发展对住宅需求增加和科学技术进步,推动住宅产业化使然。从产业成长机制来说,属于体内分蘖机制,是从建筑业或房地产业中分蘖成长起来的产业。尽管住宅产业目前在各种产业分类中还没有单独出现,但是,更重要的是当今住宅产业化不仅在发达国家还在发展,在我国和广大发展中国家正方兴未艾,住宅产业作为住宅产业化的结果,必将得到世界的公认。正如日本的《建筑大辞典》(1974 年)所写的"住宅产业这一术语是随住宅生产工业化的发展而出现的。"国内学者也强调,住宅产业是依据客观存在和实际需要产生的,是产业经济理论发展的结果(郝寿义等,1998)。

二、住宅产业化内涵

作为生产经营方式的住宅产业化是早在第二次世界大战后就在欧美各国逐步推行发展起来,比住宅产业这个概念的提出早 20 多年。其内涵有各种表述,主要的有:所谓住宅产业化,即让住宅纳入社会化大生产范畴,以住宅物业为最终产品,做到住宅开发定型化、标准化、建筑施工部件化、集约化,以及住宅投资专业化、系列化(覃刚毅,2002)。有的则认为,住宅产业化就是采用社会化大生产方式进行住宅的生产和经营,可将其概括为"六化",即连续化、标准化、集团化、规模化、一体化和机械化。我们认为住宅产业化有两层含义:一是指住宅的生产经营方式,可概括为标准化、工业化和集约化。二是指不在类的分散的住宅生产经营活动成长为一个相对独立的产业,是住宅产业化的结果。这就是我们前文所论述的住宅产业。住宅产业化与传统住宅生产经营方式的根本区别在于:前者以住宅物业这一最终产品为目标,而后者,住宅投资、开发、设计、施工、售后服务是分离的。所以说住宅产业化是对传统住宅生产经营方式的变革和挑战。

下面简要地分析住宅产业化的三个方面:

1. 标准化。这是住宅产业化的基础,而基础的基础又是模数协调标准。模数协调标准简单地说就是系列化部配件的型号规格尺码。模数协调的任务一是制定各种住宅部品的生产规格尺寸,使各种住宅部品能配套使用,并且不同的部件可以互换;二是指导建筑师和工程师借助模数化部件、设备进行设计,以保证和提高住宅产品的质量。所以,20世纪60年代联合国就在总结各国经验的基础上提出了关于建筑模数协调的建议。目前国际标准化组织(ISO)已颁布了《模数协调》的系列标准,各国的模数协调标准正在逐步向国际标准靠拢。在住宅标准设计中,目前存在两种趋势:一是一些国家努力实现以标准化构配件件组成建筑物的方法,即通用体系原则;另一个趋势是缩小定型单位,使标准化和多样化更好地统一起来。

2. 工业化。即住宅生产工业化,用大工业规模生产的方式生产住宅物业产品,如住宅构配件生产工业化,现场施工机械化,建立现场施工的技术服务体系。一些经济发达国家商品混凝土已占混凝土总量70%—80%。在模板工程方面,美国在20世纪70年代就有100多家模板工厂,从设计到制作逐步形成独立产业。此外,现场运输、现场清理、建筑物拆除等均可委托专业公司完成。

3. 集约化。通常是指通过采用先进科学技术和现代管理方法,加强专业化分工与协作,提高资金和资源利用效率,从而提高劳动生产率的生产经营方式。无疑住宅产业化中标准化、工业化本身就是集约化。在住宅产业化过程中,组建住宅产业集团,也是实现集约化经营措施之一。集团集住宅投资、产品研发、设计、配构件制造、施工和售后服务于一体,实现生产经营一体化,形成智力、技术、资金密集的新型企业组织结构,为集约化生产经营提供人才、技术、资金和制度保证。另外我国在住宅产业化进程中提出的住宅产业现代,也正是住宅产业化中的集约化。所谓住宅产业现代化,就是要用现代科学技术,加速改造传统的住宅产业。它是以科技进步为先导,以改善住宅使用功能和居住环境为宗旨,以提高劳动生产率和工程质量为目标,在科学规划的基础上,实现标准化设计、工业化生产、装配化施工、规范管理的社会化大生产(郝寿义等,1998)。可见住宅产业现代化就是住宅产业化的叠加,就是其集约化的具体体现。尽管有的专家想将住宅产业化和住宅产业现代化二者区分开来,然而就在他们自己的论述中正好说明二者的一致性,或叠加性。如有的专家说:"住宅产业化的根本标志是标准化、工业化和集约化。"(开彦,1999)同时又说:"住宅产业现代化的根本标志,是从事住宅建设活动标准化、工业化和集约化。"(聂梅生,1999)还有专家说,住宅产业化……包括两大方面:一是生产住宅的材料、部件本身的产业化问题;二是建造住宅过程的产业化问题,或称之为建筑工业化。

综合上述的分析表明,住宅产业化,既是住宅开发建设生产经营方式层面的变革,同时也是企业组织制度层面的变革;而我国提出的住宅产业现代化实际兼有上述两方面的变革。也正是这种变革的不断前进,推动着整个人类居住条件的变革,人类从穴居到"数字化家园"经历了或将经历四次变革:第一次,以木材、泥土、石块为主要材料的住房;第二次,以砖、瓦烧制技术及其产品的广泛应用为标志的居室;第三次,以钢筋混凝土为主要构筑元素的居住条件;第四次,体现高科技、社会性、人性化的"数字化家园"时代,这是一场由于技术手段(网络技术、电子技术、数字处理技术)飞速发展而引发的人类居住变革。

第二节 住宅产业化在发达国家[*]

第二次世界大战以后，世界各国尤其是欧洲出现了大规模的"房荒"，掀起住宅建设热潮，随即引发了一场住宅生产经营方式的变革，住宅产业化在欧美逐步发展起来。其基本特征，就是推行住宅开发建设标准化，包括住宅构配件标准化、系列化、通用化；住宅建筑工业化，包括现场施工技术服务体系；住宅开发建设技术创新；组建住宅产业集团等。值得一提的是将"可持续发展"概念引入住宅建设领域，这主要是在住宅全寿命各个环节（建设、使用、维修、改造、拆除）掌握一个"核心"，三个"原则"：一个"核心"是指保护地球环境和节约各类资源。三个"原则"是资源节约、合理利用和再利用，即节约使用能源、水资源、建筑材料、土地资源等各类资源；水资源再利用和废弃物的再利用与再生利用；充分利用天然资源（太阳能、风力、地热）等。下面是几个国家住宅产业化基本情况：

一、美国

美国住宅产业化的特点是注重标准化、施工工业化和住宅建设中新技术的研究和开发。由于美国住宅建筑没有受到"二战"的影响，因此没有走欧洲的大规模预制装配道路，而是注重于住宅的个性化、多样化。美国住宅多建于郊区，以低层木结构为主，用户按照样本或自己满意的方案设计房屋，再按照住宅产品目录，到市场上采购所需的材料、构件、部品，自己动手或者委托承包商建造。所以，在美国住宅产业化中，建设住宅用的构件和部品的标准化、系列化，及其专业化、商品化、社会化程度很高，几乎达到100%。

在美国住宅产业化的工业化表现在：一是部配件生产工业化，在模板工程方面实现了工厂化生产，并形成了独立的行业；二是在现场进行机械化施工。各种施工机械、设备、仪器等租赁业非常发达，商品化程度达到40%。

在住宅产业化过程中美国政府尤其重视新技术的研究工作，国会每年拨付住宅与城市发展部1000万美元专门用于新技术的开发与研究经费，委托美国国家建筑技术研究中心负责建筑技术的研究开发工作。而美国的各种协会等社团组织，更是集中大量的资金和人力，推动美国住宅技术的开发和应用。例如美国航天署正计划将太空船中的先进环境技术如水的循环、净化利用、太阳能电池等逐步开发成民用品以推广到住宅产业中去。美国不仅重视住宅建设新技术的研究工作，同时还注重积极开发利用，如积极开发、推广应用污水处理和回用技术、生活垃圾处理技术、太阳能和地热等自然能源的利用技术、小型箱式变压器等实用技术，体现"健康住宅理念"的"4R"理论，即检查（review）标准程序和做法，减少（reduce）产生的浪费，重复利用（re-use）资源和材料，回收（recycle）通常被废弃的材料。

二、法国

法国住宅产业化的特点是住宅建筑的工业化。法国是世界上推行建筑工业化最早的国家之

---

[*] 本节内容选自宋扬"外国住宅产业化概览"一文，载《住宅与房地产》，2002年第9期。

一。20世纪50年代到70年代法国走过了一条以全装配式大板和工具式模板现浇工艺为标志的建筑工业化道路,称为"第一代建筑工业化"。到70年代,为适应建筑市场的需求,向以发展通用构配件制品和设备为特征的"第二代建筑工业化"过渡。

为发展建筑通用体系,法国于1977年成立构件建筑协会(ACC),作为推动第二代建筑工业化的调研和协调中心。1978年该协会制订尺寸协调规则。同年,住房部提出以推广"构造体系",作为向通用建筑体系过渡的一种手段。构造体系一般表现出以下特点:一是为使多户住宅的室内设计灵活自由,结构较多采用框架式或板柱式,墙体承重体系向大跨度发展;二是为加快现场施工速度,创造文明的施工环境,不少体系采用焊接和螺栓连接;三是倾向于将结构构件生产与设备安装和装修工程分开,以减少预制构件中的预埋件和预留孔,简化节点,减少构件规格;四是建筑设计灵活多样,建筑师有较大的自由。

1982年,法国政府调整了技术政策、推行构件生产与施工分离的原则,发展面向全行业的通用构配件的商品生产。法国认为,要求所有构件都做到通用是不现实的,一套构件目录只要与某些其他目录协调,并组成一个"构造逻辑系统"即可。为了推行住宅建筑工业化,法国混凝土工业联合会和法国混凝土制品研究中心将全国近60个预制厂组织在一起,由它们提供产品的技术信息和经济信息,并编制出一套G5软件系统。这套软件系统把通过同一模数协调规则、在安装上具有兼容性的建筑部件(主要是围护构件、内墙、楼板、柱和梁、楼梯和各种技术管道)汇集在产品目录之内,它告诉使用者有关选择的协调规则、各种类型部件的技术数据和尺寸数据、特定建筑地位的施工方法、其主要外形与部件之间的连接方法、设计上的经济性等。采用这套软件系统,可以把任何一个建筑设计"转变"成为用工业化建筑部件进行设计而又不改变原设计的特点,尤其是建筑艺术方面的特点。

三、澳大利亚

澳大利亚住宅产业化的特点,是快速安装预制住宅。早在20世纪60年代,澳洲皇家建筑师协会便提出了快速安装预制住宅的概念,并于此后做了大量的研究。但结论是,澳洲住宅建筑市场尚未大到足以克服预制件的成本。

随着高应力、轻质量冷成型结构钢在技术上的突破,澳洲建筑师的旧梦成真。用于制作钢构架的钢材具有如下一些先进的特性:是能承受高应力状态的高强度结构钢;与相同承载力的木材相比,其重量仅为其1/3;表面经镀锌处理以防锈蚀,其耐久性在免大修的情况下可达75年。澳洲在住宅施工技术上的另一项重大突破是"速成墙"(rapidwall)系统。速成墙是一种中间挖空的板材,由工厂预制并在工厂完成粉刷。其重量仅38公斤/平方米,主要成分为石膏板,玻璃纤维及水密聚酯材料等的混合体。标准板材尺寸为13米(长)×2.85米(宽)×12毫米(厚)。这种尺寸保证了它只需要一次性安装便能形成住宅建筑的整片墙体。同时,它也可裁剪成任何长度和高度的组合件。而在其中间孔洞处灌注混凝土,则可使其具备很好的防火、隔声隔热效果及承载能力。

对比砖木结构,预制钢构架和混凝土速成墙系统具有若干明显的优越性,例如,能够创造出更灵活的建筑空间;比砖木结构具有更长的持久性;只需要少量的维修,彻底免去杀害虫的麻烦;施工的方便和快速,使它同时具有良好的经济性。此外,因为明显地节省了施工现场的劳力,安装及运输简便,减少了土方工程,它在价格上也是极具优势的。

四、日本

日本是世界上最早提出"住宅产业"这一概念的国家,早在20世纪60年代初就开始住宅产业化。1966年建设者就在《住宅建设工业化基本设想》中指出,为了强有力地推动住宅建设工业化,有必要进行建筑材料和构配件的工业化生产,使施工现场转移到工厂,从而提高生产效率。为实现住房产业化,推动标准化工作,形成优良住宅部件的审定制度等,还建立了住宅产业的政府咨询机构——审议会。70年代是日本住宅产业的成熟期,大企业联合组建集团进入住宅产业。到90年代,采用产业化方式生产的住宅已占竣工住宅总数的25%—28%。日本是世界上率先在工厂里生产住宅的国家。例如:轻钢结构的工业化住宅占工业化住宅约80%左右;70年代形成盒子式、单元式、大型壁板式住宅等工业化住宅形式,90年代,又开始采用产业化方式形成住宅通用部件,其中1418类部件已取得"优良住宅部品认证"。

日本住宅产业化的发展很大程度上得益于住宅产业集团的发展。住宅产业集团(housing industrial group,HIG)是应住宅产业化发展需要而产生的新型住宅企业组织形式,是以专门生产住宅为最终产品,集住宅投资、产品研究开发、设计、配构件部品制造、施工和售后服务于一体的住宅生产企业,是一种智力、技术、资金密集型、能够承担全部住宅生产任务的大型企业集团。如大和房屋集团(Daiwa House Group)作为目前规模居日本第二位的住宅产业集团,其核心企业——大和房屋工业株式会社在日本全国设有一个本部、两个分总部、65个分店、328个营业所、12个住宅部件生产工厂、一个综合研究所和三个研修中心,其事业范围已经从单纯的住宅产业向"综合性生活产业"发展,包括住宅事业、建筑事业和其他事业。

第三节 住宅产业化在中国

一、中国住宅产业化提出的背景分析

自改革开放以来,为了"还"居民住房的欠账,改善居民的生活条件,我国城镇掀起了广泛的住房建设热潮,城镇人均居住建筑面积1978年约为7平方米,到2001年在城镇人口增加将近1倍的情况下,人均居住面积仍增加约2倍,达到20多平方米,住房总量增加了约5倍。住宅业也成为了我国新的经济增长和消费热点,整个房地产业也成了国民经济的支柱产业。不仅如此,住宅还存在巨大的潜在需求,据人口学家预测,到2050年我国人口将达16亿,城市化水平若达到70%,我国城市人口将达到11亿,3亿多个家庭,到时现在的住房都将折旧完毕,从现在起约新增300亿平方米住宅,年均约6亿平方米,所以住宅是一个久远的大市场。迫切需要实行标准化、工业化、集约化生产,提高劳动生产率,提高住宅产品质量满足城镇居民需求,这是问题一方面。

另一方面是,我国住宅从数量上虽有大的发展,但是质量不高,产业化水平很低,生产力低下,仍处于粗放型生产发展时期,存在诸多问题,可用"四低一高"来概括:所谓"四低",一是住宅建筑工业化水平低。工业化是住宅产业化重要标志之一,我国现阶段住宅建设还是以手工劳动为主,尤其是大量农民工进城从事住宅建造,工业化水平显得更低。二是住宅部件品率低。标准化、部件化生产是住宅产业化的另一个重要标志。住宅建筑由几十个门类的部件品构成,在我

国由于对住宅部件品的开发、生产流通缺乏宏观指导,品种少,不配套,质量差,与发达国家在标准化基础上形成的规格化、系统化、通用化开发生产相比,有明显的差距。三是住宅建造劳动生产率低。由于我国城镇住宅建造以农民工为主,工业化、部件品化和集约化水平低,造成劳动生产率低是必然的。据报刊介绍,我国住宅业劳动生产率只相当于发达国家的1/7,增值率仅为美国的1/20。四是住宅成品质量低。由于施工人员素质差,"粗放型"施工,科技装备水平低,加之开发商质量意识差,综合管理措施不到位,导致住宅综合质量差,即工程质量、功能质量、服务质量、环境质量均差。因此,商品房的合格率仅50%,优良品率不足5%。一高是原材料和能源消耗高。我国住宅建设材料基本还是砖瓦,墙体材料中87%仍是实心黏土砖,墙体厚,用量大,并且造成土地资源严重浪费。由于建筑材料保温性能差,加之施工质量不过硬,密封性不强,保温隔热性能差等原因,采暖地区住宅单位面积耗能是相似气候条件下发达国家的3—4倍。造成这些问题的原因不外两方面:一是非市场化的传统管理体制的消极影响还存在,缺乏科学的管理机制和合理的鼓励机制;二是旧的单位建房分房管理体制"小农经济"式的生产经营方式还在起作用。二者叠加起来必然是生产率低、效益差、质量差,所以变革管理体制和生产经营方式,推行和加速住宅产业化势在必行。

二、中国住宅产业化进程

1. 中国住宅产业化目标及其基本内容。这主要就是标准化、工业化、集约化三个方面,简称"三化"。其基本内容见图17-2、17-3。

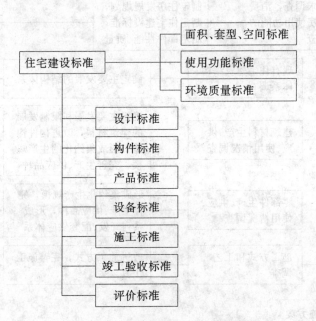

图17-2 中国住宅产业化目标框图

2. 住宅产业化实施方案的形成。这主要是通过调查,根据消费者的需要,按照"三化"的标准,拟定实施方案。基本内容见图17-4。

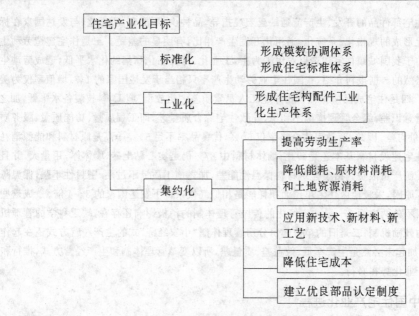

图 17-3 住宅建设标准框图

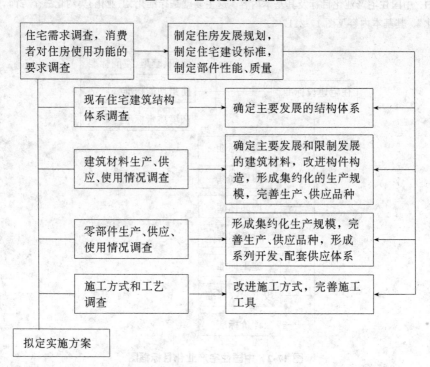

图 17-4 住宅产业化实施方案形成示意图

3. 发展住宅产业化的措施明确了产业化的目标,拟定了实施方案,还必须有具体的措施做保证。这些措施主要有:技术措施、组织措施、政策措施。分别见图17-5、17-6、17-7。

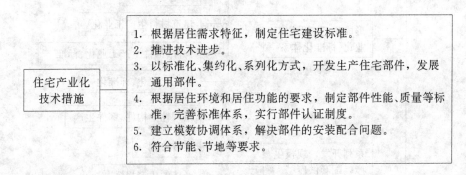

图 17-5　住宅产业化技术措施框图

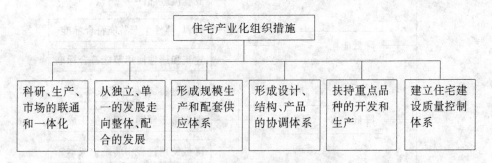

图 17-6　住宅产业化组织措施示意图

图 17-7　住宅产业化政策措施示意图

4. 住宅产业化评价体系。评价体系和评价标准是检查、监督、验收的依据,是规范、提高和保证质量的基本手段,是最后的一个环节,也是非常重要的一个环节。基本内容见图17-8。

5. 建立国家住宅产业化基地。为了更好地推进我国住宅产业化,提高住宅建设的质量和效益。国家建设部决定启动"国家住宅产业化基础"建设工作。

"住宅产业化基地"的类型初步分为两种:(1)工业化住宅体系——住宅的主体结构实现工业化生产,达到施工现场组装的要求。工业化住宅不但要建筑、结构体系完善,住宅部品体系也要基本配套,保证住宅的功能和质量、实现工业化生产。(2)住宅部品体系——以外围护、内装、

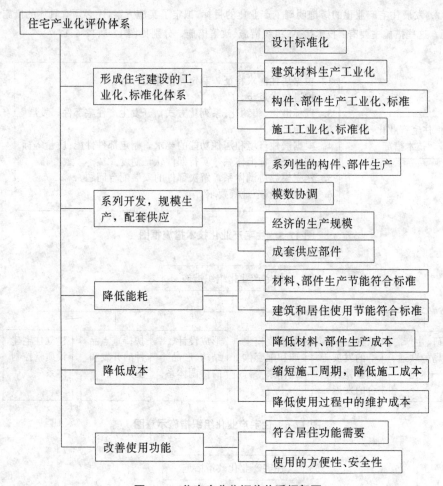

图 17-8　住宅产业化评价体系框架图

厨卫、设备、智能化等部品体系为重点，促进住宅部品体系向模数化、标准化、通用化、产业化方向发展。实现住宅部品的系列开发、集约化生产、配套化供应，发挥工业化生产的规模效应，加快与国际接轨。

此项措施与其说是推进住宅产业化建设，倒不如说是促进承担住宅产业化工作的企业和单位自身的建设，从而使我国住宅产业化工作更扎实有效。这主要表现在申报"住宅产业化基地"的条件极为严格，包括：(1) 申请实施单位必须是从事工业化住宅体系或住宅部品体系的研究开发与生产制造企业，且在国内同行业中有较高的知名度和示范带动作用；(2) 实施单位应具有较强的研究开发、生产制造、市场拓展的能力，以及组织实施项目产业化发展的资金筹措能力和良好信誉；(3) 实施单位必须实行独立核算、自主经营、自负盈亏、产权明晰、管理规范；(4) 实施单位具有一定的生产能力和规模，具有较完善的售后服务体系，并通过ISO9001质量体系认证，有两年以上的运营期；(5) 实施项目必须符合住宅产业化的发展方向，有较好的市场前景，并已制定中、长期发展规划；(6) 实施项目应得到当地政府在政策、资金等方面的倾斜和支持。

"住宅产业化基地"的管理将由建设部统一指导和管理,建设部住宅产业化促进中心负责国家住宅产业化基地的日常工作,以及技术指导、技术服务等工作。

三、中国住宅产业化的特点

中国住宅产业化是在科学技术特别是建材和建筑科学技术飞速发展的时代,中国全面实行经济体制改革,包括住房制度改革,经济理论研究空前活跃的条件下进行的,从而使中国住宅产业化明显具有上述时代背景的特点。

1. 住宅产业化和住宅商品化同时推进。我国住宅不仅生产经营方式落后,长期沿袭着秦砖汉瓦的手工操作生产方式;同时自建国以来一直实行非商品化直接实物分配的住房制度,严重妨碍了住宅生产力和产品质量的提高。所以,在我国推动住宅产业化,必须同时实行住宅商品化,只有住宅商品化和市场化,转变机制,才有住宅产业化的基础条件;而只有住宅产业化,住宅商品化才有可能顺利进行,市场机制才能充分发挥作用。这说明我国住宅产业化的任务艰巨而复杂。

2. 住宅产业化和住宅产业现代化叠加进行。这是我国住宅产业化一个很重要的特点。这就决定了我国住宅产业化起点高,通过后发优势和科学技术的跨越式发展,又决定了我国住宅产业化水平高,推进速度快。

3. 住宅产业化理论研究和实际运行同步前进。这主要表现在实践始终是在理论指导下进行,理论始终紧密联系实际。理论研究主要是从产业经济学的产业结构理论和产业组织理论的高度出发,探讨住宅产业的内涵及其形成机理,和住宅产业化、住宅产业现代化的内涵及有关理论。并取得了较明显的成绩,迅速转化为生产力,直接指导实际。这一方面是有利于住宅产业化少走或不走弯路,另一方面是有利于推动制度建设,使住宅产业化在硬件和软件两方面协调发展。

4. 住宅产业化的运作是政府引导和市场配置相结合。前面讲了我国住宅产业化是在变革旧的生产经营方式的基础上进行的,是住宅产业化和住宅商品化同时推进,在这种"双转轨"时期,政府的干预和引导是非常必要的,尤其是初始阶段政府的引导更为重要。如总体计划构想,成立各种指导中心等。政府不仅关心硬件建设,还非常关心软件建设,重视各个层次,各种方式的理论研究。但是政府的积极正确引导并不排斥市场调节,而是政府引导和市场调节相结合。

第四节 住宅产业化的意义

住宅产业化二战后就在欧美等发达国家发展起来,其结果不仅直接促进了住宅房、房地产业和整个国民经济的增长,改善了人们的居住条件,而且大大推动了相关科学技术的发展。在理论方面丰富和发展了产业组织结构理论。总之意义深远,这里以我国为例作简要归纳分析。

一、住宅产业化的理论意义

1. 从一般产业结构理论来说,我国在日本提出的住宅产业概念的基础上,更明确具体地界定和论述了住宅产业这个概念,将其作为一个相对独立的产业,形成自身的产业链和运行的区间,这是对以往各种产业分类的突破,无疑是产业结构理论的创新与发展。

2. 正是以上述住宅产业理论为参照系,改造我国计划经济体制下"自给自足"的"小农经济"似的住宅开发经营方式,为逐步改变手工操作形式的作业劳动,实现在标准化基础上的工业化生产创造条件。因此,如果说住宅商品化是对我国原有住房制度的改革,那么,住宅产业化就是对原有住宅建设组织结构和经营机制的变革和创新。

3. 有利于房地产经济学科方向的建设。房地产经济学是一个新的学科门类,在我国还在形成和发展中,现在从大专、本科到研究生都在招生,但教材建设跟不上。住宅产业化的理论研究和实践探讨,无疑对丰富教学教材内容,推进学科建设都有深远的意义。

二、住宅产业化的现实意义

1. 通过住宅产业化实现住宅产业现代化,这不但能直接提高住宅建设的劳动生产率,推动住宅业的发展,同时还有利于产业结构的升级,当前我国正处在经济结构调整中,这无疑是带有战略意义的举措。

2. 通过住宅产业化和住宅产业现代化,将大大推动经济总量的增长,正如库兹涅茨所论及的,经济总量的增长依赖于结构的转变,主要体现为总量增长依靠高于平均增长率的新兴产业的支持。住宅业虽不是新兴产业,但是,在我国经济发展的今天,它既是传统产业,又是新兴产业。此外,住宅产业化对于发展住宅业,推动住房制度的改革,促进整个房地产业市场化等,均具有重要意义。

3. 将引起收入分配领域的变革。住宅产业化必须以住宅商品化、住房分配的货币化改革为前提,它同时又会促进这种改革,加速实现完全的住房商品化和住房分配的彻底货币化。这一变化将使我国的收入分配更加规范,使收入分配更加公平、合理。

4. 将极大地改善我国居民的居住条件。住宅产业化将提高住宅建设者的效率。标准化生产、机械化施工、信息化管理将改变我国住宅建设低效局面,使年竣工面积增加。同时,住宅的质量也会因为其生产方式的改变而提高。因此,住宅产业化将不仅增加我国居民的人均居住面积,还会大大改善居住环境的质量。

5. 能实现这一领域可持续发展。我国住宅产业化政策把节约资源、能源放到了重要的位置。住宅及部件品的集约化生产将减少资源和能源的消耗,新型建材的使用会改变资源浪费的现状,新型墙体材料和节能技术的采用会节约更多的能源。所有这些,都将改变生态环境恶化的局面,实现住宅领域的可持续发展。

专题分析:集成住宅:未来住宅产业化的一颗明星[①]

采用一种由工厂化生产、现场组装的薄板钢骨住宅体系,一幢200平方米独立住宅的主体结构只需5天便可成型,一个月交付使用。室内装修工程,如门窗、厨卫及各种管线设备全部采用标准化、系列化设计、配套化供应,住户只要按照自己的意愿和能力,从企业提供的菜单上就能选择自己满意的产品。

用这种工业化生产的住宅,称之为"集成式住宅",亦称体系住宅,其主要特征为:

结构部件小型化:部件的加工、运输、吊装轻便灵活。其标准化单元也可由大改小,由空间

---

① 摘自《住宅与房地产》,2002年第9期。

单元改为梁、柱、板结构,使组合的灵活、机动性增加,空间创造的任意性扩大,应对商品市场的变化能力增大。

空间尺寸的扩大化:大空间结构的住宅带来了空间可分隔、可变化的能力。由于隔墙的轻质化和可拆改化,居住空间的大小可以灵活布置,空间组合创造余地不受限制。可以最大化地满足住房对功能和设备的需求。

管道布局有序化:集成住宅的大空间无阻挡为布管提出了快捷便利的条件,空间可塑性又为布管的任意性提出了严格的要求。在商品住宅中常把管道划分为共用压力管道和分户水平管道两部分,采用竖墙管井和水平管道层的做法,以适应现代化住宅的要求。

整合化厨卫部件:厨房、卫生间是住宅中最为复杂的和专业程度最高的部件,最适宜于工厂化生产、集成式安装。此外,外墙的保温构造和内墙的部品也都采用整合式的、成套的技术。

标准化生产原则:采用国际通行的"模数协调"原则和方法。模数协调的任务是制定生产各种住宅部品的生产规模尺寸,使各种住宅部品能准备无误地安装到指定的部位,并且不同企业生产的部件可以互换。其次,模数协调的原则是指导建筑师和工程师如何在自己设计的住宅工程中,可以保证选择的部件、设备能合理地安装在住宅工程中,并且不因此而妨碍工程师的创造能力,利用模数化的部件不断满足各类住房的居住需求,提高居住品质的要求。

思 考 题

1. 住宅产业和住宅产业化各自的内涵。
2. 住宅产业、住宅产业化和住宅产业现代化的联系与区别。
3. 中国住宅产业化及其特点。
4. 发达国家住宅产业化及其特点。
5. 住宅产业化的意义。

参 考 文 献

1. 顾云昌:"住宅产业与经济增长",《中国房地产》,1998年第8期。
2. 李晓蓉:"健全住宅投融资体制促进住宅产业发展",《中国房地产》,1998年第3期。
3. 郭万达:《现代产业经济辞典》,中信出版社,1991年。
4. 史忠良:《产业经济学》,经济管理出版社,1998年。
5. 王俊豪:《现代产业理论与政策》,中国经济出版社,2000年。
6. 聂梅生:"关于转变住宅建设增长方式的探讨",《中国房地产》,1999年第1期。
7. Eugene Fanma, "Agency Problems and the Theory of the firm", *Journal of Political Economy*, 1980, (Vol. 88):288—307
8. Harold Demsetz, "Industrial Structure, Market Rivalry and Public Policy", *Journal of Law & Economics*, 1973, (Vol. 16):1—16.
9. 郝寿义等:"经济增长方式转型与住宅产业现代化",《中国房地产》,1998年第2期。
10. 覃刚毅:"我国住宅业面临产业化大变革",《住宅与房地产》,2002年第9期。
11. 开彦:"推行住宅产业现代化,促进住宅建设水平整体进步",《中国房地产》,1999年第12期。

第十八章 住宅市场

第一节 住宅市场的基本特征与结构

一、住宅市场的基本特征

住宅市场是一个垄断竞争的市场,住宅市场的垄断性是由土地市场的垄断性决定的。而土地市场的垄断性又是由土地供给的稀缺性决定的。

土地是一种不可再生的自然资源,它具有有限性、非同质性和固定性等自然属性。

土地的有限性是指土地面积的有限性。人类劳动只会改变土地的质量,但对土地面积的影响却是有限的。移山填海,扩展陆地,固然能增加土地面积,但不能从根本上改变土地有限这一基本属性。

土地的非同质性是指土地在位置、土壤的种类、土地的肥力、地貌、气候、水文、地质、景观等方面的差异。地球上每一块土地之间都存在差异,从而每块土地都具有独特性。

土地的固定性是指每一块土地的绝对位置(经纬度)的固定性和各块土地之间相对位置(距离)的固定性。

由于土地具有上述自然属性,在经济上就表现为土地在总量上和短期内的供给无弹性,某类土地供给的稀缺性就决定了这类土地的所有、占有、使用上的垄断性。

但从长期来看,土地的供给又是有弹性的,不同用途的土地之间是可以互相转移的,这在一定程度上削弱了土地的垄断性。

住宅市场的竞争性表现为,在土地市场上,土地使用者为了取得土地使用权,参加土地的招标、拍卖时出现的竞争,以及土地使用者之间转让土地存在的竞争等。另外同类住宅在销售上也存在住宅供给者之间、住宅的需求者之间、住宅供求双方之间的竞争。

住宅市场也不是完全竞争的市场。完全竞争的住宅市场应具备以下条件:

1. 住宅供给者数量众多,任何一个供给者都不能左右市场,都是市场价格的接受者。
2. 住宅商品是同质的,具有完全的替代性。
3. 资源完全能够自由流动,即劳动力、生产资料、资金都能够自由流入和退出。
4. 市场参与者对市场信息有完全的了解。

从完全竞争的市场条件来看,住宅市场不完全具备。第一,住宅市场的供给者数量在不同时期是有所不同的,在住宅市场建立之初,只有少数房地产开发企业涉足该领域,随着利益的驱动众多企业试图参与该行业,竞争的结果是房地产开发只能由具有较高资质的为数不多的房地产开发集团承担。第二,住宅商品并不完全是同质的。就是同样结构、同样材质、同样质量的住宅,由于所处的位置不同也是不同质的,每一套住宅都是独一无二的。第三,由于开发房地产需要投入大量资金,并且土地经营的垄断也阻碍了资本的自由进入和退出。第四,住宅市场的供给者和需求者对市场信息的掌握是不对称的,前者比后者更了解住宅市场的信息。

住宅市场既不是完全竞争的市场,也不是完全垄断的市场,是介于完全垄断和完全竞争之间的垄断竞争市场。

二、住宅市场的结构

按权益让渡方式不同,住宅市场可以分为住宅出售市场、住宅租赁市场、住宅抵押市场和住宅典当市场。

住宅出售市场(住宅所有权交易市场)是指住宅的所有权通过流通一次性出让的场所以及财产权利转移所产生的买卖双方相互关系的总和。因为住宅是不动产,是一种特殊的商品,它的流通方式与一般商品不同。一般商品的流通方式是从生产者手中转移到消费者手中,而住宅是通过所有权的买卖来实现流通的。因此,住宅这个特殊商品的交易活动,不仅要比一般商品的交易活动复杂得多,而且,始终贯穿着权属关系。

住宅租赁市场(住宅使用权交易市场)是指住宅所有者将住宅使用权在一定年限内出租给承租人使用,而承租人根据租约的规定分期向住宅的所有者支付租金的场所以及财产权利分期出售所产生租赁双方相互关系的总和。由于住宅具有价值量大、消耗时间长的特点,因此,住宅在其寿命期内可以更换租赁者,这是一般商品所不具有的。

住宅抵押市场是指单位或个人以一定量的住宅作为如期偿还借款的保证物,向银行或其他信贷机构作抵押,从而取得贷款的场所以及借贷双方相互关系的总和。住宅抵押是住宅这种特殊商品参与融资活动的一种特殊形式。贷款到期,借款者按合同要求归还本息和管理费后,住宅所有权仍然归借款者所有。如果借款者到期无力偿还贷款,银行或其他供款机构就有权处理作为抵押品的住宅。由于房地产开发公司或购房者可以把即将投入开发建设的房地产或购得的住宅作为抵押品来获得贷款,这样就解决了生产建设资金或购房资金不足的困难。这种形式在现代市场经济国家已被广泛使用。

住宅典当市场是指出典人出典自己所有的住宅给典权人,获得具有借贷性质的典价的场所以及典当双方相互关系的总和。住宅典当市场与住宅抵押市场的不同之处在于:前者当出典人出典住宅后,典权人享有对典物的占有、使用、收益权;而后者在抵押人把住宅抵押给抵押权人时,抵押权人并不直接占有、使用抵押物和享受收益权,住宅仍归住宅抵押人占有、使用,只是当抵押人无力偿还抵押贷款时,抵押权人有权处置抵押的住宅。

住宅典当市场的建立有助于解决住宅产权明晰化问题。如我国的公房出售,购房者大多只获得部分产权,购房者的收益权、处分权都受到限制,房管部门的监管成本也较高(防止承租人私自出租住房等活动)。但如将公房出典给居民,原产权单位保留所有权、支配权(在不侵犯承典人利益的前提下),承典人享有使用、收益权,双方权利义务关系明确,明晰的产权关系有利于降低交易费用,减少争执与冲突(傅十和、江花桃,2002)。进一步还可以设想,给予居民随时购买住宅产权的权利,居民支付了房价和典价的差额后,就获得了住宅的所有权。

从市场交易层次结构上分,住宅市场可以分为一级市场和二级市场。

住宅一级市场是房地产开发公司向消费者出售住宅所有权的场所及双方所产生的买卖关系的总和。

住宅二级市场是住宅所有者转让其所有权给另一个消费者的场所及双方所产生的买卖关

系的总和。

住宅一级市场和二级市场都属于住宅出售市场,不同之处在于一级市场是住宅所有权第一次出售的市场,二级市场则是住宅所有权再次出售的市场。

此外,住宅市场按其再生产环节还可分为:住宅开发市场、住宅交易市场、住宅金融市场、住宅中介市场、住宅物业管理市场等。

住宅开发市场是房地产开发商为了建造住宅所从事的各种开发活动的场所及产生的相互关系的总和。其主要包括资金筹措和建筑施工两大环节的活动。

住宅交易市场是指住宅交易的场所及所形成经济关系的总和。主要包括新房的出售和预售、旧房买卖和租赁、住宅置换等活动。

住宅金融市场是房地产开发商为开发住宅而进行融资的场所及所形成的经济关系的总和。其主要融资形式包括发放房地产抵押贷款、发行房地产股票和债券以及提供房地产保险、典当等。

住宅中介市场是指在买卖双方、租赁双方、资金供需双方、住宅纠纷双方、住宅所有者和使用者之间进行中间活动的场所及所形成的经济关系的总和。主要包括住宅评估、咨询、法律服务、买卖、租赁、抵押、典当信托等居间活动。

住宅的物业管理市场是指为了住宅的正常使用、经营而对住宅本身及其业主与非业主用户进行经营、管理和提供服务的场所及所形成的经济关系的总和。其主要包括对住宅的产权管理、对业主和使用者的管理、公共设施管理、绿化环卫管理、装修管理以及对住宅、附属设备的养护和维修、治安保卫、消防、保洁等服务并向特约用户提供特别服务。

第二节　住宅市场运行机制及发展阶段

一、住宅市场的运行机制

机制一词来源于希腊文,原意是指机器的构造和运转原理。即机器运转过程中的各个零部件之间相互联系、互为因果的联结关系及运转方式。机制的主要内容包括结构和运转原理两部分,其中运转原理是第一性的,它决定着结构的运动;而结构是保证运转原理发生作用的物质载体。近代经济学从工程学和生理学借用了这一概念,用以说明经济系统像一部大机器,通过它的各个具有不同功能的部件相互联结、互为因果实现其总功能。

住宅市场的运行机制就是指构成住宅市场的各个要素(住宅的价格、供给、需求、竞争等)之间相互联系、互为因果的联结关系及运转方式。在住宅市场中,价格是核心,价格的高低直接影响住宅开发商的经济利益,引起市场竞争,市场竞争导致开发商生产要素的流动,生产要素的流进流出重新改变住宅市场上的供求关系。市场供求的动态变化影响着住宅价格;而价格的变化又影响着市场供求。住宅市场运行机制就是通过住宅价格、供给、竞争等市场要素的相互作用,自动地调节开发商的生产经营活动,实现市场上的供给与需求的平衡。这个过程可以用下图表示:

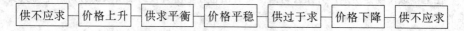

住宅市场主体包括开发商、建筑商、住宅需求者、中介、金融机构等,市场主体为各自的经济利益在市场上相互作用、相互制约和共同参与的过程就是市场运行机制发挥作用的过程。作用的结果又反过来调节各市场主体的经济行为。

住宅市场运行机制与一般商品市场的运行机制是相似的,但住宅毕竟不同于一般商品,因此住宅市场的运行机制与一般商品市场运行机制相比,又具有自己的不同特点:因为住宅必须依附土地而存在,而土地供给在总量上是有限的,土地的供给曲线在短期内是一条与横轴垂直的线,所以,住宅价格的形成主要是由住宅的需求决定的;另外土地在位置上的固定性和不可移动性,使建立在其上的住宅具有一定的垄断性,这就使住宅市场的竞争受到限制,不如一般商品市场上竞争充分。

二、住宅市场发展的三个阶段

住宅是人类赖以生存的重要物质条件之一,随着社会经济的发展,住宅在人们生活中占有越来越重要的位置。由于人们收入水平的差别,对住宅的需求在数量和质量上呈现不同的层次,从低到高可以概括为生存需求和改善需求。所谓生存需求一般是指能够满足家庭成员的基本居住[1]、生活较方便、质量可靠的居住条件。改善需求一般是指在生存需求的基础上,居住舒适[2]、综合质量较高的居住条件。生存需求和改善需求只是一个相对概念,不仅不同国家起点水平和内涵有差别,即使一个国家在不同经济发展阶段,甚至不同建筑材料和施工技术时期,其水平和内涵也不一样。

正是由于人们对住宅需求的层次性和经济发展水平的不同,使住宅市场表现为不同的发展阶段。一般说来,经济起飞国家在解决本国居民住房的过程中,一般都要经历以下三个阶段:

第一阶段,是以生存需求为主,改善需求为辅,通常是政府主导型,市场调节较弱。这一阶段的任务最为艰巨,住宅发展速度也较快,延续时间也最长。

第二阶段,是生存需求和改善需求并重,市场调节能力增强,政府干预减弱,住宅业发展仍然较快。

第三阶段,是改善需求为主,生存需求为辅,一般是市场主导型,政府施以宏观调控,如总量控制,解决少数低收入家庭住房问题等。进入该阶段,就意味着住宅市场已进入常规运行时期,也意味着一国住房问题已经基本解决。

从静态上讲,住宅需求分为生存需求和改善需求,它存在于住宅市场发展的任何阶段;但从动态上讲,住宅市场每一发展阶段的主要任务因社会经济的发展阶段不同而不同,生存需求和改善需求的主次在更替。

从总体上来说,我国目前还处于第一阶段,以生存需求为主,改善需求为辅,但改善需求在逐步增加。由于地区发展不平衡,有的城市改善需求增加较快,比重也较大。上述分析给我们的启示是:政府各级决策部门、开发商要把握住宅市场发展的阶段性及发展趋势,对住宅开发建设,要根据地区差异,既考虑当前的需求也考虑未来的需求,既能满足生存需求,又能满足改善需求,并注意两种需求各自的内涵及其变化。

---

[1] 具有基本的生活设施和起居空间,达到每户一套住宅。
[2] 达到每人一个房间。

第三节 住宅市场的需求

一、住宅存量与住宅服务流量

住宅存量(housing stock)指某一特定时点上有形的实物资产的数量。因为有形的建筑物在其有效使用期内是相对固定的,故称为存量。

住宅建筑有多种质与量方面的属性。质的方面属性有:住房本身的建筑特征,如建筑风格、结构、室内设施,以及住房的环境因素,如污染程度、绿化、视野、噪声程度、交通便捷度、公共服务设施完备度等。构成住房量的方面属性有:具有不同使用功能的房间间数、住房层数、面积、使用年限等。

由住房建筑各种属性所构成的一定区位、一定质量的住房给住房消费者带来的效用、满足或服务称为住房服务。这些服务包括遮风挡雨,为养育人口、娱乐活动提供场所或私密空间等。住房服务的生产需要住房存量、劳动、资本设备及管理投入,这些构成了住房服务的成本。每单位的住房存量都能在其寿命期内源源不断地产生住房服务,但它随着住房本身的条件及住房周围环境的变化而变化,因此,每一段时间内产生的住房服务量是一个流量概念,故称住房服务流量。住房服务流量越多,则住房质量越高。

二、住宅的需求函数

一般来讲,需求函数可确定为是以下因素的因变量:

$$D_h = f(I, P, P_0, T, N)$$

其中　D_h:对住房的需求量

　　　I:住房消费者的财力(财产、收入等)

　　　P:住房价格

　　　P_0:非住房商品与服务的价格

　　　T:住房消费者对住房的偏好

　　　N:潜在的住房消费者的数量

(一) 收入与财富对住房需求的影响

住房需求受制于家庭的预算收入,而收入指工资、投资收益及其他收益。收入上升,对住房的需求就会增加。假定其他条件不变,住房需求与收入的关系为:$D_h = f(I)$,这通常被称为住房消费函数。

财富是存量概念,是某一时点上一个家庭可得各种收入的积累额。而收入则是流量概念,是一定时期内(一个月或一年)家庭新增加的现金。总财富是家庭寿命期内支付能力的一个重要指标。现期收入只表明当前财富产生的速度,具有不稳定性。由于住房消费是家庭的一项重要的投资决策,很少有家庭会根据短期因素来决定住房消费决策。家庭财富或持久收入是比现期收入更重要的决定因素。现期收入对住房消费的影响虽不及财富重要,但仍是一个重要的制约因素,尤其在住房信贷市场上,一般来讲,信贷机构不会以借款者预期的未来收入为依据来发放贷款,而是以现期收入与现期金融资产作为衡量借款者偿付能力的指标。另外,信贷机构为降低风险,通常设定借款者的资信标准,如规定每月的偿还总额不得超过月收入的一定比例。因此,现期收入构成了家庭借贷及支付能力的约束,尤其当家庭现期收入小于生命周期水平(如年轻家庭)或经济周期衰退阶段经历暂时性收入下降的家庭,很难从银行获得贷款。

(二)住房价格对住房需求的影响

虽然住房需求函数中自变量很多,但因价格是影响需求的主导因素,通常是研究的重点,因此住房的需求函数一般是指在各种价格(租金)条件下所需要的住房套数或面积。住房的需求函数可表示为:$D_h = f(P)$。

由图18-1可知,住房需求与住房价格呈反比:住房价格上升,住房需求下降,反之,住房需求上升。DD为住房的需求曲线。当影响住房需求量的非价格因素变动时,住房需求曲线就会移动。如在收入增加时住房需求曲线DD就会移动到$D'D'$。

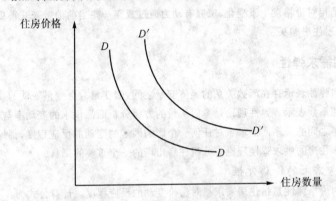

图18-1 住房的需求曲线

(三)人口和家庭结构对住房需求的影响

人口规模无疑是影响住房需求的要素,但由于家庭是住房消费的决策单位,家庭结构就是影响住房需求的重要的决定因素之一。不同成员构成的家庭类型有不同的住房需求,同一家庭在生命周期的不同阶段上也会有不同的住房需求。

一般从时间上可以把家庭生命周期分成以下几个阶段:单身阶段、新婚阶段、满巢阶段(年长的夫妇与尚未独立的子女同住)、空巢阶段(子女离开父母)、鳏寡阶段。

从家庭结构来分有:"丁克"家庭(夫妇两人无子女的家庭)、一对夫妇加一个孩子、三代同堂家庭、单亲家庭、单身家庭等形式。西方城市经济学家对居民家庭有如下分类:

1. 在学型家庭:此类家庭中某个成员正在求学,其他成员往往为照顾这一成员的学习而不惜多花交通费居住在环境优雅而离教育设施较近的住所。

2. 购物交际型家庭:这类家庭热衷于购物与社交活动,倾向于居住在城市中心的繁华热闹地段及接近便利的文化娱乐设施,而将住房面积放在次要地位。

3. 工作时间特殊型家庭:这类居民的工作特点是需要倒班或上早班,因此倾向于居住在靠近工作单位的地方。

4. 高收入家庭:收入愈高的居民,对住房质量的追求就愈高,就会倾向于选择郊区的高级住房(如别墅)。

对家庭类型的划分是住房市场细分的重要方法。不同类型的家庭形成对不同住房的消费者群,从而形成了不同的住房细分市场,有利于住房供给者选择目标市场和营销策略。

(四) 利率对住房需求的影响

住房是一种耐用消费品,在使用年限内每年都提供住房服务。住房不仅是一种消费品,也是一种资产。住房购买决策同时也是投资决策。一般影响投资决策的因素同样也会影响购买决策,其中最重要的是利率。

利率变动会产生两种效应:收入效应和替代效应。如果其他因素不变,利率上升,家庭的实际收入会随之改变。如果家庭是净储蓄者,则实际收入会增加;如果是净借贷者,则实际收入会下降。住房抵押贷款利率的升高,会引起家庭每月偿付额的突然升高,家庭可能无力支付每月的偿债额,从而可能减少对住房服务的需求。利率上升,未来消费将较当前消费便宜,因为未来消费与当前消费的相对价格发生了变化,家庭有动力通过放弃一些当前消费来获得更多的未来消费,从而可能推迟住房购买。

三、住宅需求弹性

经济学上的弹性表示存在函数关系的经济变量之间,因变量对自变量变动的反应程度。弹性的大小用弹性系数表示。弹性理论是专门从量的方面分析商品供求的变动率与价格、收入等影响因素变动率之间的关系。供求量对任何一个影响因素的变动的反应程度,都构成了一个特定的供求弹性。住房的供求弹性理论是分析住房市场的一个重要的工具。

(一) 住房需求的价格弹性

住房需求的价格弹性是指住房需求量对房价变动的反应程度。计算公式为:

住房价格弹性=住房需求量变动的百分比÷住房价格变动的百分比

$$E_{dp} = \triangle Q/Q \div \triangle P/P$$

E_{dp}:住房需求的价格弹性系数

Q:初始需求量

$\triangle Q$:需求的变动量

P:初始价格

$\triangle P$:价格的变动量

例如住房价格下降10%引起住房需求量增加15%,则$E_{dp}=-1.5$,负号表示住房价格与需求的反向变动关系,实际计算中,常取E_{dp}的绝对值。

当$|E_{dp}|>1$时,称住房需求是有弹性的。即住房价格的微小变化将引起需求量的较大变化。如果降价销售需求有弹性的某类住房,则销售者总收益会增加。

当$|E_{dp}|=1$时,称住房需求是等弹性(或单位弹性)的,住房价格与需求按同样幅度变动。

当$|E_{dp}|<1$时,称住房需求是缺乏弹性的或相对无弹性的,此时住房需求的变动率小于住房价格的变动率,如果提价销售需求缺乏弹性的某类住房,销售者的总收益会增加。

当$|E_{dp}|=+\infty$时,称住房需求是完全有弹性的。此时在价格不变的情况下,需求量可以无限增加,需求曲线为一水平直线。

当$|E_{dp}|=0$时,称住房需求是完全无弹性的。此时无论住房价格怎样变动,住房需求量都不变,需求曲线为一垂直直线(图18-2)。

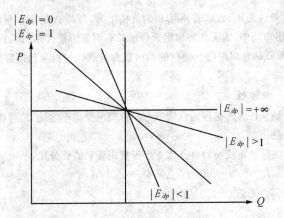

图 18-2 不同价格弹性情况下的需求曲线

住房需求的价格弹性是反映住房价格可变性的重要因素,许多经济学家都测算过住房需求对价格变动的敏感性,一般认为,住房需求为相对无价格弹性,即 $|E_{dp}|<1$。这说明住房类似于食品、医疗服务,是人们实际生存的必需品,当住房价格上升时,家庭一般会选择更多的住房开支,而不是减少相应的住房数量。

(二)住房需求的收入弹性

住房需求的收入弹性是指住房需求量对家庭可支配收入变动的反应程度。其公式是:

住房需求收入弹性=住房需求量变动的百分比÷可支配收入变动的百分比

$$E_{dy} = \triangle Q/Q \div \triangle y/y$$

E_{dy}:住房需求的收入弹性系数

Q:初始需求量

$\triangle Q$:需求的变动量

y:初始收入

$\triangle y$:收入的变动量

当 $|E_{dy}|>1$ 时,称住房需求是有收入弹性的。即可支配收入的微小变化将引起住房需求量的较大变化。需求有收入弹性的房地产类型一般属高档物业(奢侈品)。

当 $|E_{dy}|=1$ 时,称住房需求是等收入弹性的,可支配收入与需求按同样幅度变动。

当 $0<|E_{dy}|<1$ 时,称住房需求是缺乏收入弹性的或相对无弹性的,此时住房需求的变动率小于可支配收入的变动率。需求缺乏收入弹性的房地产类型一般属人们生活必需的住房(必需品)。

当 $|E_{dy}|<0$ 时,此时房地产的类型是低档的物业(低档品)。

(三)住房需求的交叉弹性

需求的交叉弹性是用来计量一种商品需求的变化对另一种商品价格变化的反应程度。交叉弹性系数为商品 A 的需求变动率与商品 B 的价格变动率之比。

如果需求的交叉弹性为负,意味着商品 B 的价格上升,商品 A 的需求量就会下降,此时 A 与 B 为互补品。研究表明食品与住房的交叉弹性为-0.1041,显然两者属互补品。

如果需求的交叉弹性为正,意味着商品 B 的价格上升,商品 A 的需求量却会增加,此时 A 与 B 为替代品。在住房市场中,购买住房和租赁住房具有明显的替代性。如,1993 年英国的一些城市中,由于低利率和低贴现率使每月偿付的购房抵押贷款比付租金约便宜 50%,使英国出现买房比租房便宜的现象。

（四）住房的广告弹性

住房的广告弹性是指住房的销售的变动率与广告费用变动率之比,它可以用来估计广告费用究竟能带来多少收益。

广告弹性系数＝住房销售变动的百分比÷广告费用变动的百分比

$$E_{da} = \triangle Q/Q \div \triangle A/A$$

E_{da}：住房的广告弹性系数

Q：初始销售量

$\triangle Q$：销售变动量

A：初始的广告费用

$\triangle A$：广告费用的变动量

$E_{da}>1$ 表明住房销售收益增加的比例大于广告费用增加的比例。

$E_{da}<1$ 表明住房销售收益增加的比例小于广告费用增加的比例。但即使如此作为总收益的绝对数仍可能比广告费用的增加数大得多,这就是许多房地产公司热衷于广告活动的原因。

四、需求者效用最大化

消费者要购买住房时,最关心的是该住房距离工作场所的远近以及住房的面积有多大,即在距城市中心多远的地方,购买多大面积的住宅？由于家庭收入是固定的,每个家庭都希望以一定的支出取得最大的效用。假设家庭支出将用于购买住房、通勤费用和其他商品支出,那么,这个家庭的预算限制线就为：

家庭收入＝购买住房＋通勤费用＋其他商品支出

$$Y = R(X)Q + T(X) + Z$$
$$U(Z,Q,X)$$

其中　Y：家庭收入

$R(X)$：住房价格

Q：住房面积

$T(X)$：通勤费用

X：距城市中心的距离

Z：其他商品费用支出

U：效用水平

通过建立拉格朗日函数

$$L = U(Z,Q,X) - \lambda\{R(X)Q + T(X) + Z - Y\}$$

对其求一阶导数

$$\partial L/\partial Z = \partial U/\partial Z - \lambda = 0$$
$$\partial L/\partial Q = \partial U/\partial Q - \lambda R(X) = 0$$

$$\partial L/\partial X = \partial U/\partial X - \lambda Q R'(X) - \lambda T'(X) = 0$$
$$\partial L/\partial \lambda = R(X)Q + T(X) + Z - Y = 0$$

这样,在房价、交通运输价格已知的情况下,用一定的收入取得最大的效用所应该选择的 Z、Q、X,就可以通过上述联立方程计算出来。

第四节 住宅市场的供给

一、住房存量供给与住房投资

住房存量供给是指在某一时点上现存的住房单位数。在短期内住房存量的供给是固定的,不随着价格的变动而变动,即短期内住房存量的供给是无价格弹性的,供给曲线是一条垂直于横轴的直线。这是因为在短期内,住房不能通过新建或由其他的建筑物转换用途立即生产出来或通过折旧、毁损而迅速减少。

每时期住房存量供给的新增加量即住房流量供给,称为住房投资。住房总投资超过住房存量供给的折旧及其他损失的部分称为住房净投资。如果折旧及毁损损失超过了总投资,则称为负投资。在长期中,净投资不断增加,住房存量也会不断增加,存量供给曲线会右移;若负投资发生,则住房存量供给将会下降,存量供给曲线将左移。

住房存量的变动可用下列公式表示:

住房存量变动 = 住房总投资 - 折旧 - 其他毁损损失

其中住房总投资 = 新建住房投资 + 存量住房改建、扩建、维修投资

新建住房量为住房总投资的主要部分;改建扩建支出则可提高现有存量住房的价值,代表了对住房存量的质量调整;维修与养护开支则用来弥补折旧。

衡量住房投资活动的指标主要有:一定时期内新颁发的项目施工许可证、新开工面积及竣工面积。被批准施工的住房投资量是最终可能达到的总投资的一个主要指标,但不能作为实际投资活动指标;新开工面积并不能准确反映净投资,因为排除了折旧与存量毁损损失,并且开工面积并不一定会最终完成;竣工面积是总投资的一个重要指标,但未考虑折旧与毁损,因而高估了住房投资。虽然三个指标各有缺陷,但在建筑业及住宅经济学里常用来度量住房存量供给的变动。

二、住宅的生产函数

投入物与产出品之间的技术关系称为生产函数。住房的生产需要投入土地、劳动、资本与材料。

住房的生产函数可以表示为:

$$H = f(L, N, K, M)$$

H:住房产出量

L:土地,这里的土地是指未开发的建筑用地

N:劳动

K:资本设备

M：材料

在住房生产函数中，生产要素还可分为土地要素（L）和非土地要素（N,K,M），住房的生产函数可改写为：
$$H = f(L, I),$$
I 为非土地要素

假定住房生产函数具有微观经济学中一般生产函数的特点，则
$$H(t) = f(tL, tI) = t^k f(L, I) = t^k H$$

当 $k=1$ 时，称住房生产函数是具有规模收益不变的特征。

当 $k>1$ 时，称住房生产函数是规模收益递增。

当 $k<1$ 时，称住房生产函数是规模收益递减。

土地供给具有固定性，尽管可以容易地扩大非土地要素的投入量，但土地要素很难随之扩大，因此，住房生产规模达到一定程度后，会出现规模收益递减。

三、住房生产成本最小化

住房供给者生产一定质量的住房数量是给定的，生产者为了尽可能降低成本，就会根据投入要素的价格而在不同地点配置不同的要素量。

在下图 18-3 中，纵轴 I 表示非土地要素的投入量；横轴 L 为土地的投入量；曲线 Q 为等产量线，表示生产 Q 量的住房所需土地和非土地要素的不同组合；BB 为等成本线，表示一定支出所能购买的土地和非土地要素量的组合。生产者所要解决的问题是：
$$\text{Min } P_L L + P_I I$$
$$\text{s.t. } f(L, I) = Q$$

建立拉格朗日方程：$R = P_L L + P_I I - \lambda[Q - f(L, I)]$
$$\partial R / \partial L = P_L + \lambda(\partial f / \partial L) = 0$$
$$\partial R / \partial I = P_I + \lambda(\partial f / \partial I) = 0$$
$$\partial f / \partial L \div \partial f / \partial I = P_L / P_I$$

这表明在成本最小化时，土地与非土地要素的边际生产力之比等于土地与非土地要素的价格之比。

另外，对住房生产函数求全微分可得：
$$(\partial f / \partial L) dL + (\partial f / \partial I) dI = 0$$
$$(\partial f / \partial L) \div (\partial f / \partial I) = -(dI/dL)$$

$-(dI/dL)$ 为等产量曲线的斜率，称为边际替代率，这样可以推导出：
$$P_L / P_I = -(dI/dL)$$

这说明在成本最小化点上，等成本线的斜率与等产量线的斜率相等，即等产量线与等成本线的切点 E 为生产者的所使用生产成本的最优均衡点（图 18-3）。

假设土地价格下降，而非土地要素价格上升，则等成本线将变得更平坦，如 $B'B'$，那么均衡点由 E 变为 E' 点，住房生产者将投入更多的土地以替代非土地要素。

如果把横轴的原点视为一个城市的中心，离城市中心越远，土地价格要素的价格就越低，根据成本最小化原则，生产者将在离城市中心较近的选址点上多投入非土地要素，少投入土地；在

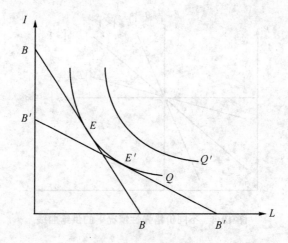

图 18-3　住房生产成本最小化

远离城市中心的选址点上,少投入非土地要素,多投入土地要素,即在离城市中心近的选址上将出现高容积率、高密度的住宅,而在远离城市中心选址点上将出现低容积率、低密度的住宅。

四、住宅供给弹性

住房供给价格弹性是指住房供给量对住房价格变动的反应程度。其计算公式:
住房供给的价格弹性=住房供给量变动的百分比÷住房价格变动的百分比

$$E_{sp} = \triangle Q/Q \div \triangle P/P$$

E_{sp}:住房供给的价格弹性系数

Q:初始供给量

$\triangle Q$:供给的变动量

P:初始价格

$\triangle P$:价格的变动量

例如住房价格上升 10% 引起住房供给量增加 15%,则 $E_{sp}=1.5$,表示住房价格与供给的正向变动关系。

当 $|E_{sp}|>1$ 时,称住房供给是有弹性的。即住房价格的微小变化将引起供给量的较大变化。

当 $|E_{sp}|=1$ 时,称住房供给是等弹性的,住房价格与供给按同样幅度变动。

当 $|E_{sp}|<1$ 时,称住房供给是缺乏弹性的或相对无弹性的,此时住房供给的变动率小于住房价格的变动率。

当 $|E_{sp}|=+\infty$ 时,称住房供给是完全有弹性的。此时在价格不变的情况下,供给量可以无限增加,供给曲线为一水平直线。

当 $|E_{sp}|=0$ 时,称住房供给是完全无弹性的。此时无论住房价格怎样变动,住房供给量都不变,供给曲线为一垂直直线(图 18-4)。

住房供给弹性的特点是:由于住房在短期内不能马上生产出来,因此住房的供给弹性在短

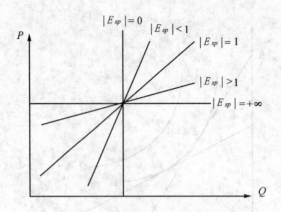

图 18-4　不同价格弹性情况下的供给曲线

期内是无弹性的,即住房的供给曲线是一条垂直线;在长期住房的供给是完全有弹性的,即住房的供给曲线是一条与横轴平行的线(图 18-5)。

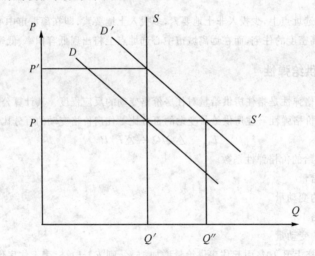

图 18-5　短期和长期住房供给曲线的变化

图 18-5 把影响住房需求因素与住房存量供给及投资结合起来,Q' 为短期内的固定住房存量,需求曲线 D 与短期供给曲线 S 相交之点决定了住房均衡价格 P 与均衡数量 Q'。当住房需求短期内突然上升至 D' 时,由于住房供给短期内无弹性,均衡价格将上升到 P',这会引发住房的净投资。住房供给流量增加,从而使住房供给增加,住房价格会逐渐下降。但存量供给的长期价格弹性究竟有多大,取决于净投资对于现期价格变动的反应程度。在一个竞争性的市场中,只要住房销售价格维持在高于住房成本水平,住房投资就会持续发生,住房价格会逐步恢复到原来的水平,从而形成一条具有完全弹性的长期供给曲线。

专题分析：住房的资产属性

这个问题不仅关系到购房和租房决策问题，还关系到住房消费与投资之间的关系问题，值得进一步研究。

所谓资产，就是能够长期提供服务流的商品。它可能是货币流，如债券、股票等，其提供的服务流是利息、股息和红利；它也可能提供纯粹的消费服务流，如住房。

所谓住房服务，是指由住宅建筑的各种属性及住房周围的环境因素所构成的一定质量的住房，给消费者提供的效用或消费服务。住房服务的生产需要有形的住房实物（住房存量）、劳动、资本等要素投入。随着住房维修、更新改造以及住房环境的变化，住房服务量也会变动，因此，住房服务是个流量。

在现代家庭经济学中，消费是指家庭不断购买商品，从而获得现时满足；如果是为了在未来获得满足则为储蓄。住房则是典型的兼具消费与储蓄二重性质的耐用消费品。现期购买一套住房，在未来几十年里均能获得住房服务。因此，从这个角度看，购买住房是一种投资。在美国的国民收入核算中，私人购房支出不计入消费，而计入私人总投资中的住宅固定投资。

产权人拥有住房，则不必支付房租，但从住宅资产所提供的报酬来看，房主未交的房租应视作住房资产报酬的一部分，因为房主将房子出租或获租金，或者去承租同样的住房须支付租金，因此，自住房未付的租金可视作房主自己给自己支付租金，即自住的机会成本，或称隐含租金或归算租金(imputed rent)。

一般认为住房的升值实际上是宅地的升值，而住房本身由于折旧及磨损是不断贬值的。诚然，由于社会经济的发展，住房交通、经济区位的不断改善，使宅地级差收益不断增加引起住房升值，但住房本身也有可能由于以下因素升值：(1) 住宅的新供给量（开发量）赶不上住房需求量，引起住房存量供给价格上涨；(2) 住房估价一般以重置价或现行市价评估，现行市价扣除通货膨胀因素后与原价相比，可能还有剩余（增值）；(3) 对住房进行的预防性维修与损坏性维修可以使住房保值，而改造性维修与装饰性维修则能改善住房的品质，使住房增值。

如设房价为 P，自住房隐含租金为 R，住房在一年内的预期增值为 A，则在住房上的初始投资 P 的总报酬为 $R+A$，住房的投资收益率 $r_b=(R+A)/P$。

R/P 为住房投资的消费报酬率，A/P 为住房投资的增值报酬率。一般认为如果银行利率 r_b（假定其他金融资产收益率等于银行利率）小于 r_h，则投资于住房是可行的。但是住房投资的净收益率或称纯金融资产报酬率为 $r_n=(R-C+A)/P$。

C 为住房服务的生产成本，包括折旧、贷款利息、维修管理、税收等项，$R-C$ 为净房租收益，$R-C+A$ 为住房投资的净收益。$(R-C)/P$ 即无限期条件下的资本还原利率，与同类资产的报酬率几近，因此 $(R-C+A)/P$ 一般就可能大于 r_b，此时则认为作为纯金融投资目的而购房也是有利可图的。更为全面的办法是把住房寿命期内所有收支现金流贴现求其内部收益率 IRR，如果 $IRR>r_b$ 则住房投资可行。

如果把住房服务分为基本需求住房服务与非基本需求住房服务，则可更清楚地了解住房投资收益率的内涵。基本需求住房服务指社会经济一定发展时期居民所必须满足的住房消费水平，其住房消费支出应作为劳动力成本纳入货币工资中。我国现阶段居民的基本需求住房服务为小康水平，即人均居住面积 8 平方米。居民的住房基本需求的满足表现为租房或购房自住自用，因而住户往往忽视了自住的机会成本，即使考虑到，也只把公房的低租金作为参考，而把住房的增值作为全部住房投资的报酬,很显然 A/P 并不总大于 r_b,因此给居民造成一种错觉:买房还不如存钱到银行。如果居民有非基本需求住房服务,则居民可向住房服务市场(租赁市场)提供住房服务,获得房租收益,如果 $r_n > r_b$,则出租是有利可图的投资行为。

购买住房既是一项消费决策,又是一项投资决策。购房者既要考虑住房服务的质与量,也要考虑住房在长期内升值的可能性。在我国的低租金住房制度下,与购房相比,居民租房能获得同样的住房服务,但可节省房租支出,相当于住房福利提高了投资收益率(虽然居民租住公房没有所有权,但目前公房转租、使用权转让现象严重,居民可以获得很大一笔差价收益),因此出现了"买房不如租房"的看法。

由于购房是一种投资行为,因此影响投资的因素,如利率、税收、通货膨胀率、货币供给水平等也会影响购房决策。购房往往需要长期住房抵押贷款,贷款利率的稍微变动会引起每月偿付本息的更大变动,因此,住房需求的利率弹性较大。西方国家的中央银行一般通过对抵押贷款首次付款额度、偿还期限、抵押贷款利率的调控来刺激或抑制住房购买活动。住房抵押贷款利率一般为实际利率(即名义利率减去通货膨胀率)。相当大部分的长期抵押贷款利率上升是由预期的通货膨胀率引起的。如果预期的通货膨胀率小于实际的通货膨胀率,则实际利率小于名义利率,人们就愿意进行住房投资,这就是在加速或恶性通货膨胀时,人们愿意大量投资于住房的原因,此时住房成了最好的保值资产。

思 考 题

1. 简述住宅市场的基本特征和结构。
2. 影响住宅需求的因素。
3. 以土地要素和非土地要素作为住宅成本,说明在住宅质量、数量一定的情况下,如何使成本最小化。

参 考 文 献

1. 王克忠:《房地产经济学教程》,复旦大学出版社,1995 年。
2. 萧灼基:《市场经济实务》,中共中央党校出版社,1993 年。
3. 王珏:《市场经济概论》,中共中央党校出版社,1994 年。
4. 马洪:《什么是社会主义市场经济》,中国发展出版社,1993 年。
5. 张永岳、陈伯庚:《新编房地产经济学》,高等教育出版社,1998 年。
6. 傅十和、江花桃:"典权制度与房地产交易创新",《中外房地产导报》,2002 年第 16 期。

第十九章 住宅价格

第一节 房地产价格体系及特点

一、房地产价格体系的基本概念和构成

房地产价格体系是地产价格与房产价格组成的相互联系、相互影响、相互制约的有机整体。我国在对住宅价格的研究中,往往只注重住宅价格本身的研究,忽视对房地产价格体系的研究与运用,没有把它从体系的角度进行横向和纵向的分析。

房地产价格形式应该包括两部分,一是地产价格,二是房产价格。地产价格按交易权能分为:土地征购价格、土地使用权出让价格、土地使用权转让价格、土地使用权抵押价格;按交易管理层次分为:基准地价、标定地价、市场交易地价;按出让方式分为:协议价格、招标价格、拍卖价格;按出让期限分为:土地批租价格和土地租赁价格等。房产价格按销售对象分为:外销商品房价格、内销商品房价格;内销商品房价格又分为:商品房价格、经济适用房价格、廉租房价格;按交货期限分为:现房价格和期房价格;按用途分为:工业用房价格、商业用房价格、住宅用房价格、事业性用房价格、军队用房价格;按出售方式分为:出售价格、出租价格等。

二、房地产价格体系的特点

房地产价格体系是一个对立统一的有机整体,具体表现为:

1. 具有统一性和不可分割性。房屋不能脱离土地而存在,它必须根植于土地之上;房屋再生产的各个环节也是统一的整体,这就决定了地价和房价之间也是统一的不可分割的整体。房价和地价都是房地产价格链条中的一个环节,前导价格和后续价格之间是不可分割的。

2. 具有系列衔接性和连锁反应性。土地部门和房屋部门是首尾相接的两个部门,土地部门的基础性和房屋部门的连锁性使房地产价格体系呈现系列衔接性和连锁反应性。地价的变动直接影响着房价的升降,房价的涨落也会带动地价的浮沉,二者相互影响、相互制约。

3. 具有竞争性和互相制衡性。地价与房价是直接存在连锁关系的两个价格,两者之间不仅存在统一性,更具对抗性。一方面是因为这两个价格的变动必然牵涉到土地经营者和房屋经营者两个经济主体之间的利益分配,从而形成互相对抗的力量;另一方面,任何一个价格的形成都是供需双方竞争均衡的结果,任何一方的要求都受到对方的制约。因此,在房地产价格体系中各种价格既存在竞争,同时又处于相互的制约之中。

三、房地产价格体系的内在耦合

在房地产价格体系中,从横向可分为比价关系,从纵向可分为差价关系。

1. 比价。商品比价是指在同一市场、同一时间、不同商品价格之间的比例关系。房地产价格

体系中的比价关系包括:

地价与房价之间的比价关系。地价是房价的重要组成部分,为了使房地产资源得到最佳配置,地价与房价之间应保持合理的比价关系。一般经验数据为20∶100。

不同用途土地之间的比价关系。土地按其用途可分为商业用地、农业用地、工业用地、居住用地等,不同用途土地之间价格应保持合理的比例,只有如此,土地的功能分区才能得以实现。农业用地、工业用地、商业用地价格之间的比例,一般经验数据为1∶100∶1000。

同一所住房出租和出售价格之间的比价关系。租售价格之间保持合理的比价关系,可使买房者和租房者在自己经济条件许可的范围内做出最佳选择。如果按月房租计算,经验数据为1∶100;如果按年房租计算,经验数据为1∶8。

2. 差价。商品差价是指同一商品在流通过程中由于购销环节、购销地区、购销季节和商品质量不同而形成的价格。房地产价格体系中差价关系包括:

同一用途的土地或相同质量的商品房在不同的地区价格也不同,经济发达地区地价高,经济落后地区地价就低,这是空间因素作用的结果,是地区差价。

不同质量、不同标准的商品房的价格要保持合理的差价关系,使房价与各收入阶层之间的承受能力相适应。

同一块土地、同一所住房在不同的经济发展阶段价格不同,这是时间因素在起作用,是时间造成的差价。

上述房地产的差价、比价关系的形成并不是人为的,而是市场机制作用的结果,是各经济主体从自身利益最大化的目标出发,在市场上竞争的结果,当然这种结果必须以符合国家土地利用总体规划为前提,在政府的宏观调控下形成的。在研究房地产价格时应该从纵向和横向的角度进行分析,只有如此,才能更完整、更全面把握房地产价格的形成和运行。

第二节 住宅价格(租金)的构成因素的界定

一、住房出售价格合理构成因素

在我国,各地住房的价格构成大同小异,现以北京为例进行分析。

(一)土地开发费

1. 征地补偿费。包括土地补偿费、青苗补偿费、集体财产补偿费、迁转人员安置费、农转非人员级差补贴、菜田基金、安置劳动力补偿、平地补助费和私人财产补偿费。

2. 拆迁安置费。包括私房收购与补偿费、地上物补偿费、搬家费、拆房费、渣土清理费、临时设施费、周转房费、农户房屋原拆原建费、单位拆迁费、安置用房费。

3. 七通一平费。

4. 勘察设计费。

5. 拆迁征地管理费。

6. 土地出让金。

表 19-1 我国房地产价格体系

地产价格	按交易权能分	土地使用权出让价格	土地征购价格		比价关系 房地比价 地地比价 租售比价
			按出让方式分	协议价格	
				招标价格	
				拍卖价格	
			按出让的期限分	土地批租价格	
				土地租赁价格	
		土地使用权转让价格			
		土地使用权抵押价格			
	按交易管理层次分	基准地价			
		标定地价			
		市场交易地价			
房产价格	按销售对象分	外销商品房价格			差价关系 时间差价 地区差价 质量差价
		内销	商品房价格		
			经济适用房价格		
			廉租房价格		
	按交货期限分	期房价格			
		现房价格			
	按使用用途分	工业用房价格			
		商业用房价格			
		住宅用房价格			
		事业性用房价格			
		军队用房价格			
	按出售方式分	出售价格			
		出租价格			

(二) 房屋开发费

1. 房屋建筑安装费。
2. 附属工程费。
3. 室外工程费。包括开发区红线内外的上水、雨污水、电力、电信、热力、煤气、天然气、围墙、人防出入口等工程费。

表 19-2 附属工程面积

项 目	单位：平方米/千人
煤气调压站	3
锅炉房	100—130
变电站	5—10
监控室	6
路灯配电室	2
高压水泵房	6
电话交接间	12

(三) 各种配套及税费

1. 公共建筑配套工程、开发区内配套建设的各种公共福利设施。

表 19-3 配套设施面积

项目	单位：平方米/千人	项目	单位：平方米/千人
幼儿园	152	小饭铺	60
文化活动站	25	浴池	26
中、小学	730	街道办事处	20
卫生站	17	居委会	17
门诊部	56	派出所	20
粮店	70	粮油办公室	2
副食店	180	工商税务所	3
蔬菜店	70	房管所	40
书店	20	市政管理用房	16

2. 环卫绿化工程费。绿化费按开发区总建筑面积每平方米 8 元计算交纳。公厕按每千人 6 平方米计算。

3. 四源费。

表 19-4 四源收费标准

项目	单位：元/每建筑平方米
自来水	12
污水	10
煤气或天然气	29
热力	30

4. 大市政费。按购房款×15％计算缴纳。
5. 两税一费。两税即营业税和城市建设维护税；一费即教育费附加。
6. 限制黏土砖使用保证金，每平方米 9 元，竣工后，若内外墙均未使用黏土砖可退回 90％。
7. 管理费。一般按合同中规定的（土地开发费＋房屋开发费＋公建配套工程）乘以一个百分比计算收取。

（四）开发商利润

上述北京住房价格构成项目按其内容分类大致可分为四种：

第一种是与住房建设直接相关的要素。如土地费用（征地补偿费、拆迁安置费、七通一平费等）勘察设计费、建筑安装工程费、税费、管理费和利润等。这些费用是住房建设所必需的，是房价构成的合理部分。

第二种是与住房的服务功能相关的费用。如四源费等。这些费用虽然是与住房的服务功能相关，但这方面的费用可根据"受益者付费"的原则通过正规的收费渠道回收。

第三种是具有外部经济性质的各项公共设施。如小配套中的非经营性公共设施（幼儿园、文化活动站、中、小学等）和大配套设施（大市政费），这些公共服务设施可从地方政府的财政预算中支出。

第四种是小配套中的经营性设施。如副食店、书店、浴池、门诊部等,这些设施可以本着"谁投资、谁所有、谁受益"的原则加以解决,而不应把这部分费用加入住房价格中。

另外,北京市住房价格构成中还存在以下问题:

一是土地出让金的内涵界定问题。在政府对土地实行统一征用、统一出让的情况下,土地使用权出让金实际上已经包括了农地的征地补偿费和拆迁安置费等费用。若把土地出让金与征地补偿费、拆迁安置费等并列在住房价格构成中,就会出现重复计费现象。

二是成本中没有贷款利息这一项。因为房地产开发具有投资大、周期长、周转慢等特点,客观上需要大量的资金支持。即使是实力雄厚的房地产开发企业,也不可能完全依靠自有资金从事大规模的房地产开发,而必须有金融的介入才能完成,另外,自有资金同样要计算资金的机会成本。因此,贷款利息这一项是住房价格构成中不可或缺的。

从政府价格管理部门[①] 对商品住房的价格构成的界定看,它包括四部分:

1. 成本
(1) 征地费及拆迁安置补偿费;
(2) 勘察设计及前期工程费;
(3) 住宅建筑、安装工程费;
(4) 住宅小区基础设施建设费和小区级非营业性配套公共建筑的建设费;
(5) 管理费;
(6) 贷款利息。
2. 利润
3. 税金
4. 地段差价

国家计委在《商品住宅价格管理暂行办法》的第 6 条还指出:"下列费用不计入商品住宅价格:一是非住宅小区的公共建筑的建设费用;二是住宅小区内的营业性用房和设施的建设费用。"

国家计委界定的商品住房价格构成的优点在于,它剔除了市政大配套费和住宅小区的营业性设施的建设费用。但还不彻底,住宅小区基础设施建设费和住宅小区级非营业性配套公共建筑的建设费仍然存在。另外,在商品住房价格构成的第四部分加上一个"地段差价",似乎不甚合理,地段差价并不是价格构成因素,它反映的是价格水平,"地段差价"实际上已经在土地费用中体现出来了,故不应列入价格构成中。

按理论价格计算,住房价格的基本构成应包括两部分,即成本和利润,成本是房地产开发经营中所耗费的物化劳动和活劳动的货币表现;利润是房地产开发经营全过程中所创造的全部剩余价值,具体包括地产开发利润、房屋建造利润、房产销售利润、投资利息、地租和税金。从房地产开发企业经济核算的角度,成本和利润的构成就要重新界定,投资利息、地租、税金等对企业来说就是成本支出。纵观房地产开发经营全过程,住房价格构成应包括以下要素(表 19-5):

---

① 国家计委:《商品住宅价格管理暂行办法》,[1992]价费字 382 号。

表 19-5 住房价格构成要素

住房价格	生产过程	土地价格或土地出让金	农地转市地地价	耕地占用税
				土地补偿费
				安置补助费
				地上附着物及青苗补偿费
				土地开发费
				投资利息
				管理费
				土地开发利润
			市地地价	拆迁安置费
				土地再开发费
				投资利息
				管理费
				土地开发利润
		住房建造价格		勘察设计费
				建筑材料费
				建筑施工费
				投资利息
				管理费
				房屋建筑利润
	流通过程	住房销售成本及利润		推销费（广告费）
				保险费
				投资利息
				管理费
				住房销售税
				经营利润

房地产开发企业取得土地的途径一般有两条：一是由农地转为市地；二是市地的再开发。每一种途径取得土地的价格加上房屋建造价格和销售成本及经营利润就构成了住房价格。

农地的征用包括两个过程：一是政府从集体土地所有者手中强制取得土地所有权；二是政府把强制取得的土地使用权出让给土地的需要者。土地征用的全过程可以表示为（王小映，1996）：

$$\text{集体土地所有者} \xrightleftharpoons[\text{补偿}]{\text{征收土地所有权}} \text{政府（保留土地所有权）} \xrightleftharpoons[\text{支付土地出让金}]{\text{出让土地使用权}} \text{土地需要者}$$

一般来讲，农村土地的征用是土地所有权转移的过程，在土地征用过程中随同土地转移的还有土地附着物。土地征用的补偿就是对转移土地所有权及土地附着物的补偿。在土地征用中，虽然集体经济组织必须服从政府对土地的征用，即土地的征用具有强制性，但他们作为自主经营的独立的经济实体在经济上有权要求按市场价格转移其土地所有权。

世界上许多国家和地区对土地征用的补偿都是参照市场价格进行的。如日本把土地征用补偿称为赔偿，即按照市场价格进行完全赔偿；英国对征用土地的补偿标准是根据征用前的市场价格计算的;德国的土地价格补偿以官方公布征用决定时被征地的当时交易价格为准;法国是以被征用土地周围土地的交易价格或所有者纳税时的申报价格作为参考;美国则是以达到土地最好利用的市场公平价格计算(邹兆平,1990),美国的做法最为可取。

在我国的土地征用中,按照新的《中华人民共和国土地管理法》对征用耕地的补偿费用包括土地补偿费、安置补助费以及地上附着物和青苗的补偿费。征用耕地的土地补偿费,为该耕地被征用前3年平均年产值的6至10倍。征用耕地的安置补助费,按照需要安置的农业人口数计算,每一个需要安置的农业人口的安置补助费标准,为该耕地被征用前3年平均产值的4至6倍,但每公顷被征用耕地的安置补助费,最高不得超过被征用前3年平均年产值的15倍。土地补偿费和安置补助费的总和不得超过土地被征用前3年平均年产值的30倍。被征用土地上的附着物和青苗的补偿标准,由省、自治区、直辖市规定。新的土地管理法对征用耕地的补偿尽管比以前有所提高,但用该补偿办法确定的土地征用价格实际上仍属于计划价格的范畴。这种补偿思路是与土地商品化的改革方向相悖的,也是当前征地难的原因所在。

新中国建立以来,在工农关系上就延续苏联对工农产品价格实行的"剪刀差"政策,虽然后来我国政府多次提高农产品收购价格,降低农机、化肥、农药等农用工业品的销售价格,旨在逐步缩小工农产品"剪刀差",实践上也取得了一定成效,但工农产品不等价交换的观念一直没有从根本上消除。

从理论上说,土地补偿费、安置补助费属于原土地所有者土地所有权转移的价格,因为土地是农民赖以生存的生产资料和生活资料,失去土地就等于失去了(工作)劳动对象,所以土地补偿费、安置补助费应归为土地资源价格范畴;而地上附着物和青苗的补偿费属于原土地所有者对土地的投资,对这部分投资的补偿应归为土地资本价格的范畴。我国在征地中更多地注重对土地资本价格的补偿,忽视对土地资源价格的补偿。

从我国具体的土地征用实践看,土地征用价格出现两极分化的现象:一种情况是土地征用价格过低,农民抵触情绪很大,上访告状的很多;另一种情况是商品经济意识提高了的农民,讨价还价的本领很强,土地征用价格很高。①

在城市中已经出让的土地,由于公共利益的需要,政府可以依法提前收回土地的使用权,并根据土地使用者已使用的年限和开发利用的实际情况给予相应补偿。政府收回土地使用权后,把土地使用权出让给新的土地使用者。

$$\text{原土地使用者} \xleftarrow{\text{收回土地使用权}}_{\text{补偿}} \text{政府} \xrightarrow{\text{出让土地使用权}}_{\text{支付土地出让金}} \text{新的土地使用者}$$

在我国对农地的征用一般采取"五统一"的管理制度,即政府统一征地、统一规划、统一开发、统一出让、统一管理。但在农地转为市地或市地的使用权变更中,有些城市土地征用的补偿往往是土地需要者对被征地者的直接补偿,政府只起一个中介作用。我们认为,这种方式欠妥。正确的途径是要坚持政府"五统一"的制度,由政府出面统一征地,统一出让,在这个过程中政府可以对土地进行再开发,把"生地"变成"熟地",获得土地增值收益。在经济转轨中,政府应逐步

---

① 第一种一般是由政府出面直接征地的情况;第二种一般是开发商对农民直接补偿的情况,这时,开发商除按土地管理法规定的补偿外,还要私下再给予补偿。

使对被征地者的补偿市场化,出让土地使用权也要通过拍卖、招标的方式,使土地使用权出让价格也在市场竞争中形成。

二、住房租赁价格合理构成要素

住房租赁价格是零星出售住房使用权的价格,它所要特别考虑的因素:一是时间因素。房主在出租住房时就要考虑房屋的折旧、投资利息。二是住房的完好性因素。为了使住房保持完好,在其寿命期内永续使用,房主就必须对房屋适时地进行维修和管理,为防止自然灾害和不可抗力对房屋造成的损害,房主对房屋还要进行保险。三是租、税、利因素。住房建立在土地之上,使用土地必须支付费用;房主作为房屋产权的所有者,他也必须缴纳房产税;作为房屋的经营者他也要求获得经营利润。正如恩格斯在《论住宅问题》中指出:"租价,即所谓的租金的构成部分是:(1) 地租;(2) 建筑资本的利息,包括承造人的利润在内;(3) 修缮费和保险费;(4) 随着房屋逐渐破旧无用的程度以每年分期付款方式支付的建筑资本补偿费(折旧费),包括利润在内。"(《马克思恩格斯全集》第18卷,1964,第256页)恩格斯的有关论述基本概括了房租的主要构成因素。

综上所述,住房的租赁价格即房租应该包括以下几个要素:

1. 折旧费。是对房屋使用过程中因自然或人为的损耗引起房屋价值减少的补偿,目的是为了维持简单再生产。

我国折旧费的计算方法一般采取直线折旧法。计算公式为:每月每平方米折旧费=成本价格(1-残值率)/折旧年限×12

折旧年限一般取50年,残值率取2%。

2. 维修费。是在正常使用和定期维修的前提下,按年计算的平均维修支出。

我国住房维修费的计算公式为:每月每平方米维修费=折旧费×维修费率

一般来说,维修费和管理费之和为折旧费的80%,其中维修费占85%,管理费占15%,因此,维修费率为68%。

3. 管理费。为了维持房屋出租的正常运转,所付出的管理人员的工资、办公经费等。我国管理费的计算公式为:每月每平方米管理费=折旧费×管理费率,管理费率为12%。

4. 投资利息。是对住房产权人在住房出租期间出让资金使用权的一种补偿。它是资金时间价值的表现。

5. 房产税。按照国家税法有关规定,住房产权人向国家缴纳的税收,一般按房产评估价的12%计征。

6. 保险费。是住房产权人将住房投保而向保险公司支付的费用。它属于住房使用过程中住房产权人追加的开支,理应计入房租。

我国保险费的计算公式:月保险费=(投保金额×年保险费率)/12

7. 经营利润。住房出租人在租赁经营活动中应得的经营利润。

8. 地租。住房产权人向房屋承租人收取的土地费用。公式是月地租=(土地价格即住房产权人已缴纳的土地费用×年利息率)/12

我国的住房租赁价格的构成与住房出售价格构成不同,住房出售价格的构成中加入了一些不合理要素,这些要素是今后改革中要不断剔除的;而住房租赁价格却是构成要素不完整,理论界有三项因素租金、五项因素租金(成本租金)、八项因素租金(商品租金)之分。

三项因素租金包括折旧费、维修费、管理费。三项因素租金可以使住房产权人通过租金收入维持被出租住房的日常维修、管理费用,从而维持住房使用期内租赁经营的简单再生产。即通常所说的以租养房。这种租金水平低于正常的房屋租赁经营成本,还不能使住房产权人保本出租,因而也就收不回建房或买房投资。

五项因素租金包括折旧费、维修费、管理费、投资利息、房产税。五项因素租金可以使住房产权人通过收取租金补偿全部租赁经营成本,进行房屋租赁经营的简单再生产。

八项因素租金是在成本租金之上加上保险费、地租和经营利润。八项因素租金不仅可以使住房产权人收回建(买)房投资和经营成本,还可以获得盈利。从而可以购买比原有出租住房数量更多的新房,进行住房租赁经营的扩大再生产。八项因素租金基本体现了住房租赁价值,其构成要素才是完整租金的全部内容。我国目前住房租金水平偏低,尚未达到三项因素租金的水平,距离成本租金和商品租金水平仍有较大差距。住房租金改革的目标就是要向商品租金过渡,并与住房商品化、价格市场化相衔接。

以 1998 年为例,在城镇居民家庭中,住房(房租)占消费性支出的比重的情况便能反映出我国房租构成的不完整性(表 19-6)。

表 19-6 城镇居民平均每人房租支出占消费性支出的比重   单位:元

项　目	平均每人消费性支出	平均每人房租支出金额	房租占消费性支出的比重(%)
总平均	4331.61	172.96	3.99
最高收入户	7593.95	399.10	5.26
高收入户	6003.21	271.94	4.53
中等偏上收入户	4980.88	192.04	3.86
中等收入户	4179.64	149.25	3.57
中等偏下收入户	3503.24	124.54	3.55
低收入户	2979.27	92.69	3.11
最低收入户	2397.60	91.99	3.84
困难户	2214.47	100.88	4.56

资料来源:《中国统计年鉴》1999 年卷。

尽管我国住房制度改革以来,房租占消费性支出的比重在不断提高,由 1989 年 0.73% 提高到了 1998 年 3.99%,但增长速度十分缓慢,与国际上通行标准 15% 的距离还相距甚远。

第三节　住宅价格形成机制

一、土地价格形成机制

土地与资金、劳动力等一样,都是生产和经营的必要条件,是重要的生产要素。在市场经济条件下,它们都必须进入市场,其价格在市场中形成,只有如此,这些要素才可能得到最佳配置。但土地本身又具有自己的特点。

从自然属性看,土地具有有限性、差异性、固定性、耐用性等特点;从经济属性看,土地又具有稀缺性、区位可变性、报酬递减性。这些特点就决定了土地总量上和短期内供给的无弹性,也决定了土地价格具有随着需求的增加而不断上扬的趋势。土地供给的无弹性并不是绝对的,从长期看,不同用途土地是可以转换的,从这个意义上说,土地供给又是有弹性的,而且由于高额利润的驱使,土地供给对价格的反应程度,即供给弹性,要大于土地需求对价格的反应程度,即价格需求弹性。根据蛛网定理,土地价格就是一个发散型的蛛网,这是土地容易产生价格泡沫的原因。因此,政府对一级土地市场进行垄断十分必要。政府根据城市经济发展需要,制定土地供应计划,严格控制总量,建立适应市场需要、符合国际惯例的土地储备制度。内容包括:

1. 收购。收回行政划拨用地、出让合同到期的土地及闲置、违法使用的土地,重新开发,并调整使用功能。

2. 储备。把收回的土地开发成熟地,依据市场状况、地块质量及储备资金决定土地储备量和储备期。

3. 出让。根据城市规划和城市发展需要,有计划出让土地,出让方式从协议出让向招标、拍卖过渡。

政府垄断土地一级市场,可在一定程度上缩减土地的供给弹性,避免土地价格大起大落。政府垄断土地一级市场,并不是回到旧体制中去。市场经济并不意味着简单的放权,相反,在市场经济发达的国家和地区,无一不强化政府的宏观调控职能。

据新加坡、我国香港等发达国家和地区的经验,土地的增值收益都是由政府收取的。即政府的土地部门将生地开发成熟地,再进行招标、拍卖,直接获取土地增值收益。我国也要吸收这些经验,改变过去把生地直接划拨或协议出让给房地产开发企业,造成巨额土地增值收益流失的状况。根据城市的长远发展计划,充分研究市场需求,选择拟发展地段,然后政府组织拆迁,腾空土地,进行基础设施建设,将生地开发成熟地。制订投资规划及有关设计资料,向投标者提供,并选择有利时机,公布售卖地段,公开招标或拍卖,开发商设计方案的优劣及投标额的多少,是决定其能否中标的关键。另外,政府还要规定开发商购得土地在房屋竣工之前,不得擅自转让,这样,政府部门最大限度地获取了土地的增值收益,实施了城市总体规划,有效地防止了土地的炒卖和投机。如香港特别行政区政府在这方面每投入 1 亿港元就可以获得 5 亿至 10 亿港元的回报,可见,政府垄断土地一级市场,出让熟地,可获得数倍于开发成本的土地增值收益。

那么作为土地一级市场垄断者的政府如何确定待招标或拍卖的土地底价和保留价格呢?即出让土地使用权的价格如何决定呢?

对于垄断商品,一般企业定价的原则是利润最大化。而垄断的定价主体为国家时,其定价原则应是社会福利的最大化。也就是说,国家在追求经济效益的同时,还要兼顾社会效益和环境效益。

一般来讲,垄断企业面对的需求函数是一个连续的单减函数,设市场的反需求函数为 $p=p(y)$,其利润最大化为 MAX $y\times p(y)-c(y)$,其中 y 为产量,$c(y)$ 为成本函数,其一阶导数为

$$p(y) + y \times \mathrm{d}p(y)/\mathrm{d}y = c'(y) \tag{1}$$

这就是垄断企业利润最大化的条件。而作为土地垄断者的国家,其所追求的目标是社会福

利的最大化,即社会福利函数为

$$w(y) = u(y) + w - c(y)$$

其中 $w(y)$ 为社会福利函数,$u(y)$ 为效用函数,w 为原始禀赋,其社会福利最大化为

$$\text{MAX}\, u(y) + w - c(y)$$

其一阶导数为

$$u'(y) = c'(y) \tag{2}$$

把(2)代入(1)得

$$p(y) + y \times dp(y)/d(y) = u'(y) \tag{3}$$

要使社会福利最大化得以实现,必须使 $y \times dp(y)/d(y) = 0$ 即 $p(y) = u'(y)$,这实际上是完全竞争市场上利润最大化的定价原则。

上述分析表明,虽然国家垄断着城市土地,但为了社会福利的最大化,其土地使用权的出让的基准价格评估也应遵循完全竞争的市场经济原则制定。

土地价格包括土地资源价格和土地资产价格。土地资产价格与一般商品的价格形成大体相同。土地资源作为商品与其他商品不同。一般商品的价格是由价值决定的,并随着供求关系的变化而上下波动;土地资源不是人类劳动的成果,不包含价值,其使用价值在价格决定中起到重要作用,因为土地的用途不同,其收益就不同,价格差别很大。据西方学者估算,农业、工业和商业用地的经济效益之比为 1∶100∶1000(张薰华,1996)。土地价格是这样一笔资金,把它存入银行能带来与地租相等的利息。亦即土地价格是土地在使用期间土地纯收益的现值之和。可见,预期的土地纯收益是土地价格形成的基础,影响土地价格的其他因素决定了现实交易地价。与土地价格形成相关的因素有:

1. 地租。土地价格与地租成正比,当银行利息率不变时,地租越大,土地价格就越高;反之,地租越小,土地价格就越低。地租中的级差地租的大小,主要受土地所处的区位、土地的用途等影响。一般城市中心的地租高,土地价格就高,偏僻地区地租低,土地价格就低;土地用于商业,经营效果高,土地价格也高,土地用于建住房,经营效果相对较低,土地价格也较低。

2. 利息率。土地的价格与利息率成反比。在地租量一定时,利息率越高,土地价格就越低;反之,利息率越低,土地价格就越高。

3. 土地使用权的出让期。土地价格是若干年地租贴现值的总和,因而土地价格的高低与土地使用权的出让期正相关。同一块土地,在用途相同的条件下,其出让期越长,则土地价格越高;反之,出让期越短,土地价格越低。

4. 土地的供求状况。就总量而言,土地的供给是无弹性的,土地价格主要由需求状况决定。经济繁荣,对土地的需求增加,土地价格就会上升;经济衰退,土地的需求量减少,土地的价格就会下降。

5. 政府的土地利用规划和区划制度。土地的特性决定了土地资源的配置、调整要由政府直接参与。政府的土地利用规划区划制度对土地价格产生重大影响。当一个城市把某一片土地规划为城市新区时,这片土地的价格就急剧上升,当新区规划为不同用途的功能区时,那些潜在效益最高的功能区如划为商业区用途的土地价格便扶摇直上。

6. 国家的法律法规和方针政策。世界上每个国家对有限的土地都十分珍惜,为管好、用好土地,各国都制定了相应的法律法规和方针政策。这些都对土地价格产生直接或间接的影响。

综上所述,我国土地的价格形成机制应是政府宏观调控下的以市场形成价格为主的经济机制。

二、住房价格形成机制

住房价格由供给和需求决定,但供给与需求对住房价格变动的反应程度是不同的。国外许多经济学家都测算过住房需求对价格变动的敏感性。虽然由于所研究的住房市场因时间、地点不同而结果不同,但总体来说,住房需求为相对无弹性,即住房的需求价格弹性系数的绝对值小于1。这说明住房类似于食品、医疗服务等,是人类赖以生存的必需品。

表 19-7 住房的价格弹性估计

研究者	价格弹性	收入弹性
H. Rosen,1979	−0.67	0.35
Mac Rae and Turner,1981	−0.89	0.26
Cronin,1983	−0.63——−0.79	0.53—0.72
Goodman,Kawai,1986	−0.61——−1.2	0.64—1.1

资料来源:Randall Johnston Pozdena(1988,p.24)。

对于住房的供给价格弹性,国外也有学者进行了测算,他们认为,住房服务(房租)的短期供给价格弹性为 0.2,长期供给价格弹性为 0.5。但许多经济学家都认为 0.5 是大大低估了住房供给价格的弹性。西方国家学者一般认为,住房供给在短期内价格无弹性(见图 19-1 中的曲线 S),而在长期内住房供给完全有弹性(见图 19-1 中的曲线 S')。也就是说,在长期内,住房的供给价格弹性大于需求弹性,住房价格也是一个发散型的蛛网。政府对住房商品价格也须进行宏观上的调控。但这种调控又与土地市场不同,它仅限于对宏观住房总量与结构的调控,而不是直接参与微观的价格形成,住房价格的形成仍由市场供求决定。

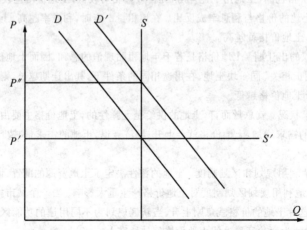

图 19-1 住房价格的供给弹性和需求弹性

从市场结构上看,住房市场是垄断竞争的市场。形成完全竞争市场一般要具备四个条件:信息充分、商品同质、厂商自由出入和交易双方人数众多。在住房市场上,不仅信息欠充分,因房屋区位的差异,住房商品不可能是完全同质的,加上土地的有限性和稀缺性以及房地产投资大、回收期长,限制了厂商的自由进入,所以说住房市场是一个竞争不充分的垄断竞争市场。

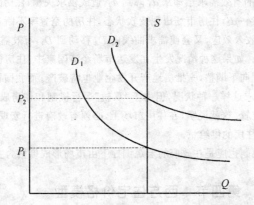

图 19-2　短期内住房价格主要由需求决定

住房价格既有一般商品价格特点,其价格随着供求关系的变化由市场竞争形成,又有其特殊性,由于住房不能脱离土地而存在,而城市土地供给是有限的,特别是住房建设周期相对较长,这就导致了在短期内住房价格供给弹性较小,供给曲线近于与横轴垂直的线,住房的价格主要是由需求决定的(见图 19-2)。

随着城市经济的发展和城市化进程的加快,住房需求不断增加,需求曲线会由 D_1 移动到 D_2,与此相适应,价格由 P_1 上升到 P_2。正是由于住房价格具有不断上升的趋势,房地产的开发商往往受到上一期价格和预期利益的驱使,大量投资于住房的开发建设,而且一旦投入,很难退出,最终结果往往会造成房地产的大量积压(见图 19-3)。可见,房地产业是最容易导致"泡沫经

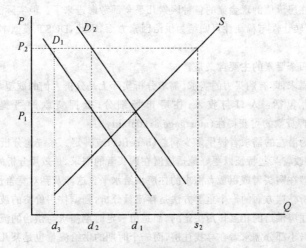

图 19-3　住房空置的生成机制

济"的行业之一。

图 19-3 的内容是基于这样一种认识,即在长期内,住房的供给量是可以变化的,不同用途土地之间也是可以互相转化的,因此住房的供给是有弹性的。这时,供给曲线 S 与需求曲线 D_2 相交,其所决定的均衡价格为 P_1。当住房价格被非理性炒作或人为抬高到 P_2 时,P_2 所决定的住房供应量为 S_2,此时,住房的有效需求量却从 d_1 降到 d_2,造成供求失衡,住房的可供应量大大超过有效需求量,过剩量为 S_2-d_2,住房市场出现疲软状态,住房的空置率不断上升。如果再加上由于价格的提高所产生的收入效应,又会使需求曲线由 D_2 移动到 D_1,有效需求量会降低到 d_3,市场疲软状况会更加严峻。如果这种情况发生在发达市场经济国家中,住房价格的"泡沫"就必然破灭,住房价格会大幅度向下调整,一批房地产开发企业也将破产。而我国目前住房市场就面临着供给远远超过有效需求这样一种状况,但由于"双轨"运行机制和住房成本刚性作用,住房价格居高不下,住房大量空置。这就说明,在住房市场上,必须有政府进行宏观调控。政府的作用就是在总量和结构上控制住房的供给量。

可见,住房价格形成机制也应是在政府的宏观调控下由市场形成价格为主的经济机制。

第四节 西方住宅价格模型

一、DUST 模型

微观经济学理论认为,商品的市场价值(西方经济学中所说的价值就是价格)是由商品的需求(demand)、商品所能提供的效用(utility)及商品的稀缺性(scarcity)所决定的。由于住房的固定性及附属的权利繁多,其价值决定因素又多了一个可转让性(transferability)。DUST 即为这四个单词第一个字母的缩略词。DUST 模型可简述为:

$$V = f(d, u, s, t)$$

即住房价值(V)是住房需求(d)、效用(u)、稀缺性(s)、可转让性(t)四个变量的函数。DUST 模型把 d、u、s、t 这四个要素各分成若干次级要素,将每个次级要素又分成若干更次一级的要素,这样,把影响住房价值的现金流的各种因素几乎全部考虑进来了。但实际上,效用可归结为需求因素方面,可转让性与稀缺性可归结为供给因素方面,因此,DUST 模型本质上仍属供求模型。

DUST 模型四个要素的主要含义是:

需求指有效需求,即有购买力的需求。需求分析实际上是分析人们的欲望与支付能力。需求分析的主要内容包括:人口与收入;住房市场细分;抵押贷款的可提供性(mortgage affordability);抵押贷款的可获得性(mortgage availability)。

效用指住房为潜在的需求者提供多少利益(benefits)或满足。系统地分析住房的特征与所受的法律限制,并改善某些特征以更好地适应潜在购买者的需求,是效用分析的重点。

稀缺是满足潜在购买者或租赁者需求的住房供给水平。这涉及到对竞争性市场、替代产品及供给缺口的分析。这方面的一个重要方法是存流量分析,强调住房价格的波动不是由总人口的总需求与存量住房供给的相互作用决定的,而是由一定时期需求与供给的流量决定的。因为每一个时期只有一小部分需求者在寻找住房,而一个时期的供给流量也是某几个住房细分市场上可替代产品的和。

可转让性指住房产权从一个人转移向另一个人的过程。包括营销、谈判签约、交割等交易活动及住房产权的完备性、受法律规制的程度等。在转轨经济国家中,住房产权的可转让性是决定住房价值的一个重要因素。

DUST 模型非常有利于投资者对住房投资价值的评估及对住房市场价值的预测。而一般的供求模型只能反映住房市场价格的总体趋势。

二、静态供求价格模型

微观经济学在讲均衡价格时,是将供给曲线与需求曲线结合起来,两者的交点所对应的价格就是均衡价格,对应的产量就是均衡数量。现把住房需求函数和供给函数化为一次函数,建立以下静态供求均衡模型:

$$\begin{cases} D = a + bP & (1) \\ S = a_1 + b_1 P & (2) \\ D = S & (3) \end{cases}$$

(1)(2)表示住房的需求函数和供给函数。D、S 为住房的需求量和供给量;P 为住房价格;$b<0$,表示住房价格上升,住房需求下降;$b_1>0$,则表示住房价格上升,住房供给增加。(3)表示在市场均衡的条件下,住房供求量正好相等。把(1)(2)代入(3),可求出房价的静态均衡值(或称静态均衡价格),记为 P_e。

$$P_e = (a - a_1) \div (b_1 - b)$$

令 $q_e = a + bP_e = a_1 + b_1 P_e$ 为静态均衡需求量(供给量)。

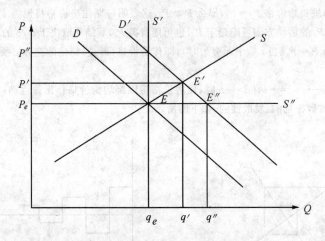

图 19-4 静态住房均衡价格的决定

图中需求曲线 D 与供给曲线 S 相交于 E 点,P_e 为静态均衡价格,q_e 为静态均衡供给量(需求量)。

影响住房供求的非价格因素会使供求曲线移动。在短期内,设住房存量为 q_e,由于短期内住房供给无弹性,因此供给曲线为垂直的 S',它与需求曲线 D 一起决定了短期内住房的均衡价格和均衡数量。假设人们的收入普遍提高,短期内住房总需求增加,需求曲线从 D 向右上方移动

到 D'，短期内住房价格会提高到 P''。住房价格提高会引致住房投资。如果住房的长期供给具有无限弹性即供给曲线 S''，则长期内住房存量供给将增加至 q''，价格恢复到原来的 P_e。但如果长期供给曲线只有一定的弹性，如供给曲线 S，则住房供给量只会增加至 q'，均衡价格为 P'，高于原来的静态均衡价格。由此可见，住房价格的变动性与需求曲线、供给曲线的弹性有关。

三、动态供求价格模型（蛛网模型）

动态供求价格模型是把时间因素纳入静态供求价格模型。因为住房的生产需要一个较长的周期，一般从设计到竣工销售需要一年左右的时间，如果把 D、S、P 都看做是时间 t 的函数，t 取整数离散值，如 1,2,3 等，则静态均衡价格模型将转变为动态供求价格模型。

$$\begin{cases} D_t = a + bP_t & (1) \\ S_t = a_1 + b_1 P_{t-1} & (2) \\ D_t = S_t & (3) \end{cases}$$

(1) 表明现期需求依赖于现期价格；(2) 表明现期供给依赖于上一期价格，这是假设上一期的价格引致了本期供给，即住房供给量滞后于价格一个周期。(3) 为供求均衡的条件。把(1)(2)代入(3)得：

$$P_t - b_1/bP_{t-1} = (a_1 - a)/b \tag{4}$$

(1) 为一个一阶差分方程，其通解为：

$$P_t = A(b_1/b)^t + P_e \tag{5}$$

其中 A 为任意常数，若初始价格已知，则 $A = P_0 - P_e$；P_e 为静态均衡价格。

(5) 表明，如果初始价格 $P_0 = P_e$，那么 $P_t \equiv P_e$，这表明每期住房价格将恒为 P_e；如果初始价格 $P_0 \neq P_e$，那么 P_t 的运动方向可能趋于 P_e，也可能背离 P_e，其结果取决于 b_1/b 的取值。显然，当 $|b_1|<|b|$ 时，$\lim P_t = P_e$（当 t 趋于无穷大时），即住房价格（渐进）稳定的充分必要条件是 $|b_1|<|b|$。

但是当 $b_1 < -b, b_1 = -b, b_1 > -b$ 时，住房价格将围绕均衡价格作振荡运动，这些振荡运动分别是收敛的、常数振幅的、发散性的，如下图所示。

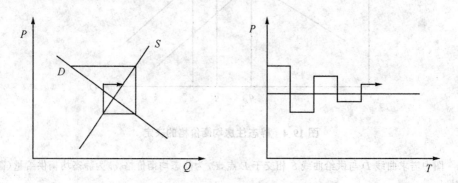

图 19-5　住房价格的收敛型蛛网

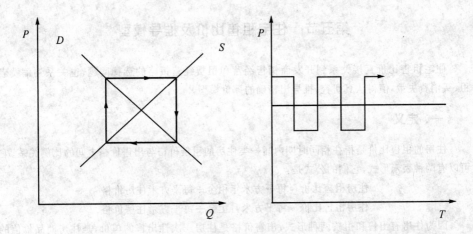

图 19-6　住房价格的封闭型蛛网

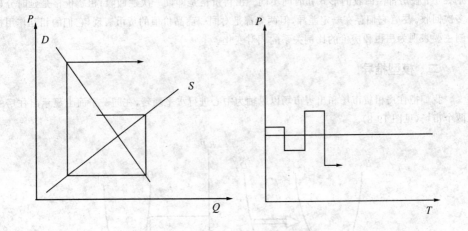

图 19-7　住房价格的发散型蛛网

在实际生产活动中,对价格的预期将对生产者行为起着重要作用。在上述模型中,供给者期望价格永远保持在前一期的水平上。实际上,生产者可以利用过去的信息形成对未来价格的预期,因此,经济学家构建了各种不同描述价格预期形成方式的方程,如内(外)推期望价格、适应性期望价格、理性预期模型等。这些模型在分析住房生产价格波动方面具有重要的参考价值。[①]

---

① 西方住房价格模型资料由傅十和博士提供。

第五节　住宅租售比价及推导模型

住宅租售比价直接关系到开发商销售经营和租赁经营策略的选择问题,也关系到消费者租、买消费决策,值得认真研究,推导出精确的评价模型。

一、定义

住房的租售比价是指在相同时期内同一类住房的租赁价格与出售价格之间的比例关系。它可以有两种表示形式,它们的公式是:

住房租售比价＝每平方米年租金÷每平方米住房价格

住房租售比价＝每平方米月租金÷每平方米住房价格

因为住房有出售和租赁两种形式,出售价格是住房一次性出售的单价,是住房商品价值的货币表现形式,体现着一定时期住房的供求关系;租赁价格则是住房商品"零售"的单价。两者区别在于:住房价值回收的形式和时间不同。出售价格是即期一次性回收;租赁价格是延时分期多次回收。尽管它们存在一定差异,但两者都是对同一商品价值的货币表现,它们的相互作用机制主要表现为房租和房价的比例关系的相对变化。

二、模型推导

我们把住房租赁市场和出售市场以纵轴为中心进行水平翻转,在同一平面上显示出住房的两个市场(见图19-8)。

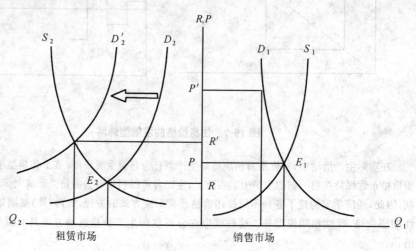

图 19-8　住房租赁市场与销售市场价格的传导机制

两个市场的供求曲线如图所示,E_1、E_2 分别是出售市场和租赁市场的均衡点,P、R 是相应的均衡价格。假如在出售市场上住房出售价格由 P 上升为 P',而租赁市场价格不变,那么出售市场的有效需求就会减小,这部分有效需求就会转移到租赁市场,在租赁市场上由于新需求这个外生变量的作用,需求曲线 D_2 就会向左上方移动,使租赁市场价格由 R 上升为 R'。住房的有效需求在两个市场的流动转移,将抑制出售市场价格的上涨,促使租赁市场价格上升,这种变化将持续到租赁价格和出售价格的比例关系恢复到原有水平为止。

显然,市场运行的结果必然是出售价格提高,租赁价格也提高,只有它们之间按一定比例同方向变化时(见图 19-9,K 就是租售的合理比价),也就是住房租售比价合理时,住房租售市场才能得以平衡发展。

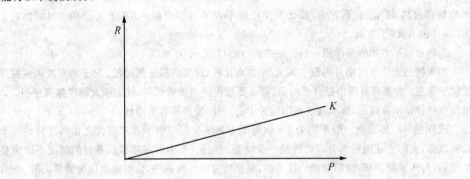

图 19-9 住房租售合理比价

确定合理的住房租售比价的前提是,在住房租赁期满时,购房者支付的全部费用的本息之和等于租房者所支付的全部租金的本息之和。对于购房者而言,其所支付的费用包括房价款及利息、在住房寿命期交付的:全部房产税及利息、全部维修费及利息、全部保险费及利息;而对于租房者来说,其所支付的费用包括在住房寿命期交付全部房租及利息。只有在租售利益相等时,才能使消费者租买自愿。

房价款及利息+房产税及利息+保险费及利息+维修费及利息=全部房租及利息

在购房者的住房支出中,房产税、维修费、保险费都是在住房寿命期内分期支付的,它们的支付时间和支付数量与房租中的房产税、维修费、保险费的支付时间、支付数量基本一致。因此,可以假定等号右边全部房租中也有一个与等号左边房产税、维修费、保险费相等的量,把上面等式变形可得:

房价本息之和=全部房租减房产税、维修费、保险费后的本息之和

设 P 为每平方米的房价,R 为每平方米的年租金,d 为房租中房产税、维修费、保险费所占的比重,i 为长期定期存款利息率,n 为住房寿命年限,q 为使用面积系数(一套住房使用面积与建筑面积之比),K 为租售比价,住房残值为 0。

把上述符号代入等式可得:
$$P \times (1+i)^n = R(1-d) \times [(1+i)^n - 1] \div i$$
$$R/P = i \times (1+i)^n \div (1-d) \times [(1+i)^n - 1]$$

由于租金一般是按使用面积计算的,而房价是按建筑面积计算的,为了使计算单位统一,把建筑面积还原为使用面积,应在等式两边同乘以 $1/q$。

$$K = i \times (1+i)^n \div q(1-d) \times [(1+i)^n - 1]$$

由以上公式可知,住房的租售比价 $K=f(n,d,i,q)$ 是 4 个变量的函数,它会随着 4 个变量的变化而变化。

三、中国的经验实证

我们不妨测算一下我国的租售比价。假设 $d=30\%$,$i=3\%$(2000 年整存整取 5 年利息率为 2.88%),$n=50$,$q=0.75$,那么 $K=0.074$,即 $K=1/13.5$。现以天津市为例,1997 年天津市住房平均销售价格 2696 元/平方米,那么天津市每平方米的年房租 $=K\times P\times q=0.074\times 2696\times 0.75=149.6$ 元/平方米

天津市每平方米的月房租 $=149.6\div 12=12.47$ 元/平方米

如果按照天津市同期月房租 1.3 元/平方米比较,现实房租显然过低。对于消费者来说租房要优于购房。如果现有房价是合理的话,那么要想促使消费者买房,就必须大幅度提高房租。如果现有房价是不合理的,那么就要挤出房价中的水分,使房价有所降低。

国外住房租售比价一般平均为 1∶8(每平方米年房租与每平方米房价之比),这只是一个经验数据,实际上住房租售合理比价是一个动态的变量,每个国家应按照各自的情况不断调整 K 值,并每年定期公布,使消费者一目了然,根据自身的经济条件,恰当做出住房消费决策。当市场上租售比价刚好等于合理的 K 值时,在没有其他因素干扰的情况下,消费者租房或购房的概率应各为 50%。政府在从宏观上调控住房市场时,就可以以 K 值为依据,根据所要达到的政策目标,出台一些有倾向性的经济政策。如目前为了促使消费者购房,就可以采取降低利息率,大幅度提高房租等政策。

总之,根据上述住房租售比价模型,如果已知合理租售比价和房价,就可以推导出合理的租金;反之,如果已知合理的租售比价和市场均衡租金,又可以推导出合理房价。

专题分析:房价收入比与居民购买力

世界银行在衡量一个国家的住房消费水平时,一般认为房价收入比在 3—6 倍之间较为适当,低于 3 就会出现住房供不应求的局面,高于 6 就是超出了城镇居民的经济承受能力,这个标准已成为对房价和家庭年收入进行相关分析的重要参照系。只有在这个标准范围内,城镇居民才可能买得起住房。根据联合国《住房指标调研项目》成果,房价收入比这个指标我国名列第一,即 14.8,比 52 个国家(地区)总平均数的 5.0 超出 196%,这说明我国住房现行价格超过了家庭的经济承受能力。从房租收入之比来看,我国北京房租与收入之比为 6%。仅为世界 51 个国家(包括我国在内)总平均数 18%的三分之一。一个指标畸大,一个指标畸小,这就决定了我国"买房不如租房"的现实。

联合国只统计了我国北京的数据,下面介绍一下我国计算房价收入比的情况。一般来说,都是先计算出全国的平均高、中、低房价[①],然后再与全国平均的各个收入阶层进行比较,最后得出房价收入比。以 60 平方米为一套标准住房,家庭人口平均按 3 人计算,那么高、中、低房价与城镇居民不同收入层次之间的排列组合,就可以反映出我国各层次收入的城镇居民对各种房价的承受能力。

[①] 根据建设部对四类城市住房价格的调查,得出全国平均的高、中、低住房价格为每平方米 6500 元、3500 元和 1500 元。

表 19-1　高住房价格与各种等级家庭年收入之比

	商品住房价格 （元/套）	平均每户家庭 年收入（元）	房价与家庭年收入 的比例（倍）
最高收入户	390000	32886.48	11.9
高收入户	390000	23633.07	16.5
中等偏上收入户	390000	19111.77	20.4
中等收入户	390000	15356.97	25.4
中等偏下收入户	390000	12321.78	31.7
低收入户	390000	9909.51	39.4
最低收入户	390000	7430.25	52.5
困难户	390000	6596.64	59.1

资料来源：根据《中国统计年鉴》1999 年计算。

表 19-2　中住房价格与各种等级家庭年收入之比

	商品住房价格（元/套）	平均每户家庭年 收入（元）	房价与家庭年收入 的比例（倍）
最高收入户	210000	32886.48	6.4
高收入户	210000	23633.07	8.9
中等偏上收入户	210000	19111.77	11.0
中等收入户	210000	15356.97	13.7
中等偏下收入户	210000	12321.78	17.0
低收入户	210000	9909.51	21.2
最低收入户	210000	7430.25	28.3
困难户	210000	6596.64	31.8

资料来源：同表 19-1。

表 19-3　低住房价格与各种等级家庭年收入之比

	商品住房价格（元/套）	平均每户家庭年 收入（元）	房价与家庭年收入 的比例（倍）
最高收入户	90000	32886.48	2.7
高收入户	90000	23633.07	3.8
中等偏上收入户	90000	19111.77	4.7
中等收入户	90000	15356.97	5.9
中等偏下收入户	90000	12321.78	7.3
低收入户	90000	9909.51	9.1
最低收入户	90000	7430.25	12.1
困难户	90000	6596.64	13.6

资料来源：同表 19-1。

从以上分组计算可知,如果按照国际通行房价收入比标准,对于低房价,我国只有中等收入以上(包括中等收入)的家庭能够承受,对于中、高房价所有家庭都无法承受。这个结果似乎夸大了房价与收入之间的不和谐。房价高、收入偏低这是事实,但差距不至于如此之大。因为影响房价收入比的变量有 3 个:一是房价如何计算的问题;二是收入的统计范围;三是住房标准的确定。每个变量的统计标准不同,或数据本身的变动都会引起房价收入比的变化,这一点应特别引起注意。

我国在统计高、中、低房价时,一般都是以增量住房的价格即新房价格为依据的,而国外则是以市场上出售的新房和旧房价格的平均数为依据的。如美国计算房价收入比,是以一定时期(例如 1 年、3 年、5 年)市场上买卖新旧住房的平均售价与相应时期居民的户均收入相比的。美国每年新建竣工的住房一般只占存量住房的 1.5%—2.5%,而每年在市场上出售的住房则占存量住房的 10%左右。1998 年美国售出的住房,新房与旧房之比为 1∶3.2,由于旧房售价低,两者加权平均,市场住房售价就降下来了。对香港进行考察,情况与美国大致相同。香港近两年每年在市场上出售的住房量也占存量的 10%左右,而 1997 年其售出的新、旧房之比为 1∶5.25。这说明在发达的市场经济国家或地区中,上市住房中旧房均多于新房。之所以买旧房的居民多于买新房的,是因为,在美国等发达市场经济国家,年轻人第一次买房时,因其收入不高,一般只会买地段差、面积小、旧的、价格便宜的住房,然后每隔几年换买一次,每次都有所改善,但大多数还是换买旧房。许多人要到四十多岁、五十多岁才会买价格高的新房,也有的人一辈子都住旧房。美国人平均一生要买卖 7 次以上住房。这样频繁地买卖住房,就造就了繁荣的住房市场(包宗华,1999)。从以上分析可知,美国等发达市场经济国家,其住房价格的统计是上市新旧住房价格的加权平均,而我国只统计新房价格,显然我国统计的住房价格要高于按国际标准统计的住房价格。

我国对家庭年收入的统计虽然包括全民职工工资、集体职工工资、从单位得到的其他收入、个体劳动者收入、退休再就业者收入、其他就业收入、其他劳动收入、财产性收入、转移性收入等项目,但占主要地位的是以工资、奖金等为主要内容的显性收入,而对隐性收入即所谓的灰色收入一般很难统计得与实际情况相符。这说明我国对家庭年收入的统计要低于实际收入水平。

再说住房标准,我国一般以 60 平方米作为一套标准住房来计算房价收入比,我们认为此标准过高。根据《全球人类居住报告·1996》披露:在人均收入不足 5000 美元的国家和地区的城市,仅伊斯坦布尔的人均住房面积超过 15 平方米,而大多数城市在 10 平方米以下。"低收入国家的城市都在 10 平方米以下,达卡只有 3.7 平方米,而内罗毕、达累斯萨拉姆和安塔那南利

表 19-4 按收入分组全球 52 个大城市人均住房比较

收入分组	人均使用面积(平方米)	每个房间人数
低收入国家	6.1	2.47
中低收入国家	8.8	2.24
中等收入国家	15.1	1.69
中高收入国家	22.0	1.03
高收入国家	35.0	0.66

资料来源:杨学安:"全球住宅状况评介",《人类居住》,1997 年第 3 期。

窝约为5平方米(左令,2000)。"该资料还表明香港人均住房面积为7平方米,汉城为13平方米。有项研究认为,中国在城市住房特别在住房面积上存在"超前消费"现象,这种判断大体上是恰当的(左令,2000)。

我国属于低收入国家,低收入国家人均住房使用面积为6.1平方米,换算成建筑面积(使用面积系数为0.75)就为8平方米,三口之家住房建筑面积就为24平方米;如果按我国的人均住房使用面积9.34计算,换算成建筑面积就为12.5平方米,三口之家住房建筑面积就为36.5平方米。显然,我们前面的计算房价收入比,分子有过分扩大之嫌,即住房单价过高,住房标准过高(60平方米),而分母却有缩小之虞,即收入统计没有把灰色收入完全统计在内。这"两高一低"就造成了我国房价收入比偏高的现象。

如果我们提出一个大胆的假设,对住房价格、家庭年收入、住房标准进行调整,然后测算一下房价收入比,看其是否更接近实际情况。

现在假设把全国的平均水平的中价位房价3500元下降20%作为旧房价格与新房价格加权平均的结果,即2800元;住房面积由原来的60平方米降为45平方米;家庭年收入增加20%。

表19-5 调整3个变量后房价收入比的变化情况

	商品住房价格(元/套)	平均每户家庭年收入(元)	房价与家庭年收入的比例(倍)
最高收入户	126000	39463.77	3.2
高收入户	126000	28359.68	4.4
中等偏上收入户	126000	22934.12	5.5
中等收入户	126000	18428.36	6.8
中等偏下收入户	126000	14786.14	8.5
低收入户	126000	11891.41	10.6
最低收入户	126000	8916.30	14.1
困难户	126000	7915.97	15.9

通过调整住房价格、家庭年收入、住房面积等变量,我国房价收入比的数据有了明显改观,但中等收入以下(包括中等收入)的家庭仍被排除在国际通行标准之外,这说明我国住房价格过高和收入过低仍是不可回避的事实,理顺住房价格,剔除不合理因素,不断提高居民收入水平仍是今后一个时期要作好的工作。

房价收入比这个指标是从发达市场经济国家引入的,我们在应用时一定要注意其计算口径,否则,不分青红皂白,采取拿来主义,就会给政府决策提供不实信息,甚至产生误导。因此,在计算房价收入比时,要根据一定时期住房标准和新旧住房的平均价格,以及尽可能全面的收入统计来计算,只有如此,才有可能正确反映我国城镇居民对住房价格的承受能力。此外还要大力宣传,成熟、繁荣的住房市场应由新房和旧房共同上市组成,并以旧房为主,使广大居民建立起从买旧房、小房入手,逐步改善居住条件的观念。

思 考 题

1. 如何用蛛网理论解释住房价格形成机制。

2. 举例说明住房空置的生成机制。
3. 构成住房价格的各要素在住房价格中所占的比重是否可变？

参 考 文 献

1. 中国人民大学土地管理系：《不动产经济与管理》，中国农业科技出版社，1996年。
2. 张熏华：《土地与市场》，上海远东出版社，1996年。
3. 邹兆平：《外国与港台土地管理制度》，中国国际广播出版社，1990年。
4. 《马克思恩格斯选集》第2卷，人民出版社，1972年。
5. 王小映："试析我国的土地征用"，《不动产经济与管理》论文集，中国农业科技出版社，1996年。
6. 包宗华：《中外房地产导报》，1999年第22期。
7. 左令："'住房倍增计划'置疑"，《中外房地产导报》，2000年第1期。
8. 《马克思恩格斯全集》第18卷，人民出版社，1964年。

第四篇

非住宅房地产

第二十章　非住宅房地产概述

非住宅房地产在现实国民经济中,是一个极其重要而门类庞杂的房地产产业类别,但在房地产经济教科书及有关理论专著中作为一种研究对象,却是本教材的独创。本章作为非住宅房地产的概论部分,将着重研究它的概念、涵盖范围、分类方法、非住宅房地产在国民经济和社会发展中的地位、功能、作用。以后各章将分别研究各种非住宅房地产的资源配置方式及其运动规律。

第一节　非住宅房地产概念辨析

一、非住宅房地产与住宅房地产的关系辨析

（一）非住宅房地产与住宅房地产的共同点

1. 非住宅房地产与住宅房地产在权属关系上具有相似性。两者都属于房地产,都是与地产相对应、又与土地紧密结合的不动产,它们在法律适用上有许多相似性。如：个人或单位不仅可以拥有其使用权,而且可以拥有其所有权。

2. 经营过程的相似性。从投资、开发、经营管理和中介服务等众多资金流转环节及实物运动过程考察,非住宅房地产和住宅房地产所经历的程序和遵从的经济规律有许多是相同的,都存在投资大、周期长、周转慢,需要金融部门的大力支持和复杂的法律、评估、营销等中介服务。

3. 其物质形态的形成过程也存在相似性。它们都是经过建造、安装、装潢、改造、维修等部门的工作才能形成和运营。住宅房地产和非住宅房地产的形成和流转过程,都牵涉到经济法律关系,都需要劳动密集型、技术密集型、知识密集型和资金密集型的行业部门的大力参与。

（二）非住宅房地产与住宅房地产的区别

1. 使用目的上的区别。非住宅房地产和住宅房地产最基本的区别在于：住宅房地产的主要使用目的是作为居民的生活用房,以居民作为最终的购买、租赁者和使用者,无论是买是卖,不改变住宅最终作为消费资料的性质。而非住宅房地产则具有社会生产和社会服务的性质,可以说,它是一种资本品,从财产的占有状况观察,具有明显的社会法人财产性质。因此,它在功能、性质、价值形成和价值运动中,同住宅房地产都存在着明显的区别。

2. 物质形态上的区别。从物质形态看,非住宅房地产虽然仍使用房地产这个称谓,但它不单纯指房屋,而是一个有关建筑、构造物的宽泛的概念,除了厂房、仓库、商业服务业用房外,还包括文、教、体、卫、艺术、科技、旅游、政府、军队用房。另外,在今后的分析中,我们将把包括各种地上、地下的公共基础设施类不动产,归类到非住宅房地产这一篇中进行分析。

3. 在生产、流通、分配、消费领域也有着显著的不同特点。

（1）住宅虽经房地产企业或单位自身开发经营,但最终还是作为消费品流入居民手中,在传统计划经济时代,住宅主要是作为一种福利品而非商品的形式,不经过市场和货币被直接分

配给职工,在市场经济条件下,住宅既是商品也还存在部分福利品的性质。但是,非住宅房地产作为生产资料,是一种固定资产,即使是政府、军队房地产也不例外,因为政府和军队现在被理解为第三产业的一个层次(我们将在后面有所讨论)。在传统计划经济年代,非住宅房地产的建造和使用维护都是由国家来进行计划、拨款、投资,在不同单位之间转移使用权时,也是由国家统配划拨。在社会主义市场经济条件下,政、企、事业单位的非住宅房地产的产权关系和投资渠道有了一定改变,但它仍是一种投资资本品,这一点没有改变。

(2) 从生产、流通和消费的关系看,住宅房地产消费形式比较单一,生产和消费过程可以分离,而非住宅房地产的专用性强,表现为具有极大异质性的商品,其物质形式有各种建筑物和构造物的差别,其使用目的、服务功能或对资源环境的特殊要求决定着其特定的物质形态,例如,金融、商业、服务中介企业房地产要求占据城市中心繁华区位,而码头及旅游房地产则要求与特定的资源条件和人文环境相结合,这使得非住宅房地产的生产、流通、消费过程内在联系比较紧密,在这些环节中,非住宅房地产的市场交易,远不具备充分竞争的市场条件。

因而,非住宅房地产与住宅房地产所适用的经济规律、运营机制存在显著差别。

二、非住宅房地产与地产的关系

我们通常所说的房地产(real estate)或叫不动产,是指土地及与土地结合在一起的建筑物、构造物和由此产生的权利集。我们所说的土地是一个自然、经济的综合体(曹振良,1989)。地产则指土地及相关的权利集。非住宅房地产离不开土地,但不等同于土地。虽然,非住宅房地产与地产的物质形态是密不可分的复合体,尤其是仓库、码头、工业广场、各种道路、机场设施,对土地依赖更大。但非住宅房地产又不等同于地产,它的物质形成过程和物质形态,尤其是使用功能、经济运行特性及法律关系,是地产所包容不了的,而且城市地产的真正意义也只有通过特定功能的房地产的使用和经营收益才能体现,非住宅房地产和地产间的这种相互独立性,使得非住宅房地产在经济学上可以成为相对独立的研究对象。

非住宅房地产与地产是一个相互包含、相互制约的有机整体,这种复杂关系可以从以下几个方面具体分析:

(一) 非住宅房地产与地产的物质形态是紧密结合而功能、价值各异的

到目前为止,离开土地而大量单独存在的建筑物是难以想象的,虽然从科学畅想看,载人空间站和太空生产基地以及可移动的房屋是可能的,但这只是超越地球人现实生活方式的未来学里讨论的问题。非住宅房地产的物质实体固定结合于一定空间条件的土地,具有了空间位置的不可流动性,其经济价值也随微观区位不同而不同,成为单件性、非均质性商品,其区域性、结构性平衡具有同总量平衡同样重要的意义,跨越区域的非住宅房地产的资源优化配置过程,比较曲折缓慢。

另一方面,虽然城市地产可以单独存在,但它的主要功能是作为各种房地产的载体,它终归要同一定用途的房地产结合,否则,它的经济价值就无法实现,而地产一旦同房地产结合,就具有了不可分割的统一性,其价格受房地产功能收益的影响,隐含于房地产价格之中。

(二) 非住宅房地产与地产的经济形态是相互包含和相互制约的关系

1. 地产的需求,是受房地产的需求影响的引致需求。随着社会经济发展,房地产的需求是不断增长的,对地产的需求也就不断增长,但土地的供给弹性很小,尤其是一些特殊区位的土地

更是如此,这种加合作用的结果,使得地产有不断升值的趋势。而房地产由于技术进步、规模经济和经营管理的改进,其建筑成本是下降的,在使用过程中,由于有形损耗和无形损耗的共同作用而折旧,呈不断贬值趋势。

2. 从各种具体的非住宅房地产与地价的关系看,不同的非住宅房地产有不同的特性。工业房地产的地价主要受该地块与外界的能量和物质交换的便利程度的影响,而工业房地产的价值则主要受工程技术和建筑安装成本的影响;商业服务业房地产的地价,一方面受区位影响,即人流、资金流、物流、信息流的影响,与这些要素易得性、收益性和获取成本有直接关系,另一方面该地价的边际成本,又是各种功能用途房地产的竞争所形成的土地影子价格,在其引导下,将收益低的房地产向外排斥,使盈利能力强的商业房地产进入,地价也就随之升值;旅游业房地产的地价,受特定旅游资源环境的影响很大。如:海滨酒楼、温泉浴场等,也有一些旅游房地产所在地块的地价,主要是受房地产的影响而身价百倍,如:姑苏城外寒山寺、各地的宝刹名塔、故宫、长城,等等。

3. 需要特别指出的是一些基础设施,如机场、码头、道路等,其表面特征接近土地,但实际上,它是经过工程技术建筑安装的构造物,已具备了原土地所不具备的功能用途,能产生大量的收益,而原先这块地,可能是一块不值几文的荒滩或盐碱地。

(三) 从权属关系看,非住宅房地产和地产也是既紧密联系又相互区别的

地产和非住宅房地产无论对自然人还是法人,都是极重要的财产形式。由于物质形态的不可分性,在转让、抵押和权属变更过程中,我国一般是地随房走。我国城市土地所有权归国家所有,集体土地所有权变更只有国家征用这一种形式,集体不能买进土地,同时,国家也垄断了土地使用权一级市场,而且,国家作为土地的所有者和管理者,对一级市场之后的转让活动严密监督和干预。但非住宅房地产的所有权和使用权,可以由自然人或法人分割拥有或合并拥有,其市场交易虽然也受到国家的监督和规范,但与地产相比,自主经营的成分大得多。

因此,非住宅房地产和地产之间无论从物质形态、经济形态,还是从法律的或宏观管理的形态看,都是一个既紧密联系又表现出各自规律性的统一体。

总结以上关于房地产与地产、住宅房地产与非住宅房地产的讨论,可知非住宅房地产是现代城市社会经济生活最基本的硬件设施,涉及面广,横跨第一、二、三产业的众多部门,是城市功能环境、城市效率和城市竞争力的物质基础,非住宅房地产除遵守房地产共同的运行规律外,还有它自己特有的运行规律。

因此,我们这里所说的非住宅房地产,是指与地产和住宅房地产相对应的工业房地产,商业服务业房地产,文、教、科、卫、体等社会公共事业房地产,党政国防房地产,还包括城市公共品类建筑物和构造物及与之相对应的权利集合。

第二节 非住宅房地产的分类

由于不同类型房地产的功用、形成过程、运动规律不同,因此适当的分类是深入研究的基础。本节将从产业、房地产动能、资产运动和经营方式、产权结构等四个方面对非住宅房地产进行分类。

一、按产业划分非住宅房地产

从一个时点看,房地产是固定不变的物质实体,然而,随着产业结构高级化、城市形态也在不断变化,作为产业和城市物质载体的房地产,其功能、结构、实体形态也必然会随产业变动而变动。明显的例子是,工业化开始时期,轻工业和资源开采类房地产比例大,工业化中后期,重化工、金融商贸房地产的绝对和相对数量都不断加大,而信息化社会,社会中介服务类房地产将急剧上升。

因此按产业分类,有助于我们了解房地产资源在不同产业的配置情况,了解随产业结构的变动趋势,房地产资源配置的变动规律,最大限度地发挥资源配置和利用的效率。

下面以三次产业分类及其对应的房地产为例,来说明各产业房地产的分布。

产业升级变动的理论反映了各产业发展的规律性趋势,从而各产业拥有的房地产在城镇的聚集、消长,也将相应地呈现出对应的变动趋势。尤其以商业服务、公共服务和所谓"写字楼经济"的中介服务为代表的第三产业,其生产、消费的基本载体是房地产。

为了描述经济发展的客观顺序和内在联系,现在发达国家依据费希尔的划分和配第—克拉克定理,普遍采用三次产业分类法。我国也采用了三次产业划分,其具体标准和范围及其对应的房地产类型是:

第一次产业:农业(含林、渔、牧),其房地产主要是土地、水利基础设施;

第二次产业:工业(含采掘业、制造加工业、水、电、汽、煤气)和建筑业,其房地产主要是厂房和大型工程设施及其用地;

第三次产业,分为流通部门和服务部门两部分,具体可分为四个层次:

第一层次:流通部门,含交通运输业、邮电通信业、商业、饮食业、供销仓储业。其房地产包括城市基础设施、经营性房地产、仓库。

第二层次:为生产和生活服务的部门,含金融业、保险业、房地产中介、居民服务、旅游及信息咨询服务业和技术服务业等。其房地产主要是办公楼宇类物业。

第三层次:为提高科学文化水平和居民素质的部门,含教育、文化、广播电视、科研、卫生、体育和社会福利事业。主要涉及事业单位房地产。

第四层次:为社会公共需要的服务部门,含党政机关、国防部门等。主要涉及大量公共办公用楼堂馆所和营区房地产。

从以上分类看,非住宅房地产主要集中在二、三次产业中,尤其是第三次产业的四个层次的房地产将呈现上升趋势,非住宅房地产数量庞大,种类繁多,其功能、用途各不相同,其房地产资源配置方式有的是市场手段(如工、商业房地产),有的则主要是非市场手段(如第三次产业的三、四层次的房地产)。它们的物质实体和价值运动方式,各有自己的特点。

我国正处在一个工业化、城市化、现代化、市场化的发展过程中,产业结构大规模调整,传统产业正开始走向衰落,新兴产业迅速发展壮大,并且正面临着一个知识经济和信息化的浪潮,农业劳动力不断地向第二产业尤其是第三产业转移,人口大量向大城市和小城镇集中,给城市各产业及其房地产的扩展,开拓了广阔的前景,提出了许多新的问题。从产业角度划分房地产,可以针对各产业的具体特点及变化趋势来研究房地产的发展运动规律。

二、按房地产的功能分类

按照非住宅房地产的功能不同,我们可以将其分做以下四类:

(一)经济功能房地产

这类房地产有直接经济功能,产生明显经济效益。如前述工矿业房地产、商业用房地产、餐饮、旅馆业房地产、娱乐房地产、金融保险业房地产、咨询技术服务业房地产、旅游业房地产等、交通建筑业房地产。另外还有部分直接经济功能或有强大间接经济功能,主要表现为明显社会功能的房地产,如卫生、文教、体育、科研房地产。

(二)人文历史功能房地产

典型的人文历史功能房地产,如博物馆、名胜古迹、图书馆、艺术表演场所、青少年宫等。

(三)社会功能房地产

担负着各类社会功能,如学校等教育场所房地产;医院、体育等保健场所的房地产;科技等研究开发和宣教用房地产;政府公务和国防房地产;防汛抗旱等减灾防灾工程设施房地产;保护和改善生态环境功能的房地产;改善公众生活质量、美化城市用房地产,如公园、城市雕塑等建筑物。

(四)其他功能房地产

如宗教寺院、宗祠、坟墓等房地产。既有人文历史功能,又有政治、民族、情感信仰等功能,是多种功能的复合体。

按功能分类,可以清楚了解各类房地产在社会经济中扮演的角色,从而可以更好地掌握各类住宅房地产在社会演进中的地位和需求变化规律。以上功能房地产分类中,除了有直接经济功能的第二产业房地产外,其他的都属于上述第三产业房地产。

三、按资产运动和经营方式分类

不同类型的房地产,其资金投入、流出和经营管理方式是不同的。这种分类方式,对分析各类房地产资产管理方式和运用效果,提高资源配置效率是有意义的。我们可以分出营利性房地产和非营利性房地产。

(一)营利性房地产

营利性房地产由企业单位投资,分散决策,采取市场化经营,以营利为目的,其资产周转循环主要是从销售产品和服务中逐次收回,根据盈利状况确定再投资的规模和方向。

(二)非营利性房地产

非营利性房地产,是为满足社会公共需要而建设的房地产,因有很强的外部性,其提供的公共产品或服务无法由价格准确度量,例如国防、党政公务、减灾及公共教育等,所以市场机制不能有效调节和配置这部分资源,这类房地产的投资和管理,在很大程度上需要由社会团体或政府集中决策,以满足社会公共需要为目标,不追求盈利。

其中,事业单位的房地产,服务对象明确,是服务成本可以精确考核的部分,可以实行收费制,尽可能地采取准企业化经营,以充分发挥出市场配置资源的基础作用,如教育、文化、卫生、体育、科研单位,虽不以盈利为最终目标,但其资产运动,既有公共投资管理,也有一定程度的收费经营的特点,而政府、国防等公共房地产则纯粹由国家投资、管理、使用。

四、按产权结构分类

所有房地产,反映在经济法律关系上都表现为财产权利。按产权分类有利于房地产经营和交易中的产权明晰和保护。按产权归属分类,则可划分为:社会公有产权、法人单位产权、私人产权和共有产权房地产。其中,中国城市房地产中土地所有权一律归国家,任何单位和个人都不拥有城市土地所有权。

从产权内部权能结构上划分,还可以有:自有房地产、租赁房地产、抵押、典当房地产等。

鉴于以上分类中,都只从一个侧面来反映非住宅房地产的特性,本书中将综合产业分类、功能分类和资产运作方式,将非住宅房地产分为工矿业房地产、商贸房地产、其他房地产三大类,其他类则主要包含前述第三次产业中三、四层次的房地产,它们有很强的公益性和强烈的外部性,是具有公共品和准公共品性质的房地产。

第三节 非住宅房地产的经济功能

房地产作为人类长期物质文明建设和精神文明发展的历史积淀,反映着人类社会生活已达到的文明程度和文明发展的轨迹,城市房地产与人类社会生活的任何方面都息息相关,如果没有城市房地产,人类就会退回到远古洪荒年代,现代社会生活和生产活动将无从谈起。

一、大量非住宅房地产在城市的集中,会产生规模经济和聚集效益

房地产在一定区域大量集聚形成城镇的物质实体,使得人类的经济活动不再受自然气候条件的太大影响,使得大量资金流、物流、信息流、人流能高度集中、稳定有效地运动。房地产物业的集聚能使经济活动建立稳定的联系,便于开展专业化分工协作,大规模集约化经营,大大降低生产经营成本,为市场供给与需求提供物质环境条件,可以提供大量稳定的就业机会,可以更方便充分地获取、产生、利用各种必需的信息,对周围一定区域产生很强的吸引力和辐射力,成为物质生产、集散、消费服务、信息交流的节点和基地,大量高水平非住宅房地产的集中,使经济活动的各种要素能很便利地集中、扩散,这将极大地节约生产和交易的成本,提高效率和收益,扩大市场供求的总容量。可以说,没有大量的现代房地产就没有现代城市,也就没有高效率的现代社会经济活动。

二、非住宅房地产的有效配置可以促进经济的良性发展

非住宅房地产主要表现为前述第二、三次产业各层次的房地产,是一项极重要的生产资料,其存量本身在现代生活中是一笔巨大财富,是经济活动不可或缺的基本条件,其增量也是一个重要的经济增长点,同时能有效地带动和服务于经济的增长。

1. 一个国家、一个城市的各产业的非住宅房地产情况,反映着一个国家或城市的经济实力,一个经济体的经济总量规模、水平、结构总是对应着相应规模、水平、结构的各产业房地产。很明显,一个落后的国家、一个小的城市不可能有太多的摩天大楼、大商场、仓库和宾馆,相反,

拥有大量、高级、欣欣向荣的各产业房地产,必定会给一个经济体带来大量利润和活力,是社会经济活动的最基本的物质基础。

2. 各产业的房地产是一项最基本的资本品。一个法人拥有一定的物业,就有了一定的信用基础。在市场经济中,最安全、最常用的抵押品就是不动产,可以毫不夸张地说,不动产已成为现代信用的基础。而由于产业房地产资金量大、周期长、内部装备复杂、更新改造多,所以占用资金量大,在金融活动中占用的份额最大,深刻影响着一国的经济活动。在经济活动符号化、资本虚拟化加速发展的今天,影响剧烈。在1997—1998年的东南亚金融危机中,楼市暴跌,许多公司(或国家)的账面资产大为减少,信用萎缩,银行、保险、信托、证券公司大量倒闭。而不动产贬值的财富效应的负效果使投资和消费的能力和信心丧失,经济振兴也非一日之功,从反面也给出了非住宅房地产作为社会财富和社会信用基础的鲜明例证。

3. 各产业房地产的产业关联性强,能吸纳大量的人才、资金、各种档次的技术和大量劳动力就业,能促进和带动金融、贸易、工业运输、旅游、服务、信息等相关产业的发展。

餐饮、商业、服务、旅游业房地产,是其最基本的生产资料,其规模、档次水平决定着这些劳动密集型产业的规模和发展水平;而各种工矿、仓储、文教、体、卫、政务、军事房地产,又是大量应用各种技术和装备的场所,有大量传统技术的应用,也有各种现代尖端技术的应用,甚至普通办公楼、商住楼也有向智能大厦发展的趋势,作为各类技术和装备的载体,将大大扩大这些技术装备产业的需求。

总之,房地产的建筑,能带动建筑、建材、机械、电器、运输等行业的发展,而建筑业、化工材料业、机械加工业、电子电器业已被定为我国今后很长一段时间的支柱产业。各种非住宅房地产的经营能带动金融、保险、房地产业本身、信息中介服务等行业的发展,促进各行业技术档次和服务水平的提高。

4. 产业房地产的健康运营能提供大量财政收入,优化产业结构,促进土地资源的优化配置。

我国正处在产业结构大规模调整时期,工业化尚未完成,第三产业的发展严重滞后,尤其是金融、房地产、信息服务等产业正处在发展初期,而发达的市场经济国家第三产业在国民生产总值中的比重占50%以上,我国各类非住宅房地产的发展能改善劳动力就业结构,促进相关行业发展,改善生活条件和投资环境。同时,随着城市各类非住宅房地产在不同产业的效率比较和竞争,均衡的结果是高效率的金融、商贸、信息、中介服务等行业房地产占据市中心繁荣地段,而效率低的行业的房地产转移到偏远的郊区,使土地资源的利用效果达到最优。

5. 非住宅房地产尤其是生产经营用房地产作为各产业的固定资产,一直参与社会经济运行,有比较规范的折旧和成本收益计算,具有明显的商品经济属性。更易于向市场经济转变,为中国住宅房地产的商品化、市场化提供了较好参照和示范作用,从而使整个房地产业成为社会主义市场经济中一个重要的组成部分,推动着我国的体制改革和对外开放,有利于社会主义市场经济的完善和充分发展。

第四节 非住宅房地产的文化功能

文化是人类历史长河中逐渐积淀下来的文明成果,包括物质文明和精神文明。文化反映着一个文化共同体的人群认识世界、创造社会的能力和习惯趋势,也规定着个体行动的目标动机和行为方式的特征倾向。一种文化对一个民族、一个国家的影响,是最深远、最基本、最持久的。不同文化的交汇、碰撞,必然引起一定的社会变动。

一、非住宅房地产蕴含着民族文化特征、渗透着时代气息、折射着历史光芒

文化乃建筑之魂,建筑乃凝固的文化。城市建筑作为人类创造历史和现实文明的物质承载体,总是记载着时代的文化特征,反映着人们对生活的认识和追求,满足着多层次的需要,使一定文化群体的人们从中得到人和人、人和社会、精神和物质关系的协调和满足。

1999年国际建协第20次大会《北京宪章》提出的建筑科学时空观为:人文时空观——从建筑天地走向大千世界;文化时空观——发扬文化自尊,重视文化建设;地理时空观——建筑是地区的建筑;技术时空观——提高系统生产力,发挥建筑在发展经济中的作用;艺术时空观——创造宜人的生活环境。这种建筑时空观,反映着人们对建筑与人类现实生活和文化之间关系的认识深入。城市建筑的文化性和丰富多样性充分反映在丰富多样的非住宅房地产上。

(一)非住宅房地产凝集着民族的地方的文化特征

一个民族的文化理念、审美观总是通过一定房地产加以浓缩、表现出来。例如中国几千年来的封建统治就是依靠"礼治天下",最终以儒家思想和教条形式稳定下来,其精神核心就是全社会要遵守从君王到百姓的封建等级统治秩序,表现在房地产上的代表作就是列为世界文化遗产的紫禁城,明清故宫壮丽辉煌,唯我独尊,中轴对称,端庄方正,前朝后宫,其中的太和殿最为高大壮观威严,帝王在这里君临天下,处理朝政,它是中国封建统治体系和故宫建筑体系的金字塔的极顶。

故宫的这种"礼"的空间秩序和思想同样依次表现在地方政府和民间建筑上,各种宗祠、寺庙,甚至民居,无不打上深刻的烙印。如山西的王家大院、乔家大院等。

汉民族的"礼"的秩序还表现在"三权"(君权、族权、夫权)上,如果说故宫是古代君权的物质体现者,则宗祠即是族权的物质化,而散布在全国各地的历代贞节牌坊,则为歧视妇女的夫权的化身。

另一个列为世界文化遗产的拉萨布达拉宫,作为西藏当年"政教合一"的地区政治、宗教、文化中心,因山就势垂直而上,分为上中下三个层次,象征佛教的"三界"思想。

各种山水名胜处的楼、塔、亭、阁则记载着历代中国人对怡情山水的追求和向往。布达拉宫的大昭寺位于城市中心,是因为"政教合一",而汉族区的名寺则多位于"名山",则是为了脱离封建特权统治的"红尘",尤其道家庙观,遁迹山野,是为贯彻"无为"思想,清心修炼。

另外,房地产还有浓郁的地域文化特征,最典型的有江南水乡的苏州园林,表达着富庶、山灵水秀的长江中下游地区的人们的富足和怡然自乐,也反映人们对人工建筑与山水协调的空间秩序的追求,舞榭歌台,寻常巷陌,虽"不出城廓而获山水之怡,身居闹市而有林泉之致",但另一方面又反映着该地区自得自在、小富即安的心态。

还有反映民族风情和风俗习惯的特色房地产。如穆斯林聚居地的清真寺,侗寨中心的公共建筑鼓楼等。

(二)非住宅房地产是历史文化的积淀,折射着历史的光芒

历史上留下的各类房地产是历史的活化石,是历史事件的物证,是以房地产为载体的史书。

中国的万里长城、北京故宫、秦始皇陵及兵马俑、名山古刹、寺庙道观、各名胜区的名楼、名亭、名塔、名墓、名庙，埃及的金字塔，美国的自由女神和世贸大厦，巴黎的凯旋门等等，无一不是历史事件和历史发展过程的见证。

雨果称巴黎圣母院是"用石头写成的史书"，雄狮凯旋门象征着拿破仑时代法国人的光荣与梦想，罗马城的断垣残壁和圣马可广场上耸立的钟塔，则是今天的罗马人的历史寄托。

故宫是中国几千年皇权统治的象征。万里长城是汉族同北方各民族交兵时的古代军事要塞，也是汉族统治者追求稳定、保守、维持思想的印证，长城就是一个放大了的城市城墙。

同时，中国传统建筑房地产和古代典籍中，包含着"天人合一"的"整体观"。发端于古代阴阳、五行相生相克的朴素唯物辩证法思想，后来演化为道学、风水学，其强调人与自然的关系的整体观确有其合理内核。古代中国不论选城址或阴阳宅基，强调建筑前后左右，有来龙结穴、山川风水呼应，确立一个宜人适居的自然地理环境。

又如，文成公主庙、昭君墓等都反映古代重大历史事件，赵州桥则显示着中国古代工程技术水平和规模、质量。

至于北京的东交民巷、上海的外滩十里洋场，尤其是天津的租界建筑，堪称"万国建筑博物馆"，它们既是1840年后近100多年中国饱受屈辱的历史缩影，也是外来建筑文化、艺术、科学的历史博物馆。对它们也应像保护传统历史建筑一样予以保护，因为历史是不能抹掉的，无论我们对其有怎样复杂的感受，我们应该尊重历史，给后人留下历史的内在的教科书。

（三）非住宅房地产浸透着时代气息

在中国的天安门广场，可以从建筑上清楚地看到时代的变迁。如果说故宫代表着古代文化、思想和社会生活的政治方面，它把封建统治的"礼"的秩序发挥到极致。而人民大会堂和人民英雄纪念碑及革命历史博物馆，则代表着人民当家做主的民主时代的开始和发展。

城墙围绕的紫禁城，金龙盘绕汉白玉柱的雕塑，无不透露着的威严、肃杀和封闭保守、等级森严。而今天的摩天大楼、变幻的霓虹灯、宽敞自由的超市、城市的青春塑像，无不显示出今天人们的平等、开放、自由、繁荣和都市生活的高效率、快节奏。而传统的计划经济时代的围墙如今正纷纷破开，成为一个个商业门面，则反映着人们从自成体系的封闭中，走向开放的市场经济。

今天的城市非住宅房地产以空前的速度增长，功能、质量也极大地增强，成为工业、商业发展的基本要素，同时，为金融中介服务业、文教体卫娱乐等社会公共部门提供最基本的物质条件，随着第三产业的发展和社会信息化程度提高，非住宅房地产的功能属性也在不断深化，与其他形式的资产相互渗透，愈来愈深刻地带上知识经济时代的烙印。

二、非住宅房地产具有文化熏陶教化之功

非住宅房地产作为民族文化理念、风俗习惯的物化，或作为一个时代和历史特征的标志，总是通过一定的建筑风格、色调、景观、功能、个性、文化意蕴，表现着特定时期某一文化群体的价值观，反映着人们对自然与社会的认识水平，满足着人们多层次的心理需要，这些建筑物把抽象的文化观念具体化、物质化、定形化，使一定文化群体的人们产生文化认同感、归属感，从而产生情感依附、精神激励、理想信念及道德风俗的强化。这种文化的认同感和凝聚力又使该种文化得以稳定延续。

前面提到的体现文化中"礼"的秩序的宫殿、宗祠、祖庙、牌坊以及体现"天人合一"整体观的

楼台亭阁园林建筑和建筑选址风水,通过人们的日常活动,潜移默化地进入了中国人的骨髓之中,这种民族生活中的文化积淀,比起单纯说教更加具有广泛而深远的影响。

最具有熏陶教化的精神感染力的建筑,莫过于宗教庙宇了。它们将深奥的宗教理念具体化、形象化,变抽象的信念和意境为可观、可感、可想、可入、可留的物境。布达拉宫依山一直向上的三层次建筑,就向人们展现着佛教的"三界"("欲界"、"色界"、"无色界"),给人直观可感的从凡夫俗子的栖息地直到佛国天堂的天上人间。

实际上,各处寺庙佛殿中的雕塑绘画无不具有宗教感染力,狰面怒目的金刚罗汉让人顿感罪恶深重,而莲台上超凡脱俗的教祖、慈航普度的菩萨以及经声佛号、晨钟暮鼓创造的宗教氛围,让大多数人有灵魂净化的心灵震撼,诱发和强化了宗教信念。西方的哥特式教堂,利用尖拱式构造,创造出高深的内部空间和耸立的外部形象,仰望上去,直指天国,宗教的感染力已经在仰视间征服了许多人的灵魂。

至于旧中国上海外滩的十里洋场,给作着发财梦的冒险家们以无穷的刺激和梦想,而旧中国的北京东交民巷及外国租界里洋色洋味的房地产,一方面奴化了一批洋奴的同时,也开阔了国人的视野,引进了一些新的思想、艺术、技术和生活方式;另一方面也激起了广大中国人的民族自尊和救国图强之志。反映时代政治寄托的房地产,如我国的人民大会堂和其他国家的议会大厦,无不被人当作民主和法制的象征。

各行业房地产也都具有自己的特色文化。军队营房整齐简约,与军队的纪律和步调一致的要求相协调。高校校园建筑则尽量创造大量开放的公共空间,努力维持古典神韵又散发着现代化的气息,简洁大方而新颖,创造出高校民主、开放、积极活泼、传统文化与现代新思想的和谐统一的文化氛围,适合年轻人生活、学习和陶冶志趣。实际上,各种产业的房地产都带有自己的行业特点,从而使人产生与其他部门相区别的文化心理和职业规范,而使同一文化群体内的人们产生职业认同感、归属感。

更不用说像长城、古炮台和各种纪念馆、纪念碑、烈士陵园等爱国主义教育房地产,对激发后代人奋发向上的重大教育作用,以及各种歌舞剧院、表演艺术展览场所、博物馆、图书馆、青少年宫、体育馆、书店、娱乐园、俱乐部及名胜等各式各样的文化产业房地产,所发挥的文化陶冶、教育训练和精神激励作用。

三、非住宅房地产的文化高品位可以提高人的生活质量

我们注意到近几年的住宅开发商和中介代理商打出的促销广告中,一些最抢眼的广告词是:"高尚社区"、"欧式花园"、"充分开放的空间"等。这说明人们在住的最基本需求满足的基础上,将追求住宅的更高的文化品位,以提高居住生活的质量。

事实上,非住宅房地产由于其功能类别的丰富多样性,比住宅房地产具有更丰富的文化内涵,对城市生活质量影响更广泛而深刻。

现代人生活质量高低的评价标准应该是人的物质文化生活需要的满足程度。根据马斯洛的需要层次理论,五个层次中较低层次对应的是作为自然的生物人的生理需要,接着依次是安全需要、情感归属的需要,而较高层次对应的是作为社会人的个性发展的需要。从普遍的心理学规律来说,低层次需要比较迫切而强烈,一旦满足,就立即消失,而高层次需要的满足会产生比较稳定而持久的激励效果,而且把人的需要引导到新的更高层次。

在向着信息化、知识经济演进的当今社会,提高人的生活质量,人文资本的积累和更新是任何国家、民族、个人的首要任务。非住宅房地产丰富的多层次文化功能,满足着人们多层次的需要。

城市交通、电力、通讯、水、暖气、超市等基础设施的健全、方便程度及服务档次,将极大影响居民正常的日常生活是否得到满足,是否便利、舒适。而遍布城市的超市和现代化购物中心,为满足居民物质产品的需要提供了方便、开放、舒适、豪华的购物环境。各种餐馆如地方特色菜馆、古文化饮食城、外国风情、服务规范的麦当劳等,让人享受到社会化服务的方便同时,也享受到比家里用餐更高品位的文化体验。

各种金融、电讯等社会生活中介服务的摩天大楼群,为社会生产、生活提供更齐全、快捷高效的服务,而工业房地产建筑也摆脱了脏乱的形象,成为现代化、标准化、高效率的工作场所,它们也一同构成城市最亮丽的风景,是现代化城市的基本物质实体。

至于学校、医疗保健、科学文化、体育、艺术馆、博物馆、各种楼堂馆所、旅游风景名胜建筑、政府机关房地产等,则更是提升人们生活档次,让人们生活得更富有情趣、更富有效率所必需。

城市房地产是为满足人的生产和生活需要建造的物化了的文化符号,它的功能、品位就决定着人们的生产、生活需要被满足的程度。随着经济发展、科技进步以及人们对环境生态及人自身状态认识水平的提高,城市各类房地产功能、品位会越来越高,也就越有利于创造高效便利的生产、工作条件和有利于人类社会可持续发展的生活环境,这种记载和延续人类文明的物化了的文化音符,将奏出更加动听宜人的乐章。

第五节 非住宅房地产的社会服务功能

非住宅房地产在保障国家安全、社会稳定和社会进步、减灾防灾、保护生态环境、促进社会文明、改进社会生活质量等诸多方面发挥着重大作用。

一、非住宅房地产的减灾防灾、维护社会公共安全的功用

现代人已经较大程度上摆脱了自然环境的束缚,而这又主要依赖于人工系统的建立。这些人工系统包括城市供水、排水设施、能源供应及废弃物处理设施、通讯交通设施、疾病防治控制设施、人防工程等公共安全和国防设施,它们从不同侧面维护社会生活的稳定和延续,抗击外来冲击,调节内部冲突。

中国人均淡水资源只及世界人均水平的 1/4,且分布不均匀,中国城市缺水特别严重,而保证城市生活生产用水,不受旱涝影响,就要靠修建水源和供水设施。同样城市排水设施及沿江靠海城市的防洪堤、防波堤,也是防止内涝、台风等不可或缺的。至于各供电、变电、供气站(所)、垃圾处理、通信、交通设施已是现代社会生活的基本条件,稍有中断,即造成严重混乱和损失。

卫生防疫系统房地产规模、质量、功能及容纳病人的数量、检疫防疫能力大小,常用医院床位数量,标志着一个国家或城市保健水平的高低。

广义地说,国家机关的房地产都执行维护、协调社会秩序的职能。对于社会健康稳定发展和公共安全有直接作用的典型房地产,如部队营房、军用机场、军港码头、军事训练等工程设施以及监狱、戒毒所等。

不仅房地产本身被赋予了某些社会功能,连房地产的布局、结构、外形,也会对一定的社会现象产生影响。据报载,最近,英国伦敦的一项研究表明:社区街道,住宅及其他建筑的设计布局可能对犯罪活动有直接影响——或使犯罪活动易于滋生,或者能够抑制犯罪活动。

二、非住宅房地产具有方便居民生活、提高社会生产效率的社会服务功能

在非住宅房地产中,除工业生产、供销服务房地产为人们提供物质产品外,大量的服务性房地产为社会健康发展所不可少。如:银行、保险、评估、公证、律师事务所等中介服务性房地产,信息产业房地产等,直接或间接地起着维护社会生产和生活秩序,提高社会效率的巨大作用,随着社会的不断发展,在城市房地产中,这些部门房地产所占比例会不断增大,功能不断增强,社会运行的效率也随之提高。还有一种特殊房地产是城市交通设施。随着城市的发展,人口增加,城市病越来越严重,其中之一就是交通拥塞,城市交通设施的规模、数量、档次制约着城市的发展,现代大城市中的交通设施除街道马路交通外,现已发展到地铁、高架线,现在北京、上海开始建造城市轻轨或高架轨道交通,过去从上海市中心到虹桥机场,一般公交要几个小时,现在半小时就行了。交通设施或是制约或是促进着城市的规模和效率。

饮食服务业房地产提供的餐饮环境、卫生条件的不断改进,将不断减轻居民家务劳动负担,提高生活社会化和现代化的程度。旅馆业房地产、旅游业房地产使人员流动更加方便、舒适,使人的身心获得更好地调节放松和休闲,减轻生活、工作压力,恢复精力,陶冶情操。

三、非住宅房地产具有实现可持续发展、促进社会文明进步的社会服务功能

人类为改造自然、抵御自然的恶劣影响,建造各种生产、生活建筑,使人们的生产、生活不管天晴落雨,一定程度上已不受通常自然条件变化的影响,使社会不断进步,确立了人在地球上的主宰地位。然而今天的人认识到,这些人工系统同时也破坏了自然生态系统,在使人类脱离了自然,过分依赖于变得越来越庞大复杂的这个人工系统,人类的生活变得更舒适的时候,也变得更脆弱了,可消耗的资源越来越少,环境污染越来越严重。因此,今后在人本主义中应加入人口和自然生态环境的协调,这就需要重新设计人工系统的功能,使之同自然协调起来,使工程项目建设从立项、设计、施工到使用全过程同环境生态协调发展的要求相适应。争取各类建造活动和各种房地产使用对环境生态少破坏、不破坏,甚至有益于自然生态系统。加上各种专门的固体废弃物处理设施、废水处理、烟尘废气处理设施,将有效地保护环境不受严重污染。而正在兴起的"生态城市"运动,将城市建筑、街区结构布局重新设计,有益人口和生态协调,实现可持续发展。

众所周知,城市是现代社会经济、文化、科技、政治中心,是社会进步的发动机。其中教育的普及、文化观念的更新、科技创新、法制水平的提高,促使整个社会生产效率、生产方式和生活方式不断演进,人类社会不断走向更加文明进步。

科学技术是第一生产力,目前发达国家科技进步对经济增长的贡献率已达60%以上,中国只有32%。要知道,现代的国际竞争、企业竞争,都是科技开发创新能力的竞争,科技创新来自人才培养和使用,而人力资本的形成和最大效率地发挥作用,要依靠良好的教育培训和良好的社会制度安排,这其中深层次的问题是文化观念的先进和更新。教育培训房地产、科技房地产、文化艺术房地产及博物院、展览馆、体育场馆等,是造就人的知识、才能、体魄和灵魂的场所,是高新技术的发源地和孵化器。目前,我国这方面存在的问题是,教育房地产数量不足,质量不高,

制约着教育内部其他要素作用的发挥,如中小学的危房改造缺乏资金,实验场所缺乏,高校宿舍、教室、试验室不足,制约着招生规模。工业房地产资源配置严重倾向生产而轻开发,致使产品质量、科技含量上不去,竞争力差。因此,提供足够数量和高水平这类房地产,将有助于为社会提供合格的公民,也有利于整个社会的文明进步。

专题分析:非住宅房地产研究

非住宅房地产经济理论不论是作为房地产经济学中的一个组成部分,还是作为一个独立的课程或学科门类,在国内外教科书或学术专著中均未见过。我们在本书中专设了一篇,作了一些开创性探讨,试图填补这个空白。这仅仅是一种尝试,还很不成熟,尚需深入探讨研究,逐步完善。故就此作为专题讨论提出,以便引起同行关注,参与研究讨论。研究探讨的问题有如:

(1) 非住宅房地产这个概念是否准确,是否科学,我们这里是相对住宅房地产提出来的;
(2) 假设"非住宅房地产"这个概念成立,那么,如何准确定位,即它的边界如何确立;
(3) 非住宅房地产内部如何准确分类,我们现在这样分类是否科学合理;
(4) 非住宅房地产开发经营的经济学特点分析;
(5) 非住宅房地产价格的形成及其实现形式的特点;
(6) 非住宅房地产经营的政策与策略;
(7) 有关非住宅房地产的其他问题研究。

思 考 题

1. 简述非住宅房地产与地产及住宅房地产之间的联系与区别。
2. 简述非住宅房地产在国民经济和社会发展中的重要地位与特殊作用。

参 考 文 献

1. 曹振良:《土地经济学概论》,南开大学出版社,1989年。
2. 曹振良:《房地产经济学概论》,南开大学出版社,1992年。
3. 曹振良:《现代房地产开发经营》,中信出版社,1993年。
4. 赵津:《中国城市房地产业史论》,南开大学出版社,1994年。
5. 黄泰岩:《美国市场和政府的组合与运作》,经济科学出版社,1997年。
6. 梁运斌:《世纪之交的中国房地产:发展与调控》,经济管理出版社,1996年。
7. 杨鲁、王育琨:《住房改革:理论的反思与现实的选择》,天津人民出版社,1992年。
8. 杨鲁著:《中国资源税费的理论与应用》,经济科学出版社,1994年。
9. 周诚:《城镇不动产市场经济问题》,南京出版社,1993年。
10. 世界银行:《中国:新兴市场经济下的城市土地管理》,中国财政经济出版社,1994年。
11. 王克忠:《房地产经济学教程》,复旦大学出版社,1998年。
12. 张永岳、陈伯庚:《新编房地产经济学》,高等教育出版社,1998年。
13. 樊纲:《市场机制与经济效率》,上海三联书店、上海人民出版社,1995年。
14. 钱伯海:《供需平衡经济学》,中国经济出版社,1997年。
15. 吴敬琏、刘吉瑞:《论竞争性市场体制》,中国财政经济出版社,1991年。

16. 高佩义:《中外城市化比较研究》,南开大学出版社,1991年。
17. 南京地政研究所:《中国土地问题研究》,中国科学技术大学出版社,1998年。
18. 张占录:《房地产筹资运作与实例》,中国物资出版社,1998年。
19. 张贯一:《国外及港台房地产》,华中师范大学出版社,1993年。
20. 黄贤、陈忠卫:《房地产市场经济学》,中国物资出版社,1998年。
21. 葛林、王立新:《中国市场经济社会机制论》,南京大学出版社,1998年。
22. 朱慕唐等:《西方城市经济学》,中国财经出版社,1998年。
23. 薛仲章:《市场体系及其运作》,天津大学出版社,1995年。
24. 柴强:《各国(地区)土地制度与政策》,北京经济学院出版社,1993年。
25. 张金锁、康凯:《区域经济学》,天津大学出版社,1998年。
26. 陆大道:《区位论及区域研究方法》,科学出版社,1988年。
27. 野口悠纪雄,1989,《土地经济学》,商务印书馆,1997年。
28. 郭鸿懋:《城市宏观经济学》,南开大学出版社,1995年。
29. 张帆:《环境与自然资源经济学》,上海人民出版社,1998年。
30. 伊利、莫尔豪斯,1924,《土地经济学原理》(中文版),商务印书馆,1982年。

第二十一章 工业房地产

第一节 工业房地产概述

一、工业房地产的定义

工业房地产是指直接用于工业生产和辅助工业生产的建筑物实体及其所附属的所有权益。这里所说的建筑物包括房屋和构筑物两大部分。房屋是指能够遮风避雨和提供生产使用的场所,一般由地基、墙体、门、窗、梁、柱和屋顶等主要构件组成。构筑物指不能直接在内从事生产活动的建筑物,一般属于工业生产不可缺少的部分,与直接用于工业生产的建筑物在功能上不可分离。工业生产用的构筑物主要有烟囱、水塔、料仓等。在本书中,工业房地产就是标准厂房、专用厂房、仓储设施的总称。

二、工业房地产的类型

工业房地产是工业生产活动的场所。为了满足不同生产工艺的需要,就出现了不同类型的工业房地产。这些工业房地产是因工业生产工艺的要求而设计建造的,在构成材料、建筑结构和建筑形式上存在重大的差异。由于不同工业经济活动差异很大,因而在供求特征、投资特征和管理方式上,不同类型的工业房地产差异较大,进行分类分析是必要的。

基于理论分析的需要和人们对工业房地产的一般认识,可以从标准化程度的差异、产权性质的不同、经营方式的选择、建筑结构与形式的不同来进行分类分析。

(一)按标准化程度划分

1. 标准厂房。

这类厂房一般适用于一些轻工业产品的生产,如电子装配、成衣加工等,一般具有标准的柱距、层高和楼面负载。在一些新兴工业园区、出口加工区,就有许多这类标准厂房可供出租。通用厂房一般都是标准厂房。

2. 非标准厂房。

工业厂房中的大部分为非标准厂房,即根据各类生产的需要而设计建造的其他规格的厂房。这类厂房的跨度、柱距、梁底标高、(行车)轨顶标高、楼面负荷等等,都是根据生产的需要而定,还有一些非标准厂房只有屋盖、没有围护(外墙)。专用厂房一般都是非标准厂房,而其通常只能为冶金、化工、纺织、造纸、采掘或军事工业的特定生产工艺服务。

(二)按建筑结构划分

建筑结构是由结构构件和基础构件,通过正确连接,组成能承受并传递荷载的房屋骨架。建筑结构划分方式多样,从建筑材料不同所导致的结构差异出发,工业房地产可以分为以下几种类型:

1. 混结构。

即钢筋混凝土结构,该类结构工业房地产的主要承重构件所使用的材料是钢筋混凝土。由于它的耐久性、整体性、耐火性和可模性都比较好,且易于就地取材,因此被广泛应用于工业厂房、库房和生产用附属用房之中。

2. 钢结构。

用各种型钢通过电气焊和螺栓等连接制成的结构,其主要承重构件所使用的材料为型钢。钢结构材质均匀、施工方便、耐腐蚀、构件体积小且重量轻。钢结构大多用于工作频繁或设有大吨位吊车的重型工业厂房、抗震性能要求较高的车间、造船厂和飞机库等大跨度结构建筑。

3. 切体结构。

用砖等各种切块和石头等块材,通过沙浆砌筑而成的结构,其承重材料为砖石,楼板、屋顶为钢筋混凝土。这种结构节约水泥、木材和钢材,而使工程造价较低。切体结构有良好的耐久性、耐火性和较好的保温性能,但强度低、自重大、抗震性能差,而且砌筑工程繁重。这种结构适用于无起重设备或起重设备较小的小型工业厂房、仓库及烟囱、水塔和料仓等。

(三) 按建筑形式划分

1. 单层厂房。

单层厂房的内部空间较大,高度可达40多米,面积最大可达十万平方米。一般单层厂房的承载力较大,厂房内常设一台或多台起重用的吊车,吊车的起重量可达数百吨。单层厂房多用于冶金和机械工业。

2. 多层厂房。

多层厂房是指两层以上的厂房,大部分为三到四层。习惯上工业厂房只分为单层和多层厂房,香港和欧美的某些工业厂房高达20多层。多层厂房主要适用于以下几类工业企业:

(1) 生产上需要垂直运输的企业,如面粉加工业,可利用颗粒原材料的自重,由上向下逐层加工。

(2) 操作上要求不同层高的工业企业,如化工工业厂房和热力发电厂等。

(3) 生产工艺上有特殊要求的工业企业,如电子、精密仪器和精密机械等。

(4) 无特殊要求的生产企业,其产品、原料及所使用的设备较轻、运输量不同的生产企业,或经过技术经济分析容许采用多层厂房生产的企业,如服装加工、制鞋等轻工企业。

3. 层次混合形式。

有些工业生产,由于工艺上有特殊的要求,建筑形式必须采用混合布置,如化工工业中的某些设备安装的位置和高度有特殊要求,对层数和高度有严格限制,只能采用混合布置形式。

此外,各类工业房地产在产权性质和经营方式上也有不同。标准化的通用厂房一般是由房地产开发商投资建造,并以完全市场化的方式出售或出租;但非标准的专用厂房仅仅有很窄小的需求范围,常常是使用者自己投资建造,并自主使用直到物业价值折旧报废为止。大量自用的专用厂房的供求不能形成较有序稳定的市场。工业房地产的产权结构一般较为简单,但一些通用厂房,由于结构相连或设备共用,其产权的界别形式会较为复杂。

三、工业房地产的特点

作为房地产的一种类型,工业房地产当然具有房地产的一般特性。但与住宅相比,它不是生活消费品;与商业房地产相比,它对城市地域或地段没有那么严格的要求;与各类特殊房地产相比,它虽然也要受政府工业政策的制约,但其投资和经营则是完全市场化的。正是在与其他房地产的对比分析中,我们把工业房地产的特点归纳为以下几方面:

(一) 产业特点突出

工业房地产分布于各类工业企业之中,各类工业企业有各自的行业特点、生产要求,即使生产同一产品的工业企业,由于工艺、流程不同,其厂房和仓储设施也可能截然不同。工业厂房有很强的针对性,除少数通用厂房外,大多数工业厂房都是针对不同的生产工艺要求而建造的。为化工工业建造的厂房不可能用于冶金工业,锻造车间不能用来纺纱。大部分工业房地产在使用过程中很难改作它用,强迫改变原有厂房的用途会给企业带来巨大的损失。

(二) 产品决定物业价值

在消费领域中,工业房地产是以生产性消费形式存在的,其价值的实现只能通过工业产品的销售并获取了产品收益才能完成。可以说,是工业产品的价值决定了工业房地产的价值。在经济活动中,工业房地产是工业企业的重要生产资料,为了生产产品而不得不在生产过程中逐渐磨损掉,其价值在产品生产过程中逐步转移。由于这个特性,决定特定工业房地产价值的最重要因素常常不是企业区位,而是企业所售产品的价值及企业的效益状况。

(三) 对承载能力要求严格

一般民用房地产只承受静荷载,而工业房地产不仅要承受更大的静荷载,还要承受动荷载。工业房地产需要安装许多动力设备,设备的运转可产生一种强迫力,而这种强迫力产生的震动频率一旦与建筑物本身的固有频率接近,就会产生共振而造成建筑物的破坏。另外,有些工业房地产因某些工业生产特殊需要建造在气候恶劣的环境中,也会产生动荷载。因此工业房地产设计和建造时,对于承重构件的选材、配筋、截面形状和大小都要进行精确的计算,甚至要通过实验和科研攻关才能解决。

(四) 设计和建造难度大

工业房地产的建造主要考虑特定的生产工艺的需要,由于工业生产工艺千差万别,因而工业厂房也复杂多样。譬如,化工工业生产的许多设备不在一个平面上,为了满足设备安装的需要只好建造错层厂房,给施工带来很多麻烦;有些锻压机床体积很大而对基础有特殊需求,还需要先安装好机器后再建造厂房,也同样增加了施工难度;电子工业和纺织工业对生产环境的温度、湿度和空气清洁度都有严格要求。总的来看,工业房地产对环境、平面布局、交通体系、基础设施和排污等都有更严格的要求。有时,一些工业房地产(如钻井平台)的技术含量相当高,设计和建造的难度更大。

(五) 投资主体单一

房地产开发与投资一般是通过开发商的投资经营行为来完成的,但除了少量的通用厂房以外,大部分工业房地产的投资者是工业企业自身,工业房地产投资经常是以一种生产性的固定资产形式出现的。这种投资需要在较长的产品销售期完成后才能得到回报。而且,由于工业房地产过强的专用性,使其供求价格只能在零星个别交易中出现,投资者要实现投资增值非常困难。那些专用性极强的工业房地产,价值回收一般只能通过折旧费的提取来实现。

(六) 市场化程度较低

工业房地产经常是以企业自建、自用、自管的形式出现,即使要租售,也仅限于非常小的行业领域。不论是通用还是专用厂房，都是根据生产工艺的要求，由投资者组织建造的。从供给来看，由于大量专用厂房需要特殊的开发条件，开发商介入的风险很大，投资的积极性不高；从需求来看，工业房地产的需求非常分散，不同的需求主体和不同的生产工艺，对工业房地产有很多独特的要求；从再流转的比例来看，尽管少数通用厂房可多次转让，但大部分工业房地产无法再次交易，不能形成一个较规范的次级市场。可以说，工业房地产的市场发育存在固有的障碍。

第二节　工业房地产价值与价格

一、工业房地产价值的影响因素

（一）影响工业房地产价值的一般因素

对工业房地产价值产生重大影响的一般因素既包括经济因素、社会因素和行政因素，也包括与工业活动紧密关联的自然环境因素，后一种因素对工业房地产价值有非常直接的影响。

影响工业房地产价值的一般经济因素主要有一个国家的经济发展水平、主要产业发展程度及工业发展的整体水平、市场体系发育程度和工业品市场的规模、效益和发展态势。当然，社会收入水平与消费水平的高低，工资水平也是重要的影响因素。

影响工业房地产价值的一般社会因素主要有社会环保观念的影响力，消费者权益保护程度，社会消费观念的层次以及人们对环保性产品的认知态度等方面。

影响工业房地产价值的一般行政因素主要应考虑政府调控能力的大小与政策制定的法制化水平，工业用地整体规划与工业区发展限制条件，工业企业赋税水平以及政府对产业发展的优惠政策及其优惠程度。

（二）影响工业房地产价值的区域因素

对特定地区而言，其工业房地产价值的大小受制于地区经济发展及工业发展水平、地区人口数量、人口素质及地方政府对产业发展的支持及被支持产业的类型等诸多方面。在特定地区的工业发展是否已形成规模，是否有初具规模的工业园区存在等也对特定的工业房地产价值有重大影响。具体来说，特定地区和工业房地产所在的特定地段的交通条件、基础设施和自然环境对工业房地产价值更有直接影响。

考虑交通条件，是因为工业企业通常需要大量运进原材料、燃料和运出产品，必须有便捷的交通条件，如邻近公路交通干线或有符合运输条件的道路与公路干线相连，有铁路专用线进入厂区，邻近通航河道(或海岸)且有专用码头。若同时具备以上条件，则工业房地产的价值会更高。

工业房地产对基础设施有很强的依赖性。当地的电力供应情况，生产用水能否满足需要，排污与污染治理的可能性，通讯条件等等，都是影响工业房地产价值的主要区域因素。

很多工业生产要求特定的地理位置，如造纸业对河道的要求，化工企业对地域平坦的要求，金属采掘和冶炼业对邻近矿山和原材料产地的要求等。如果自然地理区位有利于特定工业的发展，其房地产价值就会较高。但若当地政府对某些产业发展有较严格的限制，或者当地民众与社会团体对某些工业企业有很强的反对和抵制，那么这些工业房地产的价值就不会高。

（三）影响工业房地产价值的个别因素

特定工业房地产的价值高低总是受制于特定的工业生产的效益大小。对大部分非标准厂房来说,工艺与企业的不同导致单位造价方面差异很大。而且,个别工业房地产的价值常常难于同其相连设备价值分离,在价值分割上有很大困难。工业企业如何使用其工业房地产,房地产维护情况如何,房地产折旧提取方法等,都会对特定工业房地产价值有重大影响。在具体计量工业房地产价值时,工业房地产的用地情况、地质和水文条件及能否改变其用途则是考虑的重点。

厂区用地面积大小应合理,面积太小无法满足生产需要,太大则多出部分并不能增加房地产价值。用地的地貌形态应符合生产要求,便于布置生产线,不同的生产工艺对用地形状及地势有不同的要求。

厂区用地的地质条件应满足厂房建设和材料堆放场地对土质、承载力及地基稳定性的要求。当地水文条件应满足厂区建设和生产的要求,如地质水位过高会影响建设施工,腐蚀性地下水会腐蚀桩基础,生产取水和排污对河流水位和流速的要求等。

一般来讲,工业房地产很难转换其用途,因为生产工艺、生产能力和生产条件都在强化工业房地产的专用性,甚至不同企业对工人的不同生产保护措施也可能使特定工业房地产在转换用途后无法保有其原有价值。但在电子、服装等行业的现代生产中,通用性厂房越来越普及,这为工业房地产的用途转换提供了较有利的条件。在城市的商业供应圈中,把仓库改建为日用品市场,把旧厂房转换为仓储设施,能较大程度地提高原有物业的价值。

二、折旧与工业房地产价值

(一) 工业房地产形成过程

从整个寿命周期来看,工业房地产的物质实体在物质形态上,大致会经历三个阶段,即形成阶段、使用阶段和退化灭失阶段。对许多自建自用的工业房地产来说,工业房地产形成过程实际上就是工业企业固定资产形成过程,也是工业企业生产要素的积累过程。工业房地产形成过程一般要经过投资决策、规划设计、施工建设和交付使用这几个主要环节。

1. 投资决策阶段

工业房地产要建设,必须对其目的和未来的基本产品有明确的认识,能为合格产品生产提供理想的生产环境是对所建房地产的基本要求。工业房地产投资决策之前应对国家相关政策、企业生产经营情况及建设地段的基本情况有清晰的了解。必须把工业房地产的投资放在企业发展战略的大框架中来分析,必须保证特定工业房地产的投资建设有利于企业长远目标的实现,符合企业宗旨和使命。有时,某项工业房地产投资可能会持续很长时间才能形成生产能力,这时更要仔细分析该项目的经济价值及企业的财务能力,在运用定性分析方法的同时,也要运用现金流量分析等动态决策方法,努力保证投资决策的正确性。

2. 规划设计阶段

工业房地产的规划设计主要应从投资额的多少和生产工艺的需要出发,考虑经济、使用功能、建设空间与环境等多方面因素。工业房地产建设是为了工业生产的需要,这一点必须在规划和设计中充分反映出来。安全生产、快速生产、运输便捷都要在设计中充分考虑。尤其是工人工作场所的设计更要充分考虑工人工作的舒适性、效率性和产品品质的稳定性。工业房地产的设计也应处理好人、机、建筑和环境的关系,应把人放在第一位,应把产品生产的高效率建立在人机结合、人际协调、安全高效和企业发展的基础之上。

3. 施工建设阶段

对于自建自用的工业房地产来说,应把工业房地产的施工建设与企业的其他经营管理活动有机结合起来,但项目建设资金使用、人员安排和效益评价都应独立进行,建设和项目管理也应按经营性物业的项目管理模式来进行。对于技术性强的建筑物,必须进行公开的招投标,按国际惯例和国家规范来进行。对于通用厂房的建设来说,利用房地产开发商的高效率是比较好的选择。

(二)工业房地产折旧原理

由于工业房地产价值对工业经济活动的高度依赖性,因此工业房地产的价值形成与变化也同工业企业的生产经营过程同步。一般而言,工业房地产建成后,如果未生产出合格有效的产品,其价值就仍未形成。只有当生产的产品为市场所接受,当产品为企业带来收益时,工业房地产的价值才显现出来。从原理上说,可以把产品销售收益的不同来源进行分解,在扣除了其他要素的贡献之后,其余值即为工业房地产的市场价值。

然而,工业房地产若仅仅表现为工业企业生产经营的要素,其价值计量就主要受到企业成本收益计量方式的制约。对折旧的界定和量化,就是计量工业房地产成本价值的重要因素。

1. 工业房地产折旧的内涵

工业房地产的折旧发生在其使用过程之中。如图21-1所示,折旧发生在 mn 阶段。从 m 到 n 工业房地产的完好程度在逐渐降低,功能也逐渐下降,价值量也在逐渐减少。工业生产过程中,生产者把减少的价值一部分一部分地摊在工业产品的生产成本中,通过产品的

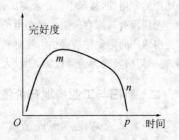

图 21-1 工业房地产使用阶段

销售使工业房地产的价值得到补偿,而剩余的价值仍然保留在工业房地产实体之中,构成工业房地产的折余价值。这是一种价值补偿形式,用货币形态来反映工业房地产的各种损耗。这种损耗包括有形的物理性损耗,生产者以物理性折旧来衡量,也包括无形的功能性损耗和经济性损耗,同样也有功能性折旧和经济性折旧之说。

物理性折旧是工业房地产的物质实体损耗在价值量上的反映。工业房地产的物理性折旧产生的原因可能缘于各种意外事故对建筑物的破坏,也可能因为设计和施工不当所致而使工业房地产部分功能受损,或因为自然力量的磨损和地震等灾害性气候的破坏。

功能性折旧表示了由于新材料、新技术、新工艺的出现而使原来的工业房地产的功能相对落后而造成的价值减少。工业厂房的高度、跨度及管线布局随着工业生产活动的现代化也在不断变化,而且厂房抗震性、耐腐蚀性的指标要求在不断变化,都可能造成工业房地产的退化。

经济性折旧是因该工业房地产坐落地区的经济状况变化而导致的物业价值的减损。很多工业产品由于人们消费观念更新而失去了市场,或者由于环境保护观念的增强,人们越来越不愿购买他们认为其生产会污染环境的工业产品,都可能会造成工业房地产经济性折旧。工业房地产的有形和无形损耗及各种损耗发生的高频率是其区别于其他房地产的一个重要特征。

2. 工业房地产折旧的量化

对工业房地产进行价值评估,就必然要考虑折旧的大小,对折旧的不同量化方式就可能会影响到最后的计量结果。

在会计上,工业房地产的折旧计算主要采用年限折旧法,计算公式如下:

年折旧额＝原值×(1－残值率)/耐用年限

上式中的原值是指初始价值,耐用年限是估计的正常经济寿命年限,政府一般会在财会法规中对折旧年限作详细规定。残值率是残值与房地产原值之比,而残值是工业房地产耐用年限期满时房地产的折余价值。一般固定资产的残值率按3%—5%计算,但工业房地产由于结构差异大,使用中对房地产的影响也不尽相同,因此各类工业房地产的残值率也不同。

在物业估价中,折旧实际是一种减价修正方式,是各种原因带来的价值上的损失,而不是"原始取得价值的摊销与收回"。对那些无形损耗很大很快的工业房地产,应采用余额折旧法与年数合计法等加速折旧的方法。

因建筑物的耐用年限和经过年数相同,若保养维护不同,其尚可使用年限并不相同,故在估价实务上,一般采用尚可使用年数来求取更符合实际情况。理论上,总使用年限等于已使用年限与尚可使用年限之和,即 N 等于 $t+n$,但实际上 N 不等于 $t+n$。这里的尚可使用年数需要估价师根据建筑物的实际情况判断。这时折旧的求取又具有实际观察法的性质。

在考虑折旧估算物业价值时,对物业寿命周期的分析和确定是非常重要的。建筑物的寿命有自然寿命与经济寿命之分。前者是建筑物自建造完成之日起因使用和自然磨损达到不堪使用的年数,后者是建筑物自建造完成之日起预期产生的收益大于运营费用的持续期。如图21-2所示,工业房地产的经济寿命可以此来参考确定。

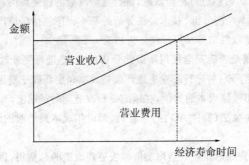

图 21-2 工业房地产的经济寿命

三、更新改造与工业房地产价值

工业房地产的更新改造是解决房地产陈旧而无法适应生产发展需要的一种手段。更新是用新的房地产更换在技术上或经济上不宜继续使用的旧房地产,或更换某些构件以保证工业企业的简单再生产和扩大再生产的物质条件,更新有三种形式:第一种是建造新的房地产替代原有房地产,形成新的生产能力;第二种是将原工业房地产全部拆除,另行设计、重新建造而形成新的房地产;第三种是将原工业房地产中已不适用的部分取出,换成新的构件而恢复或增加其使用功能。改造是为了提高房地产的使用功能而对原工业房地产的结构、装修和设备进行变更。

更新和改造都是为了促进技术发展和企业发展,都是为了提高企业生产能力和经济效益。更新比改造针对性更强,对生产工艺的适应能力更好;但改造比更新投资少、见效快。更新和改造改善了工业房地产的使用功能,实际是一种再投资行为。

(一) 更新改造原因分析

工业房地产进行更新改造的原因有以下几方面：

1. 完损等级下降

根据结构、装修和设备三部分的完好程度的综合评价，房地产的完损等级分为完好房、基本完好房、一般损坏房、严重损坏房和危险房五大类。当结构、装修和设备的任何部分质量下降到一定程度，就不得不进行更新改造。

2. 使用功能问题

房屋的质量没有问题，或者说仍处于允许使用范围之内，但由于生产工艺的变化，对房屋的使用功能提出了更高的要求，而原有房屋无法满足这些要求则需进行更新和改造。有时，企业转产也可能要对房屋进行更新改造。

3. 改变用途需要

当企业兼并、重组、新建或经营多样化时，有可能把民用建筑改为工业建筑，也可能把工业建筑改为民用建筑。有时，通过把各种厂房建筑改为多种形式的仓储设施，或把仓储设施改为廉价超市，都有可能带来工业房地产价值的提升。

(二) 更新改造技术经济分析

更新改造原工业房地产，将使其保持或恢复到完好或基本完好程度，保证工业房地产功能的正常发挥。但究竟什么时候进行更新改造，进行更新改造的程度如何，怎样给企业带来最佳效益，则需进行严密的技术经济分析。技术经济分析的基本程序包括房地产技术鉴定、维持成本估算、改造费用估算、更新收益估算及可行性分析结论。

技术鉴定是对房屋是否能安全使用所做的分析确认，是进行更新改造与否的依据，是技术经济分析的第一步。接下来，将进行工业房地产维持成本和更新改造费用的估算，按小修、中修、大修和翻修的不同算出维修成本的数值，在预测更新改造期的基础上，计算出总费用。更新改造期的测算可运用等值年金法（简称 AC 法）来进行，即以年成本最小时的年期作为更新改造的时间。

然后，以预测改造完成后企业效益增加值减去更新改造的总费用，得到更新改造的纯收益。所有这些计算，都要考虑资金的时间价值，要全面分析企业和社会资金使用效益，确定一个合理的资金折现率。根据技术经济分析的最终结论，应确定更新改造的技术可行性、财务可行性和法律可行性。

如果要在两个不同的改建项目中选择一个作为改建对象，那么，改建方案选择的要点在于对项目竣工后的价值或销售价格的估算。在确定了竣工项目的预期价值之后，扣除所有的成本和预期利润，就得到购买物业价格。如果实际购买价格（或要价）小于这一数字，那么改建项目是可行的；反之就不可行。

第三节 工业房地产供求分析

一、影响工业房地产供求的主要因素

在各种类型的物业中，工业房地产的物理属性也许是差异最大的，这种差别对工业房地产的供求影响很大,对工业房地产的价格形成更有重大的影响。厂房和仓库一般不需要吸引顾客到门口来,也不会从相邻的同类企业中得到好处。尽管适宜的交通条件是必要的,但与商店和写字楼相比,仓库和厂房的位置的精确性显得不那么重要。影响工业房地产价值的主要因素如下:

(一)工业产品需求

由于工业房地产的价值需要相关产品的价值实现后才能实现,因而工业房地产的供求往往受到工业产品需求的牵制。某种工业产品的需求量增加,可能会吸引工业生产厂商加大该类产品的供给,从而就要扩大生产规模、增加生产场地,工业房地产的需求相应增加。随之而来的是,可能提供这种工业房地产的供给者,也会加大投资力度增加供给。工业产品需求的变动带来了工业房地产需求的相应变动,即与工业产品需求不同,工业房地产需求是一种引致需求。与其他引致需求不同的是:工业房地产的建造周期长,这使得这种"引致"效果滞后,使得工业房地产波动不如工业产品波动那么剧烈,但波动趋势是一致的。

(二)经济周期波动

与商店和写字楼相比,工业房地产租金水平受经济周期波动的影响很大,而且这种受影响程度超过商业房地产。在经济复苏阶段,商品零售总额上升,但零售商从批发商那儿进货的数量要超过销售量的增量,充实的货物可以满足销售量的进一步上升。同样,批发商从工厂增加的进货量超过他批发给零售商的商品数量,工厂的产量增加又超过定单的增量,以适应经济继续增长所带来的需求增长。所以,在经济发展上升时期,从纵向看产量增加总是超前于供应增加,从横向看产量增加超过需求增加。

反之,在经济衰退时期,工厂减少的产量比消费需求减少的更甚,因为此时,零售商、批发商、制造商都希望减少库存。在这条经济长链中,制造商位于某个起点,批发商和零售商位于长链中的某个环节。工厂减产造成厂房空置,销售疲软迫使商人临时或永久地减少部分营业。零售商、批发商、制造商为适应经济继续衰退,纷纷减少库存,对仓库的需求也减少。空置的仓库与厂房充斥需求下降的房地产市场,导致工业房地产租金下降。

(三)资源利用状况

工业房地产的形成受工业用地的制约,而工业区土地规划常常对工业用地的具体利用方式作了严格的规定,这就使工业房地产的供给与需求都要随政府的政策导向而变动。土地资源对工业房地产供求的制约是直接而明显的,土地资源的自然局限和政府加之的行政约束对工业房地产供求的影响是开发商不能忽视的。

除土地之外,原材料和燃料也对很多工业房地产的价值有重大影响。特别是那些对原材料和燃料有巨大依赖性的工业生产更是如此。如火力发电厂房常要靠近煤、石油等资源的产地。而一旦所依赖的资源开始枯竭,这类工业活动将衰败,这类工业房地产的需求也就自然萎缩。

(四)社会价值观念

对开发商来说,参与工业房地产的开发投资,总寄希望于工业房地产收益的稳定性。只要这类工业产品是为社会所认同和喜欢的,这种稳定性收益是存在的。然而,人们的购买行为是受其观念和态度所左右的,个人购买行为在很大程度上要受到社会普遍认同的价值观念的制约,社会价值体系的重构会完全改变人们固有的消费观念,完全改变人们对原有产品的认同感。可以说,社会价值观念通过约束人们购买行为而导致某些工业房地产的升值与另一些工业房地产的贬值。

实际上，社会价值观念对工业房地产价值的影响途径还不仅如此，当前环保观念对民众认知的强化正大大改变着工业活动的原有面貌，对污染的全社会抵制和对绿色产业的关注正在引导着工业活动以至国民经济的发展方向。可以说，工业房地产的供求起落在很大程度上正越来越明显地受到社会价值观念变动的影响。

二、工业厂房供求的分类分析

工业房地产之所以受到投资者的青睐，主要原因是工业房地产的租户稳定可靠、租期较长，而且存在很大部分甚至全部经营支出向租户转移的机会。从工业厂商的角度来看，营运资本短缺是经常的事情，而且他们更愿意将各种资金用于扩张其自身的商业经营，而不愿将资金投入到房地产产权方面。所以，房地产投资者与工业厂商在工业房地产市场中的结合是互利的。工业房地产在类型上的变化反映了不同工业产品被市场吸纳的程度，也反映了工业部门在组成上的变化。近来服务业和高新技术产业的迅速发展大大增加了对轻工业用房的需求，而重工业的需求下降则大大降低了重工业厂房的需求。以下我们具体从通用厂房和专用厂房的分类角度再对工业房地产的需求和供给作进一步分析。

（一）通用厂房

在通用厂房中，单层标准厂房已成为最普遍的厂房类别，其受欢迎的原因在于上述的工业部门构成的变化，也因为其标准化建筑形式便于房地产投资者把握其投资的收益和风险，也能发挥房地产开发商在经营管理上的优势。这类厂房都是为一家租户设计的，而且通常为用户所有。但也有许多标准厂房是投资者所有，向厂商出租的。这类厂房对投资者有吸引力，还因为这类房地产通常是他们的租户负责物业的维修养护和一切经营开支。

还有一类小型的多租户标准型厂房，常被称为孵化器式厂房。一般是新企业租用这类厂房，等到他们实力壮大之后，再迁往更大的地方。这类厂房通常为投资者所有，他们负责收取租金和支付大部分经营开支。

通用厂房的供求是由房地产开发者和生产厂商之间独立的市场选择行为所引导的，房地产开发投资者利用他们在物业市场上的经营优势为生产厂商提供高水准的物业服务，而厂商则专注于产品生产经营谋求，物业价值的更大实现，这种分工是有效率的，也是工业房地产市场的发展方向。

（二）专用厂房

重工业生产所用的大多是专用厂房，在石油、钢铁、橡胶、汽车工业中的厂房就是典型的专用厂房。这类厂房最初都是由工业生产的需要而设计建造的。这类厂房的需求者委托承建商建造，并拥有对工业厂房的完全产权。在这个领域，房地产投资者几乎难有作为。这类厂房的供求主要是由特定产业经济活动和特定产品市场的变化所左右的，而且这类厂房的供求与产业的兴盛和更替紧密关联。譬如，在20世纪初，为加工工业设计的阁楼式厂房曾占据了美国很多城市的中心地带，但现在这类厂房大多已移作它用。

一般而言，专用厂房的开发，很难吸引投资者积极介入，但采用独立的项目负责制仍是必然的要求，需求者或用户对这类厂房的需求也要尽可能以市场化的方式去满足，特别是那些技术含量很高的工业厂房更要由专门成立的独立公司来进行开发和经营管理工作。

如果从厂房的存量市场来考虑，很多专用厂房仍有相当大的市场空间。只要其使用功能没有退化,再转让原有的厂房对厂商来讲,也能为其带来丰厚的收益回报。在处于加速城市化和产业转型的城市,由于大量原处于市中心的工业房地产可以改造成高利润回报的商业房地产,所以有越来越多的房地产投资者介入这个市场谋求利益,客观上优化了城市的地域结构,促进了城市经济发展。此外,投资大型工业园区的工业房地产开发及对各种厂房和仓储设施实行专业化、高效率的物业管理,也能有可观的利润回报。

第四节 工业房地产投资评价

一、工业房地产投资的要素分析

工业房地产投资要取得成功,当然需要对相关产业及生产产品市场有正确的理解,对工业房地产市场进行细致的区分是非常必要的,也是工业房地产投资成功的必备条件。具体的分析和预测应在前述的工业房地产供求分析的基础上,运用市场研究和市场定位的一般方法来进行。不论是哪种工业房地产,投资的要素仍然包括机会分析、区位选择、质量控制和规模确定这四个方面,而在此之前,工业房地产的投资者还要进行投资方向定位,即对他是否选择工业房地产作为投资对象,是否投资于商业房地产等进行对比分析。

(一) 投资方向定位

如果是在房地产的不同物业类型中进行选择,那么,定位的要点就在两个方面,即选择一块土地,是作商业用途或是作工业用途,此时可借助于土地竞价模型来进行。如图 21-3 所示,在城市不同区位上,把一特定地块用于商业房地产开发或工业房地产开发,净收益是不同的。工业净收益大于商业净收益的部分,是进行工业房地产开发较理想的地段。只有在工业房地产的利用价值超过同一区位的商业利用价值之时,选择此地作工业房地产开发才是合理的。

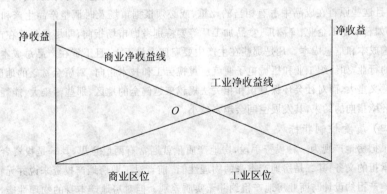

图 21-3 工业用途和商业用途的选择

如果是对不同工业产品的生产进行选择,也可对比两种产品不同收益来进行选择。其原则是:选择一种产品使得物业与产品的结合能为企业带来最大的效益。

若已选定了一宗特定地块,还可运用假设开发法的原理来对其不同的用途进行选择,这种方法的基本公式为:

工业宗地价＝预期工业房产售价－预期开发费用－正常开发利润
商业宗地价＝预期商业房产售价－预期开发费用－正常开发利润
若工业宗地价大于商业宗地价，则可认为选择该地块是合理的。

（二）机会分析要点

工业房地产投资的时机总是与工业经济活动或经济结构转换相关联，把握城市工业活动的变化规律是一般性把握工业房地产投资时机的基本点。重工业、轻工业、冶金石化工业、电子工业等不同的工业部门在不同城市有不同的发展，也有不同的演进过程。把握这些产业转换发展的有利时机来进行相关物业开发，将会有巨大的收益回报。现代城市工业正在由于电子信息技术、生物技术等方面的突破而发生着巨大的变化，而且，环境保护观念的深入人心已迫使越来越多的传统工业接受变革的命运，绿色产业正逐步成为现代工业的核心和支柱。总之，不同类型工业房地产的需求常随不同工业部门的兴衰而定，城市产业演进可能在不同时期带来不同工业活动的繁荣，把握产业演进变化的规律性，有助于正确选择投资的时机。

（三）区位选择要点

在区位选择上，首先要考虑工业经济活动的性质，对加工工业和制造业，投资地段的选择要考虑不同的因素。从工业区位论的分析中，我们可以找到很多有用方法来帮助我们进行区位决策。既可利用竞价地租曲线来进行特定工业区位的选择，也可利用地理区位论的成果，根据不同工业房地产分别进行地段的运输指向、劳力指向和集聚指向的"三指向"分析，或进行地段的原料指向、市场指向、动力与燃料指向、劳工供给指向、技术指向、资金供给指向和环境指向的"七指向"分析。

凡是大量使用原料且原材料价格低廉，或原料不易运输、仓储或仓储条件要求较严，或生产过程中原料损失程度较大，成品只占原料重量一小部分的行业，如水泥工业、农副产品加工业、有色金属粗炼等特别要考虑原料指向。凡是产品不易运输和不易仓储的行业，或大量使用遍在性原料，且这些原料在成品中占有相当的比重，或必须根据市场及时调整产品生产和销售计划的行业，如石油化工企业、啤酒厂、食品加工厂等要特别考虑市场指向，即尽量配置在市场附近，节约运输成本和信息成本。凡是那些在生产中要雇佣大量工人，且工资在产品总成本中占有较大比重的行业，如纺织工业和机械电子业就应重视劳工和技术指向。对资金贫乏的地区而言，资金指向意义重大，而对社会环保意识和相关法规越来越健全的地区，那些污染大、能耗高的行业会受到环境指向的约束，其发展空间会越来越小。

（四）质量控制指标

如果把房地产视为一种投资手段，房地产质量就通常有两层意思，其一是投资者所拥有的权利与承担的义务；其二是房地产本身的物理性能。前者对工业房地产投资来说并无特别意义，工业房地产租约设计与商业房地产租约并无实质差别。但对房地产本身的物理性能，工业房地产投资者必须予以更大的关注，房地产的寿命、建筑质量及布局合理性都是影响工业房地产价值的重要因素。对腐蚀性强的厂房，经济寿命的估算应充分考虑物理性损耗的负面影响；对污染严重的工业，其工业房地产的经济性损耗会非常大。通用厂房若规模较大，既能由一家大型企业租用，也可分层分租给各个中小企业。

（五）规模限制因素

工业房地产最佳规模的确定应综合考虑企业、地域与产品特性等多方面因素。工业企业在进行自用工业房地产的投资时,不仅要考虑物业因素,还要考虑企业资本状况、市场地位、经营能力等多方面因素,努力寻求企业资源的合理配置。如图21-4所示,工业房地产的最优规模要结合产品价值与物业价值来考虑。对于完全面向市场的通用厂房,开发投资规模还要考虑该类型物业的市场存量,用剩余面积=可供面积-成交面积这个公式估算出当前市场的供求状况,并对主要的竞争对手(或潜在对手)的实力进行严密分析,在此基础上,才能最终确定工业房地产的最优规模。

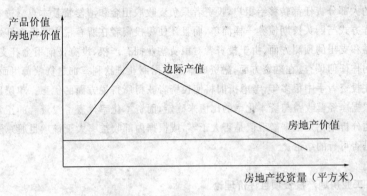

图 21-4　产品价值与房地产投资量

二、工业房地产投资的经济评价

作为一个工业房地产投资项目,投资形式一般可有三种,即开发、分包和改建。开发通常是在批租市场上获取土地并建设好面向市场租售的工业房地产;分包投资是通过对土地分级、铺路、安装基础设施等工作将毛地改造并分割成为一块块可以进行工业房地产建设的地块;改建则属于一种革新,是对旧厂房或旧仓库进行物理结构上的改造或将其改造成现代设计标准的工业建筑物。不论是哪种形式的投资,进行项目的经济评价都是必不可少的。以下首先介绍工业房地产项目投资评价的基本程序,然后再简述单层标准厂房经济评价的具体内容。

(一)项目评价的基本程序

要正确估计特定工业房地产投资项目的价值,市场分析、收益估算和投资决策是三项基础性工作。上节我们已对工业房地产的市场特征进行了论述,而投资决策问题,可把一般的投资决策理论和方法应用于工业房地产项目的投资决策之中。项目经济评价的基本程序如下:

1. 投资目标确立,即对项目的投资目标进行定位,并以此来确立市场分析的范围和投资决策的标准。

2. 项目市场分析,即对特定类型物业的市场供求进行分析,并确定各种市场参数,其中包括估计项目现金流和资金折现率的各种参数。

3. 投资收益估算,即对项目的投入成本、税赋、营运成本和收益进行分析,并通过计算项目的净现值和内部收益率等评价指标进行工业房地产项目投资绩效的测量。其中,对项目营运收入的估算要考虑项目的未来产出及产品独特性,对折现率的估计必须考虑资金的机会成本及资金的利用效率。

4. 投资方案选择，即对不同决策方案的投资价值，根据事先决定的决策标准进行最优方案的选择。

值得说明的是，实际的投资方案选择和投资价值计量，还必须考虑该项目可能对社会和环境带来的影响，只有那些社会评价也最优的项目方案，才是真正的最优方案。

（二）单层标准厂房的投资分析

在此仅考虑单层工业厂房投资的简单情形：由租户支付全部或大部分物业经营开支；房地产所有权的大部分责任都转移给租户，投资者只负责收取租金和清偿贷款本息。进行这种物业投资的操作方式与购买长期债券一样简单，而且还使得投资者在所有税方面得到好处。

在收益和支出的预测方面，由于投资者对租赁物业拥有产权，没有任何租金开支，就不需对租金市场另作任何调查。在融资方面，融资成本是根据商业贷款利率加之贷款费用而定。由于物业通常要在投资者手中很多年，考虑折旧将使投资者获得所得税方面的优惠。单层厂房的市场价值通常根据净经营收益与资本化率的比值来确定，而资本化率代表了投资者的正常投资回报率。最后的分析结论是根据净现值是否大于零，或根据内部收益率大于该项目股东资金的收益率而得出是否可行的结论。

专题分析：工业房地产投资项目评价理论

项目评价(project evaluation)是指对项目投资方案的可行性和合理性进行全面而系统地考察、分析、比较和论证的一系列工作的总称。项目评价是项目投资决策的基础和核心。财务评价、经济评价和社会评价是项目评价的三种基本形式。在工业房地产项目投资中，进行项目评价不仅是投资者优化投资所必需的，也是政府对其投资立项的基本要求。

一、财务评价、经济评价和社会评价

财务评价(financial evaluation)是根据项目投入和产出的市场价格及现行财税制度等，单纯分析测算项目财务上的获利能力、清偿能力等指标，以判别其财务可行性的评价工作。财务评价是以独立的投资主体为基本出发点的。如果从国家整体角度考察项目对经济整体发展的贡献和经济整体为该项目所支付的代价，从而明确评价项目在宏观意义上的经济合理性，就被称为经济评价(project economic evaluation)。经济评价可以得到该项目是否具有投资的经济价值，能够确定项目的技术可行性和财务可行性。然而通过了经济评价的项目只能保证其在经济上的合理性，而且这种经济利益是仅仅对投资者而言是充分的，经济评价可行的投资项目可能会带来很大的社会成本，这些成本要社会整体去共同承担。正是从考虑项目的社会价值和环境效益出发，所有可能会对社会与环境造成重大影响的投资项目，都必须进行社会评价(social evaluation)，以检测其是否具有社会和环境上的可行性。

财务评价、经济评价和社会评价实际上代表了项目评价的三个不同阶段。三种评价工作是紧密关联的。但由于评价的基本出发点的不同，导致三者在许多方面存在重大差异，这些差异可以归纳为以下几方面：

第一，在评价目的上，财务评价仅关注项目投资赢利能力和财务可行性；经济评价是使资源实现最优配置且这种配置具有经济上的合理性；社会评价在资源最优配置的基础上改进收入分配的社会价值。

第二,在考察范围上,财务评价仅考察企业或项目本身,经济评价考察经济整体,而社会评价考察社会整体。

第三,在评价的依据上,财务评价依据市场价格,经济评价依据机会成本或愿付代价,而社会评价依据影子价格和收入分配影响。

第四,在评价标准上,财务评价根据财务净现值等指标来判别最优方案,经济评价根据经济净现值等指标来判别最优方案,而社会评价根据社会净效益等指标来判别最优方案。

二、项目评价工作的基本内容

项目经济评价是在财务评价的基础上进行的,而项目社会评价则是在经济评价的基础上进行的。在财务评价中,一般是通过折现率和净现值的估算,按照净现值法和内部收益率法等动态评价方法来确定特定项目的财务可行性。

项目经济评价则要在财务评价的基础上,通过对项目机会成本的估算,考虑项目现金流中的转移支付和外部效应,通过影子价格、影子利率和社会折现率的估算,并依据相关联的动态评价方法来确定特定项目的宏观经济可行性。

项目社会评价是在完整分析了特定项目的经济价值之后,根据相关的社会评价参数来进行的,而其评价的关键点在于各种社会评价参数和指标的确定。具体而言,其基本内容包括以下几点:

1. 经济评价指标、数据、分析过程、分析方法和分析结论的重新表述;
2. 确定各种国家参数,包括社会折现率、影子汇率、影子工资率等;
3. 确定公平目标的量化方法及对各种经济数据的修正系数;
4. 根据项目的社会折现率换算出项目的社会现金流,从而确定项目社会净效益的大小,并据此判别项目的社会可行性。

三、工业房地产项目评价的主要特点

所有工业房地产投资项目原则上都要进行各种形式的项目评价,而由于工业活动常常给社会经济活动带来各种正面和负面的影响,因此国家一般都要求对达到一定规模的工业投资项目实行强制性的社会和行政约束,都要求只有在完成了符合条件的项目评价报告后才能开始进行,且这种评价必须包含宏观经济评价和社会评价的内容。

对工业房地产投资项目来说,其财务评价和经济评价的结论常常需要考虑政府或相关机构颁布的各种项目评价参数,其评价又常常要根据其所在部门的产品特征而选择差异很大的评价方法和评价数据。

由于产业演进的迅速发展,工业房地产项目由于与社会经济有非常重大的相互影响,因而,工业房地产的经济和社会价值常常会因为某些工业经济活动对社会的不同影响而差异很大。而且,工业房地产社会评价的重要性仍然在不断增强。

工业房地产社会评价是针对具有经济可行性的工业房地产投资项目,根据其对社会分配和社会福利的影响,以房地产影子价格和社会折现率为基础,估算出该工业房地产的社会净效益,并据此判断其社会可行性的工作。其评价特点如下:

1. 既要考虑工业用地的影子价格,也要考虑工业建筑物的影子价格;

2. 要对利用该房地产生产产品所使用的各种非再生资源的价值及生产所带来的环境污染损失进行估算，考虑项目的环境成本；

3. 可根据产业发展演进的规律，对后进的工业投资项目和先进的工业项目分别给予不同的修正系数；

4. 工业房地产项目的社会影响对其价值有非常直接的影响力，而能否符合社会价值取向、能否体现对环境保护和环境优化的价值，将决定项目的最终成败。

思 考 题

1. 试简述各种类型工业房地产的物理特征。
2. 试述工业房地产的产权特性、市场特性和社会特性。
3. 影响工业房地产价值的因素主要是哪些因素，其影响途径如何？
4. 工业房地产折旧具有哪些特点，其实质是什么？
5. 工业房地产的更新改造为何要进行技术经济分析？
6. 哪些因素影响工业房地产的需求与供给？
7. 试对工业房地产投资的基本要素进行个别分析。
8. 试述工业房地产投资评价的基本内容。

参 考 文 献

1. 中国房地产估价师学会：《房地产估价案例与分析》，中国物价出版社，1995年。
2. 盖伦·E.格里尔、迈克尔·D.法雷尔：《房地产投资决策分析》，上海人民出版社，1997年。
3. 李工有：《房地产经营与开发》，同济大学出版社，1991年。
4. 杨吾扬、梁进社：《高等经济地理学》，北京大学出版社，1997年。
5. 贾春霖等：《技术经济高级教程》，中南工业大学管理系内部讲义，1990年。

第二十二章 商业房地产

第一节 商业房地产概述

一、商业房地产的定义

商业房地产指用于商业目的的非住宅房地产,是商店、写字楼、旅馆酒店等房地产的统称。与工业房地产和特殊房地产相区别,商业房地产能够为拥有者带来经济收益,属于非生产加工场地的非住宅房地产,通常拥有者是利用该类房地产的空间来从事各种交易活动。

二、商业房地产的类型

(一)商业房地产分类

对于商业房地产,可从不同角度进行分类,即可按商业房地产的产权性质、服务领域及建筑规模等方面进行细分。从用途的差异把商业房地产划分为商店、写字楼和旅馆酒店等类型,可以更为清晰地表现各类商业房地产的价值特性,也符合人们对商业房地产的直观认识。本书在论述商业房地产时,其类别的差异即采用按用途划分的类型来进行分类阐述。

在本书中,公共商业楼宇包括商场、购物中心、商铺及各类专业市场,写字楼即指各类商务楼宇,而旅馆酒店则代表了宾馆、饭店、酒店、招待所、旅店等多种旅游性的商业房地产。此外,各类餐馆和游乐场馆也是商业房地产的一部分,但本书并不对它们进行重点阐述。在以后的章节中,商店和写字楼是分析的重点,但在商业房地产的价值特性、市场特性及投资特性方面,以商店和写字楼为分析对象所得到的结论也基本适用于其他类型的商业房地产。

(二)公共商业楼宇

公共商业楼宇包括大型综合性商场、商业中心、购物广场及各种专业性市场。公共商业楼宇是指建设规划中必须用于商业性质的房地产,它是城市整体规划建筑中的一种重要功能组成部分,是因商业发展而兴起的一种新的房地产类型,其直接的功用就是为消费者提供购物场所。但它与一般零售商店不同,零售商店即使规模再大,仍然只有一个经营实体。而公共商业楼宇内,一般会有很多独立的商家从事经营,此外,公共商业楼宇内各行各业的经营服务都有,范围远远超过零售商店,它不仅包括零售商店,而且包括银行、餐饮等各种服务性行业和各种娱乐场所。与传统意义的商场不同,公共商业楼宇的建筑结构新颖别致,外形突出商业楼宇的个性及地区特色,内部设计新颖独特,铺位组合大中小、高低档应有尽有。作为面向社会的经营性场所,公共商业楼宇允许每个人在正常情况下自由出入,人员流动量很大。

公共商业楼宇的产权性质大致可分为三种形式:

1. 临时转移产权型

在经营上,这种形式被称为投资保本型。具体是指大型商场物业的开发商向多个个体投资者出售部分物业一定年限的产权(经营使用权),到期后,开发公司退还投资款,收回物业。它与分散出租物业的区别是一次性收取价款。

2. 分散产权型

即将整体商场物业分割成不同大小的若干块,出售给各个业主,物业的产权由多人拥有。

3. 统一产权型

即物业产权只属于开发公司或某个大型业主一家。现在统一产权型的商场物业仍然很多。但由于其一次性投资大,经营或招商所面临的风险也大,在整个商场物业中的比例逐步变小。分散产权型和临时产权型的商场物业正在逐步增加,这种形式开发商可以尽快收回投资,又能满足众多个体经营者的需要。

从结构上来分,公共商业楼宇有敞开式的广场型,也有封闭式的购物中心型。从功能上来分,公共商业楼宇有综合性的专业购物中心,也有商住两用型的购物中心。特别是随着大型居住小区的发展,商住两用型的公共商业楼宇在不断增多。

（三）写字楼

写字楼又称办公楼。原意是用于办公的建筑物,或者说是由办公室组成的大楼。它可能是所有者自己使用一部分,其余部分用于出租,因为一些企业在投资建造办公楼后,往往自己只使用一部分就足够了,多余部分就用于租赁经营。作为收益性物业,写字楼常常被用来全部出租,以收回投资和取得利润。当然,更普遍的情况是发展商建成写字楼后分售或分租给企业作为办公之用。

按建筑面积的大小写字楼可以分为三种：(1) 小型写字楼,一般为1万平方米以下；(2) 中型写字楼,一般为1—3万平方米；(3) 大型写字楼,一般为3万平方米以上。

按功能差异写字楼可分为三种：(1) 单纯写字楼,就是基本上只有办公一种功能,没有其他功能；(2) 商住型写字楼,就是既提供办公又提供住宿；(3) 综合型写字楼,就是以办公为主,同时又有其他多种功能。

按现代化的程度,写字楼可分为非智能化大楼和智能化大楼两种类型,所谓智能化大楼是指具有高度自动化的大楼,而自动化意指大楼管理自动化、通讯自动化、办公自动化等方面。

现代写字楼同传统意义上的办公楼已是两个完全不同的概念。科技的发展尤其是通讯技术和信息技术的现代化带来了办公的现代化,人们已不能用传统的工作方式来满足今天的工作要求。一般说来,写字楼多建于中心城市的繁华地段。由于大城市交通方便、经贸活动频繁、信息交流通畅,所以各类机构均倾向于在大都市的中心地带建造或租用写字楼,以便集中办公、处理公务和经营等事项。以金融、贸易、信息为中心的大城市繁华地段,写字楼更为集中。此外,写字楼的建筑规模大,建筑、设备现代先进,功能齐全,设施配套,有独特方便的工作、生活系统。与其他非住宅房地产相比,写字楼经营管理的要求高、时效性强。

三、商业房地产的特点

作为一类非住宅房地产,商业房地产具有非住宅房地产的一般特点。在产权特征方面,商业房地产常常是所有权统一,而使用权则分散。在行政管制上,商业房地产的市场运作一般不受政府的直接干预,而仅仅受城市规划、商用地总量控制及利率调整的间接调控。在投资经营方面,商业房地产也具有不同于工业房地产和特殊房地产的一些特点。

1. 收益性用途

商业房地产一般都用于经营以获取收益,收益获取的方式则多种多样。有的业主自己经营,有的出租给他人经营,有的以联营的形式经营。

2. 经营内容多

在同一宗商业房地产中,往往会有不同的经营内容,如公共商业楼宇中,一部分经营商品零售,一部分经营餐饮,一部分经营娱乐等等。不同的经营内容一般会有不同的收益率。

3. 转租经营多

商业房地产的转售转租比较频繁,特别是小型商铺更是如此。商业房地产的业主常常将其房地产出租给别人经营,有的承租人从业主手上整体承租后又分割转租给第三者,因此商业房地产常具有复杂的产权结构。

4. 装修高档而复杂

商业房地产通常会有非常高档的装修,而且形式各异。许多业主在买下或租下别人经营的商业房地产后,总要重新装修,因此商业房地产的价值确定上还必须考虑其装修的成本投入。

若从价值特性来看,商业房地产的特点则与商业房地产的具体经营方式相联系,也与商业房地产的具体区位相联系。影响商业房地产的特定的区位因素和个别因素就确定了特定的商业房地产的价值大小。

第二节 商业房地产价值与价格

一、商业房地产价值的影响因素

(一) 影响商业房地产价值的一般因素

一般因素是对广泛地区的商业房地产价格水平有所影响的因素,但这些因素并不能直接决定特定商业房地产的价值,而需要通过特定的区域因素和个别因素来表现。影响商业房地产价值的一般因素主要有经济因素、行政因素和社会因素三方面。

影响商业房地产价格的经济因素包括:地区及国家的经济发展状况、商业发达程度、金融服务水准及企业数目和盈利状况等方面。行政因素包括:城市规划、商业用地的供给计划、商业房地产的交易管理制度、商业房地产的税收政策及政府功能定位和调控能力等方面。社会因素则包括:社会安定程度与治安状况、房地产投机活动的活跃程度、城市化进程与人口增长以及社会主体的发育状况等方面。

(二) 影响商业房地产价值的区域因素

区域因素是对特定地区的商业房地产价格水平有所影响的因素。决定商业房地产价值的区域因素形成了特定商业房地产的区位价值。上述的各种一般因素在特定的区域状况中也能决定特定商业房地产的经济区位和社会区位,然而其价值的估算量化是困难的。具体而言,区域因素主要包括特定地区的繁华程度和交通条件两方面。

1. 繁华程度

商业繁华程度首先可用商业房地产地段是否处于商业中心区来考虑。每个城市一般都有一个或几个市一级的商业中心区,它们的辐射力遍及全市,吸引着全市的购买力,这类市一级的商业中心区属于全市最繁华的地段。此外,还有若干个区级商业中心区和小区级商业中心区,其繁华程度依次降低,商业房地产的价值也逐步降低。

2. 交通条件

交通条件应从两方面来考虑,一是顾客方面,另一是经营者方面。在顾客方面,主要是公共交通的通达度,而通达度可用附近公交线路的条数、公交车辆时间间隔及公交线路联结的居民区人数来衡量,也要考虑自行车停车场和机动车停车场的设置状况。在经营者方面,交通的通达度则主要反映在进货交通和卸货的便利程度上。

（三）影响商业房地产价值的个别因素

个别因素是由于个别商业房地产本身的条件而使其价值不同的各种因素。除了其质量因素之外,影响商业房地产的个别因素有以下几个方面:

1. 临街状况

商业房地产一般都是临街的,而且一般来说临街面越宽越好,如果几面临街,一般认为有利于商业房地产价值的提高。但位于街角交通要道的商业房地产如果没有足够的缓冲余地,对于其经营也是不利的,因为这将影响购物人流的出入。

2. 内部格局

商业房地产的内部格局应有利于柜台和货架的布置和购物人流的组织。一些大型商业用房（如商务写字楼）往往要分割出租,因此要求内部空间能灵活地间隔。

3. 楼层

一般来说,位于底层的商业房地产优于上层的商业房地产,但如果有自动扶梯上下,上层的商业房地产与底层的商业房地产的差距将大大缩小。

4. 面积

根据经营要求不同,商业房地产的合理面积可能不同,但一般来说不宜太小,但如果是大型零售百货或大型交易市场,面积也不宜过大。

5. 净高

商业房地产的室内净高应合适。一般来说,大型的、面积较大的购物场所要求有较高的净高,以避免压抑感,同时也因为其室内要留有通暖管道。小型商业房地产则不要求过高的净高。若净高超过合适的高度,建筑成本会提高,但却无助于其价值的提高。

6. 储存空间

商业房地产应有一定的储存空间（甚至自用仓库）,以备日常经营周转商品的存放,否则不利于其经营。

7. 装修

装修在商业房地产价值中往往占有很大分量,同类型、同地区的商业房地产仅仅因为装修的不同,价值往往会有很大的差别。

8. 转租可能性

在商业房地产租赁中,有些业主或中间承租人规定承租人不能再转租,这将影响投资（承租）商业房地产的灵活性,从而影响该商业房地产的价值。

二、商业房地产租值的形成与决定

租金是使用房地产的价格,是在一定时期内（例如一年）根据物业的供求情况而确定的。作为一种经营性物业,商业房地产本身不能单独创造利润,它只有与其他生产要素相结合,才能产生收益。所以,对某项物业的需求程度取决于它与其他投入品结合后产生收益的能力。从这个意义上来说,对商业房地产和工业房地产的需求实际上是一种派生需求,即对写字楼的需求来源于对商业和第三产业的需求,对工业厂房的需求来源于对工业产品的需求。

(一) 租值决定因素

为论述方便,把租金的市场价值称为租值,而租金仅指租户交纳的金额。如同其他物业一样,商业房地产租值的决定也主要取决于对它的需求程度。租值的大小等于使用商业房地产的总收益减去包括利润在内的支出。而且对一项商业房地产的需求程度越高,收益与支出之间的差就越大,租值也就越高。如表 22-1 所示,两加油站的经营状况决定了它们的租值差异。租值是经济剩余,不同的物业具有不同的租值。虽然 A 加油站的销售量只是 B 加油站的 2 倍,但 A 加油站的经济剩余却是 B 加油站的 3 倍,这是因为 B 加油站营业支出太高的缘故。

表 22-1 加油站经营状况与租值差异

	A 加油站	占总毛利百分比	B 加油站	占总毛利百分比
销售量	500000 加仑		250000 加仑	
单位毛利	0.15 元/加仑		0.15 元/加仑	
总毛利	75000 元		37500 元	
营业支出	−33750 元	45%	−18750 元	50%
营业利润	−30000 元	40%	−15000 元	40%
租值	11260 元	15%	3750 元	10%

商业房地产的租值还取决于建筑物的设计是否合理,用户的日常费用是否低廉。那些通风、水电、冷暖风、灭火、防盗功能齐全的商业楼宇必然招揽众多的租户。然而,决定城市商业房地产租值最主要的因素是它位于城市中的区域和在这个区域中所处的位置。建筑物一旦兴建,就不可能移到对它的需求量更高的区域和位置,它只能在其所处的区域和位置来吸引顾客。从区位角度看,商业房地产的租值主要决定于:顾客和雇员的交通方便;人流量集中程度;商品进出方便程度及运费的高低。对零售商店来说,所处区位与位置的好坏可以招揽的顾客量是其主要指标。如图 22-1 所示,零售商店的租金从最大利润的区位开始逐步降低。

(二) 租值变化规律

由于商业房地产的区位优势并不是绝对的,而是随着城市经济发展和社会变迁而不断变化,商业房地产租值也会相应改变。新商业中心的兴建,新停车场的开辟,某条道路禁止通行的规定,汽车站的迁移等因素会大大改变原有的行人流向,造成附近商店租值的变化。战后兴起的超级市场由于占地面积大,往往设在远离市中心的近郊,但其凭借价格低廉、选购方便而吸引了大量顾客,这也造成了市区商店的销售减少,导致这些商店租值的降低。

位于同一省但不同城市、位于同一城市但不同街道、位于同一街道但不同地段的商店租值都是不同的。一个城市的商业房地产的租值总水平取决于该城市居民及外来游客的消费水平,而城市居民的消费水平又取决于每个居民的购买能力和城市人口总数。当然,居民的购买能力取决于个人可支配收入水平。通过抽样调查证实,一个城市的商品零售总额与商业房地产租值密切相关。一般来说,城市愈大,城市中商店的租值水平就愈高。

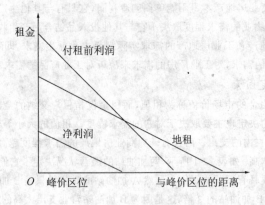

图 22-1　租金随区位而变化

三、写字楼租金水平及其变化规律

(一) 决定因素

伦敦市写字楼租值 1974、1975、1976 年大跌落,三年共下降了 43%,而同期苏格兰地区写字楼的租值却上升了 94%。

在伦敦,政府在 20 世纪 70 年代初放松写字楼投资限制,新建写字楼不断增长,供给迅速上升,然而 1973 年底石油价格上涨了 4 倍,从而迫使政府采取紧缩政策,经济迅速陷入萧条,对写字楼需求陡然下降,写字楼市场因而出现了严重的供大于求的局面。

与伦敦商业区相比,苏格兰地区写字楼的租值水平在 20 世纪 70 年代中叶相当稳定,其原因主要是该时期其经济发展稳定,而政府长期租用大量写字楼也起了重大作用,而伦敦商业区由于租金高,很少有政府部门在那儿办公。苏格兰地区写字楼租值在 1974—1976 年间仍保持增长势头的原因主要是三点:北海石油的开采促进了商业繁荣,苏格兰政府对写字楼长期稳定的需求及政府公共开支的增加。上述事实表明,不同的地域环境和不同的政府政策与行政介入等因素造成了两地写字楼租值截然不同的变化。

(二) 变化周期

从伦敦市和苏格兰租值水平的比较可以了解写字楼租金水平的决定因素既有经济因素,也有政府政策因素。经济环境的改变导致了经济形势的起伏,也造成了商业楼宇租金水平的改变。从总体上说,国民经济的发展水平决定了商业物业的租金水平,各地租金水平的差异则与各地的经济发展水平有关。经济的周期性波动深深地影响着写字楼的租金水平。城市写字楼租金每年的变化率总是与同期国内生产总值的变化率紧密相关。在经济高涨时期,由于物业供给短期非弹性,一定期间内写字楼租金会迅速上升。租值上升促进了新楼的开发建造,因而在稍后的时间里,新楼供应增加了。当经济开始衰退时,物业需求下降,造成原有物业空置。这样,原有物业与新建楼宇的供给一起增加,使得写字楼租值在相应期间内下跌。

第三节 商业房地产市场分析

一、商业房地产的需求分析

对物业的需求主要取决于使用该物业后所能带来的期望剩余。人们对使用该物业后所生产的产品或提供的服务的需求,又是决定期望剩余值大小的主要因素。所以,对物业的需求与人们对商品和各种服务的需求是相一致的。在任何城市或区域,人们对物业的需求水平最终取决于他们的消费水平。对商业房地产来说,正在从事或打算从事商业活动的企业和机构是商业房地产的需求主体,而其现实的和未来可能的收益决定了它们对各类商业房地产的选择。

(一)商业房地产需求的影响因素

与其他类型的房地产相似,商业房地产需求要受商业房地产价格和商业房地产租金的制约,当其下降时,需求量就会上升,对商业房地产的需求数量与商业房地产的价格或租金呈逆相关关系。

除了价格因素之外,商业房地产的需求还要受到社会收入水平和消费水平、企业收益与利润水平、经济景气状况、关联物业价格、企业预期和政府政策等多方面因素的影响。一般说来,社会收入水平和消费水平越高,商业经营的收益就越好,商业房地产的需求就会增加。当经济景气状况变好时,商业房地产的需求也会增加。企业收益与利润水平提高时,商业房地产需求也会趋旺,即使企业的现实收益与利润并不理想,但若企业对未来获取高收益有较高的预期,那么商业房地产的需求量也可能增加。

此外,关联物业商品的价格变化也会对商业房地产的需求造成影响。当住宅小区形成时,就会形成对相关商业楼宇的需求,零售店、超市的需求就会增加,因为住宅和非住宅之间具有某种互补品的性质。同样的情形是,某个地区一个新商场的开业可能对原有的大批零售商店的经营造成很大的冲击,因为它们在很大程度上有替代的性质。

政府政策也是影响商业房地产需求的重要因素。对高档写字楼的购买征收附加的税费,商业用地的获取程序及对某些商业经营活动实行政府管制等,都会对当前的商业房地产需求产生负面的影响。可用以下的需求函数公式来表示商业房地产需求数量与不同影响因素之间的相互关系。该公式的表达形式为:

$$Q=f(P,P_1,Y,G,\ldots\ldots)$$

该公式的含义是商业房地产需求量的大小取决于其价格(P)、关联物业价格(P_1)、收入水平(Y)、政府行为(G)等多方面因素。

(二)零售业楼宇的需求分析

某一零售设施能否产生租金,主要取决于其所在的区位是否适合于它所从事的商业活动。零售设施的租金通常由一个固定租金加上销售额的一个百分比来确定。租户的销售额越大,业主得到的租金也就越高。因此,估计一个物业的产租能力,实际上就是预测它的零售或销售能力。

若要进行零售楼宇开发,要做的第一步就是把最合适的零售业行当与最适宜的区位相配合。假如某位置适合多种零售商业或服务业,可在几种不同假设下进行多重分析。影响零售业的位址因素包括商业区内竞争性企业的数量和区位,以及交易范围内居民的购买力和消费类型。非位址因素则包括对楼宇的管理和营销能力、价格及商业信誉。

在交易范围的确定上,有多种方法可供选择。一个商店的交易范围是指它能吸引的主要顾客的分布地区的大小。在交易范围内,离主要顾客群越近,吸引力越大,随着距离的增加,商店的吸引力逐步降低。约翰·麦克曼建议用潜在消费者到达每个商店的时间来估计商店的交易范围。他还进一步提出了以下的经验性规律:

街区购物中心:5—10分钟;社区购物中心:10—15分钟;区域中心:15—30分钟。

与约翰·麦克曼的经验性规律相类似,城市土地事务所认为交易范围可分为基本范围、第二范围和第三范围。基本交易范围被视为这样一个地区:消费者达到日常生活用品店的时间不超过5分钟,到区域购物中心的时间不超过10分钟。而商店60%—70%的销售额来自到达时间在10分钟以内的地区,其余的销售额取决于第二和第三范围。能吸引最远地方的消费者来购物的地方称为第三交易范围,用时间来衡量大约在25—30分钟之间。

在具体确定零售业楼宇的销售数额时,应从政府的文献或通过市场调查来估计竞争商店的销售情况并预测可能的市场份额。在确定中还应注意:零售楼宇的潜在租户及其市场能力和商业管理能力,了解替代性商品和服务的商业设施,明了楼宇的质量和配套状况。最后可估计得到楼宇单位面积的平均销售水平。

(三)办公楼需求分析

在土地利用决策中,估计商业办公用房的需求被视为最为困难和最不准确的事情。统计数据参差不齐,可靠性低,许多情况下甚至无法得到资料。而且办公楼的建造时而供过于求、时而供不应求,其间周期变化很大。

办公楼一般都倾向于城市内集群分布或节点状分布。图22-2显示了一个典型的节点状开发模式。相对较小规模的、计划用作一般办公用房的建筑,其竞争对手一般就是同一节点上的其他办公楼。大型的或者设计用作特殊用途的办公楼,其竞争的对象包括了整个城市内的其他楼宇。具体的需求调查应根据不同的情况分别进行。

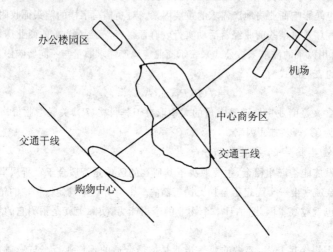

图 22-2 办公楼发展的节点模式

要预测办公楼的需求,就要进行竞争情况调查。对竞争性楼宇的调查应主要包括:区位;总建筑面积;楼宇内净可租面积;单位计划售价;最短租期;提供的物业服务;停车设施及租户收费标准;辅助设施(会议厅、餐厅等);楼宇质量对比评价。而办公楼的需求增长的预测,主要依据城市地区商业活动的一般增长率的高低,通过预测城市地区对写字楼集群需求的增长率,即可估计未来市场对办公用房的需求。

二、商业房地产的供给分析

(一)商业房地产供给的影响因素

决定商业房地产供给水平的首要因素当然是商业房地产的价格与租金,较高的价格和租金必然会使其供给水平提高,而较低的价格和租金水平则必然会使其供给量减少。

在影响商业房地产的非价格因素中,物业开发成本的变化会直接影响开发商的利润水平,也会直接影响到其决定开发的物业数量,开发成本下降会使商业房地产的供给数量增加。政府政策的变化会使商业房地产供给发生重大的变化,因为这些政策改变常常使开发的成本和收益发生重大的改变。对未来的预期也会影响商业房地产的供给,普遍的高利润预期会使当前的商业楼宇保持高价格,也会使未来的商业房地产市场供给增加。此外,关联物业产品的价格及其变化,也会改变商业房地产的供给量。譬如,住宅供给量的大量增加可能对多种类型的商业服务设施的供给起推动作用,而大型超市的出现对许多零售物业的开发起了抑制作用。

(二)商业房地产的供给特点

1. 原有物业与新建物业

任何物业的租赁市场在任何时候都有两种形式的物业供应,即出租使用过的原有物业和第一次出租的新建物业。在不同的城市,原有物业与新建物业的比值是不同的。这个比值在新城市、发达城市中低一些,在发展已定型的中小城市中高一些。由于物业的永久性,原有物业在城市中一般占主要部分,只要新旧物业在使用质量上无太大差别,租户通常认为它们大致是相同的,因此在上述的需求分析时可将它们一起考虑。然而从供应角度看,它们有着明显的区别。在商业房地产供给分析中,应要对这两种供应方式分别研究。

与其他物业类似,商业房地产的供应也取决于租户的退租量。而商业房地产的承租人决定是否退租与他们决定是否承租一样,是由经济活动的期望利润所决定的。在新建物业的补充上各类商业房地产在供应滞后于需求的时间上差异很大:豪华商业大厦、甲级写字楼可能会滞后3—5年,而一般的零售商店仅需数月就可上市满足需求,这就使商业房地产的供给量因类型的不同而变化很大。

2. 短期供应和长期供应

相对于需求而言,物业的供应有较长的时滞,在物业市场上,物业的长期供应和短期供应有完全不同的市场后果,因而商业房地产供给分析还必须考虑短期供应和长期供应的不同表现。一般而言,无论是原有物业还是新建物业,它们的短期供给价格弹性都是不足的。新建物业之所以短期供给弹性不足,其原因在于新建物业从决定开工到完工,需要一段相当长的时间。对原有物业来说,不同类型的物业可能差异很大。对商业房地产而言,写字楼和购物中心不能因市场价格变化而迅速改变其供给量,其供给价格弹性是很小的;零售商店和一般街区的商业店铺则可在很短的时间内做出反应,其供给价格弹性就会大一些。如图22-3所示,若从长期来审视,各类商业房地产都能对价格变化做出反应,商业房地产长期供给弹性一般比其短期供给弹性高得多。由于市中心商业区是在很长时间内形成的,而且通常具有特定的社会文化内涵,具有无法替代的社会文化价值及独特的区位优势,因此市中心商业房地产的供给量即使从长期来看也是非常小的。而一般位置的商业店铺可以较为方便地由其他物业改建而成,这些商业房地产会有相当大的供给弹性。

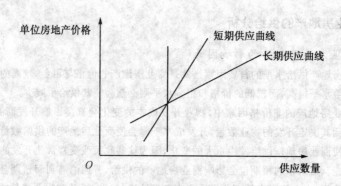

图 22-3 短期供应与长期供应

3. 供给主体与供给方式

在供给主体上,与其他经营性房地产一样,商业房地产的供给主体基本上是以盈利为基本目的的开发企业和原有商业房地产的拥有者。与其他房地产相比,商业房地产的供给主体一般实力雄厚,经营管理水平很高。

在供给方式上,商业房地产基本上采行出租的方式,因为商业经济活动的收益所得受多种复杂因素的影响,特别是业主的经营管理水平的差异和国际经济活动的波动等难以度量的因素使商业房地产时常存在升值获利的可能,保有物业最终处分权会有重大的利益机会。

对于商业房地产来说,对产主提供一定的服务也具有重大的价值,因为,写字楼的管理水平不同会使其租金有很大的高低之分。此外,商业房地产的供给方式会因类型的差异而不同。在大型的公共商业楼宇中,业主和租户之间常有复杂的产权关联,频繁转租的商业店铺常常自主改变其经营方向。

三、商业房地产开发项目的市场分析

开发项目具有目的性、一次性和经营性等特性,市场分析对项目成功意义重大。由于商业房地产的开发常常要持续几年时间,而在这段时间内,市场变化更加不可避免和难以把握,故商业房地产开发前的市场分析对项目的成败更为关键。

（一）市场分析的前期工作

1. 明确项目开发的目的

对于打算进行商业房地产开发的企业,进行详细和准确的市场分析是必不可少的,但在具体进行分析之前,开发主体必须对其开发目的进行全面的审视,必须对其开发该类商业房地产的目标有一个清晰的认识,若不然,市场分析的结论是无意义的。因为其目的不同,对应的目标市场就不同,而企业的经营战略内涵就不同。具体来说,企业应明确其进行特定商业房地产开发是仅仅为了单一利润目标,还是要兼顾市场扩展的目的,或是要为企业前期开发的物业项目配套,或是要为其后期的物业市场扩展服务。

2. 确定项目开发地点与类型

房地产市场是区域性市场,商业房地产市场的区域特性更加明显,因为城市商业活动主要集中在各级的中心商务区来进行,从而对任何商业房地产的优势区位都有非常剧烈的争夺。在市场分析中,影响因素的分析及市场容量的最终判定,都是在明确特定的开发地域和特定的开发类型的情况下进行的。具体来说,商业房地产项目开发地点应考虑其宏观区位和微观区位,了解特定位置的关联度及其商业价值。而每一项具体因素的判别必须对所开发类型的性质进行详细的界定。在商业房地产中,写字楼、大型购物中心和普通商业店铺所考虑的市场宏观因素与微观因素有很大的差别,而普通写字楼与面向海外的高级写字楼所考虑的因素又有很大不同。

(二)市场分析的基本内容

在进行商业房地产项目的市场分析时,从时间先后来看,基本程序是首先进行市场环境分析,确定影响该项目的宏观因素与微观因素,并明了各种因素之间的关联。接着要进行市场竞争分析,明确对开发主体构成威胁的主要竞争对手的情况,了解竞争性的物业开发项目的情况,并在综合分析的基础上进行开发项目的正确定位。最后,准确测算出特定地区的特定物业类型在未来特定时期的市场需求量、供应量及租金售价水平,并以此为依据对开发方案及其收益进行准确的测算。

1. 市场宏观因素分析

开发商首先要考虑国家、地区或地段的经济特性,以确定整个经济形势是处在上升阶段或是衰退阶段,并对一系列基本宏观经济指标进行分析,特别是利率水平、获取贷款的可能性及预期的通货膨胀率,更是研究的重点。

接下来,开发商要分析研究其所选择的特定开发地区经济、社会情况,对内对外交通设施,劳动力与人口情况,政府产业政策取向等方面。尤其是该地区的商业活动情况,经济发展潜力更应是研究的重点。

地区的经济特征了解后,还必须把全国及地区状况与项目所在地的情况进行综合分析,对所在地段的竞争项目的供给情况更应特别予以关注。只有当上述总体背景确定后,才能进行更为详尽的分析。

2. 市场微观因素分析

市场分析最终要落实到对某一具体的物业类型和开发项目所在地区的房地产状况的分析,而且这种分析必须针对所开发项目的类型及特点来进行。对于写字楼项目的兴建,首先要研究项目所处地段的交通通达程度,拟建地点的周边环境及周围商业设施的关系。还要考虑内外设计的特色与格调、装修的标准、大厦内提供公共服务的内容等。对未来可能租住者的特殊需求与偏好也应给以充分关注。对购物中心开发项目,往往要充分考虑项目所处地区的流动人口和常住人口的数量、购买力的水平以及对零售业的特殊需求。还要考虑购物中心的服务半径及附近其他购物中心、小店铺的分布情况。并以此为依据确定项目规模、档次及经营战略设想。

3. 市场预测

商业房地产项目的成功与否的重要条件是特定市场的存在及其规模,而这取决于市场预测的准确性。商业房地产的市场预测也可以采用通行的市场预测方法,如定性预测的达尔菲法及定量预测的最小二乘法、趋势分析法等。具体办法的运用可参照住宅需求量的确定方式来进行。

4. 租售方案及收益测算

市场分析和预测的最终目的就是所研究项目租售方案、租金价格水平和租售收益的测算。商业房地产的租售方案及其收益测算应按不同的类别分别进行。商业房地产的租售方案一般应包括以下几方面内容:

(1) 项目出租、出售还是租售并举?出租面积和出售面积的比例;
(2) 可出租面积、可出售面积和可分摊面积及各自在建筑物中的位置;
(3) 出租和出售的时间进度安排和各时间段内租售面积数量的确定;
(4) 租金和售价水平的确定;
(5) 收款计划的确定。

第四节 商业房地产投资分析

一、商业房地产投资的要素理论

在房地产投资理论中,地段、时机与质量被视为投资成功的三个基本要素。在进行办公楼、商场等商业房地产的投资中,地段选择、时机分析和质量控制同样是其投资收益目标能否达到的关键因素。然而,由于商业房地产具有不同于其他房地产的诸多特点,具有价值实现上的特殊性,所以商业房地产投资在时机分析、地段选择和质量控制方面具有一些特殊的表现。

(一) 商业房地产投资时机分析

所谓投资时机就是具有时间性的投资机会,是特定时期产生投资效果的客观条件与客观可能性。投资时机总是存在于投资主体的外部环境中,其内涵与投资主体、投资目标和投资形式的特定性紧密关联,也与特定的投资类型相联系。

从投资时机的基本内涵出发,商业房地产投资时机分析的基本模式有以下三种:

1. 环境因素分析模式

任何房地产投资时机都是房地产环境中的某些宏观因素和微观因素在特定时期、以一定方式结合在一起形成的,房地产投资环境中的经济因素、社会因素和政策因素的变化构成了房地产投资时机的实质内涵。在具体分析商业房地产投资时机的时候,可以针对特定的商业房地产罗列出可能蕴涵收益的各种因素的可能变化,也可把各种因素划分成宏观因素和微观因素、直接因素和间接因素来进行综合分析。

2. 寿命周期分析模式

任何房地产投资时机都是存在于房地产开发投资经营的全过程,更与房地产寿命周期息息相关,在房地产寿命周期的不同阶段,对不同的物业和不同的主体蕴涵着不同的收益机会。在商业房地产开发投资经营的全过程中,会经历商业用地选择、商业房地产建设、商业房地产租售、商业房地产管理及商业房地产退化等阶段,商业房地产投资者可以根据自己的投资目标和投资实力来选择不同阶段的投资机会。

3. 开发价值分析模式

房地产开发价值是房地产投资者对特定房地产项目开发后可能收益的主观判断,而同一房地产项目的房地产开发价值,会因投资主体的不同而不同。由于房地产类型的多样性及投资者实力和开发能力的差异,所以找寻特定主体的适宜开发类型与开发项目是房地产投资者投资获利的关键。商业房地产的价值包含了相当部分的无法量化的服务价值与无形收益,对这些价值进行正确判别会为特定的投资者带来获利的机会。

(二) 商业房地产投资地段分析

房地产地段的选择对房地产投资的成败有着至关重要的作用。房地产具有增长性,这种增长性在很大程度上是土地的增值。而土地增长潜力的大小、利用效果的好坏,都与地段有着密切的联系。商业房地产的价值实现来源于商业活动为承租人带来的经营收益,而这些收益必须在相应的商业区内才能完全实现,所以商业房地产地段选择对投资者来说意义更为重大。区位理论是投资地段选择的理论基础,而具体分析时可采用以下一些方法。

1. 因素分析法

即具体分析影响房地产区位价值的各种自然因素、经济因素、社会因素和行政因素,在对不同地段的因素比较中把握优势地段的形成、发展和变化的规律。

2. 假设开发法

即运用假设开发法的原理,通过对拟选地段的不同用途的收益与成本进行估算,在不同物业估价值中选择能为企业带来最大投资价值的地段。

3. 竞价地租曲线法

即以商业用地的竞价地租曲线为基础,在正确判别自身实力的情况下,确定对于开发主体来说最为有利的商业房地产投资地段。

4. 威尔逊购物模式法

即以威尔逊购物模式为基础,在特定商业房地产和其竞争性房地产相互争夺消费者的过程中,确定适宜的商业房地产规模,从而为特定商业房地产的区位选择确定标准。

(三) 商业房地产投资质量分析

有了优越的地段位置,选择了适宜的投资时机,就为商业房地产投资成功奠定了基础,但投资目标的充分实现还要求投资者要对投资质量进行合理的控制,因为地段和时机保证了商业房地产的收益获取,而质量控制则保证了其成本的付出。与房地产质量控制的一般程序相似,商业房地产的投资质量也包括其本身质量和管理服务质量两方面,但商业房地产在质量内涵方面又具有一些自身的特点。

商业房地产本身质量与建筑物本身质量、周围相关地产质量及其影响、房地产类型要求、特定租户要求及特定资金要求等方面。在管理服务质量方面,商业房地产的管理服务质量也主要受投资者的经营方针、用户的支付能力、房地产本身质量要求和管理服务的效益大小的影响。从投资者的角度来看,物业质量的基本内涵就是商业房地产租约对双方权利义务的规定,主要包括:租赁期限、租金修订期、租约修订条件和对租户义务的说明;也包括影响投资者收入的物业本身的物理性能,如区位、楼龄、时尚程度、施工质量、楼宇规模与内部布局的合理性等。

投资者和租户对商业房地产存在不同的质量要求,他们对特定商业房地产质量高低的判别标准是截然不同的,有时是完全对立的。因此,在具体分析写字楼或商场的质量时,也要弄清商业房地产投资者和租户的不同观点。

二、商业房地产投资的经济评价

房地产投资经济评价主要是通过计算房地产投资项目的内部收益率、净现值、投资回收期等技术经济指标,对房地产盈利能力进行分析;并计算项目的投资利润率和投资收益率等指标进行房地产项目清偿能力分析。

(一)商业房地产投资评价的特点

在对大型商业房地产,比如大型购物中心进行投资经济评价时,由于这类项目规模大、形式多样、功能复杂、开发周期长,除了购物中心主体之外,还有完备的附属设施,如停车场、写字楼、餐饮中心、文化娱乐和休闲场所等,所以一个商业房地产可能会分阶段开发,从而使现金收支情况非常复杂,采用现金流评估法较为合适。

在收益与成本分析上,商业房地产一般采用租赁方式,对合理租金的预测必须结合竞争性的商业房地产项目才能准确确定;而成本支出方面,物业维护和管理成本要充分估计,且一般要选择业主与租户分摊收益成本的管理模式。

商业投资经济评价的另一个重心是合理分割商业用地的收益和商业房地产的管理服务收益,这是其评价能否准确的关键所在。

(二)商业房地产投资的分类分析

1. 写字楼投资分析

写字楼是一种政府行政部门、事业单位和企业等主体办理行政事务和从事业务活动的楼房建筑。影响写字楼销售收益的最大因素是地段。地段好的写字楼,即使价格很高,也能卖出去。地段不好的写字楼,即使价格定得很低,也无助于出售。选择好地段,是提高写字楼销售收益的最关键环节。

写字楼的地段与规模也存在制约关系,较小的写字楼的最好位置是在郊区,较大写字楼的最好位置是在市内繁华地区或交通要道。一般来说,写字楼规模越大,收益越好,但需要承担的投资风险也越大。

写字楼对租户的吸引力不仅在于其位置,更在于位置选择的重叠所带来的可观的规模效益。因此,吸引更多的同行到同一写字楼办公,特别是吸引那些有名望的大客户,是保证投资收益的要点之一。一般说来,写字楼的专业化趋势越明显,越容易提高写字楼的销售收益。

尽管写字楼的客户对于出售价格或租金也比较重视,但他们首要是看其空间位置和服务质量。写字楼的客户大部分能承担起相当高的消费水平,他们为了达到显示身价和吸引顾客的目的,通常不会因为租金价格的轻微上涨而移动或搬迁。

写字楼的服务设施及服务水平对租户而言,也是至关重要的,因为租户需要利用这些设施来达到管理的高效率和收益的高水平。用户自己所有的写字间在设计上通常要充分体现他们的要求和经营理念,而属于投资者所有的办公楼则应主要满足实用目的,以尽可能降低经营成本为原则。

与其他物业投资不同,写字楼投资受多方面因素的制约,租户和投资者都可能面对成本剧烈上升和收益无法保障的风险,因此设法降低风险是投资者的重要工作。鉴于此,办公楼业主通常愿与租户签订长期租赁合同,并注明业主所能支付的最大经营开支,超过部分则要向租户分摊,这样可以大大降低办公楼经营风险。另一方面,租户保留有续租的权利,也在一定程度上控制了其经营风险。

2. 购物中心投资分析

在购物中心中,业主与租户的关系与那些独立商店或其他物业都有所不同。由于购物者主要是被购物中心中的主要商店(可靠租户)吸引来的,而且为其他专卖店创造了商业机会,所以投资者和开发商需要与可靠租户签订长期的优惠租约,甚至还会同意让他们的可靠租户分享其经营收益。购物中心的租约中,业主常设置一个基础租金,然后租金随着租户销售额的增加而增加,这就是所谓百分比条款。这个条款实际上使得业主也成为租户的商业合伙人,二者共担风险。

大型购物中心的租户通常以净租金的形式租用,即他们支付所有与租用空间相关的一切费用。更小的租户经常只支付他们自己设备的经营费用,其他经营支出由业主支付。购物中心的租户通常也支付公共部位的养护费用。

购物中心通常可以根据它们吸引顾客的地域范围大小和主要租户销售的商品类型加以分类。这些类型包括街区中心、社区中心、区域中心和超区域中心,其对顾客的吸引力越来越大,经营商品类型就越来越多。

3. 旅馆酒店投资分析

影响旅馆酒店收益的最大因素仍然是地段的选择,因此旅馆酒店应尽量建在交通要道或枢纽地段,距离车站、码头或机场不宜过远,要根据车流和人流来决定投资建设的规模大小。所选地段还应保证所建旅馆酒店与周围环境的协调性,要做到物业与周围环境的良性互动。

旅馆和酒店的客户,除了要求及时方便之外,最关心的就是名望。如果名望高,很多客户多跑些路、多花些钱,也愿意前往。因此提高知名度应是其投资经营的重点。为此,尽可能优化建筑设计、尽可能突出物业特色、尽可能强化管理服务是该类投资经营者必然的选择。

在投资时机方面,由于旅馆酒店的客流量与经济形势的整体状况有很大关联,因此应把握好经济发展高涨的时机,以科学严密的市场分析为依托,争取做到在经济下降期前退出,在经济高涨期时进入。

旅馆酒店在经营过程中,不仅要占据好地段、选择好时机来等待顾客,要通过稳定的发展、优良的服务及高知名度来吸引顾客,而且要通过贵宾证、优惠价、年终酬谢酒会来创造顾客,不断创新是物业投资成功的基本保证。

三、商业房地产开发的定位模式

(一) 商业房地产开发的四种定位模式

商业活动具有扩展效应,一旦某个商业中心形成,在其附近布局的商业企业便会有利可图。正是为了使所开发的商业房地产能有利可图,商业房地产开发必须选择好理想的位置。如何才能把商业房地产选在商业密度指数、商业高度指数、商业职能指数和商业规模指数都较高,人流、物流、资金流和信息流集中的经济活动中心,其开发地段选择应遵循以下四种模式的商业优势区位形成规律。

1. 同心圆模式

城市物业开发必须适应城市化进程的基本规律,而城市发展的"同心圆"模式就是城市开发必须遵循的规律之一。同心圆模式把城市发展进程分为三个阶段:

(1) 集心开发阶段。伴随城市人口增长,城市的各种活动包括商业服务设施、行政决策机构、金融大厦、各类公司财团的总部都不断向城市中心聚集,房地产的开发以商业房地产和写字楼开发为主,形成商务房地产集中带。

(2) 集心扩大开发阶段。随着城市化水平的不断提高,人口和建筑物的密度迅速增加,城市中心和外围人口期望到市区定居。这一阶段以住宅开发为主形成住宅集中带。

(3) 离心开发阶段。随着城市功能的高度集约化,商业、金融、文化行业及行政机构所占用的建筑面积更加扩大,市区容量达到饱和状态,使人口和城市工业向外围迁移。这时城市工业用地比重下降,外围工业用地比重增加,在城市外围形成工业房地产集中地带。

2. 坐标模式

现实经济中房地产开发不可能围绕城市中心向四周均匀发展。由于城市结构的复杂性、土地可接近性及最佳利用原则的作用,城市房地产开发受城市交通线路的影响很大。

如果两条公路在城市中心垂直相交,由于城市地点的可达性不同,土地开发模式、形状也不同,并随着两条主干道垂直相交向周边递减。道路建设提高了地区的可达性,使该地区的地价升高。开发商一般选择道路修建前购入道路边缘土地,从而在开发时间内静待由于通达性提高后的房地产增值收益。

3. 年轮模式

城市化是城市边缘带不断向外推移的过程。城市边缘带犹如树木结构中的"形成层",它一方面从城市外界吸收城市生存必需的资源,另一方面又吸纳着城市扩张,保证城市的正常运转。由于城市化是经济发展的函数,而经济发展又随着科学技术的发展而表现出明显的周期性,因此城市边缘带是呈波浪式向外扩展的。现在的城市地域是过去的城市边缘带,今天的城市边缘带是未来城市的城市地域。由于房地产的耐久性,城市边缘带向外推进时就留下了明显的时代烙印,表明了那一段房地产的开发特征。城市房地产的年龄就像树木的年轮那样,从城市中心到外围由老到新呈环状排列。

4. CBD模式

城市化水平是一个逐年递增的时间序列,城市化时间序列是众多相关因素的函数。城市化水平是社会、经济、政治、文化发展的产物,经济的发展必然带来城市化的发展,而城市化的高度发展又必然出现以集约化方式出现的中心商务区(CBD)。

CBD不是孤立存在的,它和其所在的区域关系是点和面的关系,每一个CBD都有与它相适应的中心与覆盖半径,按均匀分布的原则形成城市中心地模式。CBD是中心商业区,具有极大的繁华度及巨大的扩延效应。中心商业区不仅是集商业、服务业、餐饮业、饭店酒店业及金融、保险、信息、文化事业于一体的多功能的商务中心,也是写字楼的集中地带。

城市商业区的吸引力与中心规模相关磁力可用规模指数或其他指数来衡量。CBD的形成有两个条件:其一是具备良好的交通条件,其二是具备一定规模的商业设施来吸引顾客以保证经营的兴旺。正是由于良好交通条件所创造的可达性和强大的中心规模磁力的聚集效应使CBD成为了商业房地产的首选地段。

(二) 商务写字楼的定位研究

定位就是商品能找到自己的位置,消费者能找到自己的所需。物业定位是指发展商、物业管理公司确定以哪一类租户作为自己准备为之服务的租户群。物业定位的基本程序是在考虑租户群需要的基础上根据自身条件确定投资总额、资金分割方案、用款计划、回报计划及整个筹建方案,在此基础上确定物业的产品策略、价格策略、服务策略和竞争策略。

1. 商务写字楼定位的意义

商务写字楼是一个资产专用性很强的商品,一旦建成,其功能就受到相当的局限,仅能在满足其特定目标市场需求的过程中实现其价值。若建成后要改变目标市场则既不经济也不现实,因为目标市场所确定的租户群是相对固定的。一宗商务写字楼能否实现其价值和价值增值,在于它能否为相对固定的租户群提供有效供给,而这正是商务写字楼定位的核心所在。商务写字楼投资的成败、回报率的高低,最关键的是市场定位的准确性,其次才是建成物业后的良好服务,实现物业价值和价值增值。商务写字楼的正确定位,不仅会带来资产回报率的提高,而且能使其最大限度地延长经济寿命,最大限度地实现物业经营管理的优化。

2. 商务写字楼的市场定位

商务写字楼市场定位的前提是物业性质的定位,即明确是以租售为目的还是以自用为目的,前者更强调实现楼宇的盈利性;后者即是由某行业、系统或集团专用的楼宇或是由不同公司、商社、机构、企业、团体共同使用的楼宇。

商务写字楼市场定位从发展商角度来看,是根据租户的需求确定一个多维供应体系,保证其物理功能和服务功能的实现。同样,从租户角度看,也存在着多维需求体系。因而一宗商务写字楼市场定位的好坏在于多维供给体系与多维需求体系的吻合程度。成功与失败的商务写字楼的最大区别就在于它们供给体系和需求体系的差异。

商务写字楼要实现正确的市场定位,就必须使物业能寻找到能实现其最大价值的目标市场,并在其中占有尽可能多的市场份额。从空间分布来审视,正确定位的商务写字楼必然与周围环境有机结合、相互受益,能在各种物业类型(住宅与其他非住宅房地产)之间构建起相互联系的价值链。从主体结构来审视,正确定位的商务写字楼也必然有相互促进、良性互动的市场主体关系,各类公司企业、各级行政机构和独立的新闻传媒和群众团体都与商务写字楼的所有者有良好关系,他们之间也存在一条实现经济与社会效益的价值链。具体来说,商务写字楼的成功定位需要开发商、设计师、承建商、代理商和物业管理公司在专业分工的基础上构成统一的价值体系,充分实现商务写字楼的价值和价值增值。

3. 商务写字楼的定位原则

商务写字楼要实现正确的市场定位,应把握以下五条原则:

(1) 用地最优原则。

这个原则要求物业能实现规划用地最优和空间利用最优。规划用地最优包括地下用地最优,即对楼宇的负一层、负二层和负三层的合理利用和开发;地面用地最优,即实现总占地面积中用地面积、绿化面积、交通面积之比的最优化;地上用地最优,即在限定高度内容积率最优化。空间用地最优即设法使总高度和造型的最优、总出租面积和公共面积最大以及功能满足的多样性。

(2) 功能最优原则。

在商务写字楼的收益部分和非收益部分之间选择合适的构成比例与组合方式,在保证写字间核心产品功能的同时,也充分发挥商务中心等辅助产品的功能,还要在此过程中维持通道等非收益部分的正常运作。关于收益部分和非收益部分的面积比没有固定的模式,通常认为收益部分与非收益部分的黄金分割比为80：20。

(3) 最大收益原则。

最大收益原则就是在物业定位中，尽可能保持总出租比和标准层出租比的最大化。总出租比等于总出租面积与总建筑面积之比，标准层出租比等于标准层出租面积与标准层建筑面积之比。出租比是关系楼宇收益最大化的重要指标，关系到设计方案的总体评价，关系到业主的投资回报率。

(4) 参数定量原则。

该原则要求对有关商务写字楼收益的所有重要技术指标进行定量，具体指标包括：楼宇是否涉外，中外方比例，物业管理和服务人员数量，用户希望的开间条件，谈判间、会议室、多功能厅的数量和总面积，楼宇智能化程度(A级选择)，楼梯种类与数量，附属设施内容，附属设施是否对外开放，设备设施的种类、数量、位置和面积，人流设计，物流设计，用餐方式，停车场面积和疏导路线等十五大项指标。

(5) 灵活设计原则。

商务写字楼宇建成后一般不会在主要结构和建筑外形上有大的变化，但技术在不断进步、经济在不断发展、市场也在不断变化，因此商业楼宇应在市场定位的过程中努力保持改变楼宇内在布局的灵活性，现代智能化楼宇要求建筑设计的实用、高效而又不失灵活性。比如，尽量采用活动开间、拼装地板，及设法保持设备和布线的可保养性和可维护性。

专题分析：写字间的三性分析

写字间是商务写字楼的核心产品。随着商务写字楼的硬件模式由普通型、综合型商务写字楼发展到今天的智能型商务写字楼，写字间也由普通型和综合型写字间发展到现在的智能型写字间。写字间也不再是一个单一的办公场所，已成为现代公司企业的基本经营要素，并以独特的写字间文化反映出企业内部团结和外部和谐的真实面貌。所以现代写字间应具备哪些特性？也是值得考虑的问题。这里提出的更强的时代性、更高的科学性和更完美的人性"三性"是否合适，供考虑和研究这一问题的读者参考。

一、写字间的时代性

不同的时代赋予了写字间不同的内涵。从普通型写字间到综合型写字间，再到现代的智能型写字间，写字间以鲜明的时代性特征展现在我们面前。普通型写字间仅是一个分割式的办公场所，通常是一个楼层内按部门划分为若干个办公室，不考虑个人需求的设计和装修，人们以传统单调的方式在其中工作。综合型写字间采用了大开间式的区域分割制，新技术开始大量引入写字间的设计装修之中，而且开始强调满足使用者的个性需求和企业色彩，建筑模式改变了传统的"大平正方"式的建筑造型，代之以高层的多元化的造型，不但突出了楼宇个性，也最大限度地利用了空间，增加了出租比。而最现代化的智能型写字间全面导入了新观念、新材料、新能源、新技术，以OA(办公自动化)为核心，实现了写字间的革命性变革。

二、写字间的科学性

智能型写字间最大限度地利用了现代的科学成果，更强调结构灵活性、环境舒适性、管理智能性,也更加体现对人的关怀。写字间的科学性表现在很多方面,如利用人体科学来研究层高与人体高度的恰当比例关系,在建筑空间中利用虚拟空间来增加空间的层次感,专门化的个人空间满足个性化的需求等。此外,智能型写字间还注重照明和色彩对工作效率的影响,强调布线与设备安装的灵活性。

三、写字间的人性

智能型写字间以关怀人性为理念,更以实现真正的人性空间为最高准则,因为写字间的价值是通过使用它的每一个人来实现的,所以关怀人也就是写字间管理服务的前提。对人性的充分关怀,具体表现在四个方面,即充满人性的办公环境、充满人性的工作站、符合人体科学的OA家具和以人为本的OA设备。在写字间管理服务过程中,尽可能把个人能力充分展现与人际关系充分和谐有机结合,为企业创造最大利益,这也是写字间人性的必然要求。

写字间的三性不仅是办公楼宇现代化的特征,也是物业管理现代化的表现。写字间的三性反映了商业房地产服务价值特性的增强,反映了时代发展和科技进步正在改变着物业的价值内涵,反映了管理的人性化与人性的价值化正在改变着经济活动的原有面貌。

思 考 题

1. 商业房地产具有哪些不同于工业房地产和特殊房地产的特征?
2. 影响商业房地产价值的基本因素有哪些?
3. 对商业区的形成和发展进行理论解释。
4. 写字楼租金水平是如何决定和变化的?
5. 试举例说明办公楼和零售楼宇的需求分析过程。
6. 商业房地产具有哪些供给特点?
7. 简述商业房地产投资的三要素分析模式。
8. 试分别叙述写字楼和商店的投资特点。

参 考 文 献

1. 杨吾杨、梁进社:《高等经济地理学》,北京大学出版社,1997年。
2. 李工有:《房地产经营与开发》,同济大学出版社,1991年。
3. 中国房地产估价师学会:《房地产估价案例与分析》,中国物价出版社,1995年。
4. 盖伦·E.格里尔、迈克尔·D.法雷尔:《房地产投资决策分析》,上海人民出版社,1997年。
5. 夏连悦:《物业开发与管理经典》,企业管理出版社,1997年。
6. 石海均:《房地产投资分析》,大连理工大学出版社,1998年。
7. 王世联:《物业管理》,中国经济出版社,1999年。

第二十三章 社会公共服务房地产

第一节 公共房地产概述

一、公共品与公共房地产

当代著名的美国经济学家萨缪尔森给出的公共品的定义是：每个人消费这种物品不会导致别人对这种物品的消费减少，即 $x_i = x_i^j$，即每一个消费者 i 可以支配消费的公共品数量 x_i^j 是该公共品总量 x_j。

他的这个定义强调了公共品消费的非竞争性(non-rivalness)，即一个商品在增加一个消费者时，其边际成本等于零，如不拥挤的桥梁、道路、影剧院、未饱和运转的计算机等。但这不能保证该物品具有非排他性(non-excludability)。

实际上，一个公共品除了消费上的非竞争性外，还必须是在产权上具有非排他性。如：国防或政府的服务，任何一个居住在该国的公民都能享受且不能拒绝接受也不能排除其享受这种服务。

很显然，我们已经知道公共物品的利益不可分性、非排他性、消费的非竞争性，就无法也不需要通过交易、收费的方式来配置公共品，市场机制"失灵"，追求利益最大化的私人不愿意投资公共品，因而必须有一个中间组织代表所有受益者来组织生产和管理公共品，以便使全社会福利趋于最大化，提高资源配置的总体效率，最容易找到的这个组织就是政府。

对于不动产，我们在前面有关章节中讨论的商品化的住宅、通过市场配置土地使用权的土地资源，以及工商业用非住宅房地产，都是私人物品。但是，各种城市道路、灯塔等基础设施，国防及政府房地产等都是公共品，防疫救灾防灾、维护生态环境用的不动产也属于公共品，还有一大类公共事业单位房地产如：艺术表演、展览场馆、文物保护、文化娱乐、体育健身、卫生、科技、教育等房地产，有的属于公共品，有的属于准公共品。因为这些不动产的外部经济性很强，私人不愿投资，同时由于需要一定的规模，初始投资大，回收周期长，盈利不多甚至亏损，有的容易形成一定自然技术上垄断，私人生产经营有时会造成负的外部效应。比如，教育房地产是提供教育服务的基本条件，教育私人经营的话，其成本和收费将很高。而教育不仅使受教育者素质提高，个人收益也应该相应提高，但同时，也使整个社会高素质人才增加，社会发展水平和质量提高，社会效益很明显。如让受教育者自己完全付费，将使其付出的私人成本和私人收益、社会成本和社会收益不对称，因而教育产品即人才培养，既部分具有私人物品的性质，又部分地具有公共物品的性质，所以作为教育基础设施的教育房地产将不可能完全由私人投资经营，这也就使教育房地产同样具备了准公共品的性质。

最后要说明的是，公共房地产中有些是直接为大众消费的，如：城市人行天桥、立交桥、城市道路、防波防洪的江海堤防等，还有像大会堂、纪念塔、城市雕塑、不拥挤的公共图书馆、公共活动场所,它们严格符合公共品的三个特性。但有一些公共房地产,像灯塔,过往船只消费的是灯塔提供的灯光导航服务,不是灯塔本身,还有像政府与国防房地产,它们是提供公共品服务的基本条件,它们的所有权是非排他的,但它们的使用权在一定程度上是可以排他的,如一个军用机场供这个飞行队使用,在某段时间就不能再供另一个飞行队使用,某幢政府办公楼给这个机关用就不能同时给另一个机关用,也就具备一定竞争性,对公众来说,其公共消费性隐含在其提供的公共品服务中,这就不严格符合从消费角度定义的公共品。还有一些像公共博物馆、公共娱乐馆、公共教室等,既有直接的公共消费成分,也有提供公共服务因而具有间接公共消费成分。所有这些总体上都是公共财产,公共物品可以看做是公共财产的一个极端典型的例子。经典的经济学教科书中,都把灯塔、公共游泳池等作为公共品的典型例子,主要原因恐怕是它们在被提供时都存在"搭便车"现象(因为他们最终的提供者还是公众,政府社团是中间代理人),消费时存在显著的外部性,经营管理上都存在委托—代理问题。在资源配置的机制上面临相似的问题,至少可以说他们是公共品,因而今后的分析中,除讨论某类房地产时具体区分外,将公共房地产及公共服务作为一个关联的整体。

二、外部性

公共品具有非排他性、利益不可分性、消费的非竞争性,因此对每个厂商和消费者来说,公共品对他有多大成本和收益是要根据博弈的结果来定,一般总是会产生成本和效益的溢出。换句话说,我们讨论的公共房地产存在极强烈的外部性(externality)。

外部效应的原因在于市场主体的目标函数(生产函数或效用函数)中含有共同的变量,可表示为:

$$U^A = f^A(x_1, x_2, \ldots, x_n, y_1, y_2, \ldots y_m)$$

即消费者 A 的效用,不仅受其自己控制的活动 $x_1, \ldots, x_n$ 所影响,也受到其他的生产者和消费者控制的活动 $y_1, \ldots, y_m$ 的影响。这些对他人生产或对他人消费产生影响的生产或消费活动很广泛,包括:邻居享受的美丽花园或飘香的佳肴、霓虹灯广告、修理厂或卡拉 OK 厅传出的噪声、技术发明、喷烟、在公路上洒水、救济穷人等。人们熟悉的互有正的外部效应的例子是果园主与养蜂人的生产活动;互有负外部效应的例子如:客厅里听音乐的人与谈话的人之间的干扰;给一部分人带来正效应,给另一部分人带来负外部效应的例子如,高速公路的修建。当年京沪铁路的修建使一批城市兴起的同时,使一批京杭大运河沿岸的城市衰落,尤其是繁盛了上千年的运河与长江交汇口的扬州市一下子变得无足轻重了;给众多的人带来公共社会福利的正外部性的例子,是前面举的公共品防洪大堤、灯塔的例子。

对于有外部性的物品来说,市场是不可能将资源配置到最优的,因为这时私人成本和社会成本、私人收益和社会收益是不一致的。

庇古(Pigou)认为应建立一种补偿机制以解决私人产品与社会产品不一致的问题。他进一步讨论了政府用税收和津贴来调节成本递增行业的生产行为的可能性。他举的例子是,两条道路,一条路面等级高但较窄,限制了车流量,从而第一条成本递增,第二条路粗糙等级低但宽阔,这条路是私人成本高但社会成本递减的,完全竞争条件下交通量分配的结果是,两条路上私人使用者的平均成本完全相同,这时第一条路拥挤不堪,第二条路车辆少,市场机制造成社会资源配置不当。庇古提出征收(庇古)税,其数量为社会边际成本和私人边际成本的差额,即等于造成过度拥挤造成的成本，这样不增加总成本。

芝加哥学派创立者奈特（Knight）在他的《对社会成本阐述的谬误》中批评了用庇古税和津贴办法来纠正私人成本和社会成本的差异，认为庇古的所谓市场失灵，不是政府干预的证据，恰恰是说明政府建立和保护私人财产权的失败。只要第一条路的所有者收取相当于庇古税的通行费，交通量将自行调节，社会利益不会被私人滥用。实际上，他是在主张变公共品为私人物品，让市场机制发挥作用。

科斯的《社会成本问题》进一步提出了产权制度安排的重要性，只要无交易费用，产权明确，交易各方会通过合约寻找较低费用的制度安排，对外部性产生的社会成本纳入交易当事人的成本函数，市场交易就可以克服外部性造成的效率损失，达到帕累托最优。另外阿罗（Arrow）也曾提出附加市场使外部性内在化的办法以消除外部性。

公共房地产之所以有公共性，也就是因为其成本和收益难以精确界定，有很强的外部性，因而要像私人物品那样利用市场配置资源存在着极大的困难。

三、自然垄断与准公共房地产

有很多准公共品也可以在一定程度上利用市场机制，比如大型艺术展览、表演、体育保健比赛场馆，它们既可以使受服务者个人得到很多效用，但同时使整个服务地区人的德、智、体、美素质提高，有附加的社会收益，如果收费标准按照超过私人收益的社会收益收费，消费者个人会减少消费，导致这些准公共品消费不足，如果按消费者私人收益收费，将导致准公共品的私人提供者生产不足。

另一方面，有一些准公共品房地产，由于受市场容量和初始投资过大的影响，表现为长期成本递减，而具有规模经济的要求，最终一个社区或城市只有一个大型的垄断者，基础设施类房地产的服务是这样的例子。但在市场经济条件下，垄断企业将不会在边际成本等于边际收益处决定产量和价格，而在平均成本曲线与需求曲线交点处，决定的价格高于等边际原理决定的价格，而产量小于最优产量水平，从而减少全社会福利水平，降低资源配置效率。因而有必要让政府参与经营或管理调节。

四、政府与公共房地产

对于灯塔、国防、法律秩序等公共品来说，市场机制显得无能为力，出现所谓"市场失灵"，从而存在政府干预经济活动的必要性。

政府（或国家）对经济发展的影响，一直是经济学上争论最激烈的问题。斯密深受法国重农学派"自然秩序"思想影响，提出"守夜政府"模型。认为"看不见的手"能指引利己的经济人去实现他自己并不想去实现的利他的目的，使整个社会福利最大。政府的作用是保护经济自由和财产秩序，提供法律服务、公共事业及公共设施。其开支来源于：国有资本和土地的收益及按公平、确实、方便、经济的原则征税。

凯恩斯强调用政府财政政策来解决市场的有效需求不足。

诺思认为，国家是一种暴力资源，它提供的服务是博弈的基本规则。国家的性质由暴力分配结构决定，暴力资源在公民之间平等分配时，便产生了契约性国家，暴力分配不平等，便产生了掠夺性或剥削性国家。诺思在《经济史中的结构与变迁》中得出著名的"诺思悖论"：国家的存在是经济增长的关键,然而国家又是人为经济衰退的根源。

科斯在经济分析中引入交易费用的概念后,就给出了一个选择或比较产权制度和经济体制的依据。在产权清晰条件下,市场是有效率的,因为它允许和鼓励产权的所有者,依据交易费用高低,自由选择资产组合方式和交易的契约形式,国家和企业正是在存在外部性和某些较高交易费用条件下,将外部性内在化,并通过政府或企业内的行政协调,对市场交易的一种替代。当国家和企业活动的边际成本与其节约的市场交易费用形成的边际收益相等时,国家参与经济活动的程度和企业的规模就达到了最优。

总起来看,政府职能作用是:首先,提供和管理具有非排他性和外部性的公共品,如国防、法律秩序、环境保护、城镇基础设施;第二,保持良好的市场竞争环境,限制垄断,反不正当竞争;第三,推进社会保障体系,保护效率,兼顾公平,降低经济运行的社会成本;第四,建立有效的宏观调控体系,熨平经济波动,推动市场中介组织的完善,提高市场运行效率。这样公共房地产资源应属政府配置的范围。

第二节 公共房地产的供给分析

私人物品像商业服务房地产可用市场机制发挥基础配置作用,而前面提到公共品像国防、政府、教育及相应房地产一般认为只能由政府提供。那么政府提供公共房地产,就相当于参与了社会资源的配置,这样政府既相当于一个厂商,又相当于部分替代了市场的功能,对社会资源进行分配。政府的资金来源主要是税收、国有资产收益和公债。

一、公共房地产的提供者

公共品具有利益不可分性、非排他性和非竞争性,市场机制不能有效配置,因而国家干预经营就有必要和可能,政府作为国家的代理执行机构,既对公共房地产的经营履行管理职能,又参与公共房地产的提供和经营,同时,公共房地产还存在很强的地区性。这样一来,公共房地产可以有三种提供者供选择,即中央政府、城市地方政府、私人厂商。

私人厂商因公共房地产的特性,存在产权界定成本过高、收费困难,且公共房地产的正的外部性,私人收益小于社会收益,将导致公共房地产供给不足,或由于某些公共房地产的垄断性而导致寻租,从社会资源配置效率的角度考虑,私人生产是不可行的。但由于技术进步和社会体制的发展,公共房地产的产权界定、利益分割的成本降低,则部分公共品可以转化为准公共品或准私人物品,市场价格会起作用,私人将可以以一定形式参与投资、经营管理,如有线电视地面站、部分道路、桥梁、学校等。

由于社会生产和生活的社会化,某些大型公共房地产的规模效益,及其生产力布局上客观的全局性要求,中央政府将成为合适的提供者,如全国性的铁路、公路主干网、大型机场、大型电站开发等,地方城市政府提供将不能导致全社会资源配置最优,典型的例子如:珠江三角洲地区争建十几个机场,全国各地市、甚至县大建开发区,导致大量投资、土地浪费。

而又由于公共房地产的地方性,各地社会经济发展水平的差异,造成对公共房地产需求的差异,及其受益者的地区性,许多地方公共房地产适合于城市地方政府来提供,因为它更容易了解当地居民的偏好及其消费水平。也更容易确定居民的收益程度,并以此来确定投资和收取价款(税、费)，这无疑更有利于使资源配置逼近帕累托最优。

二、公共房地产供应的决策机制

政府提供公共房地产，实际上只是一个投资方案和收取价款(税费)的决策权问题，具体运作可通过多种形式由企业、事业单位去完成。而政府的决策机制是一个颇费思量的问题，以布坎南、唐斯、奥尔森、阿罗、沃尔夫、塔洛克等为代表的公共选择学派对此进行了深入的探索。

问题在于：不同的社会成员提出的方案都代表着自己的偏好，如何把不同的个人偏好加总成集体的决策结果？或者如何产生符合全社会成员的偏好的社会目标函数？这个目标函数存在吗？这个机制是什么？

理论分析和实践探索中，我们有 6 种公共品决策机制类型：

1. 市场机制。即生产者和消费者的分散决策和自愿契约安排。我们已讨论过在公共品问题上，存在着"市场失灵"。

2. 直接投票制。即全体社会成员一致投票通过，决定公共房地产的提供水平和方式。通过投票机制替代市场机制，以正确显示消费者对公共房地产的偏好，在公众消费者和政府提供者之间建立起一个非市场媒介，以达到资源最优配置。

然而直接投票制决策成本太高且易贻误决策时机，更严重的是未必能得出一个有利于全社会福利帕累托改进的决策结果，这是由于投票者并不一定具备足够的理性和远见，以对公共房地产决策的复杂而长期的决策后果做出正确估计。从技术上说，当决策方案较多时，阿罗不可能定理证明：找出一套投票规则将个人偏好和利益加总为集体偏好和利益存在着困难，因为投票循环悖论，使每个成员效用最大化的社会目标函数未必存在。实际上，只有"单峰偏好"的情况下，也只不过得出一个"中间投票人"定理的结果，即"少数服从多数"，这导致少数人的偏好和利益得不到尊重。

3. 代议制决策机制。决策结果取决于所代表的各群体的力量对比，通过各利益集团的冲突与协调达成平衡。这种决策机制好处是减少搭便车行为。缺点是未必能代表大多数人的意愿，冲突与妥协的结果往往偏离整个集团的利益。

4. 集权制决策。中央指令计划制以及独裁制属这种模式。其好处是决策过程效率高，缺点是不能符合所有成员的偏好，决策失误的概率大，决策结果效率低，公众理解和支持难度大，因此执行成本高、效率低。

5. 理想者集团或理性者集团。理想者集团是假定政府部门由一批献身公益事业的理想者组成，理性者集团是假定政府由一批完全理性的超凡脱俗的人组成，他们认为公共利益是自然规则的近似物。

但公共选择学派认为，国家不是神的创造物，而是人类组织，不具有正确无误的天赋，官吏们也是由追求自利最大化的普通人组成的，它们追求的是权力、升迁、恩惠等。必须从虚构的幻想中走出来，去分析、寻找政府最有效率工作的规则和制约体系。

6. 民主集中制式的决策机制。这是逐渐形成的有中国特色市场经济下公共房地产决策机制。由人代会、政协会议、党委会组成的多方面的决策体系，人大实行议行合一的制度。旨在吸收投票制、代议制、集中制、理想者集团的长处，克服其缺陷。这个过程尚在不断完善之中。

三、公共房地产供给的非市场缺陷、原因与新的模式选择

由于公共品不动产供求本身的特点及决策体制、技术上的内在困难、私人成本与收益同社会成本与收益协调与计算的困难,从而造成非市场机制的失败。结果如布坎南所指出,公共选择学说的主要贡献在于,证明市场的缺陷并不是把问题转交给政府去处理的充分条件。

（一）造成公共房地产供给非市场组织（政府、大学、医院、基金会等）决策失误、提供效率不高的原因

1. 实际上并不存在作为公共组织所追求的所谓公共利益,阿罗证明,简单加法不足以将个人偏好排出一个一致的共同次序。实际上只存在各种特殊利益之间的"缔约"过程。

2. 现行决策体制的缺陷：投票制比独裁专制体制是一种进步,但直接投票制存在搭便车、投票悖论、一致通过的高交易成本或多数规则对少数人的强制等缺陷,间接投票制存在公众难以有效监督选出的代表追求自身利益最大化的"经济人"渎职行为。

3. 由于信息不完全、公众的有限理性、公共利益政策效应的复杂性造成对未来效果预测评价上的困难,政策和决策实施所依赖的环境条件和执行组织机构不协调,如中央与地方利益差别造成"上有政策下有对策"及官员追求自利的行为等,导致政府决策与执行的失败。

4. 非市场缺陷的理论核心是内部性,即非市场组织评估、规制自身组织和人员的目标准则,最终表现为"最大化预算收入",在这过程中,西方国家表现为利益集团、官僚和立法者的所谓"铁三角"（iron triangle）作用,使预算增长。由于信息不对称,使受监督者（官员）比监督者（立法者和选民）拥有更多公共房地产的价格、成本信息,被监督者完全可以操纵监督者,有可能制定并实施有利自身而不利公共利益的政策。

5. 寻租（rent-seeking）和腐败及缺乏竞争导致非市场组织资源配置的失败。

寻租是寻求某种特权,以获取非生产性收益,它只改变要素的产权关系,是财富再分配而不增加财富,甚至因为导致社会资源不合理配置,而远离资源配置的有效状态。

（二）公共房地产配置的新模式

根据以上关于非市场组织可能使公共房地产供应失败的原因分析,可以尝试建立一些新的模式,主要应从以下两方面考虑：

1. 解放市场,促进市场,模拟市场。正如沃尔夫在《市场与政府：权衡两种不完善的选择》中所指出的,企求一个合适的非市场机制去避免市场缺陷并不比创造一个完整的、合适的市场以克服市场缺陷的前景好多少。换句话说,在市场'看不见的手'无法使私人的不良行为变为符合公共利益行为的地方,可能也很难构造看得见的手去实现这一任务。

因此,应尽量完善、引导、补充市场,创造市场起作用的条件,进行产权制度创新和有效保护产权,降低产权界定和交易的成本,克服市场的某些不足,充分发挥市场的作用,限定、规范政府直接参与市场的范围、内容、方式及力度。尽量构造一个完善的市场环境,让市场去提供相当部分公共房地产如高速公路、某些桥梁等,但要克服垄断、暗箱操作,尽可能引入市场竞争机制,加强社会监督。对必须由政府提供的公共房地产,其经营管理中也应尽量采用招标、拍卖、许可证授权或协议、公私合营等模拟市场机制,提高资源配置效率。

2. 进行政府公共房地产决策机制的改革和创新。公共选择学派对西方市场经济下政府干预经济的局限性的许多规律性的认识,可资中国借鉴。要完善市场,就要转变政府职能,由过去

的直接微观干预过渡为间接宏观调控,进行经济体制改革和制度创新。

在政府决策活动中引入竞争机制,在公共房地产的生产、经营中应尽量引入市场机制,对自然垄断性公共房地产的生产经营,如果确应采取国有国营企业形式,也要加强对其进行法律的和社会公众的公开监督,以提高政府及所属企业的效率,减少各种形式的浪费和垄断暴利或低效率。

另一方面,要不断探索政治体制、政府工作规则、程序的改革和创新,在尽量增加市场力量、减少行政干预和管制市场的同时,将公共房地产的提供纳入法制化、规范化的轨道,建立一套高效、廉洁、灵活的政府管理体制,减少或消除设租、寻租和腐败的机会。

第三节 公共房地产供给的博弈分析

本节重点关注社会个体对公共房地产的负担与受益的选择。同时,还将考察各种提供公共房地产主体之间的博弈。

一、居民、厂商对享有公共房地产与其税费负担的组合的选择行为分析

严格意义上的针对某种具体公共房地产的税收并不存在,因为如果某一公共品与某一种税收之间如果存在严格对应关系,那就不用征税,而只需向受益者收取公共房地产的价款,公共品就变成私人物品了。

目前中国税费体系中,只有几种税费和公共房地产有一定的对应关系,一是城乡维护建设税、房地产税、土地税,二是教育费附加,三是房地产开发中收取的城市大配套费。另外,有些地方城市在迁入人口时,收取一定的城市增容费。以上税费仍然是统收统支,"取之于民,用之于民",并不对应用于某一宗具体的公共房地产,不是其具体价格。也即是说,政府的税费收入是同政府提供的公共服务和公共房地产总量相对应的。

居民和厂商总是企图使自身的效用和利润最大化,因而他们总是试图寻求最少的税费负担,最多最好的城市基础设施等公共品和准公共品的提供。

如果居民和厂商能自由进入和退出一个城市,即在不同城市间自由迁移而没有障碍(户口、就业、住房福利等)和成本(投入的固定资产处置损失),则有所谓的"以足投票理论"或叫"财政选购理论";

蒂博特1956年在《地方支出的纯理论》中提出:人们在全国(全球)寻找地方政府提供的服务和征的税之间的一种精确组合,当这种组合符合自己效用最大化目标时,他们在该地方政府周围工作、居住下来。偏好相同的人组合在一起,公共服务会按最小的成本提供。当人们自由地搜寻,从公共品成本高的城市流向公共品成本低的城市,促使地方之间互相学习,缩小差距,从而使全社会福利最大化。

后来麦圭尔等人提出了更具体的动态模型并给出了均衡条件,对蒂博特理论进行了补充,其中考虑了迁移的成本与利益的比较。

"以足投票"理论实际上是一种地方公共品自由竞争的市场机制。虽然决定居民和厂商是否愿意在某地居住和投资以获得最大效用和利润的因素很多,但是,税收和良好的公共品的适当组合所提供的生活和商务环境,无疑是其中的极重要因素。

税收是为了满足公众的包括公共房地产的公共需要征收的,作为公共品的购买者的居民和厂商,当然希望"价"越低、公共品越多、品质越高越好。

我国的税收也将逐渐从流转税转向财产税和所得税,税收的种类不同对居民行为的影响是不同的,总的来说,不外乎影响居民的三种行为:居民的劳动供给行为;储蓄行为;居民持有的资产的组合。

所得税影响居民的劳动供给决策,影响方式和程度取决于居民的收入的边际效用的收入弹性,取决于对劳动和闲暇的评价;财产税、消费税影响居民的储蓄和资产组合选择。

同样,所得税、增值税等税费和市政建设状况将对厂商的成本和利润产生极大的影响。可以设想,一个对交通依赖性较大的重型工矿企业,如需要自己修建一段专用铁路、专用公路或深水码头,与靠近发达的铁路货场、高等级公路或便利的港口设施的企业相比,要多花费相当大的一笔固定投资和长期营运费用,这实际上就是房地产的区位优劣对企业盈利能力的影响,而这里区位优劣就是交通基础设施的便利程度决定的。同样,耗电企业如果建在电力充足,输变电设施较多的城市区域,劳动密集型企业建在教育医疗保健设施健全、商业服务业发达的区域,其长期的成本节约、效率提高将是极其显著的,因而,只要某城市具有适合某种企业的公共房地产设施,税费适当多一点也是可以容忍的。

当然各种税费对企业的影响是立竿见影的,在实践上,我们看到改革开放以来,中国许多地方政府,分别提出许多超"国民待遇"的税费减免优惠,以便提高其吸引外资的竞争力,就是有力的例证。

税负和公共品设施环境对厂商的行为影响,不仅表现在其投资的地点,也表现在其投资的方向、结构类型和质量上。比如科技、文化、教育、交通、通讯设施发达的城市,加上一定的税费优惠,能吸引大批高新技术企业和先进的跨国大公司投资。北京、天津、上海在这方面的优势很明显。

二、中央和地方政府在公共房地产供给过程中的博弈

公共产品房地产的外部性及其溢出范围、消费者群体的范围,决定着公共房地产的社会性和区域性,由于受益群体受益程度的差异,导致公共房地产的各种间接和直接提供者之间存在着激烈的博弈,除了个人、厂商之外,政府体系中,地方政府和中央政府之间也存在激烈的博弈,改革开放之前,主要表现为,地方政府完全依赖中央政府提供公共房地产,各地争投资、争项目,竞争激烈。以公共房地产中的基础设施为例,能很清楚地考察这种过程,例如,沿江各省市都极力要求中央政府在本地市修建长江大桥,改革开放后,某些市(如扬州市)开始自己投资兴建长江大桥。

下面以中央与地方政府在基础设施提供问题上的静态博弈模型来具体说明(张维迎,1996)。

在20世纪80年代,中国经济建设中的一个引人注目的现象是,地方政府热衷于投资工业而忽视基础设施的投资,这种现象引起许多经济学家的关注,他们认为这是地方政府投资行为不合理的表现。但进入20世纪90年代以后,出乎许多经济学家的预料,地方政府又开始大量投资于基础设施建设。这一现象可以用博弈模型来解释。

我们用 C 和 L 分别代表中央政府和地方政府,E 和 I 分别代表基础设施投资和加工业投资

水平,这样,E_C为中央政府投资于基础设施的资金,E_L为地方政府投资于基础设施的资金。I_C为中央政府投资于加工业的资金,I_L为地方政府投资于加工业的资金。假定中央政府和地方政府投资的收益函数分别取如下柯布—道格拉斯形式:

中央政府:$R_C = (E_C + E_L)^\gamma (I_C + I_L)^\beta$

地方政府:$R_L = (E_C + E_L)^\alpha (I_C + I_L)^\beta$

这里,$0 < \alpha, \beta, \gamma < 1; \alpha + \beta \leqslant 1; \gamma + \beta \leqslant 1$。因为基础设施投资有外部效应,中央政府考虑这种效应而地方政府不考虑,因此我们假定 $\alpha < \gamma$。这是该模型的一个重要假设。

在这个博弈里,中央政府和地方政府的战略是选择各自的投资分配,假定对方的投资分配给定。我们用 B_C 和 B_L 分别代表中央政府和地方政府可用于投资的总预算资金。假定中央政府和地方政府的目标都是在满足预算约束的前提下最大化各自的收益函数。那么,中央政府的问题是:

$$\max_{\{E_C, I_C\}} R_C = (E_C + E_L)^\gamma (I_C + I_L)^\beta$$

$$\text{s.t. } E_C + I_C \leqslant B_C, E_L \geqslant 0, I_L \geqslant 0$$

地方政府的问题是:

$$\max_{\{E_L, I_L\}} R_L = (E_C + E_L)^\alpha (I_C + I_L)^\beta$$

$$\text{s.t. } E_L + I_L \leqslant B_L, E_L \geqslant 0, I_L \geqslant 0$$

假定预算约束条件的等式成立(即全部可投资资金用于投资)。解下述最优化问题的一阶条件,我们得到中央政府和地方政府的反应函数分别为:

中央政府:

$$E_C^* = \max\left\{\frac{\gamma}{\gamma + \beta}(B_C + B_L) - E_L, 0\right\}$$

地方政府:

$$E_L^* = \max\left\{\frac{\alpha}{\alpha + \beta}(B_C + B_L) - E_C, 0\right\}$$

这里,我们使用预算约束条件消掉了 I_C 和 I_L。上述反应函数意味着,地方政府在基础设施上的投资每增加一个单位,中央政府的最优投资就减少一个单位;地方政府的反应函数可以作类似的解释。重要的是,中央政府理想的基础设施的最优投资总规模大于地方政府理想的基础设施的最优投资总规模:

$$E_C^* + E_L = \frac{\gamma}{\gamma + \beta}(B_C + B_L) > \frac{\alpha}{\alpha + \beta}(B_C + B_L)$$

$$= E_L^* + E_C$$

上述不等式意味着,在均衡点,至少有一方的最优解是角点解。让我们借助几何图形来说明这一点并找出纳什均衡(图 23-1)。

在图中,我们划出两条反应曲线,其中 CC' 代表中央政府的反应曲线,LL' 代表地方政府的反应曲线;$OC = OC' = \frac{\gamma}{\gamma + \beta}(B_C + B_L)$,$OL = OL' = \frac{\alpha}{\alpha + \beta}(B_C + B_L)$。首先 $B_C \geqslant \frac{\gamma}{\gamma + \beta}(B_C + B_L)$,即中央政府可用于投资的总预算大于中央政府理想的基础设施的最优投资规模。使用重复剔除严格劣战略的方法,我们得到 C 是惟一的纳什均衡点。比如说,给定地方政府不会选择 $E_L > OL'$,对中央政府来说,$[0, a]$ 严格劣于 $[a, C]$,因此,第一轮剔除得到 $(OL', [a, C])$。其次,给定地方政

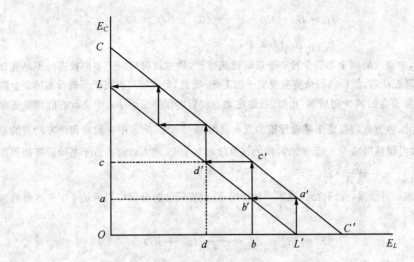

图 23-1　基础设施投资的博弈

府知道中央政府不会选择 $E_C<a$，对地方政府来说，(b,L') 严格劣于 $[0,b]$，因此，第二轮剔除得到 $([0,b],[a,C])$。如此不断重复剔除，$(0,OL)$ 是惟一剩下的战略组合。

命题 1：如果 $B_C \geqslant \dfrac{\gamma}{\gamma+\beta}(B_C+B_L)$，纳什均衡是：

$$E_L^* = 0, I_L^* = B_L; \qquad E_C^* = \dfrac{\gamma}{\gamma+\beta}(B_C+B_L),$$

$$I_C^* = B_C - \dfrac{\gamma}{\gamma+\beta}(B_C+B_L)$$

即地方政府将全部资金投资于加工业，中央政府满足所有基础设施投资的需求，然后将剩余资金投资于加工业。

现在考虑 $\dfrac{\alpha}{\alpha+\beta}(B_C+B_L) \leqslant B_C < \dfrac{\gamma}{\gamma+\beta}(B_C+B_L)$ 的情况，即中央政府的预算资金小于中央政府理想的基础设施最优投资规模但大于地方政府理想的基础设施最优投资规模。使用图 23-1，容易证明：

命题 2：如果 $\dfrac{\alpha}{\alpha+\beta}(B_C+B_L) \leqslant B_C < \dfrac{\gamma}{\gamma+\beta}(B_C+B_L)$，纳什均衡为：

$$E_L^* = 0, I_L^* = B_L; E_C^* = B_C, I_C^* = 0$$

即地方政府将全部资金投资于加工业，中央政府将全部资金投资于基础设施。

再考虑 $B_C < \dfrac{\alpha}{\alpha+\beta}(B_C+B_L)$ 的情况，即中央政府的总预算资金甚至小于地方政府理想的基础设施最优投资规模。在图 23-1 中，假定 $B_C=a$，那么，给定地方政府知道中央政府投资于基础设施的资金不会大于 a，地方政府的最优选择是 $E_L^*=b$；给定地方政府选择 $E_L=b$，中央政府有无兴趣选择 $E_C<a$ 呢？没有！因此，我们有：

命题 3：如果 $B_C < \dfrac{\alpha}{\alpha+\beta}(B_C+B_L)$，纳什均衡为：

$$E_L^* = \dfrac{\alpha}{\alpha+\beta}(B_C+B_L) - B_C = \dfrac{\alpha}{\alpha+\beta}B_L - \dfrac{\beta}{\alpha+\beta}B_C > 0$$

$$I_L^* = B_L - E_L^* = \frac{\beta}{\alpha+\beta}(B_C + B_L) > 0$$

$$E_C^* = B_C, I_C^* = 0$$

就是说,中央政府将全部资金投资于基础设施建设,地方政府"弥补"中央投资的不足直到地方政府的理想状态,然后将剩余资金投资于加工业。而且,地方政府投资于基础设施的资金随中央政府预算资金的减少而增加,比如说,给定地方政府的预算资金 B_L,中央政府的预算资金每年减少 1 元,地方政府投资于基础设施的资金就增加 $\frac{\alpha}{\alpha+\beta}$ 元;给定中央政府和地方政府的总预算,中央政府预算每减少 1 元,地方政府的预算就增加 1 元,地方政府投资于基础设施的预算就增加 1 元 $\left(\frac{\alpha}{\alpha+\beta}+\frac{\beta}{\alpha+\beta}=1\right)$。

综合上述三种情况,我们看到,在第一种情况下,投资资金的分配格局满足了中央政府的偏好:

$$E^* = E_L^* + E_C^* = \frac{\gamma}{\gamma+\beta}(B_C + B_L)$$

$$I^* = I_L^* + I_C^* = \frac{\beta}{\gamma+\beta}(B_C + B_L)$$

在第二种情况下,投资资金的分配格局介于中央政府的偏好和地方政府的偏好之间:

$$\frac{\alpha}{\alpha+\beta}(B_C + B_L) \leqslant E_L^* + E_C^* = B_C < \frac{\gamma}{\gamma+\beta}(B_C + B_L)$$

$$\frac{\beta}{\alpha+\beta}(B_C + B_L) \geqslant I_L^* + I_C^* = B_L > \frac{\beta}{\gamma+\beta}(B_C + B_L)$$

在这三种情况下,投资资金的分配格局满足了地方政府的偏好:

$$E^* = E_L^* + E_C^* = \frac{\alpha}{\alpha+\beta}(B_C + B_L)$$

$$I^* = I_L^* + I_C^* = \frac{\beta}{\alpha+\beta}(B_C + B_L)$$

上述模型大致上可以解释改革开放以来,中国基础设施投资格局的变化过程。在改革的早期阶段,中央政府可用于投资的预算资金相对较多,大概处于上述第一、第二种情况,地方政府当然没有兴趣投资于基础设施建设,尽管从中央的角度看,基础设施的投资是不足的。随着中央预算资金的减少,我们进入第三种情况,即使中央投资预算全部用于基础设施建设,也难以满足地方政府的偏好,地方政府就不得不自己动手搞基础设施建设。进入 20 世纪 90 年代后,中央政府几乎拿不出什么钱投资于地方政府所关心的基础设施建设,地方政府投资于基础设施建设的资金就大幅度增加。

应该指出的是,上述模型并不能为提高中央预算的比例提供理论依据,因为我们忽略了激励机制问题。由于激励机制的原因,总预算资金(B_C+B_L)并不独立于预算资金的分配格局。比如说,如果全部预算收归中央所有,地方政府就没有发展经济的积极性,总预算资金就会减少,其结果是,即使从中央角度看投资比例合理了,投资于基础设施建设的总资金可能小于现在的水平。我们可以使用上述模型来说明这一点。假定 $\alpha=0.4, \gamma=0.5, \beta=0.5$;再假定当 $B_C:B_L=1:2$(即中央预算占总预算的三分之一)时,总预算资金 $B_C+B_L=3m$(其中 $B_C=m, B_L=2m$),因为此时 $\frac{\gamma}{\gamma+\beta}(B_C+B_L)=1.5m > B_C=m$,中央政府将全部预算投资于基础设施,地方政府将选择

$E_L^* = 0.332m$,投资于基础设施的总资金为 $E^* = m + 0.332m = 1.332m$,等于地方政府偏好的投资水平,但小于中央政府偏好的投资水平 $1.5m$。现在假定当预算的分配提高到 $B_C : B_L = 1 : 1$ 时(即中央预算占总预算的二分之一),但总预算资金下降了 20%,因为地方政府的积极性下降了,虽然,中央的预算上升了。总预算资金为 $B_C + B_L = 2.4m$(其中 $B_C = 1.2m, B_L = 1.2m$)。此时,$\frac{\gamma}{\gamma+\beta}(B_C+B_L) = 1.2m = B_C$,中央政府将全部预算投资于基础设施建设,地方政府将全部预算投资于加工业,投资于基础设施建设的总资金为 $E^* = B_C = 1.2m$。尽管这样的投资分配格局满足了中央政府的偏好(因此是"合理的"),但与前一种情况相比,基础设施投资的总资金由 $1.332m$ 下降到 $1.2m$,下降了 10%,更不用说对其他方面的影响了。

还应该指的是,在上述模型中,没有考虑基础设施的地方特性。像中国这样大的国家,许多基础设施的地方性很强,其外部效应很难溢出到其他地区。对于这类基础设施,只要中央不投资,地方就会投资,并且,地方的最优水平也就是全国的最优水平。这可能是近几年来各地大力建设高速公路的重要原因。对于那些地方性大于全国性的基础设施来说,出现"过度"投资的情况是可能的。

实际上,中央政府与地方政府在预算收入问题上,也一直进行着博弈,在传统计划经济年代,就反复进行过几次"上收"、"下放",改革开放后,为了调整中央与地方政府在财政收入问题上的诸多矛盾,先后进行了利润分成,财政包干,利改税,直至1994年的税制改革,根据事先确定中央和地方政府享有的税种税率和征收范围,实行中央与地方分享税制,目前这一过程还在不断完善之中。

随着西部开发,东部沿海地区的产业升级,各地区之间均衡发展与非均衡发展交织进行,中央政府和各地政府在预算收入和预算支出上的博弈将继续存在,关键是,要在改革过程中,进行精巧的制度安排,不断完善博弈规则,使之形成的均衡状态,逼近社会资源配置的帕累托最优。

第四节 公共服务房地产与基础设施房地产

一、政府、国防等公共服务房地产

(一) 公共服务房地产的特点

公共服务房地产的内涵和外延都是很不明确的,这里我们所称的公共服务房地产,是指那些专门用来为社会提供纯公共服务产品的房地产,包括各种社会公共机关组织团体的房地产、国防设施、减灾防灾设施,但不包括事业单位房地产,也不包括城市基础设施,因为后面要说明,社会事业房地产和基础设施建筑有准公共特性。

大多数公共服务房地产它本身并不能作为一种供社会大众消费的最终产品,只是为公共品提供生产条件的中间产品,是一种生产公共品的资财。但也有部分公共服务房地产和许多基础设施和事业房地产本身就可以供人们消费,使公众直接获得效用,如:城市雕塑、纪念碑、纪念馆、市政广场、城市道路、人行天桥、防洪堤、防波堤、灯塔、抗震及防空设施、环卫垃圾清理设施等。

公共服务房地产所有权本质上属于全体公众,实际上的所有者是国家及各级政府和部门,由占有单位使用,为公众提供公共服务。

我们前面提到政府和国防可以视为第三产业的一个层次,政府公务和国防安全即为提供给全社会的公共产品,公共服务房地产作为生产公共服务的基本生产资料,理所当然由组织公共服务产品生产的政府及其各专业部门投资、管理,而从"出售"公共服务产品的"价款"(税费)收入中补偿。作为产业在"市场"上运作,实现社会资源的最有效率的配置,其运行目标理应是压缩成本,扩大收入,争取利益最大化。然而,政府官员们实际上不是生产社会公共产品的"企业"的最终所有者,只不过是社会公众的代理人,为社会高效高质低成本地提供更多的公共服务产品,只不过是社会公众对他们的要求和约束,而非他们本身的目标。

公共服务房地产同其他类型房地产相比,表现为极大的政府垄断特征,市场参与程度低,其成本收益不易准确确定,其投资决策过程是一个公共选择的政治过程,而非经济行为,其决策结果取决于各利益集团博弈的规则安排和参与人的损益矩阵及其实力。

(二)公共服务房地产的需求分析

公共服务房地产的需求是由社会对公共服务的需求派生的,自从有城市或有国家时,甚至氏族公社的原始社会就有公共服务房地产,古时候城市是前朝后市,"朝"是各级公共机关处理公务的房地产,"市"是商品交换的场所,"城"是政治中心和军事堡垒,边关要塞建筑也叫城,如万里长城等。

公共服务房地产的需求主要取决于公共服务的需求及提供公共服务的方式和效率。把公共服务房地产需求 D_{GF} 表示为:

$$D_{GF}=f(s,m,x,\ldots)$$

其中,s 为政府规模,可用干部人数表示,m 是提供公务的方式,即计划经济、自由市场经济或混合经济,x 表示提供公务的效率。

首先党政机关的公务和国防等公共品是难以通过市场竞争定价的,存在市场失灵。虽然从深层本质上说,把政府税费征收看成是对公共品的"价款"索要,也能运用经济学的边际分析方法,找到供求均衡点。但这需要一定的前提条件,至少公众应有正确表达自己对公共品评价的有效途径,以及公众在"购买"公共品数量及质量和购买私人物品之间的选择权,或者能控制公共品提供的决策过程及决策结果。事实上,这是很难做到的。

某个时点上实现的均衡也是暂时的均衡,从长期看社会公共服务的规模是不断增长的,据有关资料显示,我国吃"皇粮"人口同公众的比例,在汉代是 1:3000,宋代是 1:2000,清代是 1:1000,而 1996 年我国党政干部同公众的比是 1:156,吃财政饭的人口与公众比是 1:38.8。由于政府参与社会经济的活动范围、深度增加,提供的公共服务的种类质量档次提高,政府机构及公职人员增加,财政支出占国民生产总值比率增加,西方美、法、德、日、英、瑞典等国平均由 1980 年的 10%增至 1991 年的 48.5%。到 1998 年,世界各国吃财政饭人员比例是:美 2.8%,德、日为 1.4%,英国 1.9%,我国约 5%。据帕金森定律:行政权力沿水平、垂直方向,自觉地不断地自我扩张、繁殖膨胀,在法制的和平时期,官员队伍以平均每年 7.75%的速度扩张。

各级公共服务机构、人员及财政预算支出总数相当庞大,且不断上升,从而公共服务房地产需求也相应增加,至少办公楼、办公室这一项基本房地产面积需求是相应增加的。不妨对办公室面积进行一个简单推算:按每个副司级以上干部均有一个单间,约 16 平方米使用面积,县级以下政府里副科甚至股级以上干部有单间,普通办事员人均 6 平方米,考虑到机关中官多兵少,总人均应在 10 平方米以上,这样 1998 年 1100 万公务员需要办公室使用面积约 11000 万平方米以上,再加上一定比例的会议厅、招待所、市政广场、车库等其他为机关公务服务的辅助性房地产,总量极为可观。1993年开始压缩基建投资为主要措施的治理整顿,清理、停缓建楼、堂、馆、所等党政公务辅助用房,就是作为控制基建投资规模过大、经济过热的主要措施之一。

国防房地产也有极为可观的规模数量。从几乎遍及每个地区级市的空军机场到沿海沿江城市的军港码头,从导弹部队的发射场、控制观测站,到部队机关办公楼、干休所、招待所、陆军的营房、仓库、科研单位、军校、兵工厂等房地产,总之,除部队军官及家属居住的部分宿舍可以市场化外,所有军事房地产都是公共服务房地产。目前仅营房一项有2亿多平方米。西方国家推行政府采购制度,兵工厂采取市场化办法经营,军官及退休人员宿舍也是市场化操作,不属于部队房地产。这也应作为我国今后营房管理体制改革可供选择的方向。

随着军事技术和战略的演进,今天高技术兵种不断增加,军事房地产的构成和数量将有新变化,传统兵营数量将有适度缩减,高新技术军事房地产需求增加,其规模数量将受制于国家GDP增长的速度。

至于政府提供社会公务的方式和效率,是与管理体制有关系的。

从经济体制上看,采用计划经济体制,国家控制社会资源的配置,政府机构多、官员多,各部门自成体系,需要的公共房地产多;市场经济中政府部门相对少一些。我国目前正选择一个介于两者之间的社会主义市场经济模式,但如前所述,无论政府以哪种经济管理体制参加社会经济活动,政府规模都是在增长的。这一方面与社会经济活动关系愈来愈繁杂,要求政府参与程度加深有关,公共服务房地产需求随之增加,其质量档次也随社会物质文明程度提高而快速提高。另一方面,经济体制和政府效率与政治体制也有关。

我国采取的是共产党领导的多党合作制。因此,各民主党派和人民团体的工作,也属国家公务,其公务房地产也由国家提供。同时党和国家要保持社会主义方向,就要保持对经济的控制力,不可能成为"守夜政府",在社会经济的一切方面都应当有党和国家的干预。另外,公务效率也还有一个集中决策、民主决策与分散决策及人治与法治的问题,它们与公共服务房地产需求的关系极为复杂,有待更深入的探讨。

二、政府、国防等公共服务房地产的投资决策和管理

公共服务房地产的投资来自政府财政预算,政府根据公共服务房地产当前及今后一段时间的需要,列入财政预算案。待批准后用于建造或者购买、租赁使用公共服务房地产。按道理,这是一个程序化比较简单的问题。但事实上,公共服务房地产的资源配置却很难逼近有效率的目标。首先是它不参与市场竞争,其真实成本、收益很难直接确定。其次,公共服务房地产投资决策过程是一个公共选择过程,是各利益集团斗争和妥协的过程,尤其是政府集权情况下,其他利益团体的监督制约不很有效。但从客观的理性的制度安排来说,官员们只是公众的代理人,他们的个人利益同公众利益,长期根本利益同眼前局部利益,并不总是一致的,他们总是要追求代理人的效用最大化,即政绩、权力和舒适的办公条件,尽管在很多场合,人的道德良知是很重要的,但只有有效的体制,才能保证无论官员是好人还是坏人,都必须为社会公共利益服务。这就需要人们去研究公共服务房地产投资决策的机制和程序。

在我国,财政预算一直是绷得很紧的,在公开的财政预算支出中安排豪华的楼堂馆所建设是有一定困难的,事实上,各机关部门的办公楼尤其是非基本办公室类房地产,如接待中心、培

训中心等高档公用房地产的建设投资,在预算外资金中安排相对容易,这就视各机关部门手中握有的机动财力大小及"创收"能力而定,存在一定的苦乐不均。有的单位在锦上添花,有的却难以雪中送炭。在创收中既有政策规定的合法收入,也有"三乱"非法收入。用预算外资金或挪用预算资金或用内部小金库建造的公用房地产中,也不全是追求豪侈享受,有一部分确是办公急需,是对财政支出不足的弥补,是为了满足必要的和有效的公务房地产的需求。

可见,如何保证和约束公共服务房地产的投资,使公共服务房地产的资源配置逼近社会福利最大化的目标,是一个公共财政和政治体制改革的问题。公共服务活动的房地产需求的满足,无论是采取建造、购买或租赁,都无法绕开其投资机制的构建,需要从经济、行政、法律诸方面进行理论探索和实践完善。

公共服务房地产的管理,是通过拥有公共服务房地产所有权或使用权的部门的养护、控制活动,使公共服务房地产权益和物质实体处于正常运行状态,以保障公共服务活动持续进行。

为了实行以上管理目标,必须坚持有效性、服务性、经济性三项基本原则。

在管理方式上,可以实行过去一直沿用的机关后勤房管行政部门管理,它的长处是,机关内部管理,如果有适当的制约激励机制,应该安全有效率,缺点是可能导致官僚主义而无效率;当然也可以探索社会化、市场化的物业管理方式,将机关房管部门改造为事业单位或公司法人,尽可能利用市场竞争机制,以提高效率、改进服务、降低成本。

公共服务房地产的管理内容,是对公共服务房地产的管理活动,进行一系列的计划、组织、指挥、协调、控制,保障其权益和物质功能处于正常服务状态,主要涉及以下方面:(1)权益管理。对公务房地产的权益的登记、变更等进行监控,防止国家资产权益受侵犯或流失;(2)房地产折旧和日常维护、更新改造、添置。对物质损耗,采取定期不定期的检查维护措施,对科学技术进步、社会观念变革等引起的精神损耗,则只有采取更新改造或重新建造的办法,以保障社会公共服务的正常进行。比如:过去的房屋门窗不适宜使用空调,墙体未留计算机、电话网线位置,电源容量太小,军港已不能停泊新式大型舰船,机场已不能起降先进的战斗机、轰炸机等,就必须改造或新建。

关于价值和财务方面的管理,由于公共服务房地产不参与市场经营,况且它有很强的外部性,其社会成本、收益很难定量计算,因此,只能以原始账面价值为准,建立相应的成本控制计划和制度,严格控制成本开支。但有一个涉及到区位的问题,由于政府多位于市中心,随着城市发展,土地升值,政府房地产占据黄金地段的中央商务区,机会成本太高,适当时候,可考虑城市规划、搬迁成本及政府公务效率,进行搬迁置换,例如:上海市机关在外滩的房地产转让给了金融部门,就有利于市内房地产资源的有效配置。

三、城市效率、竞争力和市政基础设施房地产

(一)基础设施房地产概念和特点

1. 基础设施房地产的概念。

市政基础设施是城市生活和生产活动的基本条件,是人类征服自然、改造自然的庞大人工系统,是社会文明进步的物质基础。人类在文明的早期就开始了基础设施建设,早期城市就有道路和给排水系统,中国秦朝有"书同文,车同轨"的基础设施建设规范。大禹治水就是一项宏大的防灾治灾、促进生产的基础设施建设。

广义基础设施包括行政、文化、教育、卫生、体育、能源、交通、给排水、电信、防灾环境等产业和部门设施。

从城市实力和竞争力角度,更广义地看问题,城市工、商、城建等产业系统是城市实力的基础,因而也应纳入基础设施。

狭义的基础设施,一般包括六个基本方面:

(1) 能源供应系统,主要是电能、热能的生产、输送、分配等设施。
(2) 交通运输系统,主要是道路、桥梁、站场、机场、码头等设施。
(3) 给、排水系统,生活、生产用水的供给设施,及各种废水的处理、排放设施。
(4) 邮电系统,为人们传递信息的设施。
(5) 环境维护系统,包括环境监测、废物处理、生态保护、园林建设。
(6) 防灾系统,包括水、火、疫、地震等自然灾害和战争人防设施。

另外,还有人把城市设施分为功能性设施、社会性设施和基础性设施;也有人把城市基础设施分为社会性基础设施和经济性基础设施;最近,还有人根据科技和信息的作用越来越大,把城市基础设施分为普通基础设施和技术性基础设施等等。

总之所谓基础设施类房地产,是指上述狭义基础设施的工程建筑物及其产权集合。

2. 基础设施房地产的特点。

基础设施房地产是城市基础设施的物质实体,它涉及社会、经济、技术诸方面,直接或间接地参与城市社会经济过程。有许多重要特性。

(1) 系统整体性。城市基础设施类房地产由众多产业部门的各种用途的房地产组成,其总体服务功能的发挥有赖于各子系统的协调,即所谓"水桶效应"。如,某条道路扩建后,每天能通行 100 万人次的流量,但其中道路交叉口中通行能力最低的只能通行 20 万人次,则这条路日通过能力只能是 20 万人次而不是 100 万人次,需要建几座通过能力是 100 万人次的立交桥,才能把这条路的日通过能力提高到 100 万人次。这要求各种基础设施房地产之间保持功能、规模配套协调。

(2) 适度超前。由于基础设施房地产投资规模大、使用和建设期长,在规划建设时,要考虑到城市社会经济发展的情况,在一段合适的时间内,能适应需要。

(3) 自然技术垄断。即初始投资固定成本很大,而使用维护时,边际成本很小。上述基础设施房地产均有这个特性。

(4) 地方公共品性质。

(5) 外部性,且多是正的外部性。

(二) 基础设施房地产的需求分析

任何城市同外部及其内部各个体之间的物质、能量、信息、人员交换都是靠基础设施类房地产进行的,基础设施类房地产直接或间接参与城市社会经济活动,是城市存在和发展的基础,它的作用是双重的,它与城市存在与发展之间是互相制约、互相促进的关系,世界银行发展报告表明基础设施增长 1%,GDP 亦同步增长 1%,功能、规模都能满足城市需求的基础设施房地产,可以促进城市生活的质量和效率提高,经济发展,使该城市更富有竞争力,反之则会制约城市经济发展、社会进步、居民生活质量提高和城市运行效率,使城市丧失有利的竞争地位。城市的实力、效率、竞争力和发展状况要求有相应水平的基础设施房地产。

决定基础设施房地产需求的主要因素有：城市人口、城市产业水平及产业结构、城市经济实力、城市科技水平、城市性质、城市基础设施房地产存量。

我们可以把城市基础设施房地产需求 D 表述为：

$$D = f(P, Ch, GNP, V, T, S, I)$$

其中

(1) 人口规模 P，决定着基础设施房地产各组成部分及总体需求水平，D 和 P 之间的实证分析表明有很强的正相关性。

(2) 城市性质 Ch，既影响城市基础设施房地产的需求水平，又影响其内部结构。工、矿业城市对交通、能源及给、排水设施房地产有很强的需求，而商贸、旅游性质的城市，则对人流、资金流、信息流服务性房地产要求较高。

(3) 城市国民生产总值 GNP 是一个综合指标，反映一个城市产业竞争力和经济实力，要求高质量的现代化基础设施类房地产与之配套。

(4) 城市发展方式、发展阶段和发展速度 V，高速度、跨跃式发展的城市往往大搞城市建设以吸引投资，所谓筑巢引凤，如浦东、深圳及各城市开发区建设。

(5) 科技水平 T，既影响城市的各方面，也影响基础设施房地产本身。如城市地铁、高架线代替传统地面交通，卫星地面站代替传统有线网络系统。

(6) 基础设施房地产存量 S。如果考虑到基础设施房地产的超前性和整体性，其建设使用周期长，其发展呈台阶状，则存量基础设施房地产对其增量和结构影响就很显著。

(7) 人均收入 I，对环境、体育、保健、休闲、文教等提高居民生活质量的房地产的需求影响很大。

按联合国推荐的比例，市政公用设施投资应占 GNP 比例为 3%—5%，占固定资产投资比例 10%，占住宅投资比例 50%—100%。

由于各类基础设施房地产性质用途不同，它们各自的需求与对应的各决定要素的函数关系不同，它们有的是纯公共品，有的是准公共品，有的可以企业化经营（如移动通信），因而基础设施房地产的需求函数关系的具体形式，是相当复杂的，目前虽有一些很具体的实证计量分析模型，但尚无全面可操作的精确定量需求模型。

四、基础设施房地产的供给机制

根据下式：

$$\sum_{i=1}^{n} MRS_{jk}^{i} = \sum_{i=1}^{n} p_G^i = MC_G$$

其中 p_G^i 是个人 i 自愿为消费公共品 G 付出的代价，也即提供公共品的机会成本，税收被看成是公共品的影子价格。上式的意义即为：个人对公共品的主观评价之和恰好等于公共品生产的机会成本。

这是对具有公共物品性质的房地产的最优供给的理想化模型，例如：城市道路、桥梁、场站、环境、防灾设施等房地产具有典型公有品性质，另外像文、艺、体、卫、教育、福利等房地产也有公共品或准公有品性质，由于其消费的非排他性、利益不可分性、明显的正向外部性，私人和市场难以有效提供，只能由政府来投资，并通过税收来弥补其成本。

在上述公共房地产最优供给标准中，由于搭便车的存在，不适宜由市场和私人提供，但政府提供基础设施房地产以及征税是没有竞争的,这种情况下,如何才能表达公众对基础设施房地产的偏好?如何知道政府提供基础设施房地产的真实成本?

公共选择理论,以及蒂博特的"用脚投票"理论,为实现基础设施房地产的最优供给,指出了现实可行的理论分析思路和操作方法。

有一些基础设施房地产具有自然垄断性,像电力设施、管道煤气、给排水设施、交通站场、电信设施等,建设网络系统投入的固定成本很大,而使用经营中边际成本很小,在规模经济范围内,总是平均成本高于边际成本,虽可以企业化经营,但企业是要按平均成本而不是边际成本定价,才能不致亏损,这时的产量小于最优提供产量,价格高于最优状态价格,消费者剩余减少。

解决自然垄断性基础设施房地产有效提供的困难,可以采取政府管制、政府补贴、政府经营,或三者的组合。政府管制的具体内容就是,调查确定该类企业的成本,然后允许企业按次优的平均成本定价。相对于政府经营,其优点是市场调节成分更大,经营透明度更高,缺点是,要完全准确测定企业成本很困难;政府补贴,应是一次总付,以补贴其固定成本投入,而不是助长其经营中的低效率;政府直接经营,相对于政府管制,同样面临真实成本测度问题,且经营更不公开,政府官员对社会公众负的责任更小。

第五节 社会事业房地产

一、社会事业房地产的特性

对应于公共品、准公共品、私人物品,我们把社会生产活动分为三部分:"行政"、"事业"、"企业"。"行政"是下级按上级命令和计划开展活动的社会生产,是向社会提供社会公共服务形式的纯公共品。因此,把党、政、国防活动归入"行政"这一部分。"事业"活动具有很强的正向外部性,私人生产的成本和收益与社会成本和社会收益不对称,对"事业"单位服务产品的消费有一定公共性和福利性,因而需要国家公共财政的参与,同时也向个人受益者收取一定的费用,具有准公共品性质。而"企业"生产活动的产品是私人物品,其供求由市场决定。

上述"事业"单位房地产是我们这里所称的社会事业房地产,它的最突出特性即准公共品性。因此,它主要靠政府提供,包括各种表演、展览馆、教育、卫生、体育等各种社会事业房地产,还有一类特殊房地产——宗教房地产,它的宗教服务是免费的,具有纯公共品的性质,它的投资来自政府支持和信徒捐赠。一些地方性宗教房地产的投资提供几乎全是社会捐赠。

当然社会事业房地产内部各类房地产具有的公共品性质在程度上有一定的差别,如公共图书馆、青少年宫、防疫站,各种历史、科学、自然博物馆,高校内各类教育教学房地产,公共体育锻炼场馆等,其建造全部由政府投资,而医院、歌舞剧院等有一定营利性的事业房地产,可自筹一部分甚至全部房地产。随着人们的观念、消费方式的变化,过去传统的由财政拨款建造的一些房地产,开始可以由法人单位自建、收费经营并盈利,采用企业化经营,如近年来开始流行的"体育产业"、"教育产业"的概念,出现了中小学和高校提高收费、"办班"创收建楼,甚至许多地方创办一些民营学校,他们只开设一些社会热门的应用性强的而非基础的短线专业,采取利用公有学校教师资源兼职的办法,介于正规学校和职业培训之间,有的已积累了一定资金,开始建校舍。另外,随着足球热升温,"足球产业"的发展,足球场馆及相关设施,将来也可以脱离事业,采取完全企业化经营。对一些能经营举办国际大型比赛的体育场馆,如北京亚运村及相关体育设施,如能举办几次亚运会、奥运会之类大型国际性比赛活动,完全可能收回投资并盈利。不过,即使进行商业性运作并且能够盈利,这种大规模系统性的体育房地产项目,由于有诸多明显的正向和负向的外部性,仍然不能没有政府参与。

二、社会事业房地产的需求分析

公共事业服务产品的消费,对一个国家一个民族的生存和健康持续发展是不可少的。公共事业提供的科技、教育、文化、艺术、体育、休闲娱乐、保健等服务产品,不仅能更好地帮助满足大众的衣、食、住、行、健康等初级需要,更重要的是能满足人们的情感归属、自我提升、自我实现等精神文化方面的高级需要,且与初级需要满足后即刻消失不同,高层次需要满足后还会激发人的需要向更高层次发展。

公共事业服务产品及需求可以理解为可细分的,但其引致的社会事业房地产的需求,在短期内却具有一定的单件性,呈台阶跳跃状增加,如一个城区建一个歌舞剧院、一个博物馆、一个医院大楼或一所学校教学大楼,在一两年内不会再建第二个、第三个类似建筑。但从长期、较大范围看,社会事业房地产的需求仍然可以近似看成是连续的、可细分的,这方面并不排除由市场调节供求、分配利益的可能性。

一个地区的社会事业房地产的有效需求,受制于该地的经济发展水平和人民生活质量状况,一般来说,大城市、经济发达城市社会事业房地产比小城镇多、种类全、结构协调合理。

社会事业房地产的需求 D 可以表示为:

$$D = f(GDP, Ch, I, C, PT)$$

其中,GDP 反映了该地区经济发展水平,值得注意的是,一个城市的社会事业房地产的服务范围如果超出该市,面向更大地区或全国,则 GDP 应为其对应的服务区内的 GDP。Ch 为城市性质。城市的性质也影响社会事业房地产的结构,如,政治、文化中心城市其文化、教育、科技、医疗房地产需求较多,而人口老龄化对医疗保健房地产需求多,人口出生率高的城市,则各类幼儿园、学校、青少年宫等房地产需求多。I 为该服务区内的居民收入,因为公共事业服务产品的收入需求弹性远大于基本物质产品的收入需求弹性,随着居民可支配收入增加,公共事业服务需求将会显著增加。C 代表享受公共事业服务所要付出的代价,可用税收和公共事业服务收费来表示,代价越大,需求越小,它相当于私人产品的价格。PT 表示有关替代品的状况和费用,如,家庭电视和私人录像对影剧院和足球场观众席有较大的替代作用。

三、社会事业房地产的供给机制分析

社会事业房地产,由于其提供的服务具有准公共品性质,其投资和房地产经营同灯塔、政府、国防等公共房地产有相似的一面,其公共提供决策机制是政治行政行为过程,通过公共机关按照社会经济各项事业发展状况,确定提供社会事业房地产的类型、顺序、规模等,这个投资决策的博弈过程,不仅涉及经济体制,更涉及政治体制,在西方议会民主制国家,表现为一个公共选择过程,实质是一个投票和各利益集团角逐的过程;在中国是一个民主集中制的决策过程,即各事业机关或行政主管部门及相应的政府经过几上几下的上报计划,调整征求意见,再编新的计划方案上报,最终由政府批准,重大的建设项目要报同级人民代表大会批准。

但是,我们前面已经分析过,社会事业房地产具有准公共品性质,在一定的条件下,社会事业房地产的服务利益是可以细分的,并且可以向受益人收取一定的费用,其部分产权和利益界定的成本不是太高,如足球场和歌舞剧院,就可以收取门票。这就使社会事业房地产在具有使"市场失灵"公共品性质的同时,也具有一定的市场经营的私人物品性质,因而具有准公共品性质,就其所具有的公共物品性与私人物品性质所占比例多少而言,各类事业房地产是有差异的,比如,各种历史和自然博物馆就更靠近纯公共品一些,而像体育、医疗、保健、城市公园、教育等房地产,则收费的成分就稍大一些。下面我们可以用一个曲线示意图来直观、准确表达这个思想(见图23-2)。

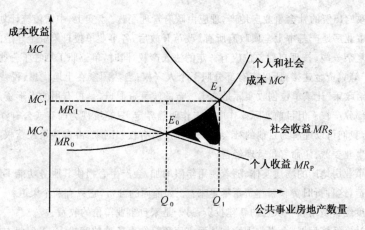

图 23-2

假设社会事业房地产全部由个人付费建造,即个人和社会有共同的成本曲线,而社会收益,因每个社会成员的体质、智能、人格修养的提升,及社会协调有序度的提高,而增大个人从社会事业房地产服务中获得的收益,因而有两个不同收益曲线 MR_S 和 MR_P,可见,这时有两个均衡点 E_0、E_1。E_0 点是个人边际收益和边际成本曲线所决定的,这时社会事业房地产提供的数量 Q_0 和社会事业房地产的成本 C_0 及收益 R_0,都远小于社会福利最大化时的最优数量 Q_1,原因是,社会事业房地产服务的个人收益和社会收益的差别造成的成本的差额为:

$$C_1 - C_0 = \int_{Q_0}^{Q_1}(MC - MR_P)dQ$$

应由公共财政来弥补,这样才能使社会事业房地产的供给量达到社会最大化福利水平 Q_1。以上简略分析即能说明,如果社会事业房地产的投资成本仅由个人支付,将导致社会事业房地产供应不足,因而政府(公共财政)将支付超过私人愿意支付的剩余部分 $\int_{Q_0}^{Q_1}(MC - MR_P)dQ$,才能使社会事业房地产的资源配置达到最优。

至于政府与私人支付的数量比例关系,则因各类社会事业房地产提供的公共服务的公共性程度而定,且同一种社会事业房地产的服务功能,其带给私人的收益大小和外部性的程度,都会随社会制度演进和技术进步而变化,因而政府与个人出资付费的比例是动态变化的。在传统计划经济年代,绝大多数社会事业房地产都由政府投资建造,所需土地由政府几乎是免费划拨。随着有中国特色社会主义市场经济的建立,以及科技文化休闲娱乐和教育、保健服务给个人带来的收益和效用水平的提高，社会事业房地产的个人付费的比例在快速增加，科技、教育、体育、医疗、艺术产业化水平大幅提高，许多事业单位通过自己收费创收建造大楼已不鲜见。政府将逐渐淡化大包大揽的角色，只对一些基础性重点事业房地产提供财政预算支出，同时扶持、弥补、调整整个社会事业房地产，尤其是在土地供应方面给予优惠，政府的作用将是弥补私人供给之不足，及对土地供应等基础性资源和外部性消除方面予以协调。

四、社会事业房地产的经营管理及市场化、社会化改革

作为政府出资的社会事业房地产，理应由政府管理经营。事实上，中国传统计划经济年代兴建的社会事业房地产基本上全属政府所有。改革开放后，各事业单位自筹资金建造的房地产，其产权比较复杂一些。按理自建单位应有一定的法人产权，同时，单位职工牺牲了一些个人和集体福利，用于筹集资金建楼，所以应有部分职工个人产权；当然国家在土地优惠、税费减免方面的照顾，及"给政策"让该单位创收实际是给了一定的政策资源，这是很有用的无形资产，因而国家也应获得部分产权。但目前实际操作中并未作明确界定，只笼统视为国有或公有资产。

这样，我们可以理解为目前的社会事业房地产所有权归国家，占有使用经营权归事业单位，由国家向事业委派、任命官员管理经营。

社会事业房地产的物质实体，随着使用年限增加，会产生磨损使其服务功能下降，需要维修和更新改造，这种折旧费和新建费用哪里来？正如前面的分析，它只有两个渠道：一是来自政府拨付的年度经营费用和一次性的新建投资；另一是来自事业单位的收费。

随着社会经济发展，个人收入增加从而家庭预算约束条件放宽松、个人消费方式升级，而事业单位提供的服务，其收入需求弹性较高，从而使事业单位收费水平提高较快，而对应的一般物质产品价格甚至在下降，这样公共事业服务的总价款中，个人付费的比例在增大。近年来，各类学校、医疗保健及体育、展览、歌舞剧院等收费和门票涨幅惊人，就是明显的印证，这大大降低了政府投资的相对比例。

中国公共事业服务除通过大幅提高收费，以提高私人付费、降低政府出资比例外，目前正酝酿进一步的社会化、市场化改革，不仅要扩大私人付费比例，而且要扩大市场化、社会化、企业化经营的范围。

目前，已经有很多政府部门举办的研究设计院所划入各大企业集团，成为企业研究开发机构。中国科学院计算机所兴办的联想电脑企业成为中国电脑名牌，现将所里1000多人只保留100多人，其余全部转入企业，计算机所控股企业，提供技术支持，使其研究开发的技术产业化、市场化，其收益又反过来提供了大量科研单位的经费。

高校后勤社会化、市场化改革已经展开，首先是食堂、学生公寓市场化。据中央电视台报道，2000年，北京市已建学生公寓1.5万床位，供2001年大运会服务后，全部供应北京各高校租用作学生公寓。北京市政府出台了12项优惠政策，计划3年内让企业建十几片100万平方米大学生公寓，允许投资者经营管理20年。上海的大学生公寓建设也很热，其设计为每人10平方米建筑面积，有一套床、桌等独立空间，4人一间，共用一个卫生间，1200元/年，结果市场供不应求。

现在有许多企业由于有效需求不足，有资金找不到有盈利能力的项目投资，很乐于进入高校后勤社会化市场，可有一个稳定的预期现金流。有一些企业在大城市周围建大学城，不仅提供宿舍等后勤服务，也提供教室、实验室等租售服务。

另外，像足球队、围棋队也实行了俱乐部制，除大型国际比赛临时组队外，都是在模拟企业化经营。

公共事业服务市场化后，将使社会事业房地产也转入企业化房地产，政府出资的社会事业房地产，将会随着市场经济的最终建立和完善而逐渐减少到一个适当比例。但是，由于产权界定的成本限制，外部性难以完全消除，市场不可能完全替代政府去配置全部社会事业房地产资源，西方发达市场经济国家也未完全做到。中国在逐渐由过去传统计划经济向有中国特色社会主义市场经济过渡过程中，缩小政府出资的社会事业房地产的比例，是一个不可避免的必然趋势。

专题分析：庇古关于私人物品与公共品之间资源配置的效用分析

庇古认为，个人在消费享受公共品时得到了效用和好处，同时个人为公共品付税获得了负效用，因为这时个人放弃相当于税收数量的私人物品的消费，这个负效用相当于放弃的享受私人物品的机会成本。因此，庇古认为对个人而言，公共品最优供给均衡出现在这样的点上，即公共品消费的边际效用＝纳税的边际负效用。可作如下证明：

设 G_i 为个人 i 得到的公共品，即政府对 i 财政支出；

T_i 为个人支付该公共品的税；

M_i 为 i 的收入；

U_i 为个人得到的效用，NU_i 为净效用；

假定 $T_i = G_i$；

$$\frac{\partial U_i}{\partial G_i} > 0, \quad \frac{\partial U_i}{\partial T_i} < 0$$

$\max NU_i = U_i(G_i) - U_i(T_i)$

s.t $G_i + X_i P_i = M_i$

$L = U_i(G_i) - U_i(T_i) + \lambda(M_i - G_i - P_i X_i)$

$$\frac{\partial L}{\partial G_i} = \frac{\partial U_i}{\partial G_i} - \lambda = 0$$

$$\frac{\partial L_i}{\partial T_i} = \frac{-\partial U_i}{\partial T_i} - \lambda = 0$$

则

$$\frac{\partial U_i}{\partial G_i} = \frac{\partial U_i}{\partial T_i}$$

庇古的方法为揭示公共品资源配置的本质联系，提供了闪光的思想，但也存在一些缺陷：其一，庇古的证明是基于基数效用论的，而基数效用论是被批评为有缺陷的。其二，一个个体也许可以在自己的预算内做出公共品与私人物品的最优配置，社会许多个体对公共品及税收的效用评价是不同的，如何将所有个人的评价加总为整体评价？如果整个社会作为一个个体来确定公共品及税收的均衡数量，则不一定使每个人都得到均衡。其三，按效用分析，税收也许更偏向能力赋税原则，而不是利益原则，但这是否是有效率的，也有待具体分析。

思 考 题

1. 简答公共房地产的意义。
2. 公共房地产的供应机制和私人性房地产有何不同？
3. 基础设施的供给机制如何设计？

4. 确定社会事业房地产最优供给规模的依据是什么？

参 考 文 献

1. 曹振良：《房地产经济学概论》，南开大学出版社，1992年。
2. 曹振良：《土地经济学概论》，南开大学出版社，1989年。
3. 丹尼斯·C.缪勒：《公共选择理论》，中国社会科学出版社，1999年。
4. 尼古拉斯·巴尔等：《福利经济学前沿问题》，中国税务出版社，2000年。
5. 休·史卓顿等：《公共物品、公共企业和公共选择——对政府功能的批评与反批评的理论纷争》，费昭辉等译，经济科学出版社，2000年。
6. 汉斯·范登·德尔等：《民主与福利经济学》，中国社会科学出版社，1999年。
7. 理查德·A.马斯格雷夫：《比较财政分析》，上海三联书店、上海人民出版社，1996年。
8. C.V.布朗，P.M.杰克逊：《公共部门经济学》(第四版)，中国人民大学出版社，2000年。
9. 张维迎：《博弈论与信息经济学》，上海三联书店、上海人民出版社，1996年。
10. H.范里安：《微观经济学：现代观点》，上海三联书店、上海人民出版社，1994年。
11. 哈尔·瓦里安：《微观经济学》(高级教程)，经济科学出版社，1997年。
12. 理查德·A.马斯格雷夫：《集体选择经济学》，上海三联书店，1996年。
13. 曼瑟尔·奥尔森：《集体行动的逻辑》，上海三联书店、上海人民出版社，1995年。
14. 平新乔：《财政原理与比较财政制度》，上海三联书店、上海人民出版社，1996年。
15. 杨之刚：《公共财政学：理论与实践》，上海人民出版社，1999年。
16. 钱津：《特殊法人——公营企业研究》，社会科学文献出版社，2000年。
17. 王雍君：《中国公共支出实证分析》，经济科学出版社，2000年。
18. 蔡孝箴：《城市经济学》(修订本)，南开大学出版社，1998年。
19. 费雪：《州和地方财政学》(第八版)，中国人民大学出版社，2000年。
20. 丁学东：《公共财产管理》，中国财政出版社，2000年。

第五篇

房地产经济宏观调控

第二十四章 房地产宏观调控总论

房地产业的发展不仅与虚拟经济、泡沫经济有直接关系,而且与金融危机有关。所以为了国家的经济安全,各国政府都加强了房地产发展的宏观调控。自然也是房地产经济学研究的重点。本章将讨论房地产宏观调控的必要性、房地产宏观调控手段和内容,重点是关于房地产宏观调控中的总量均衡分析和体制分析。

第一节 房地产宏观调控的理论分析

一、市场失灵理论与宏观调控一般分析

就宏观经济而言,失业威胁、导致投资失误的不确定性、过度的收入差距、周期性的经济波动和危机,都是市场不能维持资源高效率配置的结果,这就是市场失灵。研究市场失灵的理论称为市场失灵理论。市场失灵主要是由三方面的原因引起的,它们是不完全竞争、外部性、公共品。

1. 不完全竞争。它是指在现实世界中垄断的市场结构广泛存在,厂商在这些市场结构中拥有决定市场价格的权力。由此产生的结果是市场价格超过边际成本,出现了过高的价格和过低的产量,没有使资源得到有效配置,即社会经济处于帕累托次优状态。

解决不完全竞争问题,用政府直接干预的方式行不通,只能采用间接手段,即国家宏观调控。目前,西方发达国家已经采取了一系列措施来抑制垄断形成与发展,如控制垄断企业的价格和利润,颁布反托拉斯法,来禁止非法兼并、独家交易、搭卖安排、分割市场、地区性垄断等。

2. 外部性。外部性是指一个人或一个厂商的活动对其他人或其他厂商的外部影响,或称"溢出效应"。这种效应是在有关各方不发生交换的意义上,价格体系受到的影响是外来的,或者说,存在没有经济报偿的经济交易。外部性可以通过一个有关房地产的例子得到说明。某人住在一间被废弃房屋的隔壁,当他的邻居决定修复改建这所住宅时,他的房地产的价格就会上升,但他的邻居并没有认识到自己的行为会产生这种影响,这就是有益于他人的正外部效应。如果把这个例子反过来说,他的邻居对该房屋长期放弃不管,造成房屋外观很不雅观,这样他的房屋的价格就会下降,但他的邻居并没有认识到自己的行为会产生这种影响,这就是有损他人的负外部效应。

一般认为外部性有以下几个特征:

(1)市场性较弱。这是一个很重要的特征,外部性的影响不是通过市场发挥作用,它不属于买者和卖者的关系范畴,市场机制没有办法对产生外部性的厂商给予奖励或惩罚;

(2)决策行为的产物。不论个人决策还是企业决策,其基础是生产的私人成本最低和利润最大化。在作决策时行为主体并没有考虑社会成本,即厂商的决策动机不是为了产生外部性,外部性是生产过程的伴随物;

（3）当事人利益关联性。外部性不仅与行为发出者有利益关系，与外部性的接受者有紧密的关系，主要表现为正的或负的利益影响；

（4）强制接受性。外部性一旦产生，其承受者必须接受，并且不能通过市场机制来解决。

在解决外部性问题上，存在着两种不同的方法：

（1）设立庇古税。持这种观点的人认为，外部性不能通过市场来解决，而必须依靠政府的介入，依靠征收一个附加税或者发放津贴，以此来影响私人决策，从而使私人决策的均衡点向社会决策的均衡点靠近。

（2）明晰产权。以科斯为代表的一部分经济学家认为，解决外部性最重要的方法是明确产权，而不管权利是属于谁。只要产权关系明确地予以界定，私人成本和社会成本就不可能发生背离，必然会达到一个均衡点。虽然权利界定影响到财富的分配，但如果交易费用足够小，就可以通过市场的交易活动和权利的买卖，来实现资源最优配置。在对明晰的产权进行交易时，可以有两种选择：合并产权。这就是将交易的几个主体合并成一个主体，从而消灭了交易的必要，也就消灭了扭曲资源配置的可能：买卖权利。这是指在产权的制度安排中应明确规定，谁有损害或保护自己不受损害的权利，没有权利的一方可以通过市场向有权利的一方购买，其实质是引入市场机制，使外部性在产权界定的基础上，按照市场的规则进行交易。

3. 公共品。公共物品是指一旦生产出来，无法排除他人从中受益的物品，通常是私人不愿意生产或无法生产而由政府提供的产品与劳务。公共卫生也是一种公共物品，公共物品通常与外部性联系在一起。公共物品通常具有两个特性：

（1）非排他性。它是指排除他人从公共物品中受益是不可能的或成本很高的。私人产品是具有排他性的，一个家庭购买一套住房居住使用，就排斥了另一个家庭的使用。但公共物品一旦生产出来，就无法排除其他人从中受益。如居住区的治安保卫工作做得好，则每个住户都会享受到安全。公共物品的非排他性意味着消费者更愿意做一个搭便车者，免费享用公共物品，而不愿意生产公共物品，从而导致公共物品供给不足。

（2）非竞争性。它是指增加公共物品额外一单位的消费，其生产的边际社会成本为零，即一个人对公共物品的消费并不减少或不影响其他人对这种物品的消费。居住区里建了一个公园，多一个居民进来游赏不会妨碍另一个人的游憩（除非人口涌入过多造成拥挤或"过密"）。同样，良好的住区环境、优美的建筑风格、夜晚的路灯，多一个人享用，并不增加其生产成本。公共物品的特性决定了公共物品应由政府提供。

经验表明，把政府提供公共物品变成政府直接生产、经营公共物品，会出现多头管理、官僚主义盛行、效率低下、服务态度差、效益低、亏损严重等弊端。原因在于政府提供是指政府通过预算开支或政策制度安排等适当方式将公共物品委托给企业进行生产；而政府生产是指政府部门通过建立企业直接进行生产。公共物品的生产需要成本，对它的消费并不意味着必须免费，因此它本身可以由市场提供，否则，就会出现上述弊端。国外的经验表明：政府委托企业生产公共物品，造成公共物品领域的竞争局面，可以给消费者更高效率地提供更优质的公共物品。

二、房地产宏观调控的必要性和意义

从上述市场失灵理论的分析中可知，市场并不能保证资源高效率的配置，为达到经济有效运行还必须有政府参与，即由政府进行宏观调控。对房地产业来讲，土地是其存在和发展的前提,而土地是一种稀缺资源,不能根据需要增加供应的数量,因此,对土地进而对房地产进行宏观调控就成为必然。房地产宏观调控的作用表现为:

1. 有利于协调房地产与国民经济增长的关系。房地产业和国民经济关系密切,在国民经济中占有重要的地位。在推动国民经济增长的三驾马车消费、投资、出口中,房地产业占了两项。房地产对国民经济增长的促进作用在前面有关章节已作了较详细论述,这里只提出两点:

(1) 房地产投资对国民经济增长的影响。根据马克思的再生产理论,在生产、分配、交换、消费四个环节中,存在着相互作用,但总的来说是生产决定分配、决定交换、决定消费,因此,经济增长对投资增长具有决定性作用。投资需要资金,需要物资,否则无法进行投资活动,而资金和物资只能来源于生产,别无他径。经济形势不好,投资回报率低,则难以引起投资的欲望,没有投资的欲望,就不会有投资的行为。另外,投资是购买、是需求,而经济增长是供给、是销售,投资减少,则意味着购买力减少,需求的下降,这必然抑制供给、抑制销售、抑制生产,从而抑制经济增长。增加购买、扩大需求,则可刺激生产、增加供给,促进经济增长,当然,投资也不能无限制增加。否则,会挤占消费基金,会由于需求的扩大而造成供应不足,扰乱经济秩序,阻碍经济的发展。由此可见,投资对经济发展具有极强的促进作用。房地产业具有投资大的特点,因此,房地产业的投资将对国民经济增长产生重大影响。

(2) 房地产业通过产业关联而引起的国民经济增长。房地产业的开发过程能进行几轮连锁带动。第一轮能带动建材业、建筑设备业、冶金业、化工业、机械业、建筑业、森林工业、仪表业、运输业等的发展;第二轮能带动装修业、家具、家电、物业管理业、商业服务业、邮电通讯业、旅游业、金融业等的发展;除一级市场外,二级市场的换大房、搬家更换家具也能带动一些产业的发展。

据统计,2000年全社会完成固定资产投资32619亿元,比上年增长9.3%,其中房地产完成投资4902亿元,比上年增长19.5%。由此可以看出,仅占固定资产投资规模15%的房地产投资,却在全部固定资产投资增量中占到30%。在全部固定资产投资增长的9.3个百分点中,房地产投资拉动了2.7个点。从支出的角度看,投资对GDP的贡献率为41.94%,拉动GDP增幅3.3个百分点。其中,房地产投资一直以20%以上幅度增长应该功不可没。另外,根据投入产出模型测算,如果新增住宅投资500亿元,房地产业增加值占GDP的比重可以提高0.25个百分点,通过连锁反应,最终可拉动GDP增幅0.65个百分点。因此,对房地产业进行宏观调控将有利于国民经济增长。

我们认为,作为发展战略,环境是很重要的,政府可为房地产业的发展寻求突破口,可行的路径有:①"龙头带动式":扶持骨干企业,发挥龙头作用;②"特色带动式":培育有特色的品牌,形成品牌效应;③"科技带动式":将高科技含量融入房地产业的开发和生产过程,以提高科技进步对房地产业发展的贡献率。

2. 有利于避免房地产泡沫产生。尽管房地产在我国还是一个新兴产业,但这个产业正在成为我国经济发展的新的支柱产业,而房地产是一种比较特殊的资产,兼具消费与投资两个功能。尤其是住宅,住宅需求与住宅供应关系是最终产品的供求关系,住宅需求通常就是住宅投资,作为消费,居住是人类生存的基本需求,是构成劳动力成本的重要部分;作为投资,住宅又是具有良好保值性的投资品,由此形成的住宅需求,是基于一定经济基础之上的需求。就天津市所处的经济发展水平,住宅的投资性需求尚未形成规模,消费性需求仍然是住宅需求的主流。据测算,每投入100元的住房建设资金就可创造170—220元的需求,每销售100元的住房,可带动130—150元其他商品销售。因而,目前我们的工作重点在于使住宅产业形成投资热点,在加大投资规模、提高投资效益的同时,刺激住宅产品的社会消费,造就大市场。

但房地产业的发展要受到国民经济发展的制约。房地产业的发展和国民经济的发展呈现正相关关系。房地产业作为国民经济发展的先导性产业可以以高出国民经济1%—2%的速度发展(曹振良,2002)。房地产业一旦发展过快,往往会成为泡沫经济形成的根源。因此,在鼓励房地产业发展的同时还要对其进行宏观调控。

3. 有利于土地有效利用。人们在社会经济活动中往往从个体的利益出发,而没有考虑到社会整体的利益,这种短视行为在稀缺的土地资源配置中表现得尤为突出,主要表现在以下几个方面:

(1) 目前的土地利用规划对土地利用各部门的经济发展需要考虑得较多,对生态环境变化的影响和需求研究不多,对社会的变化和需求考虑得不多。没有将土地利用规划作为保护生态环境,协调社会关系,贯彻可持续发展的基本手段。

(2) 目前的土地利用规划对代际公平考虑得不多,对后代的土地需求考虑得不多。目前的土地利用规划为追求耕地的总量动态平衡,对未利用土地的开发的代际时间分配缺乏研究,对农用地转为非农用地的时间合理分配缺乏研究。

(3) 目前的土地利用规划强调土地利用结构和布局的调整,而对土地管理的其他活动缺乏有效的规范。因此,为防止土地利用过程中出现的上述种种问题,并提高土地的利用效率,还需要政府对土地利用进行宏观调控。

4. 有利于房地产结构优化。房地产市场结构失调将导致市场需求不足,难以满足消费者的需求。房地产结构优化的目的是使房地产商品适销对路,实现有效供给。房地产结构的优化主要是根据社会消费水平和市场即期需求,合理确定各种类型、不同档次商品房之间的供应数量,重点保障广大中低收入者的经济适用住房的供应,提供并满足社会多层次住房需求。

5. 有利于规范房地产市场行为。房地产市场主体行为不规范,将使市场交易费用增加,从而导致交易效率下降。对市场行为进行规范和管理,就是要研究制定完善的法律法规体系,进入市场的行为主体包括企业、政府、中介机构和消费者都要依法行事和办事,保障市场运行的公平性。

6. 有利于调节房地产市场行为主体的收益。宏观政策是引导行为的,合理的收益分配调节政策是推动房地产需求的重要措施,也是从总体和长远上促进国民经济增长、维护企业和消费者合法权益的基本保证。调节收益还要坚持兼顾公平与效率的原则,处理好政府与企业和消费者个体的利益关系。

三、房地产宏观调控的手段

房地产宏观调控主要运用经济手段,辅之以立法和行政手段,使房地产经济运行过程符合宏观调控的目标要求。

(一) 行政手段

行政手段主要有计划、规划和管理三个方面。

1. 计划有中长期计划和年度计划。长期计划指房地产业发展的长期战略性计划。主要提出房地产业发展的战略目标、重点和步骤。中期计划是长期计划的阶段性计划。主要对计划期内的发展目标及其实现目标的条件进行预测，并提出相应的政策措施。年度计划目前包括年度建设用地计划和年度信贷计划。年度建设用地计划是根据房地产发展的中长期计划及土地利用总体规划、城市总体规划的近期规划和控制规划，对第二年度城市(镇)各项土地利用和供应数量结构、空间布局及其实施组织的安排设计。包括新增城市用地的征用农地计划、城市和公益事业用地计划、旧城改造拆迁周转用地计划、行政划拨用地计划和有偿出让土地使用权的总用地数量和结构计划等。

2. 规划有国土规划、区域规划、土地利用总体规划、城市规划等。通过这些规划对房地产开发的区域、位置、用地性质、容积率、建筑类型、高度、设计方案、绿化率、停车场等参数进行控制等。

国土规划是通过摸清国土资源的底数，最大限度利用和开发资源，提出资源开发的方向、产业布局和国土开发的重点区域。我国的国土规划工作开始于 20 世纪 80 年代，但是效果不太明显。区域规划是从区域特点为出发点，制定区域房地产开发的区位、规模和结构战略。

城市规划是在国土规划和区域规划的基础上，根据城市经济环境和自然条件，确定城市性质和规模，通过用地的合理布局，优化城市内部资源的配置，为城市发展创造良好的环境。城市规划主要包括用地调控、建筑调控、环境容量调控、设施配套调控、形体景观控制。用地控制包括面积、边界、性质和位置等；建筑调控包括建筑类型、高度、容置率和建筑密度等；环境容量控制包括人口密度、绿化率和空地率等；设施配套控制包括市政设施配套和公共设施配套等；形体景观控制包括建筑风格、色彩轮廓和空间组合等。城市规划是对房地产业实施调控的重要手段。城市规划决定着城市房地产业的发展方向、时序、结构，是房地产经济活动的基本依据(见表 24-1)。

表 24-1　城市规划调控内容

用地调控	建筑调控	环境容量控制	设施配套控制	形体景观控制
用地面积	建筑类型	人口密度	市政设施配套	建筑风格
用地边界	建筑高度	绿地率	公共设施配套	建筑色彩
用地性质	建筑容积率	空地率		建筑轮廓
用地位置	建筑密度			建筑空间组合

3. 管理手段包括房地产产权、产籍管理，房地产企业资格审查、投资程序审批、经纪人资格审查、估价师考试与注册管理等。其中房地产产权产籍管理是政府进行房地产行政管理的核心。建立完善的房地产产权产籍登记制度是政府对房地产业进行调控的基础性工作，我国目前这项制度很不完善，迫切需要改善。

(二) 经济手段

经济手段包括财政、金融、税收、价格、投资等手段。税收手段是指政府通过税率、税种的调整，介入房地产权益的分配以影响房地产业的经济活动。价格手段是房地产市场调控的切入点和关键。投资手段是指对房地产业的投资主体的投资总量和结构进行调节，其中税种、税率的变化和住房政策的实施在调整供给结构和需求结构上尤其重要。房地产业的财政宏观调控可以分为收入政策和支出政策。

1. 收入政策。收入政策是指国家通过收取土地租金和征收房地产税对房地产领域进行干预。我国城镇土地归国家所有。国家通过土地批租收取土地出让金和土地使用年租金。当其他条件不变，地租水平上升时，房地产开发成本上升，房地产开发企业利润下降，房地产供给减少；当地租水平下降时，房地产开发成本降低，房地产企业的开发利润增加，房地产供给增加。同样的道理，当某类用途的地租上升或下降时，会引起该类物业开发供给量减少或增加。地租和供给呈反向变化。地租有调节房地产供给量和供给结构的功能。

房地产税收是以房地产或与房地产有关行为和收益为征税对象的税种，是房地产开发、经营过程中，房地产开发商、代理商和消费者需要交纳的税种。调整向房地产供给者征税的种类、税率会使房地产商的销售成本增加或减少，从而在其他条件不变的情况下，影响房地产企业的利润，从而引起房地产的供给量上升或下降。同样，对房地产需求者征税的调整，会使房地产取得的代价变化，从而在其他条件不变的情况下，房地产的需求量上升或下降。总之，房地产税收的变动会引起房地产供给和需求量的变化；不同类别的房地产税收的变动将导致房地产供给和需求结构的变动。

目前，我国城市地租主要是土地的出让金。除了非赢利性项目用地及国家重点扶持项目用地无偿取得外，一般商业性赢利项目用地都必须有偿取得。土地取得的方式有协议、招标和拍卖三种，价格形式相应有协议价格、招标价格和拍卖价格三种。

2. 支出政策。和财政收入政策一样，财政支出政策一般不改变社会总需求和总供给的平衡，而是直接改变需求结构和供给结构，发挥调整结构、改善经济结构的作用。财政支出政策的目的是稳定房地产价格、实现公平分配，增进社会效益和社会福利，保持房地产业的稳定发展，熨平经济周期，保持国民经济整体平衡。

对房地产宏观调控的全部财政支出可以分成购买支出和转移支付两大类。财政转移支付的主要形式有财政补贴、财政贴息和税收支出三种。政府购买支出有政府购买和政府投资两种。如果政府购买房地产自用，则财政资金进入消费领域；如果将购买的房地产（如住宅）再出售给特定对象（如低收入者），属于投资支出。

第一，财政补贴是对由于某些房地产价格不合理，而一时又难以调整价格的情况下财政对某些领域的经济主体进行无偿性补助。财政补贴是国民收入再分配的一种形式。财政补贴的目的是改变扭曲的价格，避免经济振荡。例如，财政对需求量大、利润偏低的住宅房地产进行补贴。我国对房地产的财政补贴限制在住宅房地产领域。因为目前其他房地产领域的利润比较高，无须政府扶持就能迅速发展。而住宅房地产福利性较强，利润较低，财政补贴有助于住宅房地产业的稳步发展和一个安居乐业的社会环境的形成。

对住宅房地产的财政补贴主要有两种形式：

一是对建造住宅的生产补贴，包括提供土地、建筑材料等低价投入品、对企业投资提供的政府低息贷款、税收优惠等。生产补贴的实质是政府提高自身的储蓄率并将部分储蓄无偿转移给企业，再由企业执行投资的一种政策行为。生产补贴的标的有资本，如设备和流动资产；还有土地。生产补贴在长期内具有改变产业结构、增加总供给和改变供给结构的作用。在短期内，生产补贴未必能形成现实的生产能力，反而会因刺激投资需求和连带的消费品需求而引起短期的需求扩张。财政对城镇住宅房地产的生产补贴的合理规模和结构应当根据城镇住宅房地产的未来需求量和需求结构，结合生产补贴对住宅供给的长期影响来确定。

二是对居民租买住宅的消费补贴。财政对房地产业的消费补贴主要针对住宅房地产业。目前我国个人住宅的消费力很低,财政消费补贴有助于住宅商品化的形成。根据国外发达国家的经验和我国的实践,政府财政对住宅消费的补贴中心,应逐渐由供给补贴过渡到消费补贴。政府介入住房供给的财政补贴能在较短时间内提供较多的住房。随着市场由买方市场向卖方市场转变,住房的供给大于有效需求,政府应介入住宅消费并提供相应的补贴,以利于我国住宅商品化的深入发展,特别是有利于低收入阶层解决住房困难。目前我国各地区进行的住房租金改革就属于住宅消费补贴。

第二,财政贴息是指财政对于由于特殊原因不能偿还或不能全部偿还利息的房地产企业或消费者,由财政代替偿还部分利息。财政贴息具有信贷性质,服从信贷规律。财政贴息可以利用有限的资金达到支持房地产业发展的目的。我国对房地产财政贴息的绝大部分用于住宅房地产金融领域。我国居民收入低、房屋价格高、住房金融不发达,使居民的住宅购买力低下。财政贴息作为现阶段的过渡手段,对于推动住房金融发展,促进居民购买消费起着巨大作用。

财政贴息对住宅房地产的调控可以从三个方面进行:

一是运用财政贴息,发展住宅金融。我国住宅金融市场不发达,住宅抵押贷款条件高。财政贴息一方面可以对住房储蓄、住房公积金实行略高于存款储蓄的利率,以吸收零散存款。另一方面可以提供补贴,将贷给住房购买者或生产者的贷款利率压低在市场利率之下,最大范围地向全社会发放住房抵押贷款,并引导生产者投资于住房建设,提高住房购买者的有效需求。具体做法有三条:① 运用财政贴息提高公积金利率,提高住房金融资产存量。② 运用财政贴息提高居民住宅储蓄。③ 利用财政贴息和借款担保,引导境内外资金流向住宅房地产建设。

二是运用财政贴息,发展购房抵押贷款。政府在坚持住房抵押贷款以市场为取向的原则下,对低收入者和住房困难户采用过渡性财政贴息进行调节。贴息贷款的发放对象限于缴存住房公积金,按成本价购买公有住房的个人。这样使中低收入阶层进入享有政府补贴的经济适用住房市场。

三是国家运用系列的货币政策,如调低存贷款利率、法定准备金率,与财政贴息相配套。这样,银行可以运用更多的资金于个人购房抵押贷款,使财政贴息调控房地产的介入面更宽,层次更深。

第三,税收支出是指国家通过选择纳税主体和客体、确定税率和设计纳税环节、实行税收减免制度来引导房地产业的发展方向。税收支出政策包括免税、税收优待、税收抵免和特别减税。税收支出政策改变了国民收入在国家和纳税人之间、不同地区之间、不同房地产企业之间、不同消费者之间的分配,以此调整产业结构,促进供需平衡,贯彻社会公平,鼓励平等竞争。

房地产开发的造价中有10%左右为税收,财政税收支出对房地产的调控作用很大。税收支出有类似财政补贴支出的性质。政府通过税收政策可以调节房地产投资资金的形成过程和使用过程。具体方法有:① 实行差别税率。例如:降低经济适用住宅等房地产的税率,刺激企业投资;提高楼堂馆所等高级房地产税收,抑制企业投资。② 设立不同税种调节房地产投资结构。③ 实行折旧率和折旧方法的差别,抑制或刺激企业投资。政府可以通过细分税目、调节税基、拉开税率、特许减免税、设定纳税环节和纳税期间等措施,实现结构调控,引导房地产市场细化,达到各个子市场的预定目标。

(三)金融政策手段

金融政策手段对房地产的宏观调控实际是利用房地产对资金需求和供给的调控来控制房

地产市场的实物供给和需求。房地产金融政策调控的基本形式主要有直接调控和间接调控两种。直接调控是指以行政控制为主的贷款限额管理和贷款质量控制；间接调控包括货币供给总量控制和货币需求总量控制。货币供给总量控制以准备金率和基础货币为主；货币需求量控制以各种利率手段为主。

对房地产业宏观调控的金融手段除了法定存款准备金政策、再贴现率政策、公开市场业务这三大一般性金融手段外，还有针对房地产业的特殊金融手段。这些特殊金融手段包括中央银行依据金融法规，根据金融形势变化进行的直接信用控制，如贷款额度直接限制、银行放款的方针政策的直接规定、信用分配、流动资产比例的调整；还包括针对房地产业实行的选择性信用控制，如房地产消费信贷控制，即中央银行对商业银行新购住房或商品用房贷款政策进行的限制。

房地产金融政策调控的主要功能是通过对货币信贷的控制，达到房地产宏观调控的目标，处理好社会经济中各组成要素之间的关系，促进经济的平稳增长。

为了利用金融政策达到房地产业宏观调控的目标，必须将其转化为中央银行能直接控制的金融指标。这些金融指标主要包括房地产信贷总量、信贷结构和信贷质量。房地产信贷包括房地产生产信贷和消费信贷。这些金融指标可以直接调控，也可以间接调控。直接调控是指中央银行直接干预房地产信用业务。中央银行直接规定银行贷款给房地产行业的最高限额；直接限制银行贷款给房地产业的结构，例如消费与投资的信贷结构、物业类型信贷结构等；规定银行发放贷款的方针、基本条件；鼓励或限制商业银行对房地产进行投资；制定和规定其他金融机构，例如人寿公司投资房地产的方针、条件；规定住宅金融机构融资的最高限额。由于房地产的资金需要量大，周转速度慢，又由于房地产信贷期限长、规模大，房地产直接调控是重要的宏观调控手段。

在实施间接调控时，利率、准备金和贴现率等变量是操作工具。间接调控对于房地产宏观调控来说，没有特殊的调控意义，只具有一般的调控意义，与对国民经济所有的行业进行调控没有区别。只有成立了房地产专业银行以后，间接的调控手段才会对房地产业调控起重要和有益的作用。

在实践中，对房地产业的宏观金融调控是把直接调控和间接调控两者结合在一起的。采用间接方式调控信贷总量，采用直接方式调控房地产结构和投资质量。

第二节　房地产宏观调控的总量均衡分析

从理论上讲，房地产宏观调控包括总量均衡分析和结构均衡分析，结构均衡问题在其他章节有所讨论，本节重点分析总量均衡问题。在市场经济条件下，总量虽然能根据供求关系、价格走势、信息反馈等进行自我调节，但这种调节难免会出现消极、被动、滞后和带有局部性的缺陷，因此，政府还必须站在全局的高度进行积极、主动、及时的宏观调控，综合运用各种手段有效地把握好总量的平衡。房地产业作为一个独立的产业，其宏观调控的目标最终还要回归到总量控制上，从而总量均衡构成宏观调控的基本内容之一，通过对总量的调控，促进土地和房屋的总供给与总需求达到总体平衡，并形成一个有限度的买方市场，使库存合理，有充分的流转，降低空置率。

一、房地产需求

房地产需求是指在一个特定期间内，在各种可能的价格条件下消费者愿意且有能力购买的房地产的数量。在某一特定的价格下,消费者愿意且有能力购买的房地产的数量,称之为房地产的需求。房地产的需求包括住宅房地产和非住宅房地产两个方面,但从房地产引致需求的角度来看,还应包括房地产信贷需求。

(一) 住宅房地产需求

住宅的基本功能是为人类提供居住空间,是人类生存的基本生活资料,它的这种提供空间保障的功能具有不可替代性。住宅是一种资产,具有价值保值增值性及自然寿命与经济寿命长的特点。按照恩格斯对生活资料的分类,住宅既是生存资料,又是享受资料和发展资料。因此,正因为住宅具有上述三个方面功能,使人们在生存空间满足以后,便向更高层次的需求转变,追求享受和发展的空间,进而导致住宅需求不断扩大。

(二) 非住宅房地产需求

非住宅需求一般是指社会对厂房、仓库、商店、酒店、办公楼等用于生产经营活动等方面的房地产需求,其需求量与社会经济发展水平有紧密的关系。当社会经济水平发展很高时,意味着生产经营规模在扩大,其经营场所也会随之扩大;当前,企业在经营中越来越注重以人为本的经营理念,把为职工提供一个宽敞、舒适、优美的环境作为企业非常重要的一项工作,这必然会扩大对经营场所的需求;随着人们收入水平的提高,旅游产业随之有了较快发展,这也必然会带动旅游房产的发展。

(三) 信贷需求

房地产投资无论是房地产开发还是房地产置业投资,一个突出的特点是投资额巨大。

1. 房地产项目开发属于资金密集型投资,投资额少则几百万多则上亿元。房地产开发企业一般运用财务杠杆,从金融机构贷款,或者通过发行企业债券进行融资,以弥补自有资金的不足。金融机构向房地产开发企业贷款金额要占项目总投资的70%左右,也就是说企业自有资金占30%左右。具有关统计分析表明,在大城市中心区,土地费用支出占总开发成本的50%—60%,在城市郊区,该项成本占总开发成本的30%左右。随着社会经济的发展,对房地产的需求将不断上升,而土地资源是有限的,这必将造成城市建设用地价格上升,使项目开发成本增加。对开发企业来说,对开发项目进行融资的金额将不断扩大。这就意味着房地产开发企业信贷需求在不断扩张。

2. 房地产置业投资额也在不断扩大,推动了信贷需求的扩张。随着中国住房制度改革的推进,福利分房被货币分房所取代,把住房消费推向了市场,人们开始利用手中钱购买商品房。无论人们购买商品房的行为是为了获得经营性收入,还是为了自己居住,其投资额都是巨大的,自有资金难以满足其投资需求。目前推行的公积金制度和房地产抵押贷款制度,在一定程度上解决了置业投资者资金短缺的难题。从信贷需求的角度来说,这些住房制度和信贷制度变迁的结果是推动了房地产信贷规模的扩张。

二、房地产供给

房地产供给是指在一个特定期间内,在各种可能的价格下房地产开发商愿意且能够提供的房地产数量。房地产供给包括住宅房地产供给和非住宅房地产供给两个方面,但从房地产引致供给的角度来看,还应包括房地产信贷供给。

(一) 住宅房地产供给

随着中国住房制度和分配制度改革的深化,福利分房被货币分房所取代,把住房消费推向了市场,人们开始利用手中钱购买商品房,扩大了商品房的需求。另外,为刺激住房消费,中国信贷制度也发生了变革,公积金制度和房地产抵押贷款制度的建立,为人们买房提供了资金支持,它直接刺激了人们对住宅的需求。随着住宅需求的增加,导致了住宅供给大幅度增加。

(二) 非住宅房地产供给

非住宅房地产供给是指房地产开发商对厂房、仓库、商店、酒店、办公楼等用于生产经营活动的房地产供给。其供给量与社会经济发展水平有紧密的关系。在上文中已经谈到,当社会经济水平发展很高时,意味着生产经营规模在扩大,其经营场所的需求量也会随之扩大。当社会上对非住宅房地产需求大量增加时,房地产开发商就有动力增加供给。

(三) 信贷供给

房地产投资包括房地产开发投资和置业投资两种,它们共同的特点是投资额巨大,而这些巨大投资主要通过贷款的方式得到融资。

1. 房地产金融贯穿于房地产开发建设和流通的全过程,不仅促进房地产供给的不断增加,而且促进了房地产需求的不断增加,有助于房地产业的快速发展。目前,房地产业已成为我国支柱产业,它在促进经济增长和消费增长方面发挥着重要作用。国家为刺激经济增长和扩大内需,对房地产开发企业的金融支持力度一直比较大。房地产开发贷款包括房地产开发企业贷款、商业用房贷款和其他房地产贷款、土地开发贷款、小城镇建设贷款、安居工程贷款等一系列开发、销售经营商品房和开发商品房相配套的开发项目的贷款。其目的是解决开发企业资金不足,保证房地产开发项目的顺利进行。

2. 对房地产消费信贷供给主要通过住房公积金、住房抵押贷款、个人住房组合贷款三个途径来实现。

第一,住房按揭贷款。它是个人住房商业贷款的主要方式,购房者在支付规定比例的购房款后,不足部分由银行向其提供贷款,借款人以其所购的商品房抵押给贷款行,并由开发商提供还款保证。按现行政策规定,单笔贷款最高限额为50万元,且不超过总房价的70%,贷款最长期限为20年,并且根据每月的还款能力进行测定。

第二,住房公积金贷款。它是指缴存住房公积金的职工,在购房时以其所拥有的产权住房为抵押物,作为偿还贷款的保证而向银行申请的政策性委托贷款。按现行政策规定,公积金贷款额度最高不得超过借款家庭成员退休年龄内所交纳住房公积金数额的2倍,实践中单笔贷款最高限额为10万元,并且不超过总房价的70%,贷款期限一般最长为15年;购买二手住房,贷款额不超过总房价的50%,最长期限为10年。

第三,个人住房组合贷款。凡符合个人住房商业性贷款条件的借款人同时缴存住房公积金,以所购城镇自住住房作为抵押物,可同时向银行申请个人住房公积金贷款和个人住房商业贷款。

三、房地产总量供求均衡

房地产总量供求均衡是指房地产供给总量和需求总量之间达到均衡。房地产总量是否均衡,不仅影响到市场的稳定、物价的稳定,而且影响到房地产业的健康发展,最终将阻碍国民经济的发展。因此,我国应把总量均衡作为房地产宏观调控的基本目标。

房地产总量均衡是房地产供给和需求相互作用的结果,我们把在某一价格上房地产需求量和供给量正好相等时的房地产数量,称为均衡数量,把需求量和供给量正好相等时的价格称为均衡价格。房地产总量均衡图见图24-1。

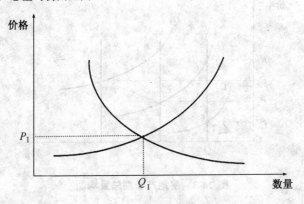

图 24-1　房地产总量均衡

由于房地产建设周期长,短则一年,长则2—3年,也就是说,房地产供给短期内是不变的,只有在长期才发生改变。因此,房地产总量均衡应分为短期总量均衡和长期总量均衡。

（一）房地产短期总量均衡

由于在短期内房地产供给不变,这一时期内房地产总量均衡图见图24-2。

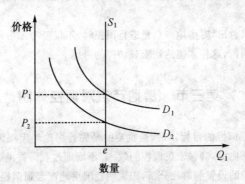

图 24-2　房地产短期总量均衡

从图24-2可以看出,在短期内房地产供给曲线 S_1 保持不变,需求曲线在短期内是可以变化的。因此,在短期内房地产均衡价格就只由需求曲线来决定。如果社会经济处于繁荣期,消费者的收入得到了大幅度提高,那么,买房的人就会增加,需求曲线就会从 D_2 上升到 D_1,由于供给不变而需求增加,这时房地产价格就会上升,从均衡价格 P_2 上升到 P_1。反之,如果经济处于不景气状态,居民收入降低的话,那么,需求曲线就会下降,均衡价格也会随之下降。

（二）房地产长期总量均衡

随着时间的变化，新开发的房地产项目已经竣工，房地产供给开始增加，房地产市场又开始出现新的均衡。见图24-3。

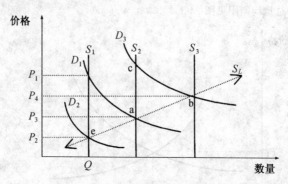

图 24-3　房地产长期总量均衡

当新的房地产供给形成时，供给曲线就向右移动形成供给曲线 S_2，与曲线 D_1 相交于 a 点。此时，房地产均衡价格由 P_1 降为 P_3。此时，如果需求再次上升，又会打破原有的均衡，形成新的均衡点 c，此时的均衡价格要高于 P_3，这会促使房地产开发商再次增加供给，形成新的供给曲线 S_3。由于新的供给出现，使市场又达到了一个新的均衡点 b，均衡价格下降到 P_4。连接 e、a、b 就形成长期供给曲线 S_L，它是一条向上倾斜的曲线。与此相反，如果经济处于萧条期，长期供给曲线 S_L 将向左下方倾斜。长期供给曲线 S_L 与每一期的需求曲线共同决定了均衡价格和均衡数量。

从上述分析中可以看出，对房地产总量进行调控时，不仅要考虑房地产业的短期总量均衡，而且还要考虑其长期均衡，这样才能达到宏观调控的目标。

第三节　房地产宏观调控体制

确定了房地产宏观调控的目标以后，最重要的是完善房地产宏观调控体制，使执行宏观调控的组织机构能够相互协调，确保宏观调控的效率。下面通过我国香港、台湾地区土地利用管理机构及房地产管理机构的设置的对比分析，来说明我国房地产宏观调控体制的选择。

一、我国香港特别行政区土地与房地产管理机构设置

（一）土地管理机构

我国香港的土地管理权被授予地政总署辖下的地政处。地政处负责所有与土地行政有关的事宜，包括批签地契、安排公开拍卖、以投标或私人协约方式批出政府的土地、签发土地拍照及短期租约。由于地契期满或其他原因收回的土地上的建筑物，也由地政处负责出租管理。

另外，地政处还负责征用私有土地作公共用途，包括市区重建或进行环境改造计划、处理契约的重批及续期事宜，并就土地交易及改变用途的土地进行土地价值评估。

在行政上，地政处下设14个地政区，其中位于市区的有5个，在新界有9个，各由一位地政专员主管，负责区内一切有关地政的专业工作。

地政处在进行土地拍卖时，根据供求情况参照市价不断调整拍卖土地的基价，在市场兴旺时，实际交易价也许高出基价一倍以上，市场萧条时成交价也许低于基价。香港政府通过价格调整的方式控制市场的土地供应量。

另外，香港特区政府还建设大量的公房，并由房屋委员会管理。建设公房的用地由政府免费提供，用出租高租金的商业用房获得的资金，兴建公有住宅；把出卖公房收回的资金，再建新住宅出售。由此，形成了公房建设的良性循环。香港特区政府通过免费提供土地兴建价格较为便宜的公房，在一定程度上解决了中低收入者对住房的需求。

（二）房地产契约登记机构

香港实施房地产契约登记制度，又称为土地契约注册制度。1993年5月1日香港特区政府将隶属于注册总署的田土注册处独立出来，成立土地注册处，并成立土地注册处营运基金。土地注册处的任务是，维持一套快捷有效的土地注册制度，以便土地交易可以有秩序地进行。香港地产和房产登记是在一个机构。

香港的土地契约注册制度多年来为香港的经济发展提供了有效的保证。一直以来，土地的收入是香港政府主要财政来源，房地产业是香港的支柱产业。正是由于香港房地产业的繁荣才促进了香港经济的繁荣，而香港政府对土地注册行之有效的管理，保证了房地产交易的快捷、有序，在香港房地产业的发展中起到了重要的作用。

二、我国台湾地区土地利用管理机构

（一）土地管理机构

台湾地区都市规划行政管理机构分为以下四个等级：

1. "内政部"。"内政部"负责管理台湾地区都市计划区域规划及综合发展计划，其下设营建署和计划委员会。营建署是都市计划区域规划及综合发展计划的行政主管单位，计划委员会负责都市计划和区域规划的审议工作。

2. "省"及"行政院"辖市政府。"省"政府为都市及区域计划的主管机关，下设住宅及都市发展局、建设厅第四科、计划委员会。台北市、高雄市是"行政院"辖市，其都市规划及行政业务由工务局都市计划科负责，市政府同时另设都市计划委员会负责都市计划的审议工作。

3. 县（市）政府。台湾省所属各县市政府的工务局或建设局的都市计划科负责都市规划行政业务，另设都市计划委员会负责都市计划的审议工作。

4. 乡、镇、县辖市公所。乡、镇、县辖市公所所属建设科或工务科负责都市计划业务，另设都市计划委员负责都市计划的审议工作。

各级都市计划委员会的职责，是对都市计划的拟定、变更、更新进行审议，对都市计划的施行、财务状况进行研究和提出建议，对都市计划的申请和建设计划进行审查，对现行法令进行检查和提出建议等。

土地使用分区管制是将城市中各种不同用途的用地进行分区，其作用在经济方面可以促进土地有计划、高效率的利用，避免公共设施的不足或拥挤，有助于房地产价值的稳定；在居住环境方面可以提高居住品质，增进居民身心健康；在环境保护方面可以防止有公害的建设进入居住区和其他分区,提高都市的环境品质;在都市面貌方面可以赋予建筑师发挥所长的机会和权利,设计符合都市发展的各种类型建筑,使都市更加美观。

（二）房地产契约登记机构

台湾虽然在土地的使用管理上,把都市计划土地由都市计划单位管理,而非都市土地则交由地政单位管理,至于建筑物的管理,则由公务单位来负责,但对于土地和建筑物的登记,属于地政系统的地政事物所负责,即在一个单位进行登记。

三、我国房地产宏观调控体制的选择

（一）港、台地区房地产运行机制和管理机构设置的主要特征及对我们的启示

应该说,港、台地区房地产业的发展和管理是成功的,至少它们具有发展和管理房地产业的成功经验。前面对港、台地区房地产管理机构的设置进行了分析,我们认为其主要特征有以下几点:(1)房地产市场发展规范,市场化程度高,机构设置基本能够满足市场化和政府宏观调控的要求。以香港为例,一方面,特区政府制定了一系列有效的规则,使经济主体的交易行为符合市场化的要求;另一方面,特区政府通过公开拍卖等方式,适时地调整地产的价格,从而控制市场中的土地供给量,使地产的价格和供求与宏观经济整体相适应。(2)房产、地产管理联动。房产、地产的发展和管理有其各自的特点和规律性,这是毋庸置疑的,但是,它们之间有着内在的联系,尤其是房产对地产的依托,这更是应该看到的。(3)对产权的管理是完整的。从表面上看,产权与房地产宏观调控没有密切的联系,其实,它是一种经济体制的核心内容。不论是市场化过程还是政府的宏观调控,完整、明确的产权既是其前提和基础,又是其重要的内容。因此,房地产管理机构的设置不能不考虑产权管理的要求。(4)有比较完善的房地产投融资体系。房地产业在国民经济中是一个重要而特殊的行业,其特殊性(房地产业的经济特性)就决定了房地产业天然地要与金融业融为一体,彼此融合,相互促进,共同发展。根据发达国家和港、台地区房地产业运作经验,完善的房地产投融资体系包括房地产信贷市场、房地产抵押市场、房地产证券市场、房地产信托投资市场、房地产保险市场等。香港房地产业所占用的银行资金,高达香港银行业贷款总额的四分之一。香港的金融业对房地产业的发展以及市民住房问题的解决立下了汗马功劳。(5)房地产管理部门的职能是明确的,职能的行使是严格的。

我国大陆地区房地产业发展与港、台房地产业发展既有相同的一面,又有不同的一面,其共性表现在:市场在资源配置过程中起着重要作用,房地产业在宏观经济中构成支柱性产业等。这就决定了我国房地产业借鉴港、台地区房地产业发展和管理经验具有现实基础。通过对港、台房地产业运行机制和机构设置特点的分析,我们得到的有益启示是,我国房地产宏观调控体制的改革要重视以下几点:第一,我国房地产宏观调控体制的改革要满足市场化的要求;第二,实行房产、地产管理联动;第三,有利于产权制度的完善;第四,有利于进一步完善房地产投资融资体系;第五,合理鉴定房地产管理部门的职能。

（二）我国房地产宏观调控体制的选择

1. 土地管理机构。

目前,我国土地利用规划的最高行政管理部门为国务院的国土资源部,具体职能部门为规划司;在地方为地方政府土地行政主管部门。在土地管理上,仍应坚持统一领导,分级管理的原则,但以中央集中管理为主。实现土地的集中管理,并不意味着放松或减轻各级地方政府在耕地

保护中所应承担的职责,中央集中的只是一些不宜由地方行使的权力。这种体制有优点也有缺点。从长期来看,现行体制对地产发展和土地管理是不利的。政府作为宏观调控的惟一主体,其身份和职能的合理鉴定是一个至关重要的问题。政府对土地的管制来自两个方面:一是作为业主的身份根据土地契约的规定对使用者进行监督;二是以政府的身份,在宏观上调控房地产业,例如,利用土地供应机制,调控经济发展总量和产业结构及布局;利用土地价格机制调控土地市场运作;利用土地分配机制调节土地收益分配关系,并对全国土地的使用和发展进行监督。双重身份所具有的职能具体表现在:全面规划利用土地;对房地产经营进行监督管理;对土地使用中的违法活动进行制裁。基于以上认识,我们认为,房地产管理机构在城市一级以适当集中管理为宜。

2. 房地产管理机构。

我国房地产的登记管理工作从 20 世纪 80 年代才受到重视,登记的产权以房地产所有权与使用权为主。就登记产权而言,有大量的工作需要做。例如,政府需要对全国的土地进行详尽的地籍测量,全面调查和登记境内房地产业权、位置、面积、用途等;其次,由政府结合城市的发展规划,科学合理地确定土地的用途,哪些由政府直接管理,哪些可以通过拍卖、公开招标、协议等方式让渡使用权。此外,要规范和发展房地产中介服务机构,使房地产开发、建筑、营销、评估、融资、管理、产权保险等协调发展,为土地上市和流通做好准备。

由于房屋的使用和其基地是密不可分的,故在对地产和房产的使用管理、建筑管理、登记管理中,很难将地产和房产截然分开。由于种种历史原因,我国现在仍将地产和房产分开管理,土地由专门的土地管理部门负责管理,房产由专门的房产管理部门管理。有的地区甚至出现土地由城市土地规划局管理、房屋建设由城市建设管理委员会管理、建成后的房屋由房屋管理局管理的情况。根据香港、台湾地区的经验,这种多头管理的情况必然导致管理效率下降。因此,我们主张将地产和房产的管理部门合为一个部门。

此外,可以参照香港的经验,利用土地一级市场的拍卖机制,对一部分土地的使用权可以拍卖,拍卖所得收益用于建设公房;或者为建设公房的项目免费提供土地,这样就能将建成的公房以较低的价格,向中低收入者销售,以最大限度地改善中低收入者(特别是低收入者)的居住条件。

专题分析:国有制土地如何与市场对接

公有制经济如何与市场对接,一直是理论工作者和实际工作者关注的问题,国有制土地如何与市场对接更是值得深入研究和解决的问题,所以我们特列此专题分析,意在引起讨论。

国有制并不是只有社会主义国家才有,世界上其他国家也存在国有制,只是国有化的程度有所不同。但不论是哪个国家,只要存在国有制就面临着如何与市场对接的问题。比如,英国战后初期到 1951 年,以及 20 世纪 70 年代下半期,先后出现了两次国有化高潮,到 1978 年政府控制了采煤、造船等部门的全部,航空、钢铁工业、石油生产的 3/4,汽车工业的一半。然而,20 世纪 80 年代的私有化运动,其主要目的是提高国有经济部门的运行效率,使其与市场对接。此时,英国使国有企业与市场对接的手段是私有化。又如,俄罗斯经济转型过程中与市场对接的手段也是私有化。而中国国有企业改革的方式是实行股份制经营,完善企业法人治理结构,以此来实现国有企业与市场的对接。然而作为国有制的土地如何实现与市场对接呢?有人从产权理论出发主张土地私有化,我们认为这种主张在中国不可行。在中国国有制土地与市场对接的手段可以参照香港特区的做法,即实行土地拍卖制度。因此,中国刚刚实行的土地一级市场的拍卖制度,可以认为是国有制土地与市场对接的一个很好的方式。

思 考 题

1. 房地产宏观调控的必要性有哪些?
2. 房地产宏观调控的手段有哪些?
3. 试论述中国房地产宏观调控的基本目标。
4. 简述中国房地产宏观调控体制的选择。

参 考 文 献

1. 曹振良:"中国住宅市场运作机制的基本架构——中国住宅市场十题",《中国房地产研究》,2002年第1期。
2. 丁立宏:"试论我国房地产市场监测系统的建设",《中央财经大学学报》,1997年第12期。
3. 丰雷:"中国房地产经济区划初步研究:聚类分析方法的一个应用",《经济研究参考》,2000年第20期。
4. 李学芬:"对我国房地产业发展中若干问题的思考",《经济研究参考》,2000年第29期。
5. 罗龙昌:《房地产业宏观管理》,经济管理出版社,1999年。
6. 胡代光:《西方经济学说的演变及其影响》,北京大学出版社,1998年。

第二十五章 房地产业可持续发展——宏观调控目标

可持续发展是当今世界的热门话题,是各国社会经济发展的重要战略目标。本书也正是把房地产可持续发展作为房地产宏观调控的目标来研究。

第一节 可持续发展的内涵和房地产可持续发展

一、可持续发展理论的基本内涵

什么是可持续发展?尽管学术上存在着不同的认识,但一般认为,可持续发展是指既满足当代人的需要,又不损害后代人满足需要的能力的发展。它有两个基本点,一是必须满足当代人的需求,否则他们就无法生存,二是今天的发展不能损害后代人满足需求的能力。这一定义包含的思想原则已为世界各国所接受和运用。

(一)可持续发展的主要内容

在具体内容方面,可持续发展涉及可持续经济、可持续生态和可持续社会三方面的协调统一,要求人类在发展中讲究经济效率,关注生态安全和追求社会公平,最终达到人类生活质量的提高。可持续发展虽然缘于环境保护问题,但作为一个指导人类走向 21 世纪的发展理论,它已经超越了单纯的环境保护。它将环境问题与发展问题有机地结合起来,已经成为一个有关社会经济发展的全面性战略。具体地说:

1. 经济可持续发展。

可持续发展十分强调经济增长的必要性,而不是以环境保护为名取消经济增长,因为经济发展是国家实力和社会财富的基础。但可持续发展不仅重视经济增长的数量,更关注经济发展的质量。可持续发展要求改变传统的以"高投入、高消耗、高污染"为特征的生产模式和消费模式,实现清洁生产和文明消费,以提高经济活动中的效益。

2. 生态可持续发展。

可持续发展要求经济发展要与自然承载力相协调。发展的同时必须保护、改善和提高地球的资源生产能力和环境自我净化能力,保证以可持续的方式使用自然资源。因此,可持续发展强调发展需要节制,没有节制的发展必然导致不可持续的结果。同时又不同于以往环境保护与经济发展相脱离的做法,而是要求保护与利用要合理地结合起来。对在发展的整个过程中环境资源的预防应该重于治理,从而在根本上解决环境问题。

3. 社会可持续发展。

可持续发展强调社会公平是发展的内在要素和环境保护得以实现的机制。鉴于地球上自然资源分配与环境代价分配的两极分化严重影响着人类的可持续发展,因此发展的本质应包括普遍改善人类生活质量,提高人类健康水平,创造一个保障人们平等、自由、教育、人权和免受暴力的社会环境。这就是说,在人类可持续发展系统中,经济可持续是基础,生态可持续是条件,社会可持续才是目的。人类应该追求的是以人为目标的自然—经济—社会复合系统的持续、稳定、健康发展。

（二）可持续发展的基本原则

可持续发展是一种新的人类生存方式。贯彻可持续发展战略必须遵循一些基本原则：

1. 公平性原则。

可持续发展强调发展应该追求两方面的公平,一是本代人的公平即代内平等。可持续发展要满足全体人民的基本需求和实现较好生活的愿望。可持续发展要给世界以公平的分配和公平的发展权,要把消除贫困作为可持续发展进程特别优先的问题来考虑。二是代际间的公平即世代平等。要认识到人类赖以生存的自然资源是有限的。本代人不能因为自己的发展与需求而损害人类世世代代满足需求的条件——自然资源与环境。要给世世代代以公平利用自然资源的权利。

2. 持续性原则。

持续性原则的核心思想是指人类的经济建设和社会发展不能超越自然资源与生态环境的承载能力。这意味着,可持续发展不仅要求人与人之间的公平,而且要求人与自然之间的均衡。能源与环境是人类生存与发展的基础,离开了资源与环境就无从谈及人类的生存与发展。可持续发展主张建立在保护地球自然系统基础上的发展,因此发展必须要有一定的限制因素。人类发展对自然资源的耗竭速率应充分顾及资源的临界性,应以不损害支持地球生命的大气、水、土壤、生物等自然系统为前提。换句话说,人类需要根据持续性原则调整自己的生活方式、确定自己的消耗标准,而不是过度生产和过度消费。发展一旦破坏了人类生存的物质基础,发展本身也就衰退了。

3. 共同性原则。

鉴于世界各国历史、文化和发展水平的差异,可持续发展的具体目标、政策和实施步骤不可能是惟一的。但是,可持续发展作为全球发展的总目标,所体现的公平性原则和持续性原则,则是应该共同遵从的。要实现可持续发展的总目标,就必须采取全球共同的联合行动,认识到我们的家园——地球的整体性和相互依赖性。从根本上说,贯彻可持续发展就是要促进人类之间及人类与自然之间的和谐。如果每个人都能真诚地按"共同性原则"办事,那么人类内部及人与自然之间就能保持互惠共生的关系,从而实现可持续发展。

二、房地产可持续发展的基本途径

作为一种资源,房地产也具有稀缺性等特征;作为一种商品,房地产是社会财富的重要组成部分,房地产的价值要在房地产市场上表现出来;而作为一种基本物质资料,房地产是保证社会经济生活正常运作的基本条件,房地产与社会环境相互影响。正是从房地产的特性及可持续发展的内涵出发,在此我们把房地产可持续发展定义为：房地产业发展在实质上表现为它是一种经济活动,同时它又与生态环境、社会发展密切相关。房地产业在取得自身发展的同时,至少不得损害人们未来发展的能力和条件。符合这一条件的房地产发展,我们称之为房地产可持续发展。它包括土地资源的永续利用、住宅业的稳定协调发展、房地产市场完善与人居环境改善等多方面内容。具体而言,房地产可持续发展的基本途径可归纳为以下四个方面。

(一) 资源利用方面

在特定的社会经济条件下,土地也是一种稀缺的自然资源,因而土地不仅具有直接和间接的使用价值,而且具有自然资源的存在价值。即土地的存在构成了自然环境的不可分割的一部分。土地资源的永续利用是住宅业持续稳定发展的基本条件,也是房地产市场发展与人居环境改善的基本前提。从资源利用途径来看,确定合理的土地价格及土地利用的最低安全标准,在房地产经济活动中建立土地利用的代际公平规则,是实现房地产可持续发展的必然要求。

(二) 经济发展方面

房地产是一种商品,其价值的实现,既带来了社会财富的增长,也是社会经济发展的必然要求。既带来经济增长,也保证社会持续和生态持续的经济发展,是实现房地产可持续发展的基本途径。就是说,房地产可持续发展也必然要求构筑更为完善的市场体系,在房地产市场体系中实现房屋和土地的经济价值的同时,也实现其社会价值和生态价值。在经济发展途径这方面,如何保证房地产开发与生态环境保护的协调发展,如何把握房地产开发的生态原则是房地产可持续发展的基本内涵。

(三) 生态保护方面

作为不动产,房地产与其自然环境和社会环境有重大的相互影响,房地产生态价值的实现也是房地产可持续发展的必然要求。房地产业持续稳定增长和房地产市场体系的扩大和完善最终必然要与生态环境的不断改善与生态保护水平的不断提高相协调,因而生态保护水平的维持和提高也是房地产可持续发展的一条基本途径。相对于房地产经济活动而言,人居环境的改善和住房问题的解决具有特别重大的意义。总体而言,社会房地产总价值的多少就取决于社会生态保护水平的高低。

(四) 社会进步方面

房地产是社会经济生活的一种基本物质条件,而充分实现房地产的经济价值、生态价值与社会价值也是社会稳定与进步的基础。房地产可持续发展要求实现房地产业的持续增长以不断增加社会财富,也要求实现包括房屋和土地在内的所有社会财富更为公平地分配给所有社会成员,保证房地产资源与房地产商品在社会各成员间公平合理地分配就是房地产社会价值的基本内涵,而且房地产的社会价值也只有在社会稳定与社会进步之中才能体现出来。具体而言,所谓社会进步途径就是要公平合理地解决住房问题,就是要把人居问题的解决与创建人地协调、人人平等的理想相结合。

从目前的情况看,市场经济虽能较好地解决房地产经济价值的实现问题,但对于其生态价值与社会价值的实现仍有诸多障碍。从这一点来看,构建一个可持续的房地产市场发展模式也是实现房地产可持续发展的必然要求。

第二节 土地资源利用与可持续发展

一、土地资源可持续利用的涵义

1993 年联合国粮农组织颁布的《可持续利用管理评价大纲》明确指出,土地利用的目标在于:

(1) 土地利用方式有利于保持和提高土地的生产能力(生产性),包括农业的和非农业土地生产力以及环境美学方面的效益。

(2) 有利于降低生产风险的水平(安全性),使土地产出稳定。

(3) 保护自然资源的潜力和防止土壤与水质的退化(保护性),即在土地利用过程中必须保护土壤与水资源的质与量,以公平地给予下一代。

(4) 经济上可行(可行性)。如果某土地利用方式在当地是可行的,那么,这种土地利用一定有经济效益,否则,不能存在下去。

(5) 社会可以接受(可接受性)。如果某种土地利用方式不能为社会所接受,那么,这种土地利用方式必然失败。

总之,生产性、安全性、保护性、可行性和可接受性是土地可持续利用的目标,也是其评价的标准。根据土地可持续利用的目标,土地资源可持续利用的涵义至少应包括以下几方面:

1. 土地利用是以维护或重建生态平衡为基础。土地是一个生态系统,土地利用不能破坏生态平衡。在现实经济发展中,人们可以对自然进行改造,但必须要建立新的良性循环的生态平衡,保持生态系统的稳定性。

2. 充分开发和利用自然资源,提高土地生产能力要以土地利用技术发展和更新为前提。人类社会经济发展的历史表明,尽管人类人口数量迅猛增长,物质和文化生活水平日益提高,但目前真正的资源短缺影响并不严重。因为科学技术的进步,开拓了资源可供利用的选择范围,增加了资源的多样性和相互替代性。

3. 土地资源可持续利用要依靠科学政策与土地管理来保证。土地资源的退化,在很多情况下,并非土地产出增加而形成的,更多的是因为土地资源管理不善、土地资源浪费和环境恶化造成的。进行科学的土地管理,不仅可以提高土地的产出,而且也有助于提高土地的质量。

4. 土地资源的持续利用要从人口、资源、环境与发展的关系优化协调出发。土地资源面积是有限的,尽管没有必要对人类的未来悲观失望,但树立正确的人口观、环境观与人地协调观,积极主动地去面对人均土地面积减少的事实,这对土地资源的持续利用也是至关重要的。

二、土地资源可持续利用的难题

从理论上讲,土地资源可持续利用的科学性是显而易见的,但在实际运用时,却存在着一系列令人困惑的难题。

1. 优势区位的过度竞争。土地资源面积是有限的,位置是固定的。它使得土地的自然供给没有弹性,土地的开发利用要受到供给总量的控制,存在着对优势区位的竞争。这样,越是质量好的土地,越是区位好的土地,其土地开发利用的需求越是强烈。由于全部土地需求的压力集中指向到有限面积的精华土地之上,致使一些可更新资源从一些最适宜的土地上消失,这会给余下的生产可更新资源的土地产生更大的压力。在我国,大量的耕地的流失除了自然灾害因素外,经济高速增长过程中工商业对优势区位土地的过分竞争也是一个重要的因素。

2. 地区优势的片面发挥。土地利用具有多宜性,而质量越好的土地多宜性就越突出。土地使用者对经济利益的最大追求,往往可能促使土地不能因地制宜地利用。在我国,资源和产品价格体系尚不完善,导致一些地区重工轻农,以牺牲农业、占用耕地去追求经济发展。此外,地方政府对局部利益的强调造成社会土地利用在区域上存在极不合理的现象,结果是造成了各地产业经济结构趋同,生产布局并不能发挥地区优势,从而因追求局部土地效益而导致整体经济效益下降。

3. 相邻土地的利用问题。土地具有不同的用途有其存在的必然性,但土地利用的同等重要性常常在相邻的土地利用者之间造成反效应。在城市建设和发展中,工业发展、道路建设、垃圾处理用地,都无疑是非常必要的,都是重要的土地用途。但污染却使这些土地利用类型与相邻地域产生很大的矛盾。要消除这些矛盾,需要付出一定的资金投入,而资金在我国大部分经济发展水平不高的地区,又是经济发展中最为稀缺的资源。我国乡镇企业的兴起与发展正是利用了资金投入门槛低与环保标准低的优势,但土地利用的持续性问题却日益严重了。

4. 土地制度的变革问题。我国过去实行无偿、无限制、无流动的土地使用制度,它造成了土地使用者不必为占用土地而承担任何风险,从而导致多占欲望,土地粗放经营难以抑制。在今天,土地使用制度改革,实行土地有偿、有限期、有流动的使用,虽然提高了资源配置的效率,强化了政府和土地使用者的土地资产意识,但是市场配置也有可能使得政府官员,为眼前经济利益而过量批租土地,也可能造成有实力的企业占有远远超出其需求的土地,或从事土地投机,或造成土地浪费。

5. 土地利用的公平问题。土地可持续利用也受到社会经济发展地域不平衡的困扰。环境的破坏,土地的退化危害着每一个人,尤其危害着贫困地区的人们。由于贫困地区的人们最直接地依靠自然生态环境而生存,土地几乎是他们惟一的财富,因而从整个社会的可持续发展来看,贫困地区应有较低的环保与生态标准以便能与社会一道共享经济发展的成果。然而,在当前不公平的经济秩序中,发达地区有时凭借自己的经济和技术优势,不仅不承担更大的环境责任、社会责任和未来责任,而且有时通过不平等的资源贸易和企业扩散,将自己的资源危机与环境问题转嫁给贫困地区,更加剧了这些地区的环境恶化。土地可持续利用更难实现。

三、土地资源可持续利用的经济学思考

当前,自然资源的有限性制约已成为人类可持续发展的关注点。在我国,由于面临加速工业化与城市化的发展难题,耕地资源的过度耗损及城市土地生态价值的不断下跌已成为我国房地产业实现可持续发展的巨大障碍。从经济学的理论分析来看,土地资源的可持续利用有三个需要着力解决的问题,即土地资源的合理定价、土地利用的最低安全标准和土地利用的代际公平规则。

(一)土地资源的合理定价

1. 土地资源价值理论。土地作为一种可再生性的自然资源,也具有与其他自然资源相同的价值内涵。土地资源价值包括四个方面:

(1)直接使用价值,即可在土地市场上测量的土地价值。

(2)间接使用价值,即不可在土地市场上测量的土地价值。

(3)选择价值,指特定土地未来所具有直接或间接使用价值。

(4)存在价值,即人们对特定的土地资源存在而愿意支付的数额。

影响土地资源价值的因素包括土地利用类型、土地利用容量和经济投入量等。土地资源价值评估可采用因果评价法、旅行成本法和怡值定价法等。一般而言,土地的经济价值通过土地市场体系来实现,而土地资源的生态价值和社会价值只能通过非市场形式来实现。

2. 土地资源定价问题。

(1) 土地资源合理定价是实现土地资源优化配置的目标。

(2) 由于土地产权的公共性,个人利益的极大化难以实现,因而政府常常要直接干预土地资源利用与开发。

(3) 土地资源的合理价格一般由"社会效用函数"来求取。其中,要考虑使社会利益最大化的"社会贴现率"及土地资源的"自然恢复率",并一般假定土地利用时间为无限区间。

但是,由于资源储量和长期贴现率都是难以确定的参数,而当前对不确定性条件下的土地资源定价仍缺乏理论分析手段,因而土地资源定价问题的圆满解决仍有待时日。

(二) 土地使用的最低安全标准

1952年,美国学者旺特卡普就提出"自然保护的最低安全标准";1978年,毕晓普试图从最小—最大原理的策略原则来看待最低安全标准,即社会应选择那种使最大限度损失额最小的策略。1989年戴利则将最低安全标准具体规定为三条:社会使用可再生资源的速度,不得超过可再生资源的更新速度;社会使用不可再生资源的速度,不得超过作为其替代品的、可持续利用的可再生资源的开发速度;社会排放污染物的速度,不得超过环境对污染物的吸收能力。

土地资源保护利用虽然也可借用基于经济人假定上的传统的费用—效益分析,但由于土地资源利用具有明显的外部性效应,采用最低安全标准较为适用。在知道某一土地资源利用的决策,其私人成本小于社会成本,但不可能或来不及将利弊得失算清时,就有必要从可持续性规范出发,用最低安全标准来保护子孙后代的利益。

(三) 土地利用的代际公平规则

1988年,佩基最早提出并定义了代际公平问题,即假定当前决策的后果将影响好几代人的利益,那么,应该如何在有关的各代人之间就上述后果进行公平的分配。为做到代际公平,佩基提出了所谓"代际多数规则",即当某项决策涉及到若干代人的利益时,应该由这若干代人中的多数来做出选择。由于相对于当代人来说,繁衍不绝的子孙万代永远是多数,因而从代际多数规则中可得出如下推论:如果某项决策事关子孙万代的利益,那么,不管当代人(或再加上若干代子孙)对此持何种态度,都必须按照子孙万代的选择去办。

土地资源利用的代际公平规则要求我们在进行土地资源利用时应"保持土地资源基础完整无损"。在我们所能预见和控制的范围之内,我们应努力确保下一代及子孙万代能有机会继续实现土地资源的经济价值、生态价值与社会价值。

第三节 房地产开发与可持续发展

一、房地产开发中的生态平衡和环境保护

(一) 城市房地产开发与生态环境保护的关系

城市房地产开发,就是通过投资建设房屋这一经济活动,使那些尚未被利用和未充分利用的城市土地资源,得以最佳使用,获得最好效益。因此,进行城市房地产开发,就是要改变原存的土地利用方式,实际上是对土地这一城市生态基础提供的自然资源和环境,进行合理的调整和利用,这就必然会改变和影响整个城市的生态环境。因为土地的利用与生态环境之间存在着相

互制约的关系。

现代意义上的土地,是一个综合的人工生态环境系统。其作为自然生态系统的基本要素,是生命系统赖以生存的基础环境,土地又作为基本的生产要素,是众多资源要素构成的综合体,从而成为社会生产力的源泉。土地还是一束使用价值,即从每块土地的表层来看,对土地的利用,不论是对市地或对农地,都可以有生态用途、空间用途和风景用途三类。但是,土地是一种有限的自然资源,人们对任何土地的选择都必须在人工生态系统性循环的前提下保持土地用途的适当性,才能充分发挥土地的最优使用价值。

长期以来,由于片面强调对城市土地的开发利用,缺乏生态保护意识,没有一个以尊重生态规律和土地自然发展规律为依据的土地利用规划,因而房地产开发活动减少了城市绿地,加剧了城市污染,增大了城市生态压力。可见,生态环境与土地开发利用是一个整体,是土地开发利用整体系统的一个组成部分,土地开发利用与生态环境之间存在重大的相互影响。

总之,城市生态环境是取得城市房地产开发综合效益的基础,它所提供的城市存在空间和活动空间,能量转换和物资循环条件,决定并直接影响着城市房地产开发的规模、速度和效益。一方面,房地产开发须以尊重环境生态规律为前提;另一方面,城市生态环境的保护,又为城市土地的开发和再开发创造出更为有利的发展条件。

(二)城市房地产开发的生态原则

房地产开发意味着要改变原有的土地利用方式,对土地所提供的自然资源和生态环境,进行合理的调整和使用,使城市所聚集的社会生产力及其要素得以高效率地可持续发展。就是说,对生态环境的保护是房地产开发的内在要求。在城市房地产开发和再开发中,要处理协调好房地产开发与生态环境保护的关系,要做到经济效益、生态效益和社会效益的统一,须遵循以下三条原则。

1. 生态规划原则,即以生态经济发展规律为依据,制订土地开发利用总体规划,确保城市各项用地数量和比例,实行合理的城市功能分区。同时,还要建立土地利用绿线制度,把城市生态经济系统的合理空间秩序,体现在整个城市空间的有计划布局之中。

2. 生态评估原则,即要建立和推行技术评估制度。在土地开发前,应先进行环境、社会容量的预测,确定各项生态环境标准;在土地开发计划实施时,进行全面的调查、分析和认证。在对生态环境影响预测评估基础上,确定土地开发的规模、区位及最佳的开发方式。

3. 综合利用原则,即对土地等资源要做到利用、再生与保护相结合,生态需求与经济需求相统一。重点在于充分提高物质能量的利用率、提高资源的重置利用率、提高配套设施的利用效率及降低环保资源的损耗率。

二、房地产开发与生态环境保护的协调发展

(一)房地产开发总目标的修正

在可持续发展战略中,城市发展的总目标不再是以追求产值为中心的城市经济发展目标而应是包括自然环境质量、市民福利和健康状况、文化教育科技和经济水平在内的城市生态经济发展目标。因而,房地产开发的总目标也应修正为追求房地产开发活动中生态经济效益的最大化。

为实现房地产开发的总目标,必须正确处理和协调好房地产开发与生态环境保护的关系,

采取一定措施使两者达到统一。具体而言,任何一项房地产开发活动,都应从经济价值、社会价值和生态价值三方面来估量房地产开发项目的可行性和数量大小。其中,生态成本的复合价值指标可作为房地产开发项目可行性的基础指标。

(二) 实现房地产开发可持续的基本措施

一般而言,要实现房地产开发的可持续性,首先,必须更新观念,特别要转变对市场机制理解的盲目性,因为经验证明,仅靠市场机制无法解决经济发展的持续性问题。其次,要转变体制,推进包括土地在内的自然资源的资产化管理,加速建立国有自然资源管理新体制,这也是实现房地产业可持续发展的必然要求。其三,培育可持续发展的社会经济主体,使生态环境保护成为社会大众共同遵循的行为准则,这也是可持续发展的基本要求。

具体来说,房地产开发与生态环境保护的协调发展必须解决土地利用的合理化问题,而其中土地利用指标的合理性问题尤为突出。此外,增强城市自净能力,实施绿色科技计划等措施也相当重要。

第四节 人居问题与可持续发展

一、人居问题的现状与认识

人类住区作为人类生存和发展的空间,具有广泛的含义。它涉及了全球范围内不同的国度,包括了城市和乡村等不同的住区类型,涵盖了人类衣、食、住、行的各个方面,也是人类社会经济发展水平的重要体现。20世纪中叶以来,随着世界人口增长和高速经济增长以及对环境资源的掠夺,无论在发达国家还是在发展中国家,都面临日益严重的生态环境问题,从而直接威胁到人类自身的生存空间,所谓的人居问题因此而产生。

(一) 城市化加速难题

城市地区是人类住区中最重要的组成部分,对人类住区的发展具有举足轻重的作用,同时也决定整个社会经济的发展。然而,由于城市人口的膨胀和过度发展使城市产生许多问题,并且日趋严重。

首先,20世纪60年代以来,环境公害事件的不断出现并日趋严重,城市正日益受到大气、水、噪声的污染。其次,由于城市人口的急剧增加和城市基础设施建设的不能同步进行,造成城市交通状况的日益恶化。再次,城市人口的增加带来的最直接的问题是城市居住问题。长期以来,我国对城市住房建设的投资远远不适应城市人口增长的需要,造成城市居民的居住条件不断恶化,居民最基本的生活需求得不到满足,从而影响了城市的社会发展和稳定。

(二) 城市资源有效利用难题

人口和经济的集聚是城市化的重要特征。在城市化的加速期,人口和产业的集聚程度不断提高,土地利用效益也不断提高。然而,由于缺乏保护耕地的长远意识,加上缺乏完善的土地管理制度,宝贵的耕地资源大量流失,而且,土地批租市场的混乱和失控,削弱了政府对城市经济发展和城市建设的调控作用,也使城市财政的土地收益严重流失。此外,我国还面临严重的缺水危机,在大部分地区面临资源型缺水的同时,由于污染而产生的水质型缺水现象也日益严重。由于城市人口的超常集聚,城市劳动力资源的闲置也越发严重,城市人口的失业不仅制约了经济发展,也造成了严重的社会问题。

(三)文化遗产保护难题

我国人类住区文化遗产保护工作主要集中在城市地区,在文物保护的历史文化名城的建设与保护上均作了大量的工作。近年来,对城市历史地段的保护也日益重视,但是,由于我国经济发展还处于较低的水平,城市建设处于发展的上升期,市场经济在城市建设中的引入,为城市建设注入了动力和契机,同时也对历史文化遗产的保护构成了极大的威胁。旧城改造过程中,城市特色丧失,历史文化遗产失去保护,以及开发强度过高过密,城市环境恶化等问题比比皆是。当前,在迅猛的城市化浪潮中,我国的历史文化遗产正面临逐步消失的威胁。

二、人类住区可持续发展及其对策

人类住区的可持续发展有着广泛的含义,它涉及到人类经济社会生活的各个方面。1976年"温哥华人类宣言"指出,人类住区发展的重点是在住房和基础设施建设上,人类住区发展的手段是通过有效的规划和管理,缩小城乡之间、区域之间及其本身的差别,改善人类和生存环境,同时促进人类社会经济的可持续发展。1992年的"全球21世纪议程",归纳人类住区发展的总目标为改善人类住区的社会、经济及环境质量和所有人(特别是城市和乡村贫民)的生活和工作环境。同时,进一步明确了人类住区发展方案领域的具体内容,即向所有人提供住房;改善人类住区管理;促进可持续发展的土地利用规划和管理;促进综合提供环境基础设施;促进水、卫生、排水和固体废弃物管理;促进人类住区可持续的能源和运输系统;促进灾害易发区的人类住区规划和管理;促进可持续的建筑业活动;促进人力资源开发和能力建设以促进人类住区发展。

从解决人居问题的角度来看,人类住区可持续发展的基本对策包括以下几个方面:

1. 城市化和城乡协调发展。城市化是一个国家或地区实现现代化的必要过程,是社会进步的一个标志。加强对城市化的宏观调控,制订合理的城市化发展战略,对城市化过程的持续、健康和有序发展将有特别重大的意义。而城乡协调发展战略则包括产业协调、市场协调、城乡规则和建设协调、生态环境协调、体制与政策协调等诸方面,实施正确的城乡协调发展战略对人类住区可持续发展同样意义重大。

2. 建立城市可持续发展规划。一个科学、合理和富于创新的城市规划对城市的可持续发展具有重要的作用,城市规划作为一种政府行为是对城市资源的合理利用与配置进行有效的管理,体现政府对城市建设与发展的科学性与合理性的宏观调控与指导作用。同时,城市规划管理部门对建设项目具审批管理职能,体现了政府对具体建设项目的微观指导。

所谓城市可持续发展规划应把握以下几方面,即第一,应正视生态的困境,积极贯彻可持续发展的战略,做到社会、经济、环境、文化的整体协调,区域、城乡发展的整体协调,积极推进区域发展战略研究,建立区域空间协调发展的规划机制。第二,在发展经济、技术的同时,应强调文化的发展,将城市规划与建设提高到文化创造的高度。第三,重视社会发展的整体效益,促进整体社会的和谐幸福。第四,科学追求与艺术创造相结合,共同创造美好的人类住区环境。

3. 实现住宅产业生态化。住宅产业是生产和经营住宅的产业,它不仅包括住宅建设的经济活动,也包含财产的观念、组织和部门等概念。住宅产业生态化是指住宅用地持续利用,住房建设良性循环与绿色小区建立等内容。当前,我国住宅产业生态化发展面临两个关键问题,即一为加速城镇房改进程,形成住宅建设投入产出的良性循环,二是积极推行村镇住宅商品化,扩大中国的住宅市场。

4. 加强人居建设的公众参与。1976年第一次联合国人居大会即提出了规划过程必须设计为能容许最大限度的进行公众参与。公众参与就是邻里、城镇或者是城市在有利于整个社区的活动或计划中的参与,如城市规划及社区发展实施计划等。面向可持续发展的人类住区,公众参与应广泛渗透到从规划决策到物业管理的全过程中,这对市场经济正逐步形成的我国尤其具有特别重大的意义。在规划决策中的"3C"(连续的、多方面的和协作的)规划方法以及在物业管理中住宅小区的管委会体制都将大大有利于我国房地产业尽快走上规范有序的发展轨道。

三、住房制度改革的可持续性评价

(一)目标和原则

目标应是实现住房制度改革与经济、社会和生态可持续发展的结合,应通过住房制度改革来促进我国可持续发展战略的实现。

评价原则应从可持续发展的特征与房地产业发展的特征这两方面来把握。评价的基本原则可归纳为以下三条:

1. 人地平衡原则。即保证土地资源利用与满足人民合理需求的适当平衡,维持社会、经济与自然环境的协调性,在保证生态优化的前提下充分实现人的价值。

2. 最适利用原则。即各种房改措施应有利于更合理地利用土地、人口等自然与社会资源,城市土地利用与人居环境改善均应以最合理地利用资源为前提,应努力寻找利用资源的适度标准。

3. 稳定发展原则。即住房制度改革应促进资源更合理、更公平地在社会成员间分配,应通过房改举措来释放经济增长的潜能,并确立社会进步的导向,应以资源利用的合理性与伦理观念的先进性来保证社会经济的稳定与发展。

(二)几个评价专题

1. 住房差别价格。当前房改实施了住房差别价格,即按收入水平的不同分别实行所谓社会保障权、优惠成本价与完全市场价。在当前住房或土地资源未能充分有效利用的情况下,实施住房差别价格既可实现住房和土地的经济价值,也因其兼顾了社会中绝大多数成员对改善居住条件的迫切要求而产生了特别重大的社会价值和生态价值。

2. 多元产权体系。可持续发展要实现发展的社会效益、经济效益与生态效益的统一,而这种统一必须在多元化产权主体的共同努力中才能实现。代表各自利益的多元化主体的存在,是现代经济发展与社会进步的基本条件。狭义而言,住房产权与土地产权的多元化有利于提高资源配置效率,也有利于维持社会稳定局面。广义来说,多元化的社会主体将与政府、企业一道来维持社会经济生活朝向可持续发展的方向。

3. 政府重新定位。由于政府不论作为调控者,还是作为参与者,它都会对社会公平与经济效率及生态状况产生重大的影响,因此政府在把握可持续发展的战略方向的同时,也应对其自身作用进行再认识并重新定位。仅从物业价值的形成与实现过程来看,政府的各种政策举措应有利于物业价值的充分实现,既应保证物业经济价值的实现,还应促进物业生态价值和社会价值的实现。

此外,从物业价值充分实现的目标来看,有限期土地使用制度及相应的有限期物业产权制度也符合房地产可持续发展的战略取向。在可持续性评价中,其合理性问题也可以找到若干有利的证据。

第五节 房地产市场与可持续发展

一、市场经济观与可持续发展观

(一)市场经济观的内涵

1. 市场经济的基本要素。

任何市场经济,都必须具备以下几个要素:

首先,任何市场经济都必须有经济主体,即市场上的供给者和需求者。经济主体根据自身的利益,做出有关的决策,如生产什么?生产多少?消费什么样的产品与劳务?提供什么样的生产要素?等等。

其次,任何市场经济都离不开市场机制,即价格机制。由于在市场上,供给、需求和价格的变化是相互依存的,因而各个经济主体必然随时随地根据市场上价格和供求的变化来调节自己的各种经济行为(如生产和消费),使得各种经济资源的配置合理化。

再次,市场经济需要有一定的行为规范。这些行为规范所涉及的,可能是经济活动本身(如不能出售假冒产品、不能欠债不还),也可能是人类生活的其他方面(如不能出售毒品、不能污染环境,等等),这种规范可以是相应的法规,也可以是约定俗成的惯例。

2. 市场经济观的基本内涵。

与市场经济相适应,市场经济伦理肯定并强化了市场经济的合理性,市场经济观构筑了市场经济有效运行的社会心理基础。

首先,市场经济伦理必须在相当大的范围内承认个体利益的合理性。这种对于个体利益合理性的肯定集中体现在经济人假定和现代福利经济学上。作为现代经济学的基本规范,经济人假定认为在经济活动中,个人所追求的惟一目标是其自身利益的最大化。而现代福利经济学阐明了市场经济的福利准则,它认为,经济活动的目的是增进个人福利;个人是他自身福利状况好坏的最好判断者;社会福利取决于其所有成员的福利的好坏;由于每个人对于福利的看法不同,社会福利的优化只能遵循帕累托原则——即只有在某个人感到自身的福利有所增加,而其他任何人没有感到自身的福利有所减少的情况下,才能说社会福利增加了。

其次,市场经济伦理必须对个体利益的合理范围做出界定。这种界定要求用一定的伦理原则(如平等与公正)对市场经济活动进行规范,也要求市场经济活动还需遵守人类生活的其他基本准则(如劳动保护、社会保障等)。市场经济对个体利益合理范围的界定,集中体现在产权上。产权是经济主体对其财产的法定权力,它表明经济主体可以运用这些财产去做某些事,但这些行为必须是有条件和有限度的。

再次,市场经济伦理必须承认市场经济运行过程的合理性。市场经济是通过价格机制来运行的。而价格机制在使资源配置合理化的同时,也无情地惩罚那些做出错误决策的经济主体,使得他们受到损失甚至破产。在这一过程中,一部分资源将因为错误配置而浪费,这不仅对配置它们的经济主体,而且对全社会都是一种浪费。承认市场经济的合理性,就必须同时承认这种"试错"机制的合理性,而将由此产生的浪费看成是优化资源配置过程中必不可少的代价。

(二) 可持续发展观的挑战

1. 对"经济人范式"的冲击。

"经济人"假定是现代经济学最重要的理论假设之一,是构建经济学大厦的理论基石。经济人范式是现代经济分析框架的重要内容,可持续发展观也正在融入经济分析的主流,但可持续发展的进入却对"经济人范式"提出了严峻的挑战。

在"经济人范式"中,所谓经济人是自利的,也是理性的。经济人在良好的法律制度中,可以增进社会公益。总之,经济人是会计算、有创造性、能寻求自身利益最大化的人。在经济活动中,个人所追求的惟一目标是其自身经济利益的最大化。即是说,经济人主观上既不考虑社会利益,也不考虑自身的非经济利益。

然而,可持续性概念从规范经济学和伦理学的角度对经济人假定进行了否定。从可持续发展观来看,经济人充其量只具有经济理性,而他不关心政治问题与道德问题,不具有社会理性。经济人也不关心环境问题,也不具备生态理性。总体而言,与可持续发展观相适应的"新经济人"必须具有与可持续发展观相适应的行为规范,必须遵循生态安全原则和综合效益原则,也强调公平与正义原则,还要求采用共赢竞争方式,最后,"新经济人"还必须掌握整体主义方法论。

2. 代际资源配置与不可逆转性问题。

传统市场经济活动中的资源配置(无论静态或动态配置)所涉及的仅仅是同一代人范围内的资源配置问题。而保护环境与自然资源常常需要涉及到许多代人之间(即在当代人与子孙后代之间)的资源配置问题。正是在代际资源配置问题中,市场经济伦理暴露出明显的缺陷。比如,费用—效益分析中通常选择正值贴现率,特别是选择相当于资本的机会成本(社会贴现率)或实际利率的正值贴现率,以便将发生在不同时期的有关费用和效益换为现值。在当代人的利益格局中,正值贴现率的使用利于资源的优化配置。但采用正值贴现率的伦理含义就是:除了对下一代以外,人类对以后的各代没有道义责任。因此,代际资源配置的市场理论成为了市场可持续发展必须面对的理论课题。

从市场经济观来看,市场经济是一种"试错"机制,而且这种机制有其存在的合理性。但从可持续发展观来看,市场经济伦理对经济运行中的问题所采取的这种"等着瞧"的态度是十分危险的。因为环境污染和自然资源的耗竭性往往具有不可逆转性,或者需要很长的时间才可以逆转。而且,当代人有可能从自身的利益出发进行决策,而将由决策的不可逆转性造成的无法换回的损失推给子孙后代。可以说,在不可逆转性问题上暴露出了市场经济伦理的真正缺陷。从可持续发展的角度来审视,树立资源利用的最低安全标准是解决不可逆转性问题的基本途径,而所谓最低安全标准就是为了保证子孙后代的生存和发展,必须给他们留下最低限度质量的环境与最低限度数量的自然资源。

二、房地产市场模式的演进

(一) 从传统市场模式到可持续市场模式

传统市场模式的行为规范是建立在"经济人"范式的基础之上,传统市场经济活动是经济主体仅仅把握经济理性的过程。而可持续市场模式的行为规范则要建立在"新经济人"范式的基础上,可持续的市场经济活动是各类主体把握经济理性、社会理性和生态理性的过程。

传统市场模式中资源配置机制是以最优化资源的经济价值为中心,而包括土地、房屋在内的各种资源的传统市场价值就是其经济价值的集中体现。在可持续市场模式中,资源配置机制是以资源的经济价值、社会价值和生态价值的最优化为中心,土地与房屋的可持续市场价值不仅是其经济价值,也是其社会与生态价值的集中体现。

传统市场模式中政府与企业是两个最为重要的市场主体,政府与市场结合维护社会经济的稳定基础,而企业与市场的结合则实现社会经济的发展目标。但在可持续市场模式中,政府、企业与多元化的社会主体都是基本的市场主体。社会经济稳定与发展的目标是通过它们之间的协调与互动来完成的。在此模式中,自然资源的存在价值与社会价值观念的更新都成为市场运作过程中必须考虑的因素,而可持续市场价值体现了经济、社会和生态三方面效用的复合价值。

(二)房地产市场的可持续发展

1. 发展目标。

要通过把传统市场模式转变为可持续市场模式,修正价格机制对资源配置的偏差,最终实现房地产市场发展与社会进步、经济发展与生态优化的协调与均衡。

2. 发展途径。

总体而言,房地产市场的可持续发展要求把传统市场模式改造为可持续市场模式,要求把传统市场机制改造为可持续市场机制,要求把传统市场经济观改造为可持续发展观。具体而言,发展途径包括:培育多元化的市场主体,期望确立代表房地产资源生态与社会价值的独立的人格化主体。扩展市场客体的范围。使房地产资源价值、经济价值、社会价值都有其实现的途径和方式。实现市场规则制订主体的多元化,确立有利于社会稳定与经济发展的房地产制度体系,弥补价格机制的缺陷,通过技术创新与制度创新来减少价值机制的资源浪费与不可逆转性问题。

3. 发展动力。

一来源于观念转变,来源于可持续发展观的逐步形成,来源于全社会环境保护与生态优化意识的不断增强。

二来源于制度建设,规范房地产市场主体行为的法规得以完善,房地产价值充分实现的制度环境得以形成。

三来源于经济发展。不断增长的经济潜力为改造传统产业提供了充足的资金支持,也将促进包括房地产业在内的产业体系的生态化。

四来源于社会转型。具有独立主体意识的多元化社会主体成为制衡政府行政权力与企业经济权力有效的社会力量,并保证可持续发展观成为社会意识形态的基本成分。

4. 发展原则。

一为节制需求原则,即应从满足人们的充分需求转换为满足人们的适当需求,需求应受限于自然环境的承载力及社会稳定与经济发展能力。

二为有序供给原则,即供给的效率原则应从单纯的经济效率原则转变为考虑经济、社会与生态复合价值的复合效率原则。供给应保证最合理利用现有资源及维持企业目标与社会经济整体目标的协调。

三为生态优化原则,即房地产市场发展应保证生态资本积累成长的过程不断延续。房地产市场发展建立在房地产业发展的自然环境稳定改善的基础之上。

四为社会进步原则,即房地产市场发展应保证社会资本积累成长的过程不断延续。房地产市场发展应有利于社会意识形态的更新与社会文明水平的提高。

专题分析：房地产可持续发展评价

房地产可持续发展要考虑资源因素、经济因素、社会因素和生态因素等多方面因素。因此，如何评价房地产可持续发展是值得探讨的问题。我们这里设专题分析从不同角度提出几种评价方法供读者深入研究参考。

（一）房地产可持续发展的区域评价

$$SD = f(\vec{X}, \vec{Y}, \vec{Z}, T, L)$$

约束条件：$|\vec{X}+\vec{Y}| \leqslant \min |\vec{Z}|$，$|\vec{X}|$，$|\vec{Y}|$，$|\vec{Z}| > 0$

式中，SD 为房地产可持续发展系统目标；

$\vec{X}, \vec{Y}, \vec{Z}$ 为区域的经济、社会、生态系统发展水平矢量；

$T、L$ 为时间、空间矢量，表示可持续发展的不同阶段、地区。

其中：$\vec{X} = (X_1, X_2, X_3, \cdots, X_n)$

$\vec{Y} = (Y_1, Y_2, Y_3, \cdots, Y_n)$

$\vec{Z} = (Z_1, Z_2, Z_3, \cdots, Z_n)$

SD 是 $\vec{X}, \vec{Y}$ 和 $\vec{Z}$ 的函数，房地产可持续发展目标 SD 还与发展阶段和地区有关。经济、社会和生态系统发展水平矢量是该系统诸因素的函数。

上式表明：当资源与环境发挥其最大承载能力的状态，也就是其生态系统具有可恢复性的最低发育状态。

（二）房地产可持续发展的项目评价

1. 项目的复合价值评价。

项目的总产值－生产成本－生态成本＝绝对复合价值（Ea）

项目的总产值／（生产成本＋生态成本）＝相对复合价值（Er）

其中，生态成本估算可依据苛性准则、宽性准则或适性准则；生产成本计算方法可采用市场估价法、替代市场法及调查评估法。

对长期影响靠（自然）贴现率反映；对间接影响要建立投入—产出模型。

2. 项目可持续发展的判别标准。

(1) 正负性准则：$Ea > 0$，$Er > 1$，效益大于成本。

(2) 递增性准则：$Ea > 0$，长期净效益的最大百分比。

(3) 协调性准则：$Er > 0$，效益增长率 $\dot{B}/B >$ 成本增长率 $\dot{C}/C$ 经济与环境的协同进化。

(4) 稳定性准则：$0 < \dot{R} < \overline{R}$，复合价值增长率 $\dot{R}$，允许上限 $\overline{R}$。

（三）房地产可持续发展的评价指标

实现房地产可持续发展需要实现资源持续利用，经济充分增长，生态环境改善与社会稳定进步，因而，我们把房地产可持续发展的评价指标归纳为资源利用水平、经济增长水平、生态保护水平与社会进步水平四个方面。

1. 资源利用水平。

(1) 土地资源持续利用水平；

(2) 住房资源持续利用水平;
(3) 资源利用政策绩效。
2. 经济增长水平。
(1) 房地产业增长指标;
(2) 房地产市场开放指标;
(3) 房地产业劳动吸纳指标;
(4) 房地产业环境影响指标;
(5) 经济发展政策绩效。
3. 生态保护水平。
(1) 房地产业增长污染防治指标;
(2) 古旧建筑保护状况;
(3) 房地产功能完善指标;
(4) 生态保护政策绩效。
4. 社会进步水平。
(1) 人文素质指标;
(2) 社区状况指标;
(3) 社会稳定指标;
(4) 社会进步政策绩效。

指标的具体选择,应把握人地平衡、持续利用与稳定进步三原则。

思 考 题

1. 如何理解房地产可持续发展的基本途径?
2. 土地资源可持续利用的目标和内涵是什么?
3. 如何解决土地资源可持续利用的若干难题?
4. 如何实现土地资源价格的合理化?
5. 你对土地利用的最低安全标准和代际公平规则有何看法?
6. 如何理解房地产开发与生态环境保护的关系?
7. 试述房地产开发的生态原则。
8. 解决人居问题的根本途径是什么?为什么?
9. 何谓住房制度改革的可持续性评价?其意义如何?
10. 试对比分析传统市场模式与可持续市场模式的异同点。
11. 如何理解房地产市场的可持续发展?

参 考 文 献

1. 吴家正等:《可持续发展导论》,同济大学出版社,1998年。
2. 包亚钧等:《房地产经济论》,同济大学出版社,1998年。
3. 王军:《可持续发展》,中国发展出版社,1997年。
4. 牛文元:《持续发展导论》,科学出版社,1994年。

5. 潘家华:《持续发展途径的经济学分析》,中国人民大学出版社,1997年。
6. 胡涛:《中国的可持续发展研究——从概念到行动》,中国环境科学出版社,1995年。
7. 徐嵩龄:《环境伦理学进展:评论与阐释》,中国社会科学文献出版社,1999年。

第二十六章 房地产业发展预警——宏观调控预防手段

第一节 房地产发展预警装置概述

房地产业预警装置,顾名思义,就是能够对房地产业的景气状况预先发出警示信号的指示系统,其主要目的是满足企业、行业及政府决策者了解房地产业供给与需求市场行情波动前景的需要,同时它也是调节房地产供、需的关键性决策信息和依据。

预警装置的根本功能就是预报经济活动将要走向的景气状态。每一种景气状态都对应着一种经济运行特征,即供给和需求的相互关系。

为了提供预警信号,预警装置首要对现实经济过程进行测定、描述和识别,即判定现时经济运行过程及状态属于何种景气特征以及预示着将要走向何种景气状态。

预警装置由其功能要求决定了其结构构成。一个预警装置通常由以下几部分构成:

1. 预警指标体系。预警依赖于对现实经济运行过程的描述,而对经济过程的描述就离不开经济指标的描述,即由若干个经济指标的数量水平及其相互关系的描述才能构成对某一经济运行状态的总体性描述。经济运行过程的数量特征及经济过程之间的数量关系特征即是预警指标的本质内容。由于经济运行过程涉及因素的多样性与复杂性,所以选择预警指标只能选用那些有助于人们对总体运行特征进行把握的关键性指标。

2. 各景气状态的划分和确定系统。各景气状态,应表现出经济运行特征的明显差异,尤其是主要指标相互关系上的差异。这些差异可以表现在以下几个方面:(1)从单一变量上看,变量在不同景气状态时的取值和走势存在明显差异;(2)从指标间数量关系特征和变动倾向上看,它们在不同景气状态存在差异;(3)从全体指标综合的角度看,综合的数量特征的取值和走势,在不同景气状态是不同的。

景气状态的划分和确定,最理想的情况是由具有完整逻辑体系的经济理论来完成。因为经济理论所反映的变量差异及变量关系的差异正是景气状态间质的差异,而实证性的景气状态划分和确定方法往往会混淆景气状态质的差异与量的差异。而预警的目标首要的是判定未来时期景气状态是否会出现质的变化。

当然,在没有合适的理论的情况下,划分和确定景气状态就只能采用经验式的实证分析,即把过去时期景气转换过程中出现的明显差异,作为现时判定和预警的主要参考系。但必须克服几种倾向:(1)不能把少量的变化认定为质的变化;(2)不能把特殊原因造成的反常偏差当作是景气状态的实质变化(如季节因素引起的变化);(3)不能把经济发展过程中的变量关系新的变化当作是景气状态的更替。

3. 景气前景判断系统。依据所测定到的各特征变量数量水平的变动以及特征变量间关系的变动,结合景气状态划分和确定系统给出的各景气状况的特征,判定经济运行处于何种景气状态和即将进入何种景气状态。

4. 预警对策系统。通过判断系统对景气前景做出预报后,只有根据预报结果通过选择合适的对策,才能起到调节和指导经济正常运行以及指导经济主体在不同景气状态下获得最大利益(或尽可能减少损失)等方面的作用。要实现这一功用,就必须对每一景气状态下的经济特征及其对各经济主体的影响做出分析,同时还必须对每一景气状态转向正常态的必要条件做出分析。这样一来,各经济主体可根据所处景气状态承受影响的情况来决定自身的对策,宏观决策部门则可以制定使景气转向正常态的必要政策。

房地产预警大致可以按以下四个步骤进行:

1. 判定目前的景气状态。根据各个预警指标的值及其走势,经过综合分析,可判断房地产经济运行所处的景气状态。

2. 分析影响景气状态变化的条件。影响房地产经济景气状态变化的关键因素是房地产需求水平和房地产供给能力,而最直接影响这两个因素的是宏观经济景气状态和宏观经济政策。

3. 判断景气走势和未来的景气状态。在已知目前的景气状态及影响景气变化的条件的情况下,即可做出对景气走势及未来的景气状态的判断。

4. 提出预警对策。通过前三个预警步骤后,对房地产景气前景即可做出判断。在预警结果的基础上,选择合适的对策,就能起到调节、指导房地产经济正常运行的作用。

一般而言,房地产经济处于正常景气状态下,其经济结构是合理和均衡的,所以这一景气状态是经济决策通常的目标。在不同的景气状态下尽力向这一目标靠近,就是对策选择的方向。假设预警判断景气前景为滞胀状态,那么就有必要同时采取一定的措施去控制投资和需求的增长以使其尽量靠近正常景气状态。

第二节 房地产业景气指标体系

不同的经济指标可以从不同的角度反映房地产的景气状态,对它们进行综合分析就可以判断房地产业当前的景气状态,从不同角度可以将这些景气指标分为不同的类别,如根据预警指标的功能时序差别可以分为先行指标、同步指标与滞后指标;根据预警指标对房地产业影响程度的大小可以分为宏观经济指标、区域经济指标与产业内生指标;根据预警指标对房地产市场均衡状况的影响可分为影响房地产供给水平与需求水平的指标等。本节主要论述前两种指标体系,第三种指标体系将在第四节详细论述。

一、先行指标、同步指标与滞后指标

预警指标通常根据经济运行指标在预警功能上的差别分为:先行指标(leading indicator)、同步指标(coincident indicator)和滞后指标(lagging indicator)三类。

先行指标是指其循环转换点在出现时间上稳定地领先于总体循环相应转折点的指标。它是预警指标的主体,是为预警系统提供预警信号的惟一一类指标。因为所谓预警就是要在总体循环出现转折之前做出预报,所以只能根据总体转折的先兆做出判断和预报。而先行指标正是反映总体转折先兆的惟一一类指标。

同步指标是指其循环转折点的出现与总体转折点几乎同时出现。在预警系统中这类指标有

两个作用：(1) 描述当期经济运行所处的景气状态；(2) 通过分析同步指标与先行指标出现的时差，可由先行指标的转折点估计总体循环转折点出现的时间。

滞后指标是指其循环转折点的出现落后于总体转折。在预警分析中，其主要作用在于检验经济循环过程是否已超过某个转折点而进入了另一景气状态。

反映房地产景气状态的先行指标、同步指标与滞后指标体系如图 26-1 所示：

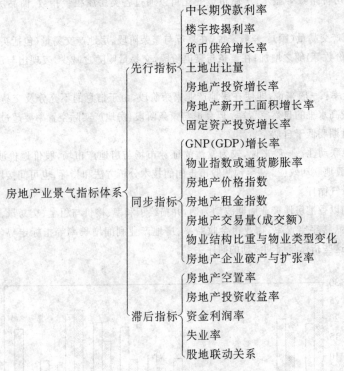

图 26-1 房地产业景气指标体系

以下简单解释一下几个主要指标与景气状态的关系。

(1) 贷款利率指标：利率的变动影响房地产业的融资成本。利率上调政策对宏观经济的影响是既影响需求、又影响当期投资水平。这些影响延伸到房地产业，则在当期主要是对房地产需求的影响，因为宏观经济投资的减少必然减少对房地产的需求，而对房地产当期的供给能力并不会产生太大的影响。

利率上调政策的实施对当期房地产的影响是：房地产需求水平线下降、房地产供给能力基本不变，实施这一政策对房地产的持续影响是：房地产需求水平线在当期下降后基本保持不变、房地产供给能力受政策滞后影响而下降。

利率下调政策则具有相反的效果，刺激当前的需求，也刺激下期的供给。

(2) 货币供给增长率：货币供给增长率的大小反映了货币政策是紧缩性的还是扩张性的。紧缩性货币政策与利率上调政策在政策取向方面是一致的。但利率下调是一次性影响，而紧缩性货币政策则是持续性的影响。因而它们对宏观经济、进而对房地产经济的影响是不同的。

紧缩性货币政策对房地产经济的当期影响是：房地产需求水平线下降、房地产供给能力下降。持续影响是：房地产需求水平和供给能力持续下降。

扩张性的货币政策则刺激当前的需求与下期的供给。

(3) 房地产价格指数与租金指数：各类房地产的价格与租金是最能反映房地产业周期波动的景气指标，它们不仅走势与周期波动相同，且强度上也表现出同幅性。房地产价格变化可以通过地价指数、房价指数等显示；房屋租金变化可以通过各类房屋租金指数、商品房出租率等显示。

(4) 房地产交易量(额)：一般来说，在复苏与繁荣阶段，房地产交易量(包括买卖数量、成交额、交易合同份数等)随之增加；在萧条与衰退阶段，交易量则随之减少，表现出与房地产周期波动的同步性。

(5) 空置率：一般来说，即使在房地产业繁荣阶段，由于信息的不充分及交易费用的存在，也存在一个较高水平的自然空置率。但衰退与萧条阶段，房地产实际空置率要超过自然空置率，复苏与繁荣时期要低于自然空置率。

(6) 股地联动性：一般来说，较为发达的证券市场与房地产市场，股价地价波动具有同步性，由此形成股地联动效应。甚至预测股市走向的技术分析方法和指标，也可间接用来分析房地产业的周期景气循环。

以下我们以香港房地产业周期波动为例，并描绘了利率、楼价与租金、交易量、土地出让量、新建楼宇增幅、楼宇空置率、物业租金收益率、房地产业利润增长率等指标走势，图26-2至图26-11显示了这些指标与周期波动的时序关系。

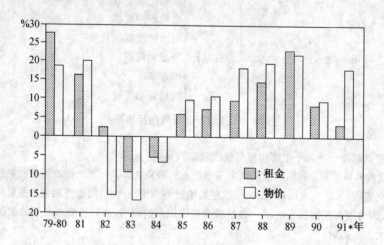

图26-2 香港房地产业周期波动(1979—1991年)

资料来源：谢贤程：《香港房地产市场》，香港商务印书馆，1992年，第18页。

注：* 指1991年第二季。

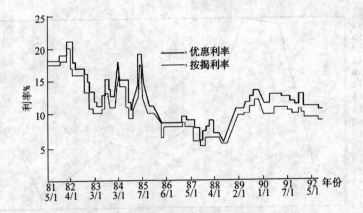

图 26-3　香港近十年来银行优惠利率与按揭利率的走势

资料来源：同图 26-2。

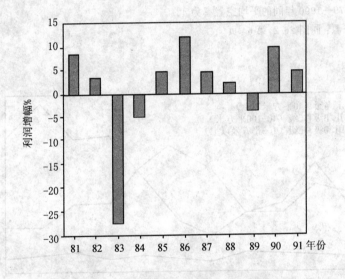

图 26-4　香港地产商利润增长率变化

注：1991 年为估计数字。

资料来源：同图 26-2。

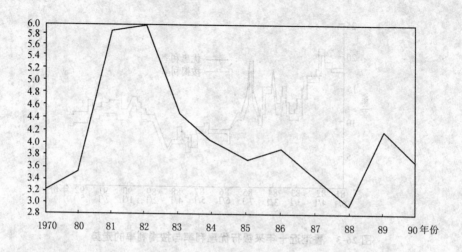

图 26-5　香港住宅楼宇空置率

注：1979—1990 年间的平均空置率为 4%。

资料来源：同图 26-2，第 64 页。

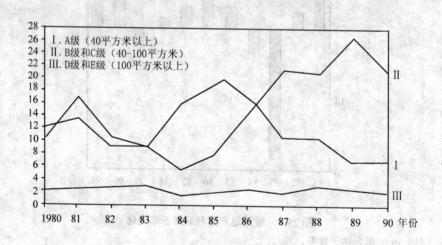

图 26-6　香港新建住宅单位供应量(千个)

资料来源：同图 26-2，第 133 页。

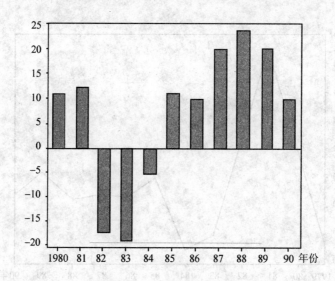

图 26-7　香港物业租金收益率

资料来源：同图 26-2，第 148 页。

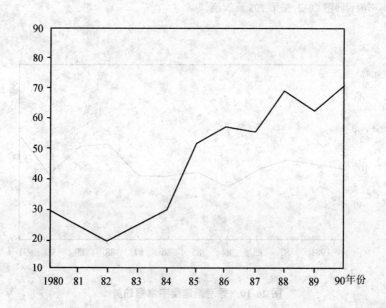

图 26-8　香港房地产交易买卖和约（千宗）

资料来源：同图 26-2。

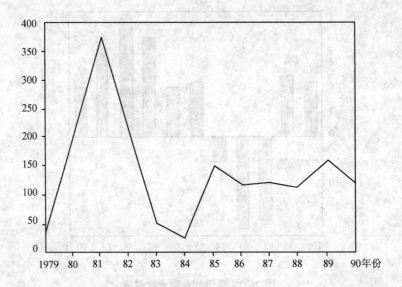

图 26-9　香港住宅用地供给量(千平方米)

注：以竞投方式拍卖的用地计算。
资料来源：同图 26-2，据第 199 页改绘。

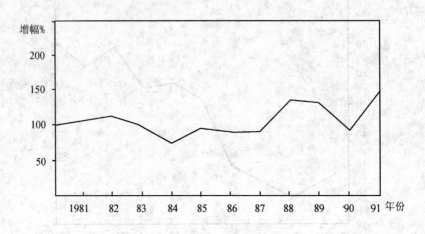

图 26-10　香港新建楼宇增幅趋势

资料来源：同图 26-2。

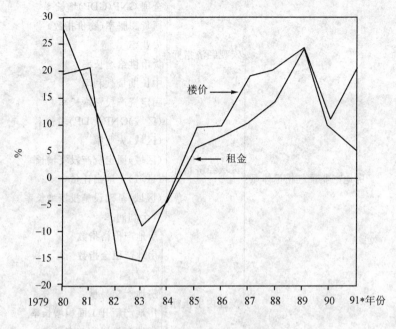

图 26-11 香港楼价与租金走势

注：＊指1991年第二季度。
资料来源：同图26-2，根据第162页改绘。

二、宏观经济指标、区域经济指标与产业内生指标

房地产价格波动是反映房地产业景气状态变化最主要的指标之一。影响房地产价格的因素可分为三类：一般因素、区域因素与个别因素。一般因素主要指影响整个房地产业价格波动的客观因素，主要指宏观经济因素，如通货膨胀率、失业率、GNP（GDP）增长率等；区域因素指房地产所在区域的价格影响因素，如该区域的宏观经济状况、投资环境改善情况等；个别因素指每宗房地产独特的区位条件及物理特性等。仿此可以把房地产业预警指标分为宏观经济指标、区域经济指标与产业内生指标。宏观经济指标反映宏观经济走势，因为房地产经济景气是宏观经济景气的构成部分，所以宏观经济指标可作为辅助性预警指标。区域经济指标反映某个区域房地产业的兴衰状况。因为房地产市场具有很强的区域性，一般所说的全国房地产市场状况也就是指全国主要区域性房地产市场的平均状况，因此区域经济指标是反映区域性房地产市场景气的重要指标。产业内生指标是指直接反映房地产业本身景气状态的指标，如房地产投资收益率、房地产价格指数等。这三类指标形成的预警指标体系见图26-12：

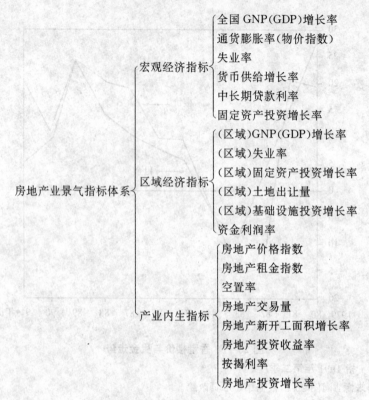

图 26-12 房地产业景气指标体系

三、全国及城市房地产预警系统景气指标

房地产业预警系统是通过数学模拟、计算机处理、专家调查等定性和定量分析的方法对房地产市场的运行的参数和指标进行评价、测度、监视、预期和报告,从而判断市场运行状态、产业发展及其与国民经济发展协调程度的系统。该系统一般分为全国房地产预警系统和城市房地产预警系统。

从内容上看,房地产预警系统是由先导指标、同步指标、滞后指标三大指标体系及其综合指数体系构成,分全国和城市两大子系统。综合指数体系包括扩散指数灵敏和合成指数体系,它们又分别由先导指数、同步指数、滞后指数构成。

将选取的各项指标变动的波峰和波谷出现的日期与基准循环之基准日期比较,如果平均领先,这些指标就称为先导指标。一般包括以下八类指标:

1. 房地产开发完成投资:指报告期内房地产开发企业完成的房屋和土地开发的投资。它是反映房地产市场投资规模的指标,对市场变化起导向作用。

2. 商品房施工面积:指报告期内正在建设的房屋建筑面积,包括本期新开工面积和上期开工跨入本期施工的房屋面积以及上期停建在本期复工的房屋面积。该指标反映房屋生产的总规模。

3. 商品房新开工面积：指报告期内新开工建设的房屋面积。房屋的开工应以房屋正式开始破土创槽(地基处理或打永久桩)的日期为准。该指标反映本期房地产新增加的量，能比较灵敏地反映市场的供给情况。

4. 商品房预售面积：指报告期末尚未竣工交付使用、但已签订预售合同的正在建设的商品房屋面积。不包括报告期内预售又在报告期内转为正式销售的销售商品房的面积。该指标反映市场消费预期的情况。

5. 土地出让面积：指在报告期内城市政府主管部门土地批租的面积，此仅指土地一级市场交易的面积，它反映房地产市场中土地供给数量变化的情况。

6. 房地产贷款：指报告期内房地产企业向银行及非银行机构借入的用于房地产开发的各种国内借款。它反映房地产市场的资金来源和资金供给量变化情况。

7. 建材价格指数(或建筑安装工程指数)：指报告期内各种建材价格的平均综合指数。它通过房地产生产中所需物资的变动情况间接反映房地产市场的变化。

8. 中长期贷款利率：指报告期内国家公布的中长期贷款利率。发展商多半采用融资方式进行投资活动，所以利率的高低会影响发展商的资金成本，进而影响投资意愿。由于贷款期限大约在一至三年不等，故采用中长期贷款利率。

将选取的各项指标变动的波峰和波谷出现的日期与基准循环之基准日期比较，如果平均同步，这些指标就称为同步指标。一般包括以下五类指标：

1. 土地交易登记件数：指报告期末在政府主管部门登记备案的土地交易宗数。土地能否取得关系着整个投资方案是否能够进行，所以土地取得是房地产投资的关键一步，也反映土地交易的活跃程度。

2. 房屋交易登记件数：指报告期末在政府主管部门登记备案的房屋交易件数。因为产权转移须以登记方能生效，所以它是市场中较具可靠性的数据。它能反映市场交易的活跃情况。

3. 房屋交易面积：指报告期内房屋实际销售的面积。它最直接反映市场供需状况。

4. 交易价格变动率：指报告期内房屋销售的平均价格与上期(或上年同期)房屋销售的平均价格之比。它反映市场价格的变化情况。

5. 房屋租金变动率：指报告期内房屋出租的平均租金与上期房屋出租的平均租金之比。它反映房屋租赁市场的变化情况。

将选取的各项指标变动的波峰和波谷出现的日期与基准循环之基准日期比较，如果平均滞后，这些指标就称为滞后指标。一般应包括以下两类指标：

1. 空置率：指报告期(一个季度)内房屋空置面积与前3年竣工面积之比。空置面积是指报告期末已竣工的商品房屋建筑面积中，尚未出售或出租的部分。

2. 竣工面积：指报告期内房屋建筑按照设计要求已全部完工，达到入住条件，经检查鉴定合格(或达到验收标准)，可正式交付使用的各栋房屋建筑面积的总和。

第三节　房地产经济预警方法

本节主要介绍三种宏观经济预警方法，这些方法可以借用来进行房地产经济预警。这三类方法是：景气指数法、景气警告指标法、经济计量模型法。

一、景气指数法

景气指数法是依据综合性的循环扩散指数(DI)和综合指数(CI)所提供的预警信号进行预警的方法。这种方法以周期分析为基础,将整个经济运行过程区分为景气区与不景气区,只能预报经济活动何时进入景气区或不景气区。景气指数法的预警信号是由先行指标综合指数和扩散指数提供的,但同步指标扩散指数和综合指数及滞后指标扩散指数和综合指数也有各自的作用,如滞后指标扩散指数可以表明一种景气状态何种结束等。

1. 扩散指数。

扩散指数(DI)是指一定时间长度内扩张序列个数占组内全部有效序列个数的百分比。在房地产预警中,要对先行指标、同步指标与滞后指标分别编制扩散指数。

表 26-1　扩散指数值与房地产经济循环波动的关系

阶段	扩散指数范围	房地产经济循环波动	景气状况
上升	50%—100%	加速上升	复苏
下降	100%—50%	减速上升	高涨
下降	50%—0	加速上升	衰退
上升	0—50%	减速下降	萧条

用扩散指数来反映景气循环有一个前提假设:即各序列在总体经济波动中的重要性相同。由于这个前提并非可以经常满足,因此,扩散指数提供的预警信号与关于循环转折点的信息有时会有偏差,而综合指数弥补了这一缺陷。

2. 综合指数。

综合指数(CI)是根据同类指数中各序列循环波动程度,并考虑各序列在总体经济活动中的重要性加权(有时不加权)综合编制而成,以反映总体经济循环波动程度的指标。综合指数既能用来判断循环转折点,又能在量上反映循环波动程度的指标。在房地产预警分析中,可以分别编制先行指标综合指数、同步指标综合指数和滞后指标结合指数;也可以将宏观经济指标、区域经济指标及产业内生指标这三类指标综合指数分别赋予不同权重,再结合成一个景气指数。由于权重的计算比较复杂,综合指数的编制方法也有多种,这里不拟讨论。

二、景气警告指数法

景气警告指数法采取类似于交通管制信号系统的方法来反映经济状况及变化趋势。房地产景气警告指数的编制程序如下:

1. 根据灵敏性、超前性、稳定性等原则选取一组监制指标,如房地产价格指数、房地产投资增长率等。

2. 划分景气状态区域,即事先将房地产经济波动划分为几个判断区间,临界点就是判断各监测指标和综合景气状态的数量标准。如将房地产产业景气状态划分为"红灯"、"黄灯"、"绿灯"和"蓝灯"四种状态,分别表示房地产业的"过热"、"热"、"稳定"、"冷缩"状态。

3. 预警判断:将所有监测指标综合成一个数量评价,看它落在什么区间,就表示该时期的房地产景气状态及宏观调控政策取向。或者以落入某个区域的指标个数占所有指标数的比例来判断景气状态,如若有三分之一以下指标进入"蓝灯区"而同时其他指标均显示"绿灯"时,则认定房地产经济处于"冷缩"(蓝灯)状态。

三、经济计量模型法

经济计量模型法是运用计量经济学的方法,利用反映房地产景气状态特征变量的历史记录,来预测特征变量的未来值,并对其进行系统分析以判断预测期经济运行将处在什么景气状态。这种方法的好处是能直接报告预测期经济运行状态的有关性质特征,但由于这种方法没有在周期波动分析的基础上进行预警,所以它不能直接提出预测期运用状态处于经济波动的哪个阶段,对于反经济周期波动措施的制定不能直接提供有价值的信息。这里以住房市场为例作一说明。

住房的供给量与需求量是反映住房市场景气状态的两个重要特征变量,利用计量经济学方法可以预测未来住房的供求量,但显然,仅有住房供求量的预测值并不能判定预测期内住房市场的景气状况,这里清晰地显示了经济计量模型方法的优缺点。

影响住房市场的因素有很多,如人口、金融市场状况、婚龄人口、家庭经济状况、建筑赢利情况等,因此构建的计量模型也比较复杂。这里仅介绍美国数据资源公司(Data Resources Inc., DRI)建立的住房供求模型。

对一个实际的或潜在典型家庭 I,其希望的住房服务水平 C_{hi}^* 可以写成:

$$C_{hi}^* = f(age_i, y_i, u, p, W_i, P_h/P_c, f_i)$$

其中,age_c 为户主的年龄,y_i 为家庭 i 的期望收入,u 和 p 是失业和通货膨胀的宏观风险,W_i 是家庭净财富状况,P_h 是住房服务的价格(房租),P_c 是总消费价格,f_i 是目前家庭获得抵押资金的能力。

住房服务的需求在不同年龄的家庭中有所变化,因此,在对经济中单个家庭的住房服务需求加总时,年龄的分布必须给予一定的权重,即:

$$C_h^* = F(Y, W, u, P, P_h/p_c, F, AGE_1, \ldots, AGE_T)$$

其中 $AGE_1, \ldots, AGE_T$ 是年龄的分布。

住房供给模型为:

$$I_h = \alpha(K_h^* - K_n) + \beta S_h + \gamma(P_h/P_{cost}) + \sigma MTG$$

其中 I_h 是住宅兴建水平,K_h 是住房实际存量,K_h^* 是期望的住房存量,$K_h^* - K_h$ 是住房市场的长期不均衡,S_h 是观察到的短期不均衡量,如空租量、滞销量,P_h/P_{cost} 是建设住宅的利润率度量,如新住宅的平均售价、租金指数等,MTG 是抵押资金或建设资金的可供量。

我们以 $\eta = I_h/(C_h^* + V)$

η 为波动影响系数,V 为正常的空置率。

η 值表明了住房市场供求不均衡的程度,$\eta = 1$ 时,表示供求均衡。利用 DRI 住房模型可以较好地预测各类住房的未来供求量,从而可以相机采取措施促进供求平衡,但供求量并不足以用来判断未来住房市场的景气状况。

第四节　房地产业景气分析模型[①]

根据前文所述的房地产景气指标体系中各个指标值的变化，可以综合判断出房地产景气状态，但还缺乏对景气变动机制的分析。实质上预警分析是以房地产市场的供求均衡状况为分析对象的。本节以反映房地产市场供求力量对比的指标为基础，建立一个用以描述房地产业景气变动的理论模型。

反映房地产业总体状况的指标有：
(1) 房地产供给能力；
(2) 房地产需求水平；
(3) 房地产供给水平。

以下分别讨论这几个总体指标的决定因素和影响因素，以及它们对房地产业供需均衡状况的反映。

一、房地产供给能力

房地产供给能力是指某一时期内最大可形成的房地产的总产值，是由前期的房地产存量和新增投资共同决定的。但影响供给能力的因素却是多方面的。前期房地产存量是前期房地产供需平衡关系的结果，是过去房地产业状况的反映及其滞后影响；而影响新增投资的则不仅是房地产业自身景气状况、收益水平以及供需平衡的变化，更多的是宏观经济景气状况变化对房地产业的影响，以及宏观经济政策(如金融政策、产业政策等)对房地产业影响的直接反映。

据此，房地产供给能力可定义为：

房地产供给能力 S＝前期房地产存量价值 C＋新增投资可能形成的房地产价值 $S(I)$。

影响房地产供给能力 S 的关键因素是预期的房地产投资收益率(参照上年水平)，具体的影响指标或变量主要有：
(1) 房地产业平均利润率；
(2) 人均国民收入水平；
(3) 市场利率水平；
(4) 基础设施投资增长率；
(5) 产业政策对房地产业的倾斜水平(比较房地产业税收等费率与各行业平均费率的差异)；
(6) 信用消费水平(分期付款等信用方式的消费占总消费的比重)。

二、房地产需求水平

房地产需求水平是指一定时期内全社会购买房地产的意愿总和。需求是一种意愿，最终未

[①] 第四节和第五节所介绍的房地产景气分析模型及采用该模型所作的分析是本章作者的研究成果，是否符合现实经济还有待于现实经济发展的验证。在此仅作为一家之言供读者参考。

必一定能够实现,所以和最终实现的需求满足是不同的(比如某企业通过市场调查得到的需求量与实际的销售量是完全不同的两个概念,而真正影响该企业生产决策的是前者,后者只可能对下一期的生产决策产生一定的影响)。因此,房地产需求水平是无法用实际的统计指标来测定,但它对房地产市场的均衡所起的作用又是显而易见的。我们认为,房地产需求水平主要取决于整个社会对可支配收入的预期支配,即在预期的可支配收入中多大一部分将用于房地产的消费。除此之外,决定房地产需求的还有预期的房地产信用消费量以及购买房地产的各种费用水平。因为,信用消费很显然将大大增加房地产的需求,而购买房地产的费用水平的高低也很直接地会影响到房地产的需求大小。

所以,房地产需求水平可定义为:

房地产需求水平 D=预期收入中房地产购买量 A+预期房地产信用消费量 B-实际购买房地产量 Y×购买房地产费率 R

即:$D=A+B-Y \cdot R$

影响房地产需求水平的关键因素是预期的经济形势,具体的影响指标、变量主要有:

(1) 预期国民收入水平;

(2) 房地产业的需求收入弹性;

(3) 国民经济通货膨胀水平;

(4) 房地产业相对投资收益率(比较房地产投资、银行存款、证券投资收益率的差异);

(5) 房地产预期价格;房地产期货交易量;房地产信用交易水平;房地产交易费用水平。

三、房地产供给水平

房地产供给水平是指在一定时期内可向市场提供的房地产总值。供给水平(或称产出水平)无疑是供给能力(即存量中新增投资)所决定的。

但是,形成了一定的供给能力,并不完全意味着供给(产出)就能达到这一水平,关键的是需求是否充足。只有在需求充足的条件下,供给能力才会得到充分发挥。所以,房地产需求限定了房地产供给能力只能在一定范围内发挥作用。即需求充足是供给水平等于供给能力的前提条件。

而在需求低于供给能力的情况下(广义的也包括需求结构与生产能力结构存在差异的情况),供给能力就不能充分发挥作用,房地产业的资本、劳动力等生产要素就可能出现部分闲置。此时房地产供给水平就完全决定于房地产需求水平,而几乎与供给能力无关。

可以用一个简单的例子来说明上述问题。假设某企业生产某一商品的生产能力为 100 单位,当这种商品供不应求时(即需求量达到 100 或超过 100 单位时),该企业总是充分地利用其生产能力,必然满额地生产 100 单位该产品。而当这种商品需求不足时(需求量只有 90 单位甚至更少时),那么该企业只能按照需求量的大小来决定生产多少商品。也就是说,当需求充足时,生产能力决定了供给水平;需求不足时,需求水平决定了供给水平。

可以用图示的方法更加明确地描述房地产供给水平(Y)、房地产供给能力(S)、房地产需求水平(D)三者之间的关系。

图 26-13 所示,横轴代表需求水平 D,纵轴代表供给水平 Y。图中各条曲线分别反映了在不同的供给能力下 $S=S_1$、S_2、S_3 时,供给水平 Y 随着需求水平 D 的变化。需求 D 较小时,由于供

给能力没有得到充分利用(实质即是新增投资没有得到充分利用),供给水平 Y 决定于需求水平 D,随着需求的增加而增加。而此时的投资效率较低,但其随着需求的增加而提高;当需求达到一定水平后(显然这一水平相对不同的供给能力 S 而言是不同的),供给能力趋于得到充分利用,此时供给水平趋于稳定,投资效率也接近最高水平。这样一来,房地产经济的运行就可划分为三种状态:

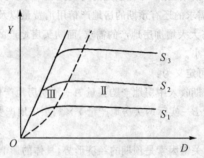

图 26-13 房地产供给水平、供给能力、需求水平三者间的一般关系

Ⅰ:低迷状态。当新增投资较小进而使供给能力较小时,此时房地产业投资不足、呈低迷状态。同时,由于其资本规模较小,其投资效率因规模收益低而处于较低水平。

Ⅱ:正常状态。当需求和投资都达到一定水平时,供给能力趋于得到充分利用,供给水平趋于达到供给能力决定的最高稳定水平。此时,投资效率也处于较高水平。

Ⅲ:饱和状态。需求不足时,不足以使新增投资及供给能力得到充分利用。此时供给水平仅与需求有关,投资效率也处于相对较低的水平。

四、房地产经济均衡及最佳投资点

前面我们分别讨论了房地产需求水平、房地产供给水平的一般关系,如果将两者综合起来考虑,就可得到房地产经济的供给需求均衡点,并为房地产经济的最佳投资点选择问题提供思路。

如图 26-14 所示房地产需求线(方程为 $D=A+B-Y \cdot R$)分别与各供给能力 S_1、S_2、S_3 对应的供给水平线有一个交点 M_1、M_2、M_3,这些交点即为房地产经济的供给需求均衡点。当供给能力(或新增投资)确定时,供需均衡点也是确定的。

从图中可以看出,均衡点 M_1、M_2、M_3 分别处于房地产经济运行中的低迷区、正常区和饱和区,投资效率各不相同。由此可见,新增投资的大小,不仅决定了房地产经济将要运行的区域,也决定了投资效率的高低。

任何投资主体都必然追求较高的投资效率,要达到这一目的,就必须使经济运行于正常区,即要避免进入低迷区和饱和区,在外部条件都一定的情况下,关键就在于新增投资应避免过小或过大,投资过小会因投资规模不足而进入低迷状态,投资过大则会因需求不足而进入饱和状态。所以最佳投资点的选择,就是在所有的供需均衡点中选取处于正常区的均衡点,并由此确定合理的投资和合理的供给能力。如图 26-14 中处于正常区的 M_2 点就是我们所要选择的供需均衡点,M_2 对应的供给能力 S_2 就要我们所要选择的最佳投资水平。

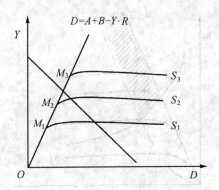

图 26-14　房地产均衡与最佳投资点

五、房地产经济的过热状态和滞胀状态

国民经济运行中,当需求和产出超常增长时,整个经济就会出现通货膨胀,其实质就是需求和产出超过了整个经济体系的承受能力,其主要表现就是价格水平的普遍上涨。

同样的道理,房地产经济运行中,如果房地产需求和产出超常增长,房地产业也会出现价格普遍上涨的现象。其本质即是房地产需求和房地产供给水平超过整个经济体系对其承受能力。我们称房地产经济所处的这一状态为过热状态。尽管过热状态通常处于供给能力得以充分利用、投资效率处于较高水平的情况下,但由于超出经济承受能力,所以可能给经济运行机制(主体是市场经济机制)带来破坏,并且随着过热程度的加深,破坏经济运行机制的可能性就越大,所以在房地产经济运行中,过热状态也是应当规避的一种状态。尽管它对短期的投资是有利的,但对长期的投资乃至整个的经济系统都是有害的。

假设 M 为整个经济体系对房地产业的承受能力,那么要使房地产经济不进入过热状态,就必须满足

$$D \cdot Y < M$$

这一条件,换言之,$D \cdot Y \geqslant M$ 即是判别房地产经济是否处于过热状态的依据,而 $D \cdot Y - M$ 的大小即是判断过热程度的指标。

如图 26-15 所示,曲线 $D \cdot Y = M$ 右上侧的区域,即代表房地产经济处于过热状态的区域,这也是选择投资点时所应避免进入的一个区域。

图 26-15 中我们还应注意另外一点,那就是过热区域与饱和区有一交叉部分,这也就意味着在这一交叉区域中,既存在过热现象,又存在需求不足现象。这即相当于宏观经济中需求不足与通货膨胀并存的"滞胀"现象。事实上,房地产经济中也存在类似的"滞胀"现象,即整个房地产既处于价格居高不下的状态,同时又处于需求不足状态,我们称这一状态为房地产经济的滞胀状态。显然这一状态也是房地产经济运行应尽量回避的状态。从图中也不难看出,导致这一状态出现的直接原因是新增投资过大的结果。

参照 $D \cdot Y < M$ 这一方程,我们来看一看要想回避进入过热状态、滞胀状态或从过热状态、滞胀状态走出有什么手段。除了选择合适的投资水平以使需求 D 和供给 Y 处于正常的水平之外,就是要设法提高整个经济对房地产业的承受能力 M。

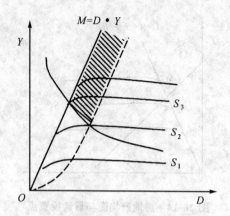

图 26-15　房地产经济的过热状态与滞胀状态

影响整个经济对房地产业承受能力的因素主要有：
(1) 宏观经济总量水平；
(2) 宏观经济发展阶段；
(3) 宏观经济的景气状态；
(4) 房地产业结构及技术水平。

六、房地产业景气状态划分

通过前面的论述，可以把房地产经济的运行分为五种类型，即存在五种性质不同的景气状态，它们分别是：低迷状态、正常状态、饱和状态、过热状态、滞胀状态。以下分别讨论各种景气状态的形成原因及其主要特征。

1. 低迷状态

如图 26-16 所示，图中的阴影部分即代表房地产经济处于低迷状态。其基本经济特征是：新增投资远低于正常的增长速度、房地产投资收益率较低、房地产价格水平偏低、增长速度较小或负增长。形成这一状态的直接原因是新增投资过小而不能形成规模效益。根本原因是前期房地产供过于求，投资收益不佳所致。

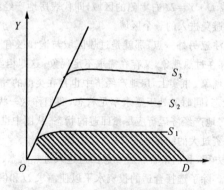

图 26-16　房地产低迷状态

2. 正常状态。

如图 26-17 所示,图中阴影部分即为房地产经济处于正常景气状态的运行区域。其基本经济特征为:房地产业增长速度与宏观经济增长速度相适应、房地产投资增长速度适中、投资收益处于较高水平、价格水平稳中趋升。正常状态是房地产经济运行的理想状态。直接的决定因素是投资点的正确选择。如果投资过低就会导致进入低迷状态;投资过高则会进入饱和状态,若需求和投资都过大则会进入过热状态。所以正常状态并不是一个很稳定的运行状态。

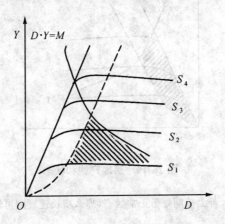

图 26-17 房地产正常状态

3. 过热状态。

图 26-18 中的阴影部分即为房地产经济的过热状态。其主要特征是:房地产业增长速度远远超过正常增长速度、投资收益率处于较高水平、房地产价格急骤上升。形成过热状态的直接原因,有时是由于需求水平过高所致,有时则是供给水平较大所致。但最根本的原因是持续的高投资造成的。

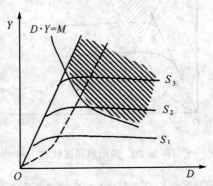

图 26-18 房地产过热状态

4. 饱和状态。

图 26-19 中的阴影部分即为房地产饱和状态的运行区域。其基本特征是：投资收益较低、投资增长超过宏观经济对房地产的实际需求、价格水平稳中趋降、房地产业增长速度既可能处于较高水平也可能处于较低水平（取决于上一期处于哪一种景气状态，如果上一期就处于饱和状

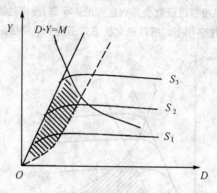

图 26-19　房地产饱和状态

态，那么其增长速度较低。若上一期处于正常状态，那么增长速度则可能较高）。进入饱和状态的根本原因在于追求高投资。

5. 滞胀状态。

图 26-20 中的阴影部分，亦即饱和状态与过热状态交错部分即为房地产经济的滞胀状态。其主要特征是：投资效益水平较低、房地产价格水平居高不下。形成滞胀状态的直接原因是投资点的选择同时进入了饱和状态和过热状态，同样是由于追求高投资的一种结果。

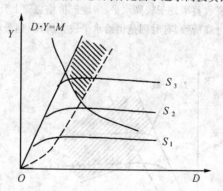

图 26-20　房地产滞胀状态

房地产经济处在哪一种景气状态，主要反映在投资收益水平、投资增长水平、供给水平及价格水平等几个主要方面及其变化趋势。此外，同一种景气状态，由于其前一种景气状态的变化由来不同，其特征也有所不同。下表即是五种景气状态（区分不同景气由来）所对应的主要特征。运用这一对照表，即可对照房地产经济的实际运行数据来判断实际的景气状态。

表 26-2 房地产景气状态的运行特征

特征指标 景气状态 特征水平	投资收益率及其变化趋势	投资增长率及其变化趋势	增长速度及其变化趋势	价格指数及其变化趋势
（低迷⁺→）低迷	低↑	低↑	低↑	低↑
（低迷→）正常	中↑	中↑	中↑	中↑
（正常→）过热	高→	高↑	高↑	高↑
（过热→）过热⁺	高↓	极高↓	极高↓	极高→
（过热⁺→）滞胀	中↓	高↓	高↓	高↓
（滞胀→）饱和	低→	高↓	中↓	中↓
（饱和→）正常	中↓	中↓	中↓	中↓
（正常→）低迷	低↓	低↓	低↓	低↓
（低迷→）低迷⁺	极低↑	极低↑	极低→	极低→

注：景气状态右上角"＋"号代表该景气的深度状态。

第五节 房地产业景气与周期波动

一、房地产业景气状态变化及预警对策

房地产的预警，就是能够对房地产业的景气状况预先发出警示。在现处的景气状态下，如果决定条件发生不同的变化，那么经济运行将进入何种景气状态呢？这是预警分析最常见的一类问题，即已知现处状态、决定条件一定的情况下，问未来的景气状态；或者已知现处状态，想要在未来阶段进入某一理想状态，问决定条件应作如何变化。

决定景气变化的条件，无疑是由房地产需求水平和房地产供给能力构成的。这两者是决定景气走向的根本因素，这两个指标值量的变化则决定景气状态质的变化。

为了分析的便利，我们分别把房地产需求水平和房地产供给能力两个指标的量值划分三个等级，即：正常增长水平（记作"0"）、超增长水平（记作"＋"），不足增长水平（记作"－"）。

房地产需求水平的等级是按照以下原则确定的。影响房地产需求水平的因素主要由两部分构成：一部分是宏观经济投资对房地产的需求，另一部分是居民和社会对房地产的消费需求。关键是预期的经济形势。具体的因素主要有：预期国民收入水平、房地产业的需求收入弹性、国民经济投资增长率、总体通货膨胀水平、房地产投资相对收益率、房地产信用消费水平、房地产预期价格、房地产交易费用水平等。这些指标普遍处于稳定水平或处于合理的变化范围内，即视作正常增长（记作"0"）；这些指标普遍较大幅度的增长则视作超增长（记作"＋"）；这些指标普遍处于稳中趋降的趋势则视作不足增长（记作"－"）。

房地产供给能力的等级划分也是根据类似原则确定的。影响供给能力的因素主要是房地产投资增长速度和房地产投资规模，关键是预期的投资收益水平的影响。间接因素有：利率水平、国民经济投资增长率、房地产业的相对利润水平等。投资水平适中即视作正常增长（记作"0"）、

投资水平过大即视为超增长(记作"+")、投资规模和速度过小即视作不足增长(记作"一")。

以下我们分别讨论五种不同景气状态在不同的决定条件下将会进入的景气状态。

1. 低迷状态的未来景气。

房地产业处于低迷状态,即意味着房地产的投资和需求两方面都处于抑制状态,影响投资和需求的宏观因素以及产业内部因素均处于疲弱水平。

此时,如果房地产投资和需求仍保持稳定或抑制态势,则未来阶段的房地产仍将处于低迷景气状态;如果投资强劲增长,需求亦稳步启动或强劲增长,则将进入正常景气状态;如果投资强劲增长,需求却呈持续萎缩态势,那么房地产在未来阶段将进入饱和景气状态。

表 26-3 低迷状态的景气变化趋势

需求水平 \ 供给能力	—	0	+
—	低迷++	低迷+	饱和
0	低迷+	低迷	正常
+	低迷	低迷	正常

注:各景气状态上标附加的"+"、"++"等符号表示进入某一状态的程度加深。

此表表明,若想从低迷景气转向正常景气,既需要投资的强劲增长,也需要需求水平的强劲启动,缺一不可。

2. 正常状态的未来景气。

房地产业处于正常状态,即表示房地产业处于良性的、高效率的理想运行状态。保持投资水平和需求水平的稳定增长是维持这一理想景气状态的有效手段。如果投资或需求某一方强劲增长,另一方保持稳定,则房地产景气将进入过热状态,即房地产业出现价格攀升现象;若投资稳定增长或强劲增长,而需求有所萎缩,则房地产景气将进入饱和状态。

保持正常景气状态的条件就是维持投资及需求水平的正常增长,其中保持需求水平的持续增长尤为重要。

表 26-4 正常状态的景气变化趋势

需求水平 \ 供给能力	—	0	+
—	低迷	饱和	饱和+
0	正常	正常	饱和
+	正常	过热	过热+

3. 过热状态的未来景气。

房地产业处于过热景气状态,是房地产业投资及需求共同走高的结果,或是投资起主导作用,或是需求起主导拉动作用。对房地产业而言,这一状态也是高效的运行状态,但却是极易引发后续病症的非良性状态。所以此时最应关注其未来的景气走向。

如果投资和需求两方中一方呈抑制趋势,则景气将恢复到正常状态;若双方维持稳定或需求持续膨胀,则景气将加深过热程度甚至呈泡沫化趋势;若投资强劲增长,则景气将进入滞胀状态,即出现价格居高不下、需求相对不足并存的现象;若投资强劲增长、需求萎缩,则将进入饱和状态。

表 26-5 过热状态的景气变化趋势

需求水平＼供给能力	—	0	+
—	正常	正常	饱和
0	正常	过热	滞胀
+	过热+	过热+	滞胀

要从过热状态回复到正常状态,对投资及需求作适当的抑制是必需的。

4. 饱和状态的未来景气。

房地产业处于饱和状态,即意味着房地产需求不足、投资效益较低。解决这一问题的根本手段是促进需求水平的提高和控制投资的增长。但如果需求水平持续低迷,则不可避免地加深饱和状态的程度(即需求不足的程度);如果需求水平正常增长,但投资增长仍不能得以控制,则饱和状态仍将维持;如果需求和投资都强劲增长,那么景气又将进入滞胀状态。

表 26-6 饱和状态的景气变化趋势

需求水平＼供给能力	—	0	+
—	低迷	低迷+	饱和
0	正常	饱和	饱和+
+	正常	正常	滞胀

从饱和状态回复到正常状态的有效手段是抑制投资的增长。

5. 滞胀状态的未来景气。

房地产业处于滞胀状态,即表明房地产业中同时存在需求不足和价格水平持续上涨。解决这一问题的惟一途径是同时控制投资的增长和抑制需求水平的上升。

如果需求水平上升,而投资不变或下降,则景气进入过热状态;如果需求下降,而投资稳定或强劲增长,则景气进入饱和状态;若投资和需求均稳定增长或强劲增长,则将加深滞胀状态。

表 26-7 滞胀状态的景气变化趋势

需求水平＼供给能力	—	0	+
—	正常	饱和	饱和+
0	过热	滞胀	滞胀+
+	过热+	过热	滞胀

从滞胀状态回到正常状态的有效方法就是同时控制投资和需求的增长。

二、房地产业景气循环与周期波动

房地产经济运行是否存在周期波动?周期波动有何特征?所考察年度的房地产经济处于周

期过程中的哪一阶段？这些都是房地产预警分析中的重要问题。因为，如果能对房地产的周期规律有较准确的了解，那么就能相机采取对策以使房地产经济处于相对较平稳的发展中，从而避免大起大落的强烈波动。

前面提出的预警分析模型表明，房地产经济运行有三种基本的景气状态，即，Ⅰ：低迷状态、Ⅱ：正常状态（包括过热状态）、Ⅲ：饱和状态（包括滞胀状态）。在三种景气状态下，投资收益率是不同的，而引致的投资也不相同，进而必然导致房地产经济增长率的不同。由此简单的分析，不难得出这样一个结论，即：房地产经济增长率不稳定（即经济波动）的原因，是经济在不同景气状态之间来回转换的结果。也就是说，房地产经济运行不断转换景气状态（而不总是处于某一固定景气状态），是经济波动的直接原因。那么，如果房地产经济景气状态存在一定规律的话，这样房地产周期的形成就可得到解释。

影响景气状态及其变化的因素是房地产需求和房地产供给能力。如果在需求线一定的情况下，最直接的影响因素就是投资的大小。

假设基年房地产经济处于正常景气状态Ⅱ，那么下一年将进入哪一种景气状态呢？依投资量的大、中、小的不同，可能得出三种不同的结果：

投资大时，景气状态变化为：Ⅱ→Ⅲ；增长率：高；投资收益率：中等偏低。

投资中时，景气状态变化为：Ⅱ→Ⅱ；增长率：中；投资收益率：高。

投资小时，景气状态变化为：Ⅱ→Ⅰ；增长率：低；投资收益率：低。

同理，基年房地产经济若处于低迷状态Ⅰ或饱和状态Ⅲ，投资呈大、中、小三种形态，其景气状态变化及增长率、投资收益率等均可依此类推。

既然房地产增长率的不稳定性或者说波动性来源于景气状态的变化，而景气状态的变化又主要取决于投资的变化。那么要研究房地产周期就首先要研究房地产投资主体的投资行为。

投资主体不断增加财富、不断获得更多利润的意愿直接影响着其投资动机。因为要增加财富就必须增加产出，而要增加产出一般就必须增加投资。所以对全社会的房地产投资者来说，只要追加投资可使其增加产出的愿望得以实现，投资总是很旺盛的。只有在不断增长投资反而使增长减缓或投资收益下降时，这种旺盛的投资才会受到打击。这一投资规律反映在房地产经济增长过程中，就会使房地产经济不断从一种景气状态运转到另一种景气状态。比如基年房地产处于低迷状态Ⅰ，那么一个旺盛的投资就会使之在下一年度进入正常状态Ⅱ；又一个旺盛的投资就会使之再运转到饱和状态Ⅲ；而在饱和状态Ⅲ继续保持高投资，结果却会造成低的投资收益率，在这一事实打击下，投资就会下降，房地产经济又会从饱和状态Ⅲ回复到正常状态Ⅱ；而经济增长速度和投资效率仍处于较低水平，这种情况下，投资将持续下降，景气又复归到了低迷状态Ⅰ。这样就形成了一种循环。

如果房地产投资主体的投资行为确是如上所述的话，那么房地产经济必然不会总是处于同一景气状态下，既不会总处于低迷状态，也不会总处于正常状态，更不会总处于饱和状态。如果处于低迷状态，在某一政策刺激下的高投资将使之进入正常状态；如果处于正常状态，高投资收益率将诱导高投资而使之进入饱和状态；如果处于饱和状态，则在较低的投资收益率的示范下，将导致投资减少，又会使之退出饱和状态而进入正常状态。

从一种景气状态转换到另一种景气状态，这期间一般需要经历多长时间呢？考虑到投资效果反应的时滞，可以认为，一般在两年左右。因为投资主体的投资行为是根据经济形势做出的，而他们判断经济形势的主要依据通常是上一年度的投资产出效果。只要上一年的投资产出效果好,就会出现强劲投资的局面;反过来,只要上一年的投资产出效果不好,就必然会出现减少投资的局面。所以,投资主体认为上一年经济形势好的话,下一年扩大投资就很可能进入另一景气状态;投资主体认为上一年经济形势不好,那么下一年减少投资就很可能退回原来的景气状态。

综上所述,房地产经济运行的一个景气循环是这样的:

Ⅰ→Ⅰ→Ⅱ→Ⅱ→Ⅲ→Ⅲ→Ⅱ→Ⅱ→Ⅰ

即:低迷→低迷→正常→过热→滞胀→饱和→正常→正常→低迷

从上式可以看出,房地产经济的一个景气循环是这样完成的,从低迷状态Ⅰ出发,经过若干个增长(衰退)阶段又回到低迷状态。回到低迷状态Ⅰ之后又开始了新的一轮循环。为了更形象地描述这一循环过程,可以用图26-21这样图示方法来表示。这样一轮的景气循环即是房地产经济增长的一个周期。从图26-21中可知,一个房地产增长周期的长度通常为8年。但是,由于从一个景气状态转换到另一景气状态所需的时间并不肯定为两年,在一些景气状态可能停留更长一些时间,比如在图中可能增加一两个Ⅱ→Ⅱ、Ⅲ→Ⅲ、Ⅰ→Ⅰ这样的过程。那么增长周期就可能延长到9年或10年甚至更长。所以在实际经济中,很难找到一个完全相等的周期长度,但周期的存在却是必然的事实。外生的冲击,尤其是政策的变化,会引起周期长度变化。

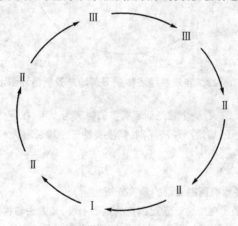

图 26-21 房地产经济景气循环图示

从增长率变化的角度来看,Ⅰ→Ⅰ、Ⅰ→Ⅱ、Ⅱ→Ⅱ、Ⅱ→Ⅲ这些增长过程,是增长率不断增大的过程。这几个增长过程加起来便是经济周期中的"扩展阶段"。Ⅲ→Ⅲ这一增长过程,虽然使投资产出效果下降,但却达到了增长的高峰。因而Ⅲ→Ⅲ是一个转折点,增长率随投资的减少(投资随投资产出效果下降而减少)而下降。Ⅲ→Ⅲ、Ⅲ→Ⅱ、Ⅱ→Ⅰ、Ⅱ→Ⅰ是增长周期中的"收缩阶段"。Ⅱ→Ⅰ这一过程使增长率下降到了最低水平,即达到增长周期的谷底。

以上所分析的房地产增长周期景象,是针对投资行为对政策刺激及经济形势温和反应的投资主体而言的,即投资者总的投资倾向,不会对政策及经济形势做出强烈反应。增加投资和减少投资的幅度都在较稳定的幅度范围内,即不会出现大起大落的投资增减。这是较成熟经济体系下的投资者的行为特征。

然而,对于非成熟经济体系下的投资者而言,总的投资倾向是对政策刺激或经济形势作强烈的反应。即在好的经济形势下，巨幅增加投资，而在不好的经济形势下则极端地减少投资，从而使房地产经济增长呈另一种周期景象。比如基年处于低投资产出水平的饱和状态，那么极端反应的投资减少，就会使景气直接从饱和状态回到低迷状态，而不经过中间的正常状态。这样，一个完整的循环就变成：

$$Ⅰ→Ⅱ→Ⅲ→Ⅲ→Ⅰ$$

即：低迷$^+$→正常（或过热）→滞胀→饱和→低迷（或低迷$^+$）

也可用图示的方法表示上述循环，如图 26-22 所示。

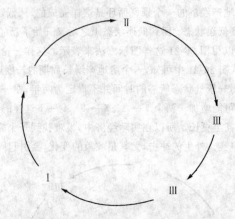

图 26-22　非成熟经济体系下房地产景气循环图示

从图中可以看出，完成这样一个景气循环所需的时间为 5 年，在一些极端情况下可能更短。这就是非成熟经济体系下的房地产经济周期，其主要特征是增长率大起大落，景气变换频繁周期长度缩短。

专题分析：对最近一个房地产周期波动的景气分析

房地产业发出预警是实现房地产宏观调控的重要手段，其方法和模型的选择是关键。我们在正文作了一些论述，还很不成熟。这里再就我们提出模型进行实证演练，目的是验证我们的方法，同时也是供同行深入研究参考。

自 1992 年以来，中国房地产业得到了空前快速的发展。由于宏观经济形势不断变化、宏观经济政策不断调整，房地产业的投资收益也不断地调整投资策略。所以，1992 年以来中国的房地产业的景气状态也是处于不断变化之中。本专题拟采用房地产景气分析方法对 1992—1996 各年度房地产的景气状态进行实证分析。在分析各年度所处景气状态的同时，还分析年度间景气状态的变化及景气变化的外在原因。

各年度房地产业的运行和发展指标值如表 26-8 所示，根据这些指标值，并与房地产景气状态特征进行比较，即可准确地判断各年度房地产业所处的景气状态。以下是对各年度景气的滚动分析。

表 26-8　1992—1997 中国房地产业运行与发展指标(％)

	投资利润率	产值增长速度	投资增长速度	商品房屋价格上升率
1992	8.69	86.04	17.00	29.01
1993	12.91	114.91	65.30	16.90
1994	8.90	13.41	31.79	16.54
1995	4.55	34.43	67.41	7.80
1996	0.56	13.69	2.13	3.45

资料来源：根据《中国统计年鉴》(1995—1997)、《中国经济年鉴》(1993—1997)年有关数字计算。

1. 进入过热状态的 1992 年房地产经济。1992 年初，中央决策层提出了加快经济发展的主张，全国上下(各地区、各部门)都掀起了追求高经济增长速度和高投资的经济建设"热潮"。此期间投资需求、消费需求都迅速增加，尤其是投资需求异常活跃，而房地产的投资需求则首当其冲，大大地推动了房地产业的投资。在这一特定的经济形势下，房地产需求(包括房地产的预期需求)极端地放大。另一方面，则由于 1989 年以来，宏观经济及房地产业都处于较低迷的发展状态，房地产投资规模较小，因而在 1992 年能够实际形成的房地产供给能力尚处于较低水平，远远不能满足房地产的实际需求。强劲增长的需求必然使之超过基础不强的房地产业承受能力，必然进入价格攀升的过热景气状态。这一年的实际运行结果：房地产价格比上年上升 29.01％就充分地证明了这一点。尽管 1992 年房地产业进入了过热状态，但由于其投资收益率得以大幅提高，以及政策面、投资者和消费者的预期都促使房地产投资迅速增加，这就为下一年房地产景气朝着深化的过热状态进一步发展起了推动作用。

2. 处于严重过热状态的 1993 年房地产经济。1992 年扩张性经济政策的继续实施以及舆论方面的引导，导致 1993 年经济继续维持 1992 年高速度、高投资的经济目标。与 1992 年比较，1993 年的预期国民收入水平大幅上升(投资主体、消费主体都对经济形势持乐观的态度)，这就使得对房地产的需求(尤其是宏观经济发展预期对房地产的预期需求)进一步放大。另一方面，1992 年房地产投资形成了一定的供给能力，但 1992 年 17％的投资增长较迅速膨胀的需求而言，仍然无法满足实际需求，所以房地产经济必然仍旧处于过热经济状态，并且其严重程度进一步加深，房地产价格必然持续上升。

1993 年处于严重过热状态的房地产业，投资收益水平继续上升。由于这一收益指标的指向，房地产投资空前增长，增长率达到 65.3％，这就为需求得不到进一步发展的形势埋下了祸根。1993 年空前的投资增长率实质上是 1994 年中国房地产经济进入滞胀景气状态的肇端。1992、1993 年间的房地产景气变化如图 26-23 所示：S_{92}、S_{93} 分别代表 1992、1993 各年度的供给能力，虚线和实线分别代表 1992、1993 各年度需求水平线，M_{92}、M_{93} 分别代表各年度所处的景气状态。

过热状态加深这一景气变化的条件是：需求线大幅上升、供给能力稳定增长。

3. 进入滞胀景气状态的 1994 年房地产经济。1994 年宏观经济增长出现了持续的通货膨胀，各方面对过热的经济增长有所警觉。决策部门为控制通货膨胀，一度实施紧缩政策。因而 1994 年的投资需求受到抑制，经济预期的增长趋势大幅减缓。受此宏观背景的影响，1994 年的

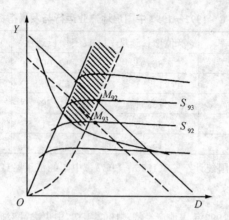

图 26-23　1992—1993 房地产景气变化图示

房地产需求(主要是受宏观经济预期的影响)增长速度大幅下降。另一方面,1992、1993 年大规模的房地产投资在此期间形成了实际供给能力。这就使得房地产经济中出现需求不足和价格居高不下并存的现象(价格居高不下是由于需求规模和供给规模过大所致,亦即 1992、1993 年投资规模的迅速膨胀所致),房地产经济进入"滞胀状态"。

从"滞胀状态"退出的惟一手段是同时抑制房地产投资和房地产需求的增长。1993 年房地产需求尽管受到了抑制,但由于投资的增长惯性以及实际运行并不太低的投资收益水平(8.9%)的牵引,1994 年的房地产的投资增长尽管有所下降,但仍维持着高幅度的增长率(31.8%),这就使得其后的景气状态,不能从滞胀状态回复到正常状态,而是进入饱和状态。图 26-24 描绘了 1993—1994 年间的景气变化。如图 26-24 所示:S_{93}、S_{94} 分别代表各年的供给能力,虚线、实线分别代表各年的需求水平线,M_{93}、M_{94} 分别表示各年所处的景气状态。

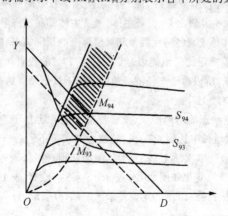

图 26-24　1993—1994 房地产景气变化图示

过热状态→滞胀状态的变化条件是:需求水平线基本稳定、供给能力强劲上升。

4. 进入饱和状态的 1995 年房地产经济。由于 1994 年宏观经济出现了极其严重的通货膨胀,因而1995年的宏观经济政策以抑制通货膨胀的继续恶化为首要目标,采取了一系列紧缩信贷、控制投资的政策。控制投资政策的推行,一方面是直接控制房地产的投资,但更主要的是抑制了宏观经济各部门对房地产的需求。实际执行的结果是,1995年的房地产投资非但没有得到控制、反而有一个较快的增长(其中的原因一是房地产业投资1994年先于宏观经济有所压缩,故1995年有所放松;二是1994年房地产投资收益虽有所下降,但仍处于较高水平,这也刺激了1995年房地产的投资),而房地产的需求却受到了大大的抑制。而1995年以前强劲投资形成的供给能力远远高于实际需求,这就必然使房地产经济进入以需求不足为主要特征的饱和景气状态。这是前期高投资和当期抑制需求政策双重作用的结果。1995年房地产业由于进入饱和状态,投资收益水平大幅下降。这是导致房地产投资大幅萎缩并进入低迷状态的重要诱因。如图26-25所示：S_{94}、S_{95}分别代表各年的供给能力,虚线、实线分别代表各年的需求水平线,M_{94}、M_{95}分别表示各年所处的景气状态。

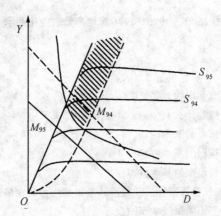

图26-25　1994—1995房地产景气变化图示

滞胀状态→饱和状态的变化条件是：需求水平线下降、供给能力增长减缓。

5. 进入低迷景气状态的1996年房地产经济。1996年的宏观经济形势是：严重的通货膨胀问题得以治理,但需求不足和失业问题进一步加重,投资持续低迷。这一宏观背景下的房地产经济必然使投资和需求同时受到抑制。另外,1995年房地产投资收益的低下也进一步抑制房地产投资的动力。同时1994、1995年的投资抑制也开始呈现效果,使1996年的供给能力亦有所萎缩。增长速度大幅回落、价格水平趋于稳定甚至回落。很显然,各方面的指标均表明1996年的房地产经济进入了低迷景气状态。其实际的投资利润率仅为0.56％,也充分地说明了当年的房地产经济处于相当艰难的境地。如图26-26所示：S_{95}、S_{96}分别代表各年的供给能力,虚线、实线分别代表各年的需求水平线,M_{95}、M_{96}分别代表各年所处的景气状态。

饱和状态→低迷状态的变化条件是：需求水平线持续下降、供给能力下降。

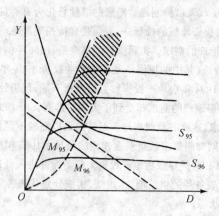

图 26-26　1995—1996 房地产景气变化图示

思 考 题

1. 简述预警装置的含义及其基本构成。
2. 房地产预警的目标和步骤是什么？
3. 试述房地产业景气指标体系的基本内容。
4. 简述房地产业景气分析模型的基本内容。
5. 试述各种房地产景气分析模型的基本内容。
6. 经济预警的景气指数、景气警告指标法及经济计量模型法如何在房地产经济预警中运用。
7. 描述在不同的决定条件下不同景气状态的表现特征。
8. 试述房地产产业景气循环理论及其对房地产周期活动的解释。

参 考 文 献

1. 王小波等：《经济周期与预警研究》,冶金工业出版社,1994年。
2. 张泽厚：《中国经济波动与监测预警》,中国统计出版社,1993年。
3. 贾凤和、钟茂初：《宏观经济增长理论与决策》,天津人民出版社,1992年。
4. 陈宗胜、钟茂初等：《走出滞胀困境》,中国经济出版社,1995年。
5. 钟茂初："宏观经济理论模型及其对滞胀的解释",《经济学动态》,1996年第4期。
6. 钟茂初："宏观经济模型及其对经济周期的解说",《南开经济研究》,1996年第3期。
7. 何国钊、曹振良、李晟："中国房地产周期研究",《经济研究》,1996年第12期。
8. 国家统计局：《中国统计年鉴》,中国统计出版社,1991—1996年。
9. 梁运斌：《世纪之交的中国房地产：发展与调控》,经济管理出版社,1996年。
10. 谢贤程：《香港房地产市场》,商务印书馆,1992年。
11. 奥托·埃克斯坦：《美国经济模型》,中国计划出版社,1990年。

第二十七章 房地产法律规范——宏观调控法规手段

第一节 房地产经济与房地产法

房地产的发展离不开房地产法。房地产法是法律体系中的一个重要组成部分,它是国家制定或认可的调整房地产开发、交易、经营管理和服务中发生的房地产物权关系、房地产债权关系、房地产开发经营权益关系及房地产管理关系的一个综合性、应用性的法律部门。

房地产法依存于房地产经济关系,反映和保护房地产业的健康、有序地发展。

一、房地产经济与房地产法

房地产经济就是在房地产的投资和开发、经营和利用、管理和服务过程中所形成的经济关系的总和。房地产经济大致分为三个层次:一是房地产业的所有制关系;二是房地产业的流转关系,即房地产的开发、经营及有效率的利用;三是与房地产业的所有制和流转关系相关联的其他经济关系。规范房地产经济关系的规章、制度的系统化、完善化,经立法者和法官的理性提纯,就上升为房地产法律规范,即通过一定的法律条文表现出来的,具有一定内在逻辑结构的房地产行为规则。纵观世界的房地产法,按法系大致可分为:(1)大陆法系,即房地产的成文法;(2)英美法系,即房地产的判例法及成文法。在我国,主要指房地产的成文法,包括:宪法中调整房地产的条款、房地产基本法、房地产行政法规、房地产司法解释及习惯等。房地产经济与房地产法的关系,主要表现在以下几方面:

1. 房地产经济在静止状态下的法律制度。以土地和房屋为内容的房地产经济,在自身的经济运行过程中,以相对静止的状态存在于社会的生产、交换、分配和消费等各个环节中。为维系房地产经济关系的稳定、健康的良性循环,促进、带动相关的各国民经济部门的发展,要借助行政手段、经济手段、法律手段调整房地产经济关系。房地产经济在静态下的法律制度就要制定出:房地产所有权制度(包括土地所有权和房屋所有权),房地产他物权制度(当土地为房地产他物权的客体时,有土地使用权、土地承包权、采矿权、土地使用权的抵押权等;当房屋为房地产他物权的客体时,有房屋典权、房屋租赁权、房屋抵押权等;当土地与房屋在法律构成上视为一体时,有房地产抵押权、房地产使用权、房地产典权等),房地产财产权利主体的制度(包括自然人、法人、其他组织等房地产权利主体)。此外,提高房地产配置、利用和收益方面的法律制度,也需要以房地产法律规范的形式表现出来。

2. 房地产经济在运动状态下的法律制度。房地产经济活动的领域涉及面广泛,既包括房地产的投资开发、经营管理,又包括房地产的交易、物业管理等经济行为,在一系列的房地产经济活动中,在不同的主体之间,发生着不同性质、不同方式的房地产财产的流转,这就要求以法律规范的形式反映房地产经济的动态流转关系。房地产债权关系直接调整房地产经济动态关系,房地产债权是按照合同的约定或法律的规定,在特定的主体之间产生的房地产财产的权利义务关系。比如,房地产法对房地产一级市场的调控,主要是通过调整土地使用权出让的债权关系反映出来的;对二级市场的调控,则通过对土地使用权的转让、抵押等债权关系反映出来。

3. 房地产经济行为要由一系列实体规范、程序规范及运行规则加以制约,形成一个统一的整体。《中共中央关于建立社会主义市场经济体制若干问题的决定》中强调指出:"社会主义市场经济体制的建立和完善,必须有完善的法制来规范和保障。要高度重视法制建设,做到改革开放与法制建设的统一,学会用法律手段管理经济。"房地产经济是社会主义市场经济的重要组成部分,在完善我国社会主义市场经济过程中,只有对房地产的经济行为施以实体法律规范、程序法律规范,用法律的手段加以调控、制约,使房地产市场有法可循,依法运行,才能使房地产业健康、有序地发展。

二、房地产法在房地产业发展中的作用

市场经济,某种程度上讲就是法治经济。房地产业作为市场经济中的一个重要组成部分,迫切需要用法律来规范,而健全、完善的房地产法在房地产业的发展中又具有重要的现实意义。

1. 促进房地产业的健康发展。房地产业是从事房地产开发、经营、管理和服务的行业,它包括房地产开发生产、流通、消费过程的各项经营与管理业务。随着我国经济的不断发展,房地产业在国民经济中的作用愈发重要。实践证明,房地产业的发展,不仅可以为城市经济发展提供物质基础和前提,而且有利于进一步扩大对外开放,引进外资,加速城市建设和经济的发展。正因如此,许多国家和地区,一直非常重视房地产立法工作。无论是在调整简单商品经济关系的奴隶社会的诸法合一的法典中,或调整自由经济的资本主义的民商法典中,还是调控我国社会主义市场经济的法律法规中,房地产立法始终是优先考虑的立法之一,且被置于非常重要的地位,其目的不外乎是为了规范并促进房地产业的健康、有序地运行,以利于整个国民经济的发展。在我国,房地产业正处于改革和发展的起步阶段,客观上更需要用法律加以规范、引导、推动和保障。

2. 维护房地产市场秩序。房地产业是一个收益大,投资回报率高的产业。在我国,房地产开发商的利润通常达20%—30%,甚至开发建设"微利房"的利润也达15%,这在客观上无疑会诱使许多企业和自然人涉足房地产业,因此,若没有健全的房地产法律来调控房地产主体的市场行为,必然会使房地产市场出现无序、紊乱的状态。这就要求从法律上对房地产市场运行的诸环节进行强有力的法律制约,并将房地产主体的开发经营行为纳入良性的轨道。

3. 保障房地产开发经营主体的合法权益。房地产不仅是一种重要的生产要素,也是城乡居民生活的必需品。在市场经济条件下,房地产又是人们最重视、最珍惜的一种财产形式,是人们购产置业的良好投资对象。房地产是不动产,房地产主体的权利属于民事权利,房地产开发经营主体都是实行独立经营、独立承担法律责任的经济组织,他们参加房地产经济活动的目的就是为了获得物质利益,其参与的经济关系首先就是作为利益表现出来的,而房地产法正是各开发经营主体实现经济利益的法律手段,他们在从事房地产开发经营活动中,只要严格遵守国家的有关房地产法律法规,其合法利益必将受到国家法律的保护。各房地产经营主体之间的经济行为,必须贯彻等价有偿、平等互利、诚实信用的民商法精神,不得损害其他主体的合法权益,牟取非法收入。同时,当国家、集体、自然人之间的物质利益发生矛盾时,国家也要通过房地产法律来规范主体的开发经营行为,平衡各主体的利益冲突,以保障各房地产开发经营主体的合法权益。

第二节 房地产法的主要内容及存在的问题

为了加强对城市房地产的管理,维护房地产市场秩序,保障房地产权利人的合法权益,促进房地产业的健康发展,1994年7月5日第八届全国人民代表大会常委会第八次会议通过了《中华人民共和国城市房地产管理法》(以下简称《城市房地产管理法》)。该法的问世,在我国房地产法制建设及房地产法律体系的构建上具有重要的意义。同时,也确定了我国房地产法的主要内容。《城市房地产管理法》确立了国家实行的五种基本管理制度,即:国有土地有偿有期限使用制度、房地产价格评估制度、房地产成交价格申报制度、房地产价格评估人员的资格认证制度、土地使用权和房屋所有权登记发证制度。设定了五种登记备案制度,即:开发公司和中介机构设立的登记备案、房屋租赁的登记备案、商品房预售的登记备案、房地产转让变更登记、房地产抵押登记。确定了五种证书,即:土地使用权证、房屋所有权证、两证合一的房地产权证、估价师的资格证、房屋预售许可证。规范了四种要式合同,即:土地使用权出让合同、房地产转让合同、房地产抵押合同、房屋租赁合同。确定了三种价格基础,即:基准地价、标定地价和房屋的重置价格。

《城市房地产管理法》第二条明确了房地产法的调整内容,即:"在中华人民共和国城市规划区国有土地(以下简称国有土地)范围内取得房地产开发用地的土地使用权,从事房地产开发、房地产交易,实施房地产管理,应当遵守本法。"可见,房地产法的调整内容主要是房地产的开发、交易和管理关系,以及由此衍生的其他房地产关系。从该条规定中看出,房地产法的调整内容具有以下特征:第一,房地产法仅调整城市规划区内的国有土地,集体土地不属于房地产法的调整领域。第二,房地产法调整的社会关系,既有横向的民事法律关系,如房地产物权关系、债权关系;又有纵向的房地产行政管理关系,如房地产管理。第三,房地产法调整的内容既可能发生在平等的民事主体之间,也可能发生于非平等的主体之间。

房地产法调整的内容,主要包括以下法律关系:

1. 房地产物权关系。

物权,是指主体支配某物,并享受利益的排他权。物权是绝对权,具有排他性、独占性等法律特征。房地产物权属于财产权的范畴,其客体主要是土地与房屋。土地与房屋尽管在物理上连为一体,但因两者各自具有独立的交易价值和让与性,于法律上仍可视为房地产物权的两个不同客体。

物权通常划分为所有权与他物权。房地产物权是以房地产所有权为本源,及由此派生出来的房地产他物权组成的房地产物权群体。其中,房地产所有权是房地产法调整的核心,主要包括土地的所有权和房屋所有权。房地产所有权与其他财产所有权一样,由占有、使用、收益和处分这四项权能组成。根据所有权人的意愿或法律的规定,可以使房地产的所有权与其权能分离,但却不能因之而使所有权人丧失所有权,更不能动摇所有权在房地产物权关系中的核心地位。

2. 房地产债权关系。

债权与物权一样,都属于财产权的领域。物权反映静态的财产关系,即财产的归属和支配关系;债权反映动态的财产关系,即财产的流通交易关系。房地产债权是按照合同的约定或法律的规定,在特定的主体之间产生的房地产财产的权利义务关系。房地产债权关系是房地产法重要的调整内容，是平等主体之间的法律关系，必须坚持自愿、公平、等价有偿原则。

3. 房地产行政管理关系。

房地产行政管理关系，是房地产行政管理机关在对房地产及与房地产相关的活动行使管理职权时所形成的一系列法律关系的总称。由于房地产对国民经济的发展和人民的日常生活都有很大影响，所以国家对房地产的管理工作无疑要纳入法律调整的领域。

房地产行政管理关系，主要有：第一，房屋管理关系，即国家基于对房屋规划、开发、修建、改造和测量等行为和管理及对房屋产权、产籍等管理行为而产生的法律关系。第二，土地管理关系，即国家对土地的使用规划和使用审批等行为进行管理而产生的法律关系。第三，房地产市场管理关系，即国家为了使房地产市场能有序、健康地发展，对房地产开发经营者、房地产交易行为主体、房地产中介机构、房地产价格等诸方面进行管理而产生的法律关系。

房地产法调整的上述三种法律关系，在实际运作中，不同的法律关系常常是交叉发挥作用的，一项经济活动要同时接受纵横交错的不同法律关系的约束和调整。比如，房地产开发活动，要由行政主管部门依法审批资质，接受政府税费调控，这些属于房地产行政管理法律关系的范畴；此外，还要依照民事法律关系同勘察、设计、施工单位和购房人签订各种协议。总之，房地产社会关系的复杂性、多元性，增加了房地产法调整范围的多元性和综合性。

回顾我国房地产法曲折发展历程，应当承认，在立足中国国情，并借鉴国外立法经验的基础上，我国的房地产法制建设取得了长足的进步，也基本上勾勒出房地产法所应规范的经济领域。但是，我们也应当清醒地认识到，迄今建立起来的我国房地产法尚未形成完整、科学的体系，房地产法律只是初具规模，无论法律规范的内容、调整效果，还是法律规范的效力层次、立法技巧，都尚未达到较高的程度。我国的房地产法尚有许多缺陷与不足，主要表现在以下几方面：

1. 房地产法尚不健全。由于我国各个不同历史时期受当时政治、经济、文化条件的制约，虽然有关房地产的各种法律、法规、规章和司法解释浩如烟海，但总体上，国家调控房地产的法律严重滞后于房地产业的发展，一些行政法规零乱、不系统、不规范。司法实践中，在新形势下出现一些房地产纠纷往往因找不到适用的具体条款而给法官带来困惑，并出现了执法中的偏差。比如，与国民生活密切相关的《住宅法》尚处于空白状态；有些行为，如预售商品房能否转让问题，《城市房地产管理法》第45条规定"商品房预售的，商品房预购人将购买的未竣工的预售商品房再行转让的问题，由国务院规定"。但国务院的条例迟迟不能出台，使得司法实践中对此问题的认识出现了两种截然相反的结果，不仅损害了法律的权威，也阻碍了我国房地产市场的发展。

诚然，房地产涉及面广，专业性、技术性较强，凡与房地产相关的行为以及由此产生的社会关系，皆需要房地产法律规范明确加以规定，这就决定了完善的房地产法难以在短时期内完成，更不能无视现实情况一蹴而就，而要统筹规划，经过周密的安排，逐步将房地产法律规范制定出来。但是，由于房地产活动是一个内在相互联系、相互制动的统一整体，有其自身的规律和体系，因而，作为调控房地产关系的一系列法律规范必须是相互配合、相互制约的，不应盲目、随意立法，而应分清主次、重点，有计划、有层次、有步骤地进行房地产立法工作。比如，对于目前房地产业出现的重大问题，就需填补其空白，用法律加以严密、周详地规范，如住宅问题、商品房预售的转让问题、非住宅区的物业管理问题，等等。

2. 房地产法律规范缺乏协调性，有的甚至产生抵触。我国现有的房地产法律规范缺乏内容上的协调性、系统性和科学性，许多房地产规范无配套性规定，不仅法规之间不配套，而且法规与其所属的规章之间以及各规章之间也不配套。几乎在所有管理职能法规方面,都缺少配套性规定。比如,我国虽颁布了《城市房地产管理法》,但缺少规范农村房地产的有关法律规范。在对待宅基地使用权的问题上,《村镇建房用地管理条例》、《城镇个人建造住宅管理办法》等规范性文件承认宅基地使用权,我国法学理论也大多将宅基地使用权作为独立于土地使用权的他物权看待。但在《中华人民共和国土地使用权出让和转让暂行条例》中,却把宅基地使用权纳入土地使用权之中。再比如,我国虽制定了《城市新建住宅小区管理办法》,但尚无对非住宅小区的物业管理方面的规范性文件。

上述问题,很大程度上是房地产管理体制造成的。按照现行的管理体制,房产是由建设部门主管,土地是由土地部门主管的。相应的在颁布行政规章时,涉及房产方面的自然由建设部门颁布;而涉及土地方面的则由土地部门制定、颁布。这样,由于两个部门各自为政,不能有效地配合,必然会使规章制度体例各异、要求不一;内容重叠,相互抵触。这不仅影响了我国房地产立法的质量,不利于形成房地产法的完整体系,也有碍于房地产立法功效的发挥。

为了有效地解决上述问题,可行的措施就是依法界定各业务职能部门的职能或职责,在其职能范围内制定规范性文件,才能较有效地协调法律制定工作。当然,最根本的解决办法是取消房地产的分管制,建立由一个部门负责房地产工作的管理体制,才能最终避免房地产规章相互矛盾、抵触、缺乏协调的问题。

3. 房地产法律规范的规格较低。房地产法作为一个独立的自成体系的法律部门,需要一个完整的法律纵向层次结构,既要有房地产规章和办法,更需大量的由全国人民代表大会及其常委会颁布的基本法及国务院颁布的行政法规。但从我国现行的调控房地产的规范性文件来看,房地产法律法规较少,而部门规章及"指示"、"意见"、"通知"较多,大多部门规章和通知的内容行文中没有条款,没有权利义务和法律责任的规定,不具备法的特征,缺少法的权威性、严肃性。这些层次较低的规范性文件不仅规范性差,且难以操作和执行。

另外,我国房地产立法的地方性立法比较混乱,很多没有地方立法权的城市,特别是一些小城市人民政府也随意"立法",这些"立法"有的与国家颁布的规章严重抵触。

总之,这种只追求房地产法的数量,而忽视其质量的做法已严重桎梏了我国房地产法的构建与完善。

第三节 房地产法的体系

一、国外法律对房地产法及其地位的规定

综观现今各国法律特点和其外部特征,可分为两大法系,即大陆法系和英美法系,两大法系通常将房地产称为不动产,将调整不动产关系的法律法规称为不动产法。

大陆法系将调整不动产的法律规范纳入民法的物权法中,因此,房地产法在大陆法系属于民法的部门,如《法国民法典》第二卷"财产及对于所有权的各种变更"第一编"财产的分类"第一章"不动产"第517条规定:"财产之作为不动产,或按其性质,或按其用途,或按其所附着的客体。"第518条规定:"地产及建筑物,按其性质为不动产。"《德国民法典》将与不动产相关的内容,分为:不动产的所有权、地上权、地役权、用益权、先买权、土地负担、抵押权、土地债务等。《瑞士民法典》主要包括:土地的共同共有所有权、土地所有权、相邻权、建筑物区分所有权、地

役权、土地负担、居住权、建筑权、不动产抵押等。《意大利民法典》则包括：土地所有权、建筑物的所有权、地上权、永佃权、用益权、使用权、居住权、地役权。其中，德国和瑞士民法典按古罗马法的原则："地上之物属于土地"，以土地及其附着物为不动产法律调整的对象。法国民法典则从 518 条至 526 条具体罗列不动产法律调整的种类，其范围较宽，可包括三方面：① 按其性质为不动产，如土地及其建筑物，固定于柱子上并作为建筑物的一部分的风磨、水磨、未摘果实。② 按用途为不动产，为使用、经营不动产而设置的财产，如经营土地的耕畜、农具、制造场中的器具。③ 按权利客体为不动产，如不动产的使用收益权，不动产的返还请求权、地役权、土地使用权等。

英美法系国家一般没有"民法"的称谓，大陆法系的民法类似于英美法系的私法，其私法范围极广，主要包括财产法、家庭法、侵权法和契约法等，房地产法属于财产法的范畴，如，英国的财产法包括动产和不动产的买卖、租赁、抵押和继承、信托、破产等内容。1925 年为了对财产法进行彻底改革，英国议会颁布了 6 项法律，即《土地授予法》、《财产法》、《土地登记法》、《信托法》、《土地特殊权益法》及《遗产管理法》，从而确立了以不动产为核心的新财产法关系。在美国的不动产法中，不动产(real property)是指土地和永久附属于土地的树木和建筑等。从不动产权益可按所有权人能保留的时间分为：无条件继承不动产权(free simple estate)；终身不动产权(life estate)，此两种产权称为自由保有不动产权(freehold estate)。

尽管英国法与美国法在对不动产的具体保护措施上有所不同，但二者的共性是：不动产，尤其是土地财产是英美财产法的核心。

此外，英美法系传统精华的判例也充分调整房地产关系，如英国法院的非洲有限公司诉柯恩(Bank of Africa Ltd. v. Cohen)案，美国不动产租约纠纷的 Kibourne. v. Forester 案。加拿大法院的兰德利诉莱卡贝尔(Landry v. Lackapelle)案。但是，由于房地产关系的复杂性、专业性及技术性，单纯依靠大陆法系的民法、成文法及英美法系的财产法和判例法尚不足以很好地调控纷繁复杂的房地产关系，因此，这两大法系诸国除用民法物权法和财产法规范房地产关系外，还辅之以大量的单行法规，如，大陆法系的德国在"二战"前后，分别颁布了《住房公益法》(1940年)、《征集土地法》(1957)、《住房建筑法》(1953、1965 年)、《联邦房租法》(1955、1975 年)、《住房责任法》(1974 年)、《联邦建筑法》(1976 年)、《城镇建设促进法》(1976 年)、《住房现代化促进法》等房地产法律；日本制定的《借地法》、《借家法》、《建物保护法》(后将此三部法统称《借地借家法》)、《建筑物区分所有权法》等。英美法系国家也颁布了许多房地产的单行法规，如"二战"后美国的《联邦土地政策管理法》、《联邦居住法》，澳大利亚的《房地产条例》及《单元住宅所有权条例》、新西兰的《1995 年住宅法》、加拿大的《国家住宅法》等。但是，无论房地产法如何发展，房地产法隶属于大陆法系民法物权法及英美法系财产法的部门，这个范畴是始终不变的。

在法律文化和观念中，大陆法系和英美法系诸国均奉行"私有财产神圣不可侵犯"的原则，如《法国民法典》第 544 条规定："所有权是对于物有绝对无限制地使用、收益及处分的权利。"依该原则，对其财产，包括不动产和动产均享有充分的权利，所有人可以自己的意志任意行使其私有财产权，任何人不得加以干涉。那么，在房地产的归属上，这些国家在资产阶级革命胜利后，率先制定的重要法律就是房地产法，借以废除土地公有制，确立土地私有制。法国 19 世纪初期颁布的《分配公有土地法令》，逐渐使土地成为私有财产；日本 1872 年制定土地法令，确认农民耕种的土地为农民所有。迄今为止，这些国家私人拥有的土地比例是相当高的，如法国的私有土地占80%—90%左右。在法律上,调整私人(当然也包括国家)财产的归属、支配与流转、交易的法律无疑是民法或私法的任务,这样,房地产法属于民法物权法或财产法的领域也就顺理成章了。

二、我国房地产法的体系

我国房地产法的体系可以从两个方面进行划分:一是从立法的层次和效力来划分;二是从房地产法的内容来划分。

(一) 依房地产立法层次划分

1. 房地产法律。房地产法律是国家制定或认可的调整房地产关系的法律规范的总称,应由全国人民代表大会或其常务委员会制定和发布,在整个房地产法中居于最高地位。其中有关房地产的法律或包含房地产规范的法律,是我国房地产法律体系的主要形式,前者如《中华人民共和国城市房地产管理法》、《中华人民共和国土地管理法》等;后者如《中华人民共和国民法通则》、《中华人民共和国继承法》等。

2. 房地产法规。包括房地产行政法规和房地产地方法规。房地产行政法规是直接隶属于房地产法律的体现具体管理职能的行政性法规,应由国务院以"条例"的形式制定和颁布。房地产法规在整个房地产法律体系中仅次于法律,起直接具体贯彻房地产法的作用,如《城市私有房屋管理条例》。此外,由各省、自治区、直辖市、省会市、国务院批准的较大市人民代表大会及其常务委员会制定的房地产地方性法规,也是房地产法律体系中房地产法规这一层次中不可缺少的重要组成部分,如《广东省经济特区土地管理条例》、《天津市房地产抵押管理规定》等。

3. 房地产规章。包括房地产行政规章和房地产地方性规章。房地产行政规章是法律效力上仅次于房地产行政法规的规范性文件。房地产规章应由国务院所属部委以"办法"形式制定和颁布,起实施细则的作用,如《城市私有房屋管理规定》、《城市商品房预售管理办法》等。

一般来说,房地产规章的制定与房地产法规的制定是密切联系的。大凡制定了法规,就需要有一些规章作"细则",以更具体、详细地阐释法规的内容,便于当事人遵照执行。当然,实践中有时法规尚未出台,规章已经生效。这实际上是立法中的非正常现象,也与房地产法律体系尚未构建完整有直接关系。

此外,各省、自治区、直辖市、省会市、国务院批准的较大市人民政府制定的地方性规章,如《上海市城市建设综合开发公司资质管理办法》等,也是我国房地产法律体系中不可或缺的组成部分。

有必要指出,房地产法律、房地产行政法规、房地产规章在中华人民共和国管辖区域内皆生法律效力,而房地产地方性法规、房地产地方规章只在本行政区域内发生效力,不能延及其他区域。

(二) 依房地产法的内容划分

1. 房地产开发用地的法律规范。房地产开发用地有三种供应方式:一是有偿出让国有土地的使用权;二是划拨国有土地的使用权;三是租赁国有土地使用权。凡是调整房地产供地方式的规范性文件皆属房地产开发用地的法律规范的范畴,如《中华人民共和国城镇国有土地使用权出让和转让暂行条例》等。

2. 房地产开发的法律规范。房地产开发,是指在依法取得的国有土地使用权的土地上进行基础设施、房屋建设的行为。房地产开发的法律规范主要包括两方面：一是房地产开发建设竣工方面的法律规范；二是房地产开发企业方面的法律规范，前者如《城市房屋拆迁管理办法》等；后者如《房地产开发企业资质管理规定》等。

3. 房地产交易的法律规范。房地产交易的法律规范是调整房地产这种特殊的产品进入市场后的一系列规范性文件的总称，如《城市房地产转让管理规定》、《城市房地产抵押管理办法》等。

4. 物业管理的法律规范。物业管理是有专门的机构和人员，依法按照合同和契约，对已经竣工验收投入使用的各类房屋建筑和附属配套设施及场地，以经营的方式进行管理，并且对房屋周围区域内的环境、清洁卫生、安全保卫、公共绿化、道路养护等等统一实施专业化管理，以及对住用人多方面的综合性服务。凡是调整上述管理及服务行为的规范性文件，皆为物业管理法律规范的范畴，如《城市新建住宅小区管理办法》等。

5. 房地产权属登记管理的法律规范。房地产权属登记，是法律规定的管理机构对房地产的权属状况进行持续的记录。因此，凡规范房地产权属变动的法律文件，即为房地产权属登记管理的法律规范，如《城市房屋产权产籍管理暂行办法》等。

三、我国房地产法的定位分析

任何国家的法，都是作为一个整体而存在的，构成这个整体的是各个不同的法的部门，各个法律部门因其规范角度的不同又可分成诸多更小的分支，而各个法的部门和分支由不同层次的法律、法规和规章所组成。这些法的部门和分支与不同层次的法律、法规和规章相协调，组成一个以宪法为统帅，以部门法为主体，相互区别和联系，内容和谐一致，形式完整统一的法律规范的有机群体，这就是法的体系。那么，在我国的法律体系中如何给房地产法定位呢？这是一个至今悬而未决且无法回避的现实课题。关于房地产法的地位，我们认为应从两个方面分析：一是房地产法是否是独立的法律部门；二是房地产法在法律体系中所处的位置。

（一）关于房地产法是不是独立的法律部门

关于房地产法是否为独立的法律部门，我国法学界有否定说和肯定说两种观点。否定说认为，房地产法既没有自己独自调整的社会关系（它所规范的社会关系分属民法、行政法、诉讼法等既定法律部门的调整范围），也没有独特的调整方法（它所采用的调整方法不外乎是民法的、行政法的或刑法的调整方法），因此不能将房地产法视为独立的法律部门。"房地产法"只是一个学理上的概念与表述，用来指代在已有的法律部门中与房地产有关的那些法律规范。肯定说则认为，房地产法是一个独立的法律部门。我们同意第二种观点，但须阐明以下问题：

我国不应将房地产法纳入民法或行政法的范畴。在我国，一切土地均属于公有财产，或为国家所有或为集体所有，土地的使用人对土地仅享有使用权。而且，这种使用权在地产制度改革以前基本上是通过行政渠道划拨取得的，这就决定了我国的土地法律规范在性质上更接近于行政法。也正是由于土地的这种非私有财产性决定了国家不仅对土地实行严格的行政管理，而且也要对地上物实行一定的监管。在住房制度改革之前，我国的房屋在产权归属上或为国家直管公房，或为单位自管公房，因此，调整与土地不可分离的房屋法律规范在性质上也基本属于行政法的范畴，在我国颁布执行的诸多规范房地产关系的法律文件中，其名称与内容都带有明显的行政法痕迹，如《中华人民共和国土地管理法》、《城市私有房屋管理条例》、《城市房地产租赁管理办法》等等。1994年7月5日颁布的《中华人民共和国城市房地产管理法》,这个规范房地产领域的最基本的法律文件,也没有消除这种痕迹。因此,很多学者认为,因房地产法主要规范房地产业的纵向管理关系,故应属于行政法的范畴。

近些年来,随着我国社会主义市场经济的建设与发展,房地产制度的改革,以及房地产交易的活跃,由房地产衍生的社会关系越来越受到民法的关注。房地产产权关系的复杂性、多元化使得房地产领域的社会关系成为民法的调整对象,如房地产权属的静态的、横向的财产关系由民法物权法调整;房地产交易的动态的、横向的财产关系则由民法债权来规范,因此,多数学者目前又趋向于房地产法属于民法的分支。

诚然,房地产法与民法、行政法都调整一定范围的财产关系。民法的平等、自愿、等价有偿、诚实信用原则贯穿于房地产物权、债权等法律关系之中,民法将物分为动产与不动产,以不动产为标的的法律关系遵循的规则即以民法为依据,故此,房地产法涉及的诸多具体法律关系应在民法的指引下实施。行政法的行政合理性、合法性原则对国家管理房地产业具有指导意义,比如《城市房地产管理法》第六条要求国务院建设行政主管部门、土地管理部门依照国务院规定的职权划分来管理全国的房地产工作,即遵循了行政法的原则。

但是,房地产法所调整的社会关系毕竟具有相对的独立性,它与民法、行政法有着明显的区别:第一,调整的对象不同:民法调整的是平等主体之间的财产关系;行政法调整的是依据国家行政机关的命令或指令发生的非平等主体之间的财产关系;房地产法调整的既有平等主体之间的财产关系,又有非平等主体之间的财产关系,也有纵横交错的财产关系。第二,调整的方法不同:民法主要采取任意性的调整方法;行政法主要采用强制性、命令性的调整方法;房地产法则综合了民法、行政法的调整方法。第三,法律责任不同:民法中承担法律责任的形式主要是等价补偿,赔偿当事人的损失;行政法主要是对行政相对人实施非刑事的人身和经济制裁;房地产法则针对不同情况,分别或同时使行为人承担民法和行政法的法律责任。

因此,我们不能因为房地产关系在某些具体细节上受民法、行政法等法律部门的调整,就将房地产法纳入民法或行政法的领域,更不能从根本上否认房地产法对房地产这类社会关系从整体上进行独立的、统一的调整。尽管房地产关系纵横交错,错综复杂,涉及面广,但它们都以房地产为媒介,相互间存在一定的、内在的、本质的联系,在社会关系结构中形成了一个相对独立的群体,客观上也要求一独立的法律部门对这一相对独立的群体进行统一的调整,这就是房地产法。此外,从我国颁布的房地产法律、法规来看,房地产法实际上代表了一个难以划归某一既存法律部门的具有内在联系的法律、法规群体。从《中华人民共和国土地管理法》到《中华人民共和国城镇国有土地出让和转让暂行条例》,以至《中华人民共和国城市房地产管理法》,房地产法律规范的不断充实和完善,也为房地产法的自成体系提供了强有力的注解。

(二)关于房地产法在法律体系中的地位

关于房地产法在我国法律体系中的地位,学术界也有不同认识,我们认为房地产法是一独立的综合性亚部门法。因为房地产法的调整对象并不是一个封闭的整体,而是从现存法律部门中分离出来的,是一定量的不同社会关系的有机整合,但它并未在宏观法律体系上发生新的质变,它的出现和存在也没有打乱既存法律体系的基本构架。因此,在民法、行政法等有关法律部门不否定房地产法独立存在的前提下,它也不可能取得与民法、行政法、程序法等相并列的基本法律部门的地位,而只是一个根植其上、位居其下的独立的综合性亚部门法。

1. 房地产法是一独立的亚部门法。房地产法是适应市场经济的发展而产生、发展的一新兴法律部门,民法、行政法是其法律基础。房地产法具有自己的调整对象、调整方法和手段,也有自己特定的基本原则,因此,它是直接反映房地产财产关系和管理关系的独立的亚部门法。

2. 房地产法是一综合性的边缘法。房地产法涉及诸多法律部门的原理与内容。它综合了民法、行政法、诉讼法、环境保护法、刑法等与房地产法有密切关系的各部门的原则与内容,并进而构筑成自己独特的规范体系。

房地产法还涉及许多非法律部门的内容与学科,如经济学、住宅学、财政金融学、市场学、价格学等。

可见,房地产法是诸多法律部门与非法学学科的内容相结合的产物,是一综合性的边缘法律部门。

3. 房地产法是一应用性的法律部门。表现在:第一,房地产法所规范的房地产的各项法律制度,是房地产主体从事投资、开发、建设、交易、管理等活动的行为准则;第二,房地产法调整的内容,对房地产仲裁、诉讼、公证等实践活动具有重要的指导作用;第三,房地产法的具体内容,是房地产行政主管部门对房地产业宏观调控和微观管理的法律依据。可见,房地产法是一应用性极强的法律部门。

四、我国应制定统一的房地产法

在制定《城市房地产管理法》的过程中,我国立法界及学术界曾有房地产集中式立法(即制定统一的《房地产法》)与分散式立法(即土地和房屋单独立法)之争。虽然最后采纳了集中式立法体例,但《城市房地产管理法》只是确立了房地产的基本制度和原则,从内容上也仅限于房地产的开发、经营及登记管理方面,并未覆盖房地产的各个环节,该法被称之为"管理法",从性质上也有隶属于行政法之嫌。此外,该法的规范内容、立法技巧及与其他法律、法规相互协调等方面尚有诸多待完善之处。基于此,我们认为,目前亟待制定一部统一、完备的《房地产法》,以有效地调控、规范房地产业。

1. 房屋与土地的不可分性从客观上要求制定统一的房地产法。作为一个整体,房屋与土地是密不可分的。第一,从空间形态上,房屋必须建在土地之上,房屋不能脱离土地而单独存在。第二,从价格构成上,地价隐藏在房价之中,房产的价格,如房屋的买卖、租赁等,都包含着地价在内。第三,从权属关系上,房屋所有权的主体与土地使用权的主体须为同一人。第四,从市场交易上,房屋所有权的转移,必然导致土地使用权的转移。第五,从经营管理上,房产经营管理必然涉及土地经营管理,确定房屋产权也必然涉及土地占有、使用权。第六,从资金循环上,房地产建设投资包括征地开发和房屋建设两大投资,前者靠收取土地开发的费用;后者靠出租、售房双循环渠道来获取资金,两者密不可分。房地产由于其自然属性,决定了其社会属性的不可分性,客观上也决定了必须制定统一的房地产法。制定统一的房地产法既可避免人为地将房、地分开,有利于理顺、调节房地产关系;也可以科学地构建完整的房地产法律体系,有利于我国整个法律体系的协调、统一。

2. 房地产的发展呼唤一部覆盖整个房地产业,调整房地产社会关系的法律。自党的十一届三中全会以来,我国的房地产业得到了迅猛发展。但是,房地产业在我国毕竟还是一个新兴的产业,其发展过程中难免会出现一些问题,特别是在我国对房地产业的运行规律尚缺乏足够的认识和实践经验尚不足的情况下更是如此。然而,如何将房地产业中出现的负影响减少到最低程度,以及如何有的放矢地超前性地预测到房地产业的走向,这无疑是亟待研究的课题。法律不能只被动地反映房地产社会关系,更应超前性地事先予以有效地规范,使之有序地发展。应当承认,近几年我国房地产业出现的问题与房地产法律规范的滞后、零乱、不系统、不协调、不规范等有直接的联系。因此,为了适应房地产业飞速发展的需要,我国也应制定一部覆盖整个房地产业的高层次、高质量的房地产法律。

3. 现行法律体系并不排斥制定一部统一的房地产法。第一,从我国现行法律体系来看,虽然民法、行政法均将房地产作为一个重要的客体来规范,但民法是从房地产的权属、交易关系上来调整的;行政法是从管理角度来规定的,且民法、行政法均有自成体系的调整领域,而房地产法亦有自己独特的调整对象、方法和原则,它们之间并不互相排斥,房地产法的出现也没有破坏我国现行法律体系的结构,民法、行政法也不否定房地产法的存在与发展。第二,从房地产法的法律体系来看,其中的几个基本法,如《土地管理法》主要是侧重土地的行政管理,是资源型立法;《城市规划法》是对城市进行的规划管理,是空间布局型立法;《城市房地产管理法》是规范房地产的开发、经营和权属方面的法律,是资产型立法。这几个法律之间的关系是相互并列,互相配合,互相补充的,它们之间不能相互取代,更不能代替覆盖整个房地产业的一部综合、完整的房地产法律。

4. 现行房地产管理体制也不否定统一的房地产法。目前,尽管我国对房地产的管理采取分管体制,但是无论从自然属性,还是社会属性而言,房地产都是不可分割的,在权属管理上也是难以分开的。历史和国外的实践也都证实了这一点。正因如此,我国的大多数城市在操作中逐渐认识到分管体制在法律构建上的缺陷及产生的弊端。近年来,我国的一些城市,如深圳、广州、汕头、开封、上海、北京等地,大胆改革,建立了由一个部门统一负责房地产管理的体制,实行"房地合一"、"两证合一",并取得极大成功。在房地产法律的建设上,其名称的称谓及内容的界定已趋向于对房地产的整体规制。可见,制定统一的房地产法与我国房地产管理体制的发展趋势也是吻合的。

5. 国外房地产统一立法的也不乏其例。国外对房地产的立法也存在统一与分散两种体例,但这主要取决于土地与地上物的关系。在土地与地上物的关系上有两种观点:一是一元主义立法例,认为不动产仅限于土地,地上物属于土地的组成部分,如《英国财产法》规定:"地上建筑物从属于土地。"《德国民法典》第74条规定:"建筑物是土地本质性构成部分。"二是二元主义立法例,认为土地与地上物是相互独立的不动产,如法国法、日本法等等。一般来说,采取一元主义立法例的国家,其法律上的不动产既涉及土地,也涉及房屋,如美国法、英国法,可见,房地产一体化的立法体例在国际上也是有例可循的。

专题分析:关于如何构建我国的房地产法

房地产经济运行的法律环境是一个非常重要的总问题,正文中我们虽作了一些论述,但还值得设专题分析,以便进行深入研究,这主要包括以下两个方面:

(一)背景知识的分析探讨

1. 我国房地产立法的发展史(主要是十一届三中全会以来)。

大致分为三个时期:① 停滞时期(1949—1978年);② 恢复时期(1978—1988年);③ 现行

制度创立时期(1988—1999年);④ 制度整合时期(2000年至今)。

2. 我国房地产立法的现状、存在的主要问题及原因。

在考察房地产立法发展史的基础上,分析存在的问题,可从两个角度探讨:一是管理角度立法,行政权力与民事权利不分。二是立法规格角度立法,法律规范的层次较低。立法问题的成因,亦从两个角度探讨:一是我国特殊国情因素;二是立法指导思想的偏差。

3. 房地产法在整个法律体系中的位置。

主要探讨房地产法的个性及其与民法、行政法的异同。

4. 比较法上的观察:世界两大主要法系对房地产的立法规定及判例。

了解大陆法系主要国家的民法典对不动产的规定及英美法系财产法有关不动产的单行法规和相关判例。

(二) 分析解决的问题

1. 我国应否制定一部覆盖整个房地产业的统一立法。

从房地产法与民法、行政法的关系;房地产的特殊性;房地产业的发展态势;现行房地产的法律体系;国家对房地产的管理体制;国外对房地产的相关规定等角度进行探讨。

2. 我国应否借鉴国外房地产立法中的相关规定。

在承认因中国市场机制的发育不完善,直接引致立法不健全的前提下,大陆法系及英美法系调控房地产领域的合理因素,我国是应直接吸收,还是应批判地借鉴抑或建立符合中国国情的法律制度。

3. 构建我国房地产法的立法设想。

在整合房地产立法思路的基础上,以构建我国房地产法的健全体系为最终归宿,可从两个角度分析:一是房地产法的规范体系;二是房地产法调整并保护的权利体系。

思 考 题

1. 简论房地产法调整的主要内容。
2. 我国房地产法尚存在哪些不足?
3. 试论房地产法是否为一独立的法律部门?
4. 试论制定统一的房地产法的理由。

参 考 文 献

1. 梁慧星:《中国物权法草案建议稿》,社会科学文献出版社,2000年。
2. 曹振良、高晓慧等:《中国房地产业发展与管理研究》,北京大学出版社,2002年。
3. 李延荣、周珂:《房地产法》,中国人民大学出版社,1998年。
4. 陈耀东:《房地产法学》,南开大学出版社,1998年。
5. 温世扬、宁立志:《房地产法教程》,武汉大学出版社,1996年。

第二十八章　房地产政策——宏观调控的行政手段

房地产政策是指政府为了合理配置房地产资源,根据法律规定确定或调整房地产资源的利用方向、结构、方式和强度所采取的行政的、经济的、技术的手段的综合。这里,我们主要探讨具有代表性的土地利用政策和住房政策。

第一节　土地利用政策

所谓土地利用政策是指政府为了土地资源合理和有效利用,根据法律规定调整土地利用方向、利用结构、利用方式和利用强度所采取的行政的、经济的、技术的(如计划和规划)手段的综合。在介绍国内外典型的土地利用政策之前,我们先来探讨一下政府制定与实施土地利用政策的现实依据和要实现的政策目标。

一、土地利用政策的现实依据

(一)土地投机与政府干预

土地不仅是一种非常重要的社会财富,更是一种至关重要的生产要素,其社会财富的价值正是由其生产要素价值或其经济潜力所决定的。因此,土地及其形成的要素市场在整个经济体系中占有十分重要的地位,土地市场是否正常运行关系到国民经济能否正常运行。由于土地自然供给的无弹性、经济供给的低弹性以及区位的固定性,决定了土地具有天然的易垄断性;土地供给的缺乏弹性、土地产权交易的分散性以及交易过程中信息的不完全性共同决定了土地易于成为投机追逐的对象。无论是在土地所有权交易的场合,还是土地使用权交易的场合,均是如此。

土地投机者常常利用不同区位、不同时期、不同类型土地的价格差异,利用人们对地价的非理性预期,利用政府土地规划、计划等土地利用和发展政策的漏洞,以买空卖空、囤积居奇的手段,人为地制造供求紧张,垄断土地市场,抬高地价以攫取高额利润。

土地投机的社会效应是不会增加社会财富,却导致社会财富的重新分配;经济效应是不会导致土地资源利用效率的提高,却会使土地资源配置偏离了由正常的市场地价所引导的土地资源优化配置的轨迹。土地投机的负面社会经济效应要求一个权威的超脱的机构对土地交易进行控制和规范,这种机构只能是社会的代表——政府部门。土地投机的存在是政府采用各种政策手段干预土地产权交易、引导土地有效利用的第一个现实依据。

(二)土地利用的外部性与政府干预

在土地经济运行中,不仅会产生许多正向的外部效应,如农地的投资开发提高了农产品的供给水平,使农业以外的产业因此受益,市地的开发利用改善了整个城市地区的投资环境,提高了邻近地区的土地价值等；而且还会产生诸如农地过度利用导致的地力下降，生态环境质量恶化，市地过度开发导致建筑垃圾增多，绿地减少，噪声污染等城市环境问题，以及城市景观的美学和生态学价值降低等负面效应。土地开发利用中存在的外部效应使得私人的成本收益与社会的成本收益发生偏离，导致土地资源配置处于低效甚至无效状态。这是政府干预土地市场、调节和引导土地利用，使土地使用者的私人成本与社会成本趋于一致，弥补市场配置资源的不足的又一个重要的现实依据。

在实践当中，世界上许多国家或地区的政府通过各种土地交易和利用控制手段，尽力消除土地开发利用中的负外部效应，保护土地使用价值免遭外部因素的侵害，防止私人对土地的滥用，以补救市场机制的缺陷。

二、典型的土地利用政策

（一）土地利用分区制

土地利用分区制（zoning）是为城市每块土地指定一个可允许的用途，把不相容的土地用途区分开来，以促进公共健康、安全与社会福利。

土地分区制有许多形式，每种形式至少有一个特定的目的。下面逐一简述几种分区制的主要内容及其政策效应。

1. 妨害分区制（nuisance zoning）。

妨害分区制又称外部性分区制，是指将不相容的土地用途区分开来，以消除不利于土地使用的妨害。这种分区制又可分为以下几种：

（1）工业妨害。工业企业产生各种各样的外部性，如噪声、强光、烟尘、气味、振动等。分区制把工业用地与住宅用地隔离开来，减少居住区的空气与噪声污染。工业妨害分区制也是一种有效的环境政策，但其缺陷是不能减少污染的数量，没有提供给企业降低污染的激励。传统的工业妨害分区制只是简单地把属于某类活动的企业规划在某块地上，例如，如果某块地规划为重工业区，则与重工业相关的企业活动全部选址于该块地上，不管它们的污染水平怎样。企业行为分区制（performance zoning）则改变了这一缺陷，每一规划区域上都规定了企业活动水平，如规定噪声、废气、烟雾的最大限度。虽然这种分区制并未强制企业为其污染付费，但由于排污少的企业有更多的选址自由，因此，在某种程度上鼓励了企业减少污染。

（2）零售业妨害（retail nuisance）。零售业者也产生一些影响居民的外部性，如零售业用车产生的拥挤、噪声及停车问题。传统的分区规划是划分一个零售业区域以减少这些负的外部性，如禁止小贩及运送货物的车辆侵扰住区等。在"行为分区制"下，只要零售业者的行为达到规定的噪声、停泊等规定，就可以被允许在特定的区域里从业。政府将在特定的区域里指定最低数量的停车位、最大行车速度、最大噪声水平等。

（3）居住区妨害。密集度过高的住宅往往会产生不良的外部性。例如，在独户住宅区里新建多层联排住宅，会增加噪声、拥挤、交通流量；增加对街上车位的需求，使停车位置数短缺，且多层住宅可能对邻里产生采光、视野方向的妨碍。传统分区制规定独户住宅区里不准建高密度住宅，但"行为分区制"则规定，如果开发商可以增建远离街道的泊车位、改进街道以防止塞车、建筑设计考虑了视野与采光问题的话，在低密度住宅区内也可以建高密度住宅。

2. 财政分区制（fiscal zoning）。

这种分区制侧重于实现地方政府财政收入目标而不是土地利用及外部影响最小化目标。财政分区制是要阻止利用那些增加地方政府支出的土地，或者排斥那些增加地方政府财政负担的家庭。地方政府通过征收财产税来为公共设施提供资金。如果家庭提供的财产税不足以弥补该家庭享受的公共设施服务，则认为该家庭给地方政府增加了财政负担。高密度住宅区的住户、城市边缘地的住户及新的工商业区域开发，都可能增加财政负担。

家庭财产税负担与住房消费成正比。拥有较小住房的家庭财产负也较小。地方政府可以通过规定低密度住宅区（高价值住宅区）来排斥拥有小面积住房的家庭。

宗地规模分区制是一种将不同价值住房区分的办法。这种政策为住宅开发设定一个最小地块规模，称为大块地分区制（large-lot zoning），因为土地与房产是互补商品，政府可通过对宅地规模的限制间接地规定最小住房价值。设一个城市价值125000元的房产，其财产税负与该户所享有的城市公共服务价值相当。一般来说，土地市场价值约占房地产价值的20%。如果地价是每英亩50000元，则半英亩地就可以建筑价值为125000元的住房。如果政府规定每块宅基地都不得小于半英亩，则所有新建住宅都不会给政府增加财政负担。

"大块地分区制"对城市土地市场的效应是：公寓住宅用地（常是小块地）相对稀缺，公寓住宅房主将从该分区制中受益，公寓住房消费者将会受损；独户住宅用地（常是大块地）变得更充足，其土地所有者将受损，独户住宅购买者将获益。

新建住宅通常建在城市的边缘区。如果远郊区的公共设施服务成本比较高，新建住宅的财产税负可能低于公共设施服务成本，因为新区开发往往需要城市已有公共服务设施的扩展。为了使新住户不增加财政负担，该区域可能不作开发而仅作农业用地；如果设定宅地最小规模，也能阻止中低收入住宅的建设。另一个办法是对新开发区增税或征收一次性开发税（其利息额可以弥补原住户财产税负与公共设施服务成本的差额），以补偿地方政府的财政负担。

如果城市政府不能将基础设施成本转嫁给新工商业开发区的企业与职员，政府可能通过减少工商业用地供给量及限制建筑高度等方法来限制工商业区的开发建设。

3. 设计分区制（design zoning）。

类似于建筑设计师设计单个住宅，城市规划师设计整个城市，安排各种城市活动于特定区域以提高城市基础设施的利用水平，尤其是把住宅建设与就业增长引导到基础设施供给有效率的区域，这种分区制称为设计分区制。设计分区制也为城市划出"绿带"、"农业保护区"或公共空地。在一些国家（包括中国），城市规划方案一经审定通过，具有法律效力，以引导城市开发建设。

4. 排斥性分区制（exclusionary zoning）

排斥性分区制的目的在于排斥某些类型的土地利用，进而排斥某种土地使用者，表面上与财政分区制类似，但它的目的是排斥性的而不是财政性的。"大块地分区制"就是排斥性分区制的一种典型形式，通过规定独户住宅地块的最小规模把低收入家庭排斥在市区之外。一些与收入相关的住区的外部性也使得富有者力图通过排斥性分区制来隔离贫困家庭，如贫困家庭学生通常学业不是很优异，通过排斥贫困家庭学生，富有者可以提高住区学校的质量。贫困者犯罪与惩罚的机会成本较低，因此犯罪率较高，排斥穷人能降低富人区的犯罪率；贫困家庭住房消费较少，也无力维持住房的美观，而住房价值受邻区住房外观的影响，通过排斥低收入家庭，富有者就可以提高自己房产的价值。

5. 鼓励性分区制（incentive zoning）。

传统分区制一般是消极地通过限制土地利用来减少负的外部性。鼓励性分区制则通过积极的手段,如给开发者以额外津贴、税收优惠等物质刺激,以鼓励人们建设中低收入住宅、广场、开阔地带、风景区及艺术性的建筑物,以改善城市形象,增进公共福利。

根据西方国家的现行法律,几乎所有的城市土地使用管理都是司法权力行为,而不是征用权的使用,所以政府不需要因为管制而对强加给财产所有者的成本与负担进行补偿,这就会产生一些不良的经济后果。因土地使用分区方法的不同,地价分布出现更大的非均衡,一些分区地价会成倍地增长。政府对土地使用者能否取得土地拥有很大的权利,这会侵犯财产权利或导致寻租行为,排斥性分区制还会导致分配上的不公等。总之,分区制立法应尽量使市场机制的外部性内在化,加强市场作用产生的结果,而不是去削弱市场作用的结果。

(二) 土地保护政策

一些独特的珍贵的土地和建筑资源因具有使经济可持续发展的重要意义及珍贵的美学与历史价值,市场定价可能低于其实际价值,需要政府采取措施干预土地利用以保护这些珍贵资源。这些资源包括基本农田、在历史和建筑学上有意义的重要建筑、空旷地与风景区、海岸地带与风景优美的天然河流等。目前的土地保护政策有:

建立保护区:如在农田值得保护的地区建立农业特区,对农田或空地加以保护;建立各种自然保护区、森林保护区等。

行使国家征用权购买土地:国家可以通过协商收购或强行取得基本农田、公园、空闲地等,但这种方法代价高昂,可能还造成税收损失。实行土地公有制的国家应该能更有效地控制土地利用。

税收政策:对应保护的土地资源给以税收减免,或者对占用珍贵土地资源的使用者征收较重的税。

对珍贵土地资源的所有者给予补贴:一些具有历史意义与划时代意义的建筑资源,其市场定价低于其实际价值,如果不给这些资源现时所有者一定的补贴,社会就难以保护这些土地和建筑资源。对于再开发这些资源的开发者也应给以优惠待遇。

土地复垦政策:土地复垦是对在生产建设过程中,因挖损、塌陷、压占等造成破坏的土地,采取整治措施,使其恢复到可利用状态。土地复垦的一个基本原则是"谁破坏,谁复垦"。美国、德国的土地平均复垦率很高,为80%以上,中国的土地复垦率还很低,到1993年底仅为6%(黄贤金,1995)。

土地征用政策:土地征用(land expropriation)是国家为公共需要或公共用途,行使其最高(终极)土地所有权。国家常利用征用权(eminent domain)获得公路、街道、公共设施用地。各国对征用土地的补偿标准一般接近或等于市价,以体现公平合理的原则。

(三) 郊区化、分散化与多中心化

随着城市的发展,市中心人口密度急剧上升,地价变得昂贵,房屋老化严重,且各种税率也比较高。为了避税、逃避种族矛盾及犯罪侵害等负效应,追求更高的生活质量,郊区化便成了全球范围的趋势并持续了近一个世纪。尽管20世纪70年代又产生了"回到城市去"的呼声,但声势很小。

家庭收入的提高,交通设施的改进及城市土地租金梯度平缓化鼓励了郊区化。如果收入对住房需求的正的效应超过对通勤成本的正的效应,则人们随着收入的增加而迁移到更远处,且

用更多的土地代替建筑物来获得住房消费,郊区住宅将比城市住宅使用更多的土地。

政府的一些公共政策也鼓励了郊区化。例如,对住房自有实行补贴政策,规定住房抵押贷款利息可从应税收入中抵扣,这就刺激了住房自有化;由于郊区住宅相对较便宜,因而住房自有化鼓励了郊区化。

尽管郊区化仍在蔓延,但其成本也应考虑:郊区低密度住宅发展使每个住宅单位的资源支出较高;安装和管理给排水、供气、供电、通讯等公共服务设施的单位成本也较高;汽车的使用增多可能使城市总的空气污染增加等等。但如果家庭珍视郊区低密度住宅的清净悠闲、街道的宽敞洁净,那么郊区化所带来的较高利益就是值得付出代价的。

企业选址于郊区并聚集在一起后,人口也会逐渐密集,于是零售业也会郊区化;由于高速公路网降低了通勤成本,现代通讯技术的快捷,办公楼也会在郊区密集,这样就汇集在郊区形成城市次中心。城市土地租金梯度曲线除了在CBD有一个主峰外,还会在次中心处有次峰。

政府活动如税收政策、专门的分区制等,小汽车日益增加的灵活性、企业雇佣职员对中心商业区位置的依赖性越来越小,这些都增强了城市分散化的趋势,使城市土地利用产生了新的空间形式,也使土地利用政策的制定及政策效应的评估越来越复杂。

第二节 住房政策

住房政策是指由政府(包括地方政府)对市场经济进行干预以解决住房问题所采用的行政的、经济的、法律的手段的综合。

政府干预住房市场可以从三方面进行,从而住房政策也可以分为三类:

从需求方面,即政府对低收入者发放住房补贴的政策。

从供给方面,即政府直接兴建低收入住房或补贴私人开发商营建和经营低收入住房。

从价格(租金)方面,即政府对住房价格(租金)进行管制。

一、住房需求方面的政策

为了提高低收入阶层的居住水平,各国住房经常采用刺激低收入阶层住房需求的所得税政策和房贴政策。虽然这两类政策都是财政补贴手段,但内容和效果不同。

所得税转移政策的内容是政府对低收入阶层家庭给予定额的经济补贴,常用现金或可替代现金的代用券发放给低收入家庭,其目的在于扩大低收入家庭的总的消费开支,从而间接地增加对住房的有效需求。

房贴政策则是先规定一个低收入阶层所应得到的住房服务质量标准及家庭为获得该水准住房服务而需支付的房租占家庭收入或总开支的比重,市场租金与家庭应付租金额之间的差额由政府补贴。房贴政策有低房租制、承租许可证等方法,目的在于直接扩大低收入阶层的住房需求。

下面分析这两种住房需求政策的经济效应。

首先分析所得税转移政策(见图28-1)。假设低收入家庭只消费住房和非住房两种商品,其预算限制线为AB,无差异曲线为U_0,最优消费点为E。现在假设政府对低收入阶层以现金形式直接发放定额补贴,家庭的预算限制线将向外平行移动到$A'B'$,家庭在新的预算限制线下的最

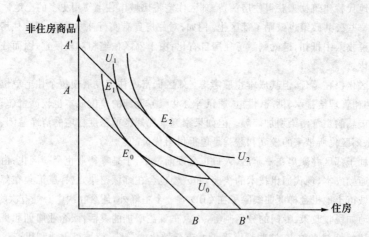

图 28-1 所得税转移政策的经济效应

优消费点将在 E_2，家庭对住房和非住房消费都增加了，达到的效用水平为无差异曲线 U_2。但是如果家庭在扩大住房消费时需要付出成本，如搬迁成本、离开原居住区的心理成本等，且成本大于现金补贴额，家庭可能不会选择扩大住房消费，而是将政府补贴全部用于非住房消费，家庭消费点将选择在 E_1，效用水平达到无差异曲线 U_1。另外，如果低收入阶层的住房需求的收入弹性较低，家庭也会把大部分补贴用于非住房商品消费。即使低收入阶层的住房需求的收入弹性大，但如果住房供给弹性小，那么接受住房补贴后低收入家庭增加的住房需求可能被随之而来的住房价格上涨所抵消。最后，即使低收入阶层的收入弹性及住房的供给弹性都较大，但所得税转移政策对改善低收入阶层的居住条件也只能起到一定作用，因为这种政策只是鼓励家庭脱离原有的劣质居住区，而这些地区的环境质量并不会由于所得税转移政策的实行而得到改善。

下面再分析房贴政策的经济效应。假设政府只对低收入阶层的住房消费进行补贴，补贴额为 S，家庭预算限制线将由 AB 转动到 AC，因为家庭在房贴情况下可以获得更多的住房消费，但不能把房贴用于非住房消费（见图 28-2）。

在图 28-2 中，如果家庭要达到和所得税转移政策下同样的效用水平 U_2，家庭就必须在 E_3 点消费，家庭将得到更多的住房消费量，但得到的其他商品消费量却少于在 E_2 点。为了得到 U_2 的效用水平，在房贴政策下，政府需支付给家庭的补贴额为 AD；但所得税转移政策下，政府需支出 $A'A$ 单位的补贴就可以达到与房贴政策相同的收入分配效果。因此，从提高低收入阶层消费效用的角度来考虑，所得税转移政策比房贴政策来得经济。虽然房贴政策比所得税转移政策带来更多的住房消费，但是当消费过量时，就会诱致住房价格上涨，从而可能抵消房贴补助的效果。

二、住房供给方面的政策

政府直接介入住房供给并相应投入财政补贴，这种方式最大的特点是能够直接、有效地刺激和促进住房的生产，能在较短的时间里提供较多的住房。这种政策通常的做法：一是政府自己直接建造大量低租金或低价格的公共住房，供住房困难户、中、低收入家庭居住，直接增加住

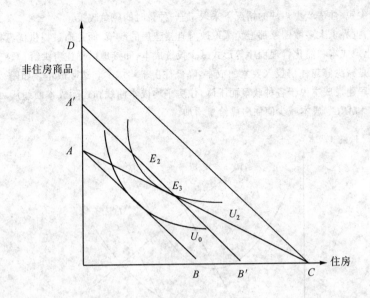

图 28-2　住房补贴政策的经济效应

房供给；二是由政府向房地产开发企业提供财政补贴，减少投资者的成本，间接增加住房供给（见图 28-3）。

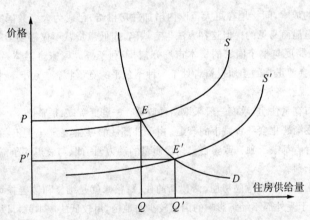

图 28-3　政府直接介入住房供给

政府直接增加住房供给时，住房供给曲线向右下方移动，与住房需求曲线相交于 E' 点，在较低的价格水平上使供给和需求达到平衡。

政府直接提供住房的优点是充分发挥了政府动员资源的优势，能够在较短的时间内增加住房总量，缓解住房短缺。但其弊端也很明显，如政府财政压力过大，而且在相当程度上抑制了私人开发商的作用，不利于发挥私人开发商投资的积极性。因此，政府直接提供住房仅限于在住房供求矛盾尖锐、住房严重短缺的情况下采取,是一种暂时的应急政策。

目前,世界上大多数国家都避免采取政府直接建房的政策,而是通过提供优惠贷款、减免税收、降低土地成本和简化管理程序等形式减少投资成本,间接地增加住房供给。政府采取这些措施的目的是减少修建住房投入要素的成本,降低住房平均成本和边际成本。如图 28-4 所示,投资者的住房建设成本由于各种政策而下降,住房平均成本曲线和边际成本曲线从 AC 和 MC 下降到 $A'C'$ 和 $M'C'$,成本减少使住房供给量增加。

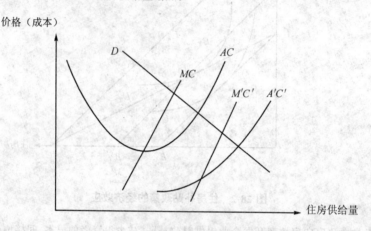

图 28-4　政府间接介入住房供给

减少投资者的成本,间接地在更大范围内增加住房供给,已成为大多数国家干预住房市场的方法。其成效是显而易见的。但这种方法也有缺陷,如低息贷款不仅需要国家财力的不断支持,而且这种金融制度与整个国家的资本市场分割,不利于提高国家金融体系的运行效率;同时,减少土地成本会使正常的土地投资者处于一种不公平的竞争状态。另外,减税政策扭曲了市场信号,降低了微观经济效率。

另外对于城市存量住房,政府一般采取两种政策:一是更新;二是整修。

住房状况的逐渐恶化会导致城市的衰退。由于外部性的存在,衰退一旦开始,住宅小区中的任何一位住房所有者都缺乏独立改善自己住房质量的动力。因此,与衰退斗争需要集体的行动,一般由政府进行干预。

城市更新是指拆除原有危陋房屋,修建新的住房;整修就是维修和改善损坏的不合标准的住房。如果住房位于受外部不经济影响的因素较少的地区,用较低的成本就可以使之一新。整修一般比更新更为有利。因为:

(1) 整修并不需要拆迁和安置住户,因此整修比更新提供了更多的住房使用年限。

(2) 一定的政府预算可以完成更多的整修,却只能完成较少的更新重建。

(3) 整修比更新有更多的选择余地。当中等质量住房与低质量住房混在一起时,更新往往必须把适宜居住的住房也加以拆除。

但有时住房所有者并不一定愿意自己整修房屋,只有政府的更新规划才能改变衰退,因此政府常面临着把有限的资金用于某个居住小区的更新还是整修的决策。

下面用图 28-5 来分析比较城市更新与整修的效应。假设住房市场处于衰退阶段,A 点(R_0,

Q_0)达到了长期均衡,S_{LR}为长期供给曲线,长期均衡租金为 R_0,均衡数量为 Q_0,S_{NS}为短期私人住房供给曲线,由于处于衰退阶段的住区面临房租拖欠、基础设施损耗等影响,开发商认为由此会使得成本提高,因此 S_{NS}较为陡峭。

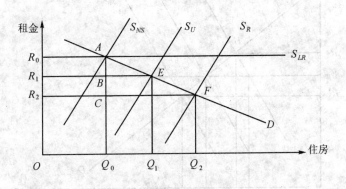

图 28-5 城市更新与整修的效应分析

如果政府实行城市更新方案,拆除全部不合标准的住房,代之重建适宜居住的房屋。城市更新的效果用短期总供给曲线 S_U,使适宜居住的住房从 Q_0增加到 Q_1,新的均衡租金为 R_1。

如果采用整修方案,对达不到标准的住房进行修缮,则整修效果可用短期总供给曲线 S_R表示。由于整修不必拆除旧房屋,整修期间大部分住户不必搬迁,因此,一定量的政府资金可以整修更多的住房,短期住房供给比更新方案要多。

利用消费者剩余理论可以进行福利效果的比较。△ABE 表示城市更新带来的消费者剩余;△ACF 表示城市整修带来的消费者剩余,显然,整修比更新带来更多的消费者剩余。

为了使分析更接近现实,我们放松一些假设。先考虑更新。先前假定更新计划拆除的全部是不合格住房。现在假设,更新方案不但需拆除全部低质住房,连其中的部分标准质量的住房也必须拆除。如图 28-6,假设 Q_1Q_0量的标准质量住宅必须拆除,则住房短期供给曲线将从 S_{ns}左移到 $S_{ns'}$,新的均衡是 H,对应均衡租金 R_2与均衡数量 Q_2,因为住房存量的减少,将导致价格上升。更新项目完成以后,住房供给曲线将右移至 $S_{u'}$,最终的均衡数量为 Q_3。假设政府对公房住户规定严格的收入限制,这样,最终可能出现两类住房价格。(1) 非补贴住房的供给曲线仍为 $S_{ns'}$,这类住房价格仍为 R_2;(2) 新建住房以不高于 R_3的价格出租。从福利效果来看,标准质量住房用户享受的初始净利益为△GR_0A,在拆除一些标准质量住房后,消费者剩余减少到△GR_2H;而新住户的消费者剩余为△HKJ。

如果对潜在的公房住户没有规定收入要求,则新旧住房互为替代品,相互竞争,老住户也可迁入新房,则价格将下降到 R_3,最终的消费者总剩余将是△GR_3J。但可能出现这样一个问题:如果新住房价格低于一般市场价格,就会出现过度需求,使价格上升以致消费者剩余最终仍为△GR_2H,新住房住户的最终得益反而少于市场一般价格的得益。另外,当总供给曲线移到初始供给曲线 Sns 的左方时,(如某些住区更新为收益性房地产项目,结果反而使住房供给量减少),市场上适宜居住的房屋比以前更少,这就会带来净福利损失。

现在再分析一下整修的效应,如图 28-7 所示。

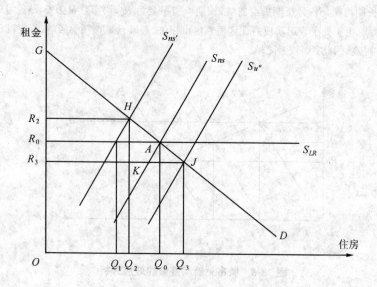

图 28-6 城市更新效应分析：第一次修正

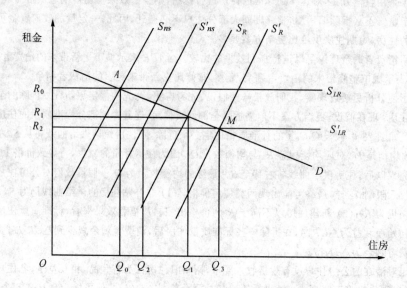

图 28-7 城市整修效应分析：第一次修正

整修完毕后，总供给曲线将从 S_{ns} 右移到 S_R，表明标准质量住宅供给增加了，在 (R_1, Q_1) 处达到新的均衡。改进住房的正的外部性（正的邻里效应）会减少非补贴住房的供给成本，使其价值提高，表现为非补贴住房供给曲线从 S_{ns} 移向 S'_{ns}，住房总供给曲线从 S_R 移向 S'_R，非补贴住房与

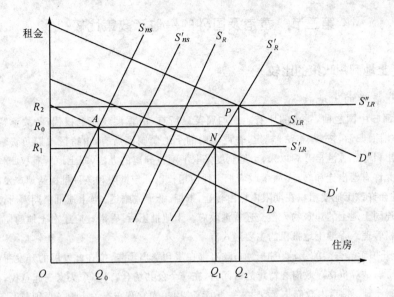

图 28-8　城市整修效应分析：第二次修正

补贴住房的长期供给曲线 S_{LR} 下移到 S'_{LR}，因此，最终的价格为 R_2，非补贴房屋量为 Q_2，住房总供给量 Q_3，总的消费者剩余在初始基础上增加了 R_0R_2MA。

如果考虑整修产生的需求效应，需要对整修效应再作一次修正，如图 28-8。整修后的街区成为更有吸引力的地方，整修对街区正的外部性就能够影响需求和供给函数。住房购买者和商业投资者愿意为该区房屋出价更高，在图 28-8 中表现为需求曲线从 D 上移到 D' 或 D''。如果移动到 D'，假定补贴继续存在，这种移动就会引起更多的住房数量与更高的价格。如果移动到 D''，将会引起价格与适宜居住的住房数量的增加，最终均衡点 $P(R_2,Q_2)$，代替了原来的 $A(R_0,Q_0)$，消费者剩余上升了。

总之，整修比更新更为有利。除了房屋损坏到没有维修价值或规划需要更大的密度外，整修比城市更新更能增加消费者剩余。

三、住房价格（租金）方面的政策

在市场经济条件下，政府有时希望利用价格或租金控制政策来改善市场机制本身对住房分配、新建住房供给和家庭收入的再分配的调节功能。但价格和租金控制政策并不能达到政府预期的调节目标。因为控制价格和租金政策抹煞了价格机制公平分配资源和利益的原则，扭曲房地产价格体系的相互关系，降低了私人投资者投资的积极性，在短缺内不仅不能使住房供给增加，反而使住房供给减少。住房价格控制政策虽然迎合了"满足中低收入家庭的需要"，但会对长期住房问题的解决带来压力。

第三节 香港及国外的房地产政策比较

一、土地利用政策的比较

（一）香港的土地政策

香港回归中国之前，香港的所有土地均属英皇所有，由香港政府全权代理，故称"官地"。1997年香港回归后，按《基本法》规定，香港境内的土地属国家所有，由特区政府负责管理、使用、开发、出租等。香港自开埠以来，土地制度采取了两权分离的办法，即土地所有权归政府，土地使用权允许有偿出让和转让。香港政府把土地使用权以一定期限和条件批租给地产发展商或承租者，并允许该土地使用权在期限内自由转让、抵押、继承或赠送。当土地批租期满后，就要把这块土地连同土地上的建筑物无偿交还香港政府。土地批租后，香港政府还对土地的使用和发展加以严格管理。香港土地批租的主要形式有：

1. 公开拍卖。香港的土地在拍卖前，政府都在报刊登出预告，拟在此发展的开发商都可以索取有关资料估算价格。政府在特定的时间内，在一个公共场合，由多个买家一起竞投，由出价最高者购得土地。拍卖由政府拍卖官主持。拍卖前，由拍卖官宣布有关土地各项细节及条件后，再宣布土地的起叫价和"每口叫价"（下一个承价与上一个承价之间的差额），然后由买家竞投。政府在拍卖会前，一般都确定了拍卖土地的底价，即保留价格，如果拍卖会上，买家出价低于这一价格，政府即收回该土地，留待以后拍卖。而起叫价与拍卖底价未必一致，因此，有时虽然在拍卖会上有买家承价超过叫价，但因最高承价未达到政府的底价，此次拍卖便未能成功。公开拍卖适用于地点好或商业中心区的土地，尤其在房地产市道旺盛时，拍卖会上竞价会十分激烈，承价不断攀升，对政府十分有利。公开拍卖的形式最能体现公平、公开、公正的原则，可以避免卖地官员与购地人之间的行贿受贿行为，保证土地配置给经济实力最雄厚的人。但拍卖也有不利的方面，一是费用较大，因为拍卖前需要做许多筹备工作，如，印刷有关章程、刊登有关广告，还要支付拍卖主持人的报酬；二是政府无法控制售价和买主。

2. 公开招标。在一段指定的时间内，土地开发商以书面投标的方式，对某一土地的使用权进行争夺。招标的对象可以是公开无限制的，即任何人都可以投标；也可以是公开有限制的，即规定投标者的资格。政府还要择优筛选，保证批出的土地能按政府的发展规划来使用。投标的内容不仅限于出价的高低，还包括详细的发展计划。开标后，由政府组织有关专家进行评标，最后择优选择给出价较高、土地发展计划最合理的开发商（他不一定是出价最高的人）。采用这种方式批地，虽然没有公开竞价的过程，政府仍然可以得到较高的价格，因为，各开发商惟恐不能中标，总是向政府提出较高的价格和优厚的条件。

3. 私人协议。用地单位向政府部门提出用地申请，经政府批准后，双方签订合约，用地单位取得土地使用权。政府收取的地价，根据用地单位是否参与牟利活动或牟利的程度而定，为由零到十足的市价不等。采用此种批租形式的用地单位一般是公共事务非牟利团体、高科技和其他特殊项目的用地。

4. 临时租约。香港政府把待拟定发展规划的闲置土地及一些不适宜长期固定出租的土地，短期租给需要的申请者的一种出租形式。临时租地由政府发给牌照并收取地租。租地有时间和用途的限制,超过租期、改变规定用途和非法侵占政府临时闲置土地,都要处以罚款、监禁,并赔偿土地整理、清拆费用。临时出租土地既可提高土地利用率,又可使政府获得一定的经济收益。

为了防止利用批出的土地进行投机活动,香港政府规定凡土地一经批出,必须在规定时间内(一般为半年至 2 年)完成该土地的基础工程并建造建筑物主体,施工前要呈报施工设计图、施工方案、经济预算,由政府机关监督执行。

(二) 日本的土地政策

日本的土地以私有制为主,在日本的土地总面积中,私人所有的土地为国土总面积的 65%,国家所有约为 35%。在土地使用制度上日本允许土地买卖、出租、抵押、继承、赠与等。

1. 20 世纪 70 年代,日本对土地交易进行直接干预和限制,目的在于抑制土地的投机活动所引起的地价飞涨,日本采取了土地交易许可制和土地交易申请劝告制两种措施,对土地交易活动进行干预和限制。土地交易许可制是日本政府控制土地交易活动的重要手段之一,其目的是直接控制某些地区的地价水平及土地利用方向。在土地交易活动集中或异常的地区、地价上涨过快的地区、城市规划区以及难以控制的地区和难以实现合理利用的地区,政府一般宣布为"限制地区",限制时间一般为 5 年。凡在"限制地区"内的任何土地交易活动所要签订的契约,都必须向该地区所在的地方政府提出许可申请书,由地方政府对交易地价、利用目的进行审查。只有被批准,其权属转移契约才有效,否则,不被法律承认和保护。土地交易申请劝告制是以间接手段影响土地的交易活动,目的是控制土地投机和土地垄断。根据日本有关规定,凡在市区内 2000 平方米以上,市区以外城市规划区以内 5000 平方米以上,城市规划区以外 10000 平方米以上的土地交易,都被视为大规模的交易。如果发生这类土地权属转移活动,交易当事人必须向交易所在地的地方政府提出申请,地方政府依据有关法律法规对地价和土地用途进行审查。如果政府认为地价水平不合理或土地利用目的不当,即向土地交易双方提出中止契约或采取其他措施的劝告。当事人应遵从政府的劝告,进一步修正地价水平,修改土地用途,或采取其他调整措施。如果当事人不听从政府的劝告,政府将把有关情况公布于众。

2. 空闲地制度。空闲地制度是为了提高土地利用程度和防止投机性囤积土地而制定的。根据这一制度的规定,属于以下情况的土地被视为空闲地。

(1) 城市区域以内 2000 平方米以上,城市区域以外、城市规划区以内 5000 平方米以上,城市规划区以外 10000 平方米以上的土地。

(2) 土地所有者取得土地已经 3 年以上时间而不利用的。

(3) 土地利用程度被认为非常低或未利用的。

(4) 没有按照土地利用基本规划或其他有关规划促进土地有效合理利用的土地。

当某一土地被确认为空闲地后,政府向土地所有者发出通知,土地所有者必须在 6 周内向政府提交对空闲地的利用或处置计划,如果政府和土地所有者在土地利用上达不成一致,政府就在欲购买土地的地方公共团体中选择购买者,对这块土地进行交易。当交易不成功时则根据城市规划法等法律采取进一步的措施。

3. 公示地价制。从 1970 年起日本实行了一种旨在控制土地交易价格的官方公开价格,即公示地价制度。实行这种制度的目的是增强政府对土地价格的控制能力,为正常进行土地交易提供依据。日本已形成了从国家到地方双层全面公示地价的制度体系。按照这种体系,政府每年都要在全国范围内选择大量的"标准地",经专业人员评定,确定标准地价,并以一定方式在固定时间公布。

4. 土地税收制度。

(1) 土地转让收益税制。根据日本的租税特别措施规定,土地与建筑物租赁转让收益不纳入综合性收益中,而单独作为征税对象。按租赁转让期是否超过 10 年,又进一步划分为长期转让和短期转让。为了抑制土地投机,控制地价上涨,使土地收益社会化,日本对土地短期租赁转让采取重税制。

(2) 土地保有税制。为调控土地开发活动,日本设立了特别土地保有税。此税又分为对土地取得课征的特别保有税和对土地保有课征的特别土地保有税。这两种保有税都是以取得或保有基准面积以上的土地为课税对象,如在城市基准面积为 2000 平方米。特别土地保有税的课税标准是土地的取得价格,其税率,对土地取得课征的特别保有税为 3%,对土地保有课征的特别保有税为 1.4%。土地保有税作为经济杠杆,可以抑制土地投机,提高土地占有成本,促进土地有效利用,提高土地供应量。

(3) 土地增值税制。日本在 1990 年 12 月进行了土地制度改革,并公布了《土地基本法》,该法第 5 条明确规定,土地在其所在地域随社会经济条件的变化而增值时,对土地权力的获得者应按土地增值征收适当的税赋。此条款对控制土地利用、抑制土地投机起到有力的调控作用,也增加了政府的财政收入,促进了国家对公用事业的投资。

(三) 法国的土地政策

第二次世界大战以后,法国的土地政策有很大的变化。随着经济建设和社会发展的需要,1953 年法国制定了《土地法》。为了完成住宅建设计划、承认土地征用以后还可再向私人出售。1954 年制定了《城市规划和住宅法典》,1957 年对城市规划和城市建设法规体系作了全面的改革。

根据戴高乐政府的授权,从 1958 年到 1960 年初期,公布了一系列城市规划和建设方面的法律、法规,目的就是在国家的调控下编制已建市区及其周围地区的城市规划(包括建设),限制土地私有权的滥用。这些法律法规包括:(1) 为了有计划地建设城市,对城市规划法作了若干变革;(2) 建立城市改建制度。如旧城保护制度,不动产修复制度,旧市区改造制度等;(3) 创设优先城市化区域(ZUP)制度;(4) 从根本上改革征用土地制度;(5) 实行了控制地价上涨的法律法规。

20 世纪 70 年代以后,大规模的工业化和城市化,使法国出现了严重的"城市病",对城市规划提出了新要求。法国政府 1975 年公布了《改革土地政策的法律》,1976 年修改了《城市规划法典》。

在新的土地政策方面,建立了先行储备土地制度,即土地公有化和政府预先留有保留地制度。还制定了设定"暂时使用权"的方式和禁止公用不动产再度转卖的政策,不断向扩大土地公有的方向发展。

(四) 英国的土地政策

第二次世界大战后,英国开始积极改革土地私有制,向土地社会所有制方向转变,最终目的是实现土地国有化或公有化。改革过程分为三个阶段:

1. 以 1947 年公布的《城乡规划法》为核心,从法制上限制土地私有权的滥用。

2. 以1967年公布的《土地委员会法》和1968年公布的新《城市农村计划法》为核心,加强对土地私有制的限制。

3. 以1975年公布的《土地公有化法》和1986年公布的《土地开发税法》为核心,从立法上对土地财产权进行全面限制。

1979年保守党战胜工党掌握政权后,开始着手修改工党制定的土地利用方面的政策和法律,1980年11月公布了《关于地方政府、城市规划及土地的法律》,目的是废止《土地公有法》,但没有完全废止,其中的一部分仍存在于新公布的法律中。

（五）中国的土地政策

新中国成立后,经过接收国民党政府的国有土地,没收官僚资本的地产,以及利用"地价税"这个经济杠杆收回了外国资本手中的地产,又经过公私合营将民族资本的地产变为国有,实现了城市土地的社会主义改造。1954年国家明文规定:国营企业经市人民政府批准占用土地,均作为该企业资产,不必向政府缴纳租金或使用费,机关、部队、学校经政府批准占用的土地也不缴纳租金或使用费。逐步形成了城市土地无偿、无限期使用制度。在不存在土地市场的情况下,无法通过土地使用者之间的横向交换和有偿转让,来调节土地的使用方向,调整土地的使用结构和空间布局。同时,由于无偿无限期使用土地,地租、地价等经济杠杆不起调节作用,加剧了城市土地供给的稀缺和城市土地需求不断增长之间的矛盾,也不利于城市经济的发展和城市建设资金的良性循环。

改革开放后,我国的经济理论工作者提出了社会主义社会还存在地租,并主张对公有土地也应征收地租或土地使用费,实行有偿使用。1988年12月29日第七届全国人民代表大会常务委员会第五次会议通过了《关于修改〈中华人民共和国土地管理法〉的决定》。根据这个决定修改了的《中华人民共和国土地管理法》总则明确规定:"国有土地和集体所有的土地的使用权可以依法转让。"1990年5月19日国务院发布了《中华人民共和国城镇国有土地使用权出让和转让暂行条例》。这些法律和法规的制定,为我国建立和发展土地市场提供了法律依据,极大地促进了土地市场的形成。1993年11月14日中共中央十四届三中全会通过的《中共中央关于建立社会主义市场经济体制若干问题的决定》把发展房地产市场、金融市场、劳动力市场、技术市场和信息市场作为当前培育市场体系的重点,并指出:"我国地少人多,必须十分珍惜和合理使用土地资源,加强土地管理。切实保护耕地,严格控制农业用地转为非农业用地。国家垄断城镇土地一级市场。实行土地使用权有偿有限期出让制度,对商业性用地使用权的出让,要改变协议批租方式,实行招标、拍卖。同时加强土地二级市场的管理,建立正常的土地使用权价格的市场形成机制。通过开征和调整房地产税费等措施,防止在房地产交易中获取暴利和国家收益的流失。"

（六）世界各国和地区土地政策的共同点

进入20世纪以后,随着城市的扩大和经济的发展,世界各国和地区对完善土地使用制度和政策的认识,虽然时期有先有后不完全相同,但趋势基本是一致的:第一,在土地私有制占统治地位的国家,政府加强对土地利用的宏观管理,通过健全的法律和政策限制土地私有制的弊端,并通过征用等方式不断扩大土地国家所有的比重;第二,在土地公有制的国家,政府逐步认识到土地无偿、无限期使用制度的弊端,在政府的宏观调控下开始引入市场机制,实行土地有偿、有期限使用制度。

二、住房政策的比较

（一）香港的住房政策

1997年以前，香港长期处于英国统治之下，基本上沿袭了英国的住房制度和政策。香港政府的住房政策大致经历了4个阶段：

1. 1953—1972年。这一阶段香港政府主要是为临时安置灾民和为低收入家庭提供居所而兴建了"徙置房屋"和"廉租屋"。对这类住房实行低标准、低租金，只租不售。这是香港公共房屋计划的起源。

2. 1973—1975年。这一阶段是香港公屋建设转折时期。从这时开始，香港政府制定了详细的建屋计划，依法成立了统筹全港公屋建设的房屋委员会，目的是为180万市民提供适当的住房。按照政府制定的计划，每个家庭应有独立的住房单位，人均居住面积不应少于4平方米，每个住房单位应有厨厕和自来水。

3. 1976—1987年。这一阶段政府从仅向居民提供廉租屋转变为鼓励市民购买公屋和私人楼宇。20世纪70年代中期，中低收入家庭渴望置业安居的日益增多，在这种情况下，香港政府从1976年开始推行"居者有其屋计划"，即把原来政府兴建的只用作租住的房屋改为把其中的一部分按低于市价出售。按该计划兴建的大部分居屋单位的设施都比较完善。居屋的供应对象主要是公屋租户和公屋准住户，他们在购买居屋时比私人楼宇住户享有优先权，而且政府还给予9成的按揭贷款。为了做到低价出售，政府免费向房屋委员会提供兴建房屋的土地，并且以优惠条件发放用于建设居屋的贷款。1979年政府又推出"私人机构参建居屋计划"。根据这项计划，政府以招标的形式将土地的使用权售予私人发展商，由发展商根据政府订立的标准兴建住房，然后以政府批准的价格售予经房屋委员会甄选的家庭，以确保低收入家庭受益。对工程质量也有很严格的要求，房屋署派代表常驻工地，进行检查、监督，以确保工程按期、按质完成。在1983年以前，大部分居屋的售价低于市价的50%，从1983年起，位置接近市区、环境较好的居屋价格升至市价的89%，但平均仍维持在低于私人楼宇的25%的水平。为了防止投机活动，政府规定居屋购买者若需要出售其所购的居屋单位，在头5年内只能以原价售给房屋委员会，不得私自出售，在随后5年，也只能转售给房屋委员会，房价参照当时出售居屋的房价计算，10年以后，住户可将住房自行公开出售，但须向政府交付一笔款项。

4. 1987年至今。这一阶段主要是制定了房屋长远发展策略。1987年香港特区政府首次发布了长远房屋策略"白皮书"，目的是使住宅供应更加符合需求。1997年中国对香港恢复行使主权后，特区政府房屋局重新公布了新的长远房屋策略评议咨询文件，特区行政长官董建华在施政报告中对住房问题提出了一些应对措施。施政报告中对住宅建设提出的目标是，在10年内，香港70%的家庭可以自置居所；每年建造公营和私营房屋不少于8.5万套；轮候租住公屋的平均时间压缩至3年。

（二）日本的住房政策

日本经济发达，但人多地少，这使得日本长期以来一直处于房地产开发和住房供应紧张的境地，土地价格一涨再涨，住房价格十分昂贵。对于普通工薪家庭来说，拥有一套属于自己的住房是一生中追求的最大消费目标。为了缓和住房紧张状况，日本政府加强对住房市场的干预，其住房政策经历以下3个阶段：

1. 在战后住房严重短缺时期,日本政府采取了重点资助各种住房机构和团体建造和出租住房的政策。为了使住房建造、管理纳入法制化轨道,日本的立法机构和政府部门在第二次世界大战后,制定了大量与住房建设有关的法律和法规。主要有:《住宅建设计划法》、《公营住宅法》、《地价房租管制令》等。其中《公营住宅法》是为了促进国家以及公共团体共同协作建设适合健康要求和文化生活的住房,并把它以较低的房租租给住房困难户和低收入户而制定的法律。公营住宅是指地方公共团体依法获得国家援助建设的、出租给居民的住宅及其附带设施。公营住宅分两种:第一种是向法定低收入户出租的公营住宅,其住宅不能超过政令所规定的规格;第二种是向不能负担第一种公营住宅房租的更低收入户,以及因自然灾害失去住房的低收入户出租的、政令所规定的规格范围内的公营住宅。政府对第一种公营住宅补助工程造价的 1/2,对第二种公营住宅补助工程造价的 2/3。公营住宅的房租由政府统一规定,其房租限额为建设费、维修费、管理费、保险费之和的 1/12。公营住宅除有特别的转让理由外一般不能自由转让,转让的住宅还必须超过 1/4 的耐用年限。转让的对象限于住户、住房组织的团体和不以盈利为目的的法人。转让收入必须用于公营住宅及其公共设施的建设、维修和改造。

2. 进入 20 世纪 70 年代,由于居民收入水平的不断提高,住房供求趋于平衡,日本政府的住房政策由出租公营住宅向促进居民购买住房方面转变。政府采取政策性措施促进居民买房,其规定,租用公营住宅的居民,如连续居住 5 年,其收入超过享受公营住宅的标准时,住户须买下所用住房。住宅都市整备公团建造的住房,大部分用于出售。为了适应住房发展的变化,政府加强了对住房信贷的引导工作。1971 年建立了住宅金融专门公司,从事住房贷款业务,进一步完善了住房储蓄制度。居民住宅储蓄到一定额度,可以优先购买公团住宅或公营住宅,并可从住宅金融公库获得贷款。

3. 20 世纪 90 年代,日本政府的住房政策已从支持住房直接投资向支持直接投资和间接投资并重的方向转化。政策既对公库、公团、住宅建设投资给予资助,同时又大力支持住房信贷,促进居民个人自建自购住房。

(三) 新加坡的住房差别价格政策

新加坡政府把解决住房问题作为基本国策,借以带动建筑业和房地产业的发展。1960 年政府决定设立建房发展局,专门负责建造公共组屋,解决广大中下收入阶层的住房困难。1964 年,政府宣布"居者有其屋"计划,鼓励中低收入阶层购买政府组屋,以拥有自己的住房。政府按不同的收入水平制定购屋政策,使不同收入阶层各得其所。凡月收入 800 新元以下的家庭可以租用公共组屋,也可以购屋。购屋首期付款只占房价款的 5%,其余 95% 可向建屋局申请贷款,期限可达 25 年,每月可用缴交的公积金还款;凡月收入 4000 新元以下的中等收入家庭可申请购买公共组屋,首期付房价的 20%,其余 80% 向建屋局贷款,在 20—25 年中分月从缴交的公积金中还款;月收入 4000 新元以上的高收入家庭,只能按市场价格向私人建筑商购买私人产业房。政府组屋的租金和售价,建屋局根据中低收入消费者的购买力水平实行准市场价格政策。因为公共组屋的租金和售价都是由政府确定的低于市场的价格,由此所造成的收支差额,由政府核定预算时给予一定的津贴,这笔津贴资金来源于出让土地的收益。

(四) 英国的住房政策

英国的住房政策受轮流执政的工党和保守党交替支配,这是第二次世界大战以来英国房地产市场管理的一个重要特点。

工党和保守党的党派观点的差异主要表现为这两个党的经济理论信条不同。保守党坚信，自由市场经济是创造和分配财富最有效的方法。在住房政策选择中，自由市场最符合公众意愿，它能最有效地向大多数家庭提供他们能够买到的最高质量的住房。工党则认为，不论个人的支付能力如何，每个市民都有权得到适用的住房，但实现这个目标必须依靠政府的干预和控制。

虽然工党和保守党在住房问题上理论观点不同，政策差别也很大，但事实上，没有任何一个党派在执政期间，完全实施了自己的住房政策，实践了自己的经济观点。因为在一个现代工业化的社会里，无论是自由市场机制还是政府控制和干预机制，单纯地依赖其中任何一种机制，都不能有效地解决复杂的住房问题。何况对于那些仅靠自己收入不能住上适当水平住房的国民，工党和保守党都认为国家必须承担起提供住房的责任。

英国在住房政策上的一个经验教训是，政府出资建设的公房在住房总量中占有相当大的比重，使得英国财政背上了沉重的包袱。1919年英国政府开始介入住房问题。住房政策主要有两条（包宗华、林志群，1995）：一是居民住房主要由政府兴建，然后用较低的租金租给居民使用；二是私房出租由政府制定租金，租金一般定得较低。经过十几年的运行，这种住房政策的弊端日益显现，迫使政府在1936年和1980年进行了两次改革。其主要内容都是将公房尽可能多地转变为居民自有住房。美国等国家汲取了英国的教训，一开始就尽可能少地建设公房，这就比背上公房包袱再卸包袱主动得多。

（五）美国住房政策

美国公民住房水平较高，这与联邦政府制定了一系列适宜的住房政策是分不开的。美国住房政策的总目标是让每个美国家庭应该能够承受得起一套环境适宜的体面住房，这是1949年美国国会通过的《全国可承受住房法》提出的住房目标。美国住房政策的基本思路是，市场机制与政府干预相结合。其基本原则：一是住房属于私人财产，应当通过市场来调节供求关系；二是住房具有商品与社会双重属性，不能完全依赖市场，政府要进行干预；三是建立公共住房机构，直接向低收入家庭提供廉价住房或者进行住房补贴。

美国政府根据本国各个时期经济形势和住房发展中出现的问题及特点，制定了相应的住房政策，其演变过程大体分为4个阶段：

1. 住房数量短缺阶段。从19世纪至第二次世界大战结束这一时期，由于工业化和城市化进程加快，大量农民离开本地涌向城市，使得城市住房数量不足，联邦政府为此规定了住房最低标准，其政策目标是"一户一室"，并以最大的努力尽可能提供更多的住房。这个阶段建设大量住宅的任务主要由联邦政府来承担。

2. 增加住房面积阶段。在基本解决住房数量不足以后，增加住房面积与间数成为美国第二阶段的住房政策目标，这个时期的基本口号是"一人一室"。

3. 提高住房质量阶段。这个阶段住房政策的重点是如何提高现有住房的质量标准和舒适程度，对前两个阶段建造的大量低标准住宅进行改建、扩建和更新，以达到房屋的质量优良与环境舒适的标准。

4. 提高住房总体水平阶段。自20世纪70年代开始，美国政府把提高现有住宅的总体水平作为住房政策的重点。1974年美国国会通过了住宅和社区发展的混合立法，把住宅建设与社区规划以及社会的发展紧密联系起来，提高了住宅及环境的总体水平（王微，1999）。

（六）苏联和俄罗斯的住房政策

第二次世界大战后，苏联住房短缺的矛盾十分突出，政府为了加快解决2500万居民无处栖身的困难状况,20世纪50年代虽然建造了不少住房,但并没有解决住房紧张问题。1958年至1988年,苏联提高了住房建设速度,建造了6500万套住房,约为35亿平方米。苏联住房建设投资一直是以国家为主,纳入国民经济预算。从20世纪80年代开始,合作建房和私人建房的比例有所提高,1985年达到21%,国家投资仍占住房建设全部投资的80%左右。

从1988年开始,苏联政府把国家建设的公共住房向居民出售。政府规定:一户家庭只能购买一套住房,买房时,居民要先付住房报价的50%,以后10年期内还清其余房款。如果多子女或低收入家庭购房,第一次交住房报价的30%,偿还期可延长到15年。

1991年的"8·19事件"后,苏联各加盟共和国纷纷宣布独立,苏联解体。为了使经济走出危机,独联体各国都采取了向市场经济过渡的改革。

1992年初俄罗斯实行了"休克式"的激进改革模式,由计划经济体制向市场经济体制过渡。随着俄罗斯向市场经济体制转型,其住房制度和政策也发生了重大变革:

1. 大力推行住房私有化。苏联解体后,俄罗斯政府陆续通过或颁布了关于住房制度改革的法律、法令、条例大约50余项,最终建立了符合市场经济要求的住宅和不动产流通市场(亦冬,2000)。

首先,通过立法确定公有住房私有化的基本原则。1991年6月以来,俄罗斯议会通过并颁布了《俄罗斯联邦住宅私有化法》等法律及条例,详细规定了公民参与住房私有化的条件、范围、权利和义务。私有化的基本原则包括:公民有购买私有住房的权利,其数量、面积和费用均不受限制;公有住房的私有化按自愿、无偿和一次性付款的"三原则"来进行;私有者可按自己的意愿占有、使用和支配住房。

其次,公房按统一标准免费转归居民所有,超标部分由居民自己购买。免费转归居民的住房面积按俄罗斯人均住房面积确定,但不得少于每人18平方米,特殊条件下,可按住房使用性能再向每户提供9平方米。超标部分按一次性或分期付款。1997年俄罗斯私有住宅比重达到53%。政府计划在2001年前使私有住宅比重达到65%—70%。

2. 建立新的住宅融资机制。俄罗斯银行开设了房地产抵押贷款业务,所建的房屋、所购的房屋均可作为抵押向银行申请贷款,期限为15—20年,贷款额不得超过房价的70%。虽然有关住宅抵押贷款的法律尚未出台,但住宅抵押贷款将在住宅交易中占有重要的地位。

1997年俄罗斯联邦抵押贷款代理部正式注册运作。代理部由国家控股,已有来自财政的拨款1600亿卢布,近期内,其法定基金将增至4500亿卢布。代理部的基本职能是吸收国内外长期资金用于住宅建设,并为银行发放抵押贷款担保,将银行的抵押贷款合同买进,然后凭抵押物发行债券,这既解除了银行发放贷款的后顾之忧,也使自身获得更多用于住宅业的资金,从而促进住宅市场的发展。随着住宅建设市场的发展和一些大的房地产开发商的形成,俄罗斯银行已经开始和房地产公司联合发行住宅建设债券,在更深层次上参与住宅建设。发展长期贷款其中包括抵押贷款、分期付款、债券抵兑和入股参建等等,有助于解决中低收入者的住房问题。通常通过购买住宅债券而获得的相应住宅价格均较低,并且,债券由地方政府作担保,有较好的资信度,而地方政府则通过这种方法集资改善本地居住环境,改善居民居住条件。这种债券随着俄罗斯金融货币的进一步稳定,以及住宅建设经济效益的提高而进一步扩大。

3. 鼓励和发展个人建房、购房。这是俄罗斯住房制度改革政策的一项重要内容。为了支持个人建房、购房,政府采取一系列措施:(1)提供建房、购房信贷。按1994年的《住房信贷条例》

规定,信贷数额一般不超过所需要费用的70%。(2) 发放住房券,吸收居民资金建房。俄罗斯《发行住房券条例》规定,拥有住房建设发包权、建筑用地和设计的法人,有权发行住房券。住房券是保值的,持有者可分期购房。(3) 发放无偿住房补助金。补助对象是正在排队等房和依法享受建房、购房优惠拨款的公民。数额为建房、购房费用的5%—70%,具体取决于家庭收入的多少和排队时间的长短。(4) 提供税收优惠和其他优惠。政府规定,个人收入存入住宅专项储蓄账户,免征个人所得税;企业为本单位职工设立住宅专项储蓄账户,存入款项免征企业所得税;国家为建房、购房者提供补贴或支付部分贷款利息;职工建房耽误的工时不扣工资等。这些措施的实施,有力地推动了个人建房、购房。以个人建房为例,1997年全国个人建房930万平方米,与1993年相比增长了51%,占住宅竣工总面积的37%。

4. 引入竞争机制建立房地产市场。住宅私有化以后,私人住房可以自由转让和出售,建立房地产市场就成为迫切需要解决的现实问题。为了形成住房市场,俄政府1993年已将4000万平方米的未完住房工程以招标方式出售给承包商。俄罗斯最早建立房地产市场的是首都莫斯科。一是它建立了新房拍卖市场,市政府每年从新建住宅中拿出一部分拍卖,收回资金重新投入住宅建设。二是非公有住房的出让与转卖市场。至1997年底,已办过户登记的房地产交易30多万手。莫斯科现有房地产交易公司1000家,其中大公司约30家。俄罗斯其他城市也出现了发育程度不同的房地产市场。据抽样调查,现有30%的城市家庭打算通过市场改善自己的居住条件。

5. 建立物业管理新机制。新的物业管理机制实质在于将竞争机制引入住宅的维修、保养领域。主要内容包括:一是积极鼓励私有承包企业参与竞争,它们不但可以积极开拓私房领域的物业管理业务,而且可以同原有房管企业竞争,插手国有房的管理;二是按市场原则促使物业管理主体与住宅业主组织("住宅共管会"或"自有住宅会")自愿结合,在合同基础上实施管理;三是鼓励物业管理企业开发新的服务项目,不但完成市政方面的管理目标,而且可以提供直接收费的额外的服务项目。此外,从1993年起,俄罗斯开始实施城市住宅物业管理公开招标制度,而且规模逐年加大。

在住房和公用事业收费改革方面,俄政府为了改变福利性住房制度中房租与住房实际费用悬殊过大的现象,预计用6年的时间,完成这项改革,即到2003年把维护住房的费用和公共设施收费将全部由居民个人承担(沙金娜,1997)。

(七)我国的住房政策

我国建国初期照搬苏联的住房分配模式,把住房作为社会福利分配给职工,职工每月只象征性地缴纳一点房租。随着城市人口的增加、职工队伍的扩大,以及商品经济的发展,城市住房分配制度的弊端越来越明显地表现出来。以实物分配、低房租为主要内容的住房制度,使住房建设资金都沉淀在消费领域,投资不能实现良性循环。由于住房不是商品,价格对消费需求的制约作用不能有效发挥,住房需求不断膨胀,住房供求矛盾十分尖锐。

改革开放以后,通过经济理论界关于住房属性的讨论,住房具有商品属性已成为共识。1984年召开的全国第六届人民代表大会通过的《政府工作报告》提出:城镇住宅建设要进一步推进商品化试点,开展房地产经营业务,确定了住宅供给、消费商品化、市场化的基本取向。1988年1月国务院召开了第一次全国城镇住房制度改革工作会议。同年2月出台了《国务院关于在全国城镇分期分批推进住房制度改革的实施方案》,提出计划用3—5年的时间在全国城镇分期、分批推进住房制度改革。1991年6月7日国务院发出《国务院关于积极稳妥地进行城镇住房制度改革的通知》,同年7月国务院房改办和建设部房地产司在秦皇岛召开了住房制度配套改革政策讨论会,此次会议主要讨论修改了《关于调整公有住房租金的若干规定》和《公有住房出售管理办法》两个行政性房改法规,对此后的租金改革和公房出售改革作了进一步指导性规定。1998年7月国务院颁发《关于进一步深化城镇住房制度改革和加快住房建设的通知》,提出从1998年下半年开始在全国范围内深化住房制度改革。房改内容涉及到住房的供给、分配、管理服务、产权交易等诸多制度因素:投资体制主要由国家和企业负担住房建设维修资金变为国家、企业和个人合理负担;改变单位建房、分房、维修管理体制为社会化、专业化运行体制;改变住房实物福利分配为货币工资性分配体制;建立以一般收入家庭为对象、具有社会保障性质的经济适用住房供应体系和以高收入家庭为对象的商品房供应体系;推广和完善住房公积金制度,使住房资金的筹集具有广泛的、稳定的基础;发展住房金融和住房保险业,建立政策性和商业性并存的住房信贷体系;建立规范化的住房交易市场和维修管理市场,逐步实现住房资金投入产出的良性循环,促进房地产业和相关产业的发展。

(八) 香港及世界各国解决住房问题的一般发展阶段和规律性

1. 20世纪以前住房问题一般由居民自行解决。由于产业革命和城市化进程的加快,住房问题十分尖锐。

从世界历史看,城市化是工业化的结果和工业化的表现。随着工业化的进行,农村人口逐步向城市转移。农村人口向城市转移的过程,就是城市化的过程。在城市化过程中,不仅农村人口向城市转移,而且城市人口又向大城市集中,原来旧城市的布局已经不适应工业化和人口剧增的要求,街道要加宽,交通要顺畅,就必须大批拆除工人住宅,而拆除大量住房又使得房租大幅度提高,每一所房屋的住户更加拥挤,有些人甚至无家可归。由此可见,城市化在促进了社会经济发展的同时也带来一系列社会经济问题。恩格斯的《论住宅问题》正是针对19世纪下半叶资本主义大工业在德国发展而引起的住宅缺乏现象而著的。

2. 进入20世纪之后,政府出面解决城市住房问题已成为普遍现象。兴建公共住房是政府干预住房市场一般采取的政策,主要是为了在特定时期(房荒时期)加速住房建设,解决中低收入家庭的住房问题。公共住房政策是指,由政府出资建造并具有一定质量(符合本国最低居住水准)的廉价住房的措施。由于公共住房的价格要低于住房市场价格,因此,政府必须付出大量的补贴。

3. 从20世纪60年代开始,各国政府在解决了住房数量短缺后,也开始重视对现有住房质量的提高。通过对已有住房的修缮、扩建、改造和更新,不断提高住房质量标准和居住环境。

4. 进入20世纪80年代后,住房私有(自有)化政策成为世界性发展趋向。这一时期,城市住房问题的尖锐程度大为减弱,而且由于居民收入水平普遍提高,个人解决住房的能力不断增强。为了减轻国家沉重的经济负担,采取鼓励住房私有化的政策就成了世界各国共同步入的途径。目前世界上没有一个国家对住房实行完全商品化或完全福利化的政策。不同的是他们之中有的是以商品化政策为主兼有福利化,有的则是以福利化为主兼有商品化。但发展趋势是公共住房在住房供给中所占的比重不断减少,私营部门提供的商品化住房的比重不断增加。

表 28-1　欧洲部分国家竣工住房的供给类型　　　　　　　　　单位：%

国别	供给类型	1970年	1980年	1985年	1990年	1994年
德国	政府和非盈利组织	20.7	10.6	8.5	1.4	1.6
	开发商	79.3	89.4	91.5	98.6	98.4
荷兰	政府和非盈利组织	47.9	31.4	40.9	32.6	29.7
	开发商	52.1	69.6	59.1	67.4	70.3
英国	政府和非盈利组织	51.9	47.3	22.0	9.3	1.5
	开发商	48.1	52.7	78.0	90.7	98.5

资料来源：United Nations, *Annual Bulleting of Housing and Building Statistics for Europe and North America*, 1997.

专题分析：城市服务边界与建筑许可限制

世界上一些国家的地方政府常常采用土地利用政策来限制城市人口增长以控制人口膨胀所产生的污染、拥挤、犯罪等负效应。本专题介绍控制城市增长的政策：城市服务边界与建筑许可限制。这些都是值得我们研究和借鉴的政策手段，故特设此专题予以介绍。

（一）城市服务边界(urban service boundary)

如果一个城市不愿将其公共设施，如下水道、公路、学校、公园等扩展到其城市服务边界，则城市增长就在较大程度上被限制在其服务边界以内。图 28-9 显示了单中心城市土地利用的均衡模式。

BB 为商业用地竞标租金曲线；HH 为住宅用地竞标租金曲线；AA 为农地竞标租金曲线；CC 为城市服务边界。

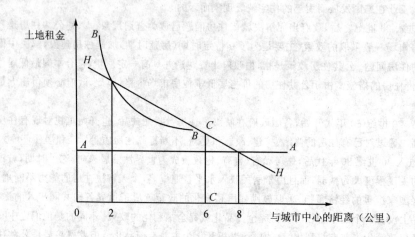

图 28-9　各种竞标租金曲线及相互关系

在图 28-9 中，住宅用地竞标租金曲线与农地竞标租金曲线相交于距市中心 8 公里处，因此该城市的半径为8公里,这意味着该城市提供的公共设施服务也限制在8公里以内。商业用地竞标租金曲线与住宅用地竞标租金曲线相交于2公里处,因此CBD的半径为2公里。假设城市政府不愿意将城市公共服务拓展到6公里以外,则除非城市服务边界外的居民自己建设他们的道路、排水系统和学校,服务边界外就不可能有住宅开发。6公里以外的住宅用地竞标租金降为零,土地只能用作农业用地。

可见,城市服务边界降低了住宅区的规模和城市总劳动供给,从而提高了城市的工资水平。工资水平的提高使城市变得更有吸引力,市外劳动力会迁移进来,使该城市土地与住房价格提高。同时,由于工资水平提高使企业生产成本上升,城市作为生产基地的优势和吸引力逐渐丧失,CBD土地需求也会下降,土地市场重新达到一般均衡:CBD半径缩小,城市的半径仍局限于城市服务边界6公里处。城市服务边界提高了城市住房与土地的价格,提高了人口密度,但却降低了CBD的土地租金和就业人口密度。

(二)建设许可证制

城市政府通过限制颁发建设许可证的数目来限制新开工住宅数量,从而控制城市增长率。我们可以用图28-10来分析这种管制方法产生的效应。

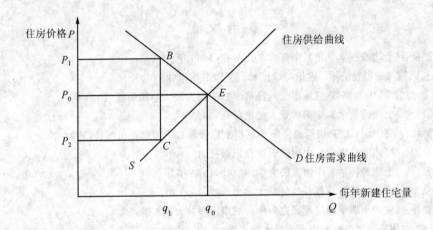

图 28-10 建设许可证制的经济效应

如图28-10所示,设开始时城市没有住房建设许可证制,住房供给曲线与需求曲线的交点所决定的市场均衡点在E处,均衡时的住房供给量为q_0,均衡价格为P_0,开发商获得零经济利润。如果政府实行建设许可证制,规定每年的新建住房数量只能为q_1,则住房供给曲线变为SCB,住房的均衡价格为P_1。由于新建住房数量减少,对土地的需求也减少,土地的市场价格就会下降,住房的建设成本也会下降为P_2。政府颁发的q_1量住房建设许可证的价值就是P_1P_2,如果政府通过拍卖的方式分配建设许可证,则其底价就为P_1P_2。政府也可以把许可证直接分配给合适的开发项目以促进该类项目的建设,如支持环保型建筑或市区高密度住宅项目。

思 考 题

1. 利用分区制的有关知识分析以下两个案例:

(1) 19世纪80年代的旧金山通过了一项法律以排斥华人于生活区与商业区之外。后来因明显的隔离被宣布为违宪时，该市又通过了法律禁止在某些住区设置洗衣店，而在该市大多数洗衣店是由华人开办的。加利福尼亚的莫德斯图城市的法律规定：除火车轨道以西及G大街以南地带，在莫德斯图城市内的其他地方，任何个人建立、维持或经营公共洗衣店都是不合法的。

(2) 在1916年的纽约市，就职于办公楼与服装厂的低薪妇女增多，第五大道的商人和上流社会的地产所有者担心大街上过多的低收入妇女会影响他们的生意与地产价值，以视线、街区采光、阴影等妨害为由通过了限制建筑物面积与高度的条例，从而限制了办公楼与服装厂房的增加，减少了在五大道上行走的女工们。

2. 在城市服务边界模型里，下列人员是受益还是受损？
 (1) 处于城市服务边界以外的土地所有者。
 (2) 城市服务边界以内的住房所有者。
 (3) CBD区域内的土地所有者。
3. 举例说明政府制定和实施土地政策的现实依据。
4. 试分析现代城市土地利用出现区位分异的基本原因。

参 考 文 献

1. 曹振良：《土地经济学概论》，南开大学出版社，1989年。
2. K.J.巴顿：《城市经济学：理论与政策》，商务印书馆，1984年。
3. M.歌德伯戈、P.钦洛依：《城市土地经济学》，中国人民大学出版社，1990年。
4. 黄贤金：《土地政策学》，中国矿业大学出版社，1995年。
5. 世界银行：《中国：新兴市场经济下的城市土地管理》，中国财经出版社，1994年。
6. 马恩国：《房地产经济学》，中国建筑工业出版社，1995年。
7. 毕宝德：《土地经济学》，中国人民大学出版社，1993年。
8. 王克忠：《房地产经济学教程》，复旦大学出版社，1995年。
9. 赵尚朴：《城市土地使用制度研究》，中国城市出版社，1996年。
10. 王微：《住房制度改革》，中国人民大学出版社，1999年。
11. 包宗华、林志群："美国的'房改'和住房制度"，《住宅与房地产》，1995年第8期。
12. 亦冬："经受市场经济的洗礼——转型期俄罗斯住房制度改革要点"，《中国房地产报》，2000年9月20日和2000年10月16日连载。
13. 沙金娜："不受欢迎的改革将出台"，俄新社莫斯科1997年4月29日专稿。

后 记

《房地产经济学通论》是在国家自然科学基金项目(7967004号)最终成果基础上完成的,实际是该项目的第二成果,她的出版凝结了众多人士的劳动和心血。首先要感谢国家自然科学基金会有关同志的关心和支持,也要感谢南开大学科研处的同志们的支持和帮助。特别要感谢北京大学出版社的同志们。

本书由曹振良、高晓慧、陈多长、傅十和等编著。曹振良教授总体设计,包括各章的重点及节的内容安排。具体写作或参与写作分工是:曹振良(绪论、第1、2、4、7、8、9、10、15、16、17、20、24、25章);高晓慧(第12、18、19、28章);陈多长(第5、6、9、10、11、13、14、15章);傅十和(第8、11、13、16、18、19、28章);谭刚(第7章);王恩华(第20、23章);洪开荣(第21、22、25章);王重润(第2、3、4章);钟茂初(第26章);陈耀东(第27章);黄卫华(第24章);周京奎(第1、2、17、24章)。此外:李晟、张弘武、白丽华、梁荣、唐华茂、郭玉清、罗永梅等参加了有关章节的起草工作。由于本书的绝大部分书稿是在完成国家自然科学基金等项目专题研究成果的基础上几易其稿而成的,延续的时间较长,其间有的原作者或已出国,或毕业离校,或其他原因不能完成最后的写作工作,从而使有的章节不仅几易其稿,同时几易作者,出现了一章书前后经过多个作者之手的情况。整个写作过程是:各章初稿出来后由曹振良初审并提出修改意见,二稿完成后再交由曹振良、高晓慧、陈多长等修改,最后由曹振良总纂修改定稿。

读者意见反馈卡

感谢您购买本书！北京大学出版社是全国优秀出版社，是国内著名的综合性大学出版社，我们出版的经济类和工商管理类图书品种多样，质量上乘，适合作为高等学校教材和企业培训教材。北京大学出版社将以最优服务满足广大读者朋友的需要，力求为中国经济学和工商管理教育的发展及各类读者的自我提高尽一份力量。在此，非常希望得到您的帮助，请您填妥下表，将读后感告诉我们，以便为您提供更优秀的图书。

请附阁下资料(或附名片，如您是教师或学生请特别注明您的专业/系别)

单位：_____

姓名：_____ 职务或职称：_____

地址：_____ 邮编：_____

电话：_____ 传真：_____ 电子邮件：_____

---

1. 您获得此书的途径：
   □ 书店　　　□ 商场　　　□ 邮购　　　□ 学校教材科
   □ 其他：_____

2. 哪些因素影响您购买图书：
   □ 封面(底)推荐　□ 作者及出版社　□ 封面设计及版式　□ 前言
   □ 目录及索引　　□ 插图及表格　　□ 价格
   □ 其他：_____

3. 您感兴趣的经济、金融、财会、工商管理类读物：
   □ 经济　　　　□ 工商管理　　□ 金融　　　　　□ 财会
   □ 市场营销　　□ 财政税收　　□ 国际金融与贸易　□ 人力资源管理
   □ 保险　　　　□ 电子商务　　□ 商务策划　　　□ 广告
   □ 物流管理　　□ 旅游管理　　□ 房地产　　　　□ MBA 教材
   □ 职业培训　　□ 普及读物
   □ 其他：_____

4. 您感兴趣的经济、金融、财会、工商管理读物类型：
   □ 英文原版教材　　□ 英文原版参考书　　□ 国内自编教材
   □ 国内自编参考书　□ 翻译版教材　　　　□ 翻译版参考书
   □ 影印版教材　　　□ 影印版参考书
   □ 其他：_____

5. 您认为哪家出版社的经济类和管理类图书较好，为什么？
   □ _____
   □ _____

6. 将翻译版图书和国内自编图书相比较，您更喜欢：
   □ 翻译版图书　　　□ 国内自编图书　　　□ 原版图书
   为什么？
   _____

7. 您的建议和要求：
   □ _____
   □ _____

如果您是教师或学生，请您填写以下内容

8. 本学期正在开设的经济类和管理类课程有：
   □ _____　　□ _____
   □ _____　　□ _____
   使用的教材为：
   □ _____　出版者：_____
   □ _____　出版者：_____
   □ _____　出版者：_____
   □ _____　出版者：_____

9. 您急需的图书还有：
   □ _____
   □ _____

非常感谢您的宝贵意见！我们的联系地址是：

北京大学出版社经济与管理图书事业部
主任：林君秀　符丹

地址：北京市海淀区成府路 205 号北京大学出版大楼 322 室
Tel：010-62752926　62767348
Fax：010-62556201
Email：em@pup.pku.edu.cn